古董

2016ANTIQUES AUCTION RECORDS

拍卖年鉴 全彩版

2015.1.1～2015.12.31

欣 弘 主编

瓷器

cns | 湖南美术出版社

图书在版编目（CIP）数据

2016古董拍卖年鉴·瓷器 / 欣弘主编. —长沙：湖南美术出版社，2015.12
ISBN 978-7-5356-7520-0

Ⅰ.①2… Ⅱ.①欣… Ⅲ.①历史文物－拍卖－价格－中国－2016－年鉴②瓷器（考古）－拍卖－价格－中国－2016－年鉴 Ⅳ.①F724.787-54

中国版本图书馆CIP数据核字（2016）第308433号

2016古董拍卖年鉴·瓷器

主　　编：欣　弘
策　　划：易兴宏　李志文
责任编辑：李　坚

湖南美术出版社出版发行（长沙市东二环一段622号）
湖南省新华书店经销
雅昌文化（集团）有限公司制版、印刷
（本书采用CTP工艺制版、印刷）
开本：787×1092　1/16　印张：21
版次：2015年12月第1版　印次：2016年1月第1次印刷
ISBN 978-7-5356-7520-0
定价：168.00元

邮购联系：0731-84787105　邮编：410016　网址：http://www.arts-press.com/
电子邮箱：market@arts-press.com
如有倒装、破损、少页等印装质量问题，请与印刷厂联系斢换。

目　录

凡　例

1.《2016古董拍卖年鉴》分瓷器卷、玉器卷、杂项卷、珠宝翡翠卷、书画卷共五册。收录了纽约、伦敦、香港、澳门、台北、北京、上海、广州、昆明、天津、重庆、成都、安徽、云南、南京、西安、沈阳、济南等城市或地区的几十家拍卖公司几百个专场的2015年度拍卖成交记录与拍品图片。

2.本书内文条目原则上保留了原拍卖记录，按拍品号、朝代、品名、估价、成交价、尺寸、拍卖公司名称、拍卖日期等排序，部分原内容缺或不详的，即不注明，书画卷内文条目还有作者姓名、作品形式、创作年代等内容。

3.因境外拍卖公司宿地不同，本书拍品中有多种币种：RMB人民币，USD美元，EUR欧元，GBP英磅，HKD港币，TWD台币。但本书所有拍品成交价均采用按汇率转换成RMB(人民币)币种。

4.需查看更多图片资料，请登陆“www.artron.net”进入“中国艺搜”栏目，输入要查看拍品的完整名称或名称的关键词语点击搜索即可。

陶 器

776 新石器时代/龙山文化 灰陶鬶
来源：安思远藏品。
估　价：USD 4,000～6,000
成交价：RMB 37,566
高26.7cm 纽约佳士得 2015.03.20

1 商 灰陶雷纹尊
来源：安思远藏品。
出版：奥田诚一、田中作太郎、広田不孤斋、林屋晴三（编）《中国の陶磁》图版9，1955年东京。
估　价：GBP 3,000～4,000
成交价：RMB 658,625
高25cm 伦敦苏富比 2015.05.13

780 战国/西汉 彩绘陶马
估　价：USD 1,000～1,500
成交价：RMB 43,044
高21cm 纽约佳士得 2015.03.20

782 西汉 陶彩绘铺首衔环耳带盖方壶
估　价：USD 7,000～9,000
成交价：RMB 133,046
高56cm 纽约佳士得 2015.03.20

783 西汉 陶彩绘云纹壶连盖
来源：安思远藏品。
估　价：USD 4,000～6,000
成交价：RMB 125,220
高58.4cm 纽约佳士得 2015.03.20

255 北齐 陶加彩马
来源：20世纪80年代于香港入藏。
估　价：USD 12,000～15,000
成交价：RMB 127,460
纽约苏富比 2015.09.15

2294 汉 彩绘红陶女舞者俑
估　价：USD 5,000～7,000
成交价：RMB 35,848
高27.3cm 纽约佳士得 2015.09.17

784 汉 灰陶刻几何纹柱
来源：安思远藏品。
估　价：USD 3,000～5,000
成交价：RMB 62,610
高118.7cm 纽约佳士得 2015.03.20

3221 东汉 绿釉陶犬
估　价：USD 2,000～4,000
成交价：RMB 37,566
高33cm 纽约佳士得 2015.03.15

785 六朝 灰陶舍利棺
估　价：USD 7,000～9,000
成交价：RMB 234,788
长89.8cm 纽约佳士得 2015.03.20

162 隋/唐早期 陶加彩骑马俑一对
来源：纽约市Ludwig F.M. Schulze and Ruth Baylies Schulze。
估 价：USD 20,000～30,000
成交价：RMB 156,525
较高者高55.9cm 纽约苏富比 2015.03.17

3224 唐 彩绘灰陶胡人立像
估 价：USD 20,000～30,000
成交价：RMB 187,830
高40.5cm 纽约佳士得 2015.03.15

165 唐早期 陶加彩女俑
来源：日本山中商会（据标签）。
估 价：USD 18,000～20,000
成交价：RMB 133,046
较高者高31.1cm 纽约苏富比 2015.03.17

3229 唐 褐釉双峰骆驼
估 价：USD 30,000～50,000
成交价：RMB 234,788
高69.5cm 纽约佳士得 2015.03.15

105 唐 褐黄釉陶豖 （两件）
估　价：USD 5,000~7,000
成交价：RMB 63,730
长20.3cm 纽约苏富比 2015.09.15

2334 唐 搅胎枕
估　价：USD 6,000~8,000
成交价：RMB 111,528
长15.8cm 纽约佳士得 2015.09.17

259 唐 三彩鹅形尊
来源：纽约苏富比1983年6月15日拍卖，编号157；东京户栗美术馆收藏；伦敦苏富比2004年6月9日拍卖，编号72。
估　价：USD 350,000~450,000
成交价：RMB 2,358,010
高29.2cm 纽约苏富比 2015.09.15

6 唐 三彩钵
估　价：GBP 3,000~4,000
成交价：RMB 155,675
直径21.5cm 伦敦苏富比 2015.05.13

808 唐 三彩罐
来源：伦敦苏富比1997年12月2日拍品，编号155。
估　价：USD 5,000~7,000
成交价：RMB 50,871
高20.3cm 纽约苏富比 2015.03.21

17 唐 三彩凤首水注
估　价：USD 100,000～150,000
成交价：RMB 2,736,057
高34.3cm 纽约佳士得 2015.03.17

3225 唐 三彩马
估　价：USD 200,000～300,000
成交价：RMB 1,383,681
高73.7cm 纽约佳士得 2015.03.15

2906 唐 三彩盘口瓶
来源：20世纪60年代瑞典拍卖；现藏家购于纽约
估　价：HKD 120,000～180,000
成交价：RMB 121,050
高18.8cm 香港苏富比 2015.04.05

937 唐 三彩三足炉
估　价：USD 7,000～10,000
成交价：RMB 103,561
直径19.7cm 纽约佳士得 2015.09.17

811 辽 黑陶弦纹长颈瓶
估　价：USD 4,000～6,000
成交价：RMB 62,610
高35cm 纽约佳士得 2015.03.20

3037 唐 三彩双峰驼摆件
来源：日本藏家旧藏。
估 价：RMB 380,000~500,000
成交价：RMB 437,000
高59.5cm 西泠拍卖 2015.07.05

257 唐 陶加彩镇墓天王
来源：20世纪80年代于香港入藏。
估 价：USD 25,000~35,000
成交价：RMB 199,156
高74.9cm 纽约苏富比 2015.09.15

2299 唐 三彩陶商人俑
估 价：USD 40,000~60,000
成交价：RMB 597,469
高31.2cm 纽约佳士得 2015.09.17

791 辽 绿釉佛塔
估 价：USD 8,000~12,000
成交价：RMB 140,873
高55.5cm 纽约佳士得 2015.03.20

104 唐 三彩贴花卉纹凤首执壶
来源：东京茧山龙泉堂藏品；巴黎L. Wannieck收藏（标签）。
出版：1973年东京《国华》；1976年东京长谷部楽尔《世界陶磁全集》编号117。
估　价：GBP 40,000~60,000
成交价：RMB 26,105,500
高36.8cm×2 伦敦苏富比 2015.05.13

227 元 灰陶螭龙纹投壶
“天□秦可川造”款
估　价：GBP 3,000~5,000
成交价：RMB 35,925
高20.4cm 伦敦苏富比 2015.05.13

1009 元 绞胎脉枕
估　价：RMB 25,000~28,000
成交价：RMB 51,750
长13.7cm 中鸿信 2015.07.29

4004 元/明 绞胎碗
估　价：RMB 60,000~80,000
成交价：RMB 253,000
直径14.2cm 北京东正 2015.05.19

7580 明16世纪 山西地区三彩陶制无量寿佛坐像
出版：2014年应真藏《中国佛教寺庙宝藏－散华聚念》192－195页。
估　价：RMB 500,000～800,000
成交价：RMB 575,000
高66cm 北京保利 2015.06.07

69 日本/绳文时代 加彩土偶
出版：1990年东京江坂辉弥《日本の土偶》图103；2003年东京梅原猛及渡辺诚《绳文の神秘：人间の美术 绳文时代》卷一，编号204。
估　价：GBP 70,000～90,000
成交价：RMB 9,704,540
高19.5cm 伦敦苏富比 2015.05.13

青瓷

越窑

778 三国 越窑系镂空双耳罐
估　价：USD 3,000～5,000
成交价：RMB 133,046
直径27cm 纽约佳士得 2015.03.20

5033 西晋 越窑狗圈
来源：安思远藏品编号PC1141。
估　价：HKD 30,000～50,000
成交价：RMB 51,985
直径13cm 保利香港 2015.05.31

32 西晋 越窑青釉堆塑楼阁佛像魂瓶
出版：1978年东京《陶磁大系》卷36图版1
估　价：USD 30,000～40,000
成交价：RMB 234,788
高37.5cm 纽约苏富比 2015.03.17

34 西晋 越窑青釉双耳罐
估　价：USD 10,000～15,000
成交价：RMB 78,263
高19.7cm 纽约苏富比 2015.03.17

6039 唐代 越窑青釉圆盒
估　价：RMB 200,000～300,000
成交价：RMB 1,080,000
直径17cm 台湾世家 2015.01.18

46 东晋 三世纪/四世纪 越窑青釉鸟柱杯
估　价：USD 8,000～12,000
成交价：RMB 62,610
直径9.8cm 纽约苏富比 2015.03.17

31 西晋 越窑瑞兽仙人纹盆
来源：坂本五郎珍藏。
估　价：USD 5,000～7,000
成交价：RMB 148,699
直径33.3cm 纽约苏富比 2015.03.17

793 南朝/隋 越窑青釉盘口瓶
来源：安思远藏品编号PC1141。
估　价：USD 3,000～5,000
成交价：RMB 58,697
高16cm 纽约佳士得 2015.03.20

4 东晋 越窑青瓷铁斑圆盖盒
出版：1955年东京奥田诚一、田中作太郎、広田不孤斋、林屋晴三（编）《中国の陶磁》图版58。
估　价：GBP 3,000～5,000
成交价：RMB 335,300
直径20cm 伦敦苏富比 2015.05.13

56 唐 越窑青釉瓜形罐
估　价：USD 10,000～15,000
成交价：RMB 133,046
口径11.8cm 纽约苏富比 2015.03.17

558 五代 越窑刻花牡丹纹粉盒
估 价：HKD 120,000～220,000
成交价：RMB 111,366
直径13.5cm 中国嘉德 2015.04.06

829 北宋早期 越窑系青釉刻花卉纹瓜式注壶
估 价：USD 6,000～8,000
成交价：RMB 54,784
高20cm 纽约佳士得 2015.03.20

5011 北宋 越窑刻花粉盒
来源：安思远藏品编号PC1391。
估 价：HKD 220,000～300,000
成交价：RMB 207,940
直径13.4cm 保利香港 2015.05.31

59 北宋 越窑青釉鸳鸯莲塘纹盖盒
出版：1992年东京《中国名陶展：中国陶磁2000年の精华》编号45。
估 价：USD 100,000～150,000
成交价：RMB 2,316,570
直径13cm 纽约苏富比 2015.03.17

1016 元 越窑龙柄皮囊壶
来源：美国藏家旧藏 BAG HANDLE POT Yuan dynasty。
估 价：RMB 260,000～350,000
成交价：RMB 299,000
高28cm 中鸿信 2015.07.29

耀州窑

5015 北宋 耀州窑刻花碗
来源：安思远藏品编号PC1500。
估　价：HKD 300,000～400,000
成交价：RMB 283,554
直径15.3cm 保利香港 2015.05.31

62 北宋 耀州窑刻卷叶纹鼓式盖盒
估　价：USD 30,000～40,000
成交价：RMB 782,625
直径10.5cm 纽约苏富比 2015.03.17

174 北宋 耀州窑青釉团花纹碗
估　价：USD 10,000～15,000
成交价：RMB 78,263
纽约苏富比 2015.03.17

2803 北宋 耀州窑刻牡丹纹花口尊
来源：东京茧山龙泉堂藏品；临宇山人珍藏。
著录：1997年东京大阪市立东洋陶磁美术馆编《耀州窑：中国中原に华ひらいた名窑》30页编号32；2012年香港佳士得《古韵天成：临宇山人宋瓷珍藏展览》58－59页编号15。
估　价：HKD 600,000～800,000
成交价：RMB 1,609,160
高11.8cm 佳士得 2015.12.02

20 北宋 耀州窑青釉刻牡丹纹罐
估　价：USD 70,000～90,000
成交价：RMB 1,008,021
高13cm 纽约佳士得 2015.03.17

147 北宋 耀州窑青釉刻缠枝牡丹纹瓶
估 价：HKD 800,000～1,200,000
成交价：RMB 1,000,680
高17.7cm 佳士得 2015.04.06

63 北宋/金 耀州窑青釉印连生贵子纹笠式碗
估 价：USD 40,000～60,000
成交价：RMB 313,050
直径15.8cm 纽约苏富比 2015.03.17

817 北宋/金 耀州窑太师少师盖钮
来源：安思远藏品编号PC1500。
估 价：USD 8,000～12,000
成交价：RMB 187,830
直径9.5cm 纽约佳士得 2015.03.20

176 北宋/金 耀州窑青釉花卉“杨”字纹碗
估 价：USD 18,000～24,000
成交价：RMB 187,830
纽约苏富比 2015.03.17

815 北宋/金 耀州窑狮子像
估 价：USD 15,000～25,000
成交价：RMB 375,660
高15.8cm 纽约佳士得 2015.03.20

6041 金代 耀州窑月白青瓷敦式碗
来源：香港资深藏家旧藏。
估 价：HKD 50,000～65,000
成交价：RMB 72,090
口径12.5cm 罗芙奥 2015.06.02

61 宋 耀州窑青釉莲花纹罐
估　价：USD 12,000～15,000
成交价：RMB 665,231
口径12cm 纽约苏富比 2015.03.17

5010 宋 耀州窑熏炉
来源：安思远藏品编号PC9400。
估　价：HKD 80,000～150,000
成交价：RMB 89,792
高9.7cm 保利香港 2015.05.31

276 宋 耀州窑青釉牡丹纹碗
估　价：GBP 4,000～6,000
成交价：RMB 155,675
直径18.2cm 伦敦苏富比 2015.05.13

113 宋 耀州窑青釉印菊花卷草纹碗
来源：香港沐文堂珍藏。
估　价：HKD 80,000～120,000
成交价：RMB 95,831
直径13cm 佳士得 2015.04.06

1023 元 耀州窑暗刻花卉纹钵
估　价：RMB 120,000～150,000
成交价：RMB 184,000
直径11.5cm 中鸿信 2015.07.29

汝 窑

103 北宋 汝瓷天蓝釉海棠式水仙盆
估 价：HKD 18,000,000
成交价：RMB 18,837,000
高6.8cm；口径21.7cm 澳门中信 2015.11.08

110 北宋 汝瓷天青釉大盘
估 价：HKD 120,000,000
成交价：RMB 150,696,000
直径40cm 澳门中信 2015.11.08

113 北宋 汝瓷天青釉双耳三足炉
估 价：HKD 13,000,000
成交价：RMB 23,546,250
高8cm；口径11cm 澳门中信 2015.11.08

470 北宋 汝瓷天青釉弦纹三足尊
估 价：HKD 38,000,000
成交价：RMB 56,511,000
高12.5cm 澳门中信 2015.11.08

148 汝窑三足炉
估 价：RMB 5,000,000
成交价：RMB 8,800,000
高10cm 皇家国际 2015.06.29

73 汝窑弦纹尊
估　价：HKD 22,500,000～45,000,000
成交价：RMB 21,026,250
口径14cm；通高10cm 荣盛国际 2015.07.31

仿汝釉

927 清雍正 仿汝釉钵
“大清雍正年制”款
来源：1.纽约著名古董商庞耐女士（Alice Boney）；2.Earl Morse旧藏；3.纽约苏富比1998年3月23.24日拍品，编号670；4.《缤彩御瓷—美国精粹收藏珍品》，香港佳士得2013年11月27日拍品，编号3265。
估　价：RMB 3,000,000～3,500,000
成交价：RMB 3,450,000
直径33.5cm 北京华辰 2015.05.15

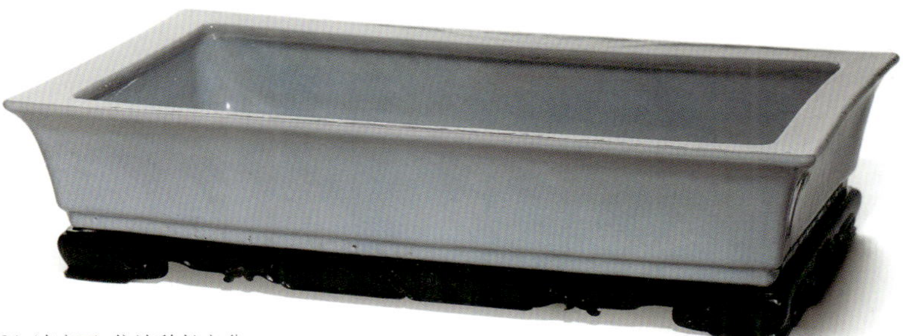

131 清雍正 仿汝釉长方盆
“大清雍正年制”款
估　价：GBP 70,000～90,000
成交价：RMB 1,197,500
长46.9cm 伦敦苏富比 2015.05.13

801 清乾隆 仿汝釉桃形洗
“大清乾隆年制”款
估　价：RMB 380,000～450,000
成交价：RMB 897,000
长30cm；高20cm 中贸圣佳 2015.05.20

3124 清雍正 仿汝釉小盘
“雍正年制”篆书款
估　价：USD 30,000～50,000
成交价：RMB 586,969
直径13.6cm 纽约佳士得 2015.03.15

2801 清乾隆 仿汝釉小天球瓶
“大清乾隆年制”篆书款
估　价：RMB 200,000～300,000
成交价：RMB 943,000
高14.4cm 中国嘉德 2015.05.16

3245 清乾隆 仿汝釉双耳小水丞
“大清乾隆年制”篆书款
估　价：HKD 300,000～500,000
成交价：RMB 550,688
直径7cm 佳士得 2015.06.03

2805 清乾隆 仿汝釉弦纹瓶
“大清乾隆年制”篆书款
来源：北京拍卖会2006年12月18日拍品，编号2257。
估　价：RMB 3,000,000～4,000,000
成交价：RMB 9,430,000
高29cm 中国嘉德 2015.05.16

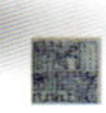

2807 清乾隆 仿汝釉双耳三足鱼篓尊
“大清乾隆年制”篆书款
来源：北京拍卖会2009年5月10日拍品，编号2326。
估　价：RMB 4,500,000～5,500,000
成交价：RMB 8,970,000
宽18.2cm 中国嘉德 2015.05.16

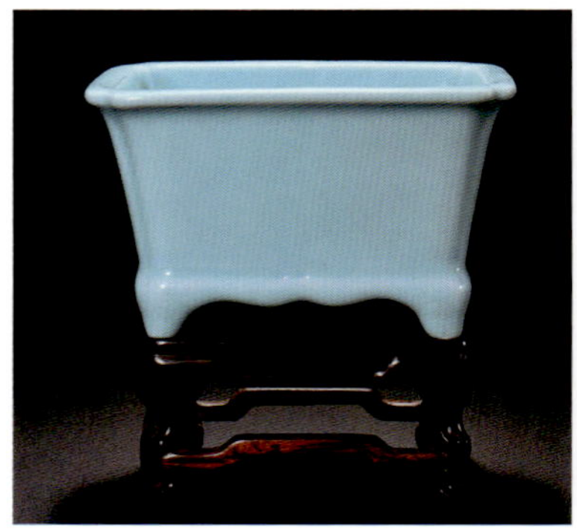

9041 清乾隆 仿汝釉如意足长方盆
“大清乾隆年制”款
来源：上海藏家旧藏。
估　价：RMB 260,000～360,000
成交价：RMB 575,000
长13.3cm 北京保利 2015.06.08

7438 清乾隆 仿汝釉琮式方瓶
“大清乾隆年制”款
备注：东京壶中居旧藏。
估　价：RMB 1,500,000～2,000,000
成交价：RMB 2,415,000
高29.5cm 北京保利 2015.12.08

3111 清乾隆 仿汝釉贯耳带纹方壶
“大清乾隆年制”篆书款
来源：日本私人于1950年代以前收藏。
估　价：HKD 4,000,000～6,000,000
成交价：RMB 5,318,640
高29.8cm 佳士得 2015.06.03

3914 清乾隆 仿汝釉六方贯耳瓶
“大清乾隆年制”篆书款
估　价：RMB 1,000,000～1,200,000
成交价：RMB 1,265,000
高29.5cm 北京匡时 2015.12.05

3108 清乾隆 仿汝釉琮式瓶
“大清乾隆年制”篆书款
来源：孔祥熙家族珍藏。
估　价：HKD 600,000～800,000
成交价：RMB 4,838,040
高29.4cm 佳士得 2015.06.03

1880 清道光 御窑仿汝釉八方瓶
“大清道光年制”篆书款
估　价：RMB 400,000～500,000
成交价：RMB 517,500
高34cm 华艺国际 2015.05.24

官 窑

32 南宋 官窑米黄釉直颈瓶
来源：东京茧山龙泉堂藏品。
估 价：GBP 500,000～700,000
成交价：RMB 10,394,300
高21.5cm 伦敦苏富比 2015.05.13

824 南宋 官窑鼓式水盂
来源：此件拍品为孙大雨先生旧藏。
估 价：RMB 120,000～180,000
成交价：RMB 253,000
高5.6cm 上海工美 2015.06.28

79 北宋 官窑月白釉双耳瓶
估 价：HKD 35,000,000
成交价：RMB 35,790,300
高26.4cm 澳门中信 2015.11.08

1 南宋 官窑青釉八方弦纹盘口瓶
来源：John Henry Levy 收藏（至1975年）；伦敦苏富比1975年7月8日拍卖，编号68，伦敦Eskenazi Ltd收藏。出版：1.1968年伦敦，G.St.G.M. Gompertz《Celadon Wares》图版12；2.1970年爱丁堡，W.B.R. Neave.Hill《Chinese Ceramics》图版86；3.1977年东京，长谷部乐尔编，《世界陶磁全集》卷12，宋图版67及68；4.1978年东京《陶磁大系》卷36，青磁，图版19；5.1980年东京《宋元の美术》图版3；6.1980年修订版，伦敦，G.St.G.M. Gompertz《Chinese Celadon Wares》彩图F；7.2008年 杭州 邓禾颖及唐俊杰《南宋官窑》120页左上。
成交价：RMB 91,901,160
高21.9cm 香港苏富比 2015.04.07

3601 南宋 官窑小杯
来源：仇焱之收藏，伦敦苏富比1980年12月16日拍卖，编号294。出版：1974年弗莱堡Cécile及Michel Beurdeley《La Ceramique Chinoise》彩图41左。
估　价：HKD 8,000,000～12,000,000
成交价：RMB 7,956,960
高7.5cm 香港苏富比 2015.10.07

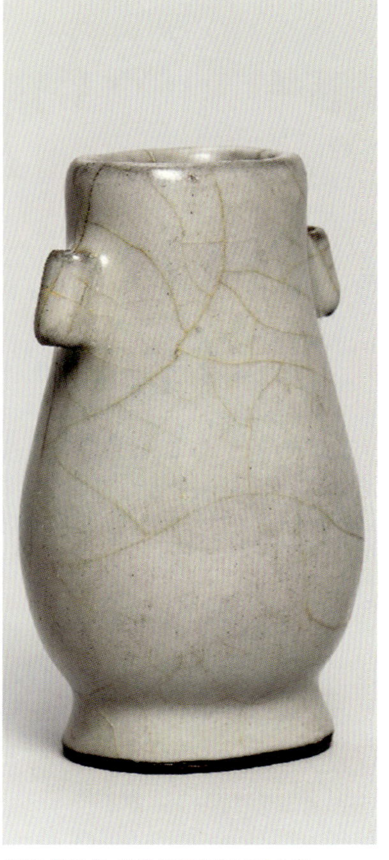

6307 13世纪 乾隆御题官窑贯耳小壶
“乾隆丙戌夏御题”铭、“古香”印款
来源：1.美国芝加哥著名藏家Stephen Junkunc三世旧藏；2.纽约佳士得2010.03.26拍品，编号1337。
估　价：RMB 4,200,000～6,200,000
成交价：RMB 7,475,000
高10cm 北京保利 2015.06.06

仿官釉

8850 元 官釉水滴
估　价：RMB 120,000～220,000
成交价：RMB 138,000
宽6.7cm 北京保利 2015.06.08

6414 元 官窑三足炉
来源：厦门文物商店旧藏。
估　价：RMB 600,000～800,000
成交价：RMB 690,000
高10.5cm 北京保利 2015.06.06

263 明 官式碗
来源：Henry Loew（1877－1943年）收藏，纽约，后家族传承。
估　价：USD 8,000～12,000
成交价：RMB 101,741
直径10.2cm 纽约苏富比 2015.03.17

8108 元 官窑贯耳壶
来源：1.1918年日本山中商会旧藏；2.伦敦苏富比2010年11月10日拍品，编号185。
估　价：RMB 3,500,000～5,500,000
成交价：RMB 4,025,000
高18cm 北京保利 2015.06.07

1017 元 官窑暗刻花草纹三足敛口洗
估　价：RMB 800,000～1,200,000
成交价：RMB 920,000
直径27.6cm 中鸿信 2015.07.29

555 元/明或更早 官釉贯耳尊
来源：尊德堂旧藏；乔治·威索（Georg Weishaupt，德国著名企业家，大艺术品经销商）旧藏。
估 价：HKD 880,000～1,200,000
成交价：RMB 816,684
宽17.5cm 中国嘉德 2015.04.06

2226 明 仿官釉六方盘
估 价：RMB 50,000～60,000
成交价：RMB 115,000
直径11cm 北京匡时 2015.06.06

6324 清雍正 仿官釉双蚰耳小炉
“大清雍正年制”款
估 价：RMB 1,000,000～1,500,000
成交价：RMB 1,150,000
直径13.5cm 北京保利 2015.06.06

7374 清雍正 仿官釉双如意耳大方壶
“大清雍正年制”款
备注：1.日本藏家旧藏；2.香港苏富比2008年4月11日，编号2985。
估 价：RMB 5,500,000～7,500,000
成交价：RMB 8,280,000
高52.6cm 北京保利 2015.12.08

6337 清雍正 仿官釉贯耳印花方壶
“大清雍正年制”款
来源：日本藏家旧藏。
估 价：RMB 4,500,000～7,500,000
成交价：RMB 6,900,000
高31.5cm 北京保利 2015.06.06

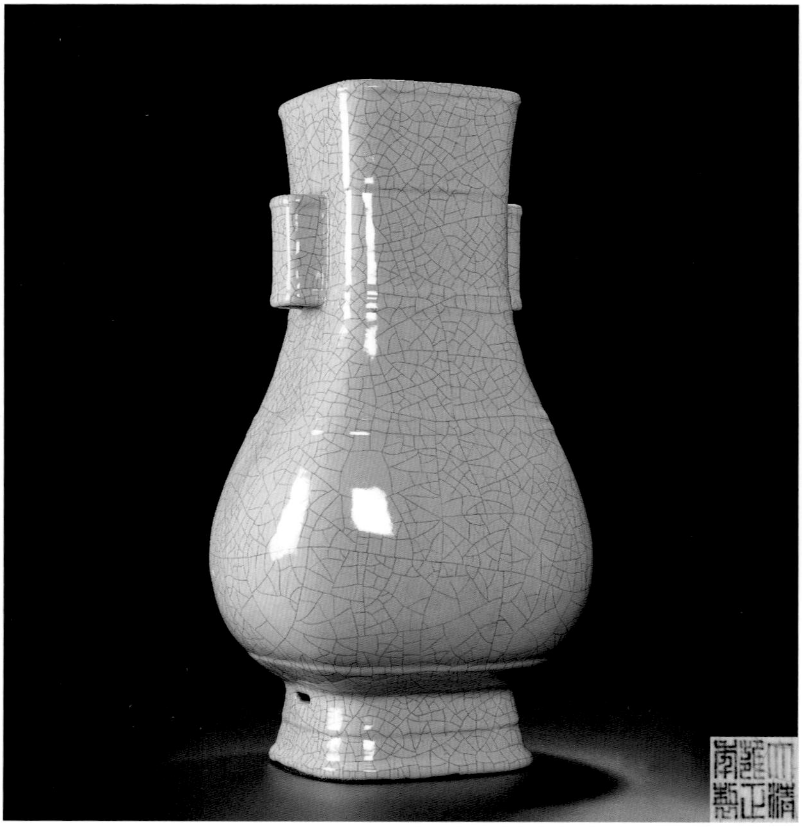

6338 清雍正 仿官釉贯耳弦纹大方壶
“大清雍正年制”款
来源：香港苏富比2003年4月27日拍品，编号163。
估　价：RMB 10,000,000～12,000,000
成交价：RMB 11,500,000
高68cm 北京保利 2015.06.06

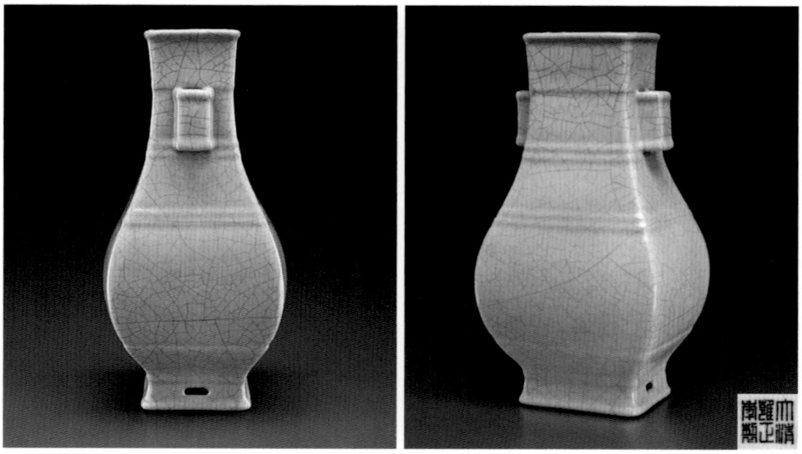

54 清雍正 仿官釉贯耳大方壶
“大清雍正年制”六字篆书款
估　价：USD 150,000～250,000
成交价：RMB 9,047,145
高34.9cm 纽约佳士得 2015.03.17

426 清雍正 仿官釉大壶
估　价：USD 60,000～80,000
成交价：RMB 1,383,681
高33cm 纽约佳士得 2015.03.19

1879 清乾隆 御窑仿官釉三联葫芦瓶
“大清乾隆年制”篆书款
估　价：RMB 1,000,000～1,500,000
成交价：RMB 1,380,000
高20cm 华艺国际 2015.05.24

819 清乾隆 仿官釉三联葫芦瓶
“大清乾隆年制”篆书款
来源：上海博物馆馆藏编号48474。
估　价：RMB 1,200,000～1,800,000
成交价：RMB 1,495,000
高20cm 上海工美 2015.06.28

6470 清乾隆 仿官釉象耳海棠式尊
“大清乾隆年制”款
来源：日本藏家旧藏。
估　价：RMB 1,800,000～2,800,000
成交价：RMB 4,255,000
高37cm 北京保利 2015.06.06

2806 清乾隆 仿官釉六方贯耳瓶
“大清乾隆年制”篆书款
来源：北京翰海2005年春拍《中国古董珍玩》专场第2336号。
估　价：RMB 1,000,000～1,600,000
成交价：RMB 1,380,000
高53.5cm 北京翰海 2015.11.28

287 清乾隆 官式瑞兽耳壶
“大清乾隆年制”款
来源：纽约山中商会，1943年 Henry Dourif（1881－1967年），Huntington，西维吉尼亚，后家族传承。
估　价：USD 70,000～90,000
成交价：RMB 547,838
高30cm 纽约苏富比 2015.03.17

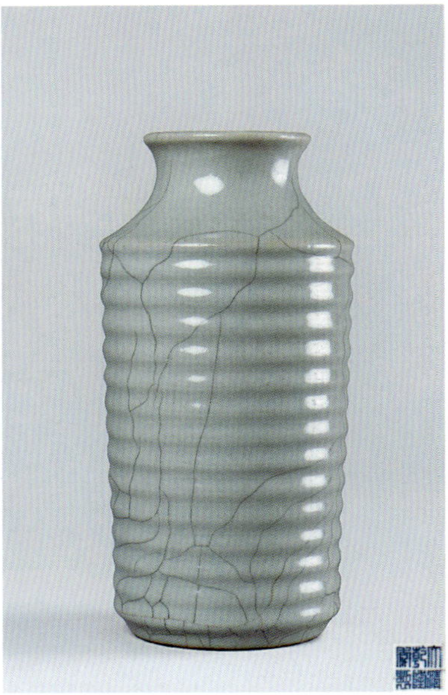

7372 清乾隆 仿官釉弦纹瓶
“大清乾隆年制”款
备注：日本藏家旧藏。
估　价：RMB 800,000～1,200,000
成交价：RMB 977,500
高20cm 北京保利 2015.12.08

2859 清乾隆 仿官釉琮式瓶
“大清乾隆年制”篆书款
估　价：RMB 1,200,000～2,200,000
成交价：RMB 4,255,000
高23.5cm 北京翰海 2015.06.28

4462 18世纪 仿官釉树瘤笔筒（两件）
估　价：RMB 120,000～200,000
成交价：RMB 241,500
高11.7cm；高10.6cm 中国嘉德 2015.05.16

984 清乾隆 仿官釉阔口尊
“大清乾隆年制”篆书款
来源：1930年购于上海，胡惠春先生旧藏。
估　价：RMB 1,300,000～1,800,000
成交价：RMB 1,840,000
高13.5cm 保利厦门 2015.05.02

425 18世纪 仿官窑桃式洗
估　价：USD 15,000～20,000
成交价：RMB 430,444
宽12cm 纽约佳士得 2015.03.19

44 18世纪/19世纪 官窑式三足香炉
来源：伦敦东方陶瓷学会 1952年 编号65（据标签）。
估　价：USD 80,000～100,000
成交价：RMB 939,150
直径20.6cm 纽约苏富比 2015.03.17

钧 窑

827 北宋 钧窑天蓝釉紫斑六瓣式盏托
估　价：USD 50,000～70,000
成交价：RMB 4,163,565
直径12.3cm 纽约佳士得 2015.03.20

85 北宋/金 钧窑天青釉碗
出版：1992年东京《中国名陶展：中国陶磁2000年の精华》编号42。
估　价：USD 120,000～150,000
成交价：RMB 1,408,725
直径22.2cm 纽约苏富比 2015.03.17

2808 北宋/金 钧窑天蓝釉紫斑小碗
著录：1.1961年东京国立博物馆《中国宋元美术展目录》编号155；2.1964年东京日本陶瓷协会及读卖新闻社《中国古陶瓷：唐宋名陶展》编号121；3.2006年东京美术俱乐部《美の伝统展》103页编号29；4.2012年香港佳士得《古韵天成：临宇山人宋瓷珍藏展览》70－71页编号20；5.苏玫瑰‘Chinese Classic Wares from a Japanese Collection：Song Ceramics from the Linyushanren，Collection’，《Arts of Asia》，2014年3月至4月，97－108页，图19。
估　价：HKD 2,000,000～3,000,000
成交价：RMB 5,254,400
直径8.6cm 佳士得 2015.12.02

3203 宋/金 钧窑月白釉碗
来源：台北慎德堂藏品。
估　价：HKD 200,000～400,000
成交价：RMB 380,475
直径18.8cm 佳士得 2015.06.03

8850 元 官釉水滴
估　价：RMB 120,000～220,000
成交价：RMB 138,000
宽6.7cm 北京保利 2015.06

2320 宋/金 钧窑天蓝釉紫斑花口瓶
估　价：USD 30,000~50,000
成交价：RMB 716,963
高19cm 纽约佳士得 2015.09.17

2833 宋/元 钧窑天蓝紫斑盘
来源：伦敦苏富比2002年6月19日拍品，编号32。
估　价：HKD 150,000~250,000
成交价：RMB 262,275
直径10cm 香港苏富比 2015.04.05

3202 宋/元 钧窑天蓝釉碗
估　价：HKD 300,000~500,000
成交价：RMB 420,525
直径10.8cm 佳士得 2015.06.03

826 宋/元 钧窑天蓝釉执壶
估　价：USD 30,000~50,000
成交价：RMB 1,383,681
高30.2cm 纽约佳士得 2015.03.20

87 宋 钧窑天青釉盏托
出版：1985年台北谭旦冏《中国陶瓷史》下卷509页。
估　价：USD 30,000~50,000
成交价：RMB 234,788
直径14.9cm 纽约苏富比 2015.03.17

54 宋 钧窑天蓝釉碗
来源：1996年4月康乃狄克州Vallin Galleries收藏。
估　价：USD 20,000~30,000
成交价：RMB 286,785
直径19.7cm 纽约苏富比 2015.09.15

84 宋 钧窑天青釉菱口盘
估　价：USD 60,000~80,000
成交价：RMB 665,231
直径26cm 纽约苏富比 2015.03.17

83 宋 钧窑天青釉盘
出版：1992年东京《中国名陶展：中国陶磁2000年の精华》编号41。
估 价：USD 60,000～80,000
成交价：RMB 1,095,675
直径26.7cm 纽约苏富比 2015.03.17

140 金/元 钧窑天蓝釉紫斑盘
估 价：HKD 400,000～600,000
成交价：RMB 504,375
直径18cm 佳士得 2015.04.06

3242 南宋/金 钧窑天蓝釉盘（一对）
估 价：USD 50,000～70,000
成交价：RMB 313,050
直径17.5cm 纽约佳士得 2015.03.15

3446 宋 钧窑玫瑰斑折沿盘
来源：1.英国皇家伍斯特瓷厂博物馆(Museum of Royal Worcester)旧藏；2.佳士得阿姆斯特丹1984年12至13日哈彻(Hatcher)号沉船专场拍卖会拍品。
估 价：HKD 500,000～800,000
成交价：RMB 742,763
直径17cm 保利香港 2015.04.06

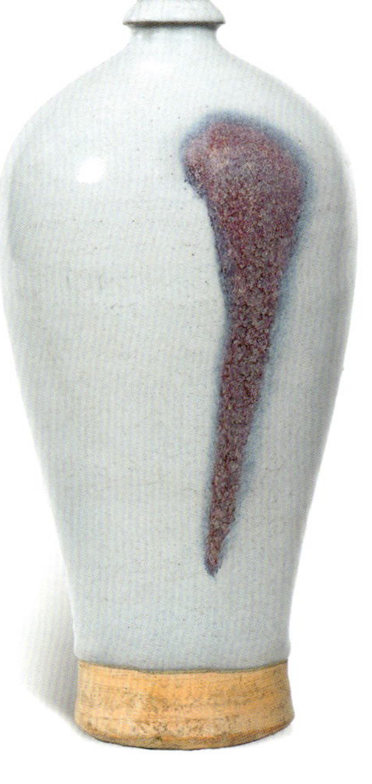

265 金/元 钧窑天蓝釉紫斑梅瓶
来源：伦敦Bluett's。
估 价：GBP 6,000～8,000
成交价：RMB 287,400
高26.5cm 伦敦苏富比 2015.05.13

112 金/元 钧窑青釉浅盘
来源：香港沐文堂珍藏。
估 价：HKD 50,000～70,000
成交价：RMB 55,481
直径12.8cm 佳士得 2015.04.06

8104 金 钧窑月白釉梅瓶
来源：安思远珍藏No.21203。
估 价：RMB 600,000～800,000
成交价：RMB 690,000
高35cm 北京保利 2015.06.07

89 金 钧窑天蓝釉三足炉
估 价：USD 30,000～40,000
成交价：RMB 297,398
高6.5cm 纽约苏富比 2015.03.17

3453 金 钧窑红斑靛青釉梅瓶
来源：日本藏家旧藏。
估 价：RMB 1,500,000～2,000,000
成交价：RMB 1,725,000
高39.5cm 西泠拍卖 2015.07.05

8106 金 钧窑天蓝釉胆式瓶
来源：北美藏家旧藏。
估 价：RMB 800,000～1,200,000
成交价：RMB 1,437,500
高23cm 北京保利 2015.06.07

3121 元/明初 钧窑丁香紫釉葵花式三足洗
“六”字款
来源：香港佳士得1992年9月29日拍品，编号454。
估 价：HKD 4,800,000～5,500,000
成交价：RMB 5,030,280
直径22cm 佳士得 2015.06.03

853 元 绿钧釉茶盏
估 价：RMB 20,000～30,000
成交价：RMB 23,000
直径8.3cm 上海敬华 2015.04.26

3252 元 钧窑天蓝釉紫斑菊瓣碗连匣钵
估 价：USD 25,000～35,000
成交价：RMB 932,889
直径26.5cm 纽约佳士得 2015.03.15

5041 元 钧窑双系罐
来源：安思远藏品编号PC4110。
估 价：HKD 20,000～50,000
成交价：RMB 30,246
高15.6cm 保利香港 2015.05.31

8105 元 钧窑月白釉鼓钉洗
来源：日本藏家旧藏。
估 价：RMB 2,600,000～3,600,000
成交价：RMB 3,565,000
直径18.7cm 北京保利 2015.06.07

3041 元 钧窑天蓝釉小盏
估 价：HKD 1,500,000～3,000,000
成交价：RMB 3,083,850
高8cm AA中国艺海 2015.08.05

3251 元 钧窑天蓝釉铜红斑大碗
估　价：USD 30,000～50,000
成交价：RMB 219,135
直径22cm 纽约佳士得 2015.03.15

2811 元/明初 钧窑天蓝釉出戟尊
"六"字款
来源：希腊私人珍藏，伦敦苏富比，2006年7月12日，拍品36号。著录：2012年香港佳士得《古韵天成：临宇山人宋瓷珍藏展览》80－81页编号25。
估　价：HKD 4,000,000～6,000,000
成交价：RMB 3,776,600
高25cm 佳士得 2015.12.02

8638 元 钧窑堆花双耳三足大炉
备注：1.徐展堂（T.T.Tsui）旧藏；2.纽约佳士得1999年拍品。
估　价：RMB 1,600,000～2,600,000
成交价：RMB 1,840,000
高35.3cm 北京保利 2015.12.08

2812 元/明初 钧窑天蓝釉菱花口盆托
"四"字款
来源：1.英国T.H. Shire医师珍藏；2.伦敦Bluett & Sams旧藏；3.伦敦邦瀚斯2005年11月7日拍品5号。著录：伦敦东方古陶瓷学会《Sung Dynasty Wares. Chun and Brown Glazes》1952页编号41；2012年香港佳士得《古韵天成：临宇山人宋瓷珍藏展览》78－79页编号24。
估　价：HKD 5,000,000～7,000,000
成交价：RMB 4,170,680
宽22.5cm 佳士得 2015.12.02

仿钧釉

2283 清乾隆 仿钧釉桃形水丞
估　价：RMB 10,000～20,000
成交价：RMB 55,200
长8cm 中国嘉德 2015.06.27

1922 明或更早 钧窑月白釉花口杯
估　价：RMB 800,000～1,000,000
成交价：RMB 1,035,000
直径7.2cm 华艺国际 2015.05.24

4440 清雍正 仿钧釉葵口洗
成交价：RMB 36,800
直径19cm 中国嘉德 2015.04.01

746 清雍正 仿钧葡萄紫釉大钵
“大清雍正年制”篆书款
估　价：RMB 1,600,000～2,000,000
成交价：RMB 4,025,000
宽37.5cm；高19.7cm 北京诚轩 2015.11.14

哥 窑

735 宋 哥窑琮式瓶
估　价：NTD 1,000,000～1,500,000
成交价：RMB 697,380
高18.8cm 台北艺流 2015.10.10

3267 元/明15世纪 仿哥釉花口盘
估　价：USD 40,000～60,000
成交价：RMB 273,919
直径14.3cm 纽约佳士得 2015.03.15

3243 南宋/元 哥窑水丞
估　价：USD 1,000,000～1,500,000
成交价：RMB 6,793,185
高7.3cm 纽约佳士得 2015.03.15

3212 元/明 哥窑花口盘
来源：德国驻华领事 Max Müller旧藏，此拍品于1905年至1908年间购于上海；现任藏家于1992年购自Max Müller女儿 I.Müller.Doertenbach（1909－2011）。
估　价：HKD 300,000～500,000
成交价：RMB 7,048,800
直径15.9cm 佳士得 2015.06.03

1040 元 哥窑胆瓶
来源：中国青瓷文化研究会提供 日本回流。
估　价：RMB 1,600,000～2,000,000
成交价：RMB 2,185,000
高15cm 中鸿信 2015.07.29

256 元/明 哥釉贯耳瓶
来源：瑞典古斯塔夫六世·阿道夫旧藏。
估　价：HKD 920,000～1,500,000
成交价：RMB 892,363
高17cm 中国嘉德 2015.10.06

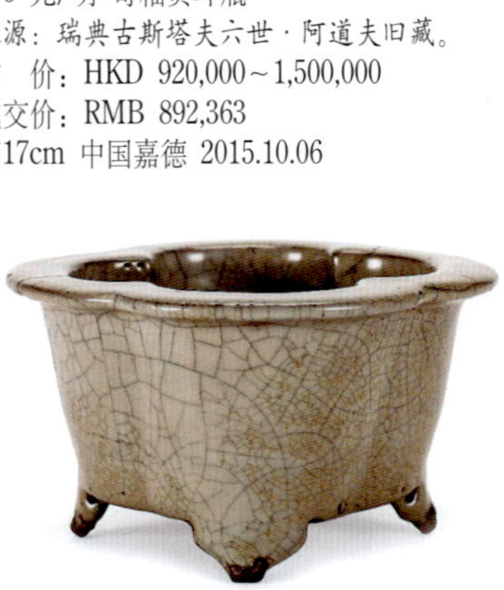

8634 元 哥窑海棠式盆
备注：日本藏家旧藏。
估　价：RMB 600,000～800,000
成交价：RMB 828,000
宽15.4cm 北京保利 2015.12.08

1331 元 哥窑梅花洗
来源：日本回流。
估 价：RMB 25,000~30,000
成交价：RMB 228,260
直径11cm 中鸿信 2015.07.29

877 明 仿哥釉香炉
估 价：RMB 220,000~300,000
成交价：RMB 345,000
高8.5cm 西泠拍卖 2015.04.23

仿哥釉

666 明或更早 哥釉四方洗
来源：仇炎之旧藏。
估 价：RMB 80,000~300,000
成交价：RMB 345,000
长7cm 保利厦门 2015.05.03

8851 明 哥釉花口杯
估 价：RMB 80,000~120,000
成交价：RMB 598,000
直径7.8cm 北京保利 2015.06.08

8107 明 哥窑弦纹八方贯耳壶
来源：亚洲藏家旧藏。
估 价：RMB 1,500,000~2,500,000
成交价：RMB 2,185,000
高19.5cm 北京保利 2015.06.07

8101 明 仿哥釉印池
来源：美国匹兹堡卡内基博物馆旧藏。
估　价：RMB 200,000～300,000
成交价：RMB 230,000
宽6.5cm 北京保利 2015.06.07

208 清雍正 仿哥釉菊瓣瓶
“大清雍正年制”篆书款
来源：纽约佳士得2008年3月19日拍品645号。
估　价：HKD 1,000,000～1,500,000
成交价：RMB 903,840
高21.7cm 佳士得 2015.04.06

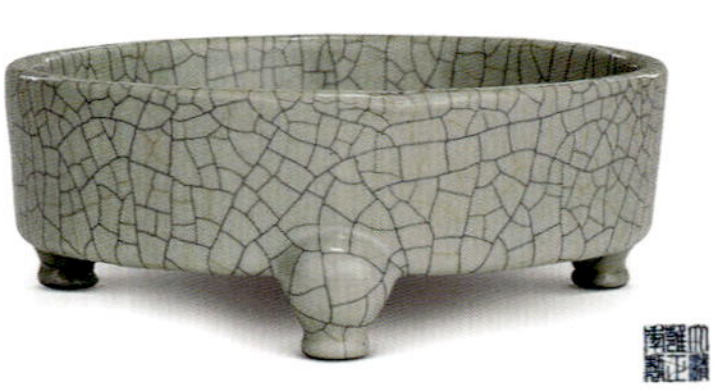

2804 清雍正 仿哥釉三足洗
“大清雍正年制”篆书款
来源：赵从衍旧藏；葛沃得旧藏。
估　价：RMB 2,000,000～3,000,000
成交价：RMB 3,622,500
直径16cm 中国嘉德 2015.05.16

2809 清雍正 仿哥釉八卦龙耳抱月瓶
“大清雍正年制”篆书款
估　价：RMB 5,000,000～8,000,000
成交价：RMB 9,775,000
高51cm 北京翰海 2015.11.28

3104 清雍正 仿哥釉八方扁瓶
“大清雍正年制”篆书款
估　价：HKD 2,000,000～3,000,000
成交价：RMB 1,806,200
宽48.4cm 佳士得 2015.12.02

3628 清雍正 仿哥釉嵌西洋鎏金汉壶尊
“大清雍正年制”款
来源：1.香港佳士得1992年3月31日拍卖，编号576；2.香港苏富比1996年11月5、6日拍卖，编号852。
估　价：HKD 5,500,000～7,500,000
成交价：RMB 5,490,960
高75cm 香港苏富比 2015.10.07

7373 清雍正 哥釉五孔琮式瓶
“大清雍正年制”款
备注：1.中国嘉德2004年11月6日拍品，编号181；2.中国嘉德2012年5月12日拍品，编号2644。
估　价：RMB 6,000,000～8,000,000
成交价：RMB 7,360,000
高27.8cm 北京保利 2015.12.08

5012 清雍正 官窑仿哥釉八方贯耳瓶
“大清雍正年制”款
来源：原为日本私人收藏，2007年后为美国私人收藏。
估　价：RMB 1,800,000～2,500,000
成交价：RMB 2,070,000
高46.5cm 北京东正 2015.11.19

3102 清乾隆 仿哥釉双鹿耳尊
“大清乾隆年制”篆书款
估　价：RMB 420,000～580,000
成交价：RMB 483,000
高32cm 西泠拍卖 2015.07.05

188 清乾隆 仿哥釉花口碗
“乾隆年制”款
来源：美国加州Garfield McNamara收藏；香港佳士得2011年6月1日拍品，编号3712。
估　价：GBP 10,000～15,000
成交价：RMB 287,400
直径12.1cm 伦敦苏富比 2015.05.13

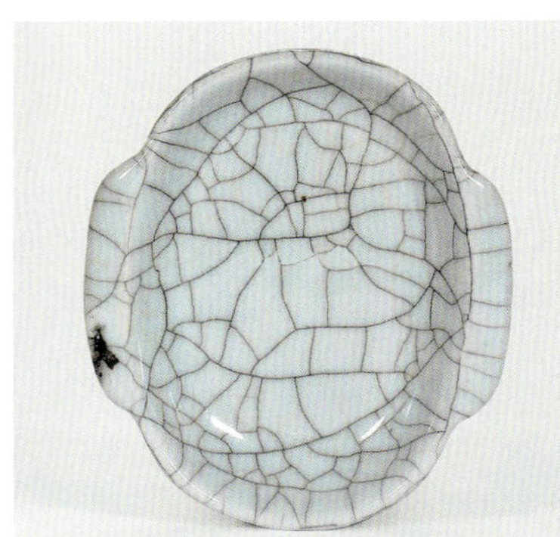

4446 清中期 仿哥釉羽觞杯
来源：日本私人旧藏。
成交价：RMB 10,350
长12.7cm 中国嘉德 2015.04.01

2857 清乾隆 仿哥釉弦纹五孔瓶
“大清乾隆年制”篆书款
估　价：RMB 2,600,000～3,600,000
成交价：RMB 2,990,000
高27.3cm 北京翰海 2015.06.28

3629 清乾隆 仿哥窑六方贯耳瓶
“大清乾隆年制”款
估　价：HKD 1,200,000～1,800,000
成交价：RMB 1,233,000
高46.5cm 香港苏富比 2015.10.07

543 18世纪/19世纪 仿哥釉鸠耳衔环尊
“大清乾隆年制”款
著录：1967年大阪美术俱楽部《书道美术品展観入札売立会》编号187。
估　价：HKD 250,000～350,000
成交价：RMB 250,313
高31.3cm 香港苏富比 2015.06.01

3248 清乾隆 仿哥釉贯耳方壶
“大清乾隆年制”篆书款
来源：1.日本鸿池家族珍藏（据传）；2.日本京都土桥嘉兵卫珍；3.20世纪50年代来源：日本京都私人收藏。
估　价：HKD 500,000～700,000
成交价：RMB 600,750
高31.4cm 佳士得 2015.06.03

2099 清 仿哥釉弦纹长颈瓶
“大清雍正年制”款
估　价：RMB 680,000
成交价：RMB 782,000
高27cm 北京翰海 2015.09.13

3942 清乾隆 仿哥釉双耳尊
"大清乾隆年制"篆书款
来源：1.台湾鸿禧美术馆旧藏；2.中国嘉德2001年4月25日拍品，编号1356；3.伦敦苏富比2006年7月12日拍品，编号134。
估　价：RMB 1,800,000～2,200,000
成交价：RMB 2,070,000
高21.5cm 北京匡时 2015.12.05

2804 北宋 龙泉窑刻花双系盘口盖瓶
来源：东京反町茂作珍藏，入藏于1938年以前。著录：1938年东京横河民辅《陶器图录》第七卷43页图53；2012年香港佳士得《古韵天成：临宇山人宋瓷珍藏展览》162－163页编号66。
估　价：HKD 1,000,000～1,500,000
成交价：RMB 1,609,160
高26.6cm 佳士得 2015.12.02

2809 清乾隆 仿哥釉荸荠扁瓶
"大清乾隆年制"篆书款
估　价：RMB 2,000,000～3,000,000
成交价：RMB 2,702,500
高21.3cm 中国嘉德 2015.05.16

龙泉窑

64 北宋 龙泉窑青釉缠枝牡丹纹梅瓶
出版：1992年东京《中国名陶展：中国陶磁2000年の精华》编号46。
估　价：USD 80,000～100,000
成交价：RMB 1,330,463
高20.8cm 纽约苏富比 2015.03.17

113 南宋 龙泉青釉龙纹盖瓶
来源：购于20世纪40或50年代，后家族传承
估　价：USD 6,000～8,000
成交价：RMB 238,988
高20.6cm 纽约苏富比 2015.09.15

74 南宋 龙泉青釉笠式碗
来源：1986年11月购于香港
估　价：USD 10,000～15,000
成交价：RMB 103,561
直径14.3cm 纽约苏富比 2015.09.15

3213 南宋 龙泉青釉盆
估　价：HKD 800,000～1,200,000
成交价：RMB 750,938
直径30.1cm 佳士得 2015.06.03

3443 南宋 龙泉窑鬲式炉
估　价：HKD 600,000～1,000,000
成交价：RMB 571,356
高12.3cm 保利香港 2015.04.06

2806 南宋 龙泉窑双鱼纹折沿盘
来源：东京千秋庭收藏。著录：2006年东京千秋庭《中国美术搜集》59页编号70；2010年东京根津美术馆《南宋の青磁》71页编号44；2012年香港佳士得《古韵天成：临宇山人宋瓷珍藏展览》166－167页编号68。
估　价：HKD 900,000～1,200,000
成交价：RMB 1,855,460
直径21.3cm 佳士得 2015.12.02

70 南宋 龙泉窑青釉莲瓣纹盖碗
来源：养德堂收藏。出版：1985年台北 谭旦冏《中国陶瓷史》下卷478页。
估　价：USD 30,000～50,000
成交价：RMB 273,919
直径11.7cm 纽约苏富比 2015.03.17

2805 南宋 龙泉窑刻莲瓣纹碗
来源：1.上海Melchior珍藏；2.1962年4月纽约Mathias Komor收藏；3.Pauline and Johnny Falk珍藏，藏品编号198；4.纽约佳士得《The Falk Collection II：Chinese Ceramics and Works of Art》，2001年9月21日拍品478号；5.东京千秋庭收藏。
估　价：HKD 200,000～300,000
成交价：RMB 410,500
直径13cm 佳士得 2015.12.02

2807 南宋 龙泉窑长颈瓶
来源：中岛洋一（东京日本桥20世纪50至60年代水户忠茶道馆旧主人）珍藏。著录：1996年 大阪 和泉市久保惣记念美术馆《千声万声と龙泉窑の青磁》编号21；2012年香港佳士得《古韵天成：临宇山人宋瓷珍藏展览》172–173页编号72。
估　价：HKD 1,500,000～2,500,000
成交价：RMB 1,904,720
高25.6cm 佳士得 2015.12.02

2318 南宋/元 龙泉窑青釉梅瓶
估　价：USD 300,000～500,000
成交价：RMB 2,020,241
高23.6cm 纽约佳士得 2015.09.17

183 宋 龙泉官窑三足水丞配水滴
来源：1971年前日本水野清收藏，1980年纽约入藏。
估　价：USD 10,000～15,000
成交价：RMB 406,965
高8.2cm 纽约苏富比 2015.03.17

2343 南宋末/元 龙泉窑青釉双鱼纹盘
估　价：USD 50,000～80,000
成交价：RMB 477,975
直径22.2cm 纽约佳士得 2015.09.17

3329 宋 龙泉窑青瓷觯
来源：戴润斋（J.T.Tai & Co.）旧藏。
估 价：HKD 100,000～150,000
成交价：RMB 257,110
高15.2cm 保利香港 2015.04.06

300 宋 龙泉窑鬲式炉
估 价：HKD 400,000～600,000
成交价：RMB 387,984
直径12cm 中国嘉德 2015.10.06

3332 宋 龙泉窑青瓷长颈小瓶
来源：日本藏家旧藏。
估 价：HKD 150,000～180,000
成交价：RMB 485,653
高12.5cm 保利香港 2015.04.06

106 宋 龙泉窑青釉琮（2件）
来源：日本私人收藏。
估 价：GBP 40,000～60,000
成交价：RMB 1,887,260
高24cm×2 伦敦苏富比 2015.05.13

184 宋 龙泉窑青釉双鱼纹盘
来源：20世纪80年代前日本收藏。
估 价：USD 20,000～30,000
成交价：RMB 187,830
直径22.8cm 纽约苏富比 2015.03.17

612 宋 龙泉窑青釉莲瓣纹盖碗
来源：平野古陶轩旧藏。
估 价：HKD 50,000～80,000
成交价：RMB 200,250
直径10.6cm 香港苏富比 2015.06.01

609 宋 龙泉窑青釉渣斗
估 价：HKD 180,000～250,000
成交价：RMB 300,375
直径9.4cm 香港苏富比 2015.06.01

3720 元 龙泉青瓷双鱼折沿大盘
来源：香港佳士得1992年3月31日拍品，编号525。
估　价：HKD 400,000~600,000
成交价：RMB 504,375
直径37.5cm 香港苏富比 2015.04.07

870 元 龙泉青釉刻莲花纹长颈瓶
来源：安思远藏品编号PC4110。
估　价：USD 15,000~25,000
成交价：RMB 469,575
高61.5cm 纽约佳士得 2015.03.20

3215 元 龙泉青釉琮式瓶
来源：约1930年日本神户私人珍藏。
估　价：HKD 500,000~800,000
成交价：RMB 1,473,840
高27.2cm 佳士得 2015.06.03

3214 元 龙泉青釉刻八思巴文盘
来源：香港苏富比1978年5月23日拍品，编号29号；美国马里兰州Mason Wang Gallery收藏。
估　价：HKD 400,000~600,000
成交价：RMB 350,438
直径35.5cm 佳士得 2015.06.03

3671 元 龙泉青瓷贴龙纹盘
来源：1.卡尔肯普博士收藏，编号145；2.Bluett & Sons，伦敦（标签）；3.伦敦苏富比2008年5月14日拍品，编号329。
估　价：HKD 150,000～200,000
成交价：RMB 302,625
直径34.7cm 香港苏富比 2015.04.07

3218 元 龙泉青釉刻花卉纹棱式盖罐
来源：香港佳士得1995年10月20日拍品，编号680号；纽约佳士得2005年9月20日拍品，编号239。
估　价：HKD 350,000～550,000
成交价：RMB 320,400
高35cm 佳士得 2015.06.03

4175 元 龙泉窑缠枝花卉纹净水碗
估　价：RMB 120,000～220,000
成交价：RMB 138,000
直径19.4cm 中国嘉德 2015.09.19

18 元 龙泉窑青釉贴牡丹花纹瓶
来源：香港苏富比2004年4月25日拍品，编号282。
估　价：USD 20,000～30,000
成交价：RMB 469,575
高25.3cm 纽约苏富比 2015.03.17

1039 元 龙泉窑贴塑龙纹凤鸟钮盖瓶
来源：中国青瓷文化研究会提供。
估　价：RMB 360,000～450,000
成交价：RMB 437,000
高40.6cm 中鸿信 2015.07.29

7430 元 龚心钊旧藏青釉小瓶、青釉洗
备注：龚心钊先生"瞻麓斋"旧藏并题跋。
估　价：RMB 1,000,000～2,000,000
成交价：RMB 1,150,000
小瓶高11.7cm；洗直径14.2cm 北京保利 2015.12.08

4006 元/明 龙泉窑双凤耳瓶
估　价：RMB 400,000～600,000
成交价：RMB 471,500
高25.5cm 北京东正 2015.05.19

134 元末明初 龙泉窑翠青釉大罐
来源：日本重要藏家旧藏。
估　价：RMB 142,600～305,500
成交价：RMB 172,800
高26cm 景薰楼 2015.06.21

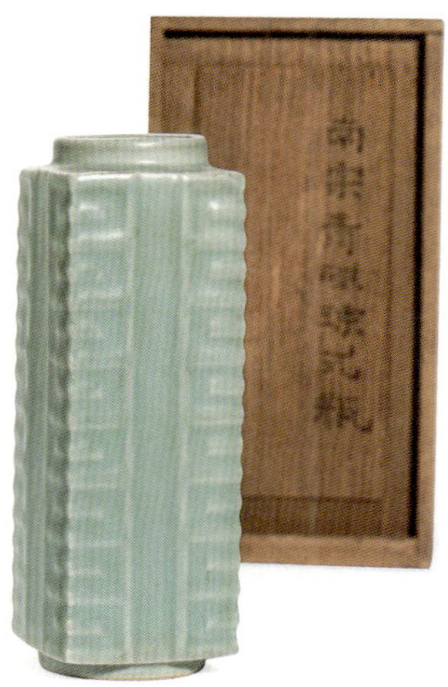

635 明或更早 龙泉琮式瓶
来源：中国嘉德2005年5月15日拍品，编号2060。
估　价：RMB 300,000～500,000
成交价：RMB 356,500
高24.5cm 保利厦门 2015.05.03

2357 元/明初 龙泉窑青釉钱纹花口盘
估　价：USD 60,000～80,000
成交价：RMB 477,975
直径42.5cm 纽约佳士得 2015.09.17

3220 明早期 龙泉青釉刻几何纹梅瓶
来源：20世纪上半叶日本京都私人收藏。
估　价：HKD 300,000～500,000
成交价：RMB 350,438
高33.8cm 佳士得 2015.06.03

650 明早期 龙泉窑青釉刻花番莲纹大碗
估　价：RMB 250,000～350,000
成交价：RMB 322,000
直径29cm 北京诚轩 2015.05.17

23 明早期 龙泉窑青釉刻花卉纹觚
估　价：USD 35,000～45,000
成交价：RMB 273,919
高26cm 纽约苏富比 2015.03.17

25 明早期 龙泉窑青釉刻鱼藻纹盘
来源：坂本五郎珍藏。
估　价：USD 20,000～30,000
成交价：RMB 328,703
直径31.1cm 纽约苏富比 2015.03.17

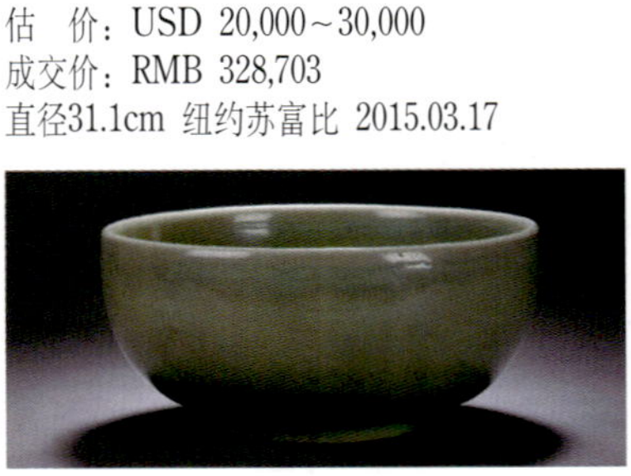

8878 明永乐 龙泉青釉墩式碗
来源：日本藏家旧藏。
估　价：RMB 400,000～600,000
成交价：RMB 460,000
直径22cm 北京保利 2015.06.08

1005 明早期 龙泉窑素面菱口大盘
来源：佳士得纽约2012年3月23日拍品，编号1975。
估　价：RMB 900,000～1,100,000
成交价：RMB 1,150,000
直径47.5cm 保利厦门 2015.05.02

3216 明永乐 龙泉青釉牡丹纹莲瓣大盘
来源：香港徐展堂旧藏；伦敦苏富比2008年11月5日拍品391号。
估　价：HKD 2,000,000～3,000,000
成交价：RMB 1,954,440
直径47cm 佳士得 2015.06.03

308 明洪武 龙泉梅子青玉壶春瓶
来源：日本藏家旧藏。
估 价：RMB 2,200,000～3,200,000
成交价：RMB 3,565,000
高31cm 翰风国际 2015.06.19

185 明永乐 龙泉窑青釉花卉纹碗
来源：Inchibei Yamada先生收藏，大阪美术俱乐部，大阪1929年6月4日拍品，编号137。
估 价：USD 50,000～70,000
成交价：RMB 391,313
直径18.1cm 纽约苏富比 2015.03.17

3038 明永宣 龙泉窑青釉暗刻山水人物砚屏
估 价：RMB 160,000～220,000
成交价：RMB 276,000
高20cm 西泠拍卖 2015.07.05

3114 明永乐 龙泉窑青釉盖罐
估 价：HKD 3,000,000～5,000,000
成交价：RMB 2,003,240
宽24.9cm 佳士得 2015.12.02

3107 明14世纪/15世纪 龙泉青釉刻莲纹菱花式大盘
估 价：USD 30,000～50,000
成交价：RMB 234,788
直径51.5cm 纽约佳士得 2015.03.15

3222 明15世纪 龙泉青釉缠枝花卉纹碗
来源：日本神户私人珍藏，约20世纪30年代入藏。
估 价：HKD 300,000～500,000
成交价：RMB 300,375
直径20.3cm 佳士得 2015.06.03

3223 明15世纪 龙泉青釉花卉纹盖罐
估 价：HKD 300,000~500,000
成交价：RMB 280,350
高35.6cm 佳士得 2015.06.03

3219 明15世纪 龙泉青釉龙耳炉
来源：1930年日本神户私人珍藏。
估 价：HKD 300,000~500,000
成交价：RMB 480,600
宽23cm 佳士得 2015.06.03

3178 明15世纪 龙泉青釉印牡丹纹执壶
来源：赤星家族珍藏（据日本木盒题字）。
估 价：HKD 300,000~500,000
成交价：RMB 431,025
高21.5cm 佳士得 2015.12.02

3040 明 龙泉青瓷镂空透雕缠枝牡丹纹瓶
估 价：RMB 68,000~80,000
成交价：RMB 86,250
高27cm 西泠拍卖 2015.07.05

304 明 龙泉窑镂雕荷塘鹭鸶图八方罐
估 价：HKD 350,000~550,000
成交价：RMB 339,486
宽32cm 中国嘉德 2015.10.06

3632 明 龙泉青釉大盘
出版：1976年东京《龙泉集芳》卷1图版515。
估 价：HKD 600,000~800,000
成交价：RMB 1,614,000
直径54.8cm 香港苏富比 2015.04.07

279 明 龙泉窑青釉龙耳纸搥瓶
来源：东京戸栗美术馆旧藏；伦敦苏富比2004年6月10日拍品，编号581。
估　价：GBP 20,000～30,000
成交价：RMB 455,050
高26.7cm 伦敦苏富比 2015.05.13

5013 明 龙泉窑印花碗
来源：安思远藏品编号PC1870。
估　价：HKD 400,000～500,000
成交价：RMB 378,072
直径17.2cm 保利香港 2015.05.31

8880 明 龙泉印花卉弦纹花觚
来源：日本关西重要私人藏家旧藏。
估　价：RMB 80,000～120,000
成交价：RMB 207,000
高44cm 北京保利 2015.06.08

8881 明 龙泉窑鬲式炉
估　价：RMB 300,000～500,000
成交价：RMB 345,000
宽16cm 北京保利 2015.06.08

景德镇青釉

3432 南宋 湖田窑龙首柄水注
估　价：HKD 100,000～150,000
成交价：RMB 95,226
高8cm 保利香港 2015.04.06

3689 清康熙 冬青釉浮雕缠枝番莲纹碗
"大清康熙年制"款
估　价：HKD 180,000～250,000
成交价：RMB 287,700
直径21.3cm 香港苏富比 2015.10.07

1006 明或更早 湖田窑弥勒像
来源：国有文物店旧藏。
估　价：RMB 500,000～800,000
成交价：RMB 920,000
高24cm 保利厦门 2015.05.02

415 清康熙 豆青釉刻螭龙牡丹纹笔筒
来源：安思远珍藏。
估　价：USD 30,000～50,000
成交价：RMB 1,233,417
直径19cm 纽约佳士得 2015.03.19

3363 清康熙 粉青釉饕餮纹贯耳瓶
“大清康熙年制”楷书款
来源：欧洲藏家旧藏。
估　价：HKD 3,500,000～4,500,000
成交价：RMB 3,428,136
高22.5cm 保利香港 2015.04.06

434 清康熙 青釉刻缠枝莲纹瓶
来源：安思远珍藏。
估　价：USD 15,000～25,000
成交价：RMB 782,625
高22.5cm 纽约佳士得 2015.03.19

433 清康熙 青釉刻缠枝牡丹纹瓶
来源：安思远珍藏。
估　价：USD 20,000～30,000
成交价：RMB 932,889
高25.6cm 纽约佳士得 2015.03.19

77 清康熙 青釉刻牡丹花卉螭龙纹笔筒
估 价：USD 40,000~60,000
成交价：RMB 414,245
直径18.4cm 纽约苏富比 2015.09.15

3242 清雍正 粉青釉暗刻福如东海纹碗
“大清雍正年制”楷书款
估 价：HKD 300,000~500,000
成交价：RMB 700,875
直径12.1cm 佳士得 2015.06.03

6334 清雍正 粉青釉观音瓶
“大清雍正年制”款
来源：日本藏家旧藏。
估 价：RMB 3,800,000~5,800,000
成交价：RMB 6,900,000
高27cm 北京保利 2015.06.06

6335 清雍正 冬青釉八方瓶
“大清雍正年制”款
来源：日本藏家旧藏。
估 价：RMB 4,200,000~7,200,000
成交价：RMB 9,200,000
高34.5cm 北京保利 2015.06.06

114 清雍正 粉青釉浮雕缠枝莲如意耳扁壶
“大清雍正年制”款
来源：苏格兰私人收藏；香港苏富比2006年10月8日拍品，编号1005。
估 价：HKD 12,000,000~15,000,000
成交价：RMB 16,527,360
高29.1cm 香港苏富比 2015.04.07

3546 清雍正 粉青釉模印凤纹高足碗
“雍正年制”暗刻篆书款
估　价：HKD 200,000～280,000
成交价：RMB 213,391
高9.3cm 保利香港 2015.10.06

4173 清雍正 青釉模印穿花凤纹高足杯
“雍正年制”款
估　价：RMB 8,000～12,000
成交价：RMB 115,000
直径9.6cm 中国嘉德 2015.04.01

10 清雍正 粉青釉浅浮雕福寿万代纹鸡心碗（一对）
“大清雍正年制”楷书款
来源：香港佳士得2008年5月27日拍品，编号1589。
估　价：RMB 3,000,000～3,500,000
成交价：RMB 3,450,000
直径12.2cm 上海道明 2015.05.09

3103 清雍正 粉青釉网络尊
“大清雍正年制”篆书款
来源：1.德国驻华外交官Hermann Dobrikow（1928年卒于北京）旧藏；2.1930年经柏林Lepke拍卖行卖于德国私人藏家；3.现任藏家于1996年购藏。
估　价：HKD 3,000,000～5,000,000
成交价：RMB 8,202,240
高17cm 佳士得 2015.06.03

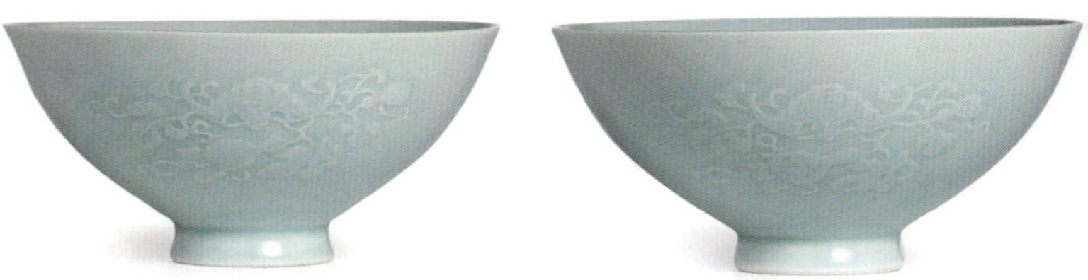

3602 清雍正 粉青釉印多子多福纹碗（一对）
“大清雍正年制”款
来源：伦敦佳士得2005年7月15日拍品，编号259。
估　价：HKD 3,000,000～5,000,000
成交价：RMB 2,969,760
直径15.7cm 香港苏富比 2015.04.07

456 清雍正 粉青釉寿山福海盘
“大清雍正年制”款
估 价：RMB 1,500,000～2,000,000
成交价：RMB 1,725,000
直径16cm 厦门华辰 2015.06.20

7 清雍正 粉青釉双弦纹六方贯耳瓶
“大清雍正年制”款
来源：日本私人收藏。
估 价：USD 150,000～200,000
成交价：RMB 4,499,338
高28cm 纽约苏富比 2015.09.15

3159 清乾隆 “敬畏堂制”豆青釉盖碗
“敬畏堂制”楷书款
来源：香港佳士得2006拍卖第1595。
估 价：RMB 110,000～150,000
成交价：RMB 126,500
口径11cm 西泠拍卖 2015.07.05

9044 清乾隆 豆青釉暗花缠枝牡丹大碗
“大清乾隆年制”款
估 价：RMB 200,000～300,000
成交价：RMB 230,000
直径26.5cm 北京保利 2015.06.08

2856 清乾隆 豆青釉弦纹五孔瓶
“大清乾隆年制”篆书款
估 价：RMB 500,000～700,000
成交价：RMB 690,000
高27.3cm 北京翰海 2015.06.28

3517 清雍正/乾隆 粉青釉盘口水盂
来源：1.伦敦苏富比2012年11月拍卖，编号70；2.伦敦汤普森伉俪（Peter & Nancy Thompson）旧藏；3.外国军官韦勒（A.T.Warre）旧藏；4.科斯托兰尼（E.G.Kostolany）旧藏；5.伦敦苏富比1953年3月3日拍卖，编号29；6.英国里埃斯科（Riesco）家族旧藏；7.伦敦苏富比1984年12月11日拍卖，编号420；8.伦敦著名古董商布鲁耶父子（Bluett & Sons）旧藏；9.欧洲藏家乔治（George & Norah Worre）旧藏。
估　价：HKD 680,000～880,000
成交价：RMB 931,162
直径6cm 保利香港 2015.10.06

5013 清雍正 御窑粉青釉双系倭角盖罐
“大清雍正年制”款
来源：原为北京文物公司旧藏。
估　价：RMB 2,300,000～2,800,000
成交价：RMB 2,760,000
高13.5cm 北京东正 2015.11.19

4055 清乾隆 豆青釉月牙盖罐
“大清乾隆年制”篆书款
估　价：RMB 350,000～400,000
成交价：RMB 471,500
高21.5cm 北京东正 2015.05.19

989 清乾隆 粉青釉带盖葫芦瓶
“大清乾隆年制”篆书款
来源：日本藏家旧藏。
估　价：RMB 1,500,000～2,500,000
成交价：RMB 2,185,000
高36cm 保利厦门 2015.05.02

7379 清乾隆 豆青釉印福寿海棠瓶
“大清乾隆年制”款
备注：1.上海藏家旧藏；2.中国嘉德2003年7月12日拍品，编号1131；3.中国嘉德2011年5月23日《东波斋藏瓷》专场拍品，编号3968。
估　价：RMB 3,600,000～4,600,000
成交价：RMB 4,370,000
高28.5cm 北京保利 2015.12.08

2157 清乾隆 粉青釉鼓墩式香插/花插
“大清乾隆年制”篆书款
估　价：USD 10,000～15,000
成交价：RMB 358,481
高11.8cm 纽约佳士得 2015.09.17

1051 清乾隆 仿永乐粉青暗刻花卉双耳扁瓶
估　价：RMB 2,500,000～4,500,000
成交价：RMB 4,370,000
高30cm 上海敬华 2015.06.30

3115 清乾隆 粉青釉海棠式瓶
“大清乾隆年制”款
来源：田路周一收藏。
估　价：HKD 8,000,000～12,000,000
成交价：RMB 7,811,760
高37.9cm 香港苏富比 2015.04.07

6467 清乾隆 粉青釉海棠式小洗
“大清乾隆年制”款
来源：上海藏家旧藏。
估　价：RMB 800,000～1,200,000
成交价：RMB 1,150,000
长14.5cm 北京保利 2015.06.06

2162 清乾隆 粉青釉刻缠枝莲纹大抱月瓶
“大清乾隆年制”篆书款
估　价：USD 1,000,000～1,500,000
成交价：RMB 13,032,785
高45.2cm 纽约佳士得 2015.09.17

9049 清乾隆 粉青釉模印夔凤纹双耳尊
来源：日本藏家旧藏。
估　价：RMB 350,000～550,000
成交价：RMB 402,500
高35cm 北京保利 2015.06.08

5023 清乾隆 官窑冬青釉鼓钉洗
“大清乾隆年制”款
估　价：RMB 600,000～800,000
成交价：RMB 690,000
口径14.3cm 北京东正 2015.11.19

3113 清乾隆 青釉葫芦瓶
“大清乾隆年制”篆书款
估　价：RMB 1,600,000～1,800,000
成交价：RMB 1,955,000
高32cm 西泠拍卖 2015.07.05

7376 清乾隆 粉青釉模印夔龙花卉纹贯耳六方瓶
“大清乾隆年制”款
估 价：RMB 5,600,000~7,600,000
成交价：RMB 6,325,000
高45.5cm 北京保利 2015.12.08

5018 清乾隆 御窑粉青釉三足香插
“大清乾隆年制”款
来源：原为上海文物商店旧藏；上海敬华2001年6月23日拍品，编号118。
估 价：RMB 3,000,000~4,000,000
成交价：RMB 3,680,000
高11.5cm 北京东正 2015.11.19

9074 清乾隆 月白釉礼器仿青铜豆
“大清乾隆年制”款
来源：亚洲重要私人珍藏。
估 价：RMB 1,600,000~2,600,000
成交价：RMB 2,760,000
高26.5cm 北京保利 2015.06.08

3125 18世纪 粉青釉堆花苍龙教子大瓶
估 价：USD 500,000~700,000
成交价：RMB 3,412,245
高70.5cm 纽约佳士得 2015.03.15

7380 清嘉庆 粉青釉模印缠枝花卉夔凤莲蓬口瓶
“大清嘉庆年制”款
备注：1.香港苏富比1975年11月17日拍品，编号153；2.香港佳士得2001年4月29日拍品，编号554；3.香港苏富比2007年10月9日拍品，编号1201。
估　价：RMB 6,000,000～8,000,000
成交价：RMB 9,430,000
高30cm 北京保利 2015.12.08

3108 清道光 粉青釉琮式八卦纹瓶
“大清道光年制”篆书款
估　价：RMB 180,000～280,000
成交价：RMB 322,000
高29cm 西泠拍卖 2015.07.05

4029 清中期 青釉模印缠枝莲蝠纹花盆（一对）
估　价：RMB 30,000～50,000
成交价：RMB 138,000
直径38.1cm 中国嘉德 2015.04.01

698 清道光 豆青釉日月盖罐（一对）
“大清道光年制“篆书款
来源：中国嘉德2006年6月3日拍卖，编号1789。
估　价：RMB 380,000～480,000
成交价：RMB 805,000
高20.5cm×2 保利厦门 2015.05.03

其他窑

779 西汉 原始青瓷双耳弦纹壶
来源：安思远珍藏。
估　价：USD 3,000～5,000
成交价：RMB 37,566
高43cm 纽约佳士得 2015.03.20

777 东汉 青釉印纹罐
估　价：USD 3,000～5,000
成交价：RMB 78,263
高31.8cm 纽约佳士得 2015.03.20

795 隋 青釉长颈瓶
来源：安思远珍藏。
估　价：USD 4,000～6,000
成交价：RMB 50,871
高23.5cm 纽约佳士得 2015.03.20

794 隋/唐初 青釉十三足辟雍砚
估　价：USD 5,000～7,000
成交价：RMB 125,220
直径13.7cm 纽约佳士得 2015.03.20

2300 隋/唐 灰青釉蒜头瓶
估　价：USD 6,000～8,000
成交价：RMB 39,831
高24cm 纽约佳士得 2015.09.17

797 可能为唐 青釉瑞兽摆件
来源：安思远珍藏。
估　价：USD 6,000～8,000
成交价：RMB 187,830
宽19cm 纽约佳士得 2015.03.20

3306 隋 淡青瓷平底洗
估　价：HKD 20,000～30,000
成交价：RMB 47,613
直径14cm 保利香港 2015.04.06

28 五代/宋 青瓷斗笠碗
出版：长谷部乐尔《东窑といわれる青磁碗について》，1986年9月《美术志MUSEUM》426号图版4。
估　价：GBP 3,000～5,000
成交价：RMB 419,125
直径15cm 伦敦苏富比 2015.05.13

26 五代/宋 青瓷斗笠碗
出版：长谷部乐尔「东窑といわれる青磁碗について」，1986年9月《美术志MUSEUM》426号图版3。
估 价：GBP 3,000～5,000
成交价：RMB 167,650
直径14.1cm 伦敦苏富比 2015.05.13

6032 北宋 饶州窑刻花大枕
来源：香港资深藏家旧藏。
估 价：HKD 650,000～850,000
成交价：RMB 624,780
长28cm 罗芙奥 2015.06.02

53 15世纪/16世纪 朝鲜三岛窑青瓷鸟纹瓶
估 价：GBP 5,000～7,000
成交价：RMB 838,250
高14cm 伦敦苏富比 2015.05.13

5024 北宋 青瓷十棱壶
来源：安思远藏品编号PC9050。
估 价：HKD 900,000～1,500,000
成交价：RMB 850,662
高24.5cm 保利香港 2015.05.31

51 高丽时代 青瓷象嵌婴戏图小杯及花卉纹洗
小杯来源：东京茧山龙泉堂藏品。
估 价：GBP 3,000～4,000
成交价：RMB 359,250
长8cm 伦敦苏富比 2015.05.13

3042 宋 建窑盏及龙泉盏托（一组两件）
估 价：RMB 80,000～120,000
成交价：RMB 109,250
盏口径12.5cm；盏托口径16.6cm 西泠拍卖 2015.07.05

2329 宋/元 耀州窑月白釉双系罐
估 价：USD 6,000～8,000
成交价：RMB 334,583
高15.9cm 纽约佳士得 2015.09.17

275 宋 东沟窑青釉鬲式炉
估 价：HKD 80,000～120,000
成交价：RMB 77,597
直径15cm 中国嘉德 2015.10.06

白 瓷

定窑白釉

3201 北宋/金 乾隆御题定窑葵花式盘
“乾隆丙申春御题”款，“古香”“太璞”印
来源：1.伦敦佳士得1970年10月12日拍品，编号27；2.1972年11月从 P. Delplace 购得，比利时私人收藏；3.伦敦苏富比2005年11月9日拍品。
估 价：HKD 1,500,000～2,000,000
成交价：RMB 1,614,000
直径15.2cm 香港苏富比 2015.04.07

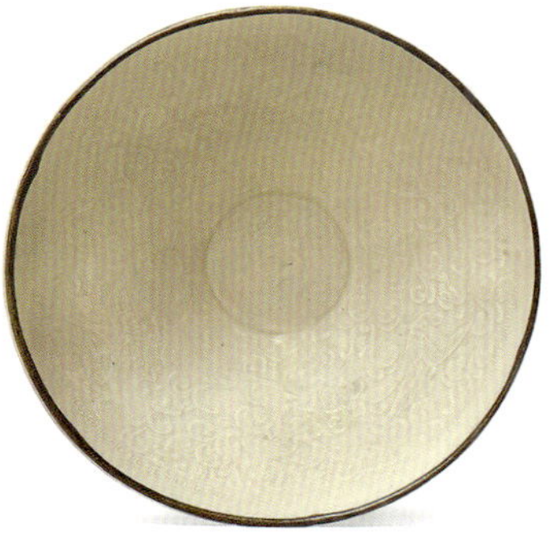

9 北宋/金 定窑白釉飞雁纹碗
估 价：USD 100,000～150,000
成交价：RMB 782,625
直径19.1cm 纽约苏富比 2015.03.17

179 北宋 定窑刻莲花纹碗
估 价：USD 10,000～15,000
成交价：RMB 109,568
直径9.5cm 纽约苏富比 2015.03.17

6055 北宋 定窑萱花纹大钵
来源：香港资深藏家旧藏。
估　价：HKD 1,600,000～2,000,000
成交价：RMB 1,537,920
口径23cm 罗芙奥 2015.06.02

5 北宋 定窑刻牡丹花纹碗
出版：1983年 东京 根津美术馆《定窑白磁》 77页编号132。
估　价：USD 1,000,000～1,500,000
成交价：RMB 21,099,570
直径20.48cm 纽约苏富比 2015.03.17

588 北宋 定窑刻花双鱼纹碗
估　价：HKD 500,000～700,000
成交价：RMB 500,625
直径20.2cm 香港苏富比 2015.06.01

6049 北宋 定窑刻荷花纹大枕
来源：林光大医师旧藏。
估　价：HKD 550,000～700,000
成交价：RMB 528,660
长27cm 罗芙奥 2015.06.02

192 北宋 定窑白釉印花博古图分格花口盘
估　价：USD 10,000～15,000
成交价：RMB 78,263
直径20cm 纽约苏富比 2015.03.17

11 北宋 定窑白釉刻莲花纹盘
估　价：USD 80,000～100,000
成交价：RMB 665,231
直径24cm 纽约苏富比 2015.03.17

2342 北宋 定窑白釉瓶
估　价：USD 280,000～350,000
成交价：RMB 2,020,241
高23.2cm 纽约佳士得 2015.09.17

3659 北宋 定窑盖盒
来源：1.美国James E.Breece 三世旧藏；2.美国波士顿藏家Georges DeBatz旧藏；3.日本土屋氏旧藏；4.佳士得纽约，2014年3月20–21日拍卖，编号2080。
估　价：HKD 180,000～200,000
成交价：RMB 174,593
直径16.1cm 保利香港 2015.10.06

66 宋 定窑白釉盖盒
估　价：USD 20,000～30,000
成交价：RMB 250,440
直径7.6cm 纽约苏富比 2015.03.17

17 宋 定窑白釉狮子捧莲高足杯
估　价：USD 30,000～50,000
成交价：RMB 477,975
高10.1cm 纽约苏富比 2015.09.15

198 宋 定窑白釉水丞
估　价：USD 10,000～15,000
成交价：RMB 109,568
高4.7cm 纽约苏富比 2015.03.17

3343 宋 定窑白瓷印花宝相花仙草纹浅盏
估　价：HKD 380,000～450,000
成交价：RMB 361,859
直径17.2cm 保利香港 2015.04.06

282 宋 定窑龙纹印花小盘
估　价：HKD 400,000～600,000
成交价：RMB 581,976
直径12.5cm 中国嘉德 2015.10.06

2815 北宋 定窑划花莲纹洗
来源：东京千秋庭旧藏；临宇山人珍藏。展览：2006年东京千秋庭《创立十周年纪念展览会》图录编号61；佳士得《古韵天成：临宇山人宋瓷珍藏展览》，香港2012年11月22至27日；纽约2013年3月15至20日；伦敦2013年5月10至14日图录编号9。
估　价：HKD 5,000,000～7,000,000
成交价：RMB 4,170,680
直径20.6cm 佳士得 2015.12.02

2816 北宋 定窑刻莲纹盘
来源：1.仇炎之珍藏，伦敦苏富比1980年12月16日拍品250号；2.伦敦埃斯肯纳齐收藏；3.香港佳士得2002年4月29日拍品603号；4.东京千秋庭收藏。5.临宇山人珍藏。
估　价：HKD 3,000,000～5,000,000
成交价：RMB 2,791,400
直径16.5cm 佳士得 2015.12.02

621 宋 定窑白釉印花碗
来源：安思远珍藏。
估　价：RMB 180,000～200,000
成交价：RMB 322,000
直径18.2cm 中贸圣佳 2015.05.20

34 金 定窑白釉印花菊瓣盘
来源：纽约佳士得1986年6月5日拍卖，编号189；1987年11月购于香港。
估　价：USD 5,000～7,000
成交价：RMB 63,730
直径14.3cm 纽约苏富比 2015.09.15

8102 元 定窑花口内刻莲花盘
来源：日本关西重要私人收藏。
估　价：RMB 600,000～800,000
成交价：RMB 977,500
直径20.5cm 北京保利 2015.06.07

7355 11世纪 定窑白釉十二瓣形洗
备注：1.1925年日本藏家藤井善助旧藏；2.日本藏家旧藏。
估 价：RMB 4,000,000~6,000,000
成交价：RMB 6,325,000
直径17.8cm 北京保利 2015.12.07

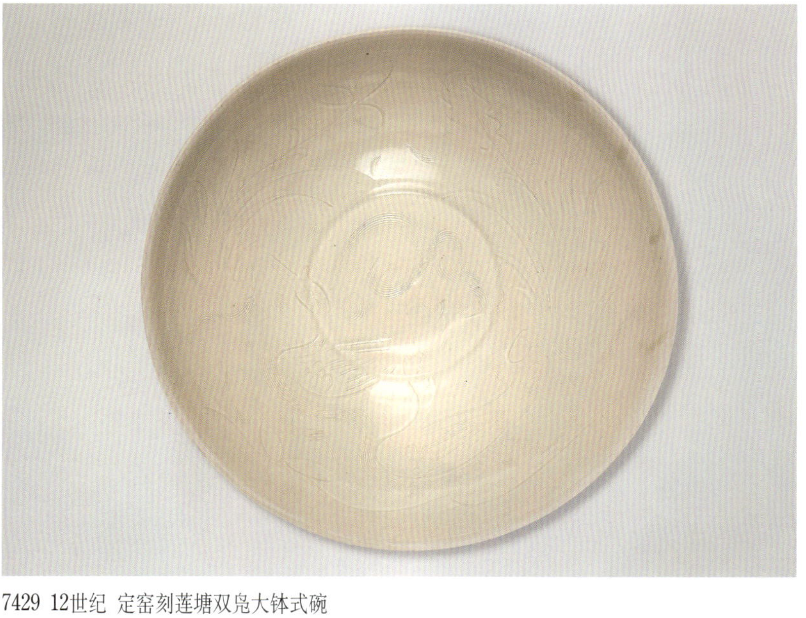

7429 12世纪 定窑刻莲塘双凫大钵式碗
备注：1.藤田男爵旧藏，明治十七年；2.池田孟旧藏，昭和三年3.伊豫西条，松平家旧藏，昭和二十七年。
估 价：RMB 4,000,000~6,000,000
成交价：RMB 5,520,000
直径27.8cm 北京保利 2015.12.08

9415 元 定窑斗笠碗
"官"字款
来源：晚清重臣张荫棠及其家族递藏。
估 价：RMB 20,000~50,000
成交价：RMB 184,000
直径15.6cm 北京保利 2015.06.08

7427A 元 定窑缠枝花卉大碗
备注：日本关西重要藏家旧藏。
估 价：RMB 300,000~500,000
成交价：RMB 460,000
直径30.5cm 北京保利 2015.12.08

1923 明或更早 定窑白釉刻花花口盘
估 价：RMB 500,000~600,000
成交价：RMB 552,000
直径17.8cm 华艺国际 2015.05.24

7428 元 定窑刻莲花笠式碗
备注：纽约藏家旧藏。
估 价：RMB 700,000～900,000
成交价：RMB 1,150,000
直径20.5cm 北京保利 2015.12.08

609 清雍正 仿定窑白釉刻花瑞兽纹葫芦瓶
来源：欧洲藏家旧藏。
估 价：RMB 180,000～280,000
成交价：RMB 207,000
高24.5cm 保利厦门 2015.05.03

9070 清乾隆 仿定窑百寿纹方瓶（一对）
估 价：RMB 450,000～650,000
成交价：RMB 517,500
高20.4cm 北京保利 2015.06.08

磁州窑

823 北宋 磁州窑白釉梅瓶
估 价：USD 10,000～15,000
成交价：RMB 109,568
高24.6cm 纽约佳士得 2015.03.20

5017 北宋 磁州窑刻花壶
来源：安思远藏品编号PC5161。
估 价：HKD 90,000～150,000
成交价：RMB 85,066
高14.7cm 保利香港 2015.05.31

406 宋 磁州窑刻花卉高足杯
估 价：RMB 250,000～350,000
成交价：RMB 287,500
高9.6cm 厦门华辰 2015.06.20

29 北宋 磁州窑白釉柳斗纹碗
来源：东京茧山龙泉堂藏品。
估 价：GBP 3,000～4,000
成交价：RMB 143,700
直径10.2cm 伦敦苏富比 2015.05.13

859 金/元 磁州白釉刻莲纹碗
估 价：USD 6,000～8,000
成交价：RMB 46,958
直径23.5cm 纽约佳士得 2015.03.20

47 北宋 定窑白釉印花缠枝菊花纹碗
来源：1986年11月购于香港。
估 价：USD 10,000～15,000
成交价：RMB 254,920
直径17.8cm 纽约苏富比 2015.09.15

德化窑

9079 明 德化窑“马可波罗”八角镂空香熏
估 价：RMB 350,000～550,000
成交价：RMB 402,500
宽14cm 北京保利 2015.06.08

8662 明 林子信制德化观音立像
“林子信制”款
估 价：RMB 1,000,000～1,500,000
成交价：RMB 1,150,000
高47.8cm 北京保利 2015.12.08

466 明晚期 林子信 德化白釉诗文三足杯
钤 印：石子、子信
来源：徐展堂收藏。
估 价：RMB 450,000～550,000
成交价：RMB 552,000
高9cm 厦门华辰 2015.06.20

2912 明16世纪 德化白釉阿弥陀佛坐像
“何朝宗印”款
来源：柏林R. Wagner珍藏，约20世纪20年代；德国家族珍藏，入藏于20世纪90年代。著录：1925年柏林 O. Burchard《Chinesische Kleinplastik, Orbis Pictus, Band 12》图45号。
估 价：HKD 3,000,000～5,000,000
成交价：RMB 7,323,320
高45.4cm 佳士得 2015.12.02

414 明晚期 何朝宗 德化白瓷观音像
“何朝宗”款
估 价：RMB 400,000～500,000
成交价：RMB 437,000
高15.7cm 厦门华辰 2015.06.20

3142 明晚期 德化白釉观音坐像
估 价：USD 10,000～15,000
成交价：RMB 352,181
高19.6cm 纽约佳士得 2015.03.15

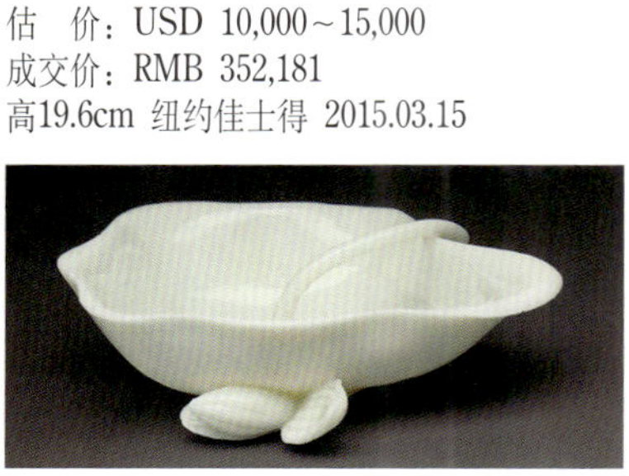

409 明末清初 德化白釉荷叶形洗
估 价：USD 5,000～7,000
成交价：RMB 219,135
长10.5cm 纽约佳士得 2015.03.19

4468 17世纪 德化窑白瓷象耳活环瓶
估 价：RMB 100,000～180,000
成交价：RMB 115,000
高24.5cm 中国嘉德 2015.05.16

258 17世纪 德化白釉真武三官山子
估 价：USD 10,000～15,000
成交价：RMB 164,351
高30.8cm 纽约苏富比 2015.03.17

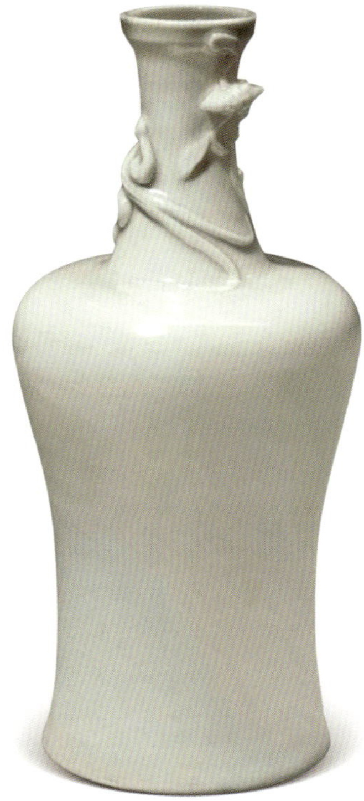

421 清初17世纪 德化白釉贴螭龙纹瓶
来源：安思远珍藏。
估 价：USD 8,000～12,000
成交价：RMB 391,313
高23cm 纽约佳士得 2015.03.19

9082 清早期 德化盘螭执壶
来源：日本藏家旧藏。
估 价：RMB 120,000～150,000
成交价：RMB 138,000
高15cm 北京保利 2015.06.08

2851 清康熙 德化窑观音坐像
来源：英国藏家旧藏。
估 价：RMB 100,000～150,000
成交价：RMB 195,500
高19cm 中国嘉德 2015.05.16

541 清康熙 德化白瓷花叶式杯（一对）
估 价：HKD 15,000～20,000
成交价：RMB 32,040
直径7.5cm，直径7.7cm
香港苏富比 2015.06.01

444 清17世纪/18世纪 德化白釉和尚坐像
来源：安思远珍藏。
估 价：USD 3,000～5,000
成交价：RMB 289,571
高11.5cm 纽约佳士得 2015.03.19

3687 清康熙 德化白瓷观音菩萨坐像
来源：仇焱之收藏；香港苏富比1981年5月19日拍卖，编号460。
估 价：HKD 200,000～300,000
成交价：RMB 719,250
高33.5cm 香港苏富比 2015.10.07

122 清17世纪/18世纪 德化窑透雕状元及第铭笔筒
估 价：USD 16,000~18,000
成交价：RMB 125,220
高15cm 纽约苏富比 2015.03.17

683 17世纪/18世纪 德化白釉铺首耳长颈瓶（一对）
来源：香港佳士德2014年5月28日拍品，编号3455。
估 价：RMB 180,000~280,000
成交价：RMB 287,500
高37cm×2 保利厦门 2015.05.03

2274 18世纪 德化窑释迦牟尼莲花宝座像“博及渔人”款
估 价：RMB 200,000~300,000
成交价：RMB 253,000
高34cm 北京匡时 2015.06.06

256 19世纪 德化白釉千手观音坐像
印 章：“德化”“何朝宗制”
估 价：USD 7,000~9,000
成交价：RMB 234,788
高38.8cm 纽约苏富比 2015.03.17

408 清 德化白釉文殊菩萨骑狮坐像
估 价：USD 18,000~25,000
成交价：RMB 932,889
高34.3cm 纽约佳士得 2015.03.19

3253 清 德化白釉西王母坐像
来源：慕尼黑Ludwig Bretschneider 旧藏；现任藏家于1995年购藏。
估 价：HKD 100,000~150,000
成交价：RMB 420,525
高23.5cm 佳士得 2015.06.03

259 18世纪 德化白釉观音坐像
来源：1974年纽约E & J Franke收藏。
估　价：USD 20,000~30,000
成交价：RMB 6,073,170
高36.2cm 纽约苏富比 2015.03.17

3143 清末民初 德化白釉观音立像
估　价：USD 12,000~18,000
成交价：RMB 508,706
高45cm 纽约佳士得 2015.03.15

2865 清 德化窑观音
估　价：RMB 3,600,000~4,600,000
成交价：RMB 4,485,000
高155cm 北京翰海 2015.11.28

景德镇白釉

5026 北宋 湖田窑兽首壶
来源：安思远藏品编号PC3151。
估 价：HKD 800,000～1,200,000
成交价：RMB 756,144
高21.8cm 保利香港 2015.05.31

5027 北宋 青白瓷莲瓣瓶
来源：安思远藏品编号PC3162。
估 价：HKD 20,000～40,000
成交价：RMB 47,259
高13.5cm 保利香港 2015.05.31

33 北宋 青白釉刻牡丹纹带盖子母粉盒
来源：东京茧山龙泉堂藏品。
估 价：GBP 1,500～2,000
成交价：RMB 26,345
直径14.3cm 伦敦苏富比 2015.05.13

5028 北宋 湖田窑梅瓶
来源：安思远藏品编号PC3080。
估 价：HKD 1,100,000～1,500,000
成交价：RMB 1,039,698
高25.3cm 保利香港 2015.05.31

134 北宋 青白釉笠式碗
来源：香港沐文堂珍藏。
估 价：HKD 30,000～50,000
成交价：RMB 20,175
直径10.5cm 佳士得 2015.04.06

3174 北宋 青白釉刻螭龙纹花口碗
估 价：HKD 500,000～800,000
成交价：RMB 718,375
直径19.6cm 佳士得 2015.12.02

2829 北宋 青白釉瓜棱执壶
来源：阿姆斯特丹佳士得2006年10月31日拍品462号；东京千秋庭旧藏。
估 价：HKD 100,000～200,000
成交价：RMB 225,775
高14.8cm 佳士得 2015.12.02

101 南宋 青白团花纹梅瓶
出版：1992年东京《中国名陶展：中国陶磁2000年の精华》编号50。
估 价：USD 60,000～80,000
成交价：RMB 1,486,988
高24.5cm 纽约苏富比 2015.03.17

286 北宋 影青双螭龙耳杯
估 价：HKD 20,000～30,000
成交价：RMB 29,099
宽12cm 中国嘉德 2015.10.06

3430 南宋 湖田窑青白瓷螭龙水注
估 价：HKD 120,000～150,000
成交价：RMB 133,316
宽8.5cm 保利香港 2015.04.06

3435 南宋 湖田窑龙耳杯及托
估 价：HKD 250,000～350,000
成交价：RMB 238,065
宽13.5cm 保利香港 2015.04.06

187 南宋 青白刻萱草纹梅瓶
来源：东京中央拍卖，编号369（据标签）。
估 价：USD 50,000～70,000
成交价：RMB 391,313
高23.5cm 纽约苏富比 2015.03.17

2345 南宋 青白釉仿古蟠夔纹凤耳壶
估 价：USD 80,000～120,000
成交价：RMB 1,331,957
高17.5cm 纽约佳士得 2015.09.17

3323 宋 湖田窑青白瓷仿定式盏托
估 价：HKD 30,000～50,000
成交价：RMB 176,168
宽11.2cm 保利香港 2015.04.06

2709 南宋 青白釉观音
原藏家：泰国春秋堂。
估 价：RMB 3,000,000～6,000,000
成交价：RMB 5,750,000
高38cm 北京翰海 2015.06.28

2830 南宋 青白釉刻卷草纹梅瓶
来源：东京千秋庭旧藏。著录：2006年东京千秋庭《中国美术搜集》67页编号85。
估 价：HKD 300,000～500,000
成交价：RMB 1,116,560
高26.2cm 佳士得 2015.12.02

2828 南宋 青白釉龟形盖砚
来源：东京千秋庭旧藏；临宇山人收藏。展览：佳士得《古韵天成：临宇山人宋瓷珍藏展览》图录编号62，香港2012年11月22至27日；纽约2013年3月15至20日；伦敦2013年5月10至14日。
估 价：HKD 200,000～400,000
成交价：RMB 410,500
宽7.5cm 佳士得 2015.12.02

836 南宋 青白釉刻婴戏图梅瓶
估 价：USD 80,000～120,000
成交价：RMB 1,684,209
高37.1cm 纽约佳士得 2015.03.20

3326 宋 湖田窑青白瓷仿古蕉叶纹贯耳瓶
来源：日本小山富士夫旧藏。
估　价：HKD 600,000~800,000
成交价：RMB 571,356
高19.5cm 保利香港 2015.04.06

6048 宋 湖田窑婴戏瓷塑
来源：林光大医师旧藏。
估　价：HKD 2,500,000~3,200,000
成交价：RMB 2,499,120
长28cm；高15cm 罗芙奥 2015.06.02

289 宋 湖田窑影青花口高足杯（一对）
估　价：HKD 100,000~200,000
成交价：RMB 184,292
直径10cm 中国嘉德 2015.10.06

3 宋 青白瓜形连盖执壶
来源：坂本五郎珍藏。
估　价：USD 30,000~40,000
成交价：RMB 352,181
高24.77cm 纽约苏富比 2015.03.17

78 宋 青白莲花纹碗
借展：1988-2015年亚拉巴马州伯明翰Birmingham Museum of Art。
估　价：USD 20,000~30,000
成交价：RMB 159,325
直径20cm 纽约苏富比 2015.09.15

104 宋 青白花口杯连盏托
来源：养德堂收藏。出版：1985年台北谭旦冏《中国陶瓷史》下卷478页。
估　价：USD 15,000~20,000
成交价：RMB 203,483
直径8.5cm 纽约苏富比 2015.03.17

1 宋 青白釉菊瓣高升杯
估　价：HKD 200,000~300,000
成交价：RMB 484,200
直径11.9cm 佳士得 2015.04.06

3209 宋 青白釉刻婴戏纹碗
来源：2012年8月14日香港大成古玩购入。
估　价：HKD 60,000~80,000
成交价：RMB 140,175
直径20.9cm 佳士得 2015.06.03

275 宋 青白釉人像（一对）
来源：1999年伦敦Eskenazi Ltd.珍藏。
估　价：GBP 25,000~30,000
成交价：RMB 981,950
高13.2cm×2 伦敦苏富比 2015.05.13

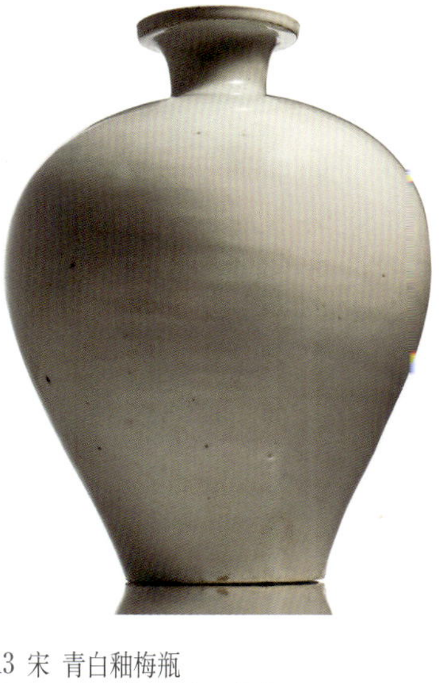

13 宋 青白釉梅瓶
来源：1986年11月购于香港。
估　价：USD 20,000~30,000
成交价：RMB 159,325
高22.5cm 纽约苏富比 2015.09.15

291 宋 影青花口碟（一对）
估　价：HKD 150,000~250,000
成交价：RMB 145,494
宽14.3cm 中国嘉德 2015.10.06

20 元 白釉飞雁纹扁壶
估　价：USD 50,000~70,000
成交价：RMB 586,969
高27.3cm 纽约苏富比 2015.03.17

602 元 青白釉八方执壶
估 价：HKD 100,000～120,000
成交价：RMB 100,125
宽12.5cm 香港苏富比 2015.06.01

3257 元 青白釉刻牡丹纹梅瓶
估 价：USD 30,000～50,000
成交价：RMB 203,483
高29.2cm 纽约佳士得 2015.03.15

8609 元 青白釉印凤穿花碗（一对）
备注：英国藏家旧藏。
估 价：RMB 300,000～500,000
成交价：RMB 448,500
直径18.5cm 北京保利 2015.12.08

8109 元 青白釉龙纹梅瓶
来源：1.瑞典藏家卡尔·肯普（Karl Kempe）旧藏；2.伦敦苏富比2008年5月14日拍品，编号325。
估 价：RMB 1,500,000～2,500,000
成交价：RMB 3,910,000
高27cm 北京保利 2015.06.07

1019 元 影青釉瓷塑观音坐像
估 价：RMB 100,000～120,000
成交价：RMB 149,500
高48.8cm 中鸿信 2015.07.29

3207 元 枢府卵白釉莲纹盘
估 价：HKD 100,000～200,000
成交价：RMB 380,475
直径13.3cm 佳士得 2015.06.03

1038 元 枢府印花金刚杵莲纹碗
来源：E.T.Hall珍藏，编号542。
估 价：RMB 400,000～600,000
成交价：RMB 713,000
直径19.5cm 北京保利 2015.04.26

3461 明以前 影青釉玉壶春瓶
估 价：RMB 210,000～250,000
成交价：RMB 241,500
高34.3cm 西泠拍卖 2015.07.05

3111 明永乐 甜白釉大盘
估 价：USD 40,000～60,000
成交价：RMB 313,050
直径40.5cm 纽约佳士得 2015.03.15

119 明永乐 甜白釉刻缠枝莲如意纹永平安颂铭僧帽壶
估 价：USD 100,000～150,000
成交价：RMB 782,625
高21cm 纽约苏富比 2015.03.17

3122 明永乐 甜白釉暗花莲子碗
来源：纽约Ralph M. Chait Galleries收藏；卡尔．坎普珍藏；巴黎苏富比2008年6月12日拍品40号。
估 价：HKD 3,000,000～5,000,000
成交价：RMB 3,876,840
直径20.7cm 佳士得 2015.06.03

1004 明永乐 甜白釉暗刻莲瓣纹碗
来源：日本私人收藏。
估 价：RMB 1,200,000～2,000,000
成交价：RMB 2,070,000
直径21cm 保利厦门 2015.05.02

3111 明永乐 甜白釉暗花双龙纹茶钟
“大明永乐”篆书刻款
来源：台北故宫博物院所藏清宫旧藏品。
估 价：HKD 1,200,000~1,800,000
成交价：RMB 1,806,200
直径10.2cm 佳士得 2015.12.02

8165 明嘉靖 甜白釉鹅颈瓶
“大明嘉靖年制”款
来源：日本关西重要私人收藏。
估 价：RMB 800,000~1,200,000
成交价：RMB 1,437,500
高33.4cm 北京保利 2015.06.07

3123 明宣德 白釉暗花莲子碗
“大明宣德年制”楷书款
估 价：HKD 700,000~900,000
成交价：RMB 945,180
直径21cm 佳士得 2015.06.03

624 明宣德 白釉鸡心碗
估 价：RMB 580,000~700,000
成交价：RMB 782,000
直径16.2cm 中贸圣佳 2015.05.20

44 明弘治 白釉素胎龙纹盘
“大明弘治年制”楷书款
来源：伦敦苏富比1990年6月12日拍品，编号235。
估 价：RMB 600,000~800,000
成交价：RMB 690,000
直径22.5cm 上海道明 2015.05.09

8642 明嘉靖 白釉暗刻龙纹罐
“大明嘉靖年制”款
备注：日本关西重要私人收藏。
估 价：RMB 200,000~300,000
成交价：RMB 345,000
高31cm 北京保利 2015.12.08

8161 明 白釉暗刻龙纹蛋壳杯
“天”款
来源：日本藏家旧藏。
估 价：RMB 2,000,000～3,000,000
成交价：RMB 2,300,000
直径5.5cm 北京保利 2015.06.07

2211 明 甜白釉暗刻凤纹罐
估 价：RMB 100,000～150,000
成交价：RMB 368,000
高22.3cm 北京匡时 2015.06.06

2 清康熙 白釉暗刻龙纹小杯
“大清康熙年制”楷书款
估 价：RMB 450,000～600,000
成交价：RMB 598,000
直径6.4cm 上海道明 2015.05.09

2155 清康熙 白釉刻缠枝牡丹纹笔筒
估 价：USD 10,000～15,000
成交价：RMB 334,583
高15.8cm 纽约佳士得 2015.09.17

5002 清康熙 官窑白釉暗刻云龙纹碗
“大清康熙年制”款
来源：1950年购自日本私人收藏 1950年至今为三藩市私人收藏。
估 价：RMB 300,000～400,000
成交价：RMB 586,500
口径15.7cm 北京东正 2015.11.19

281 清雍正 白釉暗花八吉祥纹高足碗
“大清雍正年制”款
来源：Ralph M. Chait Galleries, Inc.纽约20世纪80年代藏品
估 价：USD 30,000～50,000
成交价：RMB 297,398
直径17.8cm 纽约苏富比 2015.03.17

207 清雍正 白釉暗刻葵瓣杯
“大清雍正年制”楷书款
来源：纽约佳士得1993年6月3日拍品233号。
估 价：HKD 200,000～300,000
成交价：RMB 453,938
直径9cm 佳士得 2015.04.06

3194 清康熙 白釉沥粉卷云纹碗
“大清康熙年制”楷书款
估 价：HKD 1,000,000～1,500,000
成交价：RMB 1,116,560
直径13cm 佳士得 2015.12.02

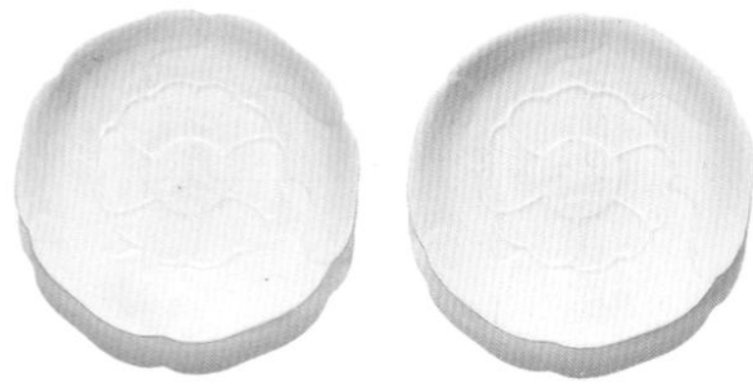

182 清雍正 白釉花卉纹盘（一对）
“大清雍正年制”款
来源：（传）Carl Kempe收藏。
估 价：GBP 10,000～15,000
成交价：RMB 335,300
直径10.6cm×2 伦敦苏富比 2015.05.13

3127 清雍正 白釉浮雕缠枝花卉纹碗
“大清雍正年制”楷书款
估 价：USD 200,000～300,000
成交价：RMB 1,458,813
直径22cm 纽约佳士得 2015.03.15

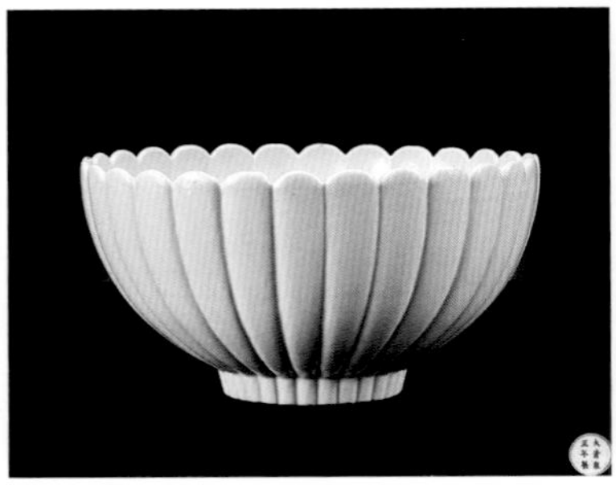

5 清雍正 甜白釉菊瓣式碗
“大清雍正年制”楷书款
来源：日本藏家旧藏。
估 价：RMB 400,000～420,000
成交价：RMB 690,000
直径18.6cm 上海道明 2015.05.09

6 清雍正 白釉暗刻龙纹小杯
“大清雍正年制”楷书款
估 价：RMB 600,000～800,000
成交价：RMB 690,000
直径6.2cm 上海道明 2015.05.09

9014 清乾隆 白釉模印卍字宝相花敦
“大清乾隆年制”款
备注：英国格洛斯特郡藏家旧藏。
估 价：RMB 200,000～300,000
成交价：RMB 230,000
高20cm 北京保利 2015.12.09

7 清雍正 白釉暗刻龙纹长颈瓶
“大清雍正年制”楷书款
估 价：RMB 1,200,000～1,500,000
成交价：RMB 1,380,000
高11.5cm 上海道明 2015.05.09

187 清乾隆 白釉划缠枝蕃莲纹高足杯
“大清乾隆年制”款
来源：香港佳士得2001年10月30日拍品，编号838。
估 价：GBP 8,000~12,000
成交价：RMB 239,500
直径14.4cm 伦敦苏富比 2015.05.13

283 18世纪 白釉堆白梅花纹盘一对
来源：1982年4月1日伦敦 Bluett & Sons Ltd. 收藏。
估 价：USD 7,000~9,000
成交价：RMB 156,525
直径14.5cm 纽约苏富比 2015.03.17

191 18世纪 仿青白釉盘口瓶
来源：1.纽约卢芹斋旧藏；2.Evelyn Annenbergh Hall收藏；3.纽约佳士得2006年3月29日拍品，编号127。
估 价：GBP 4,000~6,000
成交价：RMB 71,850
高24.5cm 伦敦苏富比 2015.05.13

其他窑

3657 隋 白瓷杯
估 价：HKD 80,000~100,000
成交价：RMB 77,597
直径9.3cm 保利香港 2015.10.06

50 隋/唐 白瓷杯（两件）
估 价：USD 10,000~15,000
成交价：RMB 430,444
高7.3cm 纽约苏富比 2015.03.17

51 唐 白瓷盖罐
来源：养德堂收藏。
估 价：USD 15,000~20,000
成交价：RMB 117,394
高32cm 纽约苏富比 2015.03.17

166 唐 白釉双龙耳瓶
来源：伦敦John Sparks Ltd.1985年1月11日收藏；养德堂收藏。
估 价：USD 6,000~8,000
成交价：RMB 172,178
高39.4cm 纽约苏富比 2015.03.17

54 唐 白釉长颈瓶
来源：养德堂收藏。
估 价：USD 30,000~50,000
成交价：RMB 234,788
高19.3cm 纽约苏富比 2015.03.17

3338 唐 邢窑白瓷渣斗
估　价：HKD 300,000～500,000
成交价：RMB 285,678
直径14.5cm 保利香港 2015.04.06

280 唐 邢窑白瓷盖罐
估　价：HKD 300,000～500,000
成交价：RMB 290,988
高33cm 中国嘉德 2015.10.06

3665 唐 邢窑“盈”字款碗
估　价：HKD 150,000～200,000
成交价：RMB 145,494
直径12.2cm 保利香港 2015.10.06

193 唐/五代 邢窑白釉瑞兽纹执壶
估　价：USD 60,000～80,000
成交价：RMB 586,969
高17.1cm 纽约苏富比 2015.03.17

281 晚唐 邢窑白瓷壶
估　价：HKD 280,000～380,000
成交价：RMB 271,589
高20cm 中国嘉德 2015.10.06

940 五代 刑窑白釉圆盖盒
来源：黎氏家族珍藏。
估　价：USD 15,000～18,000
成交价：RMB 79,663
直径14.9cm 纽约佳士得 2015.09.17

49 五代/北宋 白釉花口盘
估　价：USD 50,000～70,000
成交价：RMB 665,231
直径15.2cm 纽约苏富比 2015.03.17

821 北宋早期 白釉罐
来源：安思远珍藏。
估　价：USD 10,000～15,000
成交价：RMB 70,436
高15.3cm 纽约佳士得 2015.03.20

67 北宋 白瓷凤首壶
展览：1987年台北国立历史博物馆《中国陶瓷精品展》29页。
估　价：USD 20,000～30,000
成交价：RMB 375,660
高19.4cm 纽约苏富比 2015.03.17

57 辽 10世纪 白釉鸡冠皮囊壶
来源：养德堂收藏。
估　价：USD 20,000～30,000
成交价：RMB 297,398
高27.5cm 纽约苏富比 2015.03.17

1240 明或更早 邢窑茶盏
估　价：RMB 35,000～50,000
成交价：RMB 59,800
直径15.7cm 东正南京 2015.07.02

6866 明 胡人贴塑把杯
估　价：RMB 6,000～8,000
成交价：RMB 63,250
高11cm 北京保利 2015.06.07

黑瓷

黑釉

799 唐 长沙窑褐釉贴花双系罐
来源：安思远珍藏。
估 价：USD 4,000~6,000
成交价：RMB 39,131
高24cm 纽约佳士得 2015.03.20

2888 北宋/金 磁州窑黑釉油滴碗
来源：Eskenazi Ltd伦敦收藏。
估 价：HKD 700,000~1,000,000
成交价：RMB 1,710,840
高8.5cm 香港苏富比 2015.04.05

58 唐 黑釉蓝斑盖罐
估 价：USD 30,000~50,000
成交价：RMB 234,788
高29.2cm 纽约苏富比 2015.03.17

7 隋 褐釉贴花纹尊
来源：东京茧山龙泉堂藏品。出版：1961年东京小山富士夫等著《世界陶磁全集：中国隋唐篇》卷九图版49。
估 价：GBP 50,000~70,000
成交价：RMB 2,577,020
高45cm 伦敦苏富比 2015.05.13

6074 五代 定窑黑釉海棠杯
估　价：HKD 250,000～350,000
成交价：RMB 307,584
口径12cm 罗芙奥 2015.06.02

2911 南宋 褐黑色漆花口盘
来源：川崎正藏。
估　价：HKD 350,000～550,000
成交价：RMB 480,600
长42.3cm 佳士得 2015.06.03

77 北宋/金 黑釉铁锈团花纹瓶
估　价：USD 100,000～150,000
成交价：RMB 1,252,200
高21.5cm 纽约苏富比 2015.03.17

6 北宋/金 黑釉白线纹双耳罐
出版：1962年 纽约 Asia House《The Art of Southern Sung China》编号100。
估　价：USD 50,000～70,000
成交价：RMB 391,313
高21.6cm 纽约苏富比 2015.03.17

93 南宋 吉州式剪纸贴双凤纹碗
出版：1992年东京《中国名陶展：中国陶磁2000年の精华》编号53
估　价：USD 40,000～60,000
成交价：RMB 586,969
直径15.2cm 纽约苏富比 2015.03.17

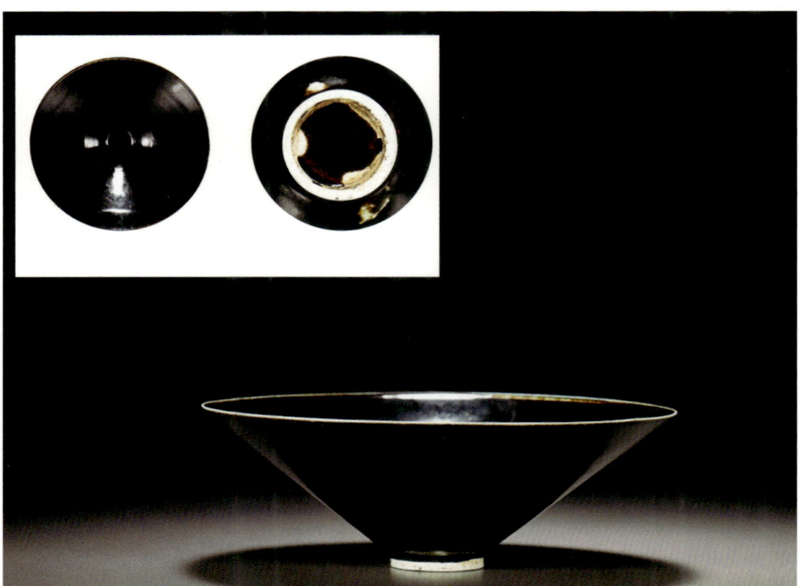

1007 宋 定窑黑釉碗
估　价：RMB 580,000～650,000
成交价：RMB 667,000
直径16.1cm 中鸿信 2015.07.29

97 南宋 吉州窑玳瑁釉碗
出版：1992年东京《中国名陶展：中国陶磁2000年の精华》编号54。
估　价：USD 30,000～50,000
成交价：RMB 273,919
直径12.9cm 纽约苏富比 2015.03.17

2835 南宋 建窑黑釉兔毫茶盏
来源：藤田传三郎男爵（1841–1912）收藏。展览：1996年马萨诸塞州 剑桥 哈佛艺术博物馆《Hare' s Fur, Tortoiseshell, and Partridge Feathers, Chinese Brown, and Black-Glazed Ceramics, 400.1400图版83。
估　价：HKD 2,500,000～3,500,000
成交价：RMB 2,485,560
直径12cm 香港苏富比 2015.04.05

3175 南宋 吉州窑黑釉茶盏
估　价：HKD 600,000～800,000
成交价：RMB 1,018,040
直径12.2cm 佳士得 2015.12.02

2307 南宋/元 建窑兔毫盏及剔犀剑环纹盏托
估　价：USD 80,000～120,000
成交价：RMB 873,101
直径11.4cm 纽约佳士得 2015.09.17

2818 南宋 吉州窑木叶碗
来源：佳士得《古韵天成：临宇山人宋瓷珍藏展览》，香港2012年11月22至27日；纽约2013年3月15至20日；伦敦2013年5月10至14日，图录编号41。
估　价：HKD 800,000～1,200,000
成交价：RMB 769,688
直径16.3cm 佳士得 2015.12.02

3335 宋 磁州窑 黑釉堆线水注
估　价：HKD 15,000～20,000
成交价：RMB 80,942
高8cm 保利香港 2015.04.06

41 宋 定式黑釉碗
估　价：USD 60,000～80,000
成交价：RMB 477,975
直径12.7cm 纽约苏富比 2015.09.15

2820 南宋 建窑兔毫盏
来源：东京千秋庭旧藏。
估 价：HKD 1,000,000~1,500,000
成交价：RMB 2,003,240
直径12.5cm 佳士得 2015.12.02

6213 宋 积翠 建窑兔毫盏
估 价：RMB 800,000~1,200,000
成交价：RMB 1,265,000
口径12.8cm 北京保利 2015.06.06

2805 宋 河南窑黑釉铁锈斑笠式碗
来源：Brodie & Enid Lodge 伉俪收藏，编号 M.123（标签）。
估 价：HKD 200,000~300,000
成交价：RMB 2,291,880
直径11.2cm 香港苏富比 2015.04.05

611 宋 河南窑黑釉棱线纹双系罐
来源：东京茧山龙泉堂藏品。
估 价：HKD 50,000~80,000
成交价：RMB 130,163
口径15.2cm 香港苏富比 2015.06.01

263 宋 建窑黑釉褐斑兔毫碗
“进琖”款
来源：20世纪70年代购自一位广州品茶专家。
估 价：USD 7,000~9,000
成交价：RMB 382,380
直径12.7cm 纽约苏富比 2015.09.15

94 宋 建窑黑釉油滴碗
估 价：USD 80,000~100,000
成交价：RMB 1,017,413
直径12.8cm 纽约苏富比 2015.03.17

264 宋 曜变天目茶盏
估　价：HKD 10,000～20,000
成交价：RMB 77,597
宽14cm 中国嘉德 2015.10.06

5019 金 磁州窑铁锈斑双耳瓶
来源：安思远藏品编号PC6160。
估　价：HKD 600,000～800,000
成交价：RMB 567,108
高29.3cm 保利香港 2015.05.31

4021 元/明 磁州窑黑釉褐斑斗笠碗
估　价：RMB 20,000～30,000
成交价：RMB 184,000
直径11.6cm 北京东正 2015.05.19

19 金/元 磁州窑系黑釉铁锈花卉纹小口瓶
估　价：USD 60,000～80,000
成交价：RMB 4,163,565
高40.6cm 纽约佳士得 2015.03.17

5008 金 怀仁窑油滴渣斗
来源：安思远藏品编号PC6220。
估　价：HKD 150,000～200,000
成交价：RMB 283,554
直径17.2cm 保利香港 2015.05.31

808 辽 褐釉注壶
估　价：USD 6,000～8,000
成交价：RMB 156,525
高21cm 纽约佳士得 2015.03.20

8843 元 吉州窑木叶盏
来源：日本藏家旧藏。
估　价：RMB 250,000～350,000
成交价：RMB 299,000
直径14.7cm 北京保利 2015.06.08

1044 元 建窑黑釉油滴纹包金盏
估　价：RMB 180,000～220,000
成交价：RMB 207,000
直径11cm 中鸿信 2015.07.29

8606 元 建窑兔毫盏及漆盏托
备注：日本执中堂旧藏。
估　价：RMB 140,000～180,000
成交价：RMB 667,000
盏直径12cm；托宽16.5cm
北京保利 2015.12.08

2959 金 黑釉油滴碗
来源：纽约 J.J. Lally & Co. Ltd 收藏，编号3732（标签）。
估　价：HKD 350,000～450,000
成交价：RMB 756,563
高8.4cm 香港苏富比 2015.04.05

1237 明或更早 山西浑源窑油滴盏
估　价：RMB 80,000～100,000
成交价：RMB 161,000
直径8.1cm 东正南京 2015.07.02

1925 明或更早 山西勾天窑黑釉瓜皮斑束口盏
估　价：RMB 80,000～100,000
成交价：RMB 105,800
直径9cm 华艺国际 2015.05.24

416 清康熙 棕黑釉大长颈瓶
估　价：USD 10,000～15,000
成交价：RMB 187,830
高44.4cm 纽约佳士得 2015.03.19

3239 清乾隆 黑釉碗
“大清乾隆年制”篆书款
估　价：HKD 180,000～260,000
成交价：RMB 240,300
直径12cm 佳士得 2015.06.03

乌金釉

3116 清康熙 乌金釉观音尊
“大清康熙年制”楷书款
估 价：USD 12,000~18,000
成交价：RMB 187,830
高34cm 纽约佳士得 2015.03.15

447 清康熙 乌金釉撇口瓶
估 价：USD 12,000~18,000
成交价：RMB 203,483
高37.8cm 纽约佳士得 2015.03.19

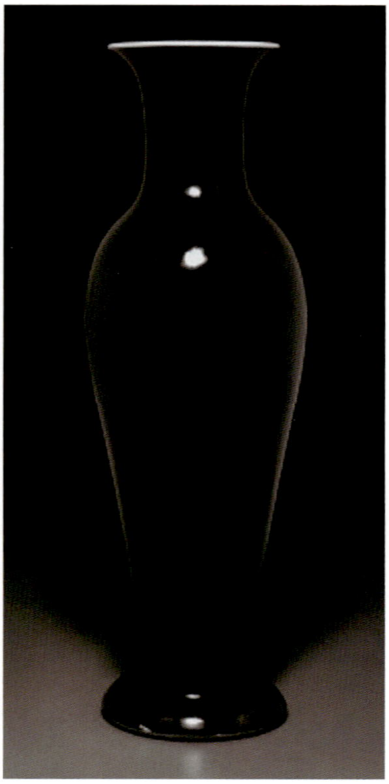

2150 清康熙 乌金釉观音瓶
估 价：USD 12,000~18,000
成交价：RMB 318,650
高45.8cm 纽约佳士得 2015.09.17

彩 瓷

褐绿彩

52 唐 长沙黄釉绿褐彩鹿纹壶
出版：1992年东京《中国名陶展：中国陶磁2000年の精华》编号14。
估 价：USD 10,000~15,000
成交价：RMB 78,263
高24.2cm 纽约苏富比 2015.03.17

褐 彩

5 唐 越窑褐彩罐
来源：东京茧山龙泉堂藏品。出版：1955年 东京 奥田诚一、田中作太郎、広田不孤斋、林屋晴三（编）《中国の陶磁》图版59。
估 价：GBP 3,000~5,000
成交价：RMB 35,925
高25cm 伦敦苏富比 2015.05.13

31 北宋 定窑白釉剔褐花莲纹盘
来源：东京茧山龙泉堂藏品。出版：1938年东京《陶器図録：支那篇（上）》卷七图版80；1961年，东京 小山富士夫等著《世界陶磁全集：宋辽篇》卷十图版80。
估　价：GBP 120,000～180,000
成交价：RMB 5,336,060
直径15.6cm 伦敦苏富比 2015.05.13

837 北宋 青白釉褐彩人形水注
估　价：USD 60,000～80,000
成交价：RMB 1,383,681
高18.5cm 纽约佳士得 2015.03.20

835 北宋 铁斑青白釉马
来源：安思远珍藏。
估　价：USD 20,000～30,000
成交价：RMB 156,525
高28.5cm 纽约佳士得 2015.03.20

79 宋 磁州窑白地褐彩“度哑先生诗”梅瓶
估　价：USD 40,000～60,000
成交价：RMB 547,838
高32.7cm 纽约苏富比 2015.03.17

3237 金 磁州窑虎形枕
估　价：USD 20,000～30,000
成交价：RMB 172,178
宽41cm 纽约佳士得 2015.03.15

863 金 磁州窑诗文枕
来源：安思远珍藏。
估　价：USD 6,000～8,000
成交价：RMB 297,398
宽25.5cm 纽约佳士得 2015.03.20

2309 金/元 磁州系黑釉褐斑鸟纹扁壶
估　价：USD 30,000～50,000
成交价：RMB 191,190
宽23cm 纽约佳士得 2015.09.17

7454 清康熙 绿釉褐彩龙纹盘（一对）
“大清康熙年制”款
备注：法国藏家旧藏。
估　价：RMB 400,000～600,000
成交价：RMB 460,000
直径25cm 北京保利 2015.12.08

852 金/元 磁州窑系黑釉褐彩小口瓶
估　价：USD 20,000～30,000
成交价：RMB 375,660
高41.3cm 纽约佳士得 2015.03.20

78 金/元 磁州窑白地褐彩花鸟纹梅瓶
展览：1992年东京《中国名陶展：中国陶磁2000年の精华》编号34
估　价：USD 25,000～35,000
成交价：RMB 203,483
高38.3cm 纽约苏富比 2015.03.17

8993 清康熙 绿地褐彩暗刻龙纹碗（一对）
“大清康熙年制”款
来源：日本关西重要私人藏家旧藏
估　价：RMB 500,000～700,000
成交价：RMB 920,000
直径13.2cm 北京保利 2015.06.08

6306 清乾隆 米色地褐彩山水人物小笔筒
“乾隆年制”款
来源：北美重要私人藏家旧藏。
估　价：RMB 2,000,000～3,000,000
成交价：RMB 3,220,000
高8.2cm 北京保利 2015.06.06

1836 清乾隆 米黄地西洋人物故事图碗
“大清乾隆年制”篆书款
估　价：RMB 100,000～150,000
成交价：RMB 115,000
直径19cm 华艺国际 2015.05.24

7816 清乾隆 青花褐彩山水诗文壁瓶（一对）
估　价：RMB 120,000～200,000
成交价：RMB 195,500
高18.5cm 北京保利 2015.06.07

396 清嘉庆 绿地刻填褐彩云龙纹碗
“大清嘉庆年制”篆书款
估　价：RMB 120,000
成交价：RMB 179,200
直径11.1cm 天津文物 2015.05.22

青花

1023 元 湖田窑青花暗菊纹碗
估　价：RMB 80,000～150,000
成交价：RMB 126,500
直径16.5cm 上海敬华 2015.06.30

37 元 青花赶珠龙纹玉壶春瓶
来源：东京茧山龙泉堂藏品。
估　价：GBP 5,000～7,000
成交价：RMB 191,600
高28.8cm 伦敦苏富比 2015.05.13

1001 元 青花缠枝牡丹凤纹兽耳罐
来源：玫茵堂旧藏；伦敦苏富比1987年12月15日拍品，编号141。
估　价：RMB 3,200,000～4,200,000
成交价：RMB 5,290,000
高40.8cm 保利厦门 2015.05.02

4033 元 青花缠枝牡丹纹大罐
来源：卢芹斋旧藏。
估　价：RMB 4,000,000～5,000,000
成交价：RMB 5,405,000
高27.2cm 北京东正 2015.05.19

34 元 青花菊纹小杯
来源：井上恒一珍藏。
估　价：GBP 2,000～2,500
成交价：RMB 179,625
直径8cm 伦敦苏富比 2015.05.13

35 元 青花果实纹高足杯
出版：，1960年 东京 藤冈了一《元・明初の染付 陶器全集》卷十一图版2。展览：1956年，东京，日本陶磁协会（日本桥高岛屋）《元明名品展》编号63
估　价：GBP 2,000～3,000
成交价：RMB 131,725
直径8.8cm 伦敦苏富比 2015.05.13

283 元 青花穿花凤纹玉壶春瓶
来源：伦敦苏富比2001年11月14日拍品，编号95。
估　价：GBP 20,000~30,000
成交价：RMB 1,017,875
高25.5cm 伦敦苏富比 2015.05.13

6416 元 青花荷塘模印“满池娇”大盘
来源：1.法国私人收藏；2.北京保利2009年11月24日拍品，编号3523。
估　价：RMB 1,200,000~2,200,000
成交价：RMB 2,990,000
直径41.5cm 北京保利 2015.06.06

411 元 青花龙纹玉壶春瓶
来源：1.徐展堂旧藏；2.苏富比伦敦1998年11月18日拍品，编号862。
估　价：RMB 1,400,000~1,800,000
成交价：RMB 1,610,000
高26cm 厦门华辰 2015.06.20

36 元 青花梅纹三足炉
来源：东京茧山龙泉堂藏品。
估　价：GBP 3,000~4,000
成交价：RMB 263,450
口径10.7cm 伦敦苏富比 2015.05.13

3143 元 青花鸳鸯纹大盘
估　价：RMB 1,100,000~1,500,000
成交价：RMB 1,437,500
直径40.5cm 西泠拍卖 2015.07.05

532 元 青花龙凤花卉梅瓶
估　价：HKD 25,000,000
成交价：RMB 24,871,050
高44.3cm 澳门中信 2015.06.21

324 元 青花鱼藻纹罐
估　价：HKD 27,000,000
成交价：RMB 47,092,500
高29cm 澳门中信 2015.11.08

109 元 青花鸳鸯踏荷纹碗
估　价：GBP 80,000～120,000
成交价：RMB 1,077,750
直径18cm 伦敦苏富比 2015.05.13

53 元 青花蒙恬将军玉壶春瓶
估　价：HKD 5,300,000
成交价：RMB 17,250,000
高37cm 澳门中信 2015.11.08

7431 元 青花龙纹双兽耳罐
备注：重要亚洲私人收藏。
估　价：RMB 8,000,000～10,000,000
成交价：RMB 9,200,000
高38cm 北京保利 2015.12.08

460 明永乐 青花缠枝花卉纹菱口大盘
来源：1.英国大维德基金会收藏；2.伦敦苏富比1968年10月15日“大维德基金会”专场拍卖，编号95；3.香港苏富比1981年5月20拍品，编号704。
成交价：RMB 6,900,000
直径33.5cm 厦门华辰 2015.06.20

3144 明永乐 青花缠枝花卉纹碗
估　价：RMB 800,000~1,200,000
成交价：RMB 1,092,500
口径17cm 西泠拍卖 2015.07.05

8129 明永乐 青花缠枝花卉纹折沿盘
来源：台湾资深藏家收藏。
估　价：RMB 1,800,000~2,800,000
成交价：RMB 2,760,000
直径41cm 北京保利 2015.06.07

599 明早期 青花人物故事大罐
估　价：HKD 2,200,000
成交价：RMB 1,842,300
高28cm；口径21cm 澳门中信 2015.06.21

8614 元/明洪武 青花缠枝花卉大罐
备注：1.北京瀚海2002年12月9日拍品，编号1581；2.亚洲重要私人收藏。
估　价：RMB 5,500,000~7,000,000
成交价：RMB 8,050,000
高48cm 北京保利 2015.12.08

8132 明永乐 青花花卉阿拉伯文无挡尊
来源：德国科隆私人藏家收藏。
估　价：RMB 6,000,000～8,000,000
成交价：RMB 6,900,000
高17cm 北京保利 2015.06.07

8131 明永乐 青花轮花绶带耳葫芦扁瓶
来源：11950年哥本哈根工业美术馆旧藏编号58号；2.瑞典藏家卡尔·肯普（Karl Kempe）旧藏，No.1068。
估　价：RMB 2,800,000～3,800,000
成交价：RMB 5,175,000
高25cm 北京保利 2015.06.07

8130 明永乐 青花寿纹桃小碗
来源：日本重要私人收藏。
估　价：RMB 3,000,000～5,000,000
成交价：RMB 4,025,000
直径11cm 北京保利 2015.06.07

779 明永乐 青花一把莲大盘
来源：文物商店旧藏。
估　价：RMB 2,700,000～3,200,000
成交价：RMB 3,200,000
直径34.4cm 中贸圣佳 2015.05.20

55 明永乐 青花一束莲纹棱口大盘
估　价：HKD 4,750,000～9,500,000
成交价：RMB 5,158,440
直径39.5cm 荣盛国际 2015.01.10

3607 明永乐 青花折枝瑞果纹梅瓶
来源：传19世纪售于英国（瓶底墨书）。
估　价：HKD 8,000,000～12,000,000
成交价：RMB 8,450,160
高29cm 香港苏富比 2015.10.07

377 明永乐 青花花卉纹小碗
“永乐年制”款
估　价：HKD 2,700,000
成交价：RMB 3,579,030
口径11cm 澳门中信 2015.11.08

2569 明永乐 青花海水葡萄纹折沿大盘
来源：日本万野美术馆旧藏。
著录：Christie’s Hong Kong.28 Oct.2002. Lot 527。
估　价：RMB 5,500,000～6,500,000
成交价：RMB 6,325,000
直径37cm 中国嘉德 2015.11.15

3032 明永乐 御窑青花仰覆牡丹大折沿盘
来源：日本私人收藏。
估　价：RMB 5,000,000～6,000,000
成交价：RMB 9,775,000
直径39.5cm 北京东正 2015.05.19

264 明永乐 約1420年 青花葡萄花卉纹葵口盘
来源：Mahin Banu Khanum（1519－1562年），薩非王朝開國君主伊斯邁爾一世（1501.1524年在位）之女沙賈汗收藏（1628－1658年在位），北印度莫臥兒帝國第五位君主J.J. Klejman Works of Art，紐約Guennol收藏，1967年9月22日入藏。
估　价：USD 2,500,000～3,500,000
成交价：RMB 32,069,078
直径43.2cm 纽约苏富比 2015.3.17

8617 明永乐 青花海水葡萄纹大盘
备注：1.香港佳士得1993年3月23日拍品，编号711；2.香港佳士得2000年5月1日拍品，编号677；3.中国嘉德2004年11月6日拍品，编号0146。
估 价：RMB 3,500,000～5,500,000
成交价：RMB 5,980,000
直径38cm 北京保利 2015.12.08

3929 明永乐 青花缠枝莲菊卷草回纹盘
来源：Eskenazi 旧藏。出版：《Yuan and early Ming blue and white porcelain》，7 June.8 July 1994，lot14。
估 价：RMB 1,800,000～2,800,000
成交价：RMB 2,300,000
直径27.8cm 北京匡时 2015.12.05

1103 明宣德 官窑青花花果纹大盘
“大明宣德年制”六字横联
估 价：RMB 8,000,000～18,000,000
成交价：RMB 20,700,000
直径43.4cm 上海敬华 2015.06.30

8134 明宣德 黄地青花内菊花海浪外折枝花果盘
“大明宣德年制”款
来源：法国重要私人藏家收藏。
估 价：RMB 7,000,000～9,000,000
成交价：RMB 8,970,000
直径32cm 北京保利 2015.06.07

2934 明宣德 青花轮花绶带耳葫芦扁瓶
“大明宣德年制”楷书款
估 价：RMB 5,000,000～7,000,000
成交价：RMB 8,280,000
高30.1cm 北京翰海 2015.11.28

38 明宣德 青花牵牛花纹四方倭角瓶
“大明宣德年制”款
来源：东京茧山龙泉堂藏品。出版：1943年 东京 九志卓眞《支那明初陶磁図鉴》12页；1960年 东京 藤冈了一《元-明初の染付陶器全集》卷十一编号2。
估 价：GBP 200,000～250,000
成交价：RMB 36,835,100
高13.8cm 伦敦苏富比 2015.05.13

2110 明宣德 青花缠枝牡丹纹小罐
“大明宣德年制”款
估 价：RMB 50,000～80,000
成交价：RMB 115,000
高13.3cm 中国嘉德 2015.06.27

8133 明宣德 青花芍药锥拱暗花碗
“大明宣德年制”款
来源：纽约佳士得2006年3月29日拍品，编号442。
估 价：RMB 3,200,000～5,200,000
成交价：RMB 4,370,000
直径20.2cm 北京保利 2015.06.07

8135 明宣德 青花缠枝莲大碗
“大明宣德年制”款
来源：1.伦敦苏富比1978年12月12日拍品，编号379；2.Eskenazi旧藏；3.美国重要私人藏家旧藏。出版：1.《Yuan and early Ming blue and white porcelain》No.22，Eskenazi. London，June 1994；2.《A Dealer&＃39;s Hand：The Chinese Art World Through The Eyes of Giuseppe Eskenazi》，London，2012；3.《御赏拾珍——元明清官窑瓷器珍藏》,2015年5月，页028。
估 价：RMB 8,000,000～12,000,000
成交价：RMB 16,675,000
北京保利 2015.06.07

8616 明永乐 青花缠枝花卉菱口盘
备注：日本藏家旧藏。
估 价：RMB 1,500,000～2,500,000
成交价：RMB 2,012,500
直径32.5cm 北京保利 2015.12.08

259 明宣德 青花如意花卉纹胆瓶
“大明宣德年制”款
估 价：HKD 1,300,000
成交价：RMB 1,224,405
高20cm 澳门中信 2015.11.08

5034 明宣德 御窑青花四季花卉纹莲瓣碗
“大明宣德年制“款
来源：原为香港重要藏家旧藏 早年购于日本藏家。
估 价：RMB 3,500,000～4,000,000
成交价：RMB 5,750,000
口径20cm 北京东正 2015.11.19

636 明宣德 汀州白鹭纹蟋蟀罐
“大明宣德年制”楷书款
来源：台湾资深藏家旧藏。
估 价：RMB 600,000～1,000,000
成交价：RMB 1,035,000
直径14cm 保利厦门 2015.05.03

8138 明天顺 青花人物故事图大罐
来源：日本关西藏家旧藏。
估 价：RMB 400,000～600,000
成交价：RMB 632,500
高29cm 北京保利 2015.06.07

1809 明正统/景泰 青花清莲纹梅瓶
来源：伦敦佳士得拍卖。
估 价：RMB 150,000～200,000
成交价：RMB 218,500
高32.5cm 华艺国际 2015.05.24

3605 明宣德 青花鱼藻纹葵花式洗
“大明宣德年制”款
来源：Peter Boode 收藏；艾弗瑞与艾薇（约1890—1976）克拉克伉俪收藏，约1936—33年；Spink & Son Ltd.，伦敦，1974年；Senta Wollheim 收藏，集珍于20世纪60至80年代初，此后家族传承至现藏家。出版：1938年 北京 白兰士敦《明初官窑考》图版19。
估 价：HKD 20,000,000～40,000,000
成交价：RMB 19,793,760
直径17.8cm 香港苏富比 2015.10.07

415 明成化 青花栀子花卉盘
“大明成化年制”
来源：佳士得香港2008年春拍，编号1570。
估 价：RMB 1,800,000～2,500,000
成交价：RMB 2,070,000
直径24.5cm 厦门华辰 2015.06.20

3110 明嘉靖 矾红地青花缠枝花卉纹出戟尊
“大明嘉靖年造”楷书款
估 价：USD 80,000～120,000
成交价：RMB 547,838
高19cm 纽约佳士得 2015.03.15

8159 明成化 青花莲池蝴蝶罐
“大明成化年制”款
估 价：RMB 1,500,000～2,500,000
成交价：RMB 1,725,000
宽16.3cm 北京保利 2015.06.07

3036 明嘉靖 官窑青花双龙穿莲围棋罐
“大明嘉靖年造”款
来源：日本京都百年秘藏。
估 价：RMB 400,000～500,000
成交价：RMB 460,000
高8.9cm 北京东正 2015.05.19

1937 明嘉靖 青花“岁寒三友”福寿碗
“大明嘉靖年制”楷书款
估 价：RMB 60,000～120,000
成交价：RMB 69,000
直径13.8cm 北京翰海 2015.06.27

8620 明弘治 黄地青花折枝花果盘
“大明弘治年制”款
备注：1.法国设计师20世纪30年代收藏；2.巴黎佳士得2010年12月15日拍品，编号70。
估　价：RMB 3,000,000～4,000,000
成交价：RMB 3,450,000
直径26.5cm 北京保利 2015.12.08

504 明嘉靖 绿地青花松寿纹四方盘
“大明嘉靖年制”楷书款
估　价：HKD 50,000～80,000
成交价：RMB 46,403
直径14.3cm 中国嘉德 2015.04.06

3224 明嘉靖 青花“风调雨顺国泰民安”葫芦式大瓶
“大明嘉靖年制”楷书款
来源：1.伦敦佳士得1984年6月20日拍品308号，佛罗里达私人珍藏；2.纽约佳士得1989年12月2日拍品290号；3.香港佳士得2003年10月27日拍品620号。
估　价：HKD 1,000,000～1,500,000
成交价：RMB 897,120
高47.2cm 佳士得 2015.06.03

3661 明嘉靖 青花“荷塘鱼藻”纹罐
“大明嘉靖年制”款
估　价：HKD 400,000～600,000
成交价：RMB 1,541,250
高20.6cm 香港苏富比 2015.10.07

3663 明嘉靖 青花缠枝莲纹撇口大碗
“大明嘉靖年制”款
来源：日本私人收藏。
估　价：HKD 200,000～300,000
成交价：RMB 287,700
直径40.2cm 香港苏富比 2015.10.07

3367 明正德 青花缠枝莲龙纹渣斗
“正德年制”楷书款
估　价：HKD 3,500,000～4,500,000
成交价：RMB 3,809,040
直径15.5cm 保利香港 2015.04.06

8168 明嘉靖 青花福禄寿大罐
“大明嘉靖年制”款
来源：1.名古屋德川家族旧藏；2.北京保利2009年秋拍，编号2098。
估　价：RMB 1,200,000～2,200,000
成交价：RMB 2,300,000
高34cm 北京保利 2015.06.07

8166 明嘉靖 青花花卉纹大碗
“大明嘉靖年制”款
来源：日本关西重要私人收藏。
估　价：RMB 350,000～550,000
成交价：RMB 632,500
直径30.4cm 北京保利 2015.06.07

8167 明嘉靖 青花福寿康宁云鹤纹仰钟式碗
“大明嘉靖年制”款
来源：日本关西重要私人收藏。
估　价：RMB 650,000～950,000
成交价：RMB 2,760,000
直径13.2cm 北京保利 2015.06.07

3225 明嘉靖 青花龙穿缠枝灵芝纹大盘
“大明嘉靖年制”楷书横款
估　价：HKD 1,800,000～2,500,000
成交价：RMB 1,762,200
直径53.5cm 佳士得 2015.06.03

101 明隆庆 青花缠枝莲觥
“大明隆庆年制”款
估　价：RMB 600,000～800,000
成交价：RMB 747,500
高23cm 广州皇玛 2015.01.17

3725 明隆庆 青花外题诗内人物图撇口碗
“大明隆庆年制”款
估　价：HKD 300,000～400,000
成交价：RMB 423,675
直径11.5cm 香港苏富比 2015.04.07

8644 明嘉靖 青花十六子婴戏大罐
“大明嘉靖年制”款
备注：1.日本重要私人藏家旧藏。2.1980.10.11大阪市立美术馆《明清美术》展1-59。
估　价：RMB 7,000,000～9,000,000
成交价：RMB 9,890,000
高34cm 北京保利 2015.12.08

8170 明万历 青花缠枝花卉大缸
“大明万历年制”款
来源：日本关西重要私人收藏。
估　价：RMB 1,200,000～2,200,000
成交价：RMB 1,955,000
直径47.8cm 北京保利 2015.06.07

3506 明万历 16世纪晚期 青花山水人物图碗
来源：朱丽雅及约翰·柯蒂斯珍藏。
估　价：USD 15,000～25,000
成交价：RMB 328,703
直径14cm 纽约佳士得 2015.03.16

3109 15世纪/16世纪 越南 青花文官像
估　价：USD 30,000～50,000
成交价：RMB 219,135
高28cm 纽约佳士得 2015.03.15

4039 明万历 青花缠枝莲纹出戟蒜头瓶
估　价：RMB 300,000～350,000
成交价：RMB 345,000
高30cm 北京东正 2015.05.19

3406 明万历 青花缠枝双龙纹盖盒
“大明万历年制”楷书款
来源：1.集珍斋旧藏；2.香港苏富比2007年10月9日拍品，编号1561。
估　价：HKD 400,000～600,000
成交价：RMB 418,994
长24cm；宽15.3cm 保利香港 2015.04.06

3658 明万历 青花穿花凤纹圆盖盒
“大明万历年制”款
来源：1978年平野古陶轩藏品。
估　价：HKD 600,000～800,000
成交价：RMB 1,644,000
直径28.8cm 香港苏富比 2015.10.07

3657 明万历 青花穿芝游龙图圆盖盒
“大明万历年制”款
来源：日本藏家旧藏。
估　价：HKD 1,000,000～1,200,000
成交价：RMB 3,222,240
直径29.7cm 香港苏富比 2015.10.07

3664 明万历 青花穿莲龙纹罐
“大明万历年制”款
来源：日本旧藏。
估　价：HKD 200,000～300,000
成交价：RMB 267,150
高20.9cm 香港苏富比 2015.10.07

3668 明万历 青花梵文莲瓣盘
“大明万历年制”款
来源：日本藏家旧藏。
估　价：HKD 400,000～500,000
成交价：RMB 565,125
直径18.9cm 香港苏富比 2015.10.07

8909 明万历 青花高士图瓷板
来源：日本关西重要私人藏家旧藏。
估　价：RMB 30,000～50,000
成交价：RMB 69,000
直径15.2cm 北京保利 2015.06.08

2215 明万历 青花海水八卦云龙纹熏炉
“大明万历年制”楷书款
出版：户栗美术馆藏瓷《中国陶瓷名品图录》96页113图。
估 价：RMB 600,000～700,000
成交价：RMB 747,500
高19cm 北京匡时 2015.06.06

8174 明万历 青花龙凤人物故事小方尊
“大明万历年制”款
来源：日本关西重要私人收藏。
估 价：RMB 450,000～650,000
成交价：RMB 690,000
高12.3cm 北京保利 2015.06.07

254 明万历 青花花卉纹盒
“大明万历年制”楷书款
估 价：HKD 300,000～500,000
成交价：RMB 290,988
宽31cm 中国嘉德 2015.10.06

8183 明万历 青花花卉纹大花觚
“大明万历年制”款
来源：日本关西重要私人收藏。
估 价：RMB 350,000～550,000
成交价：RMB 598,000
高78.5cm 北京保利 2015.06.07

8173 明万历 青花龙凤呈祥梅花式洗
“大明万历年制”款
来源：日本关西重要私人收藏。
估 价：RMB 1,200,000～2,200,000
成交价：RMB 1,782,500
直径36cm 北京保利 2015.06.07

4145 明万历 青花龙凤纹兽耳衔环小盘口瓶
“大明万历年制”款
来源：北京2012年3月27日拍卖会第74号。
估 价：RMB 100,000～200,000
成交价：RMB 115,000
高16.8cm 中国嘉德 2015.09.19

781 明万历 青花龙纹笔架
“大明万历年制”款
来源：伦敦佳士得2005年7月12日艺术品拍卖会编号0082。
估　价：RMB 250,000~300,000
成交价：RMB 632,500
长16cm 中贸圣佳 2015.05.20

8913 明万历 青花龙纹方炉
“大明万历年制”款
来源：日本关西重要藏家旧藏。
估　价：RMB 150,000~250,000
成交价：RMB 287,500
宽15cm 北京保利 2015.06.08

3112 明万历 青花双龙戏珠纹大盘
双圈六字楷书款
估　价：USD 40,000~60,000
成交价：RMB 352,181
直径38.3cm 纽约佳士得 2015.03.15

2854 明万历 青花仙人寿字纹罐
“大明万历年制”楷书环形款
估　价：RMB 250,000~350,000
成交价：RMB 701,500
高9.6cm 中国嘉德 2015.05.16

118 明万历 青花衔芝游龙纹梅瓶镶铜鎏金座
“大明万历年制”款
估　价：GBP 250,000~300,000
成交价：RMB 3,726,620
高56cm 伦敦苏富比 2015.05.13

119 明万历 青花鸳鸯踏荷纹鱼缸
“大明万历年制”款
估　价：GBP 40,000~60,000
成交价：RMB 1,017,875
直径55.7cm 伦敦苏富比 2015.05.13

5037 明万历 御窑青花穿莲游龙纹碗
大明万历年制
来源：原为日本大阪私人美术馆旧藏。
估　价：RMB 600,000~800,000
成交价：RMB 839,500
口径19cm 北京东正 2015.11.19

2977 明万历 青花缠枝花卉瓜棱提梁壶
“大明万历年制”楷书款
估　价：RMB 600,000~900,000
成交价：RMB 920,000
高33.7cm 北京翰海 2015.11.28

8650 明万历 青花庭园凤凰纹大盖罐
备注：1.徐展堂“在望山庄”旧藏；2.纽约1997年3月20日拍卖，编号90；3.北京保利2010年12月5日拍品，编号4464。
估　价：RMB 4,000,000～4,500,000
成交价：RMB 4,830,000
高67cm 北京保利 2015.12.08

46 明天启 青花关云长千里走单骑故事纹笔筒
来源：2003年 文物出版社《嘉德十年精品录》编号38。
估　价：RMB 900,000～1,200,000
成交价：RMB 1,771,000
高20.7cm 上海道明 2015.05.09

3037 明万历 御窑青花四爱图大罐
“大明万历年制”
来源：日本京都私人收藏。
估　价：RMB 3,500,000～4,000,000
成交价：RMB 4,830,000
高44cm 北京东正 2015.05.19

8651 明天启 青花花篮洗
“大明天启年制”款
备注：法国重要私人藏家旧藏。
估　价：RMB 900,000～1,200,000
成交价：RMB 1,035,000
直径32.7cm 北京保利 2015.12.08

272 明崇祯 青花奉祀文昌图筒瓶
来源：A.J.B. Kiddell（1894–1980年），伦敦苏富比前总监，后家族传承。
估 价：USD 30,000～50,000
成交价：RMB 391,313
高45cm 纽约苏富比 2015.03.17

3532 明崇祯 青花明皇狩猎图筒式瓶
来源：朱丽雅及约翰·柯蒂斯珍藏。
估 价：USD 40,000～60,000
成交价：RMB 508,706
高40.6cm 纽约佳士得 2015.03.16

3512 明崇祯 青花人物故事图笔筒
来源：朱丽雅及约翰·柯蒂斯珍藏。
估 价：USD 30,000～40,000
成交价：RMB 469,575
高16.5cm 纽约佳士得 2015.03.16

4041 明崇祯 青花加官进爵图案缸
估 价：RMB 300,000～350,000
成交价：RMB 506,000
高18.3cm 北京东正 2015.05.19

6406 明崇祯 青花人物故事大笔筒
来源：晚清重臣张荫棠及其家族递藏。
估 价：RMB 400,000～600,000
成交价：RMB 747,500
直径21cm 北京保利 2015.06.06

4434 明崇祯 青花三国演义之凤仪亭人物故事图筒瓶
估 价：RMB 800,000～1,000,000
成交价：RMB 920,000
高44.7cm 中国嘉德 2015.04.01

3533 明崇祯 青花三国演义人物故事图笔筒
来源：朱丽雅及约翰·柯蒂斯珍藏。
估　价：USD 100,000～150,000
成交价：RMB 1,233,417
高20.5cm 纽约佳士得 2015.03.16

2929 明崇祯 青花人物故事笔筒
估　价：RMB 1,000,000～1,500,000
成交价：RMB 1,725,000
高20.7cm 北京翰海 2015.11.28

253 明15世纪 青花花卉纹笔插
估　价：HKD 80,000～120,000
成交价：RMB 77,597
宽18.8cm 中国嘉德 2015.10.06

3508 明崇祯 青花桃花源人物故事图盖罐
估　价：USD 18,000～25,000
成交价：RMB 586,969
直径19.7cm 纽约佳士得 2015.03.16

272 明15世纪/16世纪 青花缠枝花卉纹眉月形酒壶带盖
来源：20世纪70或80年代入藏。
估　价：USD 30,000～50,000
成交价：RMB 238,988
长20.3cm 纽约苏富比 2015.09.15

269 明15世纪/16世纪 青花牡丹奇石纹菱口盘
来源：20世纪70或80年代入藏。
估　价：USD 30,000～50,000
成交价：RMB 175,258
直径51.4cm 纽约苏富比 2015.09.15

3145 明 青花人物梅瓶
估　价：RMB 120,000～200,000
成交价：RMB 345,000
高38cm 西泠拍卖 2015.07.05

8919 明末清初 青花海八怪高足杯
“大明宣德年制”款
估　价：RMB 120,000～180,000
成交价：RMB 230,000
高8.5cm 北京保利 2015.06.08

3555 明末清初 青花通景竹林七贤图花盆
估 价：USD 40,000~60,000
成交价：RMB 547,838
直径21.3cm 纽约佳士得 2015.03.16

3535 明末清初 青花通景三国演义人物故事图葫芦瓶
来源：朱丽雅及约翰·柯蒂斯珍藏。
估 价：USD 20,000~30,000
成交价：RMB 328,703
高34.1cm 纽约佳士得 2015.03.16

3513 清顺治 青花翠鸟纹盖罐
估 价：USD 40,000~60,000
成交价：RMB 665,231
高28.4cm 纽约佳士得 2015.03.16

3157 清康熙 矾红地青花缠枝茶花纹碗（一对）
估 价：USD 10,000~15,000
成交价：RMB 156,525
直径18.5cm 纽约佳士得 2015.03.15

2233 清康熙 青花八卦纹碗
双圈六字楷书款
估 价：USD 60,000~80,000
成交价：RMB 637,300
直径12cm 纽约佳士得 2015.09.17

3724 清康熙 黄地青花福寿龙纹碗
“大清康熙年制”款
来源：香港佳士得2006年11月28日拍卖，编号1532。
估 价：HKD 500,000~700,000
成交价：RMB 667,875
直径13.1cm 香港苏富比 2015.10.07

3170 清康熙 青花“春夜宴桃李园”诗文笔筒
“大清康熙年制”楷书款
来源：英国伦敦GOOD WILL TOWN 私人藏家提供，纽约佳士得2008年9月17日拍卖第453号。
估　价：RMB 800,000～1,200,000
成交价：RMB 1,265,000
高15.5cm 西泠拍卖 2015.07.05

4044 清康熙 青花缠枝花卉纹罐
“大清康熙年制”楷书款
来源：伦敦佳士得2010年11月9日拍品，编号296。
估　价：RMB 150,000～180,000
成交价：RMB 172,500
高22.5cm 北京东正 2015.05.19

123 清康熙 青花冰梅纹大碗
“大清康熙年制”款
来源：上海文物商店旧藏。
估　价：RMB 40,000～60,000
成交价：RMB 82,800
口径19.6cm 深圳市拍 2015.07.19

294 清康熙 青花缠枝秋葵纹碗
来源：香港佳士得1990年10月8日拍品，编号571。
估　价：USD 15,000～20,000
成交价：RMB 278,819
直径14.6cm 纽约苏富比 2015.09.15

789 清康熙 青花八仙纹盘
“大清康熙年制”
来源：纽约苏富比2012年9月11日秋季拍卖会，编号0289。
估　价：RMB 180,000～250,000
成交价：RMB 471,500
直径14.9cm 中贸圣佳 2015.05.20

1045 清康熙 青花缠枝莲纹卷缸
估　价：RMB 50,000～80,000
成交价：RMB 149,500
直径59cm 华艺国际 2015.03.29

103 清康熙 青花叱石成羊杯
来源：加拿大藏家旧藏。
估　价：RMB 160,000～260,000
成交价：RMB 644,000
直径7.3cm 北京保利 2015.01.24

416 清康熙 青花九月菊花花神杯
“大清康熙年制”款
估　价：RMB 900,000～1,200,000
成交价：RMB 1,150,000
直径6.7cm 厦门华辰 2015.06.20

3644 清康熙 青花高仕仙阁图碗
“大清康熙年制”款
估　价：HKD 5,000,000～7,000,000
成交价：RMB 4,906,560
直径20.1cm 香港苏富比 2015.04.07

3226 清康熙 青花米芾山水图棒槌瓶
估　价：HKD 2,600,000～3,500,000
成交价：RMB 4,645,800
高45.5cm 佳士得 2015.06.03

271 清康熙 青花贯套纹杯连缠枝莲纹托
“大清康熙年制”款
来源：伦敦苏富比拍卖（据杯托上标签）；加拿大多伦多George Bartram Kiddell旧藏，后家族传承。
估　价：USD 4,000～6,000
成交价：RMB 187,830
杯高8.8cm；托高11.1cm
纽约苏富比 2015.03.17

4788 清康熙 青花魁星点斗图笔筒
“大明成化年制”款
估　价：RMB 100,000～200,000
成交价：RMB 287,500
直径18cm 中国嘉德 2015.09.20

3098 清康熙 青花人物笔筒
“方形图记款”
来源：北京瀚海2000年春季拍卖会编号1368。
估　价：RMB 220,000～300,000
成交价：RMB 322,000
高16.5cm 西泠拍卖 2015.07.05

152 清康熙 青花如意桃纹盘一对
“大清康熙年制”款
来源：香港佳士得1990年10月9日拍品，编号548。
估　价：GBP 15,000～20,000
成交价：RMB 263,450
直径12.8cm×2 伦敦苏富比 2015.05.13

2061 清康熙 青花潇湘八景图诗文撇口笔筒
来源：香港苏富比1984年5月21日春季拍卖会第78号。
估　价：RMB 210,000～300,000
成交价：RMB 287,500
直径18cm 中国嘉德 2015.06.27

3574 清康熙 青花十八罗汉图三足炉
“大清康熙年制”楷书款
估　价：USD 50,000～70,000
成交价：RMB 743,494
直径18.5cm 纽约佳士得 2015.03.16

4084 清康熙 青花岁寒三友诗文瓜棱将军罐
估　价：RMB 95,000～150,000
成交价：RMB 241,500
高33cm 中国嘉德 2015.04.01

3569 清康熙 青花洗象图瓶
来源：朱丽雅及约翰·柯蒂斯珍藏。
估　价：USD 40,000～60,000
成交价：RMB 857,757
高25.2cm 纽约佳士得 2015.03.16

2239 清康熙 青花杨家将人物故事案缸
“大清康熙年制”楷书款
来源：香港苏富比1982年5月18日拍品。编号205。
估　价：RMB 500,000～600,000
成交价：RMB 575,000
直径19.5cm 北京匡时 2015.06.06

273 清康熙 青花尧访许由图笔筒
来源：Berwald Oriental Art，伦敦，1997年9月18日，旧金山Dr. Lowell S. Young收藏，编号 42。
估　价：USD 60,000～80,000
成交价：RMB 626,100
直径20.4cm 纽约苏富比 2015.03.17

944 清康熙 青花饮中八仙杯
估　价：RMB 400,000～600,000
成交价：RMB 552,000
直径6.5cm 北京保利 2015.04.26

3565 清康熙 青花赴京赶考图觚式瓶
来源：朱丽雅及约翰·柯蒂斯珍藏。
估　价：USD 25,000～35,000
成交价：RMB 743,494
高40cm 纽约佳士得 2015.03.16

3191 清康熙 青花山水图仰钟式杯
“大清康熙年制”楷书款
来源：私人珍藏，入藏于1992年以前。
估　价：HKD 800,000～1,200,000
成交价：RMB 821,000
高7.5cm 佳士得 2015.12.02

5005 清康熙 御窑青花团凤纹杯
“大清康熙年制”款
来源：原为上海私人收藏；北京东正2011年11月17日拍品第080。
估　价：RMB 1,200,000～1,500,000
成交价：RMB 1,380,000
口径9.1cm 北京东正 2015.11.19

3908 清康熙 青花花蝶纹盖盒
“大清康熙年制”楷书款
来源：香港佳士得1994年5月1－3日拍品第648。
估 价：RMB 550,000～600,000
成交价：RMB 632,500
直径16.7cm 北京匡时 2015.12.05

6326 清雍正 仿木纹釉青花山水人物笔筒
“雍正年制”款
来源：国有文物商店旧藏。
估 价：RMB 4,800,000～6,800,000
成交价：RMB 8,740,000
直径18cm 北京保利 2015.06.06

6343 清雍正 仿宣窑青花缠枝花卉大碗
“大清雍正年制”款
来源：北京保利2009年秋拍，编号2039。
估 价：RMB 1,000,000～1,500,000
成交价：RMB 1,380,000
直径23.5cm 北京保利 2015.06.06

7420 清康熙 仿宣德青花松竹梅笠式碗
“大清康熙年制”款
备注：中国嘉德2004年5月19日拍品，编号2072；
著录：《中国嘉德·瓷器玉器工艺品》2002.4.23，编号926。
估 价：RMB 2,000,000～3,000,000
成交价：RMB 2,415,000
直径22.3cm 北京保利 2015.12.08

525 清雍正 黄地青花缠枝莲纹盘
“大清雍正年制”楷书款
来源：英国私人珍藏，购于二十世纪初。
估 价：HKD 2,200,000～3,200,000
成交价：RMB 2,041,710
直径27.5cm 中国嘉德 2015.04.06

3672 清雍正 青花“拜月亭”人物故事图碗
“大清雍正年制”款
来源：香港苏富比2002年10月30日拍品，编号328。
估　价：HKD 150,000～200,000
成交价：RMB 322,800
直径19.2cm 香港苏富比 2015.04.07

3127 清雍正 青花八仙过海图杯（两件）
“大清雍正年制”楷书款
估　价：HKD 1,500,000～1,800,000
成交价：RMB 1,666,080
直径7.6cm×2 佳士得 2015.06.03

3604 清雍正 青花缠枝卷叶纹梅瓶
“大清雍正年制”款
来源：香港苏富比1996年11月5日拍品，编号305。
估　价：HKD 3,500,000～4,500,000
成交价：RMB 3,453,960
高24.2cm 香港苏富比 2015.04.07

3723 清雍正 青花缠枝番莲纹小杯（一对）
“大清雍正年制”款
来源：纽约佳士得2010年3月26日拍卖，编号1371。
估　价：HKD 550,000～650,000
成交价：RMB 565,125
直径7.1cm 香港苏富比 2015.10.07

467 清雍正 青花缠枝莲纹馒头心碗（一对）
来源：纽约苏富比2013年9月17日拍品，编号332。
估　价：RMB 700,000～900,000
成交价：RMB 862,500
直径15.6cm×2 厦门华辰 2015.06.20

3230 清雍正 青花缠枝花卉纹海棠式抱月瓶
来源：香港苏富比2007年4月8日拍品855号。
估 价：HKD 1,500,000～2,500,000
成交价：RMB 1,473,840
高48.3cm 佳士得 2015.06.03

1066 清雍正 青花缠枝莲纹罐
估 价：RMB 350,000～450,000
成交价：RMB 644,000
高18.5cm 中鸿信 2015.07.29

2823 清雍正 青花缠枝莲纹小罐
“大清雍正年制”楷书款
著录：《中国嘉德·珍宝归途－清代瓷器集萃》2008年4月27日拍品编号1940。
估 价：RMB 800,000～1,200,000
成交价：RMB 1,058,000
高12.3cm 中国嘉德 2015.05.16

108 清雍正 青花穿花龙纹长颈胆瓶
“大清雍正年制”款
来源：英国北约克郡旧藏。
估 价：HKD 40,000,000～60,000,000
成交价：RMB 61,170,600
高38.6cm 香港苏富比 2015.04.07

3231 清雍正 青花荷塘鸳鸯纹洗
来源：香港苏富比1998年11月2日拍品390号。
估 价：HKD 500,000～700,000
成交价：RMB 500,625
直径17.7cm 佳士得 2015.06.03

3345 清雍正 青花缠枝灵芝灯笼瓶
"大清雍正年制"款
来源：北京保利2009年秋拍编号3000
著录：《御赏拾珍——元明清官窑瓷器珍藏展》第67页。
估 价：RMB 3,800,000~5,800,000
成交价：RMB 6,900,000
高25cm 北京保利 2015.06.06

3342 清雍正 青花内金刚杵外梵文盘
"大清雍正年制"款
来源：1.香港苏富比1979.11.29拍品，编号217；2.海外资深藏家旧藏；3.北京保利2012年春拍，编号6127。
估 价：RMB 350,000~550,000
成交价：RMB 598,000
直径17.3cm 北京保利 2015.06.06

4 清雍正 青花龙凤纹盖盒
"大清雍正年制"楷书款
来源：徐氏艺术馆旧藏。
估 价：RMB 2,200,000~2,500,000
成交价：RMB 2,530,000
直径16.6cm 上海道明 2015.05.09

3126 清雍正 青花花鸟图双耳抱月瓶
来源：香港苏富比1997年11月5日拍品1371号。
成交价：RMB 13,969,440
高22.3cm 佳士得 2015.06.03

3366 清雍正 青花花果瓜藤纹大盘
"大清雍正年制"楷书款

来源：伦敦苏富比1988年6月7日拍品，编号273。
估 价：HKD 6,500,000~9,500,000
成交价：RMB 6,665,820
直径45.5cm 保利香港 2015.04.06

3716 清雍正 青花岁寒三友小罐
“大清雍正年制”款
估 价：HKD 400,000～600,000
成交价：RMB 807,000
高8cm 香港苏富比 2015.04.07

13 清雍正 青花岁寒三友小罐
“大清雍正年制”楷书款
来源：香港苏富比1995年5月20日拍品，编号62。
估 价：RMB 600,000～800,000
成交价：RMB 805,000
高8cm 上海道明 2015.05.09

825 清雍正 青花一束莲纹大盘
“大清雍正年制”楷书款
来源：上海博物馆馆藏编号48666。
估 价：RMB 1,500,000～2,500,000
成交价：RMB 2,070,000
口径40.2cm 上海工美 2015.06.28

793 清雍正 青花卧足碗 （一对）
“大清雍正年制”款
来源：香港苏富比1984年11月20日秋季拍卖会，编号0384。
估 价：RMB 550,000～600,000
成交价：RMB 943,000
直径12cm×2 中贸圣佳 2015.05.20

119 清雍正 青花喜上眉梢花鸟图玉壶春瓶
“大清雍正年制”款
估 价：HKD 3,000,000～4,000,000
成交价：RMB 10,716,960
高30cm 香港苏富比 2015.04.07

5008 清雍正 御窑青花西番莲纹卧足碗
“大清雍正年制”款
估　价：RMB 1,000,000～1,200,000
成交价：RMB 1,403,000
口径15cm 北京东正 2015.11.19

8773 清雍正 青花喜鹊登梅抱月瓶
备注：香港佳士得2015年5月28日拍品，编号3432。
估　价：RMB 2,000,000～3,000,000
成交价：RMB 2,300,000
高32cm 北京保利 2015.12.09

7401 清雍正 青花九月菊花花神杯
“大清雍正年制”款
备注：美国藏家旧藏。
估　价：RMB 60,000～80,000
成交价：RMB 2,300,000
直径6.6cm 北京保利 2015.12.08

7421 清雍正 青花龙凤呈祥罐
“大清雍正年制”款
备注：亚洲重要私人收藏。
估　价：RMB 2,600,000～3,600,000
成交价：RMB 4,025,000
高23.3cm 北京保利 2015.12.08

795 清雍正 十六子圆口小方瓶
“大清乾隆年制”款
来源：1.北京匡时国际拍卖有限公司2006秋季拍卖会拍品1390；2.北京保利国际拍卖有限公司2008年秋季拍卖会拍品2420。
估　价：RMB 1,200,000～1,500,000
成交价：RMB 1,840,000
高12.6cm 中贸圣佳 2015.05.20

3004 清雍正 御窑青花西番莲纹茶叶罐
“大清雍正年制”款
来源：日本京都重要私人收藏。
估　价：RMB 1,300,000～1,500,000
成交价：RMB 2,645,000
高13.5cm 北京东正 2015.05.19

4469 清乾隆 仿木釉开光青花螭龙纹墨床
“大清乾隆年制”款
估　价：RMB 80,000～120,000
成交价：RMB 92,000
长7.6cm 中国嘉德 2015.04.01

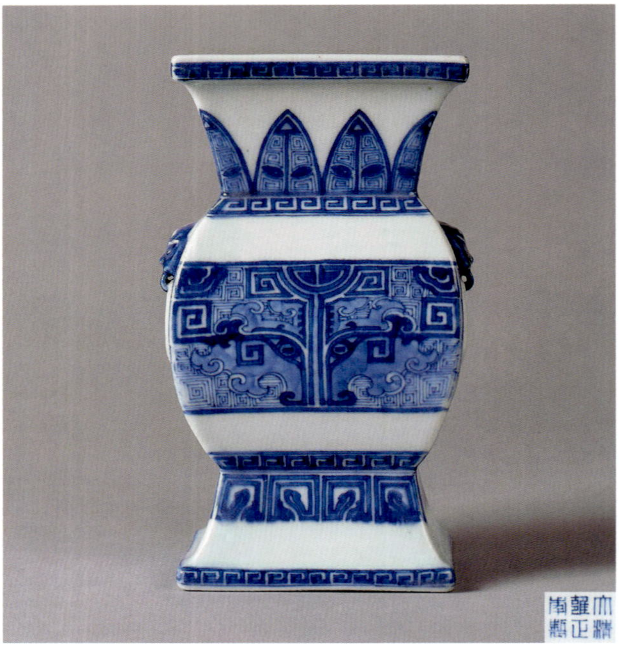

3005 清雍正 御窑青花饕餮纹方樽
“大清雍正年制”款
来源：欧洲私人收藏。
估　价：RMB 1,500,000～1,600,000
成交价：RMB 2,070,000
高16cm 北京东正 2015.05.19

3014 清乾隆 官窑青花折枝花果纹贯耳六方尊
“大清乾隆年制”款
来源：欧洲藏家旧藏。
估　价：RMB 4,000,000～5,000,000
成交价：RMB 5,635,000
高44.5cm 北京东正 2015.05.19

7378 清乾隆 青花八吉祥抱月瓶
“大清乾隆年制”款
备注：1.法国藏家旧藏；2.法国庞恰得雷城堡（Chateau De Pontchart.rain）旧藏。
估　价：RMB 3,500,000～5,500,000
成交价：RMB 5,635,000
高47.5cm 北京保利 2015.12.08

6462 清乾隆 青花并蒂莲纹双环蒜头瓶
“大清乾隆年制”款
来源：1.晚清内务府总管庆宽家族旧藏；2.中国嘉德1996年10月21日拍品，编号1645。
估　价：RMB 10,000,000～15,000,000
成交价：RMB 16,675,000
高29cm 北京保利 2015.06.06

3010 清乾隆 官窑青花菖蒲纹节令膳碗
"乾隆九年内发造节令膳碗原样存殿记"款
来源：日本私人收藏。
估　价：RMB 400,000～500,000
成交价：RMB 575,000
直径15cm 北京东正 2015.05.19

3011 清乾隆 官窑青花缠枝莲托八宝盉壶
"大清乾隆年制"款
来源：中国嘉德2001春季拍卖会，编号1317。
估　价：RMB 500,000～600,000
成交价：RMB 805,000
高17cm 北京东正 2015.05.19

506 清乾隆 青花八吉祥纹高足碗
"大清乾隆年制"款
估　价：HKD 180,000～250,000
成交价：RMB 280,350
高18.3cm 香港苏富比 2015.06.01

3128 清乾隆 青花苍龙教子穿莲纹螭龙耳尊
"大清乾隆年制"篆书款
来源：Francis Capel Harrison (1863—1938) 珍藏；英国私人珍藏，伦敦苏富比2005年11月9日拍品327号。
成交价：RMB 44,952,120
高35.5cm 佳士得 2015.06.03

2517 清乾隆 青花八吉祥纹双螭耳抱月瓶
"大清乾隆年制"篆书款
来源：北京拍卖会2005年1月15日拍品，编号1285。
估　价：RMB 9,500,000～12,000,000
成交价：RMB 11,040,000
高47.5cm 中国嘉德 2015.11.15

3631 清乾隆 青花缠枝番莲纹如意耳葫芦瓶
"大清乾隆年制"款
来源：香港苏富比1988年5月17/18日拍卖，编号176，石门堂收藏。
估　价：HKD 20,000,000～25,000,000
成交价：RMB 17,820,960
高29.5cm 香港苏富比 2015.10.07

7443 清乾隆 青花缠枝花卉大贯耳尊
"大清乾隆年制"款
估 价：RMB 4,500,000～6,500,000
成交价：RMB 5,175,000
高51cm 北京保利 2015.12.08

2938 清乾隆 青花缠枝花卉贯耳尊
"大清乾隆年制"篆书款
估 价：RMB 1,000,000～2,000,000
成交价：RMB 2,990,000
高51cm 北京翰海 2015.11.28

3164 清乾隆 青花缠枝花卉纹渣斗
"大清乾隆年制"篆书款
估 价：USD 40,000～60,000
成交价：RMB 704,363
高8.2cm 纽约佳士得 2015.03.15

2937 清乾隆 青花缠枝花卉贯耳尊 （二件）
"大清乾隆年制"篆书款
备注：伦敦佳士得2011年5月10日拍品第269号。
估 价：RMB 10,000,000～16,000,000
成交价：RMB 13,800,000
高51cm 北京翰海 2015.11.28

3959 清乾隆 青花缠枝花卉纹铺首尊 （一对）
"大清乾隆年制"篆书款
估 价：RMB 1,500,000～2,000,000
成交价：RMB 1,794,000
高25.2cm×2 北京匡时 2015.12.05

3235 清乾隆 青花缠枝花卉纹天球瓶
“大清乾隆年制”篆书款
来源：20世纪上半叶日本京都私人入藏。
估 价：HKD 800,000～1,500,000
成交价：RMB 993,240
高37cm 佳士得 2015.06.03

4380 清乾隆 青花缠枝莲托八宝纹大碗
“大清乾隆年制”款
估 价：RMB 300,000～500,000
成交价：RMB 345,000
直径25.7cm 中国嘉德 2015.04.01

3111 清乾隆 青花缠枝莲纹盖钵
来源：20世纪90年代中购于日本古董展。
估 价：HKD 600,000～800,000
成交价：RMB 907,875
高16cm 香港苏富比 2015.04.07

3725 清乾隆 青花缠枝莲纹杏圆开光式福寿图双耳扁壶
“大清乾隆年制”款
估 价：HKD 2,500,000～3,500,000
成交价：RMB 2,630,400
高24.4cm 香港苏富比 2015.10.07

6460 清乾隆 青花缠枝莲牛头尊
“大清乾隆年制”款
来源：2007年瑞典Bukowskis拍卖公司拍卖。
估 价：RMB 2,000,000～3,000,000
成交价：RMB 2,415,000
高45.3cm 北京保利 2015.06.06

6463A 清乾隆 青花缠枝莲赏瓶
“大清乾隆年制”款
来源：日本井上清纪念馆旧藏。
估 价：RMB 1,200,000～2,200,000
成交价：RMB 1,380,000
高37.8cm 北京保利 2015.06.06

3161 清乾隆 青花缠枝花卉纹渣斗
“大清乾隆年制”篆书款
估 价：USD 30,000～50,000
成交价：RMB 586,969
高8.2cm 纽约佳士得 2015.03.15

975 清乾隆 青花缠枝莲托八宝盉壶
估 价：RMB 350,000～550,000
成交价：RMB 529,000
宽27cm 北京保利 2015.04.26

214 清乾隆 青花缠枝莲纹印盒
“澄怀书屋”楷书款
来源：香港苏富比1993年春季拍卖会第154号。
估 价：HKD 80,000～120,000
成交价：RMB 155,194
直径8.8cm 中国嘉德 2015.10.06

3167 清乾隆 青花缠枝莲托八宝纹盉
“大清乾隆年制”篆书款
估 价：RMB 1,800,000～2,600,000
成交价：RMB 2,530,000
高21cm 西泠拍卖 2015.07.05

2844 清乾隆 青花缠枝莲纹双耳鹿头尊 （一对）
“大清乾隆年制”篆书款
估 价：RMB 8,000,000～12,000,000
成交价：RMB 10,350,000
高44.3cm 中国嘉德 2015.05.16

2091 清乾隆 青花缠枝莲纹玉堂春瓶
"大清乾隆年制"篆书款
估 价：RMB 800,000～1,000,000
成交价：RMB 1,702,000
高37.3cm 北京翰海 2015.11.28

8953 清乾隆 青花福寿连绵寿庆有余瓜棱瓶
"大清乾隆年制"款
来源：香港苏富比1994.11拍品，编号149。
估 价：RMB 1,500,000～2,500,000
成交价：RMB 1,725,000
高32.4cm 北京保利 2015.06.08

8947 清乾隆 青花开光三多带盖执壶
"大清乾隆年制"款
来源：台湾重要私人藏家旧藏。
估 价：RMB 600,000～800,000
成交价：RMB 805,000
高30cm 北京保利 2015.06.08

3726 清乾隆 青花枇杷寿桃纹明式执壶
"大清乾隆年制"款
来源：香港苏富比1986年11月18日拍卖，编号233；伦敦佳士得2008年5月13日，编号201。
估 价：HKD 1,200,000～1,800,000
成交价：RMB 2,433,120
高2.65cm 香港苏富比 2015.10.07

4189 清乾隆 青花三清诗文茶碗
"大清乾隆年制"款
来源：徐展堂先生旧藏。
估 价：RMB 320,000～520,000
成交价：RMB 517,500
直径10.9cm 中国嘉德 2015.04.01

583 清乾隆 青花寿桃纹盘
“大清乾隆年制”款
来源：瑞典贵族收藏，赫尔辛堡罗森达尔城堡。
估　价：HKD 150,000～200,000
成交价：RMB 180,225
直径27cm 香港苏富比 2015.06.01

3234 清乾隆 青花松鼠葡萄纹碗
“大清乾隆年制”六字篆书款
来源：香港佳士得1999年4月26日拍品668号。
估　价：HKD 200,000～300,000
成交价：RMB 320,400
直径22.3cm 佳士得 2015.06.03

8775 清乾隆 青花松竹梅盘
“大清乾隆年制”款
来源：佳士得1991年10月1月拍品，编号962。
估　价：RMB 150,000～200,000
成交价：RMB 207,000
直径17.9cm 北京保利 2015.06.08

7442 清乾隆 青花团莲双龙耳如意云口瓶 （一对）
“大清乾隆年制”款
备注：1.香港苏富比1993年4月27日拍品，编号163；2.伦敦佳士得2010年5月11日拍品，编号217（封面作品）。
估　价：RMB 5,500,000～7,500,000
成交价：RMB 7,820,000
高25.2cm 北京保利 2015.12.08

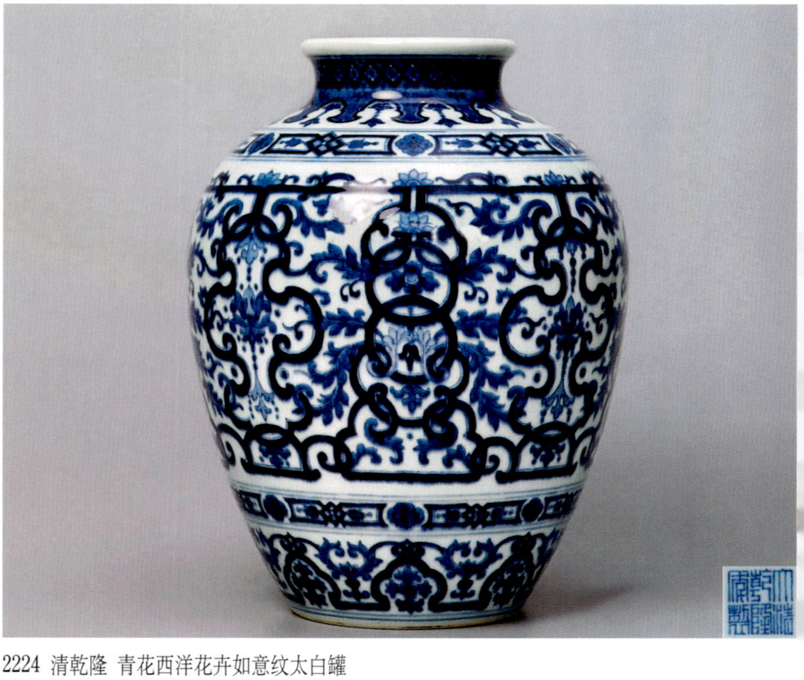

2224 清乾隆 青花西洋花卉如意纹太白罐
“大清乾隆年制”篆书款
来源：香港佳士得1991年10月1日拍品，编号838。
估　价：RMB 2,500,000～3,500,000
成交价：RMB 4,830,000
高32.5cm 北京匡时 2015.06.06

8952 清乾隆 青花云龙穿花纹大盘
“大清乾隆年制”款
来源：纽约苏富比1976年10月23日拍品，编号325。
估　价：RMB 1,200,000～1,500,000
成交价：RMB 1,495,000
直径51cm 北京保利 2015.06.08

3931 清乾隆 青花云龙纹卷缸
“大清乾隆年制”篆书款
估　价：RMB 600,000～800,000
成交价：RMB 690,000
直径21cm 北京匡时 2015.12.05

6461 清乾隆 青花折枝花果六方大瓶
“大清乾隆年制”款
来源：收购于20世纪70年代杭州文物店库藏。
估　价：RMB 7,000,000～9,000,000
成交价：RMB 8,280,000
高66.5cm 北京保利 2015.06.06

8951 清乾隆 青花云龙纹折腰碗 （一对）
“大清乾隆年制”款
来源：上海藏家旧藏。
估　价：RMB 650,000～850,000
成交价：RMB 782,000
直径16.7cm 北京保利 2015.06.08

6463 清乾隆 青花折枝花果梅瓶
“大清乾隆年制”款
来源：比利时藏家旧藏。
估　价：RMB 5,000,000～8,000,000
成交价：RMB 6,440,000
高32cm 北京保利 2015.06.06

7441 清乾隆 青花折枝花果梅瓶
“大清乾隆年制”款
备注：欧洲藏家旧藏。
估　价：RMB 2,600,000～3,600,000
成交价：RMB 2,645,000
高32.3cm 北京保利 2015.12.08

5017 清乾隆 御窑青花八宝纹抱月瓶
“大清乾隆年制”款
来源：原为日本京都私人收藏。
估　价：RMB 1,200,000～1,500,000
成交价：RMB 1,380,000
高35.5cm 北京东正 2015.11.19

3951 清乾隆 青花折枝花果纹六方瓶
“大清乾隆年制”篆书款
来源：上海藏家旧藏。
估 价：RMB 6,000,000～10,000,000
成交价：RMB 7,130,000
高66cm 北京匡时 2015.12.05

3012 清乾隆 御窑青花缠枝莲托八宝铺首衔环尊
“大清乾隆年制”款
来源：天津旧军阀家庭旧藏。
估 价：RMB 5,000,000～6,000,000
成交价：RMB 6,095,000
高49cm 北京东正 2015.05.19

8961 清中期 青花缠枝莲纹大缸 （一对）
来源：天津旧军阀家庭旧藏；欧洲重要私人藏家旧藏。
估 价：RMB 1,000,000～1,500,000
成交价：RMB 2,300,000
直径71cm；高52cm 北京保利 2015.06.08

3630 清乾隆 青花竹石芭蕉纹玉壶春瓶
“大清乾隆年制”款
来源：伦敦苏富比1976年12月14日拍卖，编号157。
估 价：HKD 2,500,000～3,500,000
成交价：RMB 2,630,400
高28.3cm 香港苏富比 2015.10.07

160 清道光 青花穿云游龙纹盘
“大清道光年制”款
估 价：GBP 10,000～15,000
成交价：RMB 143,700
直径25cm 伦敦苏富比 2015.05.13

161 清嘉庆 青花缠枝莲纹衔环铺首耳壶
“大清嘉庆年制”款
来源：天津旧军阀家庭旧藏；香港佳士得2001年10月30日拍品，编号809
估 价：GBP 60,000～80,000
成交价：RMB 1,077,750
高25.3cm 伦敦苏富比 2015.05.13

3013 清乾隆 御窑青花折枝花卉纹六方瓶
“大清乾隆年制”款
来源：天津旧军阀家庭旧藏，扬州文物商店旧藏。
估 价：RMB 9,000,000～10,000,000
成交价：RMB 11,270,000
高66cm 北京东正 2015.05.19

7377 清嘉庆 青花苍龙教子撇口瓶
“大清嘉庆年制”款
备注：美国藏家旧藏。
估 价：RMB 1,800,000～2,200,000
成交价：RMB 2,070,000
高28.8cm 北京保利 2015.12.08

501 清道光 青花番莲纹碗 （一对）
“大清道光年制”款
来源：20世纪90年代购自慎德堂。
估 价：HKD 100,000～150,000
成交价：RMB 140,175
直径9.9cm 香港苏富比 2015.06.01

290 清道光 青花缠枝花卉纹赏瓶
“大清道光年制”款
来源：天津旧军阀家庭旧藏；1978年5月10日伦敦Hugh Moss Ltd收藏
估 价：USD 30,000～50,000
成交价：RMB 547,838
高37.7cm 纽约苏富比 2015.03.17

507 清道光 青花赶珠云龙纹碗 （一对）
“慎德堂制”款
估 价：HKD 80,000～120,000
成交价：RMB 180,225
直径11.2cm 香港苏富比 2015.06.01

159 清道光 青花梵文缠枝莲纹高足杯
“大清道光年制”款
来源：天津旧军阀家庭旧藏；香港佳士得2010年12月1日拍品，编号3215。
估 价：GBP 10,000～15,000
成交价：RMB 131,725
直径8.9cm 伦敦苏富比 2015.05.13

3236 清道光 青花海兽纹天球瓶
“浩然堂”楷书款
估 价：HKD 1,500,000～2,600,000
成交价：RMB 2,723,400
高75.6cm 佳士得 2015.06.03

4306 清道光 青花龙纹大缸
估 价：RMB 1,300,000～2,300,000
成交价：RMB 2,300,000
高69cm 中国嘉德 2015.11.14

819 清道光 青花松竹梅海棠碗 （一对）
“大清道光年制”款
估 价：RMB 310,000～360,000
成交价：RMB 402,500
直径26.4cm×2 中贸圣佳 2015.05.20

3949 清道光 青花云龙纹碗 （一对）
“大清道光年制”篆书款
来源：1.北京翰海2002年1月9日拍品，编号1311；2.2011年5月22日北京嘉德《慎德明道—五台山人藏清道光御瓷一》拍品，编号3401。
估 价：RMB 680,000～780,000
成交价：RMB 782,000
直径14.5cm×2 北京匡时 2015.12.05

615 清咸丰 督陶官德新款花觚
“弟子德新供”款
来源：伊朗阿米尔·瓦尔德家族旧藏。
估 价：RMB 380,000
成交价：RMB 437,000
高27.8cm 太平洋 2015.04.17

8817 清咸丰 青花八卦云鹤碗
“大清咸丰年制”款
估 价：RMB 80,000～120,000
成交价：RMB 103,500
直径14cm 北京保利 2015.06.08

4068 清同治 青花缠枝莲纹赏瓶
“大清同治年制”楷书款
估 价：RMB 300,000～350,000
成交价：RMB 517,500
高39cm 北京东正 2015.05.19

520 清同治 黄地青花缠枝莲纹盘
“储秀宫制”篆书款
估　价：HKD 92,000～150,000
成交价：RMB 278,415
直径27.5cm 中国嘉德 2015.04.06

532 清同治 青花岁寒三友图盘 （一对）
“大清同治年制”款
来源：天津旧军阀家庭旧藏；阿姆斯特丹苏富比2000年6月26日拍品，编号293。
估　价：HKD 40,000～60,000
成交价：RMB 220,275
直径17.8cm、18cm 香港苏富比 2015.06.01

211 清同治 青花双凤纹盘
“大清同治年制”楷书款
来源：香港私人旧藏。
估　价：HKD 40,000～60,000
成交价：RMB 87,296
直径27cm 中国嘉德 2015.10.06

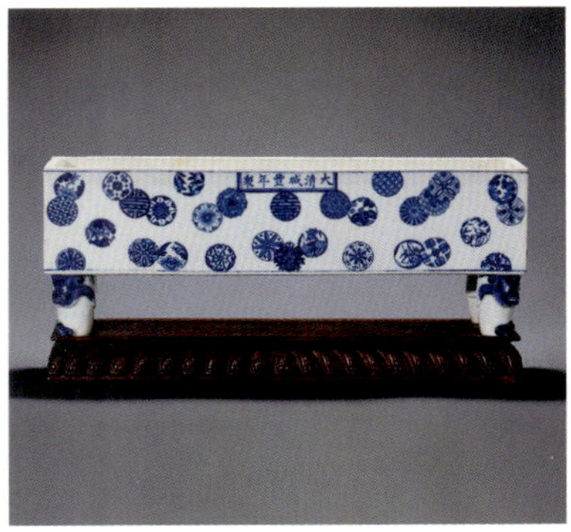

8818 清咸丰 青花皮球花香炉
“大清咸丰年制”款
来源：天津旧军阀家庭旧藏；关善明先生旧藏。
估　价：RMB 250,000～350,000
成交价：RMB 460,000
长44.5cm 北京保利 2015.06.08

2283 清光绪 青花九龙纹大棒槌方瓶
估　价：USD 20,000～30,000
成交价：RMB 557,638
高144.8cm 纽约佳士得 2015.09.17

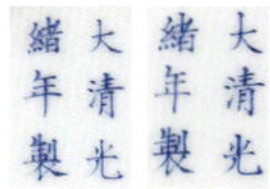

124 清光绪 青花八宝吉祥纹碗 （一对）
“大清光绪年制”款
估　价：RMB 80,000～120,000
成交价：RMB 134,400
直径14cm×2 北京荣宝 2015.03.29

3173 清光绪 青花云龙花卉纹盖盒 （一对）
估　价：USD 6,000～8,000
成交价：RMB 281,745
直径27cm 纽约佳士得 2015.03.15

1337 清光绪 青花锦地团福寿延年益寿罐
“大清光绪年制”款
估　价：RMB 250,000～320,000
成交价：RMB 345,000
高40cm 中鸿信 2015.07.29

8828 清光绪 青花松竹梅杯 （一对）
“大清光绪年制”款
估　价：RMB 80,000～120,000
成交价：RMB 92,000
直径8.5cm 北京保利 2015.06.08

500 清 青花云龙纹鸟食罐
估　价：RMB 8,000
成交价：RMB 162,400
尺寸不一 天津文物 2015.05.22

406 清宣统 青花海水异兽纹碗
“大清宣统年制”楷书款
估　价：RMB 65,000
成交价：RMB 125,440
直径21.3cm 天津文物 2015.05.22

1084 王步 鸢尾花·青花水洗
“愿闻吾过之斋”底款
估　价：RMB 3,000,000～5,000,000
成交价：RMB 3,680,000
高9cm；直径22cm 景德镇华艺 2015.10.20

51 青花八宝纹双耳扁瓶
“大清乾隆年制”款
估　价：HKD 26,000,000
成交价：RMB 80,057,250
高49.5cm 澳门中信 2015.11.08

601 清光绪 青花云龙盘 （一对）
“大清光绪年制”楷书款
来源：欧洲藏家旧藏。
估　价：RMB 30,000～60,000
成交价：RMB 80,500
直径18.5cm×2 保利厦门 2015.05.03

665 明洪武 釉里红缠枝莲纹碗
来源：仇炎之旧藏。
估　价：RMB 80,000～300,000
成交价：RMB 345,000
直径9cm 保利厦门 2015.05.03

739 明洪武 釉里红龙纹荷叶盖罐
估　价：NTD 18,000,000～30,000,000
成交价：RMB 6,973,800
高34.6cm 台北艺流 2015.10.10

釉里红

7455 民国 “王步”款青花芦雁图瓷板
“王步”款
估　价：RMB 20,000～30,000
成交价：RMB 3,910,000
49cm×23.3cm 北京保利 2015.12.08

5059 元 釉里红玉壶春
来源：1.美国私人旧藏；2.杭天收藏。
估　价：HKD 50,000～80,000
成交价：RMB 47,259
高22.5cm 保利香港 2015.05.31

3039 明 釉里红龙纹天球瓶
估　价：HKD 2,800,000～5,600,000
成交价：RMB 11,454,300
高35cm AA中国艺海 2015.06.20

2566 明洪武 釉里红如意云形缠枝牡丹菊纹大碗
来源：Eskenazi收藏。
著录：《Yuan and early Ming blue and white porcelain》No.5，Eskenazi. London，June 1994。
估　价：RMB 7,000,000～9,000,000
成交价：RMB 8,050,000
直径41cm 中国嘉德 2015.11.15

3125 清康熙 釉里红花卉纹苹果尊
“大清康熙年制”楷书款
来源：香港佳士得2003年7月7日拍品572号。
估　价：HKD 1,800,000～2,600,000
成交价：RMB 2,242,800
直径10.2.cm 佳士得 2015.06.03

8836 清康熙 釉里红团凤杯
“大清康熙年制”款
来源：香港佳士得1999年秋拍，编号614。
估　价：RMB 120,000～150,000
成交价：RMB 184,000
直径9cm 北京保利 2015.06.08

2808 清康熙 釉里红团花苹果尊
“大清康熙年制”楷书款
来源：1.此器1994年11月1日于香港苏富比拍卖，拍品173号；2.2004年10月31日再次拍卖，拍品172号，并著录于《香港苏富比三十周年》图版293；3.香港佳士得2009年12月1日拍品，编号18852。
估　价：RMB 5,600,000～6,600,000
成交价：RMB 8,165,000
直径9.5cm 中国嘉德 2015.05.16

464 清康熙 釉里红团龙纹碗
“大清康熙年制”款
估　价：RMB 800,000～1,000,000
成交价：RMB 1,092,500
直径14cm 厦门华辰 2015.06.20

3514 清雍正 釉里红三果纹福寿碗
“大清雍正年制”楷书款
估 价：HKD 400,000～600,000
成交价：RMB 387,984
直径12cm 保利香港 2015.10.06

8996 清雍正 釉里红双龙耳白釉敞口尊
“大清雍正年制”款
来源：上海市文物商店旧藏。
估 价：RMB 500,000～800,000
成交价：RMB 805,000
宽25cm 北京保利 2015.06.08

5011 清雍正 御窑釉里红三鱼纹碗 （一对）
“大清雍正年制”款
估 价：RMB 700,000～1,000,000
成交价：RMB 1,196,000
口径12cm 北京东正 2015.11.19

青花釉里红

6346 清雍正 青花釉里红云蝠玉壶春瓶
来源：香港苏富比1978年11月28日拍品，编号277；北京保利2009年秋拍，编号2050。
估 价：RMB 1,500,000～2,500,000
成交价：RMB 2,070,000
高30.5cm 北京保利 2015.06.06

3166 清乾隆 青花釉里红海水龙纹玉壶春瓶
“大清乾隆年制”篆书款
估 价：RMB 480,000～600,000
成交价：RMB 632,500
高29cm 西泠拍卖 2015.07.05

140 清康熙 青花釉里红水波游龙纹鱼缸
估 价：GBP 40,000～60,000
成交价：RMB 1,137,625
口径36.5cm 伦敦苏富比 2015.05.13

2232 清乾隆 青花釉里红海水云龙纹抱月瓶
估 价：RMB 800,000～1,000,000
成交价：RMB 2,185,000
高39cm 北京匡时 2015.06.06

3156 清乾隆 青花釉里红龙抱珠纹抱月瓶
“大清乾隆年制”篆书款
估 价：USD 300,000～500,000
成交价：RMB 1,984,737
高31.1cm 纽约佳士得 2015.03.15

2236 18世纪/19世纪 青花釉里红九桃纹花口盘
估 价：USD 20,000～30,000
成交价：RMB 223,055
直径35.6cm 纽约佳士得 2015.09.17

1 青花釉里红龙纹抱月瓶
估 价：RMB 15,000,000
成交价：RMB 33,000,000
高33cm 皇家国际 2015.06.29

青花加彩

2263 明嘉靖 青花矾红缠枝福纹瓶
“大明嘉靖年制”楷书款
估 价：RMB 150,000～200,000
成交价：RMB 172,500
高25.5cm 北京匡时 2015.06.06

8648 明万历 青花五彩仙人故事碗
“大明万历年制”款
备注：日本藏家旧藏。
估 价：RMB 350,000～550,000
成交价：RMB 575,000
直径15.3cm 北京保利 2015.12.08

1096 明万历 青花五彩福禄寿大捧盒
“大明万历年制”楷书款
出版：《明清官窑瓷器》4页
估 价：RMB 280,000～400,000
成交价：RMB 368,000
直径26.3cm 上海敬华 2015.06.30

1016 明万历 青花五彩花卉洞石纹盘
“大明万历年制”楷书款
估 价：RMB 300,000~450,000
成交价：RMB 483,000
直径22.8cm 上海敬华 2015.06.30

2819 清康熙 青花矾红龙纹碗
“大明成化年制”楷书款
估 价：RMB 380,000~580,000
成交价：RMB 437,000
直径17.8cm 中国嘉德 2015.05.16

1080 明 青花加彩蛐蛐罐
“永战三秋”款
估 价：RMB 120,000~180,000
成交价：RMB 161,000
直径20cm 上海敬华 2015.06.30

36 明晚期 16世纪/17世纪 漳州绘彩降龙伏虎纹盘
来源：坂本五郎珍藏。
估 价：USD 15,000~20,000
成交价：RMB 117,394
直径38.8cm 纽约苏富比 2015.03.17

2775 明万历 青花五彩龙纹盘
“大明万历年制”楷书款
来源：澳大利亚著名收藏家艾尔弗雷德·霍布森旧藏。
估 价：RMB 150,000~180,000
成交价：RMB 218,500
直径31.7cm 北京翰海 2015.06.28

8925 清康熙 青花矾红海水龙纹大碗
“大清康熙年制”款
估 价：RMB 220,000~320,000
成交价：RMB 276,000
直径18.3cm 北京保利 2015.06.08

2059 清康熙 青花地黄彩云龙纹盘
“大清康熙年制”楷书款
估 价：RMB 500,000~600,000
成交价：RMB 575,000
直径25.2cm 北京翰海 2015.11.28

4076 清顺治 青花五彩神仙人物纹盖罐 （一对）
成交价：RMB 126,500
高41.5cm 中国嘉德 2015.09.19

1104 清康熙 青花五彩龙凤纹碗 （一对）
估　价：RMB 800,000～1,200,000
成交价：RMB 1,322,500
直径13cm 上海敬华 2015.06.30

633 清康熙/雍正 青花五彩鸡缸杯
“大明成化年制”楷书款
来源：伦敦苏富比2011年5月11日拍品，编号227。
估　价：RMB 200,000～250,000
成交价：RMB 230,000
直径7.8cm 北京诚轩 2015.05.17

8941 清雍正 青花矾红龙纹盘
“大清雍正年制”款
估　价：RMB 150,000～350,000
成交价：RMB 230,000
直径14.2cm 北京保利 2015.06.08

394 清乾隆 青花斗彩百花双耳扁壶
“大清乾隆年制”款
估　价：HKD 6,800,000
成交价：RMB 7,829,775
高31cm 澳门中信 2015.06.21

4334 清乾隆 青花胭脂红缠枝莲纹灯笼瓶
“大清乾隆年制”款
估　价：RMB 250,000～350,000
成交价：RMB 287,500
高20.3cm 中国嘉德 2015.09.19

3006 清雍正 御窑青花矾红“飞龙在天”甘露瓶
“大清雍正年制”款
来源：美国新泽西私人收藏。
估 价：RMB 5,000,000～6,000,000
成交价：RMB 8,452,500
高29.3cm 北京东正 2015.05.19

3633 清乾隆 青花矾红彩海水腾龙纹如意耳扁壶
“大清乾隆年制”款
来源：香港苏富比1993年4月27/28日拍卖，编号123；石门堂收藏。
估 价：HKD 18,000,000～25,000,000
成交价：RMB 24,561,360
高25.5cm 香港苏富比 2015.10.07

399 清乾隆 青花斗彩花龙纹梅瓶
“大清乾隆年制”款
估 价：HKD 15,000,000
成交价：RMB 16,580,700
高27.5cm 澳门中信 2015.06.21

3101 清嘉庆 青花矾红彩御题诗水丞
“嘉庆御题水中丞”“大清嘉庆年制”款
估 价：HKD 600,000～800,000
成交价：RMB 857,438
高7cm 香港苏富比 2015.04.07

7775 清嘉庆 御制“嘉庆年制”青花粉彩云龙玺印盒
“大清嘉庆年制”和“嘉庆年制”双款
估 价：RMB 1,000,000～1,500,000
成交价：RMB 1,150,000
直径23cm 北京保利 2015.06.07

612 清嘉庆 青花胭脂红料八仙祝寿图大碗
“大清嘉庆年制”篆书款
估　价：RMB 130,000～150,000
成交价：RMB 172,500
直径22cm 北京诚轩 2015.05.17

607 清光绪 青花胭脂红地描金云龙纹赏瓶
“大清光绪年制”楷书款
来源：欧洲回流。
估　价：RMB 100,000～180,000
成交价：RMB 230,000
高39cm 保利厦门 2015.05.03

231 清道光 青花矾红海水龙纹盘 （一对）
“大清道光年制”篆书款
估　价：HKD 250,000～350,000
成交价：RMB 242,490
直径17.6cm 中国嘉德 2015.10.06

斗 彩

360 明成化 斗彩云龙纹小碗
“大明成化年制”款
估　价：HKD 3,600,000
成交价：RMB 5,651,100
口径16cm 澳门中信 2015.11.08

372 明成化 斗彩番莲纹高足杯
“大明成化年制”款
成交价：RMB 60,950,000
翰风国际 2015.06.19

3035 明正德 御窑斗彩飞龙内暗刻云龙纹高足碗
“正德年制”款
来源：日本京都重要私人珍藏。
估　价：RMB 4,000,000～5,000,000
成交价：RMB 7,590,000
直径16.5cm 北京东正 2015.05.19

512 清康熙 斗彩花鸟图梅瓶
“成化年制”仿款
来源：纽约苏富比2007年3月20日拍品，编号796。
估　价：HKD 80,000～120,000
成交价：RMB 180,225
高21.5cm 香港苏富比 2015.06.01

4353 清康熙 斗彩仕女婴戏图盘
“大清康熙年制”款
来源：香港佳士得1989年9月26日秋季拍卖会第728号。
估　价：RMB 18,000～28,000
成交价：RMB 74,750
直径16.1cm 中国嘉德 2015.04.01

787 清康熙 斗彩卧足杯 （一对）
“大明成化年制”款
来源：日本山中商会旧藏。
估　价：RMB 45,000～50,000
成交价：RMB 126,500
直径7.2cm×2 中贸圣佳 2015.05.20

3591 清康熙（约1670年） 斗彩人物故事图盘
来源：朱丽雅及约翰·柯蒂斯珍藏。
估　价：USD 18,000～25,000
成交价：RMB 820,191
直径51.1cm 纽约佳士得 2015.03.16

2245 清康熙 斗彩雉鸡牡丹纹碗
“大清康熙年制”楷书款
估　价：USD 30,000～40,000
成交价：RMB 358,481
直径19.2cm 纽约佳士得 2015.09.17

7403A 清康熙 斗彩荷花杯 （一对）
“大清康熙年制”款
备注：1.中国嘉德2008年春拍“珍宝归途——清代瓷器精粹”专场编号1903；2.北京保利2011年6月5日拍品，编号7248。
估　价：RMB 3,500,000～4,000,000
成交价：RMB 4,025,000
直径6cm 北京保利 2015.12.08

450 清康熙/雍正 斗彩花果图花盆
估　价：USD 40,000～60,000
成交价：RMB 782,625
高36cm 纽约佳士得 2015.03.19

3001 清康熙 御窑斗彩人物故事纹小杯
“大清康熙年制”款
来源：英国陆军上校M.H.Soames（1811—1897）旧藏。
估　价：RMB 800,000～900,000
成交价：RMB 920,000
直径9cm 北京东正 2015.05.19

7403 清雍正 斗彩三多纹杯 （一对）
“大清雍正年制”款
备注：1.徐展堂“在望山庄”旧藏；2.香港佳士得2008年11月8日拍品，编号2555；3.伦敦古董商Marchant & Sons旧藏。
估　价：RMB 2,000,000～3,000,000
成交价：RMB 2,645,000
直径7.2cm 北京保利 2015.12.08

5010 清雍正 御窑斗彩灵仙祝寿纹盘
“大清雍正年制”款
估　价：RMB 1,800,000～2,200,000
成交价：RMB 2,438,000
口径20.8cm 北京东正 2015.11.19

3172 清雍正 斗彩缠枝郁金纹碗
“大清雍正年制”楷书款
来源：1.东京壶中居，购于1945年以前；2.日本私人收藏，购于20世纪50年代至60年代。
估　价：HKD 600,000～800,000
成交价：RMB 870,260
直径12.1cm 佳士得 2015.12.02

7413 清康熙 斗彩清供图筒瓶
备注：1.Sir Willian Hutchinson Poe(1834—1884)，Heywood House收藏；
2.Glenmalire House，Laois(爱尔兰贵族庄园)。
估　价：RMB 600,000～800,000
成交价：RMB 747,500
高47cm 北京保利 2015.12.08

7412 清雍正 斗彩松竹梅玉壶春瓶
“大明宣德年制”款
备注：纽约佳士得1990年11月29日拍品，编号285。
估　价：RMB 1,600,000～2,000,000
成交价：RMB 1,840,000
高27cm 北京保利 2015.12.08

3120 清雍正 斗彩团菊纹五福临门碗 （一对）
“大清雍正年制”楷书款
来源：香港佳士得2000年10月31日拍品906号。
估　价：HKD 2,600,000～3,500,000
成交价：RMB 4,860,320
直径11.9cm 佳士得 2015.12.02

3710 清雍正 斗彩暗八仙纹碗
“大清雍正年制”款
来源：伦敦苏富比1989年6月13日拍卖，编号283；香港佳士得1994年5月1至3日拍卖，编号691。
估　价：HKD 250,000～350,000
成交价：RMB 462,375
直径10.5cm 香港苏富比 2015.10.07

103 清雍正 斗彩缠枝花卉“万寿”直口碗
“大清雍正年制”款
来源：日本藏家旧藏。
估　价：HKD 400,000～600,000
成交价：RMB 3,744,480
直径14.3cm 香港苏富比 2015.04.07

3708 清雍正 斗彩缠枝茶花纹烛台 （一对）
“大清雍正年制”款
来源：伦敦S. Marchant & Son收藏，伦敦苏富比1997年6月10日拍卖，编号94。
估　价：HKD 1,000,000～1,500,000
成交价：RMB 1,027,500
高25.3cm 香港苏富比 2015.10.07

6349 清雍正 斗彩大吉图碗
“大清雍正年制”款
来源：法国藏家旧藏。
估　价：RMB 4,000,000～6,000,000
成交价：RMB 5,980,000
直径15cm 北京保利 2015.06.06

15 清雍正 斗彩福禄万代盘
“大清雍正年制”楷书款
来源：欧洲藏家旧藏。
估　价：RMB 800,000～1,000,000
成交价：RMB 943,000
直径27.2cm 上海道明 2015.05.09

227 清雍正 斗彩荷塘鸳鸯卧足盘
“大清雍正年制”楷书款
估　价：HKD 800,000～1,200,000
成交价：RMB 775,968
直径17.8cm 中国嘉德 2015.10.06

221 清雍正 斗彩团花纹杯
“大清雍正年制”楷书款
来源：香港佳士得1993年10月25日拍品848号。
估　价：HKD 800,000～1,200,000
成交价：RMB 1,872,240
直径6.8cm 佳士得 2015.04.06

2822 清雍正 斗彩荷塘鸳鸯卧足盘 （一对）
“大清雍正年制”楷书款
著录：《中国嘉德·珍宝归途－清代瓷器集萃》2008年4月27日拍品。编号1909。
估　价：RMB 2,000,000～3,000,000
成交价：RMB 2,300,000
直径17.6cm 中国嘉德 2015.05.16

3144 清雍正 斗彩鸡缸杯
“大清雍正年制”楷书款
来源：香港佳士得2002年4月29日拍品562号；香港苏富比2005年5月2日拍品608号。
估　价：HKD 8,000,000～10,000,000
成交价：RMB 7,241,040
直径8cm 佳士得 2015.06.03

3145 清雍正 斗彩加粉彩九桃纹盘
“大清雍正年制”楷书款
来源：香港佳士得2003年10月27日拍品657号。
估　价：HKD 2,000,000～3,000,000
成交价：RMB 2,146,680
直径18.4cm 佳士得 2015.06.03

3109 清雍正 斗彩加粉彩三多纹碗
“大清雍正年制”楷书款
来源：孔祥熙家族珍藏。
估　价：HKD 500,000～700,000
成交价：RMB 4,357,440
直径15.9cm 佳士得 2015.06.03

794 清雍正 斗彩西洋花卉碗 （一对）
“大清雍正年制”款
来源：1.香港苏富比1988年11月15日春季拍卖会编号0015；2.中国嘉德2011年5月22日春季拍卖会编号3531。
估　价：RMB 3,800,000～4,500,000
成交价：RMB 5,175,000
直径12.5cm×2 中贸圣佳 2015.05.20

3637 清雍正 斗彩祥云八仙图碗 （一对）
“大清雍正年制”款
来源：新潟中野忠太郎，20世纪初购入收藏；香港佳士得2010年5月31日拍卖，编号1876。
估　价：HKD 8,000,000～12,000,000
成交价：RMB 6,970,560
直径10.6cm 香港苏富比 2015.10.07

6350 清雍正 斗彩灵仙祝寿盘
“大清雍正年制”款
来源：北京保利2010年春拍编号4304。
著录：《御赏拾珍——元明清官窑瓷器珍藏展》第71页。
估　价：RMB 1,200,000～2,200,000
成交价：RMB 2,070,000
直径20.5cm 北京保利 2015.06.06

3667 清雍正 斗彩寿山福海图盘
“大清雍正年制”款
来源：1972年伦敦 Hugh Moss Ltd；纽约佳士得2011年9月15日拍品，编号1548。
估　价：HKD 800,000～1,200,000
成交价：RMB 807,000
直径15.3cm 香港苏富比 2015.04.07

3002 清雍正 御窑仿成化斗彩鸡缸杯
“大明成化年制”仿款
来源：香港苏富比1991年10月拍品，编号203。
估　价：RMB 1,600,000～1,800,000
成交价：RMB 1,840,000
直径8cm 北京东正 2015.05.19

3509 清雍正 斗彩杂宝夔龙纹盘 （一对）
“大清雍正年制”墨彩篆书款
估 价：HKD 1,500,000～2,000,000
成交价：RMB 1,357,944
直径22cm 保利香港 2015.10.06

499 清雍正 斗彩芝仙贺寿图盘 （一对）
“大清雍正年制”楷书款
来源：赵从衍旧藏；石门堂旧藏；伦敦苏富比1974年春季拍卖会第441号；香港苏富比1986年秋季拍卖会“赵从衍私人和家族珍藏重要中国瓷器和玉器专场第一部分”第140号。
估 价：HKD 5,000,000～8,000,000
成交价：RMB 4,640,250
直径20.6cm 中国嘉德 2015.04.06

451 清雍正/乾隆 斗彩团花纹罐
估 价：USD 5,000～8,000
成交价：RMB 3,186,849
高17.8cm 纽约佳士得 2015.03.19

155 清乾隆 斗彩八吉祥莲纹束腰盘 （一对）
“大清乾隆年制”款
估 价：GBP 40,000～60,000
成交价：RMB 479,000
直径20.4cm×2 伦敦苏富比 2015.05.13

3003 清雍正 御窑斗彩万花献瑞莲子杯
“大清雍正年制”款
来源：香港佳士得1999年11月2日拍品，编号532。
估 价：RMB 1,300,000～1,500,000
成交价：RMB 2,357,500
直径10cm 北京东正 2015.05.19

7404 清乾隆 斗彩荷塘鸳鸯图梵文碗
“大清乾隆年制”款
备注：1.宋美龄旧藏 2.美国二战期间空军飞行员John Pearson遗产。
估 价：RMB 1,000,000～2,000,000
成交价：RMB 1,265,000
直径16.5cm 北京保利 2015.12.08

3713 清乾隆 斗彩番莲团菊纹盖罐
“大清乾隆年制”款
估 价：HKD 1,000,000～1,200,000
成交价：RMB 1,614,000
高12.1cm 香港苏富比 2015.04.07

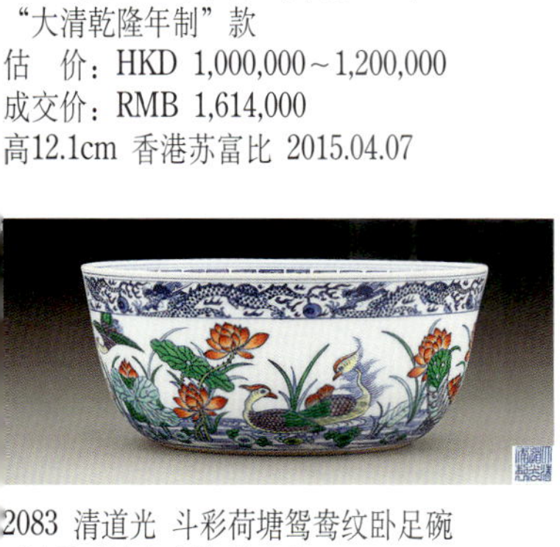

2083 清道光 斗彩荷塘鸳鸯纹卧足碗
“大清道光年制”篆书款
估 价：RMB 250,000～280,000
成交价：RMB 437,000
直径16.9cm 北京翰海 2015.11.28

2936 清乾隆 斗彩花卉云蝠纹盖罐
“大清乾隆年制”篆书款
估 价：RMB 13,000,000～23,000,000
成交价：RMB 18,975,000
高48cm 北京翰海 2015.11.28

6423 清乾隆 斗彩团菊罐 （一对）
“大清乾隆年制”款
来源：北京保利2007年6月2日听雨楼专拍，编号1907。著录：《御赏拾珍——元明清官窑瓷器珍藏》第120页。
估 价：RMB 1,000,000～1,500,000
成交价：RMB 2,300,000
高11cm 北京保利 2015.06.06

3708 清道光 斗彩团花纹马蹄碗 （一对）
“大清道光年制”款
来源：香港苏富比1992年10月27日拍品，编号173。
估 价：HKD 180,000～280,000
成交价：RMB 383,325
直径15.2cm 香港苏富比 2015.04.07

4069 清 斗彩团菊纹盖罐 （一对）
“大清雍正年制”楷书款
估 价：RMB 90,000～100,000
成交价：RMB 2,070,000
高12.5cm 北京东正 2015.05.19

354 斗彩瓜果龙纹盖罐
“大明成化年制”款
估 价：HKD 28,000,000
成交价：RMB 28,255,500
高9.5cm；口径11.5cm 澳门中信 2015.11.08

红绿彩

779 宋/金 红绿彩“福寿康宁”碗
估 价：HKD 80,000～100,000
成交价：RMB 80,100
直径15.5cm 香港苏富比 2015.06.01

2832 金 磁州窑红绿彩鱼藻纹碗
来源：东京千秋庭收藏。
著录：2006年东京千秋庭《中国美术搜集》73页，编号101。
估 价：HKD 100,000～150,000
成交价：RMB 82,100
直径17cm 佳士得 2015.12.02

8870 元 磁州窑红绿彩鸳鸯纹碗
来源：新加坡藏家旧藏。
估 价：RMB 28,000～38,000
成交价：RMB 32,200
直径11cm 北京保利 2015.06.08

40 明16世纪 绘彩龙鱼戏珠纹盘
来源：Ryuzaboro Umehara收藏（据盒匣上款识）。
估 价：USD 15,000～20,000
成交价：RMB 352,181
直径13.6cm 纽约苏富比 2015.03.17

五 彩

8621 明成化 白釉磬口加康熙五彩过枝松鼠葡萄盘
“大明成化年制”款
备注：1.纽约著名收藏家马赛厄斯·科莫（Mathias Komor）旧藏；2.美国收藏家霍尔（Evelyn Annenberg Hall）旧藏；3.纽约佳士得2006年3月29日拍品，编号159。
估 价：RMB 12,000,000～18,000,000
成交价：RMB 20,700,000
直径20cm 北京保利 2015.12.08

3662 明万历 五彩穿花龙纹四铺首方觚
“大明万历年制”款
估 价：HKD 800,000～1,000,000
成交价：RMB 1,335,750
高75.2cm 香港苏富比 2015.10.07

759 明嘉靖 五彩开光团龙纹大罐
“大明嘉靖年制”楷书款
来源：香港苏富比2005年5月2日拍品，编号613。
估 价：RMB 1,200,000～1,500,000
成交价：RMB 1,840,000
高38.4cm 北京诚轩 2015.11.14

3113 明万历 五彩龙戏珠纹圆盖盒
“大明万历年制”楷书款
估 价：USD 80,000～120,000
成交价：RMB 1,308,549
直径26cm 纽约佳士得 2015.03.15

286 明万历 五彩花鸟纹圆盖盒
“大明万历年制”款
估 价：USD 30,000～50,000
成交价：RMB 238,988
直径24.5cm 纽约苏富比 2015.09.15

8914 明万历 五彩人物故事碗
“大明万历年制”款
估 价：RMB 160,000～200,000
成交价：RMB 184,000
直径15.4cm 北京保利 2015.06.08

3667 明万历 五彩双龙戏珠纹盘
“大明万历年制”款
来源：日本私人收藏，1975年前。
估 价：HKD 400,000～600,000
成交价：RMB 822,000
直径33.6cm 香港苏富比 2015.10.07

3542 明末清初 五彩雉鸡花卉图笔筒
估　价：USD 30,000～40,000
成交价：RMB 1,158,285
直径20.3cm 纽约佳士得 2015.03.16

3547 清顺治 五彩洞石花卉图筒式瓶
估　价：USD 30,000～50,000
成交价：RMB 1,458,813
高47.2cm 纽约佳士得 2015.03.16

3546 清顺治 五彩瑞兽图觚式瓶
估　价：USD 40,000～60,000
成交价：RMB 665,231
高39.4cm 纽约佳士得 2015.03.16

3548 清顺治 釉上彩月宫图花盆
估　价：USD 40,000～60,000
成交价：RMB 508,706
直径21.6cm 纽约佳士得 2015.03.16

727 清康熙 珊瑚红地五彩人物图盘（一对）
“大明成化年制”款
估　价：HKD 30,000～40,000
成交价：RMB 90,113
直径16cm 香港苏富比 2015.06.01

317 明 五彩大缸
估　价：HKD 11,800,000
成交价：RMB 11,113,830
高45cm 澳门中信 2015.11.08

3709 清康熙 五彩穿花龙凤纹盘
“大清康熙年制”款
估　价：HKD 250,000～300,000
成交价：RMB 267,150
直径15.3cm 香港苏富比 2015.10.07

8898 清康熙 五彩佛莲托八宝大花盆
估　价：RMB 300,000～500,000
成交价：RMB 690,000
直径50cm 北京保利 2015.06.08

3636 清康熙 五彩蝶恋花图小杯
“大清康熙年制”款
来源：Iver Munthe Daae收藏；S. Marchant & Son Ltd，伦敦；香港苏富比2010年10月8日拍卖，编号2604。
估　价：HKD 4,000,000～6,000,000
成交价：RMB 4,011,360
高6.4cm 香港苏富比 2015.10.07

6419 清康熙 五彩花果高足杯
“大清康熙年制”款
估　价：RMB 800,000～1,200,000
成交价：RMB 920,000
高7.5cm 北京保利 2015.06.06

3703 清康熙 五彩芙蓉花花神杯
“大清康熙年制”款“赏”字款
估　价：HKD 500,000～700,000
成交价：RMB 3,518,160
直径65cm 香港苏富比 2015.10.07

277 清康熙 五彩缠枝花卉纹瓶
来源：20世纪80年代购自纽约Ralph M. Chait Galleries，Inc.
估　价：USD 6,000～8,000
成交价：RMB 117,394
高24.2cm 纽约苏富比 2015.03.17

382 清康熙 五彩胡人烛台 （一对）
来源：藏家得自19世纪，自此家族收藏。
估　价：GBP 4,000～6,000
成交价：RMB 227,525
高30.3cm×2 伦敦苏富比 2015.05.13

8897 清康熙 五彩开光“犀牛望月、海屋添筹”棒槌瓶
来源：上海藏家旧藏。
估　价：RMB 350,000～550,000
成交价：RMB 402,500
高46cm 北京保利 2015.06.08

683 清康熙 五彩花鸟图八方葵口花盆
“大清康熙年制”款
估　价：HKD 1,000,000～1,500,000
成交价：RMB 1,890,360
长48cm 香港苏富比 2015.06.01

3146 清康熙 五彩龙凤呈祥碗 （一对）
“大清康熙年制”楷书款
来源：香港苏富比1989年5月16日拍品334号（其一）；香港苏富比1998年4月28日拍品822号。
估　价：HKD 800,000～1,500,000
成交价：RMB 1,569,960
直径13.3cm×2 佳士得 2015.06.03

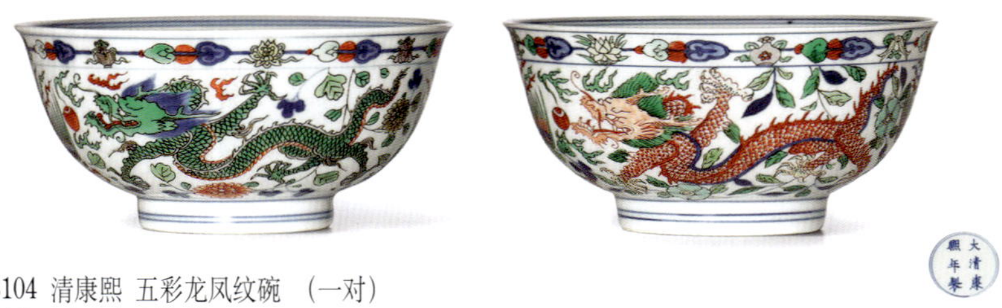

3104 清康熙 五彩龙凤纹碗 （一对）
“大清康熙年制”款
来源：购于巴黎20世纪90年代。
估　价：HKD 1,000,000～1,500,000
成交价：RMB 1,311,375
直径13cm×2 香港苏富比 2015.04.07

224 清康熙 五彩麻姑献寿图碗
来源：香港佳士得1993年10月25日拍品735号。
估　价：HKD 500,000～700,000
成交价：RMB 706,125
直径14.3cm 佳士得 2015.04.06

289 清康熙 五彩牡丹凤凰纹盖罐 （一对）
估　价：USD 35,000～55,000
成交价：RMB 302,718
高59.7cm 纽约苏富比 2015.09.15

2766 清康熙 五彩万寿无疆花卉草虫盘
“大清康熙年制”楷书款
估　价：RMB 400,000～600,000
成交价：RMB 575,000
直径25.2cm 北京翰海 2015.06.28

1805 清康熙 五彩西王母祝寿图棒槌瓶
来源：伦敦邦瀚斯拍卖。
估 价：RMB 500,000～600,000
成交价：RMB 690,000
高46cm 华艺国际 2015.05.24

2931 清雍正 五彩山水人物笔筒
纪录：1.香港苏富比1993年4月27日拍品编号208；2.香港佳士得2000年秋季拍卖会《绝妙色彩张宗宪珍藏》专场编号831，成交价（HKD）685万；3.北京翰海2004秋季拍卖（翰海十周年）《瓷器专场》 编号2668，成交价（RMB）：220万。
估 价：RMB 26,000,000～36,000,000
成交价：RMB 35,650,000
高15.3cm 北京翰海 2015.11.28

3510 清康熙 御制珊瑚红地五彩九秋碗
"康熙御制"楷书款
来源：1.法国私人收藏；2.巴黎拍卖，2007年12月7日拍卖，编号141。
估 价：HKD 3,800,000～4,800,000
成交价：RMB 3,394,860
直径10.8cm 保利香港 2015.10.06

46 清康熙 五彩麻姑献寿纹大盘
"大明成化年制"款，康熙本朝。
来源：1.新英格兰故藏1973年；2.纽约苏富比2014年3月18日拍品第433号。
估 价：RMB 560,000～650,000
成交价：RMB 627,200
直径39.5cm 北京荣宝 2015.11.29

3101 清康熙 五彩「水仙花」花神杯
"大清康熙年制"楷书款
来源：香港佳士得1998年11月3日拍品946号。
估 价：HKD 800,000～1,200,000
成交价：RMB 1,116,560
直径6.5cm 佳士得 2015.12.02

3358 清雍正 珊瑚红地五彩加洋彩九秋花卉纹碗
“雍正御制”楷书款
来源：美国藏家旧藏。
估　价：HKD 4,500,000～5,500,000
成交价：RMB 4,285,170
直径13cm 保利香港 2015.04.06

1818 清同治 五彩梅花花神杯 （一套十只）
“大清同治年制”楷书款
来源：蒋中正旧藏。
估　价：RMB 200,000～300,000
成交价：RMB 1,150,000
直径6.5cm 华艺国际 2015.05.24

3162 清道光 五彩花神杯 （一对）
“大清道光年制”篆书款
来源：徐展堂旧藏。
估　价：RMB 160,000～220,000
成交价：RMB 207,000
口径6.6cm 西泠拍卖 2015.07.05

3203 清光绪 醴陵官窑釉下彩雉鸡樱花瓶
“湖南瓷业学堂”楷书款
估　价：RMB 550,000～680,000
成交价：RMB 690,000
高42cm 西泠拍卖 2015.07.05

3148 清雍正 五彩龙凤呈祥碗
“大清雍正年制”楷书款
来源：Paul与Helen Bernat伉俪珍藏清代御窑瓷器及艺术品，香港苏富比1998年11月15日拍品28号；香港苏富比1993年10月26日拍品139号；Marchant伦敦，欧洲私人珍藏。
估　价：HKD 3,000,000～5,000,000
成交价：RMB 5,799,240
直径15cm 佳士得 2015.06.03

3719 清雍正 五彩“饮中八仙之张旭醉写”马蹄杯
“大清雍正年制”款 “玉居”印
估　价：HKD 600,000～800,000
成交价：RMB 605,250
直径9.7cm 香港苏富比 2015.04.07

3703 清嘉庆 五彩龙凤纹碗
“大清嘉庆年制”款
估　价：HKD 200,000～300,000
成交价：RMB 504,375
直径12.7cm 香港苏富比 2015.04.07

8904 清光绪 五彩云龙纹多穆壶
“大清光绪年制”款
估　价：RMB 250,000～350,000
成交价：RMB 287,500
高44cm 北京保利 2015.06.08

24 五彩龙纹梅瓶
“大清雍正年制”款
估　价：HKD 3,750,000～7,500,000
成交价：RMB 3,588,480
高45.5cm 荣盛国际 2015.01.10

三　彩

5006 北宋 三彩行炉
来源：安思远藏品编号PC7340。
估　价：HKD 20,000～50,000
成交价：RMB 18,904
高9.5cm 保利香港 2015.05.31

8 金 三彩缠枝牡丹纹枕
估　价：USD 25,000～35,000
成交价：RMB 352,181
长38.4cm 纽约苏富比 2015.03.17

5007 辽 海棠形三彩盘
来源：安思远藏品编号PC7080。
估　价：HKD 60,000～80,000
成交价：RMB 56,711
宽27.3cm 保利香港 2015.05.31

14 辽 三彩釉飞龙纹壶
来源：伦敦苏富比2005年7月13日拍品，编号125。
估　价：USD 10,000～15,000
成交价：RMB 78,263
高17.7cm 纽约苏富比 2015.03.17

408 明万历 素三彩大日如来佛陀像
“万历庚戌造”款
估　价：RMB 1,200,000～1,500,000
成交价：RMB 1,380,000
高54cm 厦门华辰 2015.06.20

805 辽/金 三彩犀牛望月图枕
估　价：USD 12,000～18,000
成交价：RMB 109,568
长27.7cm 纽约佳士得 2015.03.20

4171 明嘉靖 虎皮三彩碗
“大明嘉靖年制”款
估　价：RMB 200,000～300,000
成交价：RMB 230,000
直径11.7cm 中国嘉德 2015.04.01

4853 清康熙 黄地素三彩云龙纹大盘
“大清康熙年制”款
成交价：RMB 59,800
直径35.5cm 中国嘉德 2015.09.20

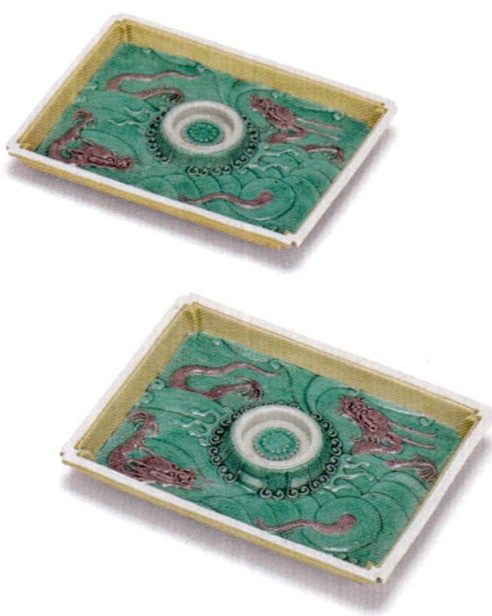

997 清康熙 三彩浮雕双龙戏珠长方形杯托（一对）
来源：徐展堂旧藏。
估　价：RMB 600,000～1,000,000
成交价：RMB 920,000
长13.5cm×2 保利厦门 2015.05.02

1067 清康熙 黄地素三彩龙纹盘（一对）
估　价：RMB 350,000～450,000
成交价：RMB 517,500
直径13cm 上海敬华 2015.06.30

226 清康熙 三彩龙纹碗（一对）
“大明成化年制”楷书款，康熙时期
来源：比利时Robert de Strycker教授旧藏，1938年11月23日购于布鲁塞尔的Pierre古董店。
估　价：HKD 500,000～800,000
成交价：RMB 484,980
直径15.5cm 中国嘉德 2015.10.06

1059 清康熙 素三彩狮子
估　价：RMB 150,000～180,000
成交价：RMB 230,000
高19.8cm 中鸿信 2015.07.29

943 清康熙 素三彩花鸟纹小铃铛杯
估　价：USD 12,000～18,000
成交价：RMB 143,393
高5.5cm 纽约佳士得 2015.09.17

2250 清康熙 素三彩海马杂宝纹多穆壶
估　价：USD 10,000~15,000
成交价：RMB 71,696
高40.1cm 纽约佳士得 2015.09.17

1079 清康熙 釉里三彩八骏图笔海
估　价：RMB 90,000~150,000
成交价：RMB 126,500
直径15cm 上海敬华 2015.06.30

3142 清康熙 素三彩折枝花蝶暗刻龙纹碗（一对）
"大清康熙年制"楷书款
估　价：RMB 135,000~180,000
成交价：RMB 161,000
口径15cm 西泠拍卖 2015.07.05

2221 清乾隆 黄地素三彩龙纹盘
"大清乾隆年制"篆书款
估　价：RMB 180,000~200,000
成交价：RMB 218,500
直径14.3cm 北京匡时 2015.06.06

2018 清乾隆 素三彩鸭子盖盒
估　价：RMB 150,000~200,000
成交价：RMB 253,000
长13cm 辽宁中正 2015.06.13

455 18世纪/19世纪 素三彩罗汉坐像
估　价：USD 20,000~30,000
成交价：RMB 375,660
高40cm 纽约佳士得 2015.03.19

439 19世纪 绿地素三彩花卉纹梅瓶
来源：安思远藏品。
估　价：USD 1,500~2,500
成交价：RMB 86,089
高13.9cm 纽约佳士得 2015.03.19

粉彩

7406 清雍正 暗刻团寿云龙纹粉彩过枝福寿八桃盘
"大清雍正年制"款
备注：1.徐展堂"在望山庄"旧藏；2.香港佳士得1997年11月5日"静观堂"专场，编号878A。
估　价：RMB 2,500,000～3,500,000
成交价：RMB 3,795,000
直径20.6cm 北京保利 2015.12.08

2932 清雍正 粉彩福禄寿观音瓶
"大清雍正年制"楷书款
估　价：RMB 6,000,000～8,000,000
成交价：RMB 9,200,000
高25.6cm 北京翰海 2015.11.28

3634 清雍正 粉彩瓜瓞绵绵五蝠碗（一对）
"大清雍正年制"款
来源：传根西私人家族收藏，于20世纪30年代；Martel Maides Auctions2009年11月29日拍品，编号111。
估　价：HKD 18,000,000～25,000,000
成交价：RMB 15,848,160
直径12cm 香港苏富比 2015.10.07

112 清雍正 粉彩过枝福寿双全碗（一对）
"大清雍正年制"款
来源：1.1982年前香港旧藏，2.香港苏富比1989年11月14日拍品，编号315；3.香港徐氏艺术馆藏品；4.香港佳士得1999年4月26日拍品，编号539；5.伦敦苏富比2007年5月16日拍品，编号104。
估　价：HKD 40,000,000～60,000,000
成交价：RMB 72,468,600
直径14.3cm 香港苏富比 2015.04.07

16 清雍正 仿木纹釉粉彩山水纹笔筒
估　价：RMB 60,000～80,000
成交价：RMB 195,500
直径19cm 上海道明 2015.05.09

6340 清雍正 粉彩过枝福寿双全八桃五蝠盘
"大清雍正年制"款
来源：北京保利2010年春拍，编号4163。
估　价：RMB 2,000,000～3,000,000
成交价：RMB 4,485,000
直径15.5cm 北京保利 2015.06.06

6341 清雍正 粉彩过枝月季梅花大盘
"大清雍正年制"款
来源：1.美国藏家旧藏；2.纽约佳士得2010年9月16日.17日拍品，编号1415；3.北京保利2011年春拍编号7289。著录：《御赏拾珍——元明清官窑瓷器珍藏展》第75页。
估　价：RMB 5,000,000～8,000,000
成交价：RMB 9,315,000
直径50.5cm 北京保利 2015.06.06

142 清雍正 粉彩花卉纹赏瓶
估　价：HKD 3,200,000
成交价：RMB 8,476,650
高32cm 澳门中信 2015.11.08

280 清雍正 粉彩花蝶纹杯五件
"大清雍正年制"款
来源：20世纪80年代纽约 Ralph M. Chait Galleries Inc。
估　价：USD 50,000～70,000
成交价：RMB 1,715,514
直径6cm 纽约苏富比 2015.03.17

296 清雍正 粉彩花鸟纹梅瓶
"大清雍正年制"款
估　价：HKD 28,000,000
成交价：RMB 55,269,000
高33cm 澳门中信 2015.06.21

3714 清雍正 粉彩花卉纹碗
"大清雍正年制"款
估　价：HKD 400,000～600,000
成交价：RMB 719,250
直径10cm 香港苏富比 2015.10.07

239 清雍正 粉彩花卉纹小碟（一对）
"大清雍正年制 "款
来源：邦瀚斯伦敦拍卖2011年11月10日拍品，编号183。
估　价：RMB 650,000～850,000
成交价：RMB 772,800
直径8.2cm×2 北京荣宝 2015.06.21

758 清雍正 粉彩鸡纹“五子登科”盘（一对）
“大清雍正年制”楷书款
估 价：RMB 500,000～700,000
成交价：RMB 747,500
直径11.5cm×2 保利厦门 2015.05.03

287 清雍正 粉彩山水花鸟纹盘口瓶
“大清雍正年制”款
估 价：HKD 11,800,000
成交价：RMB 25,792,200
高38cm 澳门中信 2015.06.21

2233 清雍正 粉彩牡丹蜜蜂纹碗
“大清雍正年制”楷书款
估 价：RMB 2,000,000～3,000,000
成交价：RMB 3,220,000
直径11.3cm 北京匡时 2015.06.06

3638 清雍正 粉彩松鹤蝠寿图折腰小杯（一对）
“大清雍正年制”款
来源：小听飒楼收藏，香港佳士得1996年11月3日拍卖，编号798；
Robin Herridge 收藏，伦敦苏富比2001年11月14日拍卖，编号103。
估 价：HKD 800,000～1,200,000
成交价：RMB 2,433,120
直径6cm 香港苏富比 2015.10.07

3102 清雍正 粉彩虞美人盘（一对）
“大清雍正年制”款
估 价：HKD 500,000～700,000
成交价：RMB 504,375
直径8.9cm 香港苏富比 2015.04.07

3635 清雍正 粉彩御鹿仙人图小碗
“大清雍正年制”款
来源：传根西私人家族收藏，于20世纪30年代；Martel Maides Auctions2009年11月29日拍品，编号110。
估　价：HKD 5,000,000~7,000,000
成交价：RMB 6,181,440
直径10cm 香港苏富比 2015.10.07

6329 清雍正 墨地洋彩缠枝花卉碗
“大清雍正年制”款
估　价：RMB 800,000~1,200,000
成交价：RMB 1,495,000
直径15cm 北京保利 2015.06.06

7414 清雍正 木纹釉墨彩山水粉彩高士图书卷式菱形笔筒
估　价：RMB 1,000,000~1,500,000
成交价：RMB 1,437,500
高13.8cm 北京保利 2015.12.08

2087 清雍正 粉彩折枝花卉纹碗（二件）
“大清雍正年制”楷书款
估　价：RMB 800,000~1,000,000
成交价：RMB 1,725,000
直径9.2cm 北京翰海 2015.11.28

3020 清雍正/乾隆 粉彩罗汉坐像（两尊）
来源：美国收藏家戴维斯（Samuel C. Davis，1871—1940年），再由其孙女Alita Davis继承（见器上标签），后一直于家族中流传。
成交价：RMB 20,729,880
高22.8cm；高23.2cm 佳士得 2015.06.03

3356 清乾隆 冬青釉洋彩描金镂空夔凤忍冬纹内青花云蝠双象耳套瓶
"大清乾隆年制"青花篆书款
来源：1.英国私人藏家旧藏；2.佳士得伦敦1981年12月15日拍品，编号211；3.伦敦苏富比1984年6月19日拍品，编号368；4.香港苏富比1986年5月20日拍品，编号122。
成交价：RMB 11,427,120
高23cm 保利香港 2015.04.06

219 清乾隆 粉彩百花不落地朝冠耳三足炉
"大清乾隆年制"篆书款
来源：英国Frankfort子爵夫人旧藏。
估　价：HKD 1,800,000~2,800,000
成交价：RMB 2,230,908
高36cm 中国嘉德 2015.10.06

3160 清乾隆 斗彩加粉彩秋香图诗文抱月瓶
估　价：USD 150,000~200,000
成交价：RMB 2,285,265
高31.7cm 纽约佳士得 2015.03.15

3607 清乾隆 白地粉彩双凤穿莲纹蝴蝶耳尊
"大清乾隆年制"款
来源：纽约The Art House，Inc1921年1月8日拍品，编号1202；John and Ann Hamilton 伉俪遗产。出版：1921年 纽约 Dana H. Carroll，《Illustrated Catalogue of Antique Oriental Art Treasures Belonging to the Art House，Incorporated》编号1202。
估　价：HKD 8,000,000~12,000,000
成交价：RMB 7,811,760
高27.5cm 香港苏富比 2015.04.07

744 清乾隆 粉彩白花地花觚壶（一对）
估　价：NTD 5,000,000~8,000,000
成交价：RMB 3,719,360
高24cm×2 台北艺流 2015.10.10

3707 清乾隆 白地粉彩八吉祥花觚（一对）
"大清乾隆年制"款
估　价：HKD 1,200,000~1,400,000
成交价：RMB 1,807,680
高23.2cm 香港苏富比 2015.04.07

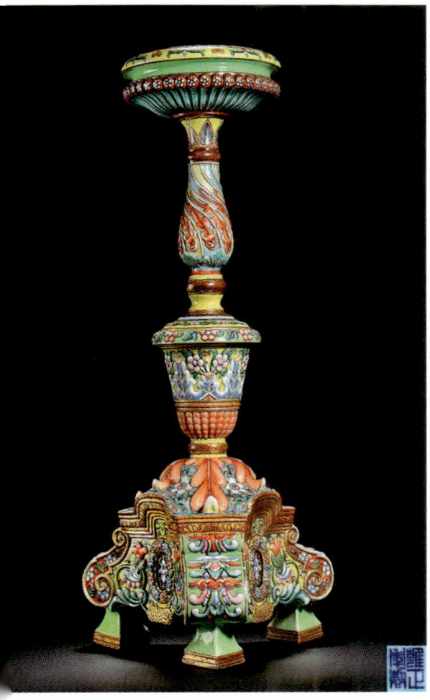

6330 清雍正 御制洋彩浮雕巴洛克式花卉螭龙纹花台
“雍正年制”款
来源：欧洲藏家旧藏；伦敦佳士得2011年11月8日拍品，编号406。
估 价：RMB 12,000,000~22,000,000
成交价：RMB 16,675,000
高45cm 北京保利 2015.06.06

36 清乾隆 粉彩地藏王菩萨像
估 价：RMB 1,800,000~2,200,000
成交价：RMB 1,840,000
高33.6cm 厦门华辰 2015.06.20

3643 清乾隆 粉彩粉红地锦上添花皮球花纹折沿盘
“大清乾隆年制”款
来源：香港苏富比2010年10月8日，编号2701
估 价：HKD 4,000,000~6,000,000
成交价：RMB 4,011,360
直径15.8cm 香港苏富比 2015.10.07

301 清乾隆 粉彩花卉蝴蝶纹绶带瓶
大清清乾隆年制款
估 价：HKD 8,900,000
成交价：RMB 8,750,925
高22cm 澳门中信 2015.06.21

385 清乾隆 粉彩麻姑献寿烛台（一对）
来源：Deterding夫人收藏，1930年4月21日得自荷兰皇家壳牌旧金山大楼开幕典礼，自此家族收藏。
估 价：GBP 8,000~12,000
成交价：RMB 167,650
高25.5cm×2 伦敦苏富比 2015.05.13

3610 清乾隆 粉彩九桃天球瓶
“大清乾隆年制”款
来源：仇焱之收藏；胡惠春收藏；纽约苏富比1985年6月4日拍卖，编号55；伦敦苏富比2000年11月14日拍卖，编号168。
估 价：HKD 60,000,000~80,000,000
成交价：RMB 52,180,560
高54.7cm 香港苏富比 2015.10.07

3149 清乾隆 粉彩开光花卉纹壁瓶
“乾隆年制”篆书款
估 价：HKD 800,000~1,200,000
成交价：RMB 2,531,160
高18.1cm 佳士得 2015.06.03

3609 清乾隆 粉彩像生瑞芝壁瓶
“大清乾隆年制”款
来源：传美国私人收藏。
估 价：HKD 8,000,000～12,000,000
成交价：RMB 11,409,360
高23.5cm 香港苏富比 2015.10.07

3538 清乾隆 粉彩云龙纹罐
“乾隆丙子年制”楷书款
来源：Geronimo Berenguer Delos Reyes Jr.旧藏。
估 价：HKD 800,000～1,200,000
成交价：RMB 969,960
高19.5cm 保利香港 2015.10.06

2251 清乾隆 粉彩西洋人物托粉青釉瓶式支柱
估 价：USD 60,000～80,000
成交价：RMB 987,815
高40.7cm 纽约佳士得 2015.09.17

1089 清乾隆 粉彩三多纹墩式碗
估 价：RMB 250,000～400,000
成交价：RMB 322,000
直径15.5cm 上海敬华 2015.06.30

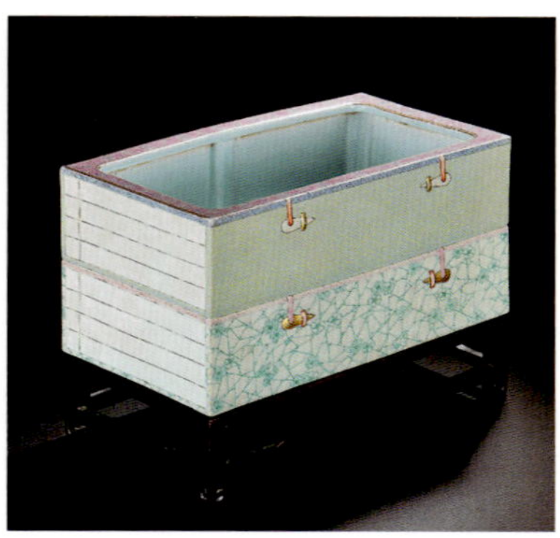

6431 清乾隆 粉彩书匣锦纹花盆
估 价：RMB 300,000～500,000
成交价：RMB 345,000
长27cm 北京保利 2015.06.06

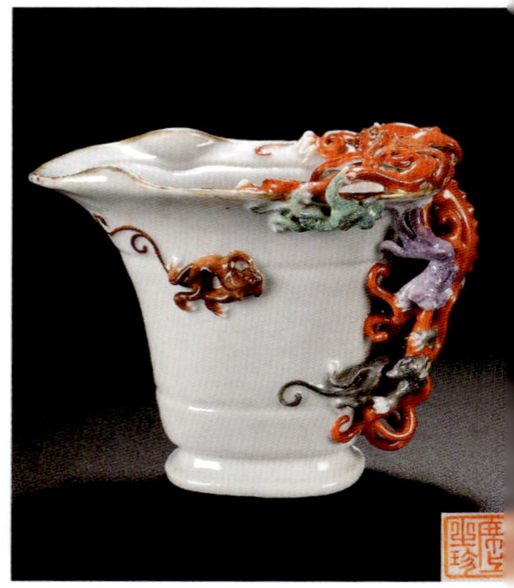

6420 清乾隆 粉彩透雕瓷塑九龙杯
“席上之珍”款
来源：英国藏家旧藏。
估 价：RMB 150,000～200,000
成交价：RMB 253,000
宽11cm 北京保利 2015.06.06

8965 清乾隆 粉彩轧道龙纹带钩（一对）
来源：北美私人藏家旧藏。
估 价：RMB 50,000～80,000
成交价：RMB 172,500
长9.1cm 北京保利 2015.06.08

1824 清乾隆 粉彩斋戒牌
估　价：RMB 150,000～200,000
成交价：RMB 218,500
长5.8cm 华艺国际 2015.05.24

3608 清乾隆 黄地洋彩锦上添花暗八仙双龙耳瓶
“大清乾隆年制”款
来源：意大利阿尔贝托. 帕西尼（1826–1899）收藏，后家族传承；米兰Galleria Scopinich 1929年5月10日拍品，编号66，米兰私人收藏。
估　价：HKD 40,000,000～60,000,000
成交价：RMB 41,286,120
高75cm 香港苏富比 2015.04.07

3123 清乾隆 酱地描金粉彩“蓟门烟树”图斩瓶
“乾隆”印
来源：购于巴黎20世纪90年代。
估　价：HKD 600,000～800,000
成交价：RMB 706,125
高30.5cm 香港苏富比 2015.04.07

3426 清乾隆 黄地粉彩八宝纹花觚
“大清乾隆年制”款
来源：香港藏家旧藏。
估　价：RMB 1,200,000～2,200,000
成交价：RMB 3,450,000
高37.3cm 北京保利 2015.06.06

3140 清乾隆 黄地轧道开光粉彩山水碗（一对）
“大清乾隆年制”篆书款
来源：香港保利2012年首届拍卖会882号拍品。
估　价：RMB 600,000～800,000
成交价：RMB 862,500
口径15cm 西泠拍卖 2015.07.05

3150 清乾隆 蓝地描金开光粉彩四季山水图四方瓶
“大清乾隆年制”篆书款
估 价：HKD 1,800,000～2,500,000
成交价：RMB 3,107,880
高26.7cm 佳士得 2015.06.03

374 清乾隆 青花粉彩开光山水人物纹六方瓶
“大清乾隆年制”款
估 价：HKD 6,300,000
成交价：RMB 7,553,430
高42cm 澳门中信 2015.06.21

3616 清乾隆 青釉浮雕吉庆有余青花描金粉彩婴戏图八方瓶
“大清乾隆年制”款
来源：购自巴黎20世纪90年代初。
估 价：HKD 50,000,000～70,000,000
成交价：RMB 51,228,360
高44cm 香港苏富比 2015.04.07

2163 清乾隆 梅青地粉彩“瓜瓞绵绵”瓶
“大清乾隆年制”篆书款
估 价：USD 200,000～300,000
成交价：RMB 5,385,185
高38cm 纽约佳士得 2015.09.17

3360 清乾隆 青花黄地粉彩八吉祥双螭耳扁瓶
“大清乾隆年制”篆书款
来源：伦敦佳士得2006年11月07日拍品，编号228。
估 价：HKD 2,000,000～2,800,000
成交价：RMB 1,523,616
高35cm 保利香港 2015.04.06

244 清乾隆 青釉凸雕粉彩福禄纹葫芦瓶
估 价：HKD 500,000～800,000
成交价：RMB 659,573
高32.7cm 中国嘉德 2015.10.06

3715 清乾隆 珊瑚红地描金开光粉彩牡丹图斩瓶
“乾隆年制”款
来源：香港佳士得2011年6月1日拍品，编号4015。
估 价：HKD 1,000,000～2,000,000
成交价：RMB 1,130,250
高16cm 香港苏富比 2015.10.07

6433 清乾隆 松石绿地粉彩描金缠枝莲卷缸
来源：1.英国洛赫爵士（Loch of Drylaw）旧藏；2.放山居主人Alfred Morrison旧藏；3.美国新奥尔良州法国裔贵族遗产；4.美国德克萨斯州藏家旧藏。
估 价：RMB 2,000,000～3,000,000
成交价：RMB 2,645,000
宽44cm 北京保利 2015.06.06

914 清乾隆 松石绿地粉彩莲托人宝纹烛台
估 价：RMB 30,000～50,000
成交价：RMB 402,500
高24cm×2 保利厦门 2015.08.02

6428 清乾隆 松绿地粉彩三多福迭绵长莲花瓶
“大清乾隆年制”款
来源：1.日本藏家田路周一旧藏；2.香港佳士得2011年6月1日拍品，编号3736。
估 价：RMB 5,200,000～8,200,000
成交价：RMB 5,980,000
高34.4cm 北京保利 2015.06.06

6425 清乾隆 松石绿地粉彩描金折枝四季花卉盖罐（一对）
“大清乾隆年制”款
来源：原美国纽约证交所公共部门总监Gecrge Upham Harris先生旧藏。
估 价：RMB 12,000,000～20,000,000
成交价：RMB 20,125,000
高41cm 北京保利 2015.06.06

6424 清乾隆 松石绿地粉彩福寿花卉壶
“大清乾隆年制”款
估 价：RMB 3,000,000～5,000,000
成交价：RMB 3,565,000
高16cm 北京保利 2015.06.06

2164 清乾隆 松石绿地粉彩
开光“满堂富贵”图方瓶
“大清乾隆年制”篆书款
估 价：USD 600,000～800,000
成交价：RMB 8,444,225
高28cm 纽约佳士得 2015.09.17

3015 清乾隆 御窑洋彩胭脂红轧道西番莲纹卧足杯
“大清乾隆年制”款
来源：纽约佳士得1993年12月2日拍品，编号344。
估 价：RMB 1,200,000～1,300,000
成交价：RMB 2,300,000
直径9.4cm 北京东正 2015.05.19

3718 清乾隆 胭脂紫地粉彩番莲纹手卷式牙签筒
“万寿无疆”字
来源：香港苏富比2008年4月11日拍品，编号2849。
估 价：HKD 400,000～600,000
成交价：RMB 403,500
高10.6cm 香港苏富比 2015.04.07

676 清乾隆 胭脂红地粉彩八吉祥纹觚
“大清乾隆年制”款
估 价：HKD 500,000～700,000
成交价：RMB 851,063
高26.4cm 香港苏富比 2015.06.01

644 清乾隆 松石绿地粉彩四季花卉纹尊
来源：欧洲回流。
估 价：RMB 700,000～1,200,000
成交价：RMB 1,265,000
高32cm 保利厦门 2015.05.03

7451 清乾隆 矾红地粉彩双耳瓶
“大清乾隆年制”款
备注：法国藏家旧藏。
估 价：RMB 2,800,000～3,800,000
成交价：RMB 2,875,000
高32cm 北京保利 2015.12.08

1207 清乾隆 洋彩胭脂红缠枝花卉灵芝耳绶带葫芦瓶
“大清乾隆年制”款
来源：巴黎佳士得拍卖。
估 价：NTD 25,000,000～30,000,000
成交价：RMB 7,044,600
高21cm 帝图艺术 2015.04.12

3935 清乾隆 粉彩描金轧道观音座像
来源：美国旧金山私人藏家旧藏。
估 价：RMB 800,000～1,800,000
成交价：RMB 1,265,000
高51cm 北京匡时 2015.12.05

3921 清乾隆 祭蓝釉描金银缠枝花卉开光粉彩御题诗文葫芦形壁瓶
“乾隆年制”篆书款
来源：北京匡时2006年4月22日拍品，编号1374。
估 价：RMB 1,500,000～1,800,000
成交价：RMB 1,725,000
高28cm 北京匡时 2015.12.05

2505 清乾隆 粉彩宝相花交龙耳瓶
“大清乾隆年制”篆书款
来源：欧洲藏家旧藏。
估 价：RMB 3,000,000～4,000,000
成交价：RMB 3,680,000
高29cm 中国嘉德 2015.11.15

7447 清乾隆 黄地洋彩花卉五蝠碗
“乾隆年制”款
备注：旧金山邦翰斯2007年4月30日拍品，编号3451。
估 价：RMB 800,000～1,200,000
成交价：RMB 1,012,000
直径16cm 北京保利 2015.12.08

2514 清乾隆 青花红彩云龙纹粉彩开光花卉双耳壁瓶
“大清乾隆年制”篆书款
来源：美国藏家旧藏。
估 价：RMB 2,000,000～3,000,000
成交价：RMB 2,415,000
高18cm 中国嘉德 2015.11.15

2618 清乾隆 青釉描金镂空夔凤纹内粉彩八仙人物转心瓶（一对）
来源：比利时南部小镇Acoz的一座历史悠久的城堡、城堡主人著名收藏家TonyCammaert先生旧藏。
估 价：RMB 3,800,000～4,800,000
成交价：RMB 4,370,000
高34cm 中国嘉德 2015.11.15

1808 清乾隆/嘉庆 胭脂红地轧道开光粉彩人物故事图双螭耳大瓶
来源：香港佳士得拍卖。
估 价：RMB 1,000,000～1,600,000
成交价：RMB 1,725,000
高74.3cm 华艺国际 2015.05.24

7452 清乾隆 洋彩三多紫檀三镶如意
备注：英国中部贵族收藏。
估 价：RMB 2,600,000～3,600,000
成交价：RMB 2,990,000
长50cm 北京保利 2015.12.08

5024 清乾隆 御窑粉彩百花不露地折腰盖碗
“大清乾隆年制”款
来源：原为欧洲私人收藏。
估 价：RMB 1,000,000～1,200,000
成交价：RMB 1,380,000
口径10.2cm 北京东正 2015.11.19

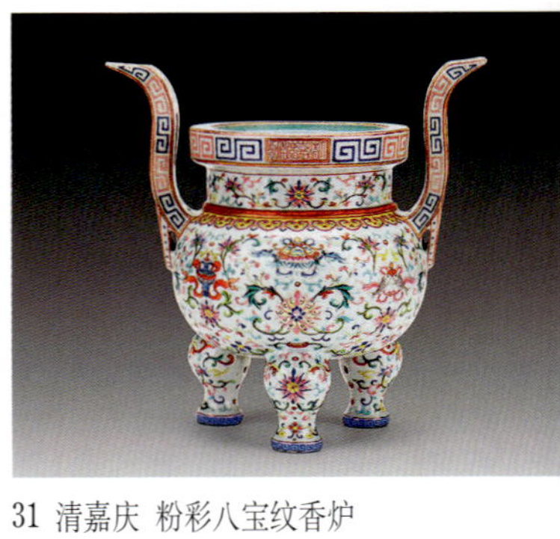

31 清嘉庆 粉彩八宝纹香炉
“大清嘉庆年制”款
估 价：RMB 600,000～800,000
成交价：RMB 672,000
高29cm 北京荣宝 2015.08.30

3257 清嘉庆 粉彩八仙图罐
“大清嘉庆年制”篆书款
估　价：HKD 800,000～1,200,000
成交价：RMB 801,000
高19.1cm 佳士得 2015.06.03

2073 清嘉庆 粉彩万花纹碗
“大清嘉庆年制”篆书款
估　价：USD 80,000～120,000
成交价：RMB 1,026,053
直径13cm 纽约佳士得 2015.09.17

4059 清嘉庆 粉彩开光缠枝花卉纹御题诗海棠洗（一对）
“大清嘉庆年制”篆书款
估　价：RMB 400,000～500,000
成交价：RMB 460,000
直径16cm 北京东正 2015.05.19

3716 清嘉庆 粉彩松石绿地福寿延年茶壶
“大清嘉庆年制”款
来源：日本私人收藏，搜集于1960至1970年；伦敦苏富比2008年5月14日拍卖，编号717。
估　价：HKD 1,800,000～2,200,000
成交价：RMB 1,841,280
高14cm 香港苏富比 2015.10.07

2843 清嘉庆 粉彩太平有象摆件（一对）
估　价：RMB 250,000～350,000
成交价：RMB 471,500
高35cm 中国嘉德 2015.05.16

3645 清嘉庆 粉彩紫地番莲八吉祥纹贲巴壶
“大清嘉庆年制”款
来源：伦敦苏富比1974年7月9日拍卖，编号419；香港苏富比1980年5月21日拍卖，编号235。
估　价：HKD 3,000,000～5,000,000
成交价：RMB 3,024,960
高26cm 香港苏富比 2015.10.07

3256 清嘉庆 粉红地粉彩福寿万年碗（一对）
“大清嘉庆年制”篆书款
估 价：HKD 600,000～800,000
成交价：RMB 600,750
直径22.6cm×2 佳士得 2015.06.03

2098 清嘉庆 粉青釉洋彩折枝花卉纹八卦琮式瓶
“大清嘉庆年制”篆书款
估 价：RMB 800,000～1,000,000
成交价：RMB 920,000
高19.6cm 北京翰海 2015.11.28

312 清嘉庆 黄地粉彩双龙赶珠纹盖豆
“大清嘉庆年制”款
来源：Bertram Izard 收藏。
估 价：USD 30,000～50,000
成交价：RMB 1,354,263
高28.6cm 纽约苏富比 2015.09.15

1052 清嘉庆 绿地粉彩缠枝莲纹喜字瓶
估 价：RMB 700,000～900,000
成交价：RMB 977,500
高30cm 上海敬华 2015.06.30

8785 清嘉庆 黄地粉彩佛日常明碗
估 价：RMB 900,000～1,200,000
成交价：RMB 1,035,000
直径11.5cm 北京保利 2015.12.09

3255 清嘉庆 黄地粉彩开光婴戏图圆盒（一对）
“大清嘉庆年制”篆书款
估 价：HKD 400,000～600,000
成交价：RMB 550,688
直径11.5cm×2 佳士得 2015.06.03

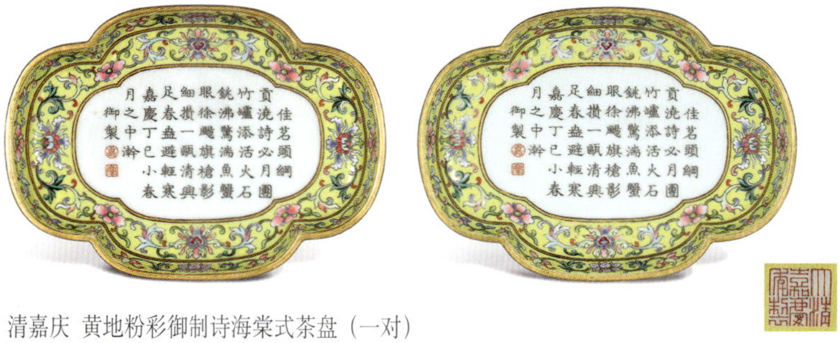

3119 清嘉庆 黄地粉彩御制诗海棠式茶盘（一对）
“嘉庆丁已小春月之中澣”“大清嘉庆年制”款
估 价：HKD 700,000～900,000
成交价：RMB 1,513,125
长16.8cm 香港苏富比 2015.04.07

3021 清嘉庆 绿地粉彩缠枝莲托八吉祥纹（五供一套）
“大清嘉庆年制”篆书款
估 价：HKD 2,600,000～3,500,000
成交价：RMB 2,531,160
高29.7cm×5 佳士得 2015.06.03

3967 清嘉庆 松石绿地粉彩暗八仙团寿太白罐
“大清嘉庆年制”款
来源：北京保利2009秋拍，编号2107。
估 价：RMB 1,000,000～1,500,000
成交价：RMB 1,840,000
高21cm 北京保利 2015.06.08

2097 清嘉庆 绿地粉彩莲托八宝纹三足香炉
“大清嘉庆年制”篆书款
估 价：RMB 1,200,000～1,500,000
成交价：RMB 1,955,000
长28.7cm 北京翰海 2015.11.28

7448 清嘉庆 珊瑚红地八吉祥花觚（一对）
“大清嘉庆年制”款
备注：1.英国贵族Sir William Hutchinson Poe(1843.1934)旧藏；2.爱尔兰贵族庄园Glenmalire House,Laois旧藏。
估 价：RMB 2,000,000～3,000,000
成交价：RMB 3,220,000
高26.5cm 北京保利 2015.12.08

3513 清嘉庆 松石绿地粉彩八吉祥纹贲巴瓶
“大清嘉庆年制”篆书款
来源：瑞典私人藏家旧藏。
估 价：HKD 2,000,000～2,800,000
成交价：RMB 1,939,920
高26.5cm 保利香港 2015.10.06

2251 清嘉庆 松石绿地粉彩缠枝莲托八宝纹三足炉
“大清嘉庆年制”篆书款
来源：美国芝加哥私人藏家收藏。
估 价：RMB 800,000～1,000,000
成交价：RMB 1,023,500
高32.5cm 北京匡时 2015.06.06

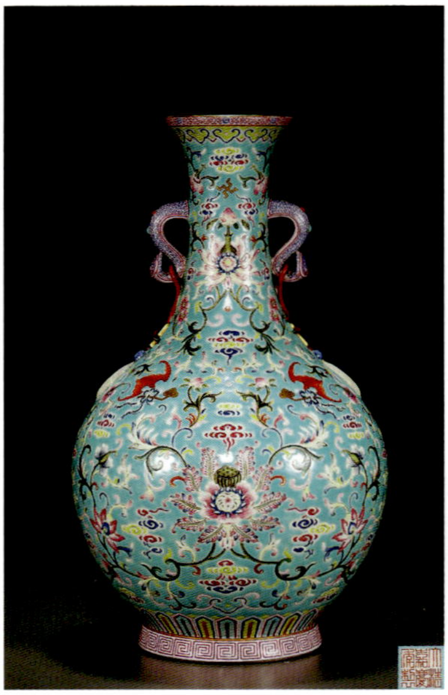

3171 清嘉庆 松石绿地粉彩番莲吉庆福寿纹如意耳瓶
“大清嘉庆年制”篆书款
估 价：RMB 800,000～1,000,000
成交价：RMB 1,058,000
高30.5cm 西泠拍卖 2015.07.05

1079 清嘉庆 松石绿地婴戏印盒
估 价：RMB 20,000～30,000
成交价：RMB 63,250
直径7.5cm 北京保利 2015.04.26

993 清嘉庆 胭脂地粉彩莲托八宝纹贲巴瓶
“大清嘉庆年制”篆书款
来源：北京文物公司旧藏。
估 价：RMB 1,800,000～2,800,000
成交价：RMB 2,760,000
高25cm 保利厦门 2015.05.02

2258 清道光 粉彩“瓜瓞绵绵”碗（一对）
“大清道光年制”篆书款
估 价：USD 25,000～35,000
成交价：RMB 398,313
直径11.1cm 纽约佳士得 2015.09.17

2816 清嘉庆 胭脂紫地粉彩九秋小碗
“大清嘉庆年制”篆书款
来源：香港苏富比1991年10月29日拍品，编号285。
估 价：RMB 400,000～500,000
成交价：RMB 690,000
直径9cm 中国嘉德 2015.05.16

5029 清嘉庆 御窑黄地粉彩瓜瓞绵绵纹盖罐
“大清嘉庆年制”款
估 价：RMB 2,400,000～2,800,000
成交价：RMB 4,255,000
高31.5cm 北京东正 2015.11.19

2768 清道光 粉彩缠枝花卉蝠寿纹多孔盘
“大清道光年制”篆书款
来源：法国藏家旧藏。
估 价：RMB 150,000～250,000
成交价：RMB 241,500
直径39.8cm 北京翰海 2015.06.28

579 清嘉庆/道光 粉彩题诗曲车流涎图插屏
“玉溪”款
估 价：HKD 60,000～80,000
成交价：RMB 520,650
高23.4cm 香港苏富比 2015.06.01

233 清道光 粉彩八仙人物轧道海水纹四方杯
“解竹主人造”。道光本朝。
来源：香港苏富比拍卖1997.4拍品，编号683
估 价：RMB 200,000～300,000
成交价：RMB 425,600
高4cm 北京荣宝 2015.06.21

5026 清嘉庆 御窑洋彩西番莲托八吉祥纹贲巴壶
“大清嘉庆年制”款
来源：原为美国私人收藏。
估 价：RMB 2,400,000～2,800,000
成交价：RMB 2,875,000
高19.4cm 北京东正 2015.11.19

2853 清嘉庆 紫地粉彩海屋添筹双耳瓶
“大清嘉庆年制”篆书款
来源：原美国纽约证交所公共部门总监George Upham Harris先生旧藏。
估 价：RMB 13,000,000～18,000,000
成交价：RMB 17,825,000
高31.7cm 北京翰海 2015.06.28

2222 清道光 粉彩雕瓷花卉纹碗（一对）
“大清道光年制”篆书款
估　价：RMB 200,000～300,000
成交价：RMB 356,500
直径22.5cm×2 北京匡时 2015.06.06

646 清道光 粉彩三多纹墩式碗
“大清道光年制”篆书款
来源：中国嘉德2011年11月13日拍品，编号3101；五台山人旧藏。
估　价：RMB 250,000～350,000
成交价：RMB 632,500
直径15cm 保利厦门 2015.05.03

983 清道光 粉彩福禄万代纹碗（一对）
“经笥堂制”楷书款
来源：香港拍卖行1994年6月19日拍品，编号160；北京拍卖行2012年秋季拍卖会拍品。
估　价：RMB 250,000～600,000
成交价：RMB 690,000
直径14.5cm×2 保利厦门 2015.05.02

8982 清道光 粉彩九秋盖碗（一对）
“大清道光年制”款
来源：法国藏家旧藏。
估　价：RMB 180,000～280,000
成交价：RMB 253,000
直径10.8cm 北京保利 2015.06.08

913 清道光 粉彩莲瓣盖碗
“大清道光年制”篆书款
估　价：USD 40,000～60,000
成交价：RMB 637,300
直径10.8cm 纽约佳士得 2015.09.17

3504 清道光 粉彩过枝癞瓜纹碗
“大清道光年制”青花篆书款
来源：1.伦敦苏富比2014年5月14日拍卖，编号111；2.日本藏家旧藏。
估　价：HKD 280,000～380,000
成交价：RMB 339,486
直径11cm 保利香港 2015.10.06

4061 清道光 粉彩福山寿海图撇口瓶
“大清道光年制”篆书款
估　价：RMB 700,000～800,000
成交价：RMB 1,138,500
高29cm 北京东正 2015.05.19

2741 清道光 粉彩描金五蝠捧寿碗（二件）
“慎德堂制”楷书款
估　价：RMB 500,000～600,000
成交价：RMB 690,000
直径17.4cm 北京翰海 2015.11.28

649 清道光 粉彩婴戏图碗（一对）
“大清道光年制”篆书款
来源：中国嘉德2004春拍，编号2185；五台山人旧藏。
估　价：RMB 250,000～500,000
成交价：RMB 598,000
直径14cm×2 保利厦门 2015.05.03

608 清道光 粉彩轧道开光花卉纹碗（二件）
“大清道光年制”篆书款
来源：伦敦苏富比2012年11月7日拍品，编号516、编号517。
估　价：RMB 350,000～500,000
成交价：RMB 598,000
直径14.5cm×2 保利厦门 2015.05.03

323 清道光 黄地粉彩婴戏瓶
“慎德堂制”楷书款
来源：纽约邦瀚斯（Bonhams）2011年05月12日拍品，编号355；香港苏富比2010年10月7日拍品，编号2162。
估　价：RMB 900,000～1,000,000
成交价：RMB 1,403,000
高30cm 翰风国际 2015.06.19

3194 清道光 粉彩折枝梅花纹洗
估　价：RMB 80,000～120,000
成交价：RMB 126,500
口径13.5cm 西泠拍卖 2015.07.05

3138 清道光 黄地粉彩“佛日常明”碗（一对）
“大清道光年制”篆书款
来源：中国嘉德2000年秋季拍卖会拍品1229号。
估　价：RMB 280,000～500,000
成交价：RMB 345,000
直径11.6cm 西泠拍卖 2015.07.05

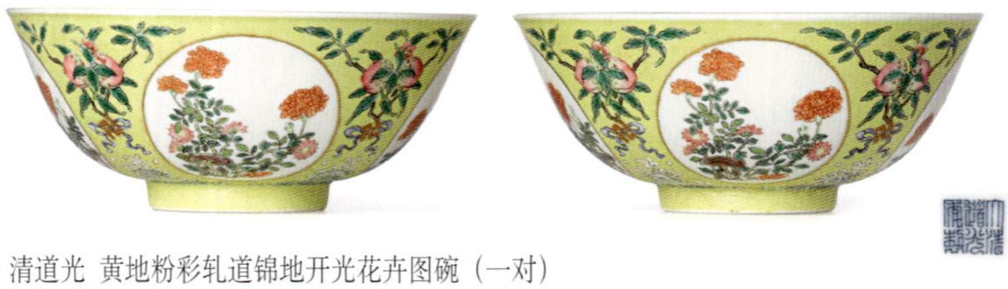

3666 清道光 黄地粉彩轧道锦地开光花卉图碗（一对）
“大清道光年制”款
估 价：HKD 400,000～600,000
成交价：RMB 706,125
直径14.5cm 香港苏富比 2015.04.07

162 清道光 黄地轧道粉彩开光羊纹碗（一对）
“大清道光年制”款
估 价：GBP 50,000～70,000
成交价：RMB 598,750
直径14.7cm 伦敦苏富比 2015.05.13

3172 清道光 珊瑚红地粉彩花卉纹菱花式碗（一对）
“薜竹主人造”篆书款
估 价：USD 12,000～18,000
成交价：RMB 430,444
直径18.5cm 纽约佳士得 2015.03.15

8977 清道光 松绿地粉彩双喜蕃莲纹盘
“大清道光年制”款
来源：亚洲私人藏家旧藏。
估 价：RMB 200,000～300,000
成交价：RMB 230,000
直径39cm 北京保利 2015.06.08

3020 清道光 御窑慎德堂洋彩锦格纹高壮罐
“慎德堂制”款
来源：1932年山中商会东京春季大展（传）；日本关西重要私人收藏（2015年于日本出售）。
估 价：RMB 700,000～800,000
成交价：RMB 805,000
高28.8cm 北京东正 2015.05.19

3712 清咸丰 粉彩锦地折枝牡丹纹杯（一对）
“大清咸丰年制”款
估 价：HKD 250,000～300,000
成交价：RMB 328,800
直径8.9cm 香港苏富比 2015.10.07

3019 清道光 御窑慎德堂粉彩“吉庆有余”花盆
“慎德堂制”款
来源：1932年山中商会东京春季大展（传）；日本关西重要私人收藏（2015年于日本出售）。
估　价：RMB 900,000~1,000,000
成交价：RMB 1,437,500
直径29.3cm 北京东正 2015.05.19

1832 清同治 胭脂红地粉彩“岁寒三友”图蛐蛐罐（一套）
估　价：RMB 150,000~180,000
成交价：RMB 218,500
高11cm 华艺国际 2015.05.24

3021 清道光 御窑慎德堂粉彩诗文杯
“慎德堂”款
估　价：RMB 800,000~900,000
成交价：RMB 1,725,000
直径10.9cm 北京东正 2015.05.19

3174 清光绪 粉彩百蝶纹赏瓶
“大清光绪年制”楷书款
估　价：USD 12,000~18,000
成交价：RMB 250,440
高39.4cm 纽约佳士得 2015.03.15

577 清同治 粉彩折枝花卉纹捧盒
“同治年制”款
来源：20世纪90年代购自慎德堂。
估　价：HKD 120,000~180,000
成交价：RMB 220,275
直径31cm 香港苏富比 2015.06.01

138 清同治 粉彩八宝吉祥纹盘（一对）
“大清同治年制”
估　价：RMB 150,000~250,000
成交价：RMB 280,000
直径15cm×2 北京荣宝 2015.03.29

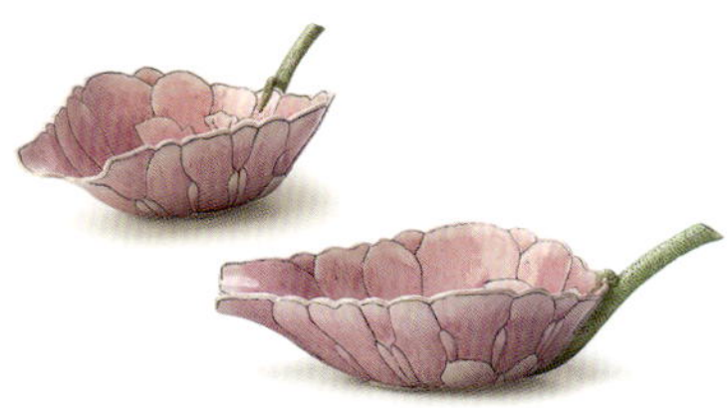

428 清光绪 粉彩荷花秋操杯（一对）
“大清光绪三十四年安徽太湖附近秋操记念杯”
来源：邦瀚斯2010年11月11日拍品，编号330
估　价：RMB 200,000~300,000
成交价：RMB 287,500
直径19.5cm×2 厦门华辰 2015.06.20

4363 清咸丰 粉彩梅兰竹菊四君子图小贯耳瓶（一对）
“大清咸丰年制”款
估　价：RMB 150,000～250,000
成交价：RMB 276,000
高12.1cm 中国嘉德 2015.04.01

2099 清光绪 粉彩花鸟纹蒜头瓶
“永庆长春”楷书款
估　价：RMB 600,000～800,000
成交价：RMB 954,500
高37cm 北京翰海 2015.11.28

2338 清光绪 粉彩百鹿尊（一对）
“大清乾隆年制”款
来源：中国嘉德2001年11月4日秋季拍卖会第1218号。
估　价：RMB 320,000～520,000
成交价：RMB 460,000
高46.5cm；高46cm 中国嘉德 2015.06.27

3174 清光绪 粉彩花卉蝶纹罐
“大清光绪年制”篆书款
来源：北京瀚海2000年春季拍卖会编号1416。
估　价：RMB 480,000～600,000
成交价：RMB 632,500
高39.5cm 西泠拍卖 2015.07.05

1834 清光绪 粉彩八吉祥纹茶盖碗成套（一对）
“大清光绪年制”楷书款
来源：国营文物商店旧藏。
估　价：RMB 150,000～250,000
成交价：RMB 287,500
高10cm 华艺国际 2015.05.24

2282 清光绪 粉彩九龙纹大天球瓶
“大清光绪年制”楷书款
估 价：USD 15,000～25,000
成交价：RMB 438,144
高58.4cm 纽约佳士得 2015.09.17

2844 清光绪 粉彩龙凤赏瓶
“大清光绪年制”楷书款
估 价：RMB 160,000～260,000
成交价：RMB 299,000
高39cm 北京翰海 2015.06.28

2797 清光绪 粉彩青花荷莲碗
“大清光绪年制”楷书款
估 价：RMB 30,000～40,000
成交价：RMB 103,500
直径15.1cm 北京翰海 2015.06.28

526 清光绪 粉彩龙凤纹赏瓶
“大清光绪年制”款
来源：伦敦苏富比2003年11月13日拍品，编号522。
估 价：HKD 180,000～250,000
成交价：RMB 240,300
高41cm 香港苏富比 2015.06.01

4361 清光绪 粉彩龙凤纹玉壶春瓶
“大清光绪年制”款
估 价：RMB 30,000～50,000
成交价：RMB 149,500
高30cm 中国嘉德 2015.09.19

473 清光绪 粉彩三阳开泰纹象耳尊
“大清乾隆年制”篆书款
估 价：RMB 600,000
成交价：RMB 1,512,000
高58.6cm 天津文物 2015.05.22

9115 清光绪 粉彩凸雕九桃天球瓶
来源：意大利北部藏家旧藏。
估 价：RMB 180,000～280,000
成交价：RMB 437,000
高53.5cm 北京保利 2015.06.08

3177 清光绪 粉彩喜鹊登梅图观音瓶
“长春宫制”楷书款
来源：北京瀚海2000年春季拍卖会编号1293。
估 价：RMB 380,000～480,000
成交价：RMB 483,000
高32cm 西泠拍卖 2015.07.05

825 清光绪 粉彩云蝠纹瓶
“大清光绪年制”
来源：北京翰海2007年6月春季拍卖会，编号2604。
估 价：RMB 200,000～220,000
成交价：RMB 253,000
高32cm 中贸圣佳 2015.05.20

4362 清光绪 洋彩花蝶纹荷叶盖罐
“大清光绪年制”款
估 价：RMB 300,000～500,000
成交价：RMB 460,000
高40cm 中国嘉德 2015.09.19

3136 清宣统 粉彩青花荷塘纹碗（一对）
“大清宣统年制”楷书款
来源：中国嘉德2000年春季拍卖会编号1027。
估 价：RMB 85,000～120,000
成交价：RMB 109,250
直径17.5cm 西泠拍卖 2015.07.05

2846 清宣统 粉彩百蝶赏瓶
“大清宣统年制”楷书款
估 价：RMB 200,000～300,000
成交价：RMB 379,500
高38.5cm 北京翰海 2015.06.28

142 清宣统 黄地寿桃大盘
“大清宣统年制”
估 价：RMB 50,000～80,000
成交价：RMB 56,000
直径33.7cm 北京荣宝 2015.03.29

7419 清 洋彩“甲子万年”转心笔筒“乾隆年制”款
备注：北京藏家旧藏，文革后退还。
估　价：RMB 3,500,000～5,500,000
成交价：RMB 6,670,000
高12.2cm 北京保利 2015.12.08

3166 民国 1929年作 王琦 粉彩渔樵问答图双耳赏瓶
估　价：RMB 1,200,000～1,500,000
成交价：RMB 1,380,000
高16.3cm 北京匡时 2015.12.05

669 19世纪 粉彩瓜瓞绵绵纹三节葫芦瓶（一对）
估　价：USD 12,000～18,000
成交价：RMB 273,919
高58.5cm 纽约苏富比 2015.03.21

297 18世纪/19世纪 粉彩缠枝牡丹纹抱月瓶
来源：1.1860－1865年英国驻华公使Sir Frederick Bruce, G.C.B.收藏；2.Robert C. Bruce 收藏；3.伦敦苏富比1953年5月12日拍卖，编号141；4.伦敦John Sparks Ltd.收藏；5.伦敦W. A. Evill收藏；6.伦敦苏富比1980年12月17日拍卖，编号676；7.重要希腊家族收藏。
估　价：USD 10,000～15,000
成交价：RMB 756,794
高31.5cm 纽约苏富比 2015.09.15

7458 民国 何许人作雪景人物瓷板
估　价：RMB 600,000～800,000
成交价：RMB 713,000
长47.7cm × 30.7cm 北京保利 2015.12.08

7456 民国 王琦制粉彩人物故事小瓷板（四件套）
备注：日本藏家旧藏。
估　价：RMB 400,000～600,000
成交价：RMB 517,500
20cm × 13cm 北京保利 2015.12.08

3171 民国 1948年作 刘雨岑 粉彩绶带鸟横瓷板
估　价：RMB 700,000～800,000
成交价：RMB 805,000
20cm × 82cm 北京匡时 2015.12.05

3174 民国 何许人 粉彩山水瓷板
估　价：RMB 1,100,000～1,500,000
成交价：RMB 1,265,000
96.5cm×61.5cm 北京匡时 2015.12.05

295 民国 1930年 王琦画粉彩八仙图瓷板一套四屏
来源：Eileen Kershaw Antiques香港1973年，后家族传承。
估　价：USD 500,000～700,000
成交价：RMB 11,332,410
高72cm;宽19.7cm×4 纽约苏富比 2015.03.17

7457 民国 王大凡粉彩仕女挥毫图瓷板
备注：国营文物商店旧藏。
估　价：RMB 800,000～1,000,000
成交价：RMB 1,035,000
长39.5cm×25.5cm 北京保利 2015.12.08

459 民国 粉彩花卉纹长颈瓶
“大清乾隆年制”篆书款
著录：《一世朗润－民国瓷器特展》30页，图29。
估　价：RMB 400,000
成交价：RMB 2,240,000
高34.3cm 天津文物 2015.05.22

1097 民国 粉彩轧道螭龙纹瓶
“雍正年制”款
估　价：RMB 180,000～220,000
成交价：RMB 322,000
高33cm 中鸿信 2015.07.29

2131 民国 毕伯涛 粉彩花卉瓷板（一组八件）
估　价：RMB 600,000～900,000
成交价：RMB 1,322,500
56cm×16cm×8 北京匡时 2015.06.06

3164 民国 粉彩花卉碗（一组十件）
"洪宪年制"四字楷书款
估　价：RMB 180,000～250,000
成交价：RMB 207,000
高3.5cm；口径9cm 西泠拍卖 2015.07.05

468 民国 青花开光粉彩山水人物花鸟纹如意耳尊
"大清乾隆年制"篆书款
著录：《一世朗润...民国瓷器特展》38页图37。
估　价：RMB 800,000
成交价：RMB 2,576,000
高29.6cm 天津文物 2015.05.22

479 民国 刘雨岑款粉彩紫林春雪瓷板
估　价：RMB 120,000
成交价：RMB 358,400
42.3cm 天津文物 2015.05.22

2115 民国 潘匋宇 粉彩和合二仙人物瓶
估　价：RMB 480,000～540,000
成交价：RMB 598,000
高16.3cm 北京匡时 2015.06.06

2130 民国 潘庸秉 以介眉寿·粉彩瓷板
估　价：RMB 250,000～300,000
成交价：RMB 345,000
高38cm；宽25cm 景德镇华艺 2015.01.10

2130 民国 汪野亭 粉彩青绿山水瓷板
估　价：RMB 320,000～350,000
成交价：RMB 368,000
38.8cm×24.8cm 北京匡时 2015.06.06

3206 民国 汪野亭绘粉彩山水四方笔筒
“平山草堂”篆书款
估　价：RMB 2,000,000～2,600,000
成交价：RMB 2,530,000
高19.5cm 西泠拍卖 2015.07.05

2139 民国 王大凡 粉彩雪景寒窗夜读人物瓷板
来源：80年代出自南京文物商店。
估　价：RMB 880,000～950,000
成交价：RMB 1,092,500
39cm×25cm 北京匡时 2015.06.06

2134 民国 徐仲南 粉彩花卉蝴蝶图瓷板
估　价：RMB 320,000～380,000
成交价：RMB 379,500
39cm×25cm 北京匡时 2015.06.06

2136 民国 王大凡 粉彩高士学禅人物瓷板
估　价：RMB 350,000～380,000
成交价：RMB 402,500
38cm×25cm 北京匡时 2015.06.06

697 民国 镶银雪景壶
“龚耀庭”款
估　价：RMB 8,000
成交价：RMB 10,350
长16cm 太平洋 2015.07.18

2048 民国 重工粉彩牡丹图瓶
钤 印：大清乾隆年制
来源：前俄罗斯高级干部家属。
估 价：RMB 500,000~720,000
成交价：RMB 747,500
高42cm 北京匡时 2015.06.06

1095 20世纪30年代 何许人 雁阵惊寒一字排·粉彩瓷板
钤 印：何许人印
估 价：RMB 850,000~900,000
成交价：RMB 977,500
高38cm；宽25cm 景德镇华艺 2015.10.20

1087 1942年 王大凡 风尘三侠·粉彩瓷板
钤 印：大凡
估 价：RMB 850,000~1,200,000
成交价：RMB 977,500
高38cm；宽25cm 景德镇华艺 2015.10.20

1086 王琦 汪野亭 毕伯涛 徐仲南 1929年 1919年 1932年 1936年 粉彩瓷板（四块）
钤 印：1.西昌王琦 2.迷 3.汪平 4.伯涛 5.之印 6.仲南
估 价：RMB 2,500,000~3,200,000
成交价：RMB 2,760,000
高36cm；宽25cm 景德镇华艺 2015.10.20

2115 1932年 方云峰 妙玉听琴·粉彩瓷板（二块）
钤 印：1.岩二 2.方氏
估 价：RMB 400,000~500,000
成交价：RMB 552,000
高19.5cm；宽13cm 景德镇华艺 2015.05.23

1085 1935年 王大凡 四爱图·粉彩瓷板
钤 印：1.堃 2.大凡 3.堃 4.大凡 5.堃 6.大凡 7.大凡
估 价：RMB 6,000,000～9,000,000
成交价：RMB 8,625,000
高38cm；宽25cm 景德镇华艺 2015.10.20

2139 1916年 刘雨岑 栩栩名花带露开·粉彩棒槌瓶
钤 印：1.刘 2.雨岑，“洪宪御制”底款
估 价：RMB 400,000～600,000
成交价：RMB 805,000
高19cm；直径6.5cm 景德镇华艺 2015.01.10

1089 1944年 刘雨岑 桃花小禽图·粉彩瓷壶
钤 印：雨岑
估 价：RMB 350,000～400,000
成交价：RMB 402,500
高9cm 景德镇华艺 2015.10.20

珐琅彩

2247 清雍正 珊瑚红地珐琅彩牡丹纹碗
“雍正御制”楷书款
估 价：RMB 4,000,000～5,000,000
成交价：RMB 5,175,000
直径12cm 北京匡时 2015.06.06

726 清雍正 珐琅彩山水花鸟纹蒜头瓶
“雍正年制”款
估 价：HKD 13,000,000
成交价：RMB 12,896,100
高19cm 澳门中信 2015.06.21

6339 清雍正 红釉地珐琅彩梅竹先春杯（一对）
“大清雍正年制”款
来源：1.德国藏家旧藏，1978年购于慕尼黑Neumeister；2.香港苏富比1998年11月1日拍品，编号303。
估 价：RMB 1,500,000～2,500,000
成交价：RMB 2,990,000
直径5.8cm 北京保利 2015.06.06

2888 清雍正 珐琅彩赭墨梅竹图碗 蓝料双方框“雍正年制”宋体字款
来源：1.伦敦Donald Bonney，据信入藏于1976年以前；2.伦敦Paul Freeman入藏于1986年。
成交价：RMB 69,982,040
直径10.1cm 佳士得 2015.12.02

1003 清乾隆 御制瓷胎画珐琅彩海棠形小杯
“大清乾隆年制”篆书款
估　价：RMB 2,000,000～3,000,000
成交价：RMB 2,530,000
高7cm 保利厦门 2015.05.02

7405 清雍正 胭脂紫地珐琅彩九秋小碗
“雍正年制”款
备注：香港苏富比2013年10月拍品，编号3258。
估　价：RMB 1,200,000～2,200,000
成交价：RMB 1,380,000
直径9.2cm 北京保利 2015.12.08

46 清雍正 珐琅彩虫草纹葫芦瓶
估　价：HKD 12,000,000
成交价：RMB 35,790,300
高21.5cm 澳门中信 2015.11.08

452 民国 珐琅彩春耕图瓶
“乾隆年制”楷书款
估　价：RMB 120,000
成交价：RMB 1,176,000
高18.3cm 天津文物 2015.05.22

7382 清乾隆 珐琅彩仕女婴戏小贯耳瓶
“乾隆年制”款
备注：1.香港苏富比2008年4月11日拍品，编号2841；2.法国重要私人藏家旧藏。
成交价：RMB 16,675,000
高9cm 北京保利 2015.12.08

994 清乾隆 红釉地画珐琅寒梅争春玉壶春瓶
估　价：RMB 2,500,000～4,500,000
成交价：RMB 4,485,000
高28.5cm 保利厦门 2015.05.02

广 彩

4066 清乾隆 广彩锦地开光人物纹大瓶（一对）
估　价：RMB 22,000～32,000
成交价：RMB 36,800
高59.3cm；高58.6cm 中国嘉德 2015.09.19

754 19世纪 广彩开光人物花鸟图大碗
估　价：HKD 60,000～80,000
成交价：RMB 80,100
直径53.5cm 香港苏富比 2015.06.01

683 清 广彩人物故事纹大盖瓶（一对）
估　价：RMB 50,000
成交价：RMB 57,500
高66cm 太平洋 2015.07.18

珐华彩

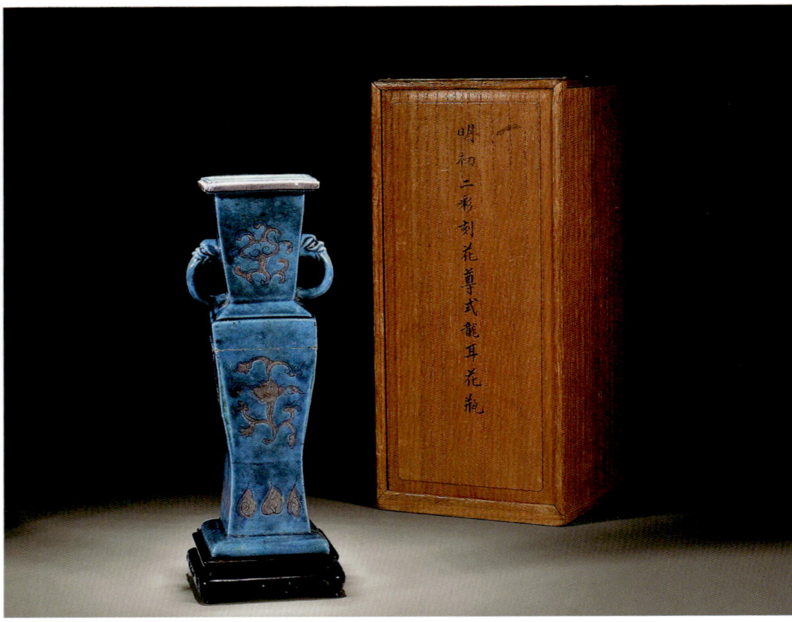

4141 明中期 珐华花卉纹螭耳方瓶
著录：《支那明初陶磁图鉴》，久志卓真著，宝云舍，1943年；1968年 雄山阁 久志卓真著《明初陶磁图鉴》图136。
估　价：RMB 6,000～9,000
成交价：RMB 25,300
高26.7cm 中国嘉德 2015.09.19

289 明16世纪 珐华莲鹭纹罐（一对）
估　价：GBP 15,000～20,000
成交价：RMB 179,625
高33.7cm×2 伦敦苏富比 2015.05.13

438 18世纪/19世纪 珐华蓝采仙人坐像
估　价：USD 12,000～18,000
成交价：RMB 469,575
高27.6cm 纽约佳士得 2015.03.19

浅绛彩

5062 清光绪 程门浅绛彩《水遥邨图》瓷板
著录：《中国晚清浅绛彩瓷器》第120页。
估　价：RMB 300,000～400,000
成交价：RMB 690,000
42cm×30cm 北京保利 2015.06.05

5063 清光绪 金品卿 浅绛彩《英雄富贵图》瓷板
著录：《中国晚清浅绛彩瓷器》第162页。
估　价：RMB 200,000～300,000
成交价：RMB 460,000
28.5cm×40.5cm 北京保利 2015.06.05

257 清光绪 程门浅绛彩人物象耳方瓶
估　价：HKD 25,000～35,000
成交价：RMB 727,470
高30cm 中国嘉德 2015.10.06

2762 清光绪 浅绛彩人物象耳瓶
估　价：RMB 8,000
成交价：RMB 1,207,500
高43cm 北京翰海 2015.03.15

244 清光绪 浅绛彩花鸟方花盆
成交价：RMB 977,500
长30cm 北京保利 2015.04.25

9135 清光绪 浅绛彩王少维人物山水方瓶
“少维”款
估　价：RMB 200,000～300,000
成交价：RMB 345,000
高30cm 北京保利 2015.06.08

5066 清同治 1862年、清光绪 1880年、清光绪 1883年 程门、金品卿、王少维 浅绛彩绘画集锦帽筒（三对）
著录：《中国晚清浅绛彩瓷器》第151，169页。
估 价：RMB 2,000,000～3,000,000
成交价：RMB 6,900,000
高28.5cm 北京保利 2015.06.05

7176 清光绪 1876年 王少维 《仿赵大年画意图》大娇盆
著录：《中国晚清浅绛彩瓷器》封底。第168页。
估 价：RMB 600,000～800,000
成交价：RMB 1,035,000
直径40.5cm 北京保利 2015.12.06

2150 清晚期 程门 程崇楷浅绛彩山水花鸟人物琮式瓶
估 价：RMB 990,000～1,200,000
成交价：RMB 920,000
高30cm 北京匡时 2015.06.06

127 民国 浅绛彩三星拱照图瓶（一对）
成交价：RMB 310,500
高57cm 北京保利 2015.04.25

5068 清光绪 1900年 俞子明 浅绛彩绘画集锦（五件）
估 价：RMB 200,000～300,000
成交价：RMB 402,500
尺寸不一 北京保利 2015.06.05

947 清康熙 矾红描金开光花鸟图棒槌瓶
估 价：USD 15,000～18,000
成交价：RMB 79,663
高41.3cm 纽约佳士得 2015.09.17

152 民国 浅绛彩花鸟方瓶
成交价：RMB 264,500
高58cm 北京保利 2015.04.25

红 彩

3659 明嘉靖 黄地红彩穿云游龙纹罐
“大明嘉靖年制”款
来源：茧山龙泉堂藏品，1976年前。
估 价：HKD 1,000,000～1,200,000
成交价：RMB 7,463,760
高20.2cm 香港苏富比 2015.10.07

139 清康熙 青花矾红彩道教神仙纹碗（一对）
来源：约1946年巴黎 Antiquaire Tournet收藏；巴黎 Comte de Marotte收藏，自此家族收藏。
估 价：GBP 20,000～30,000
成交价：RMB 287,400
直径18.8cm×2 伦敦苏富比 2015.05.13

632 清康熙 矾红龙纹杯（一对）
“大明成化年制”楷书款
估 价：RMB 80,000～100,000
成交价：RMB 92,000
直径5.8cm×2 北京诚轩 2015.05.17

3197 清康熙 矾红黑彩群仙图碗
“大清康熙年制”楷书款
估　价：HKD 1,500,000～2,000,000
成交价：RMB 1,510,640
直径17.2cm 佳士得 2015.12.02

7415 清雍正 矾红夔凤纹水丞
“大清雍正年制”款
备注：1.赵从衍先生旧藏；2.伦敦苏富比2013年5月15日拍品，编号171。
估　价：RMB 1,600,000～2,200,000
成交价：RMB 1,840,000
高5.5cm 北京保利 2015.12.08

515 清雍正 胭脂地开光线描花卉纹杯
“雍正御制”楷书款
来源：香港苏富比1988年秋季拍卖会第398号。
估　价：HKD 70,000～100,000
成交价：RMB 343,379
直径7cm 中国嘉德 2015.04.06

6325 清雍正 矾红夔凤纹水丞
“大清雍正年制”款
来源：仇炎之旧藏；香港苏富比1980年11月25日拍品，编号291（其中之一）。
估　价：RMB 1,600,000～2,600,000
成交价：RMB 2,530,000
高5.5cm 北京保利 2015.06.06

602 清雍正 矾红西番莲纹盘（一对）
“大清雍正年制”款
估　价：RMB 800,000
成交价：RMB 1,173,000
直径14.8cm 太平洋 2015.11.21

2377 清雍正 矾红云龙纹盘
“大明宣德年制”款
估　价：RMB 15,000～25,000
成交价：RMB 101,200
直径12.5cm 中国嘉德 2015.06.27

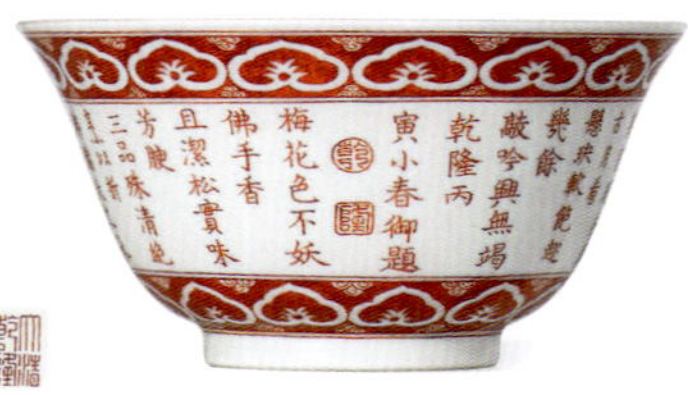

3711 清乾隆 矾红彩“三清茶”碗
“乾隆丙寅小春御题”“大清乾隆年制”款
估　价：HKD 250,000～300,000
成交价：RMB 383,325
直径10.6cm 香港苏富比 2015.04.07

4056 清乾隆 白地轧道海水矾红龙纹香炉
“大清乾隆年制”篆书款
估　价：RMB 700,000～800,000
成交价：RMB 805,000
高37.5cm 北京东正 2015.05.19

324 清乾隆 凡红臧草瓶
估　价：RMB 450,000～550,000
成交价：RMB 517,500
高22.1cm 翰风国际 2015.06.19

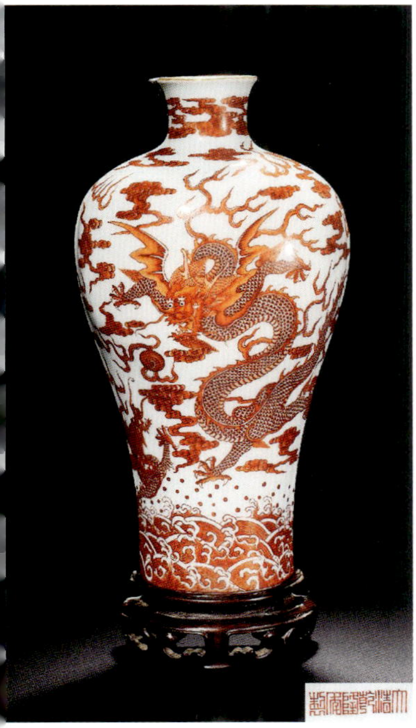

6430 清乾隆 矾红彩苍龙教子壁瓶
“大清乾隆年制”款
估　价：RMB 280,000～380,000
成交价：RMB 345,000
高23.5cm 北京保利 2015.06.06

3733 清乾隆 矾红彩双龙赶珠纹杯
“大清乾隆年制”款
估　价：HKD 160,000～200,000
成交价：RMB 164,400
直径79cm 香港苏富比 2015.10.07

3717 清乾隆 矾红彩应龙纹天鸡钮高足盖碗
“大清乾隆年制”款
估　价：HKD 1,000,000～1,500,000
成交价：RMB 1,008,750
直径20.1cm 香港苏富比 2015.04.07

4349 清乾隆 矾红三清诗文茶碗
“大清乾隆年制”款
估　价：RMB 80,000～120,000
成交价：RMB 103,500
直径10.3cm 中国嘉德 2015.09.19

3506 清乾隆 绿地胭脂红彩八吉祥纹罐
“大清乾隆年制”篆书款
估　价：HKD 360,000～480,000
成交价：RMB 349,186
高29cm 保利香港 2015.10.06

8992 清乾隆 胭脂蓝料彩云龙纹寿字灯笼尊
“大清乾隆年制”款
估　价：RMB 150,000～180,000
成交价：RMB 172,500
高43.8cm 北京保利 2015.06.08

6422 清乾隆 矾红御题诗三清茶碗（一对）
“大清乾隆年制”款
来源：日本藏家旧藏。
估 价：RMB 500,000～800,000
成交价：RMB 575,000
直径11cm 北京保利 2015.06.06

5025 清乾隆 御窑银地矾红彩西番莲托八吉祥纹贲巴壶
“乾隆年制”款
来源：原为美国私人收藏；伦敦佳士得2004年11月12日拍品，编号602。
估 价：RMB 4,500,000～5,500,000
成交价：RMB 5,175,000
高19.3cm 北京东正 2015.11.19

4283 清乾隆 矾红彩甘露瓶
估 价：RMB 700,000～1,200,000
成交价：RMB 805,000
高22.3cm 中国嘉德 2015.11.14

813 清嘉庆 胭脂红地莲托八宝纹象耳瓶
“大清嘉庆年制”款
估 价：RMB 480,000～580,000
成交价：RMB 667,000
高27.5cm 中贸圣佳 2015.05.20

2871 清道光 矾红描金缠枝莲纹碗
“慎德堂制”楷书款
估 价：RMB 120,000～180,000
成交价：RMB 322,000
直径17.6cm 中国嘉德 2015.05.16

232 清道光 矾红描金缠枝莲纹碗（一对）
“慎德堂制”四字二行楷书款，道光本朝
估　价：HKD 350,000～550,000
成交价：RMB 339,486
直径17.6cm 中国嘉德 2015.10.06

1083 1942年 王步 矾红罗汉瓷壶
钤　印：1.竹溪 2.王步 3.竹溪
估　价：RMB 800,000～1,200,000
成交价：RMB 920,000
高11cm 景德镇华艺 2015.10.20

951 清道光 梵红彩缠枝花卉福寿纹盖罐
“慎德堂制”楷书款
估　价：RMB 70,000～100,000
成交价：RMB 345,000
高28.5cm 北京翰海 2015.11.28

1109 民国 王步红彩罗汉佛光普照瓷板
估　价：RMB 300,000～400,000
成交价：RMB 368,000
高32cm 上海敬华 2015.06.30

2255 清道光 矾红云龙纹酒杯（一对）
“大清道光年制”篆书款
估　价：USD 6,000～8,000
成交价：RMB 111,528
直径6cm 纽约佳士得 2015.09.17

黄 彩

40 明嘉靖 茄皮紫地黄蓝彩龙纹碗
“大明嘉靖年制”款
来源：东京茧山龙泉堂藏品。
估　价：GBP 20,000～25,000
成交价：RMB 718,500
直径14cm 伦敦苏富比 2015.05.13

4049 清乾隆 青花黄彩云龙赶珠纹盘（一对）
“大清乾隆年制”楷书款
估 价：RMB 400,000～450,000
成交价：RMB 563,500
直径24.8cm 北京东正 2015.05.19

1042 清嘉庆 霁蓝地云龙纹盘
“大清嘉庆年制”篆书款
来源：文物公司旧藏。
估 价：RMB 150,000～200,000
成交价：RMB 207,000
半径25cm 东方大观 2015.11.17

537 清咸丰 蓝地黄彩赶珠云龙纹碗
“大清咸丰年制”款
来源：香港苏富比1985年5月22日拍品，编号178。
估 价：HKD 80,000～120,000
成交价：RMB 180,225
直径10.4cm 香港苏富比 2015.06.01

9024 清康熙 蓝地黄彩龙纹大盘
“大清康熙年制”款
估 价：RMB 250,000～350,000
成交价：RMB 287,500
直径32.5cm 北京保利 2015.06.08

3352 清康熙 蓝地黄彩云龙纹碗
“大清康熙年制”楷书款
估 价：HKD 350,000～450,000
成交价：RMB 333,291
直径13.2cm 保利香港 2015.04.06

绿 彩

3722 明正德 绿彩云龙纹盘
“大明正德年制”款
估 价：HKD 150,000～200,000
成交价：RMB 383,325
直径17.7cm 香港苏富比 2015.04.07

3660 明嘉靖 青花绿彩云龙纹高足碗
“大明嘉靖年制”款
估 价：HKD 600,000～800,000
成交价：RMB 2,334,480
直径155cm 香港苏富比 2015.10.07

39 明嘉靖 黄地绿彩寿桃纹盘
“大明嘉靖年制”款
来源：东京茧山龙泉堂藏品。
估 价：GBP 15,000～20,000
成交价：RMB 191,600
直径14.5cm 伦敦苏富比 2015.05.13

5035 明正德 白釉填刻绿彩龙纹盘
“大明正德年制”款
来源：早年为日本九州私人藏家旧藏。
估 价：RMB 1,000,000～1,200,000
成交价：RMB 1,150,000
口径22.3cm 北京东正 2015.11.19

540 清康熙 绿彩赶珠云龙纹罐配清乾隆绿彩龙纹盖
“大清康熙年制”款
估 价：HKD 300,000～500,000
成交价：RMB 550,688
高21cm 香港苏富比 2015.06.01

3121 清康熙 黄地绿彩云龙赶珠纹碗（一对）
“大清康熙年制”款
来源：购于巴黎20世纪90年代。
估 价：HKD 500,000～700,000
成交价：RMB 504,375
直径10.2cm 香港苏富比 2015.04.07

2069 清康熙 黄地绿彩折枝花果纹碗
“大清康熙年制”楷书款
估 价：RMB 150,000～180,000
成交价：RMB 201,250
直径11.6cm 北京翰海 2015.11.28

924 清康熙 青花暗刻江崖海水绿彩云龙纹大碗
“大清康熙年制”楷书款
估 价：RMB 300,000～400,000
成交价：RMB 690,000
直径22cm 北京中汉 2015.05.17

3718 清雍正 黄地绿彩暗刻婴戏图碗
“大清雍正年制”款
来源：香港苏富比2006年4月10日拍卖，编号1800。
估 价：HKD 800,000～1,200,000
成交价：RMB 822,000
直径15cm 香港苏富比 2015.10.07

4536 清雍正 黄地绿彩八子婴戏图碗
“大清雍正年制”款
来源：中国嘉德2007年5月12日春季拍卖会第1798号。
估　价：RMB 680,000～880,000
成交价：RMB 782,000
直径15cm 中国嘉德 2015.04.01

3719 清雍正 黄地绿彩戏婴图碗
“大清雍正年制”款
估　价：HKD 300,000～500,000
成交价：RMB 719,250
直径15cm 香港苏富比 2015.10.07

3110 清雍正 墨地绿彩花鸟图盘
“大清雍正年制”款
来源：英国私人收藏，2006年伦敦 Littleton & Hennessy Asian Art。出版：《Littleton & Hennessy Asian Art》，伦敦，2006年，编号15（封面）。
估　价：HKD 2,000,000～3,000,000
成交价：RMB 2,001,360
直径14.9cm 香港苏富比 2015.04.07

9008 清雍正 黄地绿彩八子婴戏碗（一对）
“大清雍正年制”款
估　价：RMB 400,000～600,000
成交价：RMB 460,000
直径15cm 北京保利 2015.06.08

3717 清雍正 黄地绿彩赶珠云龙纹碗
“大清雍正年制”款
来源：香港苏富比1976年11月29日拍卖，编号578，英国铁路基金会收藏；香港苏富比1989年5月16日拍卖，编号80；香港佳士得2001年4月29日拍卖，编号605；香港佳士得2004年4月26日拍卖，编号958，松竹堂收藏。
估　价：HKD 1,500,000～2,000,000
成交价：RMB 1,841,280
直径15cm 香港苏富比 2015.10.07

282 清雍正 黄地绿彩戏婴图碗一对
“大清雍正年制”款
来源：20世纪80年代纽约 Ralph M. Chait Galleries, Inc.
估　价：USD 70,000～90,000
成交价：RMB 547,838
直径15cm 纽约苏富比 2015.03.17

7446 清雍正 黄地绿彩加料彩云蝠碗
“大清雍正年制”款
备注：中国嘉德2002年11月03日拍卖，编号1111。
估　价：RMB 1,500,000~2,500,000
成交价：RMB 1,955,000
直径15cm 北京保利 2015.12.08

3701 清乾隆 绿彩赶珠云龙纹罐
“大清乾隆年制”款
估　价：HKD 200,000~300,000
成交价：RMB 403,500
高20.6cm 香港苏富比 2015.04.07

3159 清嘉庆 绿彩龙赶珠纹盖罐
“大清嘉庆年制”篆书款
估　价：USD 20,000~30,000
成交价：RMB 375,660
高21.5cm 纽约佳士得 2015.03.15

3143 清乾隆 黄地绿彩云龙纹贯耳穿带瓶
“大清乾隆年制”篆书款
来源：1.德国贵族家族（传）；2.德国基特辛根Krieger珍藏；3.德国私人收藏于20世纪60年代。
估　价：HKD 15,000,000~25,000,000
成交价：RMB 14,450,040
高30.5cm 佳士得 2015.06.03

3258 18世纪 黄地绿彩云龙纹玉壶春瓶
估　价：HKD 700,000~900,000
成交价：RMB 1,089,360
高28.6cm 佳士得 2015.06.03

蓝彩

9000 清道光 珊瑚红地万福纹高壮盖罐
“慎德堂制”款
来源：欧洲藏家旧藏。
估　价：RMB 550,000~850,000
成交价：RMB 1,380,000
高27cm 北京保利 2015.06.08

6332 清雍正 粉青釉加天蓝云螭纹折沿大盘
“大清雍正年制”款
来源：英国苏格兰藏家旧藏。
估　价：RMB 3,000,000~5,000,000
成交价：RMB 3,450,000
直径49.8cm 北京保利 2015.06.06

2875 清道光 金地蓝彩寿字小杯
“大清道光年制”篆书款
估　价：RMB 60,000~80,000
成交价：RMB 115,000
直径6cm 中国嘉德 2015.05.16

紫彩 赭彩

227 清康熙 绿釉紫龙纹碗
来源：伦敦苏富比2006年7月12日拍品，编号0119。
估　价：RMB 300,000~400,000
成交价：RMB 336,000
直径11cm 北京荣宝 2015.06.21

2213 清乾隆 绿地赭彩云龙赶珠纹碗（二件）
“大清乾隆年制”篆书款
估　价：RMB 180,000~200,000
成交价：RMB 207,000
直径19.4cm 北京翰海 2015.11.28

958 清乾隆 绿地紫龙纹茶碗（一对）
“大清乾隆年制”篆书款
估　价：RMB 660,000~800,000
成交价：RMB 575,000
直径11.1cm 北京中汉 2015.05.17

金彩

2855 清雍正 紫金釉描金山水亭台楼阁扁瓶
“大清雍正年制”篆书款
估　价：RMB 280,000~380,000
成交价：RMB 345,000
高22.9cm 北京翰海 2015.06.28

120 清康熙 矾红金彩人物书法棒槌瓶
钤　印：云山，竹石，半窗主人
来源：旧金山私人收藏；纽约苏富比1997年月19日拍品，编号314。
估　价：USD 30,000~50,000
成交价：RMB 469,575
高46.4cm 纽约苏富比 2015.03.17

457 清康熙 洒蓝地描金开光山水图棒槌瓶
估 价：USD 15,000~20,000
成交价：RMB 782,625
高46.5cm 纽约佳士得 2015.03.19

3412 清乾隆 霁蓝描金开光山水图海棠口瓶
“大清乾隆年制”篆书款
来源：意大利著名藏家Luisa Feltrinelli Doria旧藏。
估 价：HKD 520,000~600,000
成交价：RMB 495,175
高50cm 保利香港 2015.04.06

956 清雍正 白釉暗刻描金凤纹花口碗
估 价：RMB 120,000~180,000
成交价：RMB 195,500
直径11cm 北京保利 2015.04.26

693 清乾隆 霁蓝釉描金莲托八宝纹如意双耳赏瓶
“大清乾隆年制”篆书款
来源：仇炎之旧藏。
估 价：RMB 2,200,000~4,200,000
成交价：RMB 4,715,000
高31cm 保利厦门 2015.05.03

1044 清乾隆 酱釉描金大碗
估 价：RMB 300,000~400,000
成交价：RMB 402,500
直径20.5cm 上海敬华 2015.06.30

3618 清乾隆 酱釉描金银如意纹盖盒
“大清乾隆年制”款
来源：巴黎苏富比2012年12月18日拍品，编号88。
估 价：HKD 600,000~800,000
成交价：RMB 1,311,375
直径8.4cm 香港苏富比 2015.04.07

9036 清 天蓝釉金彩缠枝花卉纹觚
“乾隆元年五月五日陶榷使者沈阳唐英敬制”款
估 价：RMB 300,000~500,000
成交价：RMB 345,000
高65.5cm 北京保利 2015.06.08

672 清乾隆 金彩无量寿佛坐像
估　价：RMB 400,000～600,000
成交价：RMB 632,500
高15cm 保利厦门 2015.05.03

2230 清嘉庆 粉青釉描金凤穿花纹蒜头瓶
“大清嘉庆年制”篆书款
来源：仇炎之旧藏。
估　价：RMB 2,200,000～2,500,000
成交价：RMB 3,450,000
高31cm 北京匡时 2015.06.06

362 18世纪/19世纪 瓷胎金彩彩绘供养菩萨像
估　价：USD 25,000～35,000
成交价：RMB 234,788
高28.6cm 纽约苏富比 2015.03.17

白 花

181 南宋 吉州凤凰梅花纹梅瓶
估　价：USD 40,000～60,000
成交价：RMB 313,050
高36.2cm 纽约苏富比 2015.03.17

30 北宋 磁州窑黑釉篦纹盖罐
估　价：GBP 7,000～10,000
成交价：RMB 263,450
直径10cm 伦敦苏富比 2015.05.13

5005 南宋或金 磁州窑线条渣斗
来源：安思远藏品编号PC6481。
估　价：HKD 90,000～150,000
成交价：RMB 85,066
高11.5cm 保利香港 2015.05.31

5018 金 淄博窑线条罐
来源：安思远藏品编号PC6450。
估　价：HKD 200,000～500,000
成交价：RMB 567,108
高18cm 保利香港 2015.05.31

2810 南宋 吉州窑黑釉地彩绘碗
来源：Walter Bareiss（1919—2007）收藏，1996年购于格林威治；2009年纽约Zetterquist Galleries 收藏。
估　价：HKD 150,000～250,000
成交价：RMB 504,375
直径12.3cm 香港苏富比 2015.04.05

3112 明宣德 蓝地白花牡丹纹大盘
“大明宣德年制”楷书横款
来源：法国私人收藏，入藏于20世纪初；巴黎私人收藏，入藏于1978年。
估　价：HKD 15,000,000～25,000,000
成交价：RMB 16,649,880
直径38cm 佳士得 2015.12.02

2845 宋 吉州窑剪纸漏花盏
来源：中国嘉德2010年5月16日拍品，编号2405；瞻麓斋旧藏；翦松阁旧藏。
估　价：RMB 120,000～220,000
成交价：RMB 207,000
直径14cm 中国嘉德 2015.05.16

792 清雍正 蓝地留白菊纹葵花式碗
“大清雍正年制”款
来源：1998年佳士得秋季拍卖会第0974拍品；2001年苏富比秋季拍卖会第0551拍品。
估　价：RMB 2,600,000～2,900,000
成交价：RMB 4,082,500
直径19.2cm 江苏爱涛 2015.01.11

1083 明宣德 蓝釉留白花果纹大盘
“大明宣德年制”楷书款
估　价：RMB 1,500,000～2,000,000
成交价：RMB 1,782,500
直径30cm 上海敬华 2015.06.30

3925 清雍正 蓝釉堆白刻鱼藻纹盉式盖碗
“大清雍正年制”楷书款
估　价：RMB 450,000～500,000
成交价：RMB 517,500
直径17.4cm 北京匡时 2015.12.05

183 清乾隆 矾红彩留白缠枝花卉纹碗
“大清乾隆年制”款
来源：得自19世纪末；法国私人收藏。
估　价：GBP 6,000～8,000
成交价：RMB 119,750
直径12.8cm 伦敦苏富比 2015.05.13

619 清乾隆 珊瑚红地留白竹纹碗（一对）
“大清乾隆年制”篆书款
来源：香港佳士得1989年1月17日拍品，编号877；北京诚轩2008年4月28日拍品，编号609。
估　价：RMB 250,000～300,000
成交价：RMB 460,000
直径11.8cm×2 北京诚轩 2015.05.17

165 清道光 松绿地白彩缠枝莲纹寿字赏瓶
“大清道光年制”款
估　价：GBP 20,000～30,000
成交价：RMB 658,625
高30.6cm 伦敦苏富比 2015.05.13

墨彩

80 北宋/金 磁州窑白釉黑彩花纹盖盒
估　价：USD 6,000～8,000
成交价：RMB 46,958
直径11.7cm 纽约苏富比 2015.03.17

2833 北宋/金 磁州窑白地黑花钵
来源：Rudolph Schaeer珍藏，旧金山Butterfield and Butterfield，1997年5月14日拍品1556号；东京千秋庭收藏。
估　价：HKD 200,000～300,000
成交价：RMB 205,250
高16.6cm 佳士得 2015.12.02

169 南宋 吉州剪纸梅花纹碗
估　价：USD 15,000～20,000
成交价：RMB 133,046
纽约苏富比 2015.03.17

191 宋 吉州窑“长命富贵”纹碗
估　价：USD 20,000～30,000
成交价：RMB 125,220
直径12.4cm 纽约苏富比 2015.03.17

3334 金 磁州窑 墨彩莲花纹盒
估　价：HKD 50,000～80,000
成交价：RMB 66,658
直径11.5cm 保利香港 2015.04.06

1010 元 磁州窑白地黑彩刻花牡丹纹吐露瓶
估　价：RMB 55,000～80,000
成交价：RMB 61,600
高18.5cm 中鸿信 2015.07.29

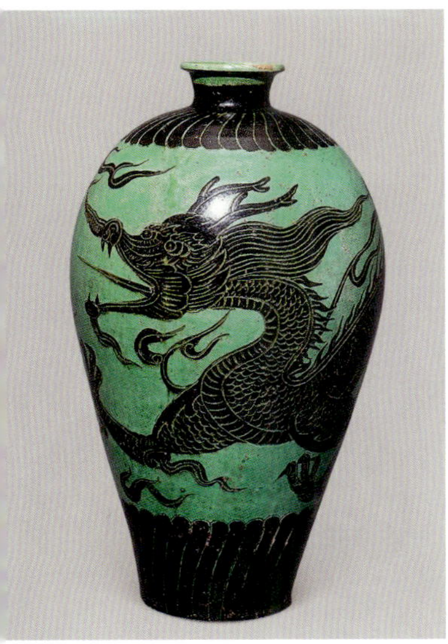

268 元 绿地龙纹梅瓶
估　价：RMB 50,000～80,000
成交价：RMB 80,500
高34cm 北京保利 2015.01.24

101 清雍正 墨彩山水图碗（一对）
"大清雍正年制"款
来源：香港苏富比1974年10月31日拍品，编号302；香港苏富比1978年11月29日拍品，编号344；赵从衍收藏；香港苏富比1987年5月19日拍品，编号321；香港苏富比1996年11月5日拍品，编号920。
估　价：HKD 2,000,000～3,000,000
成交价：RMB 3,066,600
直径14.2cm 香港苏富比 2015.04.07

2219 清乾隆 青花墨彩御题诗文杯（一对）
"退思堂制"楷书款
估　价：RMB 130,000～150,000
成交价：RMB 368,000
直径6.7cm×2 北京匡时 2015.06.06

1019 明 磁州窑人物瓶
估　价：RMB 100,000～200,000
成交价：RMB 172,500
高36cm 北京保利 2015.04.26

2218 清乾隆 唐英墨彩诗文笔筒
估　价：RMB 800,000～1,000,000
成交价：RMB 1,265,000
高10.5cm 北京匡时 2015.06.06

2243 清乾隆 墨彩山水人物纹瓶
"德诚斋制"楷书款
估　价：RMB 80,000～100,000
成交价：RMB 230,000
高25.5cm 北京匡时 2015.06.06

4054 清乾隆 豆青釉加彩竹石纹四方笔筒
“乾隆年制”四字双行篆书款
估　价：RMB 160,000～200,000
成交价：RMB 230,000
高7.5cm 北京东正 2015.05.19

3200 清光绪 淡绿地墨彩梅鹊图花盆（一对）
来源：中国嘉德2000年秋季拍卖会拍品，编号1324。
估　价：RMB 220,000～280,000
成交价：RMB 253,000
高15.5cm； 西泠拍卖 2015.07.05

2268 清光绪 大雅斋黄地墨彩牡丹如意纹花盆（一对）
估　价：USD 30,000～50,000
成交价：RMB 358,481
高31.7cm 纽约佳士得 2015.09.17

519 清嘉庆 墨彩山水图方杯（一套六件）
“大清嘉庆年制”款
估　价：HKD 50,000～70,000
成交价：RMB 110,138
直径5cm 香港苏富比 2015.06.01

2128 民国 汪野亭 墨彩通景山水壶
钤　印：平山、野亭、平生
估　价：RMB 300,000～350,000
成交价：RMB 402,500
长15cm 北京匡时 2015.06.06

554 清光绪 黄地墨彩葡萄纹桃耳瓶
“大雅斋”“ 天地一家春”“永庆长春”款
来源：美国德州私人收藏；纽约苏富比1999年9月15日拍品，编号97A。
估　价：HKD 80,000～120,000
成交价：RMB 80,100
高34cm 香港苏富比 2015.06.01

3197 清光绪 蓝地墨彩花卉纹长方花盆（一对）
“永庆长春”楷书款
估　价：RMB 320,000～380,000
成交价：RMB 368,000
长22cm 西泠拍卖 2015.07.05

7174 清光绪 1876年 程门 墨彩《诗意图》山水瓷板插屏
估　价：RMB 200,000～300,000
成交价：RMB 460,000
29cm×42cm 北京保利 2015.12.06

刻剔彩

2337 北宋 磁州系白釉刻牡丹纹如意形枕
估　价：USD 12,000~18,000
成交价：RMB 95,595
宽29.2cm 纽约佳士得 2015.09.17

105 北宋 磁州窑白地褐彩剔牡丹纹梅瓶
来源：东京茧山龙泉堂藏品。展览：《中国宋元美术展目录》，东京国立博物馆，东京，1961年，编号247；1961年 大阪 高岛屋《中国名陶百选展》编号21；1964年 东京 日本桥白木屋《唐宋名陶展》编号156。
估　价：GBP 40,000~60,000
成交价：RMB 3,726,620
高29.5cm×2 伦敦苏富比 2015.05.13

173 北宋 磁州窑白地褐彩剔牡丹纹梅瓶
来源：东京K．Takenouchi收藏。
估　价：USD 80,000~100,000
成交价：RMB 1,715,514
高30cm 纽约苏富比 2015.03.17

5004 北宋 磁州窑珍珠地执壶
来源：安思远藏品编号PC9350。
估　价：HKD 60,000~80,000
成交价：RMB 56,711
高17.5cm 保利香港 2015.05.31

71 北宋 登封窑白地刻牡丹纹枕
展览：1987年 台北 国立历史博物馆《中国陶瓷精品展》33页。
估　价：USD 80,000~100,000
成交价：RMB 2,692,230
长19.7cm 纽约苏富比 2015.03.17

74 北宋 登封窑白釉珍珠地牡丹花卉纹梅瓶
出版：1992年东京《中国名陶展 ：中国陶磁2000年の精华》编号30
估　价：USD 80,000~100,000
成交价：RMB 626,100
高39cm 纽约苏富比 2015.03.17

622 宋 吉州窑梅瓶
来源：安思远珍藏。
估　价：RMB 180,000~200,000
成交价：RMB 345,000
高19.6cm 中贸圣佳 2015.05.20

2913 宋/金 磁州窑褐釉划花大碗
估　价：HKD 150,000～250,000
成交价：RMB 201,750
直径30.5cm 香港苏富比 2015.04.05

861 宋/金 磁州窑白花牡丹纹枕
来源：安思远珍藏。
估　价：USD 20,000～30,000
成交价：RMB 109,568
宽27.5cm 纽约佳士得 2015.03.20

2128 元 磁州窑剔花缠枝牡丹纹执壶
估　价：RMB 80,000～120,000
成交价：RMB 92,000
高13cm 中国嘉德 2015.06.27

2825 南宋/元 吉州窑仿剔犀如意云纹梅瓶
来源：东京千秋庭旧藏；临宇山人珍藏。著录：2006年东京千秋庭《中国美术搜集》64页编号79；2012年香港佳士得《古韵天成：临宇山人宋瓷珍藏展览》112－113页，编号43；苏玫瑰‘Chinese Classic Wares from a Japanese Collection：Song Ceramics from the Linyushanren Collection’，2014年3月至4月《Arts of Asia》97－108页，图15。
估　价：HKD 1,000,000～1,500,000
成交价：RMB 2,397,320
高22.2cm 佳士得 2015.12.02

844 西夏或金/元 磁州窑系剔花龟形扁壶
来源：安思远珍藏。
估 价：USD 30,000~50,000
成交价：RMB 704,363
直径24.1cm 纽约佳士得 2015.03.20

2836 金/元 磁州窑黑剔花大罐
估 价：HKD 300,000~500,000
成交价：RMB 636,275
宽29.2cm 佳士得 2015.12.02

1014 元 磁州窑珍珠地划花持莲童子纹梅瓶
估 价：RMB 350,000~520,000
成交价：RMB 402,500
高29.8cm 中鸿信 2015.07.29

3460 明以前 磁州窑刻缠枝花卉梅瓶
估 价：RMB 80,000~120,000
成交价：RMB 92,000
高31cm 西泠拍卖 2015.07.05

6870 明 磁州窑黑彩牡丹纹盖罐
来源：日本藏家旧藏。
估 价：RMB 50,000~80,000
成交价：RMB 57,500
宽22.5cm 北京保利 2015.06.07

现当代彩釉瓷

114 巴布罗·毕卡索 舞者大花瓶
日期、印鉴及编号：24 juin 50（底部）；MADOURA PLEIN FEU / EMPREINTE ORIGINALE DE PICASSO / 3（内侧）；赤陶瓶 白釉底料 雕刻 彩绘；1950年构思；共25件
来源：法国私人收藏，购自2010年12月2日巴黎佳士得拍卖，编号66。
估 价：RMB 2,460,000~3,700,000
成交价：RMB 3,030,000
高71cm 佳士得（上海）2015.04.25

7213 1974年 釉下五彩双面红芙蓉花薄胎碗（特供瓷）
“中国醴陵”底款
估 价：RMB 800,000~1,200,000
成交价：RMB 1,840,000
直径11.5cm 北京保利 2015.12.06

7214 1958年 釉下五彩蝴蝶兰胜利杯（特供瓷）
“湖南醴陵”底款
估　价：RMB 800,000～1,200,000
成交价：RMB 1,840,000
高13.5cm 北京保利 2015.12.06

7215 1970年代 釉下五彩龙柄凤嘴双腔菊花纹酒壶
“中国醴陵”底款
估　价：RMB 200,000～300,000
成交价：RMB 460,000
高23cm 北京保利 2015.12.06

7217 1970年代 釉下五彩腐蚀金龙餐具（联合国大厦用瓷，扎伊尔总统官用瓷）（一套四十五件）
估　价：RMB 800,000～1,200,000
成交价：RMB 1,150,000
尺寸不一 北京保利 2015.12.06

237 曾龙升 瓷雕拂尘罗汉
“曾龙升造”印款
估　价：HKD 200,000～300,000
成交价：RMB 201,750
高36.2cm 佳士得 2015.04.06

2099 陈爱明 胶泥云之梦瓶
估　价：RMB 70,000～75,000
成交价：RMB 115,000
高26.7cm 北京匡时 2015.06.06

11 “明月”白釉明月罐
估　价：RMB 450,000～500,000
成交价：RMB 1,110,000
高57.3cm；直径55.5cm 佳士得（上海）2015.10.24

884 20世纪 粉彩山水图瓷板（四屏）
印　章：意亭
来源：纽约苏富比1997年9月23日拍品，编号354
估　价：USD 8,000～12,000
成交价：RMB 430,444
高82.5cm；宽19cm 纽约苏富比 2015.03.21

.017 20世纪50.60年代 粉彩雪景薄胎碗
古　价：RMB 600,000～850,000
成交价：RMB 2,415,000
直径48cm 中古陶 2015.05.31

1885 陈仁海 德化白瓷 富贵临门
来源：香港著名收藏家私人藏品。
估　价：RMB 3,000,000～5,000,000
成交价：RMB 2,990,000
高28cm 北京翰海 2015.06.27

2871 陈仁海 德化白瓷 圣洁之灵
来源：重庆收藏家藏品。
估　价：RMB 1,300,000～1,800,000
成交价：RMB 1,495,000
高47cm 北京翰海 2015.11.28

5037 陈仁海 2013年 德化白瓷 千手观音

"陈仁海"款

估　价：RMB 80,000～100,000

成交价：RMB 345,000

高68cm 北京保利 2015.06.05

5052 陈冬阳 2014年 "粉墨江湖""关羽"、"张飞"陶塑

刻 款：粉墨江湖。冬阳原作2014。

估　价：RMB 30,000～50,000

成交价：RMB 138,000

高61cm；高58cm 北京保利 2015.06.05

3220 龚循明 春夏秋冬 彩绘瓷板

估　价：RMB 2,000,000～3,000,000

成交价：RMB 4,485,000

84cm×81cm×4 中国嘉德 2015.11.16

2872 陈仁海 德化白瓷 世博和鼎

来源：山东收藏家藏品。

估　价：RMB 13,000,000～16,000,000

成交价：RMB 20,125,000

高88cm 北京翰海 2015.11.28

2103 戴荣华 2009年 四季佳丽·古彩瓷瓶

钤　印：1.童心 2.戴 3.之印

估　价：RMB 600,000～800,000

成交价：RMB 943,000

高39cm 景德镇华艺 2015.01.10

1886 陈仁海 窑变釉 今天是好日子
来源：上海收藏家藏品。
估 价：RMB 5,000,000～8,000,000
成交价：RMB 4,830,000
高38cm 北京翰海 2015.06.27

1010 方复 2010年 盛世红颜·古彩瓷板
题 识：盛世红颜。方复庚寅年春月画于景德镇
钤 印：1.印 2.乐春 3.静房观山
估 价：RMB 550,000～750,000
成交价：RMB 920,000
长112cm；宽56cm 景德镇华艺 2015.10.20

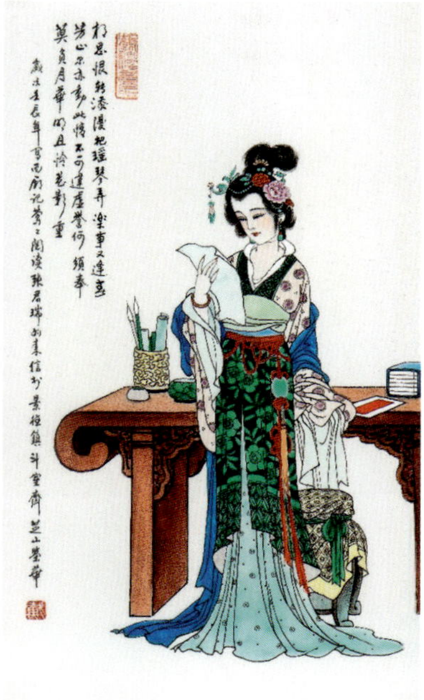

1009 戴荣华 2012年 莺莺阅书·古彩瓷板
钤 印：1.鹤发童心 2.戴
估 价：RMB 1,000,000～1,500,000
成交价：RMB 1,380,000
高55cm；宽31cm 景德镇华艺 2015.10.20

7216 邓景渊（传）1976年 釉下五彩《飞驰在雪峰山》瓷板
估 价：RMB 3,000,000～5,000,000
成交价：RMB 4,370,000
101cm×53cm 北京保利 2015.12.06

2169 付尧笙 1986年 貂蝉拜月·粉彩双耳瓷瓶
钤　印：之，“大清乾隆年制”底款
估　价：RMB 200,000～300,000
成交价：RMB 368,000
高59cm 景德镇华艺 2015.01.10

5001 干道甫 2014年 青花《灿》瓷板
估　价：RMB 200,000～300,000
成交价：RMB 713,000
170cm×83cm 北京保利 2015.06.05

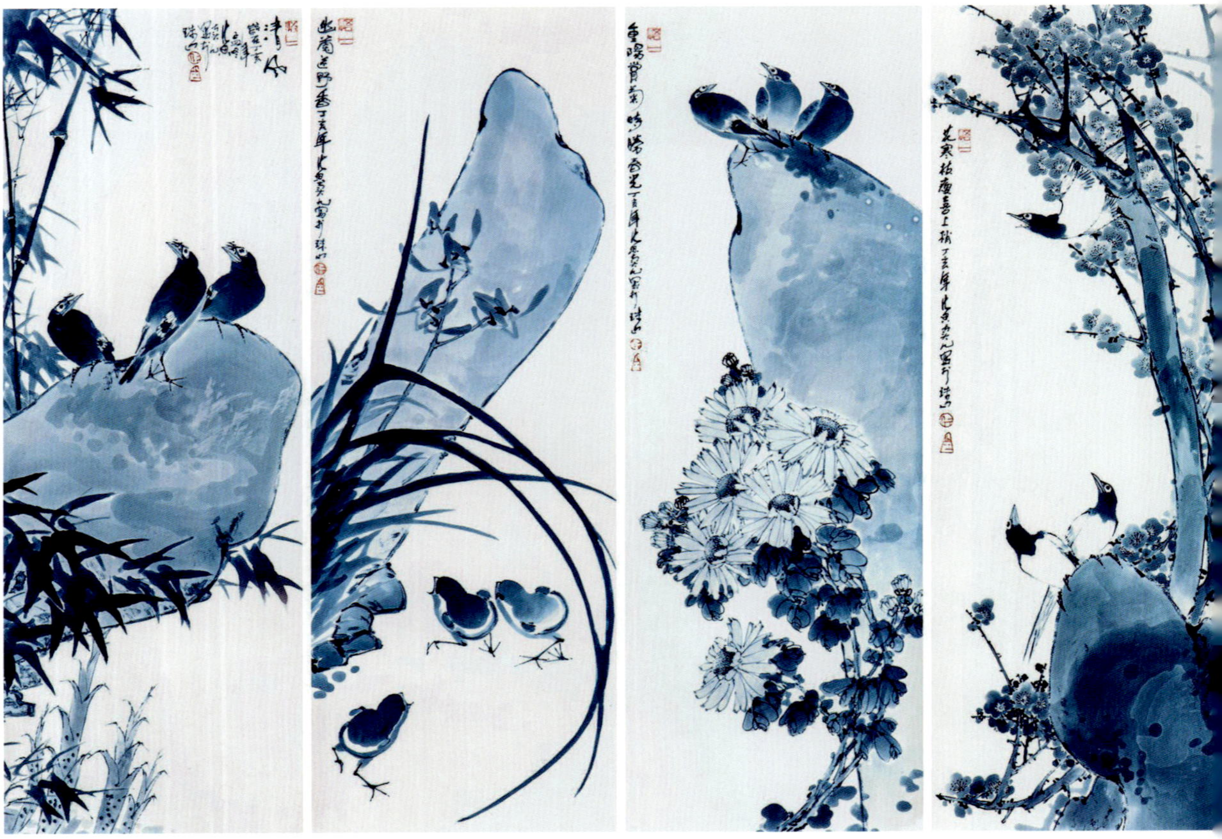

2045 黄卖九 2007年 四季花鸟·青花四条屏
钤　印：1.仁 2.印 3.悟一
估　价：RMB 1,800,000～2,500,000
成交价：RMB 2,070,000
高80cm；宽28cm 景德镇华艺 2015.05.23

3063 何明赞 2015年作 粉彩西游记—大闹天宫图瓷板（一组八件）
估 价：RMB 300,000～350,000
成交价：RMB 759,000
73.5cm×54.5cm×8 北京匡时 2015.12.05

5044 郭文光 2015年 釉下彩《寂照含虚空，却来观世间》瓷板
款 识：寂照含虚空，却来观世间。郭文光敬绘。（印 文：郭文光，福。）
估 价：RMB 200,000～300,000
成交价：RMB 713,000
201cm×101cm 北京保利 2015.06.05

001 郭文连 2009年 2010年 2011年 童趣·粉彩四条屏
钤 印：1.南山居士 2.郭文连 3.庐陵人 4.郭氏 5.我法 6.文连 7.庐陵人
估 价：RMB 2,600,000～3,200,000
成交价：RMB 3,220,000
高112cm；宽32cm 景德镇华艺 2015.10.20

2091 李峻 2001年 采菊东篱下·粉彩瓷盘
估 价：RMB 380,000～450,000
成交价：RMB 575,000
直径35.5cm 景德镇华艺 2015.05.23

1017 黄卖九 2012年 八哥紫藤·青花瓷瓶
钤　印：1.悟 2.印
估　价：RMB 600,000～900,000
成交价：RMB 690,000
高41cm；直径20cm 景德镇华艺 2015.10.20

7206 黄小玲 2009年 釉下五彩《雍雅冠群芳》瓶
估　价：RMB 200,000～300,000
成交价：RMB 402,500
高69.5cm 北京保利 2015.12.06

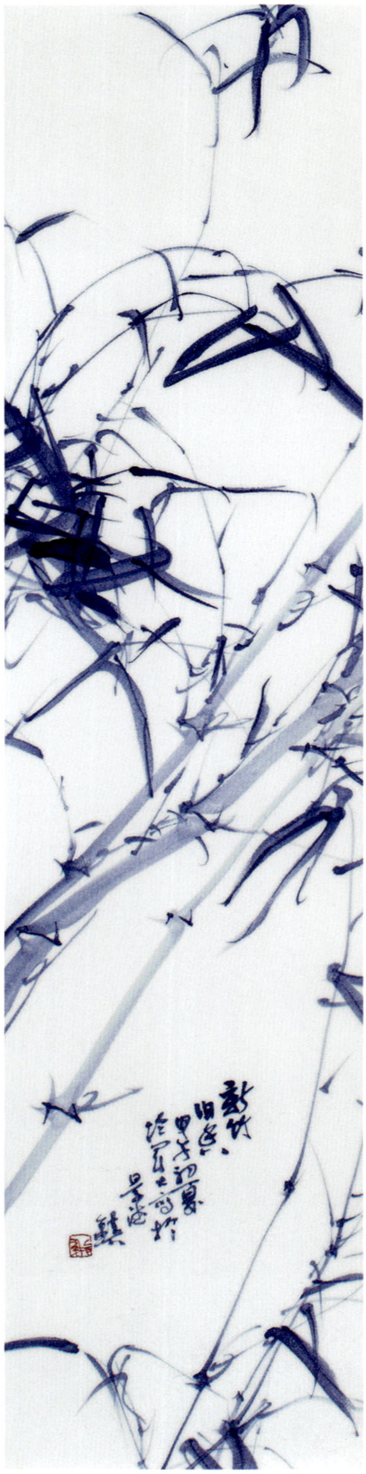

3219 冷军 新竹 青花瓷板
钤　印：冷军
估　价：RMB 500,000～1,000,000
成交价：RMB 1,725,000
111cm×27cm 中国嘉德 2015.11.16

2106 李菊生 2010年 丰收季节·釉下彩瓷板
钤　印：1.淮南布衣 2.李氏鄱阳
估　价：RMB 400,000～600,000
成交价：RMB 632,500
高111cm；宽55cm 景德镇华艺 2015.01.10

7203 林鸿福 2015年 《穆桂英挂帅》瓷塑 “林鸿福”刻款
估　价：RMB 300,000～400,000
成交价：RMB 575,000
高46cm 北京保利 2015.12.06

1022 李菊生 2015年 十里荷香·高温颜色釉瓷瓶
钤 印：李菊生印
估 价：RMB 1,800,000～2,400,000
成交价：RMB 2,760,000
高58cm；直径26cm 景德镇华艺 2015.10.20

5054 廖洪标 2002年 《济公饮酒》陶塑
“济公饮酒”刻款
估 价：RMB 600,000～800,000
成交价：RMB 1,932,000
高21cm 北京保利 2015.06.05

1005 李文跃 2014年 曲水流觞·粉彩瓷板
钤 印：1.李 2.文跃 3.长寿 4.雅居 5.吉羊 6.墨陶 7.墨里陶人 8.迎祥堂 9.长乐 10.风雅
估 价：RMB 1,000,000～1,500,000
成交价：RMB 1,380,000
长112cm；宽56cm 景德镇华艺 2015.10.20

2120 李小聪 2010年 竹溪听雨图·粉彩瓷板
估 价：RMB 150,000～180,000
成交价：RMB 207,000
高70cm；宽38cm 景德镇华艺 2015.01.10

121 刘国松 2000年作 旭日东升
钤　印：刘国松 二〇〇〇
估　价：HKD 2,600,000～3,600,000
成交价：RMB 2,521,896
236.5×70.5cm；236.5×352.5cm 保利香港 2015.10.05

1020 罗小聪 2015年 美丽中国·青花四条屏
钤　印：罗
估　价：RMB 800,000～1,000,000
成交价：RMB 1,035,000
高172cm；宽41cm 景德镇华艺 2015.10.20

7190 刘泽棉 1985年 《背扇钟馗》陶塑
估　价：RMB 800,000～1,200,000
成交价：RMB 1,150,000
高42.5cm 北京保利 2015.12.06

60 陆俨少 浅绛山水瓷盘
估　价：RMB 120,000～150,000
成交价：RMB 287,500
直径26.5cm 上海泓盛 2015.06.20

2095 汪以俊 1979年 春江水暖·粉彩瓷板
著录：《丽泽昌南》——景德镇近现代陶瓷集封面作品，江西美术出版社2011年9月出版。
估　价：RMB 1,500,000～1,800,000
成交价：RMB 1,725,000
长53cm；宽33cm 景德镇华艺 2015.05.23

1003 舒惠娟 2011年 四美图·粉彩四条屏
钤 印：惠娟
估 价：RMB 700,000～1,000,000
成交价：RMB 1,150,000
高75cm；宽22cm 景德镇华艺 2015.10.20

3098 王锡良 1944年作 粉彩寿献蟠桃图瓷板
钤 印：锡良
估 价：RMB 1,200,000～1,600,000
成交价：RMB 1,380,000
42cm×27cm 北京匡时 2015.12.05

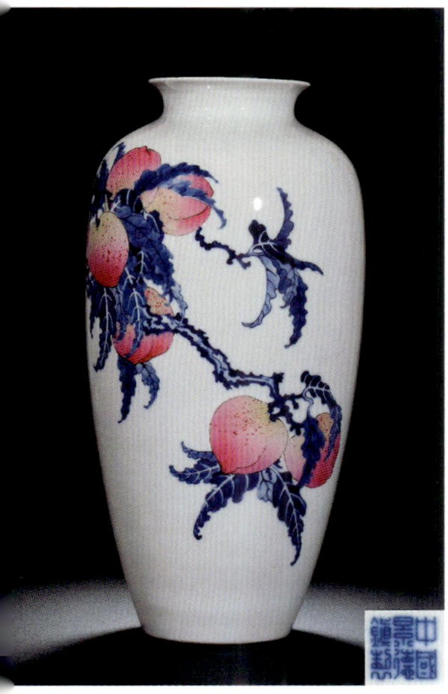

5464 王步 1955年-1959年 青花粉彩九桃莱菔瓶
“中国景德镇制”款
来源：英国收藏家彼得.温（Peter Wain）先生旧藏。
估 价：RMB 5,000,000～8,000,000
成交价：RMB 8,510,000
高37cm 北京保利 2015.06.06

3193 任星航 钧瓷如意瓶
钤 印：任星航制
估 价：RMB 200,000～300,000
成交价：RMB 322,000
高33cm 中国嘉德 2015.05.18

2081 王恩怀 综合装饰大吉迎春斗彩瓶
钤 印：山怀、印
估 价：RMB 480,000～580,000
成交价：RMB 552,000
高36cm 北京匡时 2015.06.06

3097 王锡良 1987年作 粉彩山水瓶
钤 印：王行、江山美、大方堂
估 价：RMB 1,200,000～1,600,000
成交价：RMB 1,380,000
高39.8cm 北京匡时 2015.12.05

5012 王修功 2005年 多彩色釉盘
估 价：RMB 150,000～200,000
成交价：RMB 402,500
直径49.5cm 北京保利 2015.06.05

2097 王锡良 松月图釉上彩瓷板
钤 印：王
估 价：RMB 250,000～300,000
成交价：RMB 402,500
49cm×49cm 北京匡时 2015.06.06

2098 王锡良 粉彩山阴道士换鹅归图瓶
估 价：RMB 880,000～960,000
成交价：RMB 1,012,000
高31.5cm 北京匡时 2015.06.06

5028 吴锦华 2015年 粉彩《红叶豪吟英雄志》瓷板
估 价：RMB 100,000～200,000
成交价：RMB 805,000
35cm×54cm 北京保利 2015.06.05

3121 王锡良 张松茂 王隆夫 游艺 粉彩花鸟人物瓷板（一组四件）
钤 印：1.王；2.张；3.隆、夫；4.芷山醉菊、游艺
估 价：RMB 3,000,000～3,500,000
成交价：RMB 3,795,000
74.5cm×21.5cm×4 北京匡时 2015.12.05

2029 吴惠明 粉彩八仙过海图瓷板
钤 印：长乐、吴、延陵
估 价：RMB 350,000～450,000
成交价：RMB 494,500
141cm×60cm 北京匡时 2015.06.06

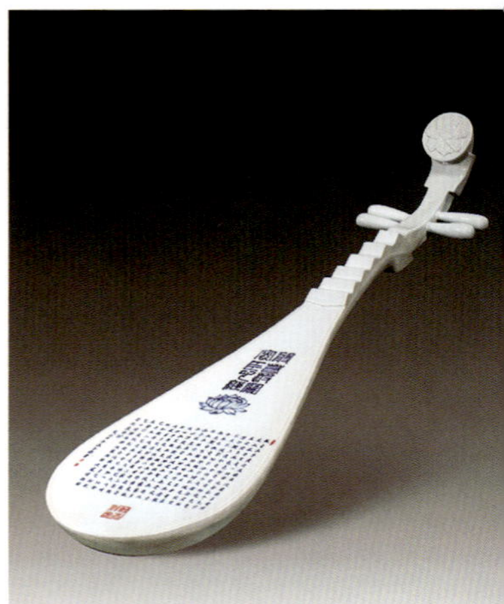

3223 谢明娟 无弦有音之禅音
钤 印：吉 祥 妙吉祥音 大雅
估 价：RMB 150,000～200,000
成交价：RMB 230,000
高90cm 中国嘉德 2015.05.18

2094 张松茂 1983年 玉兰花开·粉彩瓷盘
“景德镇制”款
估　价：RMB 1,500,000～2,000,000
成交价：RMB 2,070,000
直径33cm 景德镇华艺 2015.05.23

1121 章鉴 1982年 耄耋图·粉彩薄胎碗
“景德镇制”底款
估　价：RMB 1,900,000～2,500,000
成交价：RMB 2,127,500
高8cm；直径16cm 景德镇华艺 2015.10.20

5053 钟汝荣 1989年 《醉酒济公》陶塑
印　文：钟汝荣，石湾。
估　价：RMB 200,000～500,000
成交价：RMB 402,500
高27cm 北京保利 2015.06.05

3242 夏德武 不卑不亢—秋之荷 釉上彩瓷板
估　价：RMB 380,000～500,000
成交价：RMB 437,000
216cm×116cm 中国嘉德 2015.05.18

1112 张松茂 春日牡丹图瓷板
估　价：RMB 2,500,000～4,500,000
成交价：RMB 5,175,000
长112cm；宽56.5cm 上海敬华 2015.06.30

8575 杨国喜 珐琅彩富贵葫芦式瓶（一对）
估　价：RMB 400,000～600,000
成交价：RMB 460,000
瓶高60cm 北京保利 2015.06.08

2008 张松茂 粉彩《景冈春色》系列陶瓷壁画
成交价：RMB 414,000
60cm×121cm 北京匡时 2015.06.06

2128 赵惠民 上世纪80年代 洛神赋•粉彩瓷板
钤　印：1.王 2.氏
估　价：RMB 500,000～800,000
成交价：RMB 828,000
高84cm；宽32cm 景德镇华艺 2015.01.10

5024 钟莲生 粉彩《巫山神女》瓷板
估　价：RMB 800,000～1,000,000
成交价：RMB 1,380,000
57cm×112cm 北京保利 2015.06.05

2054 章亮 粉彩四季仕女图瓷板（一套）
钤　印：1.亮、之印。2.之、印。3.之印。4.章亮、之、印
估　价：RMB 250,000～270,000
成交价：RMB 310,500
94cm×32cm×4 北京匡时 2015.06.06

5018 周国桢 2015年 高温色釉《领头羊》瓷塑 “周国桢制”刻款
估　价：RMB 80,000～120,000
成交价：RMB 322,000
长32cm；高35cm 北京保利 2015.06.05

7189 钟汝荣 2013年 《祥和瑞龙》陶塑（附纸画）
估　价：RMB 600,000～800,000
成交价：RMB 713,000
高70cm 北京保利 2015.12.06

3244 周昌新 合鸣图 厚彩瓷板
题　识：周昌新 2014.8.15
估　价：RMB 1,000,000～2,000,000
成交价：RMB 2,300,000
102cm×56cm 中国嘉德 2015.05.18

1002 钟莲生 2015年 天堂·粉彩瓷板
钤　印：印
估　价：RMB 800,000～1,200,000
成交价：RMB 920,000
长112cm；宽58cm 景德镇华艺 2015.10.20

色釉瓷

红 釉

909 明成化 霁红釉碗
估　价：RMB 10,000～30,000
成交价：RMB 69,000
直径16cm 保利厦门 2015.08.02

3099 清康熙 豇豆红太白尊
“大清康熙年制”楷书款
估　价：RMB 350,000～450,000
成交价：RMB 782,000
高9cm 西泠拍卖 2015.07.05

3100 清康熙 豇豆红镗锣洗
“大清康熙年制”楷书款
估　价：RMB 480,000～600,000
成交价：RMB 632,500
口径12cm 西泠拍卖 2015.07.05

637 清康熙 豇豆红釉暗刻团螭纹太白尊
“大清康熙年制”楷书款
出版：2013年英国伦敦马钱特公司《中国宫廷陶瓷及工艺品图录》46页，图21
估　价：RMB 650,000～750,000
成交价：RMB 1,380,000
高8.5cm 北京诚轩 2015.05.17

2803 清康熙 豇豆红釉太白尊
“大清康熙年制”楷书款
来源：Christie’s.Hong Kong.1 Nov 2005. Lot 1318。
估　价：RMB 800,000～1,200,000
成交价：RMB 2,702,500
直径12.5cm 中国嘉德 2015.05.16

3516 清康熙 豇豆红釉镗锣洗
“大清康熙年制”楷书款
来源：1.香港苏富比，1998年4月28日拍卖，编号751；2.佳士得香港2001年10月29日拍卖，编号791。
估　价：HKD 2,500,000～3,500,000
成交价：RMB 2,812,884
直径12cm 保利香港 2015.10.06

274 清康熙 豇豆红釉碗
“大清康熙年制”款
来源：20世纪80年代 纽约 Ralph M. Chait Galleries, Inc。
估　价：USD 15,000～20,000
成交价：RMB 133,046
直径18cm 纽约苏富比 2015.03.17

4499 清康熙 豇豆红釉印盒
“大清康熙年制”款
来源：英国李氏家族旧藏，上世纪20年代购于上海。
估　价：RMB 680,000～880,000
成交价：RMB 920,000
直径7.2cm 中国嘉德 2015.04.01

3116 清康熙 郎窑红釉观音尊
来源：购于20世纪90年代巴黎。
估　价：HKD 700,000～900,000
成交价：RMB 706,125
高40.7cm 香港苏富比 2015.04.07

38 清康熙 郎窑红釉瓶
来源：纽约Parish.Watson & Co收藏；纽约James. W. Ellsworth（1849—1925）收藏；纽约Parke.Bernet Galleries, Inc.1945年10月18—19日拍卖，编号397。
估　价：USD 8,000～12,000
成交价：RMB 716,963
高45.7cm 纽约苏富比 2015.09.15

5003 清康熙 官窑豇豆红太白尊
“大清康熙年制”款
来源：原为美国三藩市私人收藏。
估　价：RMB 1,000,000～1,200,000
成交价：RMB 1,288,000
高8.7cm 北京东正 2015.11.19

5004 清康熙 官窑豇豆红镗锣洗
“大清康熙年制”款
来源：原为加拿大籍华裔私人收藏。
估　价：RMB 1,000,000～1,200,000
成交价：RMB 1,150,000
直径11.6cm 北京东正 2015.11.19

1866 清雍正 宝石红釉梅瓶
“大清雍正年制”楷书款
估　价：RMB 1,500,000～2,000,000
成交价：RMB 1,725,000
高23cm 华艺国际 2015.05.24

7408 清雍正 红釉杯（一对）
“大清雍正年制”款
估　价：RMB 350,000～550,000
成交价：RMB 598,000
直径7.4cm 北京保利 2015.12.08

6327 清雍正 淡粉釉菊瓣盘
"大清雍正年制"款
来源：英国藏家旧藏。
估 价：RMB 400,000~600,000
成交价：RMB 575,000
直径17.8cm 北京保利 2015.06.06

18 清雍正 红釉杯（一对）
"大清雍正年制"款
估 价：USD 20,000~30,000
成交价：RMB 159,325
直径7.6cm 纽约苏富比 2015.09.15

743 清雍正 霁红釉小撇口瓶
"大清雍正年制"楷书款
估 价：RMB 600,000~800,000
成交价：RMB 1,437,500
高12.4cm 北京诚轩 2015.11.14

7411 清雍正 年红釉小花盆连盆托
"雍正年制"款
备注：1.北京匡时2012年6月4日，编号1232； 2.伦敦古董商Marchant & Son旧藏。
估 价：RMB 1,000,000~1,500,000
成交价：RMB 1,150,000
直径14cm；托直径13cm
北京保利 2015.12.08

2827 清雍正 红釉碗（一对）
"大清雍正年制"楷书款
来源：Sotheby's Hong Kong，17 May，1988，Lot 57。
估 价：RMB 550,000~600,000
成交价：RMB 632,500
直径15.5cm 中国嘉德 2015.05.16

8838 清雍正 红釉小杯
"大清雍正年制"款
来源：1.E.T.Hall旧藏；2.佳士得2004年6月7日拍品。
估 价：RMB 120,000~180,000
成交价：RMB 391,000
直径7cm 北京保利 2015.06.08

3679 清雍正 红釉玉壶春瓶
"大清雍正年制"款
估 价：HKD 900,000~1,200,000
成交价：RMB 1,541,250
高31.1cm 香港苏富比 2015.10.07

497 清雍正 祭红釉梅瓶
“大清雍正年制”楷书款
估 价：HKD 550,000~850,000
成交价：RMB 788,843
高25cm 中国嘉德 2015.04.06

3095 清雍正 霁红釉画缸
“大清雍正年制”楷书款
估 价：RMB 320,000~400,000
成交价：RMB 402,500
高10.5cm 西泠拍卖 2015.07.05

117 清雍正 胭脂红釉小杯
“雍正年制”款
来源：香港苏富比1994年5月4日拍品，编号99；台北乐山堂收藏；香港苏富比2008年4月11日拍品，编号2502。
估 价：HKD 2,200,000~2,800,000
成交价：RMB 3,260,280
直径6.5cm 香港苏富比 2015.04.07

2810 清雍正 年窑红釉如意足花盆连托（一套）
“大清雍正年制”篆书款
估 价：RMB 800,000~1,200,000
成交价：RMB 920,000
直径20.5cm 中国嘉德 2015.05.16

6469 清乾隆 红釉胆式瓶
“大清乾隆年制”款
估 价：RMB 1,000,000~1,500,000
成交价：RMB 1,150,000
高33.6cm 北京保利 2015.06.06

2183 清乾隆 红釉碗
“大清乾隆年制”篆书款
估 价：USD 12,000~18,000
成交价：RMB 159,325
直径14.9cm 纽约佳士得 2015.09.17

982 清乾隆 红釉梅瓶
估 价：RMB 800,000~1,200,000
成交价：RMB 920,000
高22cm 北京保利 2015.04.26

85 清乾隆 红釉玉壶春瓶
“大清乾隆年制”款
来源：纽约苏富比2003年9月17日拍品，编号100
估 价：USD 80,000~100,000
成交价：RMB 637,300
高29.9cm 纽约苏富比 2015.09.15

240 清乾隆 祭红釉瓜形水丞
估 价：HKD 10,000~20,000
成交价：RMB 29,099
直径8.5cm 中国嘉德 2015.10.06

3669 清乾隆 霁红釉盘（一对）
“大清乾隆年制”款
来源：E.G. Kostolany 收藏；香港苏富比1983年11月14日拍品，编号140。
估 价：HKD 100,000~150,000
成交价：RMB 322,800
直径16.2cm 香港苏富比 2015.04.07

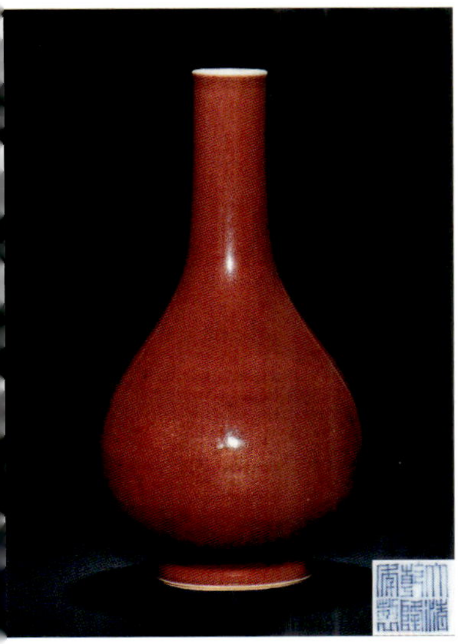

241 清乾隆 祭红釉锥把瓶
“大清乾隆年制”篆书款
估 价：HKD 200,000~300,000
成交价：RMB 290,988
高23cm 中国嘉德 2015.10.06

8815 清乾隆 霁红釉水丞
“乾隆年制”款
来源：王承翰先生旧藏。
估 价：RMB 350,000~550,000
成交价：RMB 437,000
宽6cm 北京保利 2015.06.08

3122 清乾隆 霁红釉玉壶春瓶
“大清乾隆年制”篆书款
估 价：RMB 800,000~1,200,000
成交价：RMB 1,334,000
高30cm 西泠拍卖 2015.07.05

2217 清乾隆 珊瑚红釉荸荠瓶
“退思堂制”楷书款
估 价：RMB 200,000~250,000
成交价：RMB 345,000
高33.6cm 北京匡时 2015.06.06

7371 清乾隆 红釉梅瓶
“大清乾隆年制”款
备注：香港佳士得2006年11月28日，编号1596。
估 价：RMB 800,000~1,200,000
成交价：RMB 1,035,000
高23.6cm 北京保利 2015.12.08

2094 清乾隆 祭红釉梅瓶
“大清乾隆年制”篆书款
估 价：RMB 600,000~800,000
成交价：RMB 1,495,000
高22.5cm 北京翰海 2015.11.28

5022 清乾隆 官窑祭红釉鸡心高足碗（一对）
“大清乾隆年制”款
来源：伦敦Marchant旧藏；伦敦BLUETT&SONS旧藏；DR.&MRS.I.RODRIGUEZ旧藏，中国陶瓷编号10。
估　价：RMB 1,000,000～1,200,000
成交价：RMB 1,150,000
口径15cm 北京东正 2015.11.19

211 清道光 胭脂红釉玉壶春瓶
“大清道光年制”篆书款
来源：苏富比2001年11月16日拍品279号。
估　价：HKD 500,000～800,000
成交价：RMB 504,375
高28.9cm 佳士得 2015.04.06

3549 清 豇豆红釉柳叶瓶
“大清康熙年制”青花楷书款
来源：1.伦敦苏富比2011年5月11日拍卖，编号141；2.佳士得墨尔本2000年11月20日拍卖，编号143。
估　价：HKD 500,000～700,000
成交价：RMB 484,980
高16.5cm；高20.5cm 保利香港 2015.10.06

黄釉

804 辽 黄釉鼓形洗
估　价：USD 4,000～6,000
成交价：RMB 101,741
直径18cm 纽约佳士得 2015.03.20

1024 元 黄釉琵琶瓶
估　价：RMB 220,000～250,000
成交价：RMB 299,000
高28.2cm 中鸿信 2015.07.29

2778 明弘治 黄釉碗
“大明弘治年制”楷书款
估　价：RMB 360,000～460,000
成交价：RMB 437,000
直径17.3cm 北京翰海 2015.06.28

111 明正德 黄釉盘
“大明正德年制”款
来源：英国私人收藏。
估 价：GBP 20,000~30,000
成交价：RMB 359,250
直径17.7cm 伦敦苏富比 2015.05.13

3960 明嘉靖 黄釉碗
“大明嘉靖年制”字楷书款
估 价：RMB 800,000~1,200,000
成交价：RMB 1,069,500
直径20cm 北京匡时 2015.12.05

261 明嘉靖 黄釉碟
“嘉靖年制”款
来源：1979年7月13日伦敦 Bluett & Sons, Ltd。
估 价：USD 10,000~15,000
成交价：RMB 250,440
直径12.8cm 纽约苏富比 2015.03.17

3669 明万历 黄釉盘
“大明万历年制”款
估 价：HKD 60,000~80,000
成交价：RMB 246,600
直径12.2cm 香港苏富比 2015.10.07

700 清早期 黄釉簋（一对）
估 价：RMB 350,000~450,000
成交价：RMB 402,500
高24cm×2 保利厦门 2015.05.03

2806 清康熙 黄釉龙纹菊瓣盘
“大清康熙年制”楷书款
来源：Sotheby’s Lon Don, 15 Oct.1968, Lot125; Sotheby’s Hong Kong, 7 Apr.2011. Lot25（玫茵堂专拍）。
估 价：RMB 1,300,000~1,800,000
成交价：RMB 1,955,000
直径15.8cm 中国嘉德 2015.05.16

276 清康熙 黄釉碗
“大清康熙年制”款
来源：1982年4月1日伦敦 Bluett & Sons, Ltd. 收藏
估 价：USD 8,000~12,000
成交价：RMB 86,089
直径11.9cm 纽约苏富比 2015.03.17

31 清康熙 黄釉花卉纹碗
“大清康熙年制”款
来源：1995年1月E & J Frankel收藏。
估 价：USD 10,000~15,000
成交价：RMB 175,258
直径12cm 纽约苏富比 2015.09.15

9006 清康熙 淡黄釉团螭纹太白尊
“大清康熙年制”款
来源：纽约佳士得1995年9月拍品，编号649。
估 价：RMB 200,000~300,000
成交价：RMB 483,000
直径12.7cm 北京保利 2015.06.08

4325 清康熙 黄釉螭龙纹龙耳杯（一对）
“大清康熙年制”款
估　价：RMB 280,000～380,000
成交价：RMB 368,000
长7cm 中国嘉德 2015.09.19

2158 清雍正 柠檬黄釉小酒杯（一对）
“大清雍正年制”楷书款
估　价：USD 40,000～60,000
成交价：RMB 1,026,053
直径5.1cm 纽约佳士得 2015.09.17

7407 清雍正 黄釉小杯
“大清雍正年制”款
备注：英国藏家旧藏。
估　价：RMB 250,000～350,000
成交价：RMB 575,000
直径6.2cm 北京保利 2015.12.08

3645 清雍正 柠檬黄釉小杯
“大清雍正年制”款
估　价：HKD 400,000～600,000
成交价：RMB 907,875
直径8.8cm 香港苏富比 2015.04.07

6328 清雍正 柠檬黄釉小碟
“大清雍正年制”款
估　价：RMB 800,000～1,200,000
成交价：RMB 920,000
直径7.7cm 北京保利 2015.06.06

116 清雍正 柠檬黄釉小杯
“雍正年制”款
来源：香港苏富比1978年11月28日–29日拍品，编号135。
估　价：HKD 900,000～1,200,000
成交价：RMB 2,001,360
直径6.3cm 香港苏富比 2015.04.07

4318 清雍正 黄釉暗刻龙凤纹盘（一对）
“大清雍正年制”款
来源：上海私人旧藏。
估　价：RMB 190,000～290,000
成交价：RMB 356,500
直径14.4cm 中国嘉德 2015.09.19

3668 清雍正 黄釉暗花龙凤祥云纹碗（一对）
“大清雍正年制”款
来源：香港苏富比1983年5月11日拍品，编号134；伦敦S. Marchant & Son 收藏
估　价：HKD 1,000,000～1,200,000
成交价：RMB 1,008,750
直径10.1cm 香港苏富比 2015.04.07

1875 清乾隆 御窑柠檬黄釉折腰盘
估　价：RMB 300,000～400,000
成交价：RMB 402,500
直径11.5cm 华艺国际 2015.05.24

3688 清嘉庆 黄釉暗刻云龙纹长颈瓶
来源：伦敦Hancocks收藏，M.H. Soames 少校收藏，至1954年；伦敦苏富比1954年6月29日拍卖，编号164，伦敦苏富比2012年11月7日拍卖，编号422。
估　价：HKD 800,000～1,000,000
成交价：RMB 822,000
高31.4cm 香港苏富比 2015.10.07

617 清乾隆 米黄釉折腰碗
“大清乾隆年制”篆书款
估　价：RMB 20,000～30,000
成交价：RMB 126,500
直径15.7cm 北京诚轩 2015.05.17

163 19世纪初至中期 黄釉梅竹纹笔筒
估　价：GBP 12,000～18,000
成交价：RMB 143,700
高12cm×2 伦敦苏富比 2015.05.13

429 清道光 黄釉瓶（一对）
估　价：USD 40,000～60,000
成交价：RMB 2,886,321
高30.4cm 纽约佳士得 2015.03.19

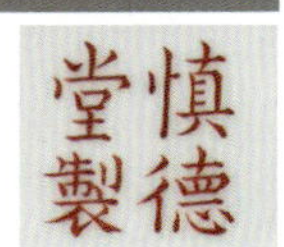

219 清道光 黄釉墩式敞口碗
“大清道光年制 ”款
估 价：RMB 200,000～300,000
成交价：RMB 336,000
直径13.7cm 北京荣宝 2015.06.21v

蓝 釉

3549 清顺治 天蓝釉暗刻花卉纹盖罐
估 价：USD 50,000～70,000
成交价：RMB 1,609,077
高38.7cm 纽约佳士得 2015.03.16

636 清康熙 天蓝釉龙耳尊
“大清康熙年制”楷书款
估 价：RMB 500,000～600,000
成交价：RMB 1,725,000
高8.8cm 北京诚轩 2015.05.17

3614 清康熙 天蓝釉汉壶尊
“大清康熙年制”款
估 价：HKD 2,000,000～3,000,000
成交价：RMB 2,038,560
高16.6cm 香港苏富比 2015.10.07

6403 清康熙 天蓝釉百条缸
来源：晚清重臣张荫棠及其家族递藏。
估 价：RMB 300,000～500,000
成交价：RMB 345,000
高17.3cm 北京保利 2015.06.06

8769 清雍正 天蓝釉盘
估 价：RMB 300,000～500,000
成交价：RMB 437,000
直径16cm 北京保利 2015.12.09

6402 清康熙 霁蓝釉尊
“大清康熙年制”款
来源：晚清重臣张荫棠及其家族递藏。
估 价：RMB 250,000～350,000
成交价：RMB 299,000
高28.8cm 北京保利 2015.06.06

110 清雍正 天蓝釉弦纹长颈盘口瓶
“大清雍正年制”款
来源：仇焱之收藏；香港苏富比1994年5月
日拍品，编号97。
估 价：HKD 10,000,000～15,000,000
成交价：RMB 12,653,760
高31.5cm 香港苏富比 2015.04.07

3519 清雍正 天蓝釉四螭耳六方尊
“大清雍正年制”篆书款
来源：日本藏家旧藏。
估　价：HKD 4,000,000～6,000,000
成交价：RMB 4,461,816
高20.2cm 保利香港 2015.10.06

17 清雍正 天蓝釉梅花环耳琮式瓶
“大清雍正年制”篆书款
来源：伦敦苏富比1974年12月2日拍品，编号355。
估　价：RMB 1,500,000～2,000,000
成交价：RMB 2,070,000
高37.4cm 上海道明 2015.05.09

304 清乾隆 蓝釉罐
“大清乾隆年制”款
估　价：USD 5,000～7,000
成交价：RMB 398,313
口径9.5cm 纽约苏富比 2015.09.15

7432 清乾隆 天蓝釉仿汝弦纹洗
“大清乾隆年制”款
备注：1.纽约佳士得2005年9月20日拍品，编号291；2.胡惠春先生旧藏。
估　价：RMB 800,000～1,200,000
成交价：RMB 2,357,500
直径16.5cm 北京保利 2015.12.08

3107 清雍正 霁蓝釉橄榄瓶
“大清雍正年制”篆书款
来源：香港苏富比1978年5月23.24日拍品199号；香港苏富比2011年4月8号拍品3001号。
估　价：HKD 12,000,000～18,000,000
成交价：RMB 11,566,440
高41cm 佳士得 2015.06.03

247 清乾隆 青金蓝釉盘口尊
“大清乾隆年制”篆书款
估　价：HKD 150,000～250,000
成交价：RMB 543,178
高39cm 中国嘉德 2015.10.06

694 清乾隆 孔雀蓝釉海棠尊
“大清乾隆年制”篆书款
估　价：RMB 500,000～600,000
成交价：RMB 575,000
高23cm 保利厦门 2015.05.03

3110 清乾隆 霁蓝釉天球瓶
“大清乾隆年制”篆书款
来源：纽约佳士得1992年12月3日拍品310号。
估　价：HKD 2,200,000～3,500,000
成交价：RMB 1,762,200
高55.3cm 佳士得 2015.06.03

4066 清咸丰 祭蓝釉琮式瓶（一对）
“大清咸丰年制”楷书款
估　价：RMB 500,000～600,000
成交价：RMB 632,500
高34cm 北京东正 2015.05.19

3246 清嘉庆 天蓝釉双耳水丞
“大清嘉庆年制”篆书款
来源：香港佳士得2005年11月28日拍品1302号。
估　价：HKD 220,000～300,000
成交价：RMB 600,750
直径9.5cm 佳士得 2015.06.03

绿 釉

3 汉 绿釉如意莲瓣纹圆盖盒
来源：东京茧山龙泉堂藏品。
估　价：GBP 1,000～2,000
成交价：RMB 958,000
直径19.2cm 伦敦苏富比 2015.05.13

3234 宋 钧窑绿釉碗
估　价：USD 8,000～12,000
成交价：RMB 508,706
直径15.6cm 纽约佳士得 2015.03.15

492 明嘉靖 孔雀绿地暗刻龙纹圆盒
“大明嘉靖年制”
来源：英国地产基金收藏。
估　价：RMB 350,000～450,000
成交价：RMB 460,000
直径25.5cm 厦门华辰 2015.06.20

3634 清康熙 绿釉暗刻云龙纹碗
“大清康熙年制”款
来源：伦敦苏富比1986年6月10日拍品，编号279。
估　价：HKD 3,000,000～5,000,000
成交价：RMB 2,969,760
直径15.3cm 香港苏富比 2015.04.07

5038 明隆庆 绿釉梅瓶
“大明隆庆年造”款
来源：安思远藏品编号PC1890。
估　价：HKD 20,000～50,000
成交价：RMB 396,976
高26.5cm 保利香港 2015.05.31

43 清康熙 郎窑绿釉观音尊
估 价：USD 50,000~70,000
成交价：RMB 1,383,681
高44.4cm 纽约佳士得 2015.03.17

3928 清乾隆 松石绿釉蕉叶螭龙纹花觚
“大清乾隆年制”篆书款
估 价：RMB 800,000~1,000,000
成交价：RMB 1,115,500
高13.3cm 北京匡时 2015.12.05

3548 清康熙 绿釉罐
“大清康熙年制”楷书款
估 价：HKD 50,000~80,000
成交价：RMB 184,292
高21.5cm 保利香港 2015.10.06

3247 清乾隆 孔雀绿釉杏圆抱月瓶
“大清乾隆年制”篆书刻款
估 价：HKD 600,000~800,000
成交价：RMB 600,750
高24.1cm 佳士得 2015.06.03

8994 清嘉庆 苹果绿釉双鸠耳尊
“大清嘉庆年制”款
来源：亚洲重要私人珍藏。
估 价：RMB 600,000~800,000
成交价：RMB 1,725,000
高25cm 北京保利 2015.06.08

2213 清光绪 淡绿釉仿古高足供盘
估 价：USD 6,000~8,000
成交价：RMB 33,458
高20.5cm 纽约佳士得 2015.09.17

1899 18世纪 苹果绿釉梅瓶
估 价：RMB 150,000~200,000
成交价：RMB 172,500
高19cm 华艺国际 2015.05.24

2812 清道光 松石绿地暗八仙小碗
“嶰竹主人造”篆书款，道光时期。
来源：香港藏家旧藏。
估 价：RMB 20,000~30,000
成交价：RMB 94,300
直径10.3cm 中国嘉德 2015.05.16

442 18世纪/19世纪 绿釉钵
来源：安思远藏品。
估 价：USD 5,000～7,000
成交价：RMB 109,568
宽20.9cm 纽约佳士得 2015.03.19

431 18世纪/19世纪 绿釉太白尊
来源：安思远藏品。
估 价：USD 3,000～5,000
成交价：RMB 50,871
直径12.1cm 纽约佳士得 2015.03.19

酱 釉

175 北宋 耀州窑酱釉六出花口碗
来源：1979年前美国私人收藏。
估 价：USD 10,000～15,000
成交价：RMB 78,263
直径11.4cm 纽约苏富比 2015.03.17

842 北宋/金 耀州窑紫金釉笠式盏
来源：安思远藏品编号PC1500。
估 价：USD 8,000～12,000
成交价：RMB 203,483
直径14.5cm 纽约佳士得 2015.03.20

695 清雍正 紫金釉花口小瓶
“雍正年制”篆书款
估 价：RMB 180,000～280,000
成交价：RMB 207,000
高10cm 保利厦门 2015.05.03

2819 北宋 定窑系紫金釉葵口盘
来源：1.Cunliffe勋爵珍藏，编号43；2.John Sparks，伦敦；3.香港佳士得2002年4月29日拍品600号；4.东京千秋庭收藏；5.临宇山人珍藏。
估 价：HKD 1,000,000～1,500,000
成交价：RMB 821,000
直径18.4cm 佳士得 2015.12.02

1862 北宋 定窑柿釉笠式茶盏
估 价：HKD 1,000,000～1,500,000
成交价：RMB 1,363,302
口径12.3cm 宝港国际 2015.06.02

2156 清雍正 酱釉盘
“大清雍正年制”楷书款
估 价：USD 20,000～30,000
成交价：RMB 318,650
直径17cm 纽约佳士得 2015.09.17

8042 北宋 定窑柿釉盏托
来源：1.香港佳士得1995年5月1日拍品，编号636；2.香港苏富比2000年5月2日拍品，编号598。
估　价：HKD 360,000～500,000
成交价：RMB 307,584
直径11.5cm 罗芙奥 2015.06.02

9 清雍正 紫金釉碗
“大清雍正年制”楷书款
估　价：RMB 120,000～150,000
成交价：RMB 138,000
直径13.3cm 上海道明 2015.05.09

528 清乾隆 酱釉弦纹长颈瓶
估　价：RMB 200,000～400,000
成交价：RMB 207,000
高16.3cm 上海泓盛 2015.06.20

7434 清雍正 紫金釉菊瓣盘
“大清雍正年制”款
备注：1.香港佳士得2011年11月30日拍品，编号2926；2.K.W.Wollcomebe.Boyce旧藏（编号17）；3.E.G. Kostolany旧藏4.Lorant Goldschlager旧藏。著录：《Christie’s Pictorial History of Chinese Ceramics》，A. du Boulay，1984年，页223，图版14号。
估　价：RMB 2,000,000～3,000,000
成交价：RMB 3,220,000
直径17.5cm 北京保利 2015.12.08

185 清乾隆 浅酱釉束腰碗（一对）
“大清乾隆年制”款
估　价：GBP 6,000～8,000
成交价：RMB 287,400
直径15.8cm×2 伦敦苏富比 2015.05.13

铁锈釉

4527 清乾隆 铁锈釉灵芝耳瓶
估　价：RMB 65,000～95,000
成交价：RMB 74,750
高34cm 中国嘉德 2015.04.01

2815 清乾隆 铁锈红釉夔龙纹双耳三足炉
“大清乾隆年制”篆书款
估　价：RMB 500,000～700,000
成交价：RMB 690,000
高10cm 北京翰海 2015.11.28

401 18世纪 铁锈釉笔筒
估　价：USD 12,000～18,000
成交价：RMB 203,483
高14.6cm 纽约佳士得 2015.03.19

3066 紫金釉铁锈花云纹盖盒
“大清雍正年制”款
估　价：HKD 1,300,000～2,600,000
成交价：RMB 1,145,430
直径8.5cm AA中国艺海 2015.08.05

窑变釉

106 清雍正 窑变釉弦纹盘口瓶
“雍正年制”款
来源：香港苏富比1979年11月29日拍品，编号308；香港苏富比1987年5月20日拍品，编号485。
估　价：HKD 1,500,000～2,000,000
成交价：RMB 2,001,360
高33.7cm 香港苏富比 2015.04.07

6336 清雍正 窑变釉如意耳弦纹尊
“雍正年制”款
来源：日本藏家旧藏。
估　价：RMB 3,800,000～5,800,000
成交价：RMB 5,577,500
高38cm 北京保利 2015.06.06

2261 清雍正 窑变釉弦纹瓶
“雍正年制”篆书款
估 价：RMB 1,500,000～2,500,000
成交价：RMB 2,645,000
高21.5cm 北京匡时 2015.06.06

9059 清雍正 窑变釉橄榄瓶
“雍正年制”款
来源：日本藏家旧藏。
估 价：RMB 400,000～600,000
成交价：RMB 1,955,000
高30.5cm 北京保利 2015.06.08

3619 清雍正 窑变釉穿壁绶带耳尊
“雍正年制”款
来源：香港佳士得1993年10月25日拍卖，编号805。
估 价：HKD 1,800,000～2,500,000
成交价：RMB 3,222,240
高22.4cm 香港苏富比 2015.10.07

2807 清雍正 窑变釉斑鸠耳尊
“雍正年制”篆书款
备注：伦敦佳士得2011年10月8日拍品编号358号。
估 价：RMB 1,200,000～1,600,000
成交价：RMB 1,610,000
高20cm 北京翰海 2015.11.28

2813 清雍正 窑变釉海棠式花盆
“雍正年制”篆书款
估 价：RMB 4,000,000～5,000,000
成交价：RMB 5,175,000
长27cm 北京翰海 2015.11.28

7381 清雍正 窑变釉盘口弦纹瓶
"雍正年制"款
备注：1.香港佳士得2006年5月30日拍品，编号1352；2.中国嘉德2008年11月10日拍品，编号2124。
估　价：RMB 3,500,000～4,500,000
成交价：RMB 4,025,000
高35.5cm 北京保利 2015.12.08

2165 清乾隆 窑变釉胆瓶
"大清乾隆年制"篆书刻款
估　价：USD 60,000～80,000
成交价：RMB 1,255,481
高45.8cm 纽约佳士得 2015.09.17

2223 清乾隆 窑变釉杏圆贯耳瓶（一对）
"大清乾隆年制"篆书款
估　价：RMB 750,000～800,000
成交价：RMB 862,500
高29.5cm×2 北京匡时 2015.06.06

5020 清乾隆 官窑窑变釉铺首尊
"大清乾隆年制"款
来源：原为美国私人收藏。
估　价：RMB 2,200,000～2,500,000
成交价：RMB 3,105,000
高40cm 北京东正 2015.11.19

691 清乾隆 窑变釉阔口尊
"大清乾隆年制"篆书款
估　价：RMB 500,000～700,000
成交价：RMB 805,000
高13.5cm 保利厦门 2015.05.03

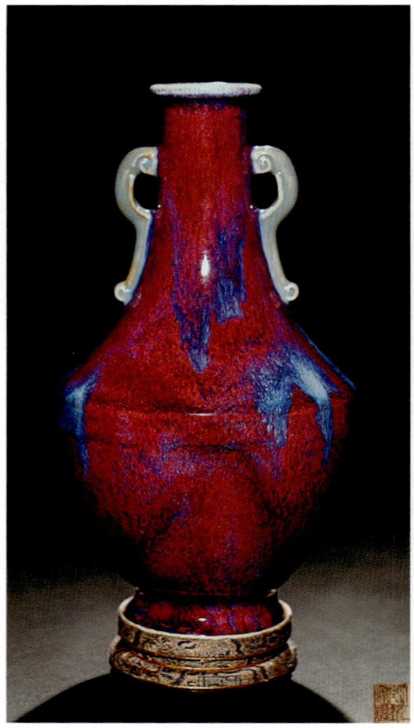

818 清乾隆 窑变釉双耳瓶
"大清乾隆年制"篆书刻款
来源：上海博物馆馆藏编号53884。
估　价：RMB 600,000～800,000
成交价：RMB 1,012,000
高22.5cm 上海工美 2015.06.28

3017 清乾隆 官窑窑变釉鸠耳尊
"大清乾隆年制"款
来源：Richard C
估　价：RMB 700,000～800,000
成交价：RMB 1,495,000
高16.5cm 北京东正 2015.05.19

炉钧釉

3526 清雍正 炉钧釉冲耳炉
“大清雍正年制”篆书款
估　价：HKD 4,500,000～6,500,000
成交价：RMB 3,879,840
高10.8cm；直径16cm 保利香港 2015.10.06

3627 清乾隆 炉钧釉如意耳扁壶
“大清乾隆年制”款
来源：香港苏富比1991年10月29日拍品，编号85；香港佳士得1999年4月26日拍品，编号543；香港佳士得2003年7月7日（原4月），编号582。
估　价：HKD 10,000,000～15,000,000
成交价：RMB 9,748,560
高33.1cm 香港苏富比 2015.04.07

418 清乾隆 炉钧釉海棠形花觚
“大清乾隆年制”款
估　价：RMB 300,000～500,000
成交价：RMB 345,000
高26cm 厦门华辰 2015.06.20

817 清雍正 炉钧釉弦纹尊
“雍正年制”篆书刻款
来源：潘仲麟先生旧藏。
估　价：RMB 7,000,000～10,000,000
成交价：RMB 10,235,000
高19.2cm 上海工美 2015.06.28

3677 清乾隆 炉钧釉盘口弦纹长颈赏瓶
来源：伦敦苏富比1999年6月16日拍卖，编号878。
估　价：HKD 150,000～250,000
成交价：RMB 513,750
高18.5cm 香港苏富比 2015.10.07

811 清嘉庆 炉钧釉灯笼瓶
“大清嘉庆年制”款
来源：伦敦苏富比，2014年5月春季拍卖会拍品第0026号。
估　价：RMB 500,000～600,000
成交价：RMB 690,000
高24.5cm 中贸圣佳 2015.05.20

仿木釉

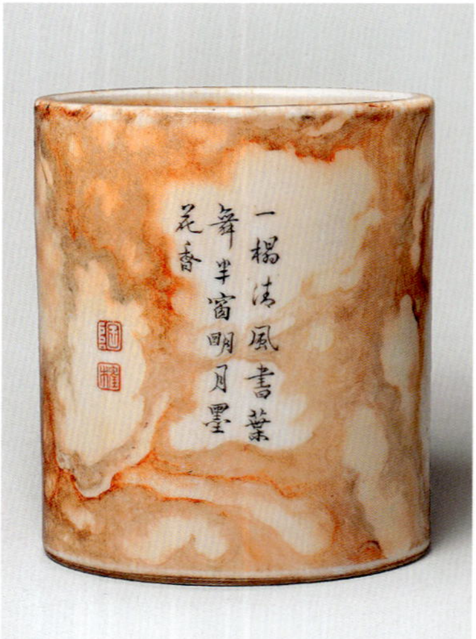

7418 清乾隆 唐英制木纹釉诗文笔筒
“陶”、“铸”款
备注：北京匡时2009年6月26日拍品，编号1244；出版：Sydney L Moss Ltd.1974年，编号20。
估　价：RMB 2,000,000～3,000,000
成交价：RMB 2,645,000
高11cm 北京保利 2015.12.08

仿石釉

3008 清雍正 御窑青金石釉弦纹瓶
“大清雍正年制”款
来源：日本藏家购自美国旧藏。
估　价：RMB 1,200,000～1,500,000
成交价：RMB 2,702,500
高19.7cm 北京东正 2015.05.19

684 19世纪 仿木纹釉桶式花盆（一对）
估　价：USD 25,000～35,000
成交价：RMB 1,134,806
高38cm 纽约苏富比 2015.03.21

23 清乾隆 豆青仿石纹釉螭龙瓶
“大清乾隆年制”篆书款
估　价：RMB 280,000～350,000
成交价：RMB 322,000
高31.5cm 上海道明 2015.05.09

1175 18世纪 瓷雕仿英石山形洗
“高凤翰印”、“西园”、“苦书生”款
估　价：RMB 880,000～1,000,000
成交价：RMB 1,897,500
长29cm 北京中汉 2015.05.17

茄皮紫釉

458 清雍正 茄皮紫釉刻缠枝石榴纹小盘
“大清雍正年制”款
来源：苏富比纽约2012年3月20日拍品233。
估　价：RMB 450,000～550,000
成交价：RMB 517,500
直径11cm 厦门华辰 2015.06.20

525 清康熙 茄皮紫暗刻花卉碗（一对）
“大清康熙年制”款
来源：美国威利士拍卖。
估 价：RMB 300,000～400,000
成交价：RMB 339,000
直径11.2cm×2 辽宁建投 2015.08.30

1025 清乾隆 茄皮紫釉三足爵杯
估 价：RMB 500,000～750,000
成交价：RMB 805,000
高11.5cm 上海敬华 2015.06.30

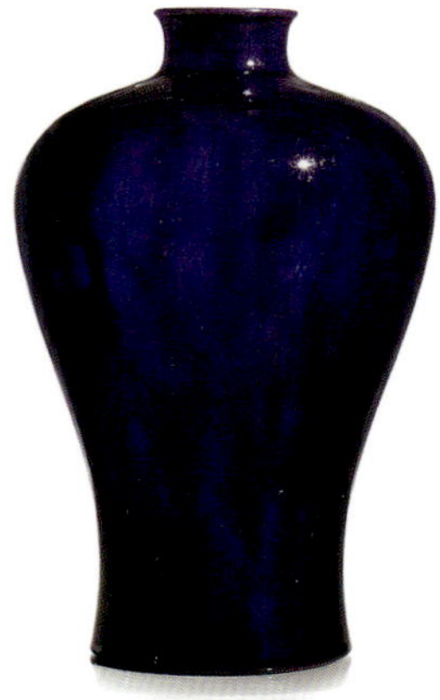

81 清乾隆 茄皮紫釉梅瓶
“大清乾隆年制”款
估 价：USD 15,000～25,000
成交价：RMB 334,583
高21.6cm 纽约苏富比 2015.09.15

3705 18世纪 茄皮紫釉树桩式笔搁
来源：徐展堂收藏（传）
估 价：HKD 150,000～200,000
成交价：RMB 221,925
长19.7cm 香港苏富比 2015.04.07

茶叶末釉

3678 清乾隆 茶叶末釉荸荠瓶
“大清乾隆年制”款
来源：日本藏家收藏，香港佳士得2007年5月29日拍卖，编号1531。
估 价：HKD 700,000～900,000
成交价：RMB 719,250
高32.3cm 香港苏富比 2015.10.07

2834 清乾隆 茶叶末釉如意耳出戟橄榄瓶
“大清乾隆年制”篆书款
来源：Christie’s.Hong Kong.1 Dec 2009.Lot1904。
估 价：RMB 10,000,000～15,000,000
成交价：RMB 12,650,000
高32.8cm 中国嘉德 2015.05.16

25 清乾隆 茶叶末釉洒金瓶
“大清乾隆年制”篆书款
来源：香港苏富比1983年11月14日，苏富比十周年拍品号144。
估 价：RMB 1,500,000～2,000,000
成交价：RMB 1,840,000
高13.5cm 上海道明 2015.05.09

933 清乾隆 茶叶末釉长颈瓶
“大清乾隆年制”款
来源：伦敦苏富比2013年5月15日拍品，编号244。
估 价：RMB 900,000～1,000,000
成交价：RMB 1,035,000
高19cm 北京华辰 2015.05.15

942 清乾隆 茶叶末釉觯式橄榄尊
“大清乾隆年制”篆书款
著录：《目迷五色：清朝磁器》，东京，细川护贞，1992年编号14等。
估 价：RMB 1,600,000～1,800,000
成交价：RMB 1,840,000
高13.3cm 北京中汉 2015.05.17

3682 清乾隆 茶叶末釉描金盘螭长颈瓶
“大清乾隆年制”款
估 价：HKD 600,000～800,000
成交价：RMB 1,541,250
高15cm 香港苏富比 2015.10.07

6468 清乾隆 茶叶末釉观音瓶
大清乾隆年制款
估 价：RMB 800,000～1,200,000
成交价：RMB 1,437,500
高27cm 北京保利 2015.06.06

3971 清乾隆 茶叶末釉荸荠瓶
“大清乾隆年制”篆书款
来源：1.日本涩谷博物馆（Toguri Museum of Art）旧藏；2.香港佳士得，2006年5月30日拍品编号1371。
估 价：RMB 1,000,000～1,500,000
成交价：RMB 1,150,000
高32.7cm 北京匡时 2015.12.05

7375 清乾隆 茶叶末釉六方贯耳瓶
“大清乾隆年制”款
备注：1.日本藏家旧藏；2.香港苏富比2003年4月28日拍品，编号159。
估 价：RMB 3,500,000～4,500,000
成交价：RMB 4,945,000
高45.5cm 北京保利 2015.12.08

2504 清乾隆 茶叶末釉贯耳方瓶
“大清乾隆年制”篆书款
来源：日本藏家旧藏。
估 价：RMB 2,000,000～3,000,000
成交价：RMB 2,760,000
高30cm 中国嘉德 2015.11.15

5019 清乾隆 御窑茶叶末釉双龙耳海棠瓶
“大清乾隆年制”款
来源：原为日本京都茶道家族旧藏。
估 价：RMB 1,500,000～1,800,000
成交价：RMB 1,978,000
高29.7cm 北京东正 2015.11.19

2599 清乾隆 茶叶末釉如意耳葫芦瓶
“大清乾隆年制”篆书款
著录：Christie’s swire 23 Mar. 1993, Lot 723。
估 价：RMB 700,000～900,000
成交价：RMB 805,000
高25.5cm 中国嘉德 2015.11.15

9068 清道光 茶叶末釉梅瓶
“道光乙巳夏定府行有恒堂制”款
来源：台湾重要私人藏家收藏。
估 价：RMB 500,000～800,000
成交价：RMB 828,000
高27.5cm 北京保利 2015.06.08

7850 清 茶叶末釉荸荠瓶
“大清乾隆年制”款
来源：日本藏家旧藏。
估 价：RMB 500,000～800,000
成交价：RMB 828,000
高26cm 北京保利 2015.06.07

9411 清中期 洒金茶叶末釉钵
来源：晚清重臣张荫棠及其家族递藏。
估 价：RMB 30,000～50,000
成交价：RMB 241,500
宽25.5cm 北京保利 2015.06.08

反瓷

3670 清康熙 素胎雕双乔并读图笔筒
“壶隐道人”款
估 价：HKD 200,000～300,000
成交价：RMB 403,500
高15cm 香港苏富比 2015.04.07

485 清 反瓷雕花虫纹瓷板
估 价：RMB 15,000
成交价：RMB 39,200
长37.4cm 天津文物 2015.05.22

2015瓷器拍卖成交汇总

(成交价RMB：1万元以上)

拍品名称	物品尺寸	成交价RMB	拍卖公司	拍卖日期
一、陶器				
新石器时代（可能为龙山文化）灰陶鬶	高26.7cm	37,566	纽约佳士得	2015.3.20
商 灰陶雷纹尊	高25cm	658,625	伦敦苏富比	2015.05.13
战国/西汉 彩绘陶马	高21cm	43,044	纽约佳士得	2015.03.20
西汉陶彩绘铺首衔环耳带盖方壶	高56cm	133,046	纽约佳士得	2015.03.20
西汉 陶彩绘云纹壶连盖	高58.4cm	125,220	纽约佳士得	2015.03.20
北齐 陶加彩马		127,460	纽约苏富比	2015.09.15
东汉 绿釉陶犬	高33cm	37,566	纽约佳士得	2015.03.15
汉 彩绘红陶女舞者俑	高27.3cm	35,848	纽约佳士得	2015.09.17
汉 彩绘灰陶跪人俑	高45.8cm	20,712	纽约佳士得	2015.09.17
汉 彩绘灰陶仕女俑	高66cm	15,933	纽约佳士得	2015.09.17
汉 黄釉模印铺首耳弧纹壶连盖	高52cm	39,131	纽约佳士得	2015.03.20
汉 灰陶刻几何纹柱	高118.7cm	62,610	纽约佳士得	2015.03.20
汉 灰陶鸭（两件）	长19cm；19.7cm	58,697	纽约佳士得	2015.03.20
汉 灰陶柱	高119.4cm	51,781	纽约佳士得	2015.09.17
汉 加彩陶俑及褐彩陶盖壶	高11.7cm	50,295	伦敦苏富比	2015.05.13
汉 陶彩绘骑马俑（一对）	高66.7cm	297,398	纽约佳士得	2015.03.20
汉 黑陶长颈杯	19.4cm×6.7cm	45,657	澳门中道	2015.01.30
六朝 灰陶舍利棺	长89.8cm	234,788	纽约佳士得	2015.03.20
六朝东晋 陶墨砚及青瓷铁斑碗	直径7.7cm	71,850	伦敦苏富比	2015.05.13
隋 青釉胡人武士陶俑	高58.5cm	125,220	纽约佳士得	2015.03.20
隋/唐早期 陶加彩骑马俑一对	較高者高55.9cm	156,525	纽约苏富比	2015.03.17
唐早期 陶加彩女俑	較高者高3	133,046	纽约苏富比	2015.03.17
唐 彩绘灰陶胡人立像	高40.5cm	187,830	纽约佳士得	2015.03.15
唐 彩绘骑马陶俑（一组三件）	高36.2–37cm	430,444	纽约佳士得	2015.03.20
唐 彩绘三彩骑马武士	高38.7cm	1,233,417	纽约佳士得	2015.03.15
唐 巩县窑 三彩模印双鸟纹海棠式盖盒	口径10cm	59,875	宝港国际	2015.06.02
唐 褐黄釉陶豕（两件）	长20.3cm	63,730	纽约苏富比	2015.09.15
唐 褐釉双峰骆驼	高69.5cm	234,788	纽约佳士得	2015.03.15
唐 红陶牛车		63,730	纽约佳士得	2015.09.17
唐 黄釉绞胎单耳杯	高5.4cm	70,436	纽约佳士得	2015.03.15
唐 黄釉绞胎三足碟	直径13.5cm	133,046	纽约佳士得	2015.03.15
唐 黄釉绞胎釉梅瓶	高13.5cm	92,115	宝港国际	2015.06.02
唐 搅胎枕	长15.8cm	111,528	纽约佳士得	2015.09.17
唐 三彩钵	直径21.5cm	155,675	伦敦苏富比	2015.05.13
唐 三彩呈盒男俑	高39cm	297,398	纽约佳士得	2015.03.15
唐 三彩鹅形尊	高29.2cm	2,358,010	纽约苏富比	2015.09.15
唐 三彩凤首水注	高34.3cm	2,736,057	纽约佳士得	2015.03.17
唐 三彩盖罐	高19.5cm	87,509	宝港国际	2015.06.02
唐 三彩罐	高20.3cm	50,871	纽约苏富比	2015.03.21
唐 三彩马	高73.7cm	1,383,681	纽约佳士得	2015.03.15
唐 三彩马	高50.5cm	219,135	纽约佳士得	2015.03.15
唐 三彩马	高54cm	187,830	纽约佳士得	2015.03.15
唐 三彩盘口瓶	高18.8cm	121,050	香港苏富比	2015.04.05
唐 灰陶加彩仕女骑马	高36cm	1,083,720	卓艺拍卖	2015.11.18
唐 三彩大骆驼	高72cm	4,063,950	卓艺拍卖	2015.11.18
唐 三彩盖罐	高26cm	679,788	宝港国际	2015.11.28
唐 三彩瑞兽枕	长13.9cm	133,046	纽约佳士得	2015.03.20
唐 三彩三兽足小壶	高7.5cm	76,181	保利香港	2015.04.06
唐 三彩三足炉	直径19.7cm	103,561	纽约佳士得	2015.09.17
唐 三彩双峰骆驼摆件	高59.5cm	437,000	西泠拍卖	2015.07.05
唐 三彩陶商人俑	高31.2cm	597,469	纽约佳士得	2015.09.17
唐 三彩贴花卉纹凤首执壶	高36.8cm×2	26,105,500	伦敦苏富比	2015.05.13
唐 三彩文官陶俑	高70cm	273,919	纽约佳士得	2015.03.20
唐 三彩小水呈	口径8.5cm	35,004	宝港国际	2015.06.02
唐 三彩印花压手杯	直径10cm	1,128,875	卓艺拍卖	2015.11.18
唐 三彩马俑	高30cm	4,360,000	皇家国际	2015.01.19
唐 陶加彩马	高55.2cm	125,220	纽约苏富比	2015.03.17
唐 陶加彩马	高42cm	93,915	纽约苏富比	2015.03.17
唐 陶加彩镇墓天王	高74.9cm	199,156	纽约苏富比	2015.09.15
宋/金 三彩划刻模印花卉纹枕	长25.5cm	46,058	宝港国际	2015.06.02
辽 黑陶弦纹长颈瓶	高35cm	62,610	纽约佳士得	2015.03.20
辽 黑陶弦纹长颈瓶	高34.5cm	35,218	纽约佳士得	2015.03.20
辽 黄釉壶	高18.2cm	37,566	纽约佳士得	2015.03.20
辽 黄釉盘	直径21cm	17,218	纽约佳士得	2015.03.20
辽 绿釉佛塔	高55.5cm	140,873	纽约佳士得	2015.03.20
辽或以后 绿釉莲瓣纹盖碗	高33.7cm	31,305	纽约佳士得	2015.03.20
元 灰陶螭龙纹投壶	高20.4cm	35,925	伦敦苏富比	2015.05.13
元 绞胎脉枕	长13.7cm	51,750	中鸿信	2015.07.29
元/明 绞胎碗	直径14.2cm	253,000	北京东正	2015.05.19
明 三彩陶道人坐像	高92.8cm	159,325	纽约苏富比	2015.09.16
明 绞胎盏	直径12.5cm	25,300	北京保利	2015.06.07
明16世纪 山西地区三彩陶制无量寿佛坐像	高66cm	575,000	北京保利	2015.06.07
清初期 施釉弥勒塑像	高10cm	155,250	北京匡时	2015.12.04
清 石湾窑钧瓷达摩	高27.5cm	32,200	南京嘉信	2015.07.19
清末 "寿山"款刻诗文内上釉茶杯（一组）	尺寸不一	25,300	西泠拍卖	2015.07.04
民国 石湾醉石轩造人物	高24cm	11,330	诚昌国际	2015.12.02
日本/弥生时代 陶器（两件）	高26.8cm	89,813	伦敦苏富比	2015.05.13
日本/绳文时代 加彩提壶	高15.2cm	31,135	伦敦苏富比	2015.05.13
日本/绳文时代 加彩土偶	高19.5cm	9,704,540	伦敦苏富比	2015.05.13
三彩马	通高26cm	1,001,250	荣盛国际	2015.07.31
三彩瑞兽	高40cm	599,148	AA中国艺海	2015.06.20
石湾哥釉苏武牧羊	高46cm	23,029	香港淳浩	2015.07.30
石湾红釉李逵	高45.5cm	23,029	香港淳浩	2015.07.30
石湾石榴红-铁拐李	高28cm	37,122	香港淳浩	2015.04.04
石湾石榴红釉-李逵	高37.5cm	35,266	香港淳浩	2015.04.04
石湾石榴红釉-摇扇钟馗	高34cm	21,345	香港淳浩	2015.04.04
石湾石榴红釉-夜盗红绡	高32cm	25,985	香港淳浩	2015.04.04
石湾石榴红钟馗	高41.5cm	25,985	香港淳浩	2015.04.04
石湾鹰	高48cm	31,554	香港淳浩	2015.04.04
二、瓷器				
1.青瓷				
越窑				
三国 越窑系镂空双耳罐	直径27cm	133,046	纽约佳士得	2015.03.20
西晋 越窑狗圈	直径13cm	51,985	保利香港	2015.05.31
西晋 越窑青釉堆塑楼阁佛像魂瓶	高37.5cm	234,788	纽约苏富比	2015.03.17
西晋 越窑青釉双耳罐	高19.7cm	78,263	纽约苏富比	2015.03.17
西晋 越窑瑞兽仙人纹盆	直径33.3cm	148,699	纽约苏富比	2015.03.17
东晋 越窑青瓷铁斑圆盖盒	直径20cm	335,300	伦敦苏富比	2015.05.13
东晋三世纪/四世纪越窑青釉鸟柱杯	直径9.8cm	62,610	纽约苏富比	2015.03.17
晋 越窑青釉三铺首耳盆	直径29.3cm	31,305	纽约佳士得	2015.03.20
晋 越窑青釉蛙形水盂	口径4cm	30,213	宝港国际	2015.11.28
南朝/隋 越窑青釉盘口瓶	高16cm	58,697	纽约佳士得	2015.03.20
唐 越窑 青瓷 花瓣式水呈	高5cm	28,568	保利香港	2015.04.06
唐 越窑青釉瓜形罐	口径11.8cm	133,046	纽约苏富比	2015.03.17
唐代 越窑青釉圆盒	直径17cm	1,080,000	台湾世家	2015.01.18
唐 越窑青釉双耳罐	高15.7cm	50,871	纽约佳士得	2015.03.20
五代 越窑刻花牡丹纹粉盒	直径13.5cm	111,366	中国嘉德	2015.04.06
五代 越窑青釉刻萱草纹水丞	高8.6cm	72,000	台湾世家	2015.01.18
五代 越窑香薰	高12.6cm	7,224,800	卓艺拍卖	2015.11.18
北宋早期 越窑系青釉刻花卉纹瓜式注壶	高20cm	54,784	纽约佳士得	2015.03.20
北宋 越窑刻花粉盒	直径13.4cm	207,940	保利香港	2015.05.31
北宋越窑青釉刻凤凰花卉纹粉盒	高12.5cm	384,000	台湾世家	2015.01.18
北宋 越窑青釉鸳鸯莲塘纹盖盒	直径13cm	2,316,570	纽约苏富比	2015.03.17
北宋 越窑刻花盒	口径11.5cm	75,532	宝港国际	2015.11.28
宋 越窑瓷砚	直径13.9cm	74,750	东正南京	2015.07.02
宋 越窑葵口刻花纹盏托	口径13cm	25,792	宝港国际	2015.06.02
宋 越窑青瓷钵	直径8.3cm	45,708	保利香港	2015.04.06
宋 越窑渣斗	直径18.7cm	230,000	厦门华辰	2015.06.20
宋/金 越窑青釉贴花褐斑盖盒	直径6cm	50,063	香港苏富比	2015.06.01
南宋 越窑青釉刻水草纹粉盒	直径7.8cm	60,000	台湾世家	2015.01.18
元 越窑龙柄皮囊壶	高28cm	299,000	中鸿信	2015.07.29
明 越窑青釉兽形器	长12cm	80,500	北京翰海	2015.11.28
越窑暗刻人物龙头执壶	高41cm	1,083,720	卓艺拍卖	2015.11.21
明 越窑青釉六足砚	直径21cm	28,750	中国嘉德	2015.05.16

2015瓷器拍卖成交汇总

(成交价RMB：1万元以上)

拍品名称	物品尺寸	成交价RMB	拍卖公司	拍卖日期
明或更早期越窑雍熙三年风式砚	长9.8cm	20,700	江苏爱涛	2015.01.10
耀州窑				
北宋 耀州窑刻花花卉纹盏	口径12cm	64,481	宝港国际	2015.06.02
北宋 耀州窑刻花碗	直径15.3cm	283,554	保利香港	2015.05.31
北宋 耀州窑刻花碗（一对）	直径13.6cm×2	246,300	佳士得	2015.12.02
北宋 耀州窑刻花执壶	高22cm	414,518	宝港国际	2015.06.02
北宋 耀州窑刻卷叶纹鼓式盖盒	直径10.5cm	782,625	纽约苏富比	2015.03.17
北宋 耀州窑刻牡丹纹花口尊	高11.8cm	1,609,160	佳士得	2015.12.02
北宋 耀州窑笠式素茶盏	口径13cm	53,427	宝港国际	2015.06.02
北宋 耀州窑六葵口菱形大碗	口径18.8cm	37,766	宝港国际	2015.11.28
北宋耀州窑青釉刻缠枝牡丹纹瓶	高17.7cm	1,000,680	佳士得	2015.04.06
北宋 耀州窑青釉刻莲瓣碗	直径14.8cm	46,958	纽约佳士得	2015.03.15
北宋 耀州窑青釉刻牡丹纹大碗	直径24.5cm	103,561	纽约佳士得	2015.09.17
北宋 耀州窑青釉刻牡丹纹罐	高13cm	1,008,021	纽约佳士得	2015.03.17
北宋耀州窑青釉刻牡丹纹笠式碗	直径18.8cm	79,663	纽约佳士得	2015.09.17
北宋 耀州窑青釉团花纹碗		78,263	纽约苏富比	2015.03.17
北宋/金 耀州青釉印缠枝花卉纹笠式碗	直径9.5cm	50,871	纽约佳士得	2015.03.20
北宋/金 耀州青釉印河清海晏纹碗	直径20.4cm	25,044	纽约佳士得	2015.03.15
北宋/金耀州窑青釉花卉“杨”字纹碗		187,830	纽约苏富比	2015.03.17
北宋/金 耀州窑青釉刻花卉纹碗	直径20.7cm	46,958	纽约佳士得	2015.03.20
北宋/金 耀州窑青釉模印海兽纹笠式小碗（一对）	直径11.8cm	103,561	纽约佳士得	2015.09.17
北宋/金 耀州窑青釉模印菊纹碗	直径19.5cm	103,561	纽约佳士得	2015.09.17
北宋/金耀州窑青釉模印菊纹小盘(一对)	直径10.9cm	39,831	纽约佳士得	2015.09.17
北宋/金耀州窑青釉模印牡丹纹笠式碗	直径20cm	95,595	纽约佳士得	2015.09.17
北宋/金耀州窑青釉牡丹花卉纹碗(两件)	直径20.3cm	59,747	纽约苏富比	2015.09.15
北宋/金 耀州窑青釉印连生贵子纹笠式碗	直径15.8cm	313,050	纽约苏富比	2015.03.17
北宋/金耀州窑青釉印连生贵子纹碗	直径12.6cm	55,764	纽约苏富比	2015.09.15
北宋/金 耀州窑狮子像	高15.8cm	375,660	纽约佳士得	2015.03.20
北宋/金 耀州窑太师少师盖钮	直径9.5cm	187,830	纽约佳士得	2015.03.20
北宋/金 耀州窑太师少师盖钮	高11.4cm	93,915	纽约佳士得	2015.03.20
金 刻花耀州窑碟	宽18.2cm	73,644	诚昌国际	2015.12.01
金 耀州窑青釉钵	口径10cm	40,598	宝港国际	2015.11.28
金 耀州窑水莲鸳鸯碟	宽13.4cm	56,649	诚昌国际	2015.12.01
金代 耀州窑月白青瓷敦式碗	口径12.5cm	72,090	罗芙奥	2015.06.02
明 耀州婴戏葡萄纹印花碗	直径19.8cm	34,500	北京保利	2015.06.07
明或更早 耀州窑婴戏碗	直径12.6cm	17,250	东正南京	2015.07.02
明以前 耀州窑印花碗	直径15.5cm	33,900	辽宁建投	2015.08.30
宋 耀州窑刻花瓜果樽	高23.5cm	34,976	香港龙玺	2015.09.19
宋 耀州窑刻花碗	直径21.5cm	133,316	保利香港	2015.04.06
宋 耀州窑青釉卷草纹碗	直径11.2cm	47,900	伦敦苏富比	2015.05.13
宋 耀州窑青釉莲瓣纹碗	直径13.2cm	95,800	伦敦苏富比	2015.05.13
宋 耀州窑青釉莲花纹罐	口径12cm	665,231	纽约苏富比	2015.03.17
宋 耀州窑青釉牡丹纹碗	直径18.2cm	155,675	伦敦苏富比	2015.05.13
宋 耀州窑青釉印菊花卷草纹碗	直径13cm	95,831	佳士得	2015.04.06
宋 耀州窑青釉鱼藻纹碗	直径11.2cm	65,863	伦敦苏富比	2015.05.13
宋 耀州窑青釉鱼藻纹碗	直径11.4cm	50,295	伦敦苏富比	2015.05.13
宋 耀州窑水波纹砵	宽18.3cm	28,325	诚昌国际	2015.12.02
宋 耀州窑熏炉	高9.7cm	89,792	保利香港	2015.05.31
宋 耀州窑印花斗笠碗	宽17.5cm	28,325	诚昌国际	2015.12.02
宋 耀州窑印花花鸟纹盏	直径13.1cm	76,181	保利香港	2015.04.06
宋 耀州窑印花盏	口径12.5cm	16,581	宝港国际	2015.06.02
宋、元 耀州梅子青茶盏、龙泉压花茶盏	尺寸不一	11,078	Clars Auction	2015.06.28
宋/金 耀州窑青釉葵花式碗	直径17.6cm	40,050	香港苏富比	2015.06.01
耀州窑暗刻花卉纹三足炉		34,500	北京中汉	2015.09.21
耀州窑凤提倒流壶	通高18.3cm	901,125	荣盛国际	2015.07.31
耀州窑刻花斗笠碗	通高4.5cm	400,500	荣盛国际	2015.07.31
耀州窑刻花花口盘	口径15cm	660,825	荣盛国际	2015.07.31
元耀州青釉、定窑白釉香盒（两件）	尺寸不一	43,700	北京保利	2015.06.07
元 耀州窑暗刻花卉纹钵	直径11.5cm	184,000	中鸿信	2015.07.29
元 耀州窑斗笠碗	直径19.5cm	74,750	北京保利	2015.06.08
元 耀州窑花卉碗	直径11cm	23,000	北京保利	2015.06.08

拍品名称	物品尺寸	成交价RMB	拍卖公司	拍卖日期
元 耀州窑划花卉花口碗	直径15.7cm	138,000	北京翰海	2015.11.28
元/明 耀州窑刻仰覆莲纹盘	直径19cm	115,000	北京东正	2015.05.19
元/明 耀州窑青釉刻缠枝莲纹盏	直径10.3cm	23,000	北京东正	2015.05.19
汝窑				
北宋 汝瓷天蓝釉海棠式水仙盆	口径21.7cm	18,837,000	澳门中信	2015.11.08
北宋 汝瓷天蓝釉三足双耳杯	高9cm	7,534,800	澳门中信	2015.11.08
北宋 汝瓷天青釉大盘	直径40cm	150,696,000	澳门中信	2015.11.08
北宋 汝瓷天青釉罗汉碗	口径17.8cm	20,720,700	澳门中信	2015.11.08
北宋 汝瓷天青釉双耳三足炉	高8cm	23,546,250	澳门中信	2015.11.08
北宋 汝瓷天青釉弦纹三足尊	高12.5cm	56,511,000	澳门中信	2015.11.08
北宋 汝窑小洗	口径13cm	11,302,200	澳门中信	2015.11.08
宋 汝瓷窑三足弦纹炉	高11cm	2,467,080	AA中国艺海	2015.07.12
宋 汝窑水滴	高8.4cm	1,986,820	卓艺拍卖	2015.11.18
宋 天青釉撇口瓶	高33cm	3,083,850	AA中国艺海	2015.07.11
元 汝釉花觚	高24cm	71,500	北京中联	2015.01.18
汝窑八棱瓶	通高22cm	8,971,200	荣盛国际	2015.01.10
汝窑三足炉	高10cm	8,800,000	皇家国际	2015.06.29
汝窑四方尊	高12.6cm	16,255,800	卓艺拍卖	2015.11.21
汝窑弦纹尊	通高10cm	21,026,250	荣盛国际	2015.07.31
仿汝釉				
明 汝釉三足鬲式炉	直径23cm	46,000	北京保利	2015.11.01
清雍正 仿汝釉长方盆	长46.9cm	1,197,500	伦敦苏富比	2015.05.13
清雍正 仿汝釉小盘	直径13.6cm	586,969	纽约佳士得	2015.03.15
清雍正 仿汝釉大天球瓶	高72cm	632,500	中鸿信	2015.07.29
清雍正 仿汝釉钵	直径33.5cm	3,450,000	北京华辰	2015.05.15
清乾隆 仿汝釉小天球瓶	高14.4cm	943,000	中国嘉德	2015.05.16
清乾隆 仿汝釉小梅瓶	高12.4cm	46,000	中国嘉德	2015.04.01
清乾隆 仿汝釉弦纹瓶	高29cm	9,430,000	中国嘉德	2015.05.16
清乾隆 仿汝釉桃形洗	高20cm	897,000	中贸圣佳	2015.05.20
清乾隆 仿汝釉双耳小水丞	直径7cm	550,688	佳士得	2015.06.03
清乾隆 仿汝釉双耳三足鱼篓尊	宽18.2cm	8,970,000	中国嘉德	2015.05.16
清乾隆 仿汝釉如意足长方盆	长13.3cm	575,000	北京保利	2015.06.08
清乾隆 仿汝釉盘（一对）	直径11.8cm	345,000	上海道明	2015.05.09
清乾隆 仿汝釉海棠式笔筒	高10cm	195,500	西泠拍卖	2015.07.05
清乾隆 仿汝釉贯耳带纹方壶	高29.8cm	5,318,640	佳士得	2015.06.03
清乾隆 仿汝釉鼓钉尊	高27cm	20,700	北京中汉	2015.04.02
清乾隆 仿汝釉琮式瓶	高29.4cm	4,838,040	佳士得	2015.06.03
清乾隆 仿汝釉彩绘人物纹象耳炉	长16.3cm	11,500	中国嘉德	2015.04.01
清乾隆 仿汝釉八方瓶	高33.5cm	172,500	北京中汉	2015.04.02
清乾隆 仿汝釉琮式方瓶	高29.5cm	2,415,000	北京保利	2015.12.08
清乾隆 仿汝釉六方贯耳瓶	高29.5cm	1,265,000	北京匡时	2015.12.05
清道光 御窑仿汝釉八方瓶	高34cm	517,500	华艺国际	2015.05.24
清光绪 仿汝贯耳瓶	高31cm	280,000	北京荣宝	2015.03.29
清 仿汝釉花口瓶	高25.5cm	138,000	北京保利	2015.06.08
清 仿汝釉瓜楞瓶	高23.3cm	14,162	诚昌国际	2015.12.02
仿汝釉四方倭角双耳瓶	高17cm	7,048,800	AA中国艺海	2015.07.12
仿汝釉撇口瓶	高20cm	1,938,420	AA中国艺海	2015.07.19
官窑				
北宋官窑月白釉铺首衔环双耳瓶	高22.3cm	30,139,200	澳门中信	2015.11.08
北宋 官窑月白釉双耳瓶	高26.4cm	35,790,300	澳门中信	2015.11.08
北宋 官窑月白釉双耳瓶	高23.5cm	30,139,200	澳门中信	2015.11.08
南宋 官窑鼓式水盂	高5.6cm	253,000	上海工美	2015.06.28
南宋 官窑贯耳方尊	高22.7cm	26,371,800	澳门中信	2015.11.08
南宋 官窑贯耳瓶	高15.8cm	1,444,960	卓艺拍卖	2015.11.18
南宋 官窑米黄釉直颈瓶	高21.5cm	10,394,300	伦敦苏富比	2015.05.13
南宋 官窑盘口瓶	高19cm	16,953,300	澳门中信	2015.11.08
南宋 官窑青釉八方弦纹盘口瓶	高21.9cm	91,901,160	香港苏富比	2015.04.07
南宋 官窑小杯	高7.5cm	7,956,960	香港苏富比	2015.10.07
南宋 官窑影青三足炉	高9.6cm	1,762,200	AA中国艺海	2015.02.03
南宋 官窑月白釉纸槌瓶	高16cm	11,101,860	AA中国艺海	2015.07.11
南宋 官窑直径瓶	高17cm	7,346,430	澳门中信	2015.11.08
宋 官窑贯耳瓶	高18cm	2,643,300	AA中国艺海	2015.07.12
宋 官窑花口碗	直径8.2cm	202,653	澳门中道	2015.01.30
宋 官窑三足炉	高19.5cm	165,807	澳门中道	2015.01.30
宋 官窑碗	直径7.5cm	3,431,780	卓艺拍卖	2015.11.18

拍品名称	物品尺寸	成交价RMB	拍卖公司	拍卖日期
13世纪 乾隆御题官窑贯耳小壶	高10cm	7,475,000	北京保利	2015.06.06
官窑鬲式炉	口径13.5cm	12,244,050	澳门中信	2015.11.08
官窑贯耳瓶	高22cm	3,160,850	卓艺拍卖	2015.11.21
官窑碗	口径15.2cm	2,501,587	卓艺拍卖	2015.11.21
官窑八棱长颈瓶	高21cm	1,585,980	AA中国艺海	2015.06.20
官釉贯耳方口尊	高201cm	1,497,870	AA中国艺海	2015.06.20
仿官釉				
元 官釉水滴	宽6.7cm	138,000	北京保利	2015.06.08
元 官窑三足炉	高10.5cm	690,000	北京保利	2015.06.06
元 官窑贯耳壶	高18cm	4,025,000	北京保利	2015.06.07
元 官窑暗刻花草纹三足敛口洗	直径27.6cm	920,000	中鸿信	2015.07.29
元/明或更早 官釉贯耳尊	宽17.5cm	816,684	中国嘉德	2015.04.06
明 官釉四方洗	长5.2cm	46,000	中国嘉德	2015.04.01
明 官式碗	直径10.2cm	101,741	纽约苏富比	2015.03.17
明 仿官釉六方盘	直径11cm	115,000	北京匡时	2015.06.06
明 仿官釉小胆式瓶	高13.5cm	57,500	北京保利	2015.12.09
明末/18世纪 仿官釉碗	直径10.3cm	39,831	纽约佳士得	2015.09.17
清康熙 仿官釉炉	直径9cm	23,000	广州皇玛	2015.07.25
清雍正/乾隆 仿官釉琵琶尊	高23.2cm	43,700	北京中汉	2015.04.02
清雍正 仿官釉鱼篓尊	直径25cm	23,000	北京中汉	2015.04.02
清雍正 仿官釉小尊	高11.9cm	20,700	中国嘉德	2015.04.01
清雍正 仿官釉小方瓶	高15.5cm	40,250	上海泓盛	2015.06.20
清雍正 仿官釉炉	宽9cm	34,500	北京保利	2015.04.26
清雍正 仿官釉双如意耳大方壶	高52.6cm	8,280,000	北京保利	2015.12.08
清雍正 仿官釉双蚰耳小炉	直径13.5cm	1,150,000	北京保利	2015.06.06
清雍正 仿官釉花口洗	直径13.2cm	34,500	中国嘉德	2015.06.27
清雍正 仿官釉贯耳印花方壶	高31.5cm	6,900,000	北京保利	2015.06.06
清雍正 仿官釉贯耳弦纹大方壶	高68cm	11,500,000	北京保利	2015.06.06
清雍正 仿官釉贯耳大方壶	高34.9cm	9,047,145	纽约佳士得	2015.03.17
清雍正 仿官釉大壶	高33cm	1,383,681	纽约佳士得	2015.03.19
清雍正 仿官釉八卦纹琮式瓶	高27.7cm	414,000	北京中汉	2015.04.02
清雍正 仿官窑釉尊	高37cm	92,000	广州皇玛	2015.01.17
清雍正 仿官釉小贯耳瓶	高10cm	184,000	中国嘉德	2015.09.19
清雍正 仿官釉贯耳穿带瓶	高28.3cm	287,500	北京东正	2015.11.19
清乾隆 御窑仿官釉三联葫芦瓶	高20cm	1,380,000	华艺国际	2015.05.24
清乾隆 官釉水盂	高10.2cm	10,215	江苏聚德	2015.07.01
清乾隆 官式瑞兽耳壶	高30cm	547,838	纽约苏富比	2015.03.17
清乾隆 仿官釉小尊	高13cm	172,500	江苏爱涛	2015.01.11
清乾隆 仿官釉小贯耳瓶	高14.5cm	460,000	北京保利	2015.06.08
清乾隆 仿官釉象耳海棠式尊	高37cm	4,255,000	北京保利	2015.06.06
清乾隆 仿官釉水盂	高7cm	180,225	香港苏富比	2015.06.01
清乾隆 仿官釉水盂	高2.9cm	322,000	博美拍卖	2015.07.19
清乾隆 仿官釉四方琮式瓶	高13.5cm	17,250	北京保利	2015.12.09
清乾隆 仿官釉倭角双龙耳瓶	高25cm	391,000	北京保利	2015.12.08
清乾隆 仿官釉弦纹瓶	高20cm	977,500	北京保利	2015.12.08
清乾隆 仿官釉弦纹尊	高52cm	322,000	北京翰海	2015.11.28
清乾隆 仿官釉水洗	直径17cm	18,400	北京匡时	2015.06.06
清乾隆 仿官釉三足洗	直径18cm	207,000	上海敬华	2015.06.30
清乾隆 仿官釉三联葫芦瓶	高20cm	1,495,000	上海工美	2015.06.28
清乾隆 仿官釉六棱花盆	长28cm	896,000	北京荣宝	2015.06.21
清乾隆 仿官釉六方贯耳瓶	高29cm	1,380,000	保利厦门	2015.05.02
清乾隆 仿官釉六方贯耳瓶	高47.3cm	460,000	上海道明	2015.05.09
清乾隆 仿官釉六方贯耳瓶	高53.5cm	1,380,000	北京翰海	2015.11.28
清乾隆 仿官釉六方花盆	长28cm	690,000	北京匡时	2015.12.05
清乾隆 仿官釉阔口尊	高13.5cm	1,840,000	保利厦门	2015.05.02
清乾隆 仿官釉葵口六棱洗	口径7cm	92,000	西泠拍卖	2015.07.05
清乾隆 仿官釉贯耳瓶	高28.5cm	62,150	中鸿信	2015.07.29
清乾隆 仿官釉贯耳瓶	高20cm	27,600	中国嘉德	2015.04.01
清乾隆 仿官釉贯耳瓶	高14cm	17,250	北京保利	2015.04.26
清乾隆 仿官釉鼎式炉	高6.2cm	17,250	北京保利	2015.06.08
清乾隆 仿官釉琮式瓶	高23.5cm	4,255,000	北京翰海	2015.06.28
清乾隆 仿官釉琮式瓶	高18.7cm	480,600	香港苏富比	2015.06.01
清乾隆 仿官釉八方贯耳瓶	高24.2cm	828,000	中国嘉德	2015.04.01
清乾隆 仿官窑贯耳瓶	高14cm	116,176	保利香港	2015.04.06
清乾隆 仿官釉八方尊	高33.5cm	138,173	宝港国际	2015.06.02
清嘉庆 官窑仿官釉八方瓶	高21cm	1,495,000	北京东正	2015.05.19
清道光 仿官釉琮式瓶	高28cm	398,313	纽约佳士得	2015.09.17
清咸丰 仿官釉八卦琮式瓶	高28cm	402,500	北京东正	2015.05.19
清光绪 仿官釉贯耳瓶	高30cm	10,925	太平洋	2015.04.17
清光绪 仿官釉琮式瓶	高28cm	425,600	北京荣宝	2015.03.29
清光绪 仿官釉穿带瓶	高30.2cm	345,000	北京翰海	2015.05.28
18世纪 仿官釉八方贯耳壶及仿官釉花式洗	瓶15.7cm	50,063	香港苏富比	2015.05.01
18世纪 仿官釉树瘤笔筒（2件）	高11.7cm	241,500	中国嘉德	2015.05.16
18世纪 仿官窑桃式洗	宽12cm	430,444	纽约佳士得	2015.03.19
18世纪/19世纪 官窑式三足香炉	直径20.6cm	939,150	纽约苏富比	2015.03.17
18世纪/19世纪 仿官釉方瓶	高23cm	191,190	纽约佳士得	2015.09.17
清 仿官釉小印盒	直径4.9cm	14,950	中国嘉德	2015.05.27
清 仿官釉狮耳尊	高26cm	78,200	北京翰海	2015.03.15
清 仿官釉花口碗	直径12cm	34,500	北京翰海	2015.05.28
清 仿官釉三足鼎式炉		55,200	北京中汉	2015.09.21
清 仿官釉小琮式瓶	高10.7cm	11,500	中国嘉德	2015.09.19
清中期 仿官釉洗	直径14.2cm	17,250	北京中汉	2015.09.21
清雍正 仿官窑葵口盘	宽15cm	70,811	诚昌国际	2015.12.01
清 仿官兽扁耳瓶	高25cm	64,202	诚昌国际	2015.12.01
清 仿官釉琮式瓶	高26.5cm	14,950	太平洋	2015.11.21
清中期 仿官釉方瓶	高22cm	16,100	北京保利	2015.11.01
清中期 仿官釉方瓶	高22cm	16,100	北京保利	2015.11.01
清中期 仿官釉桃形洗	长10.7cm	13,800	北京翰海	2015.11.28
仿官釉双如意耳尊	高16cm	3,793,020	卓艺拍卖	2015.11.18
官窑式八卦纹琮形瓶	高28.5cm	172,178	纽约苏富比	2015.03.21
官窑苹果尊	高12cm	55,000	北京贞观	2015.05.28
仿官釉蒜头瓶	高27cm	2,202,750	AA中国艺海	2015.07.19
仿官釉灵芝形笔洗	高13cm	1,145,430	AA中国艺海	2015.07.12
官窑琮式洗	口径11cm	22,000,000	皇家国际	2015.01.19
官窑菊瓣碗	口径9cm	1,802,250	荣盛国际	2015.07.31
官窑双耳四方瓶	通高22cm	17,045,280	荣盛国际	2015.01.10
官窑弦纹三足炉	高12.8cm	4,846,050	AA中国艺海	2015.02.03
官窑竹节瓶	高14.5cm	1,076,544	荣盛国际	2015.01.10
官釉簋式炉	直径7.3cmcm	161,000	中贸圣佳	2015.05.20
钧窑				
北宋/金 钧窑天青釉碗	直径22.2cm	1,408,725	纽约苏富比	2015.03.17
北宋/金 钧窑天青釉碗	直径18.4cm	86,089	纽约佳士得	2015.03.20
北宋/金 钧窑天蓝釉盘	直径17.2cm	85,744	佳士得	2015.04.06
北宋 钧窑天青釉碗	直径10.4cm	117,394	纽约佳士得	2015.03.15
北宋钧窑天蓝釉紫斑六瓣式盏托	直径12.3cm	4,163,565	纽约佳士得	2015.03.20
北宋 钧窑执壶	高32.4cm	1,986,820	卓艺拍卖	2015.11.18
北宋/金 钧窑天蓝釉紫斑小碗	直径8.6cm	5,254,400	佳士得	2015.12.02
北宋/金 钧窑天青釉碗	直径13cm	153,938	佳士得	2015.12.02
宋/金 钧窑天蓝釉盘	直径16cm	23,899	纽约佳士得	2015.09.17
宋/金 钧窑天蓝釉紫斑花口瓶	高19cm	716,963	纽约佳士得	2015.09.17
宋/金 钧窑月白釉碗	直径15cm	254,920	纽约佳士得	2015.09.17
宋/金 钧窑月白釉碗	直径18.8cm	380,475	佳士得	2015.06.03
宋 钧窑天青釉香炉	高8.5cm	288,360	罗芙奥	2015.06.02
宋/元 钧窑天蓝紫斑盘	直径10cm	262,275	香港苏富比	2015.04.05
宋/元 钧窑天蓝釉执壶	高30.2cm	1,383,681	纽约佳士得	2015.03.20
宋/元 钧窑天蓝釉碗	直径10.8cm	420,525	佳士得	2015.06.03
宋 钧窑天青釉盏托	直径14.9cm	234,788	纽约苏富比	2015.03.17
宋 钧窑天青釉盘	直径26.7cm	1,095,675	纽约苏富比	2015.03.17
宋 钧窑天青釉葵口盘	直径26cm	665,231	纽约苏富比	2015.03.17
宋 钧窑天蓝紫斑小杯及杯托	尺寸不一	14,778	万昌斯	2015.06.01
宋 钧窑天蓝釉紫斑碗	直径17cm	140,873	纽约佳士得	2015.03.15
宋 钧窑天蓝釉盘（两件）	直径17.8cm	35,925	伦敦苏富比	2015.05.13
宋 钧窑青釉碗	直径10cm	352,181	纽约苏富比	2015.03.17
宋 钧窑玫瑰斑折沿盘	直径17cm	742,763	保利香港	2015.04.06
宋 钧窑花口碗	口径12cm	2,467,080	AA中国艺海	2015.07.12
宋 钧窑天蓝釉盘	直径16.8cm	43,814	纽约苏富比	2015.09.15
宋 钧窑天蓝釉碗	直径19.7cm	286,785	纽约苏富比	2015.09.15
宋 钧窑天蓝釉紫斑碗	直径16.5cm	47,798	纽约苏富比	2015.09.15
宋 钧窑月白釉碗	直径21.2cm	238,988	纽约苏富比	2015.09.15

(成交价RMB：1万元以上)

拍品名称	物品尺寸	成交价RMB	拍卖公司	拍卖日期
宋 钧窑斗笠盏	口径13.3cm	138,173	宝港国际	2015.06.02
宋 钧窑财神爷	高39cm	14,128	澳门中信	2015.11.08
宋 钧窑天青釉折沿洗	口径17.5cm	103,857	宝港国际	2015.11.28
南宋/金 钧窑天蓝釉盘（一对）	直径17.5cm	313,050	纽约佳士得	2015.03.15
南宋 钧窑天青釉紫斑莲子碗	直径12.5cm	143,750	上海泓盛	2015.06.20
金及元 钧窑盘盏（一组）	尺寸不一	56,711	保利香港	2015.05.31
金代 钧窑 紫斑折沿盘	直径17.5cm	180,000	台湾世家	2015.01.18
金/元 钧窑天蓝釉紫斑盘	直径18cm	504,375	佳士得	2015.04.06
金/元 钧窑天蓝釉紫斑盘	直径13.1cm	75,656	佳士得	2015.04.06
金/元 钧窑天蓝釉紫斑梅瓶	高26.5cm	287,400	伦敦苏富比	2015.05.13
金/元 钧窑青釉浅盘	直径12.8cm	55,481	佳士得	2015.04.06
金 钧窑折沿盘	直径16.5cm	46,000	北京保利	2015.06.08
金 钧窑月白釉梅瓶	高35cm	690,000	北京保利	2015.06.07
金 钧窑天青釉三足炉	高12cm	230,000	上海工美	2015.06.28
金 钧窑天蓝釉三足炉	高6.5cm	297,398	纽约苏富比	2015.03.17
金 钧窑天蓝釉胆式瓶	高23cm	1,437,500	北京保利	2015.06.07
金 钧窑玫瑰紫釉小碗	直径8cm	278,415	中国嘉德	2015.04.06
金 钧窑红斑靛青釉梅瓶	高39.5cm	1,725,000	西泠拍卖	2015.07.05
金 钧窑天蓝釉莲苞式带盖水盂	高12cm	175,258	邦瀚斯	2015.09.14
金 钧窑天蓝釉紫斑鸡心罐	高10.8cm	95,595	纽约佳士得	2015.09.17
金 钧窑红班大碗	宽18cm	26,436	诚昌国际	2015.12.02
金 钧窑玫瑰红斑板沿盘	直径20.5cm	903,100	卓艺拍卖	2015.11.18
金 钧窑天青釉双耳罐	高12cm	307,875	佳士得	2015.12.02
金/元 钧窑天蓝釉紫斑笠式碗	直径20cm	33,458	纽约佳士得	2015.09.17
元明初钧窑丁香紫釉葵花式三足洗	直径22cm	5,030,280	佳士得	2015.06.03
元/明 钧窑月白釉碗	直径21.5cm	230,000	北京东正	2015.05.19
元/明 钧窑天蓝釉长方盆	长21.5cm	253,000	北京东正	2015.05.19
元 绿钧釉茶盏	直径8.3cm	23,000	上海敬华	2015.04.26
元 钧釉三足鼓钉洗	直径22cm	935,000	北京中联	2015.01.18
元 钧窑紫红斑小盏	直径9cm	69,000	中鸿信	2015.07.29
元 钧窑紫斑纹杯	直径8.6cm	27,200	景薰楼	2015.06.21
元 钧窑紫斑碗	直径21cm	40,250	北京保利	2015.06.08
元 钧窑月白釉鼓钉洗	直径18.7cm	3,565,000	北京保利	2015.06.07
元 钧窑碗	直径11cm	46,000	中鸿信	2015.07.29
元 钧窑贴花双耳炉	高13cm	57,500	北京中汉	2015.04.02
元 钧窑天蓝釉紫斑碗	直径12.6cm	156,525	纽约苏富比	2015.03.17
元钧窑天蓝釉紫斑菊瓣碗连匣钵	直径26.5cm	932,889	纽约佳士得	2015.03.15
元 钧窑天蓝釉直腹碗	直径13.7cm	138,000	上海敬华	2015.06.30
元 钧窑天蓝釉小盏	高8cm	3,083,850	AA中国艺海	2015.08.05
元 钧窑天蓝釉铜红斑大碗	直径22cm	219,135	纽约佳士得	2015.03.15
元 钧窑双系罐	高15.6cm	30,246	保利香港	2015.05.31
元 钧窑梅瓶	高20cm	11,500	北京保利	2015.01.24
元 钧窑葵口碟	直径8.5cm	324,000	香港铮鼎	2015.04.28
元 钧窑天蓝釉大碗	直径20.8cm	46,204	纽约佳士得	2015.09.17
元 钧窑碗	直径17.6cm	17,250	中国嘉德	2015.09.20
元 钧窑堆花双耳三足大炉	高35.3cm	1,840,000	北京保利	2015.12.08
元 钧窑荷叶盖罐	高15cm	2,582,866	卓艺拍卖	2015.11.21
元 钧窑红斑茶盏	直径8cm	40,250	北京保利	2015.12.09
元 钧窑玫瑰紫莲子碗	直径17cm	2,980,230	卓艺拍卖	2015.11.18
元 钧窑天蓝釉小琴炉	宽4.1cm	184,000	北京保利	2015.12.08
元 钧釉紫斑碗	宽9.2cm	18,883	诚昌国际	2015.12.02
元/明初 钧窑天蓝釉出戟尊	高25cm	3,776,600	佳士得	2015.12.02
元/明初 钧窑天蓝釉菱花口盆托	宽22.5cm	4,170,680	佳士得	2015.12.02
明以前 钧窑天蓝釉碗	口径18.5cm	46,000	西泠拍卖	2015.07.05
明以前 钧窑笔舔	口径8.7cm	17,250	西泠拍卖	2015.07.05
月白紫斑玉壶春瓶	高22cm	1,296,000	香港铮鼎	2015.04.28
仿钧釉				
明或更早 钧窑盏托	直径12.5cm	57,500	翰风国际	2015.06.19
明或更早 钧窑月白釉花口杯	直径7.2cm	1,035,000	华艺国际	2015.05.24
明或更早 钧窑鸡心水盂	高8.6cm	241,500	翰风国际	2015.06.19
明 钧窑天蓝釉碗	直径20cm	23,000	中国嘉德	2015.05.16
明 钧窑花盆（两件）	直径10.5cm	13,800	北京保利	2015.04.26
明 钧窑莲口瓶	高16.5cm	13,948	台北艺流	2015.10.10
明 钧窑梅瓶	高27cm	23,000	北京保利	2015.11.01
明 钧窑梅瓶	高27cm	23,000	北京保利	2015.11.01

拍品名称	物品尺寸	成交价RMB	拍卖公司	拍卖日期
明 钧釉盘	直径19cm	126,500	北京保利	2015.12.08
清雍正 仿钧釉葵口洗	直径19cm	36,800	中国嘉德	2015.04.01
清雍正 仿钧窑变釉海棠式四足花盆	长16.8cm	287,500	八益拍卖	2015.11.01
清雍正 仿钧釉灵芝花盆	长28.5cm	92,000	北京翰海	2015.11.28
清雍正 仿钧葡萄紫釉大钵	宽37.5cm	4,025,000	北京诚轩	2015.11.14
清乾隆 仿钧釉桃形水丞	长8cm	55,200	中国嘉德	2015.06.27
清乾隆 仿钧窑月白釉灵芝形花插	高14cm	103,857	宝港国际	2015.11.28
清中期 仿钧釉洗	长12cm	13,800	华艺国际	2015.03.29
清 钧釉观音瓶	高18cm	902,000	北京中联	2015.01.18
清 葛明祥制钧釉水盂	高7.5cm	17,250	西泠拍卖	2015.07.05
清 仿钧釉瓶	高22.5cm	51,750	广州皇玛	2015.01.17
钧窑双耳四方瓶	高24.6cm	4,485,600	荣盛国际	2015.01.10
钧窑三足洗	口径17cm	4,205,250	荣盛国际	2015.07.31
钧窑鼓钉压手碗	口径10cm	1,001,250	荣盛国际	2015.07.31
钧窑鼓丁三足洗	口径18cm	6,728,400	荣盛国际	2015.01.10
钧窑大碗	口径18.6cm	234,806	卓艺拍卖	2015.11.18
钧窑鸡心大碗	口径28cm	1,986,820	卓艺拍卖	2015.11.21
钧釉寿桃笔洗	口径22cm	2,257,750	卓艺拍卖	2015.11.21
哥窑				
宋 哥窑双鱼盆	口径19cm	14,180	香港龙玺	2015.09.19
宋 哥窑琮式瓶	高18.8cm	697,380	台北艺流	2015.10.10
南宋 哥窑青釉鼓钉纹三足炉	口径12cm	2,926,865	宝港国际	2015.11.28
南宋/元 哥窑水丞	高7.3cm	6,793,185	纽约佳士得	2015.03.15
金 哥窑米黄釉贯耳瓶	高24.2cm	32,964,750	澳门中信	2015.11.08
金 哥窑米黄釉双耳瓶	高23.6cm	23,546,250	澳门中信	2015.11.08
元/明 哥窑花口盘	直径15.9cm	7,048,800	佳士得	2015.06.03
元/明15世纪 仿哥釉花口盘	直径14.3cm	273,919	纽约佳士得	2015.03.15
元 哥窑八棱长颈瓶	高12.7cm	156,800	中鸿信	2015.07.29
元 哥窑胆瓶	高15cm	2,185,000	中鸿信	2015.07.29
元 哥窑梅花洗	直径11cm	228,260	中鸿信	2015.07.29
元 哥窑海棠式盆	宽15.4cm	828,000	北京保利	2015.12.08
元/明 哥釉贯耳瓶	高17cm	892,363	中国嘉德	2015.10.06
仿哥釉				
明或更早 哥釉四方洗	长7cm	345,000	保利厦门	2015.05.03
明初 哥釉葵口盘（一对）	直径12cm	266,825	佳士得	2015.12.02
明初 哥釉小杯	直径6cm	123,150	佳士得	2015.12.02
明 哥釉贯耳八方瓶	高16cm	552,000	北京保利	2015.12.08
明 哥窑弦纹八方贯耳壶	高19.5cm	2,185,000	北京保利	2015.06.07
明 哥釉花口杯	直径7.8cm	598,000	北京保利	2015.06.08
明 仿哥釉菊瓣盘（一对）	直径12.2cm	92,000	华艺国际	2015.03.29
明 仿哥釉香炉	高8.5cm	345,000	西泠拍卖	2015.04.23
明 仿哥釉印池	宽6.5cm	230,000	北京保利	2015.06.07
明早期 哥釉尊"带盖"	高12.5cm	17,180	香港雅盛	2015.10.05
明晚期 哥釉双耳瓶	高15cm	20,797	香港雅盛	2015.10.05
清雍正 黄哥釉贯耳瓶	高13.4cm	17,250	中国嘉德	2015.04.01
清雍正 哥釉筒式炉	直径6.5cm	25,300	北京保利	2015.04.25
清雍正 哥釉笔洗	口径13cm	43,130	江苏聚德	2015.07.01
清雍正 哥窑炫纹葵口洗	直径15.8cm	109,250	翰风国际	2015.06.19
清雍正 仿哥釉长方水盂	高2.9cm	58,240	天津文物	2015.05.22
清雍正 仿哥釉五孔方瓶	高25.5cm	278,415	中国嘉德	2015.04.06
清雍正 仿哥釉三足洗	直径16cm	3,622,500	中国嘉德	2015.05.16
清雍正 仿哥釉三足花口洗	直径22.3cm	126,500	北京匡时	2015.06.06
清雍正仿哥釉葵口茶圆（一对）	直径11.8cm×2	74,750	北京诚轩	2015.05.17
清雍正 仿哥釉菊瓣瓶	高21.7cm	903,840	佳士得	2015.04.06
清雍正 乾隆 仿哥釉大花盆	直径39cm	80,500	北京中汉	2015.05.17
清雍正 仿哥窑洗	直径12.9cm	80,500	江苏爱涛	2015.01.11
清雍正仿哥釉嵌西洋鎏金汉壶尊	高75cm	5,490,960	香港苏富比	2015.10.07
清雍正 绿哥釉小天球瓶	高9.7cm	25,300	中国嘉德	2015.09.20
清雍正 仿哥釉八方扁瓶	宽48.4cm	1,806,200	佳士得	2015.12.02
清雍正 仿哥釉八卦龙耳抱月瓶	高51cm	9,775,000	北京翰海	2015.11.28
清雍正 仿哥釉冲天耳三足炉	直径10cm	23,000	北京翰海	2015.11.28
清雍正 仿哥釉戟耳炉	长11.5cm	23,000	北京翰海	2015.11.28
清雍正 仿哥釉石榴形洗	长18.8cm	23,000	北京翰海	2015.11.28
清雍正 仿哥釉双耳香炉	宽16.3cm	17,250	北京保利	2015.12.09
清雍正 仿哥釉筒式三足小炉	直径6.6cm	59,800	北京翰海	2015.11.28

拍品名称	物品尺寸	成交价RMB	拍卖公司	拍卖日期
清雍正 哥釉五孔琮式瓶	高27.8cm	7,360,000	北京保利	2015.12.08
清雍正 哥釉洗	直径14.2cm	34,500	太平洋	2015.11.21
清雍正 官窑仿哥釉八方贯耳瓶	高46.5cm	2,070,000	北京东正	2015.11.19
清乾隆 哥釉洗	直径17cm	11,500	广州皇玛	2015.07.25
清乾隆 哥釉双耳鬲式炉	宽10cm	57,500	北京保利	2015.06.07
清乾隆 哥釉贯耳瓶	高19cm	18,400	太平洋	2015.07.18
清乾隆 哥釉瓜形小尊	高13cm	20,700	广州皇玛	2015.01.17
清乾隆 哥瓷铁花兽耳盘口尊	高39cm	12,650	北京翰海	2015.03.15
清乾隆 仿哥釉弦纹小贯耳瓶	高9.5cm	184,000	北京中汉	2015.04.02
清乾隆 仿哥釉弦纹五孔瓶	高27.3cm	2,990,000	北京翰海	2015.06.28
清乾隆 仿哥釉双鹿耳尊	高32cm	483,000	西泠拍卖	2015.07.05
清乾隆 仿哥釉双耳花口瓶	高25.3cm	138,000	中国嘉德	2015.06.27
清乾隆 仿哥釉三羊开泰尊	高38cm	437,000	西泠拍卖	2015.07.05
清乾隆 仿哥釉六方瓶	高50.1cm	801,000	佳士得	2015.06.03
清乾隆 仿哥釉花口碗	直径12.1cm	287,400	伦敦苏富比	2015.05.13
清乾隆 仿哥釉贯耳瓶	高30.8cm	322,000	苏州东方	2015.07.02
清乾隆 仿哥釉贯耳瓶	高30cm	138,000	北京东正	2015.05.19
清乾隆 仿哥釉贯耳瓶	高30.7cm	17,250	中国嘉德	2015.04.01
清乾隆 仿哥釉贯耳方壶	高31.4cm	600,750	佳士得	2015.06.03
清乾隆 仿哥釉笔筒	高12cm	11,500	广州皇玛	2015.07.25
清乾隆 仿哥釉荸荠扁瓶	高21.3cm	2,702,500	中国嘉德	2015.05.16
清乾隆 仿哥窑六方贯耳瓶	高46.5cm	1,233,000	香港苏富比	2015.10.07
清乾隆 黄哥釉压经炉	长16cm	20,700	中国嘉德	2015.09.20
清乾隆 仿哥釉双耳尊	高21.5cm	2,070,000	北京匡时	2015.12.05
清乾隆 哥釉贯耳瓶	高30cm	575,000	八益拍卖	2015.11.01
清乾隆 哥釉花口尊	高23cm	184,000	北京翰海	2015.11.28
清乾隆 哥釉弦纹瓶	高32.5cm	11,500	北京保利	2015.11.01
清乾隆 哥釉弦纹瓶	高32.5cm	11,500	北京保利	2015.11.01
清中期 哥釉葫芦瓶	高33cm	26,450	北京保利	2015.04.26
清中期 仿哥釉直颈瓶	高16cm	17,250	保利厦门	2015.08.02
清中期 仿哥釉羽觞杯	长12.7cm	10,350	中国嘉德	2015.04.01
清中期 仿哥釉小尊	高14.5cm	20,265	香港雅盛	2015.07.31
清中期 仿哥釉小瓶	高13.5cm	11,500	保利厦门	2015.08.02
清中期 仿哥釉天球瓶	高33.1cm	25,300	中国嘉德	2015.04.01
清中期 仿哥釉双象耳方瓶	高20cm	13,800	北京保利	2015.04.26
清中期 仿哥釉狮耳炉	长22cm	63,250	中国嘉德	2015.06.27
清中期 哥瓷兽耳瓶	高39cm	23,000	北京翰海	2015.09.13
清中期 哥釉梅瓶	高12cm	11,755	香港雅盛	2015.10.05
清中期 仿哥釉水仙盆	长24cm	10,350	中国嘉德	2015.09.20
清中期 哥瓷兽耳瓶	高39cm	18,400	北京翰海	2015.09.13
清中期 仿哥釉四方贯耳瓶	高9.2cm	34,500	北京保利	2015.12.09
清中期 仿哥釉洗	直径15.8cm	89,700	中国嘉德	2015.11.14
清中期 哥釉御题诗盘	直径11cm	57,500	北京保利	2015.12.08
清道光 仿哥釉八卦琮式瓶	高28cm	322,000	北京翰海	2015.11.28
18世纪 哥釉小笔洗	长4.9cm	111,528	邦瀚斯	2015.09.14
18世纪 哥瓷桥耳炉	直径6.1cm	149,500	中国嘉德	2015.05.16
18世纪 仿哥釉天圆地方七管瓶	高19.5cm	92,000	华艺国际	2015.05.24
18世纪 仿哥釉三足筒式小香炉	高7cm	27,635	宝港国际	2015.06.02
18世纪/19世纪 仿哥釉鸠耳衔环尊	高31.3cm	250,313	香港苏富比	2015.06.01
清 哥釉铁花双狮耳环瓶	高41cm	21,850	北京翰海	2015.07.19
清 哥釉水洗	宽17cm	11,773	香港普艺	2015.10.10
清 哥釉瓶	高23cm	17,250	深圳市拍	2015.07.19
清 哥釉三足筒炉	直径8.5cm	12,896	香港淳浩	2015.07.30
清 仿哥釉小口尊	高15.7cm	11,500	中国嘉德	2015.04.01
清 仿哥釉三足炉	高8.5cm	18,400	保利厦门	2015.08.02
清 仿哥釉桥耳炉	高8cm	40,374	博美拍卖	2015.07.19
清 仿哥釉花口洗	长12cm	43,700	苏州东方	2015.07.02
清 仿哥釉弦纹长颈瓶	高27cm	782,000	北京翰海	2015.09.13
清 仿哥釉花口洗	直径9cm	17,250	中国嘉德	2015.09.19
清 哥釉花口笔洗	长15cm	10,386	香港淳浩	2015.11.27
清 哥釉小碟	口径13.5cm	1,354,650	卓艺拍卖	2015.11.21
清 哥釉玉壶春瓶	高22cm	207,000	包盈国际	2015.11.15
清 哥釉玉壶春瓶	高30cm	1,806,200	卓艺拍卖	2015.11.21
清晚期 仿哥窑双耳瓶（一对）	高22.9cm×2	33,600	北京荣宝	2015.06.21

拍品名称	物品尺寸	成交价RMB	拍卖公司	拍卖日期
清晚期 仿哥釉小印盒、墨玉笔杆、青田印章（三件）	尺寸不一	94,300	北京保利	2015.12.08
哥釉铺首尊	高24cm	2,863,575	AA中国艺海	2015.07.11
哥釉貫耳大方瓶	高65cm	24,670,800	AA中国艺海	2015.07.11
哥釉笔洗	口径12cm	345,600	香港铮鼎	2015.04.28
哥釉八卦龙耳抱月瓶	高26cm	7,824,168	AA中国艺海	2015.07.12
哥窑水丞	宽7.3cm	1,938,420	AA中国艺海	2015.07.19
哥窑花式小笔洗	宽8.2cm	48,003	Clars Auction	2015.06.28
哥窑琮式瓶	高21.5cm	6,010,704	荣盛国际	2015.01.10
哥窑贯耳瓶	高12.7cm	110,777	Clars Auction	2015.06.28
哥窑菊纹碗	高9cm	4,605,750	荣盛国际	2015.07.31
哥窑双耳尊	高14cm	7,209,000	荣盛国际	2015.07.31
哥窑小碟	口径9.5cm	7,625,520	荣盛国际	2015.01.10
哥釉八卦琮式瓶	高18cm	4,320,000	香港铮鼎	2015.04.28
哥釉琮形瓶	高12cm	15,199	香港普艺	2015.06.06
哥 窑				
哥釉双耳瓶	高22cm	1,174,030	卓艺拍卖	2015.11.18
仿哥釉狮环耳观音尊	高35cm	1,174,030	卓艺拍卖	2015.11.18
仿哥釉五孔瓶	高27.5cm	14,538,150	AA中国艺海	2015.07.12
仿哥釉绶带如意耳方尊	高52cm	11,013,750	AA中国艺海	2015.07.11
仿哥釉贯耳尊	高31cm	2,467,080	AA中国艺海	2015.08.05
仿哥釉贯耳瓶	高30.5cm	1,277,595	AA中国艺海	2015.07.11
龙泉窑				
五代/北宋 龙泉青釉刻莲瓣纹盖罐	高14.5cm	17,218	纽约佳士得	2015.03.20
北宋 龙泉窑刻花双系盘口盖瓶	高26.6cm	1,609,160	佳士得	2015.12.02
北宋 龙泉窑青釉缠枝牡丹纹梅瓶	高20.8cm	1,330,463	纽约苏富比	2015.03.17
北宋 龙泉窑青釉五管瓶和塔式瓶	高31cm	228,000	台湾世家	2015.01.18
南宋 龙泉官窑墨绿釉八角杯	7cm×5cm	432,000	台湾世家	2015.01.18
南宋 龙泉米黄釉贴梅花小杯	口径8.3cm	132,181	宝港国际	2015.11.28
南宋 龙泉青釉笠式碗	直径14.3cm	103,561	纽约苏富比	2015.09.15
南宋 龙泉青釉莲瓣碗	直径23cm	109,568	纽约佳士得	2015.03.20
南宋 龙泉青釉莲瓣纹碗	直径16.2cm	32,870	纽约佳士得	2015.03.15
南宋 龙泉青釉龙纹盖瓶	高20.6cm	238,988	纽约苏富比	2015.09.15
南宋 龙泉青釉盆	直径30.1cm	750,938	佳士得	2015.06.03
南宋 龙泉青釉小笔洗	直径10.1cm	43,044	纽约佳士得	2015.03.15
南宋 龙泉青釉长颈盘口小瓶	高15cm	207,123	纽约佳士得	2015.09.17
南宋 龙泉青釉长颈瓶（两件）	高15cm	93,915	纽约佳士得	2015.03.20
南宋 龙泉双凤耳瓶	高17cm	140,892	帝图艺术	2015.04.12
南宋 龙泉窑 青瓷模印双鱼纹折沿小洗	口径13cm	75,532	宝港国际	2015.11.28
南宋 龙泉窑三足鬲式大香炉	口径21.7cm	829,035	宝港国际	2015.06.02
南宋 龙泉窑三足鬲式香炉	口径15.5cm	819,824	宝港国际	2015.06.02
南宋 龙泉窑双鱼纹折沿盘	直径21.3cm	1,855,460	佳士得	2015.12.02
南宋 龙泉窑弦纹瓶	高19cm	2,257,750	卓艺拍卖	2015.11.18
南宋 龙泉窑长颈瓶	高25.6cm	1,904,720	佳士得	2015.12.02
南宋 龙泉窑纸槌瓶	高13.6cm	686,356	卓艺拍卖	2015.11.18
南宋 龙泉窑长颈唇口瓶	高12.8cm	17,498	慕仕阁	2015.11.16
南宋 龙泉窑鬲式炉	高12.3cm	571,356	保利香港	2015.04.06
南宋 龙泉窑鬲式三足炉	高5.7cm	253,000	厦门华辰	2015.06.20
南宋 龙泉窑刻莲瓣纹碗	直径13cm	410,500	佳士得	2015.12.02
南宋 龙泉窑米黄釉观音瓶	高14cm	302,128	宝港国际	2015.11.28
南宋 龙泉窑青瓷刻花莲瓣纹小杯	高6.2cm	199,975	保利香港	2015.04.06
南宋 龙泉窑青釉八角杯	口径10cm	720,000	台湾世家	2015.01.18
南宋 龙泉窑青釉侈口洗	口径13.5cm	22,660	宝港国际	2015.11.28
南宋 龙泉窑青釉鬲式炉	宽8.8cm	288,000	台湾世家	2015.01.18
南宋 龙泉窑青釉花口洗	直径11cm	312,000	台湾世家	2015.01.18
南宋龙泉窑青釉菊瓣纹碗（一对）	尺寸不一	94,415	宝港国际	2015.11.28
南宋 龙泉窑青釉莲瓣碗	直径15cm	90,788	佳士得	2015.04.06
南宋 龙泉窑青釉莲瓣纹盖碗	直径11.7cm	273,919	纽约苏富比	2015.03.17
南宋 龙泉窑青釉梅花小杯	口径8.5cm	58,537	宝港国际	2015.11.28
南宋 龙泉窑青釉双鱼纹盘	直径12.4cm	148,699	纽约苏富比	2015.03.17
南宋 龙泉窑青釉凸花卉纹葫芦瓶	高16.7cm	360,000	台湾世家	2015.01.18
南宋 龙泉窑青釉洗	长8.8cm	71,850	伦敦苏富比	2015.05.13
南宋 龙泉窑青釉洗	直径8.9cm	78,263	纽约苏富比	2015.03.17
南宋 龙泉窑青釉弦纹铺首耳瓶	高22cm	156,000	台湾世家	2015.01.18

2015瓷器拍卖成交汇总

(成交价RMB：1万元以上)

拍品名称	物品尺寸	成交价RMB	拍卖公司	拍卖日期
南宋 龙泉窑青釉云龙赶珠纹魂罐	高20.5cm	46,958	纽约苏富比	2015.03.17
南宋/元 龙泉青釉贴缠枝牡丹纹三足炉	直径14.7cm	43,044	纽约佳士得	2015.03.15
南宋/元 龙泉青釉洗口弦纹瓶	高25.2cm	156,525	纽约佳士得	2015.03.15
南宋/元 龙泉窑青釉梅瓶	高23.6cm	2,020,241	纽约佳士得	2015.09.17
南宋末/元 龙泉窑青釉双鱼纹盘	直径22.2cm	477,975	纽约佳士得	2015.09.17
南宋之元朝，13至14世纪 龙泉鼓型三角香炉	口径16cm	17,498	慕仕阁	2015.11.16
南宋至元，13至14世纪龙泉窑花瓶	高17.5cm	32,808	慕仕阁	2015.11.16
宋 龙泉鬲式炉	高10cm	58,705	帝图艺术	2015.04.12
宋 龙泉官窑三足水丞配水滴	高8.2cm	406,965	纽约苏富比	2015.03.17
宋 龙泉刻花小碟	直径16.5cm	140,318	Clars Auction	2015.06.28
宋 龙泉莲花小杯	直径8.3cm	31,387	Clars Auction	2015.06.28
宋 龙泉窑青瓷鼓式鸟食罐	高3.5cm	23,807	保利香港	2015.04.06
宋 龙泉窑青瓷卧足小洗	直径11.2cm	33,329	保利香港	2015.04.06
宋 龙泉窑青瓷觯	高15.2cm	257,110	保利香港	2015.04.06
宋 龙泉窑斗笠碗	直径14.8cm	11,823	万昌斯	2015.06.01
宋 龙泉窑鬲式炉	直径12cm	387,984	中国嘉德	2015.10.06
宋 龙泉窑青瓷莲苞式水滴、白釉如意形盖盒及白釉高足杯	高4cm	83,825	伦敦苏富比	2015.05.13
宋 龙泉窑青瓷长颈小瓶	高12.5cm	485,653	保利香港	2015.04.06
宋 龙泉窑青釉琮（2件）	高24cm×2	1,887,260	伦敦苏富比	2015.05.13
宋 龙泉窑青釉莲瓣纹盖碗	直径10.6cm	200,250	香港苏富比	2015.06.01
宋 龙泉窑青釉瓶	高14.3cm	273,919	纽约苏富比	2015.03.17
宋 龙泉窑青釉双鱼纹盘	直径22.8cm	187,830	纽约苏富比	2015.03.17
宋 龙泉窑青釉双鱼纹盘	直径13.6cm	79,663	纽约苏富比	2015.09.15
宋 龙泉窑青釉渣斗	直径9.4cm	300,375	香港苏富比	2015.06.01
宋 龙泉窑太平有象枕	高18cm	56,718	香港龙玺	2015.09.19
宋 龙泉折沿小碗	直径14cm	59,081	Clars Auction	2015.06.28
宋末元初龙泉窑青釉鼓钉洗（炉）	口径22cm	708,113	宝港国际	2015.11.28
宋末元初龙泉窑青釉凸花弦纹尊	高27.5cm	336,000	台湾世家	2015.01.18
宋至元时期，13至14世纪 龙泉小盏（两只）	尺寸不一	10,936	慕仕阁	2015.11.16
12世纪/13世纪 龙泉窑青釉竹节纹带盖梅瓶	高21cm	318,650	邦瀚斯	2015.09.14
14世纪至15世纪 龙泉窑花口盘	口径26.7cm	22,966	慕仕阁	2015.11.16
元 龙泉八卦小炉	高5.8cm	40,250	北京保利	2015.06.08
元 龙泉鬲式香炉	高9.2cm	241,500	北京保利	2015.12.08
元 龙泉官窑出戟尊	高28cm	3,224,025	澳门中道	2015.01.30
元 龙泉露胎童子拜观音像	高22cm	172,500	北京保利	2015.12.08
元 龙泉青瓷双鱼折沿大盘	直径37.5cm	504,375	香港苏富比	2015.04.07
元 龙泉青瓷贴龙纹盘	直径34.7cm	302,625	香港苏富比	2015.04.07
元 龙泉青釉琮式瓶	高27.2cm	1,473,840	佳士得	2015.06.03
元 龙泉青釉佛像	高23cm	13,921	香港淳浩	2015.04.04
元 龙泉青釉刻八思巴文盘	直径35.5cm	350,438	佳士得	2015.06.03
元 龙泉青釉刻花卉纹棱式盖罐	高35cm	320,400	佳士得	2015.06.03
元 龙泉青釉刻莲花纹长颈瓶	高61.5cm	469,575	纽约佳士得	2015.03.20
元龙泉青釉六棱龙首环耳花口瓶	高26.3cm	175,258	纽约佳士得	2015.09.17
元 龙泉双耳瓶	高15.5cm	51,928	香港淳浩	2015.11.27
元 龙泉窑暗刻花卉罐	高27.3cm	32,200	北京翰海	2015.11.28
元龙泉窑暗刻水波莲瓣纹五管瓶	高28.6cm	55,200	中鸿信	2015.07.29
元 龙泉窑缠枝花卉纹净水碗	直径19.4cm	138,000	中国嘉德	2015.09.19
元 龙泉窑缠枝莲纹葫芦执壶	直径22.2cm	17,250	中国嘉德	2015.06.27
元 龙泉窑仿官莲瓣碗	直径18cm	25,300	中鸿信	2015.07.29
元 龙泉窑粉青釉刘海戏金蟾像	高17.8cm	92,000	中鸿信	2015.07.29
元 龙泉窑吉字瓶	高20.2cm	97,750	中鸿信	2015.07.29
元 龙泉窑莲瓣碗	直径14.6cm	28,750	中国嘉德	2015.04.01
元 龙泉窑镂空菊纹笔筒	高16.4cm	36,800	中鸿信	2015.07.29
元龙泉窑梅子青釉模印缠枝花卉纹觚	高48.9cm	517,500	北京中汉	2015.05.17
元 龙泉窑模印双鱼盘	直径20.4cm	41,400	北京保利	2015.06.08
元龙泉窑青釉“天之美禄”方盘	宽10.3cm	43,700	北京诚轩	2015.05.17
元龙泉窑青釉“天之美禄”方盘(一对)	宽10.3cm×2	23,000	北京诚轩	2015.11.14
元 龙泉窑青釉点褐彩盘	直径16cm	993,410	卓艺拍卖	2015.11.18
元 龙泉窑青釉莲纹鱼龙衔环耳玉壶春瓶	高20.6cm	55,764	纽约佳士得	2015.09.17

拍品名称	物品尺寸	成交价RMB	拍卖公司	拍卖日期
元 龙泉窑青釉露胎模印贴云鹤纹花口小盘	直径13.3cm	103,561	纽约佳士得	2015.09.17
元 龙泉窑青釉贴牡丹花纹瓶	高25.3cm	469,575	纽约苏富比	2015.03.17
元 龙泉窑青釉小口水盂	宽12.9cm	69,000	北京诚轩	2015.05.17
元 龙泉窑青釉竹节洗	直径10.8cm	207,000	北京中汉	2015.04.02
元 龙泉窑三足香炉	宽10.3cm	34,500	北京保利	2015.06.08
元 龙泉窑双鱼洗	直径22cm	23,000	中国嘉德	2015.09.19
元 龙泉窑贴塑龙纹凤鸟钮盖瓶	高40.6cm	437,000	中鸿信	2015.07.29
元 龙泉窑印花花卉纹瓶	高13.7cm	253,000	中鸿信	2015.07.29
元 龙泉窑玉壶春瓶	高29.5cm	115,000	北京保利	2015.06.08
元 龙泉窑折沿小洗	直径13cm	11,500	北京保利	2015.11.01
元 龙泉窑折沿小洗	直径13cm	11,500	北京保利	2015.11.01
元 龙泉窑直颈瓶	高15.8cm	115,000	北京保利	2015.06.08
元 龙泉窑青釉刻荷花莲纹洗	直径18.3cm	72,000	台湾世家	2015.01.18
元 龙泉窑青釉牡丹花纹罐	高21.3cm	32,200	深圳市拍	2015.07.19
元 龙泉窑青釉洗	高16cm	24,000	台湾世家	2015.01.18
元 龙泉窑青釉玉壶春瓶	高26cm	12,000	台湾世家	2015.01.18
元龚心钊旧藏青釉小瓶、青釉洗	小瓶高11.7cm	1,150,000	北京保利	2015.12.08
元14世纪早期至中期 龙泉窑大盘	口径35.7cm	41,010	慕仕阁	2015.11.16
元/明 龙泉鬲式炉	直径14cm	287,500	北京东正	2015.05.19
元/明 龙泉青釉刻莲纹诸葛碗	直径12.3cm	93,915	纽约佳士得	2015.03.20
元/明 龙泉窑青釉刻八卦纹樽式炉	直径13.6cm	43,814	纽约佳士得	2015.09.17
元/明 龙泉窑青釉刻八卦纹樽式炉	直径12.7cm	38,238	纽约佳士得	2015.09.17
元/明 龙泉窑青釉莲花纹盘	直径35.2cm	39,831	纽约苏富比	2015.09.15
元/明 龙泉窑双凤耳瓶	高25.5cm	471,500	北京东正	2015.05.19
元/明初 龙泉窑青釉钱纹花口盘	直径42.5cm	477,975	纽约佳士得	2015.09.17
元 龙泉窑大盘	口径34cm	13,123	慕仕阁	2015.11.16
元明龙泉窑缠枝牡丹双凤纹花口大盘	直径56cm	11,500	中国嘉德	2015.04.01
元明龙泉窑印花点褐彩瓶（一对）	高12.4cm	47,259	保利香港	2015.05.31
元末明初 龙泉窑青釉刻牡丹纹凤尾尊	高37.cm	63,730	纽约佳士得	2015.09.17
元末明初 龙泉窑茶盏托	宽15cm	18,883	诚昌国际	2015.12.02
元末明初 龙泉窑杯	直径6.8cm	17,250	中国嘉德	2015.09.20
元末明初 龙泉窑翠青釉大罐	高26cm	172,800	景薰楼	2015.06.21
元末明初龙泉窑刻花卉纹直颈瓶	高22cm	39,500	景薰楼	2015.06.21
明以前 龙泉青釉茶杯	直径9cm	28,750	西泠拍卖	2015.07.04
明以前 龙泉双耳瓶	高16.7cm	138,000	西泠拍卖	2015.07.05
明以前龙泉窑莲瓣纹鸟食罐(一对)	长6.5cm	11,500	西泠拍卖	2015.04.23
明初龙泉青釉刻缠枝牡丹纹执壶	宽31.75cm	769,688	佳士得	2015.12.02
明或更早 龙泉琮式瓶	高24.5cm	356,500	保利厦门	2015.05.03
明早期 龙泉青釉刻几何纹梅瓶	高33.8cm	350,438	佳士得	2015.06.03
明早期 龙泉刻花碗	直径17cm	11,500	广州皇玛	2015.07.25
明早期 龙泉暗刻花卉纹浅碗	直径10.5cm	161,000	保利厦门	2015.05.03
明早期 龙泉花口刻鱼藻纹洗	直径31cm	517,500	北京保利	2015.12.08
明早期 龙泉葵口形盘	直径32cm	92,000	广州皇玛	2015.01.17
明早期 龙泉窑缠枝莲纹葵口盘	直径37cm	34,500	中国嘉德	2015.06.27
明早期龙泉窑缠枝牡丹锦纹大盘	直径36.5cm	48,300	中国嘉德	2015.04.01
明早期 龙泉窑花卉纹菱口大盘	直径38.4cm	20,700	中鸿信	2015.07.29
明早期 龙泉窑锦纹大盘	直径46.5cm	115,000	中国嘉德	2015.06.27
明早期 龙泉窑刻花卉双耳炉	高28cm	17,250	北京保利	2015.11.01
明早期 龙泉窑刻花卉双耳炉	高28cm	17,250	北京保利	2015.11.01
明早期龙泉窑青釉暗刻缠枝花卉纹碗		55,200	北京中汉	2015.09.21
明早期 龙泉窑青釉雕麒麟纹砚屏	高18.5cm	23,000	中国嘉德	2015.11.14
明早期龙泉窑青釉刻花番莲纹大碗	直径29cm	322,000	北京诚轩	2015.05.17
明早期 龙泉窑青釉刻花卉纹觚	高26cm	273,919	纽约苏富比	2015.03.17
明早期 龙泉窑青釉刻鱼藻纹盘	直径31.1cm	328,703	纽约苏富比	2015.03.17
明早期 龙泉窑青釉莲花纹葵口盘	直径27.9cm	63,730	纽约苏富比	2015.09.15
明早期 龙泉窑素面菱口大盘	直径47.5cm	1,150,000	保利厦门	2015.05.02
明早期 龙泉窑桃株纹盘	直径36cm	48,498	中国嘉德	2015.10.06
明早期 龙泉窑玉壶春瓶	高32.5cm	690,000	厦门华辰	2015.06.20
明洪武 处州龙泉窑 刻花缠枝花卉纹折沿盘	口径18.6cm	377,660	宝港国际	2015.11.28
明洪武 龙泉梅子青玉壶春瓶	高31cm	3,565,000	翰风国际	2015.06.19
明洪武 龙泉青釉缠枝莲纹折沿盘	直径19cm	225,775	佳士得	2015.12.02
明永乐 龙泉葵口大盘	直径56.8cm	2,127,500	翰风国际	2015.06.19

拍品名称	物品尺寸	成交价RMB	拍卖公司	拍卖日期
明永乐 龙泉青釉墩式碗	直径22cm	460,000	北京保利	2015.06.08
明永乐 龙泉青釉牡丹纹莲瓣大盘	直径47cm	1,954,440	佳士得	2015.06.03
明永乐 龙泉窑花卉碗	直径22.5cm	172,500	中国嘉德	2015.11.15
明永乐 龙泉窑青釉盖罐	宽24.9cm	2,003,240	佳士得	2015.12.02
明永乐/宣德时期 处州龙泉窑 刻缠枝花果纹碗	口径18.6cm	358,777	宝港国际	2015.11.28
明永乐 龙泉窑青釉花卉纹碗	直径18.1cm	391,313	纽约苏富比	2015.03.17
明永宣龙泉窑青釉暗刻山水人物砚屏	高20cm	276,000	西泠拍卖	2015.07.05
明14世纪 龙泉窑青釉罐	宽33.1cm	95,595	纽约佳士得	2015.09.17
明宣德 仿龙泉釉暗刻花口盏	直径8.5cm	57,500	北京翰海	2015.11.28
明14世纪/15世纪 龙泉青釉刻莲纹菱花式大盘	直径51.5cm	234,788	纽约佳士得	2015.03.15
明14世纪/15世纪 龙泉窑青釉露胎普贤骑象摆件	高23.2cm	87,629	纽约佳士得	2015.09.17
明15世纪初龙泉青釉刻葡萄纹大盘	直径50.3cm	254,920	纽约佳士得	2015.09.17
明15世纪 龙泉窑印花双鱼纹花卉葵瓣小碟	直径10.5cm	19,045	保利香港	2015.04.06
明15世纪龙泉青釉缠枝花卉纹碗	直径20.3cm	300,375	佳士得	2015.06.03
明15世纪 龙泉青釉花卉纹盖罐	高35.6cm	280,350	佳士得	2015.06.03
明15世纪龙泉青釉刻花鼓钉三足炉	直径30.4cm	200,250	佳士得	2015.06.03
明15世纪 龙泉青釉龙耳炉	宽23cm	480,600	佳士得	2015.06.03
明15世纪 龙泉青釉印牡丹纹执壶	高21.5cm	431,025	佳士得	2015.12.02
明15世纪 龙泉窑青釉刻缠枝牡丹纹碗	直径31.5cm	234,788	纽约苏富比	2015.03.17
明15世纪/16世纪龙泉青釉莲花纹盘	直径41.2cm	119,494	纽约苏富比	2015.09.15
明中期 龙泉青釉筒式炉	直径7.5cm	28,245	佳士得	2015.04.06
明中期 龙泉窑八卦鼓丁三足洗	直径22.7cm	17,250	北京东正	2015.05.19
明中期龙泉窑锦地开光花卉纹鼓墩	高35.2cm	40,250	中国嘉德	2015.09.20
明中期 龙泉窑锦纹三足炉	高12cm	57,500	北京保利	2015.12.09
明晚期 龙泉窑青釉缠枝莲纹大碗	直径29cm	263,450	伦敦苏富比	2015.05.13
明 龙泉暗刻花卉葵口盘	直径35cm	17,250	北京翰海	2015.03.15
明 龙泉八卦炉	宽9.5cm	13,800	北京保利	2015.11.01
明 龙泉八卦炉	宽9.5cm	13,800	北京保利	2015.11.01
明 龙泉冲耳三足炉	高9cm	69,100	景薰楼	2015.06.21
明 龙泉大盘	直径30cm	32,200	广州皇玛	2015.01.17
明 龙泉鬲式炉	高7cm	49,400	景薰楼	2015.06.21
明 龙泉鬲式香炉	宽10cm	28,750	北京保利	2015.06.08
明 龙泉观音龛	高40cm	20,700	北京保利	2015.11.01
明 龙泉观音龛	高40cm	20,700	北京保利	2015.11.01
明 龙泉刻花花盆	宽30cm	18,561	香港淳浩	2015.04.04
明 龙泉刻花卉梅瓶	高34.5cm	34,500	北京保利	2015.06.08
明 龙泉刻花梅瓶	高32cm	1,354,650	卓艺拍卖	2015.11.21
明 龙泉刻花玉壶春瓶	高27.5cm	47,900	香港淳浩	2015.07.30
明 龙泉镂雕烛台	高23.3cm	34,500	北京保利	2015.12.09
明 龙泉模印高仕人物图碗	直径15.7cm	40,250	北京保利	2015.12.09
明龙泉青瓷镂空透雕缠枝牡丹纹瓶	高27cm	86,250	西泠拍卖	2015.07.05
明 龙泉青釉大盘	直径54.8cm	1,614,000	香港苏富比	2015.04.07
明 龙泉青釉鬲式炉	宽10cm	34,500	北京保利	2015.06.07
明 龙泉青釉花卉纹三足炉	高11.7cm	15,136	纽约苏富比	2015.09.15
明 龙泉青釉盘口瓶	高17.5cm	40,250	北京保利	2015.12.08
明 龙泉青釉三足炉	宽12.5cm	17,250	北京保利	2015.06.07
明 龙泉青釉双凤耳瓶	高17cm	69,000	北京保利	2015.06.07
明 龙泉筒式炉	高8.2cm	18,400	上海工美	2015.06.28
明 龙泉五管瓶	高22cm	69,000	泰和嘉成	2015.05.30
明 龙泉小香炉	直径7cm	13,800	北京翰海	2015.09.13
明 龙泉绣墩	高33cm	11,500	北京保利	2015.04.26
明 龙泉窑官帽耳三足炉	高18.5cm	20,700	南京嘉信	2015.07.19
明 龙泉窑官人俑	高13.7cm	1,585,980	AA中国艺海	2015.02.03
明 龙泉窑花卉纹三足炉	高14.5cm	22,600	辽宁建投	2015.08.30
明 龙泉窑划花花口大碗	直径31.5cm	25,300	北京保利	2015.01.24
明龙泉窑戟耳炉、露胎人物水滴(二件)	宽10.2cm；宽9cm	36,800	北京保利	2015.12.09
明 龙泉窑酒仙像	高8.5cm	34,500	中国嘉德	2015.04.01
明 龙泉窑菊花纹花盆	直径32.5cm	10,350	中国嘉德	2015.04.01
明 龙泉窑刻花河滨印款碗	直径14.5cm	11,500	中鸿信	2015.07.29
明 龙泉窑刻花卉纹大盘	直径47cm	138,000	北京匡时	2015.12.05

拍品名称	物品尺寸	成交价RMB	拍卖公司	拍卖日期
明 龙泉窑刻牡丹纹大碗	口径26.5cm	184,000	西泠拍卖	2015.07.05
明 龙泉窑镂雕荷塘鹭鸶图八方罐	宽32cm	339,486	中国嘉德	2015.10.06
明 龙泉窑镂雕锦纹琮式瓶	高20.3cm	27,600	中国嘉德	2015.09.20
明 龙泉窑梅瓶	高35cm	17,250	北京保利	2015.01.24
明 龙泉窑模印缠枝莲纹罐	高22cm	138,000	中国嘉德	2015.11.15
明 龙泉窑盆架	高15.5cm	207,000	厦门华辰	2015.06.20
明龙泉窑青釉卷云纹纸镇（两件）	直径11.5cm	34,500	北京匡时	2015.06.06
明 龙泉窑青釉龙耳纸捶瓶	高26.7cm	455,050	伦敦苏富比	2015.05.13
明 龙泉窑青釉角端形香炉	高19cm	62,610	纽约苏富比	2015.03.17
明 龙泉窑青釉盘	直径17.1cm	20,160	天津文物	2015.05.22
明 龙泉窑青釉折腰碗	直径12.3cm	58,240	天津文物	2015.05.22
明 龙泉窑双耳三足炉	长13cm	25,300	中国嘉德	2015.09.19
明 龙泉窑印花缸	直径38cm	16,100	北京保利	2015.01.24
明 龙泉窑印花卉纹瓶	高39cm	14,950	北京保利	2015.01.24
明 龙泉窑印花碗	直径17.2cm	378,072	保利香港	2015.05.31
明 龙泉银胆几式香炉	高8.3cm	32,200	西泠拍卖	2015.07.05
明 龙泉印花卉弦纹花觚	高44cm	207,000	北京保利	2015.06.08
明 龙泉印花纹罐	高22cm	23,604	香港淳浩	2015.11.27
明 龙泉釉寿翁香插	高13cm	23,000	北京翰海	2015.11.28
明 龙泉方垒	高43cm；宽25cm	28,800	台湾世家	2015.01.18
明 龙泉窑暗刻几何龙纹尊	瓶高36.5cm	43,200	台湾世家	2015.01.18
明 龙泉窑茶盏（三件）	尺寸不一	11,500	北京保利	2015.11.01
明 龙泉窑茶盏（三件）	尺寸不一	11,500	北京保利	2015.11.01
明 龙泉窑琮式瓶	高24.5cm	92,000	中国嘉德	2015.05.16
明 龙泉窑高足花口杯	高8.8cm	13,800	上海敬华	2015.06.30
明 龙泉窑高足碗	直径15.4cm	17,250	中国嘉德	2015.09.19
明 龙泉窑鬲式炉	宽16cm	345,000	北京保利	2015.06.08
明 龙泉窑瓜形罐	直径16cm	17,250	北京保利	2015.11.01
明 龙泉窑瓜形罐	直径16cm	17,250	北京保利	2015.11.01
明龙泉窑青釉“福”、“寿”字瓶	高20cm	264,000	台湾世家	2015.01.18
清早期 龙泉窑三足炉	高15.5cm	80,500	北京匡时	2015.06.06
清乾隆 龙泉窑粉青釉莲花寿字纹盘（一件）	直径36cm	17,920	上海国拍	2015.05.31
仿龙泉窑缠枝花果纹罐	高24cm	17,250	南京经典	2015.01.04
龙泉暗刻花卉花口盘	口径22cm	986,832	荣盛国际	2015.01.10
龙泉八仙罐	高21cm	66,323	澳门中道	2015.01.30
龙泉青花釉里红鸡鸣瓜果大盘	直径46cm	18,597	台北艺流	2015.10.10
龙泉碗	口径16.7cm	529,200	香港铮鼎	2015.04.28
龙泉窑“八思巴文”葵口盘	直径31cm	616,770	AA中国艺海	2015.07.19
龙泉窑大盘	口径41cm	1,189,485	AA中国艺海	2015.08.20
龙泉窑斗笠盏	口径14cm	403,704	荣盛国际	2015.01.10
龙泉窑粉青釉莲花碗	直径19.5cm	352,440	AA中国艺海	2015.07.12
龙泉窑荷叶罐	通高32cm	3,160,850	卓艺拍卖	2015.11.21
龙泉窑刻花缠枝花卉纹大碗	口径12.5cm	420,525	荣盛国际	2015.07.31
龙泉窑镂空三足炉	通高7cm	360,450	荣盛国际	2015.07.31
龙泉窑青瓷镂空牡丹纹套瓶	高31.3cm	1,938,420	AA中国艺海	2015.07.11
龙泉窑青釉盘口小瓶	高15.3cm	138,000	上海泓盛	2015.06.20
龙泉窑青釉三足双耳小炉	高6.7cm	25,300	北京中汉	2015.05.17
龙泉窑青釉砚滴	高6.8cm	40,250	北京中汉	2015.05.17
龙泉窑青釉尊		46,000	北京中汉	2015.09.21
龙泉窑双耳瓶	高18cm	528,660	AA中国艺海	2015.07.11
龙泉釉琮式瓶	高24.5cm	1,083,720	卓艺拍卖	2015.11.21
龙泉鱼藻盘	直径36.5cm	11,623	台北艺流	2015.10.10
景德镇青釉				
南宋 湖田窑龙首柄水注	高8cm	95,226	保利香港	2015.04.06
元枢府釉模印缠枝花卉纹碗(一对)		46,000	北京中汉	2015.09.21
明或更早 湖田窑弥勒像	高24cm	920,000	保利厦门	2015.05.02
明或更早 粉青莲瓣纹盘	直径18.6cm	69,000	翰风国际	2015.06.19
明宣德 青釉花口碗一对	直径9cm	73,692	澳门中道	2015.01.30
明成化 暗刻凤纹杯三只	直径8.2cm	322,403	澳门中道	2015.01.30
明成化 斗笠碗	直径11.8cm	110,538	澳门中道	2015.01.30
明成化 青釉玉壶春瓶	高16.5cm	165,807	澳门中道	2015.01.30
明成化 小碗“大明成化”款	直径10.2cm	50,663	澳门中道	2015.01.30
明嘉靖 回青釉暗刻云龙纹大碗	直径18.7cm	17,250	中国嘉德	2015.04.01
明 青瓷莲瓣纹碗	直径16.5cm	34,500	翰风国际	2015.06.19

2015瓷器拍卖成交汇总

(成交价RMB：1万元以上)

拍品名称	物品尺寸	成交价RMB	拍卖公司	拍卖日期
明 青釉镂雕牡丹纹瓶	高18.5cm	54,784	纽约佳士得	2015.03.20
明 青釉小碗	直径9cm	92,000	辽宁中正	2015.06.13
明 青釉花口洗	宽20cm	126,500	北京保利	2015.12.08
清早期 福窑双耳统瓶	高22cm	17,250	广州皇玛	2015.07.25
清康熙 淡青釉暗刻云龙纹缸	直径13cm	92,000	古天一	2015.06.06
清康熙 冬青釉浮雕缠枝番莲纹碗	直径21.3cm	287,700	香港苏富比	2015.10.07
清康熙 豆青釉暗刻穿云龙纹长颈瓶	高42cm	57,500	北京华辰	2015.05.15
清康熙 豆青釉花卉花觚	高46.5cm	11,500	北京保利	2015.04.26
清康熙 豆青釉刻螭龙穿花双耳尊	高35cm	10,350	北京保利	2015.04.26
清康熙 豆青釉刻螭龙牡丹纹笔筒	直径19cm	1,233,417	纽约佳士得	2015.03.19
清康熙 豆青釉刻山水图象耳炉	直径13.6cm	36,800	华艺国际	2015.05.24
清康熙 豆青釉模印凤穿牡丹笔筒	直径17.7cm	253,000	中国嘉德	2015.05.16
清康熙 豆青釉竹纹笔筒	高13.5cm	138,000	北京保利	2015.04.25
清康熙 豆青竹节形笔筒	高13.5cm	28,750	广州皇玛	2015.07.25
清康熙 豆青釉暗刻云凤纹水盂	长10.1cm	23,000	北京诚轩	2015.11.14
清康熙 豆青釉葵口洗	直径14.3cm	57,500	北京保利	2015.12.09
清康熙 粉青釉刻缠枝莲纹笔筒	高18.5cm	113,763	伦敦苏富比	2015.05.13
清康熙 粉青釉饕餮纹贯耳瓶	高22.5cm	3,428,136	保利香港	2015.04.06
清康熙 青釉暗刻缠枝莲纹观音瓶	高47.7cm	63,250	中国嘉德	2015.04.01
清康熙 青釉刻宝相花纹碗	直径15.3cm	600,750	佳士得	2015.06.03
清康熙 青釉刻缠枝莲纹瓶	高22.5cm	782,625	纽约佳士得	2015.03.19
清康熙 青釉刻缠枝牡丹纹笔筒	高13.3cm	62,610	纽约佳士得	2015.03.19
清康熙 青釉刻缠枝牡丹纹瓶	高25.6cm	932,889	纽约佳士得	2015.03.19
清康熙 青釉刻螭龙灵芝纹瓶	高24.2cm	375,660	纽约佳士得	2015.03.19
清康熙 青釉刻牡丹花卉螭龙纹笔筒	直径18.4cm	414,245	纽约苏富比	2015.09.15
清康熙 青釉竹节儿	长28cm	86,250	西泠拍卖	2015.07.05
清雍正 冬青釉八方瓶	高34.5cm	9,200,000	北京保利	2015.06.06
清雍正 冬青釉橄榄瓶	高24cm	34,500	华艺国际	2015.03.29
清雍正 冬青釉弦纹花盆	长30.3cm	857,034	保利香港	2015.04.06
清雍正 粉青釉暗刻福如东海纹碗	直径12.1cm	700,875	佳士得	2015.06.03
清雍正 粉青釉暗刻花卉纹花口长颈瓶		17,250	北京中汉	2015.09.21
清雍正 粉青釉大碗	直径26cm	1,150,000	厦门华辰	2015.06.20
清雍正 粉青釉浮雕缠枝莲如意耳扁壶	高29.1cm	16,527,360	香港苏富比	2015.04.07
清雍正 粉青釉观音瓶	高27cm	6,900,000	北京保利	2015.06.06
清雍正 粉青釉模印凤纹高足碗	高9.3cm；	213,391	保利香港	2015.10.06
清雍正 粉青釉浅浮雕福寿万代纹鸡心碗（一对）	直径12.2cm	3,450,000	上海道明	2015.05.09
清雍正 粉青釉寿山福海盘	直径16cm	1,725,000	厦门华辰	2015.06.20
清雍正 粉青釉双弦纹六方贯耳瓶	高28cm	4,499,338	纽约苏富比	2015.09.15
清雍正 粉青釉网络尊	高17cm	8,202,240	佳士得	2015.06.03
清雍正 粉青釉印多子多福纹碗(一对)	直径15.7cm	2,969,760	香港苏富比	2015.04.07
清雍正 青釉模印穿花凤纹高足杯	直径9.6cm	115,000	中国嘉德	2015.04.01
清雍正 粉青釉暗刻海水纹盘	直径16.2cm	552,000	北京保利	2015.12.09
清雍正 青釉水波纹花口碗	直径25.8cm	207,000	北京匡时	2015.12.05
清雍正 御窑粉青釉双系倭角盖罐	高13.5cm	2,760,000	北京东正	2015.11.19
清雍正 冬青釉莲瓣花口大碗	直径26cm	345,000	北京保利	2015.12.08
清雍正/乾隆 青釉弦纹壶	高27.6cm	184,000	中国嘉德	2015.04.01
清雍正/乾隆 粉青釉盘口水盂	直径6cm	931,162	保利香港	2015.10.06
清乾隆 “敬畏堂制”豆青釉盖碗	口径11cm	126,500	西泠拍卖	2015.07.05
清乾隆 螭龙纹豆青釉六棱方瓶	高34cm	22,000	北京贞观	2015.06.28
清乾隆 冬青釉衔环铺首鼓形罐	高17cm	97,750	西泠拍卖	2015.07.05
清乾隆 豆青暗花双耳瓶	高52cm	138,000	广州皇玛	2015.01.17
清乾隆 豆青釉暗花缠枝牡丹大碗	直径26.5cm	230,000	北京保利	2015.06.08
清乾隆 豆青釉带托螺形小水丞	长7 cm	10,838	万昌斯	2015.06.01
清乾隆 豆青釉鼓钉罐	高17.5cm	161,000	上海敬华	2015.06.30
清乾隆 豆青釉贯耳瓶	高34.6cm	17,250	北京中汉	2015.04.02
清乾隆 豆青釉葫芦形壁瓶		94,300	北京中汉	2015.09.21
清乾隆 豆青釉刻缠枝莲纹洗	直径25.5cm	23,000	广州皇玛	2015.01.17
清乾隆 豆青釉莲纹盘	直径20cm	40,250	上海敬华	2015.06.30
清乾隆 豆青釉马蹄尊	直径6.5cm	345,000	西泠拍卖	2015.07.05
清乾隆 豆青釉洗	直径26cm	34,500	八益拍卖	2015.04.26
清乾隆 豆青釉弦纹五孔瓶	高27.3cm	690,000	北京翰海	2015.06.28
清乾隆 豆青釉印竹节纹广口尊	高48cm	78,200	华艺国际	2015.03.29
清乾隆 豆青釉月牙盖罐	高21.5cm	471,500	北京东正	2015.05.19

拍品名称	物品尺寸	成交价RMB	拍卖公司	拍卖日期
清乾隆 豆青釉月牙罐	高21.5cm	230,000	太平洋	2015.07.18
清乾隆 豆青釉葫芦瓶	高28cm	575,000	北京翰海	2015.11.28
清乾隆 豆青釉铺兽衔环耳鼓钉罐	高16.4cm	207,000	北京翰海	2015.11.28
清乾隆 豆青釉印福寿海棠瓶	高28.5cm	4,370,000	北京保利	2015.12.08
清乾隆 豆青釉釉里红桃形洗	长11.5cm	13,800	太平洋	2015.11.21
清乾隆 豆青釉月牙罐	高19cm	29,900	太平洋	2015.11.21
清乾隆仿汝天青釉水仙盆(“猫食盆”)	长23.3cm	805,000	北京中汉	2015.05.17
清乾隆仿永乐粉青暗刻花卉双耳扁瓶	高30cm	4,370,000	上海敬华	2015.06.30
清乾隆 粉青釉 “安云观” 花觚	高23.5cm	322,000	翰风国际	2015.06.19
清乾隆 粉青釉暗刻花卉纹折腰盘		43,700	北京中汉	2015.09.21
清乾隆 粉青釉朝天耳小炉	直径6.7cm	11,500	中国嘉德	2015.09.20
清乾隆 粉青釉带盖葫芦瓶	高36cm	2,185,000	保利厦门	2015.05.02
清乾隆 粉青釉鼓钉罐	高16cm	172,500	华艺国际	2015.03.29
清乾隆 粉青釉鼓墩式香插/花插	高11.8cm	358,481	纽约佳士得	2015.09.17
清乾隆 粉青釉海棠式瓶	高37.9cm	7,811,760	香港苏富比	2015.04.07
清乾隆 粉青釉海棠式小洗	长14.5cm	1,150,000	北京保利	2015.06.06
清乾隆 粉青釉荷花形水盂	长11.5cm	11,500	北京中汉	2015.09.21
清乾隆 粉青釉花口斗笠碗	直径26.4cm	55,200	北京中汉	2015.04.02
清乾隆 粉青釉甲虫叶形笔舔	长15cm	345,000	北京保利	2015.12.08
清乾隆 粉青釉刻缠枝花卉纹贯耳瓶	高33.3cm	223,055	纽约佳士得	2015.09.17
清乾隆 粉青釉刻缠枝莲纹大抱月瓶	高45.2cm	13,032,785	纽约佳士得	2015.09.17
清乾隆 粉青釉葵口三足洗	直径22cm	74,750	广州皇玛	2015.07.25
清乾隆 粉青釉模印夔凤纹双耳尊	高35cm	402,500	北京保利	2015.06.08
清乾隆 粉青釉模印夔龙花卉纹贯耳六方瓶	高45.5cm	6,325,000	北京保利	2015.12.08
清乾隆 粉青釉如意耳尊	高21cm	189,750	太平洋	2015.11.21
清乾隆 粉青釉如意纹炉	宽12.3cm	575,000	北京保利	2015.12.09
清乾隆 粉青釉三孔葫芦瓶	高13.6cm	34,500	中国嘉德	2015.04.01
清乾隆 粉青釉石纹方形笔筒	高10.5cm	218,500	翰风国际	2015.06.19
清乾隆 粉青釉五孔瓶	17.8cm	167,650	伦敦苏富比	2015.05.13
清乾隆 官窑冬青釉鼓钉洗	口径14.3cm	690,000	北京东正	2015.11.19
清乾隆酱釉、豆青釉暗龙纹印盒(二件)	尺寸不一	16,100	上海敬华	2015.06.30
清乾隆 青釉鼓钉罐	高16.5cm	69,000	中国嘉德	2015.04.01
清乾隆 青釉葫芦瓶	高32cm	1,955,000	西泠拍卖	2015.07.05
清乾隆 青釉葫芦瓶	高32.5cm	897,000	中贸圣佳	2015.05.20
清乾隆 青釉井字洗	宽7.8cm	28,750	北京保利	2015.06.08
清乾隆 青釉刻龙凤纹瓶	高26cm	75,679	纽约佳士得	2015.09.17
清乾隆 青釉龙纹水洗	直径12cm	17,250	八益拍卖	2015.04.26
清乾隆 青釉盘螭纹壁瓶	高11cm	23,000	中国嘉德	2015.11.15
清乾隆 青釉日月罐	高19.1cm	25,300	中国嘉德	2015.09.19
清乾隆 青釉小笔舔	直径7.9cm	17,250	中国嘉德	2015.04.01
清乾隆 御窑粉青釉三足香插	高11.5cm	3,680,000	北京东正	2015.11.19
清乾隆 月白釉礼器仿青铜豆	高26.5cm	2,760,000	北京保利	2015.06.08
18世纪 豆青釉荷花式洗	高13.5cm	32,240	宝港国际	2015.06.02
18世纪 粉青釉堆花苍龙教子大瓶	高70.5cm	3,412,245	纽约佳士得	2015.03.15
18世纪 粉青釉刻缠枝莲纹罐	高27.4cm	302,625	佳士得	2015.04.06
18世纪 青釉花口大盘	直径37.1cm	240,300	佳士得	2015.06.03
18世纪 青釉刻祥云纹马蹄式水盂	高8.1cm	250,440	纽约佳士得	2015.03.19
清嘉庆 冬青釉高足盘	直径16cm	97,750	广州皇玛	2015.01.17
清嘉庆 豆青釉模印回纹四方洗	长9.7cm	69,000	北京中汉	2015.05.17
清嘉庆 粉青釉小杯（一对）	直径7.3cm	161,400	佳士得	2015.04.06
清嘉庆-道光 豆青釉高足盘	口径16cm	230,000	上海工美	2015.06.28
清嘉庆 粉青釉模印缠枝花卉夔凤莲蓬口瓶	高30cm	9,430,000	北京保利	2015.12.08
清中期 冬青仿古铜器双耳瓶	高37cm	92,000	广州皇玛	2015.01.17
清中期 豆青暗花瓶	高51cm	28,750	广州皇玛	2015.01.17
清中期 豆青花卉双耳盘口瓶	高43cm	28,750	北京翰海	2015.07.19
清中期 豆青诗文盘	直径19cm	18,400	北京翰海	2015.09.13
清中期豆青釉开光花鸟纹绣墩(一对)	高46cm	97,750	八益拍卖	2015.04.26
清中期 豆青釉龙纹瓶	高52cm	10,350	华艺国际	2015.03.29
清中期 粉青釉花口洗	长20.6cm	23,000	北京中汉	2015.04.02
清中期 粉青釉柿子砚滴（一对）	直径6.4cm	25,300	上海道明	2015.05.09
清中期 粉青釉双龙耳弦纹瓶	高26.5cm	32,200	西泠拍卖	2015.07.05
清中期 粉青釉洗	直径19.4cm	16,800	北京荣宝	2015.06.21
清中期青釉模印缠枝莲蝠纹花盆(一对)	直径38.1cm	138,000	中国嘉德	2015.04.01

拍品名称	物品尺寸	成交价RMB	拍卖公司	拍卖日期
清道光 豆青釉莲花盖盒	高6.1cm	48,300	太平洋	2015.11.21
清道光 豆青釉鼓钉罐	高16cm	184,000	北京东正	2015.05.19
清道光 豆青釉盘	直径16.5cm	36,800	华艺国际	2015.05.24
清道光豆青釉日月盖罐（一对）	高20.5cm×2	805,000	保利厦门	2015.05.03
清道光 粉青釉琮式八卦纹瓶	高29cm	322,000	西泠拍卖	2015.07.05
清道光 粉青釉长颈瓶	高18.9cm	154,125	香港苏富比	2015.10.07
清道光 青釉仿竹纹花盆	直径26cm	20,700	太平洋	2015.07.18
清咸丰 粉青釉八卦琮式瓶	高28cm	437,000	北京翰海	2015.11.28
清同治 粉青釉贯耳瓶（二件）	高30.5cm	368,000	北京翰海	2015.11.28
清同治 豆青釉八卦琮式瓶	高28cm	291,200	北京荣宝	2015.03.29
清同治 粉青釉琮式瓶	高28.3cm	172,500	北京保利	2015.06.08
清光绪 粉青釉八卦琮式瓶	高28cm	313,600	北京荣宝	2015.03.29
清光绪 粉青釉八卦琮式瓶	高28cm	253,000	北京匡时	2015.06.06
清光绪 粉青釉八卦琮式瓶	高27.5cm	172,500	华艺国际	2015.03.29
清光绪 粉青釉八卦方瓶	高27.3cm	264,500	北京翰海	2015.06.28
清光绪 粉青釉八卦方瓶	高27.5cm	207,000	北京翰海	2015.06.28
清光绪 粉青釉八卦纹琮式瓶	高27.3cm	47,798	纽约苏富比	2015.09.15
清光绪 粉青釉八卦纹方瓶	高28.9cm	138,000	北京保利	2015.06.08
清光绪 粉青釉琮式瓶（一对）	高27.9cm	382,380	纽约佳士得	2015.09.17
清光绪 粉青釉贯耳瓶	高30.7cm	48,300	中国嘉德	2015.04.01
清光绪 青釉八卦纹琮式瓶	高28cm	69,000	中国嘉德	2015.04.01
清光绪 粉青釉八卦琮式瓶	高27.7cm	69,000	太平洋	2015.11.21
清光绪 粉青釉穿带瓶	高29.5cm	230,000	北京翰海	2015.11.28
清晚期 豆青釉三羊瓶	高20.5cm	11,500	中国嘉德	2015.09.19
清晚期 青釉模印莲花六方花盆	宽23.5cm	34,500	北京保利	2015.06.08
清晚期豆青釉灵芝型水仙盘(一对)	长25cm	13,563	香港雅盛	2015.10.05
清 冬青釉暗刻花卉天球瓶	高28cm	12,650	北京翰海	2015.09.13
清 豆青暗花观音瓶	高50cm	17,250	广州皇玛	2015.07.25
清 豆青花卉尊	高49cm	63,250	北京翰海	2015.03.15
清 豆青瓶	高28.5cm	17,250	北京翰海	2015.03.15
清 豆青双耳尊	高16cm	11,500	北京翰海	2015.09.13
清 豆青釉鼓钉罐	高16.5cm	172,500	北京保利	2015.06.08
清 豆青釉龙穿花纹铺首耳尊	高33cm	56,500	辽宁建投	2015.08.30
清 豆青釉镂空盖三足炉	高9.5cm	69,000	北京翰海	2015.06.27
清 豆青釉双耳尊	高20cm	40,250	西泠拍卖	2015.07.05
清 豆青釉水仙盆	宽30cm	11,330	诚昌国际	2015.12.02
清 豆青釉长颈赏瓶（一对）	高42cm	11,200	上海国拍	2015.05.31
清 粉青釉八卦琮式瓶	高26.8cm	1,986,820	卓艺拍卖	2015.11.18
清 粉青釉三足小香炉	高7.5cm	59,800	江苏爱涛	2015.01.11
清 粉青釉直口瓶（一对）	高29.6cm×2	69,000	北京匡时	2015.12.05
清 乾隆款豆青釉桃形洗	长7cm	40,250	中贸圣佳	2015.05.20
清 青釉龙纹缸	直径60cm	17,250	北京保利	2015.11.01
清 青釉龙纹缸	直径60cm	17,250	北京保利	2015.11.01
清 青釉三象足香炉	高9.5cm	385,000	北京中联	2015.01.18
清 青釉水丞	直径7.3cm	11,500	中国嘉德	2015.06.27
清 青釉小贯耳瓶	高14.3cm	23,000	中国嘉德	2015.06.27
清 青釉叶洗	长22cm	10,350	北京翰海	2015.03.15
清 天青釉镗锣洗	直径12cm	11,500	中国嘉德	2015.09.20
清 月白釉模印龙纹橄榄尊	高18cm	138,000	西泠拍卖	2015.07.05
19世纪/20世纪初 青釉印缠枝牡丹纹石榴尊	高25.1cm	133,046	纽约佳士得	2015.03.19
清末民国 单色釉瓷器（六件）	尺寸不一	23,000	中国嘉德	2015.04.01
民国 豆青釉弦纹三羊尊	高28.5cm	23,000	北京保利	2015.06.08
民国 青釉开光模印折枝莲纹海棠形花盆（一对）	直径22.3cm	13,800	中国嘉德	2015.06.27
民国 青釉三孔葫芦瓶	高17.5cm	23,000	北京保利	2015.06.08
民国 天青釉兽首尊	高43.3cm	10,350	中国嘉德	2015.04.01
豆青釉暗刻云凤纹观音尊	高49cm	1,277,595	AA中国艺海	2015.08.05
青釉六系龙纹尊	高41cm	2,467,080	AA中国艺海	2015.06.20
青瓷花口洗	口径19cm	2,290,860	AA中国艺海	2015.06.20
青釉缠枝花卉碗	口径15cm	343,629	AA中国艺海	2015.06.20
青釉荷叶碗	口径26cm	775,368	AA中国艺海	2015.06.20
青釉刻花梅瓶	高33cm	511,038	AA中国艺海	2015.07.11
青釉斗笠碗	口径13cm	812,790	卓艺拍卖	2015.11.18
豆青釉矾红团凤纹碗	直径14.5cm	1,304,028	AA中国艺海	2015.08.05
豆青釉葫芦瓶	高34.7cm	672,840	荣盛国际	2015.01.10
豆青釉九桃纹贯耳瓶	高28cm	193,842	AA中国艺海	2015.07.11
豆青釉双狮耳瓶	高34cm	2,467,080	AA中国艺海	2015.06.20
豆青釉跳刀纹罐	通高23cm	360,450	荣盛国际	2015.07.31
豆青釉印花龙纹盘	口径24.5cm	2,202,750	AA中国艺海	2015.06.20
粉青釉八卦纹琮式瓶	高27.5cm	440,550	AA中国艺海	2015.07.12
粉青釉贯耳瓶	高30.5cm	352,440	AA中国艺海	2015.07.11
粉青釉海棠尊	高39cm	2,555,190	AA中国艺海	2015.07.12
粉青釉刻螭龙笔筒	直径18.4cm	334,818	AA中国艺海	2015.07.19
粉青釉灵芝花盆	直径27cm	881,100	AA中国艺海	2015.07.19
黄釉暗刻龍紋碗	口徑13cm	900,000	皇家国际	2015.06.29
周华 粉青釉龙纹洗	直径24cm	74,750	中国嘉德	2015.11.16
许群 青釉洗	直径30.5cm	78,200	中国嘉德	2015.05.18
2011年徐朝兴青釉划花水波纹笔洗	直径24cm	59,800	北京保利	2015.06.05
其他窑				
西汉 原始青瓷双耳弦纹壶	高43cm	37,566	纽约佳士得	2015.03.20
东汉 青釉印纹罐	高31.8cm	78,263	纽约佳士得	2015.03.20
晋/明青瓷贴塑鸟杯龙泉青瓷鸟型杯	尺寸不一	27,635	宝港国际	2015.06.02
南朝 洪州窑　青瓷刻莲瓣纹茶盏连盏托（一套）	高7cm	110,538	宝港国际	2015.06.02
隋 青瓷龙头洗	口径17cm	128,961	宝港国际	2015.06.02
隋 淡青瓷平底洗	直径14cm	47,613	保利香港	2015.04.06
隋相州窑青釉盖盒（一组五件）	尺寸不一	119,750	宝港国际	2015.06.02
隋 青釉长颈瓶	高23.5cm	50,871	纽约佳士得	2015.03.20
隋 青釉盘口壶	高17cm	45,136	宝港国际	2015.06.02
隋/唐 灰青釉蒜头瓶	高24cm	39,831	纽约佳士得	2015.09.17
隋/唐初 青釉十三足辟雍砚	直径13.7cm	125,220	纽约佳士得	2015.03.20
可能为唐 青釉瑞兽摆件	宽19cm	187,830	纽约佳士得	2015.03.20
五代/宋 青瓷斗笠碗	直径15cm	419,125	伦敦苏富比	2015.05.13
五代/宋 青瓷斗笠碗	直径14.1cm	167,650	伦敦苏富比	2015.05.13
五代/宋 青瓷斗笠碗	直径13.3cm	77,838	伦敦苏富比	2015.05.13
北宋 青瓷十棱壶	高24.5cm	850,662	保利香港	2015.05.31
北宋 饶州窑刻花大枕	长28cm	624,780	罗芙奥	2015.06.02
北宋 沙埠窑青釉刻鹦鹉纹粉盒	高8.4cm	60,000	台湾世家	2015.01.18
北宋 青釉瓶	高31.8cm	50,871	纽约佳士得	2015.03.20
宋 青釉旋纹壶	高18cm	2,579,220	澳门中道	2015.01.30
宋 东沟窑青釉鬲式炉	直径15cm	77,597	中国嘉德	2015.10.06
宋 河南青瓷碗	直径13cm	11,640	中国嘉德	2015.10.06
宋建窑盏及龙泉盏托（一组两件）	尺寸不一	109,250	西泠拍卖	2015.07.05
宋 瓷器（五件）	尺寸不一	95,800	伦敦苏富比	2015.05.13
宋 青釉及紫金釉香盒	青长4.6cm	44,215	罗芙奥	2015.06.02
宋 瓷片（两盒）	宽9.3cm	117,394	纽约佳士得	2015.03.20
宋 瓷片（一组）	宽13.3cm	31,305	纽约佳士得	2015.03.20
宋 湖田窑 青瓷 菊瓣纹盒	高5cm	14,284	保利香港	2015.04.06
宋 湖田窑青瓷菊瓣纹盒	高6cm	28,568	保利香港	2015.04.06
金 东沟窑青釉盘	口径16cm	27,635	宝港国际	2015.06.02
宋/元 瓷片（一组）	长15.8cm	31,305	纽约佳士得	2015.03.15
宋/元 同安窑刻花卉纹碗	直径20.5cm	12,300	景薰楼	2015.06.21
元 青釉瓜棱执壶	高13.5cm	187,000	北京中联	2015.01.18
元 老窑瓷器一组	尺寸不一	89,600	中鸿信	2015.07.29
元 青瓷碗三件	尺寸不一	25,300	中鸿信	2015.07.29
元 东沟窑青釉碗	直径14.8cm	23,000	北京保利	2015.06.07
明15/16世纪 浙江青釉鸭式炉	高22.4cm	43,814	纽约佳士得	2015.09.17
柴窑贯耳瓶	通高12.5cm	35,043,750	荣盛国际	2015.07.31
梅子青荷叶碗		1,762,200	AA中国艺海	2015.07.11
弦纹三足炉	高11cm	969,210	AA中国艺海	2015.06.20
月白釉双象耳尊	高15cm	581,526	AA中国艺海	2015.06.20
"官哥汝定钧"五大名窑瓷器一组		82,904	澳门中道	2015.01.30
高丽时代 青瓷象嵌婴戏图小杯及花卉纹洗	长8cm	359,250	伦敦苏富比	2015.05.13
高丽时代 青瓷铁斑花卉纹小梅瓶、银盖盒、题字陶罐及梅瓶陶罐	8.7cm	311,350	伦敦苏富比	2015.05.13
高丽王朝12世纪 青釉印缠枝莲纹花口碗	直径17.6cm	260,325	佳士得	2015.06.03
高丽青瓷仿越窑划花花卉纹杯盏一套	尺寸不一	13,800	中国嘉德	2015.04.01

(成交价RMB：1万元以上)

拍品名称	物品尺寸	成交价RMB	拍卖公司	拍卖日期
15世纪/16世纪 朝鲜三岛窑青瓷鸟纹瓶	高14cm	838,250	伦敦苏富比	2015.05.13
2.白瓷				
定窑白釉				
五代 定窑花口盏托	宽13cm	174,593	中国嘉德	2015.10.06
五代 定窑花口素盘（一对）	口径12cm	138,173	宝港国际	2015.06.02
北宋/金 乾隆御题定窑葵花式盘	直径15.2cm	1,614,000	香港苏富比	2015.04.07
北宋/金 定窑白釉飞雁纹碗	直径19.1cm	782,625	纽约苏富比	2015.03.17
北宋/金 定窑白釉刻莲纹碗	直径16.5cm	87,629	纽约佳士得	2015.09.17
北宋 定窑萱花纹大钵	口径23cm	1,537,920	罗芙奥	2015.06.02
北宋 定窑刻牡丹花纹碗	直径20.48cm	21,099,570	纽约苏富比	2015.03.17
北宋 定窑刻莲花纹碗	直径9.5cm	109,568	纽约苏富比	2015.03.17
北宋 定窑刻花双鱼纹碗	直径20.2cm	500,625	香港苏富比	2015.06.01
北宋 定窑刻荷花纹大枕	长27cm	528,660	罗芙奥	2015.06.02
北宋 定窑划花六瓣碗	直径12.8cm	61,700	景薰楼	2015.06.21
北宋定窑白釉印花博古图分格花口盘	直径20cm	78,263	纽约苏富比	2015.03.17
北宋 定窑白釉刻莲纹碗	直径17.2cm	297,398	纽约佳士得	2015.03.15
北宋 定窑白釉刻莲纹盘	直径21.8cm	273,919	纽约佳士得	2015.03.15
北宋 定窑白釉刻莲纹花口盘	直径14cm	328,703	纽约佳士得	2015.03.15
北宋 定窑白釉刻莲花纹盘	直径24cm	665,231	纽约苏富比	2015.03.17
北宋 定窑白釉花口碗	直径10.2cm	66,523	纽约佳士得	2015.03.20
北宋 定窑白瓷刻双鱼纹盘	口径22.4cm	6,167,700	AA中国艺海	2015.02.03
北宋 定窑白釉瓶	高23.2cm	2,020,241	纽约佳士得	2015.09.17
北宋 定窑白釉刻莲纹折沿盘	直径12.1cm	119,494	纽约佳士得	2015.09.17
北宋 定窑盖盒	直径16.1cm	174,593	保利香港	2015.10.06
北宋 定窑划花莲纹洗	直径20.6cm	4,170,680	佳士得	2015.12.02
北宋 定窑刻莲纹盘	直径16.5cm	2,791,400	佳士得	2015.12.02
北宋/金 定窑印孔雀穿牡丹纹盘	直径18.1cm	1,806,200	佳士得	2015.12.02
北宋/金 定窑刻萱花纹墩式小碗	口径10cm	207,713	宝港国际	2015.11.28
宋 定窑刻花小碗	口径11cm	918,000	香港铮鼎	2015.04.28
宋 定窑小瓶带原匣（两件）	尺寸不一	23,000	上海敬华	2015.04.26
宋 定窑系白釉钵	直径9.5cm	23,479	纽约佳士得	2015.03.15
宋 定窑模印刻花纹执壶	高21cm	460,575	宝港国际	2015.06.02
宋 定窑龙纹盘	直径18cm	23,482	帝图艺术	2015.04.12
宋定窑葵花型刻花碗、定窑镶边小盘	最大件直径22cm	31,387	Clars Auction	2015.06.28
宋 定窑葵花形碗	直径12.7cm	12,114	Clars Auction	2015.06.28
宋 定窑刻划花卉纹盘	直径11.5cm	64,964	中国嘉德	2015.04.06
宋 定窑白釉水丞	高4.7cm	109,568	纽约苏富比	2015.03.17
宋 定窑白釉刻莲纹小碗	直径9.4cm	47,900	伦敦苏富比	2015.05.13
宋 定窑白釉刻莲纹小盘	直径11.6cm	47,900	伦敦苏富比	2015.05.13
宋 定窑白釉花口小盘	直径14.2cm	59,875	伦敦苏富比	2015.05.13
宋 定窑白釉盖盒	直径7.6cm	250,440	纽约苏富比	2015.03.17
宋定窑白瓷印花宝相花仙草纹浅盏	直径17.2cm	361,859	保利香港	2015.04.06
宋 定窑白瓷平底小碟	直径9.5cm	14,284	保利香港	2015.04.06
宋 定窑斗笠小茶盏	口径13.5cm	25,792	宝港国际	2015.06.02
宋 定窑白釉狮子捧莲高足杯	高10.1cm	477,975	纽约苏富比	2015.09.15
宋 定窑菊瓣纹碗	直径9.3cm	38,798	保利香港	2015.10.06
宋 定窑刻花大碗	直径24.5cm	242,490	中国嘉德	2015.10.06
宋 定窑刻花盘口瓶	高30.6cm	464,920	台北艺流	2015.10.10
宋 定窑刻花盏	直径10.2cm	145,494	保利香港	2015.10.06
宋 定窑龙纹印花小盘	直径12.5cm	581,976	中国嘉德	2015.10.06
宋 定窑白瓷印花凤凰纹斗笠碗	口径17.8cm	2,980,230	卓艺拍卖	2015.11.18
宋 定窑白釉粉盒	口径5.5cm	23,604	宝港国际	2015.11.28
宋 定窑白釉刻花芒口小杯	口径8.9cm	169,947	宝港国际	2015.11.28
宋 定窑印花娃娃缠枝莲纹大盘	宽26.3cm	94,415	诚昌国际	2015.12.01
宋 定窑白釉印花碗	直径18.2cm	322,000	中贸圣佳	2015.05.20
11世纪 定窑白釉十二瓣形洗	直径17.8cm	6,325,000	北京保利	2015.12.07
12世纪 定窑刻莲塘双凫大钵式碗	直径27.8cm	5,520,000	北京保利	2015.12.08
金 定窑瓷塑狮子戏球摆件	高7.6cm	46,000	北京保利	2015.06.08
金 定窑白釉印花菊瓣盘	直径14.3cm	63,730	纽约苏富比	2015.09.15
金 定窑划花洗一对	尺寸不一	440,550	AA中国艺海	2015.07.19
元 定窑刻花卉盘	直径16.6cm	115,000	北京保利	2015.06.08
元 定窑划花盘	直径11.3cm	23,000	北京保利	2015.06.08
元 定窑花口小盘	直径9.3cm	86,250	北京保利	2015.06.08
元 定窑花口内刻莲花盘	直径20.5cm	977,500	北京保利	2015.06.07

拍品名称	物品尺寸	成交价RMB	拍卖公司	拍卖日期
元 定窑斗笠碗	直径15.6cm	184,000	北京保利	2015.06.08
元 定窑白釉印花卉纹盘	直径25.4cm	400,500	佳士得	2015.06.03
元 定窑缠枝花卉大碗	直径30.5cm	460,000	北京保利	2015.12.08
元 定窑荷塘盖盒	直径12cm	11,500	北京保利	2015.11.01
元 定窑荷塘盖盒	直径12cm	11,500	北京保利	2015.11.01
元 定窑划花小盘	直径11.2cm	97,750	北京保利	2015.12.08
元 定窑刻花缠枝牡丹纹盘	直径18.5cm	322,000	北京保利	2015.12.09
元 定窑刻莲花笠式碗	直径20.5cm	1,150,000	北京保利	2015.12.08
元 定窑模印荷塘纹碗	直径18.5cm	149,500	北京保利	2015.12.09
元/明 定窑划花莲纹碗	直径20.6cm	40,250	北京东正	2015.05.19
明以前 定窑碗	高6.3cm	55,200	西泠拍卖	2015.07.05
明以前 定窑荷叶罐	高6cm	17,250	西泠拍卖	2015.04.23
明以前 定窑凤纹对碗	尺寸不一	207,000	西泠拍卖	2015.07.05
明或更早 定窑白釉刻花花口盘	直径17.8cm	552,000	华艺国际	2015.05.24
清雍正 仿定窑玉壶春瓶	高14.5cm	200,250	荣盛国际	2015.07.31
清雍正仿定窑白釉刻花瑞兽纹葫芦瓶	高24.5cm	207,000	保利厦门	2015.05.03
清雍正 仿定窑暗刻双鱼纹盘	直径24.7cm	82,800	北京匡时	2015.06.06
清雍正 仿定划花缠枝花卉纹瓶	高13cm	345,000	北京翰海	2015.11.28
清乾隆仿定窑百寿纹方瓶（一对）	高20.4cm	517,500	北京保利	2015.06.08
清 仿定白釉捏塑“富贵有余、福在眼前”纹洗	高21.8cm	115,000	北京中汉	2015.05.17
定窑瓜形壶	高7.9cm	10,350	中国嘉德	2015.06.27
定窑白瓷剔花斗笠碗	口径20cm	885,038	卓艺拍卖	2015.11.21
定窑白釉刻花盘	口径18.1cm	313,992	荣盛国际	2015.01.10
磁州窑				
北宋 磁州窑白釉柳斗纹碗	直径10.2cm	143,700	伦敦苏富比	2015.05.13
北宋 磁州窑白釉梅瓶	高24.6cm	109,568	纽约佳士得	2015.03.20
北宋 磁州窑刻花壶	高14.7cm	85,066	保利香港	2015.05.31
北宋定窑白釉印花缠枝菊花纹碗	直径17.8cm	254,920	纽约苏富比	2015.09.15
北宋 磁州窑白釉瓜棱瓶	高19.5cm	153,938	佳士得	2015.12.02
宋 磁州窑刻花卉高足杯	高9.6cm	287,500	厦门华辰	2015.06.20
宋 磁州窑刻莲花纹瓷枕	长13.5cm	194,643	香港中怡	2015.01.22
宋/元 磁州窑系白釉铺首耳瓶	高25.5cm	62,610	纽约佳士得	2015.03.20
宋/辽 磁州白地透明釉执壶	高30.5cm	23,899	纽约佳士得	2015.09.17
辽 磁州窑白釉盘口瓶	高35.8cm	32,870	纽约佳士得	2015.03.20
金 磁州窑系刻花卉纹瓶	高42.3cm	39,131	纽约佳士得	2015.03.20
金/元 磁州白釉刻莲纹碗	直径23.5cm	46,958	纽约佳士得	2015.03.20
元 磁州窑蓖纹钵	直径12cm	23,000	中国嘉德	2015.09.20
德化窑				
明 林子信制德化窑白釉龙耳炉	高8.2cm	124,850	博美拍卖	2015.07.19
明 林子信制德化窑白釉戟耳炉	高4.6cm	261,050	博美拍卖	2015.07.19
明 何朝宗制德化窑白釉送子观音	高35.5cm	2,875,000	博美拍卖	2015.07.19
明 德化白釉茶壶	高14.5cm	287,500	厦门华辰	2015.06.20
明 德化白釉三足筒式炉	直径11cm	43,700	翰风国际	2015.06.19
明 德化窑白釉筒式三足炉	高9cm	80,500	博美拍卖	2015.07.19
明 德化窑白釉如意足回纹炉	高8.8cm	26,450	博美拍卖	2015.07.19
明 德化窑白釉梅花纹提梁壶	高10.8cm	34,500	博美拍卖	2015.07.19
明 德化窑白釉花卉纹三足鼎炉	高9.3cm	97,750	博美拍卖	2015.07.19
明 德化窑狮形香插（一对）	高17cm	51,750	上海敬华	2015.06.30
明 德化窑仕女仙鹤	高32.5cm	257,922	澳门中道	2015.01.30
明德化窑“马可波罗”八角镂空香熏	宽14cm	402,500	北京保利	2015.06.08
明 德化窑椒叶洗	13cm×11cm	36,800	江苏爱涛	2015.01.11
明 德化窑白釉堆塑螭龙纹壶	高15.5cm	57,500	八益拍卖	2015.11.01
明 德化窑狮耳炉	宽14.7cm	20,700	北京保利	2015.12.09
明 德化窑筒式三足炉	直径11.4cm	11,500	北京保利	2015.12.09
明 德化窑仙鹤摆件（一对）	高10cm	23,000	八益拍卖	2015.11.01
明 林子信制德化观音立像	高47.8cm	1,150,000	北京保利	2015.12.08
明16世纪 德化白釉阿弥陀佛坐像	高45.4cm	7,323,320	佳士得	2015.12.02
明晚期 德化花觚	高42.5cm	92,000	中国嘉德	2015.11.15
明晚期 德化窑碗	直径18.3cm	57,500	中国嘉德	2015.11.15
明晚期 何朝宗 德化白瓷观音像	高15.7cm	437,000	厦门华辰	2015.06.20
明晚期林子信德化白釉诗文三足杯	高9cm	552,000	厦门华辰	2015.06.20
明晚期 德化白釉观音坐像	高14.3cm	117,394	纽约苏富比	2015.03.17
明晚期 德化白釉观音坐像	高19.6cm	352,181	纽约佳士得	2015.03.15
明晚期 德化白釉老子坐像	高11.4cm	117,394	纽约佳士得	2015.03.15

拍品名称	物品尺寸	成交价RMB	拍卖公司	拍卖日期
明晚期 德化白釉饕餮纹小方鼎	高10.8cm	43,044	纽约佳士得	2015.03.15
明末清初 德化白釉长颈瓶	高35.3cm	273,919	纽约佳士得	2015.03.19
明末清初 德化白釉铺首耳簋式炉	直径16.5cm	66,523	纽约佳士得	2015.03.19
明末清初 德化窑白釉炉	直径11cm	11,500	广州皇玛	2015.07.25
明末清初 德化窑暗刻荷花纹花觚	高19.3cm	34,500	北京中汉	2015.04.02
明末清初 德化窑龙虎角形杯(六件)	长14.2cm	115,000	北京保利	2015.06.08
明末清初 德化窑三足炉（一对）	高9.5cm×2	149,500	保利厦门	2015.05.03
明末清初 德化白釉观音坐像	高20cm	238,988	纽约佳士得	2015.09.17
明末清初 德化窑狮耳炉	长14cm	36,800	中国嘉德	2015.09.20
明末清初 德化白釉荷叶形洗	长10.5cm	219,135	纽约佳士得	2015.03.19
明至清德化窑三足炉、龙泉窑三足炉	高5cm×2	23,807	保利香港	2015.04.06
明末/18世纪 德化白釉送子观音像	高30.2cm	297,398	纽约佳士得	2015.03.15
17世纪 德化窑白釉月圆风清铭小罐	高8cm	39,131	纽约苏富比	2015.03.17
17世纪 德化窑白瓷象耳活环瓶	高24.5cm	115,000	中国嘉德	2015.05.16
17世纪 德化白釉真武三官山子	高30.8cm	164,351	纽约苏富比	2015.03.17
清初17世纪 德化白釉贴螭龙纹瓶	高23cm	391,313	纽约佳士得	2015.03.19
清初 德化白瓷兽耳炉	高17.5cm	23,500	景薰楼	2015.06.21
清初 德化窑白釉双狮耳炉	直径8.2cm	34,500	华艺国际	2015.05.24
清早期 德化盘螭执壶	高15cm	138,000	北京保利	2015.06.08
清早期 德化童子观音座像	高25.5cm	57,500	翰风国际	2015.06.19
清早期 德化窑双耳香炉	宽18.8cm	23,000	北京保利	2015.06.08
清早期 德化窑双狮耳炉	宽14cm	34,500	北京保利	2015.06.08
清早期 德化窑白瓷观音立像	高24cm	11,500	北京中汉	2015.04.02
清早期 "何朝春"款德化窑持卷观音	高13cm	66,700	西泠拍卖	2015.07.05
清早期 德化窑鼎式炉	高15.4cm	11,500	北京保利	2015.06.08
清早期 德化窑观音坐像	高28cm	172,500	北京保利	2015.06.08
清早期 德化窑自在观音	高30.7cm	113,000	辽宁建投	2015.08.30
清早期 德化窑三足炉	直径11cm	25,300	北京保利	2015.04.25
清早期 德化窑白釉铺首炉		17,250	北京中汉	2015.09.21
清早期 德化窑回纹螭耳炉	长10.5cm	10,350	中国嘉德	2015.09.20
清早期 德化窑白瓷观音坐像	高32.4cm	80,500	北京诚轩	2015.11.14
清早期 德化窑白瓷瑞兽钮方章	高5.8cm	43,700	北京诚轩	2015.11.14
清早期 德化窑白瓷筒式炉	宽11.1cm	40,250	北京诚轩	2015.11.14
清早期 德化窑白釉暗刻梅花花卉纹梅瓶	高36.7cm	34,500	北京保利	2015.12.09
清早期 德化窑观音像	高19.2cm	138,000	北京保利	2015.12.09
清早期 德化窑狮耳香炉	直径15cm	46,000	北京保利	2015.12.09
清早期 德化窑筒式炉二件	高7cm×2	28,750	北京保利	2015.12.09
清康熙 德化窑螭龙纹筒式炉	直径11.5cm	57,500	中国嘉德	2015.09.20
清康熙 德化窑观音坐像	高19cm	195,500	中国嘉德	2015.05.16
清康熙德化白瓷花叶式杯（一对）	尺寸不一	32,040	香港苏富比	2015.06.01
清康熙 德化白釉西洋人物群塑像	高13cm	63,730	纽约佳士得	2015.09.17
清康熙 德化白瓷观音菩萨坐像	高33.5cm	719,250	香港苏富比	2015.10.07
清康熙 德化窑出戟花觚	高41.5cm	69,000	北京翰海	2015.11.28
清康熙 德化窑双象耳炉	高8.8cm	46,000	北京翰海	2015.11.28
清中期 德化窑印花桶式炉	直径11.7cm	57,500	北京保利	2015.06.08
清中期 德化窑鱼篮观音	高46cm	34,500	北京保利	2015.06.08
清中期 德化窑执如意观音	高9cm	23,000	北京保利	2015.06.08
清中期 德化窑荷叶洗	长11.7cm	46,000	北京保利	2015.06.08
清中期 德化弥勒佛	高9cm	23,000	华艺国际	2015.03.29
清中期 德化窑白釉双耳炉	高9.5cm	69,000	北京中汉	2015.05.17
清中期 德化观音立像	高57cm	195,500	北京匡时	2015.12.05
清中期 德化窑白瓷观音坐像	高21.3cm	36,800	北京诚轩	2015.11.14
清17世纪/18世纪德化白釉和尚坐像	高11.5cm	289,571	纽约佳士得	2015.03.19
清17世纪/18世纪 德化窑透雕状元及第铭笔筒	高15cm	125,220	纽约苏富比	2015.03.17
17世纪/18世纪 德化白釉铺首耳长颈瓶（一对）	高37cm×2	287,500	保利厦门	2015.05.03
17世纪/18世纪德化窑白釉观音坐像	高32.5cm	95,800	伦敦苏富比	2015.05.13
18世纪德化窑白釉暗刻回纹筒式炉	高9.5cm	50,438	佳士得	2015.04.06
18世纪 德化窑白釉观音坐像	高16cm	47,900	伦敦苏富比	2015.05.13
18世纪德化窑释迦牟尼莲花宝座像	高34cm	253,000	北京匡时	2015.06.06
18世纪 德化白釉樽式炉	直径14.3cm	79,663	纽约佳士得	2015.09.17
18世纪 德化白釉观音坐像	高36.2cm	6,073,170	纽约苏富比	2015.03.17
18世纪 德化白釉鱼篮观音立像	高60.8cm	187,830	纽约苏富比	2015.03.17

拍品名称	物品尺寸	成交价RMB	拍卖公司	拍卖日期
18世纪/19世纪德化白釉象形摆件(一对)	长11.4cm	352,181	纽约佳士得	2015.03.19
18世纪/19世纪 德化白釉观音坐像	高19.2cm	43,044	纽约苏富比	2015.03.21
19世纪 德化白釉观音坐像	高21.6cm	37,566	纽约苏富比	2015.03.21
19世纪 德化窑白釉鹤鹿老人像	高38cm	132,250	华艺国际	2015.05.24
19世纪 德化白釉李铁拐坐像	高29.8cm	164,351	纽约苏富比	2015.03.17
19世纪 德化白釉千手观音坐像	高38.8 cm	234,788	纽约苏富比	2015.03.17
19世纪 德化白釉观音坐像	高43.8cm	95,595	纽约苏富比	2015.09.16
19世纪 德化观音立像	高47cm	127,460	纽约佳士得	2015.09.17
清 德化窑绳纹炉	高5.5cm	13,800	西泠拍卖	2015.07.05
清 德化窑童子观音	高24cm	13,800	广州皇玛	2015.01.17
清 德化窑筒式龙纹炉	高7cm	34,500	西泠拍卖	2015.07.05
清 德化窑弦纹三足炉	直径9.8cm	11,500	上海道明	2015.05.09
清 德化白釉文殊菩萨骑狮坐像	高34.3cm	932,889	纽约佳士得	2015.03.19
清 德化三足狮耳炉	高12cm	18,400	西泠拍卖	2015.07.05
清 德化白釉西王母坐像	高23.5cm	420,525	佳士得	2015.06.03
清 德化白釉麻姑献寿	高27cm	16,705	香港淳浩	2015.04.04
清 德化白釉浮雕海兽双耳炉	宽15.5cm	18,561	香港淳浩	2015.04.04
清 德化窑白釉观音	高9cm	11,500	上海敬华	2015.04.26
清 德化窑白釉三足香炉	高10.2cm	44,800	天津文物	2015.05.22
清 德化窑白釉坐莲观音	高43.5cm	195,500	博美拍卖	2015.07.19
清 德化窑白釉千手观音坐像	高35cm	172,500	博美拍卖	2015.07.19
清 德化窑白釉花蝶杯（一对）	高5.1cm	16,800	博美拍卖	2015.07.19
清 德化窑白釉持经观音立像	高37cm	56,750	博美拍卖	2015.07.19
清 德化窑白瓷观音坐像德化窑观音坐像	高21.3cm	10,350	北京中汉	2015.05.17
清 德化窑观音	高39cm	34,500	北京保利	2015.04.26
清 德化窑观音童子像	高34.5cm	23,000	北京保利	2015.06.08
清 德化窑持卷观音坐像	高21.5cm	86,250	西泠拍卖	2015.07.05
清 德化双狮耳瓶	高36.5cm	20,700	北京保利	2015.12.09
清 德化窑白瓷达摩坐像	高19.3cm	25,300	北京诚轩	2015.11.14
清 德化窑白釉模印出戟饕餮蕉叶纹花觚	高40cm	17,250	北京保利	2015.12.09
清 德化窑达摩	高35cm	51,750	北京翰海	2015.11.28
清 德化窑观音	高155cm	4,485,000	北京翰海	2015.11.28
清 "陈伟"款德化窑如意观音像	高24cm	138,000	西泠拍卖	2015.07.05
清 "博及渔人"款德化窑瓷雕文殊菩萨	高25cm	230,000	古天一	2015.06.06
清德化白瓷"释迦牟尼佛"立像	高75cm	8,811,000	AA中国艺海	2015.07.19
清末 德化观音送子坐像	高53.4cm	159,325	纽约佳士得	2015.09.17
清末 德化窑弥勒佛	高21.5cm	32,200	保利厦门	2015.05.03
清末 德化白釉文殊菩萨骑狮像	高34.3cm	133,046	纽约佳士得	2015.03.15
清末民初 德化白釉自在观音坐像	高37.5cm	297,398	纽约佳士得	2015.03.15
清末民初 德化白釉观音立像	高45cm	508,706	纽约佳士得	2015.03.15
清末民初 德化白釉观音立像	高48.2cm	203,483	纽约佳士得	2015.03.15
德化瓷睡莲观音	通高23cm	1,806,200	卓艺拍卖	2015.11.21
德化旋纹三足炉	高10.5cm	308,385	AA中国艺海	2015.07.12
德化窑变双耳炉	长12cm	1,145,430	AA中国艺海	2015.07.12
德化窑兽耳鼓墩炉	高9.9cm	1,585,980	AA中国艺海	2015.07.12
景德镇白釉				
唐晚期 五代 邢窑白釉三足水丞	高5cm	23,604	宝港国际	2015.11.28
北宋 湖田窑梅瓶	高25.3cm	1,039,698	保利香港	2015.05.31
北宋 湖田窑青白釉印花粉盒	直径7.6cm	36,000	台湾世家	2015.01.18
北宋 湖田窑兽首壶	高21.8cm	756,144	保利香港	2015.05.31
北宋 青白瓷莲瓣瓶	高13.5cm	47,259	保利香港	2015.05.31
北宋 青白釉花口盘	直径12.7cm	28,245	佳士得	2015.04.06
北宋青白釉刻牡丹纹带盖子母粉盒	直径14.3cm	26,345	伦敦苏富比	2015.05.13
北宋 青白釉笠式碗	直径10.5cm	20,175	佳士得	2015.04.06
北宋 影青双螭龙耳杯	宽12cm	29,099	中国嘉德	2015.10.06
北宋 青白釉瓜棱执壶	高14.8cm	225,775	佳士得	2015.12.02
北宋 青白釉刻螭龙纹花口碗	直径19.6cm	718,375	佳士得	2015.12.02
北宋 青白釉刻花碗	直径19.7cm	43,103	佳士得	2015.12.02
北宋/金 白釉玉壶春瓶	高29.3cm	307,875	佳士得	2015.12.02
南宋 带青白釉碗匣钵（两件）	直径18.3cm	23,899	纽约佳士得	2015.09.17
南宋 湖田窑龙耳杯及托	宽13.5cm	238,065	保利香港	2015.04.06
南宋 湖田窑青白瓷钵	高8.8cm	104,749	保利香港	2015.04.06

2015瓷器拍卖成交汇总

(成交价RMB：1万元以上)

拍品名称	物品尺寸	成交价RMB	拍卖公司	拍卖日期
南宋 湖田窑青白瓷螭龙水注	宽8.5cm	133,316	保利香港	2015.04.06
南宋 湖田窑青白釉菊瓣粉盒	直径8.1cm	18,000	台湾世家	2015.01.18
南宋 湖田窑影青釉印花花卉回纹斗笠盏	口径13.8cm	69,086	宝港国际	2015.06.02
南宋 青白划婴戏莲花纹碗	直径19.5cm	31,305	纽约苏富比	2015.03.17
南宋 青白刻萱草纹梅瓶	高23.5cm	391,313	纽约苏富比	2015.03.17
南宋 青白团花纹梅瓶	高24.5cm	1,486,988	纽约苏富比	2015.03.17
南宋 青白釉仿古蟠夔纹凤耳壶	高17.5cm	1,331,957	纽约佳士得	2015.09.17
南宋 青白釉观音	高38cm	5,750,000	北京翰海	2015.06.28
南宋 青白釉刻双鱼纹大碗	直径18.5cm	32,870	纽约佳士得	2015.03.20
南宋 青白釉刻婴戏图梅瓶	高37.1cm	1,684,209	纽约佳士得	2015.03.20
南宋 青白釉三足炉	宽12.2cm	95,831	佳士得	2015.04.06
南宋 青白釉印花花碗	直径18.1cm	22,684	保利香港	2015.05.31
南宋 青白釉龟形盖砚	宽7.5cm	410,500	佳士得	2015.12.02
南宋 青白釉刻卷草纹梅瓶	高26.2cm	1,116,560	佳士得	2015.12.02
南宋 青白釉印葵花盘	直径14.8cm	82,100	佳士得	2015.12.02
南宋 影青碗	口径16.6cm	10,936	慕仕阁	2015.11.16
南宋 影青釉布袋和尚坐像	高25cm	236,038	宝港国际	2015.11.28
南宋 影青釉刻花嘟噜执壶	高14.8cm	358,777	宝港国际	2015.11.28
南宋 影青釉模印团菊花纹圆盒	口径8cm	132,181	宝港国际	2015.11.28
南宋/元 青白釉瓜棱形执壶	高18.8cm	70,613	佳士得	2015.04.06
南宋/元 青白釉虎形座	宽17.5cm	93,915	纽约佳士得	2015.03.20
南宋/元 青白釉刻花卉纹盘及青白釉刻花卉纹碗	尺寸不一	86,089	纽约佳士得	2015.03.15
南宋/元 青白釉器（一组四件）	宽12.6cm	47,798	纽约佳士得	2015.09.17
南宋/元 青白釉系粮仓	高24.8cm	234,788	纽约佳士得	2015.03.20
南宋/元青白釉系四系盖罐（一对）	高12.5cm	148,699	纽约佳士得	2015.03.20
宋湖田窑 青白瓷 暗刻婴戏纹粉盒	高5.3cm	57,136	保利香港	2015.04.06
宋 湖田窑 青白瓷 钵	高8cm	57,136	保利香港	2015.04.06
宋 湖田窑 青白瓷 花口浅盏	高5.7cm	47,613	保利香港	2015.04.06
宋湖田窑 青白瓷 菊瓣纹高桩小盒	高6cm	20,950	保利香港	2015.04.06
宋 湖田窑 青白瓷 菊瓣纹盒	高6.2cm	36,186	保利香港	2015.04.06
宋 湖田窑 青白瓷 葵瓣式折沿小碟	高1.5cm；直径10.7cm	47,613	保利香港	2015.04.06
宋湖田窑 青白瓷 镂空球花香熏	高8cm；直径7cm	85,703	保利香港	2015.04.06
宋湖田窑 青白瓷 印花牡丹纹小碟	高1.7cm	20,950	保利香港	2015.04.06
宋湖田窑 青白瓷 印花双凤纹浅盏	高6cm	33,329	保利香港	2015.04.06
宋 湖田窑 青白瓷 直口小盖杯	高6.3cm	47,613	保利香港	2015.04.06
宋 湖田窑葵口高足杯（一对）	直径10.2cm	389,781	中国嘉德	2015.04.06
宋 湖田窑青白瓷仿定式盏托	宽11.2cm	176,168	保利香港	2015.04.06
宋湖田窑青白瓷仿古蕉叶纹贯耳瓶	高19.5cm	571,356	保利香港	2015.04.06
宋 湖田窑婴戏瓷塑	长28cm；高15cm	2,499,120	罗芙奥	2015.06.02
宋湖田窑影青花口高足杯（一对）	直径10cm	184,292	中国嘉德	2015.10.06
宋 青白瓷仿定窑双凤穿花盘	高3.5cm	38,090	保利香港	2015.04.06
宋 青白瓷三足鼎式炉	高11cm	63,047	保利香港	2015.10.06
宋 青白瓜形连盖执壶	高24.77cm	352,181	纽约苏富比	2015.03.17
宋 青白花口杯连盏托	直径8.5cm	203,483	纽约苏富比	2015.03.17
宋 青白花口高足杯连盏托	总高13.33cm	17,218	纽约苏富比	2015.03.17
宋 青白莲花纹碗	直径20cm	159,325	纽约苏富比	2015.09.15
宋 青白印花菊式胭脂盖盒	13.3cm	156,525	纽约苏富比	2015.03.17
宋 青白釉花口盘	直径12.1cm	140,175	佳士得	2015.06.03
宋 青白釉划螭龙纹碗	直径21.6cm	111,528	纽约苏富比	2015.09.15
宋 青白釉划刻花卉纹花口碗	直径12cm	28,245	佳士得	2015.04.06
宋 青白釉菊瓣高升杯	直径11.9cm	484,200	佳士得	2015.04.06
宋 青白釉刻婴戏纹碗	直径20.9cm	140,175	佳士得	2015.06.03
宋 青白釉刻鱼藻纹盘	直径18.4cm	20,712	纽约苏富比	2015.09.15
宋 青白釉葵瓣碗	直径14.7cm	60,075	佳士得	2015.06.03
宋 青白釉梅瓶	高22.5cm	159,325	纽约苏富比	2015.09.15
宋 青白釉人像（一对）	高13.2cm×2	981,950	伦敦苏富比	2015.05.13
宋 青白釉印花菊式胭脂盖盒	直径14cm	95,595	纽约苏富比	2015.09.15
宋 青白釉鱼藻纹碗（一对）	2cm×18.5cm	57,480	伦敦苏富比	2015.05.13
宋 湖田窑镂空刻花茶盏连托	高9.8cm	28,325	诚昌国际	2015.12.01
宋湖田窑影青六瓣花口碗（一对）	口径12.3cm	14,162	宝港国际	2015.11.28
宋 湖田窑影青釉熏炉	高8cm	188,830	宝港国际	2015.11.28
宋 湖田窑影青釉盏与托	高8cm	113,298	宝港国际	2015.11.28

拍品名称	物品尺寸	成交价RMB	拍卖公司	拍卖日期
宋 青白釉瓜棱形执壶	高17.6cm	23,604	宝港国际	2015.11.28
宋 青瓷刻花双猴弦纹瓶	高16cm	614,108	卓艺拍卖	2015.11.18
宋 影青釉刻花四系带盖瓶	高25.5cm	56,649	宝港国际	2015.11.28
宋 影青釉刻娃娃纹六葵口大碗	口径18.5cm	18,883	宝港国际	2015.11.28
宋 影青釉小梅瓶	高8.5cm	64,202	宝港国际	2015.11.28
宋 外褐内白釉盏	直径10.4cm	37,566	纽约佳士得	2015.03.20
宋 影青瓜棱壶（两件），影青执壶	最大件高20cm	44,311	Clars Auction	2015.06.28
宋 影青花口碟（一对）	宽14.3cm	145,494	中国嘉德	2015.10.06
宋 影青花口盏托（一组）	直径14cm	77,597	中国嘉德	2015.10.06
宋 影青葵花型碗	直径16cm	36,926	Clars Auction	2015.06.28
宋 影青印花年年有余盘	直径14.2cm	20,700	厦门华辰	2015.06.20
宋 影青印花童子瓜果纹小碗	直径18cm	20,700	厦门华辰	2015.06.20
宋 青白釉瓜式盖盒	5cm	15,019	香港苏富比	2015.06.01
宋/元 青白釉葵花式碗、花卉纹小盖盒及葵花式粉盒	6.7至11.4cm	25,031	香港苏富比	2015.06.01
宋/元 青白釉双龙耳杯	宽13.5cm	46,403	中国嘉德	2015.04.06
宋–元 青白瓷小瓶	高10.6cm	30,246	保利香港	2015.05.31
元 白釉、酱釉盘（两件）	直径10cm×2	34,500	北京保利	2015.06.07
元 白釉飞雁纹扁壶	高27.3cm	586,969	纽约苏富比	2015.03.17
元 白釉划刻萱花纹花口碗	直径23cm	20,700	北京保利	2015.12.08
元 白釉划刻萱花纹盘（二件）	直径12cm	20,700	北京保利	2015.12.08
元 白釉绳纹提梁壶	高12.5cm	43,700	北京保利	2015.06.07
元白釉剔刻牡丹纹折沿葵口浅碗	直径19.8cm	57,500	北京保利	2015.06.07
元 白釉犀牛望月纹扁壶	高29.5cm	4,696,120	卓艺拍卖	2015.11.18
元 白釉印花双鱼凤纹碗	直径19cm	63,250	北京保利	2015.06.07
元 卵白釉点彩葫芦形壶	高11.5cm	39,654	宝港国际	2015.11.28
元 卵白釉印凤穿花纹碗	直径20.3cm	101,741	纽约佳士得	2015.03.20
元青白贴寿山福海如意纹玉壶春瓶	28cm	156,525	纽约苏富比	2015.03.17
元 青白釉八方执壶	宽12.5cm	100,125	香港苏富比	2015.06.01
元 青白釉花卉纹香盒	直径10cm	92,000	北京保利	2015.12.09
元 青白釉划花碗	直径22.4cm	184,000	北京保利	2015.12.09
元 青白釉刻牡丹纹梅瓶	高29.2cm	203,483	纽约佳士得	2015.03.15
元 青白釉龙纹梅瓶	高27cm	3,910,000	北京保利	2015.06.07
元 青白釉龙纹摩竭柄执壶带盖	高27.9cm	35,848	纽约苏富比	2015.09.15
元 青白釉印凤穿花碗（一对）	直径18.5cm	448,500	北京保利	2015.12.08
元青白釉印双凤“枢府”笠式碗	直径18.2cm	138,000	北京保利	2015.06.08
元 枢府卵白釉莲纹盘	直径13.3cm	380,475	佳士得	2015.06.03
元 枢府印花金刚杵莲纹碗	直径19.5cm	713,000	北京保利	2015.04.26
元 枢府釉缠枝莲纹洗	直径14.9cm	80,500	中国嘉德	2015.09.19
元 枢府釉模印露胎八仙高足杯	高8.8cm	57,500	北京保利	2015.06.08
元 枢府釉模印云鹤“福禄”纹碗	直径17.6cm	82,800	北京中汉	2015.05.17
元 枢府釉磨印缠枝花卉盘	直径16cm	23,000	北京保利	2015.06.08
元 影青刻花卉花口碗	直径17.5cm	34,500	北京保利	2015.06.08
元 影青刻娃娃纹碗	直径20.5cm	34,500	北京保利	2015.06.08
元 影青模印花卉纹盘	直径17.5cm	17,250	北京保利	2015.06.07
元 影青娃娃碗	直径21.3cm	36,800	北京保利	2015.12.09
元 影青釉薄胎钵、佛珠（一组）	钵宽10cm	36,800	北京保利	2015.06.07
元 影青釉杯、杯托（一套）	直径8.3cm	69,000	北京保利	2015.06.08
元 影青釉瓷塑观音坐像	高48.8cm	149,500	中鸿信	2015.07.29
元 影青釉葫芦执壶	高17cm	23,000	中国嘉德	2015.06.27
元 影青釉划花卉花口碗	直径18cm	46,000	北京翰海	2015.11.28
明以前 白釉葵口瓶	高14.8cm	20,700	西泠拍卖	2015.07.05
明以前 白釉渣斗	高9.5cm	34,500	西泠拍卖	2015.07.05
明以前 湖田窑水注（一组两件）	高3.5cm	66,700	西泠拍卖	2015.07.05
明以前 影青釉玉壶春瓶	高34.3cm	241,500	西泠拍卖	2015.07.05
明或更早 影青瓷团凤纹葵口盘	直径17.7cm	195,500	博美拍卖	2015.07.19
明或更早 影青斗笠盏	直径13.5cm	20,700	东正南京	2015.07.02
明或更早 影青刻花碗	直径20cm	25,300	广州皇玛	2015.07.25
明或更早 影青刻花碗	直径10cm	11,500	广州皇玛	2015.07.25
明洪武 白釉印花云龙纹碗	直径20.3cm	23,000	北京中汉	2015.04.02
明永乐 甜白釉暗花莲子碗	直径20.7cm	3,876,840	佳士得	2015.06.03
明永乐 甜白釉暗刻缠枝莲纹罐	高21cm	253,000	厦门华辰	2015.06.20
明永乐 甜白釉暗刻莲瓣纹碗	直径21cm	2,070,000	保利厦门	2015.05.02
明永乐 甜白釉大盘	直径40.5cm	313,050	纽约佳士得	2015.03.15

拍品名称	物品尺寸	成交价RMB	拍卖公司	拍卖日期
明永乐 甜白釉刻缠枝莲如意纹永平安颂铭僧帽壶	高21cm	782,625	纽约苏富比	2015.03.17
明永乐 甜白釉暗花双龙纹茶钟	直径10.2cm	1,806,200	佳士得	2015.12.02
明永乐 甜白釉爵杯	宽12.8cm	57,500	中国嘉德	2015.11.15
明宣德 白釉暗花莲子碗	直径21cm	945,180	佳士得	2015.06.03
明宣德 白釉鸡心碗	直径16.2cm	782,000	中贸圣佳	2015.05.20
明成化 白釉堆白月影梅花盏托	直径16.8cm	287,500	北京保利	2015.12.08
明弘治 白釉官盘	直径21.5cm	54,252	香港雅盛	2015.10.05
明弘治 白釉素胎龙纹盘	直径22.5cm	690,000	上海道明	2015.05.09
明正德 白釉素胎龙纹盘	直径18.1cm	92,000	北京中汉	2015.05.17
明嘉靖 甜白釉鹅颈瓶	高33.4cm	1,437,500	北京保利	2015.06.07
明嘉靖 甜白釉盘	直径33cm	92,000	华艺国际	2015.05.24
明嘉靖 白釉暗刻龙纹大盘	直径39cm	207,000	北京保利	2015.12.08
明嘉靖 白釉暗刻龙纹罐	高31cm	345,000	北京保利	2015.12.08
明 白釉暗刻龙纹蛋壳杯	直径5.5cm	2,300,000	北京保利	2015.06.07
明 白釉暗刻云龙纹梅瓶	高35.7cm	28,750	中国嘉德	2015.06.27
明 白釉螭龙瓶（一对）	高17cm	94,518	保利香港	2015.05.31
明 白釉罐	直径33cm	26,436	香港普艺	2015.12.05
明 白釉执壶	10.2cm	35,044	香港苏富比	2015.06.01
明 青白釉菊辩纹盘（一对）	直径10cm	34,500	泰和嘉成	2015.11.21
明 甜白釉暗刻凤纹罐	高22.3cm	368,000	北京匡时	2015.06.06
明 影青高足杯	高9.5cm	23,000	北京保利	2015.04.26
明 影青模印双鱼盘（一对）	直径13cm×2	11,500	北京保利	2015.12.08
明 影青釉小杯	直径7.8cm	23,000	北京翰海	2015.11.28
明 影青盏托（一组四件）	直径15cm	32,200	北京保利	2015.04.26
明末/18世纪 白釉罐	高29.8cm	66,523	纽约佳士得	2015.03.19
明末清初白地模印游龙赶珠纹小碗	直径11.4cm	74,349	纽约佳士得	2015.03.16
明末清初白釉罐、哥釉罐（一组）	尺寸不一	13,800	华艺国际	2015.03.29
清康熙 白釉暗花卉筒瓶	高38cm	138,000	广州皇玛	2015.01.17
清康熙 白釉暗刻龙纹小杯	直径6.4cm	598,000	上海道明	2015.05.09
清康熙 白釉暗刻瑞兽纹小花觚	高18.2cm	36,800	中国嘉德	2015.04.01
清康熙 白釉暗刻兽面纹尊	高15.7cm	34,500	中国嘉德	2015.09.19
清康熙 白釉缠枝莲纹棒槌瓶	高28cm	23,000	华艺国际	2015.05.24
清康熙白釉浮雕海水螭龙纹莱菔尊	高18cm	23,000	华艺国际	2015.05.24
清康熙 白釉刻缠枝牡丹纹笔筒	高15.8cm	334,583	纽约佳士得	2015.09.17
清康熙白釉暗刻龙纹杯（一对）	直径5.9cm	48,300	中国嘉德	2015.11.15
清康熙 白釉沥粉卷云纹碗	直径13cm	1,116,560	佳士得	2015.12.02
清康熙白釉模印如意螭龙纹四足小炉	口径10.4cm	236,038	宝港国际	2015.11.28
清康熙仿宣德白釉刻折枝菊花纹水呈	高9.5cm	75,532	宝港国际	2015.11.28
清康熙 官窑白釉暗刻云龙纹碗	口径15.7cm	586,500	北京东正	2015.11.19
清雍正 白釉暗刻团龙纹大碗	直径20.8cm	20,700	北京翰海	2015.11.28
清雍正 白釉暗花八吉祥纹高足碗	直径17.8cm	297,398	纽约苏富比	2015.03.17
清雍正 白釉暗刻八吉祥纹高足碗	直径18.8cm	280,350	佳士得	2015.06.03
清雍正 白釉暗刻缠枝莲大盘	直径35cm	115,000	广州皇玛	2015.01.17
清雍正 白釉暗刻葵瓣杯	直径9cm	453,938	佳士得	2015.04.06
清雍正白釉暗刻莲花纹花口杯托(一套)		59,800	北京中汉	2015.09.21
清雍正 白釉暗刻龙纹“天”字罐	高14.5cm	138,000	中国嘉德	2015.05.16
清雍正 白釉暗刻龙纹小杯	直径6.2cm	690,000	上海道明	2015.05.09
清雍正 白釉暗刻龙纹长颈瓶	高11.5cm	1,380,000	上海道明	2015.05.09
清雍正 白釉斗笠形小碗	直径10.2cm	184,000	北京中汉	2015.04.02
清雍正 白釉浮雕缠枝花卉纹碗	直径22cm	1,458,813	纽约佳士得	2015.03.15
清雍正 白釉花卉纹盘（一对）	直径10.6cm×2	335,300	伦敦苏富比	2015.05.13
清雍正 白釉花浇尊“大清雍正年制”	高26.5cm 足9cm	2,947,680	澳门中道	2015.01.30
清雍正白釉刻西番莲轴头（一对）	高2.7cm	23,000	北京东正	2015.05.19
清雍正 白釉龙纹莲瓣鸡心碗	直径20.5cm	632,500	翰风国际	2015.06.19
清雍正 甜白釉菊瓣式碗	直径18.6cm	690,000	上海道明	2015.05.09
清乾隆 白釉模印卍字宝相花敦	高20cm	230,000	北京保利	2015.12.09
清乾隆 白釉暗刻云龙纹小扁瓶	高19cm	92,000	厦门华辰	2015.06.20
清乾隆 白釉雕瓷无量寿佛座像	高44.5cm	345,000	上海道明	2015.05.09
清乾隆白釉划缠枝蕃莲纹高足杯	直径14.4cm	239,500	伦敦苏富比	2015.05.13
清乾隆白釉划缠枝牡丹纹双耳瓶	高32cm	345,700	景薰楼	2015.06.21
清乾隆 白釉胭脂红螭龙杯	高12.2cm	23,000	中国嘉德	2015.04.01
清乾隆 月白釉仿铜器纹豆	高25cm	191,663	佳士得	2015.04.06
清道光 白釉叶形调色盘	长13.2cm	17,250	中国嘉德	2015.04.01
清道光/咸丰 王炳荣作白釉雕瓷双骏图方盖盒	9.1x9.1cm	65,081	香港苏富比	2015.06.01
清咸丰 白釉暗刻海水纹盘	直径18.3cm	23,000	中国嘉德	2015.09.19
清中期 白釉螭攀石榴形水注	长8.5cm	11,500	保利厦门	2015.08.02
清中期 白釉达摩祖师	高24cm	74,750	八益拍卖	2015.04.26
清中期仿定白釉荷花碗（一对）		13,800	北京中汉	2015.09.21
清中期 仿定白釉盘口瓶	高20.5cm	34,500	北京中汉	2015.04.02
清中期 甜白釉暗刻缠枝莲纹梅瓶	高24cm	23,000	西泠拍卖	2015.07.05
清晚期 白釉模印蝴蝶纹石榴尊	高20cm	34,500	北京中汉	2015.04.02
清晚期 白釉模印团螭纹太白尊	直径12.6cm	13,800	中国嘉德	2015.04.01
18世纪 白釉暗花龙凤呈祥纹盘	直径20.3cm	133,046	纽约苏富比	2015.03.17
18世纪 白釉暗花云龙戏珠纹梅瓶	高19cm	101,741	纽约佳士得	2015.03.19
18世纪白釉暗花云龙戏珠纹长颈瓶	高40.5cm	125,220	纽约佳士得	2015.03.19
18世纪 白釉堆白梅花纹盘一对	直径14.5cm	156,525	纽约苏富比	2015.03.17
18世纪 白釉盘口瓶	22.4cm	71,850	伦敦苏富比	2015.05.13
18世纪 仿青白釉盘口瓶	高24.5cm	71,850	伦敦苏富比	2015.05.13
18世纪 粉定白釉模印跃鲤纹瓶	高19cm	86,089	纽约佳士得	2015.03.19
18世纪/19世纪 白釉印花缠枝莲纹天球瓶	高37.2cm	39,131	纽约苏富比	2015.03.21
18世纪/19世纪 白釉花盆	高15.9cm	23,479	纽约佳士得	2015.03.19
清 白釉暗花云龙纹高足碗	直径15.5cm	79,663	纽约佳士得	2015.09.17
清白釉暗刻缠枝莲纹藏草瓶(一对)	高30cm	10,350	中国嘉德	2015.04.01
清 白釉抱月瓶	高26cm	12,650	北京翰海	2015.03.15
清 白釉刻花蛐蛐罐	高10.5cm	11,500	西泠拍卖	2015.04.23
清 白釉龙纹笔筒	直径19cm	12,650	北京保利	2015.01.24
清 白釉炉、茶盏（两件）	直径14.5cm	10,350	北京保利	2015.04.26
清 白釉如意纹葵口花觚	高29cm	17,250	北京翰海	2015.03.15
清 白釉三孔花插	高8cm	13,800	北京翰海	2015.09.13
清仿影青釉玲珑瓷花卉纹碗(一对)	直径11.8cm	40,250	中国嘉德	2015.09.19
清 白釉花瓶	高17cm	69,000	北京翰海	2015.06.27
民国 白瓷罗汉	高14cm	17,250	八益拍卖	2015.04.26
湖田窑刻花梅瓶	高21.5cm	1,762,200	AA中国艺海	2015.02.03
白瓷花口瓶	高26cm 口径8cm	422,928	AA中国艺海	2015.06.20
白釉暗刻缠枝莲纹天球瓶	高39.5cm	264,330	AA中国艺海	2015.07.12
白釉暗刻海水纹盘	直径18.5cm	176,220	AA中国艺海	2015.07.12
白釉刻花龙凤盘	口径18cm	2,467,080	AA中国艺海	2015.06.20
白釉兰花图瓶	高21cm	704,880	AA中国艺海	2015.06.20
白釉兽足小盖罐	高10.7cm	20,700	中国嘉德	2015.06.27
白釉碗	通高9.8cm	717,696	荣盛国际	2015.01.10
白釉印花龙凤纹转心瓶	高22cm	2,467,080	AA中国艺海	2015.07.12
白瓷荷叶口花瓶	高21cm	2,528,680	卓艺拍卖	2015.11.21
白釉暗刻荷花纹执壶	高22cm	866,976	卓艺拍卖	2015.11.21
白釉暗刻龙凤纹赏瓶	通高23.5cm	3,612,400	卓艺拍卖	2015.11.18
白釉龙凤纹蒜头瓶	口径4.8cm;	3,431,780	卓艺拍卖	2015.11.21
白釉枢府玉壶春瓶	高2.2cm	2,257,750	卓艺拍卖	2015.11.21
白釉水盂	宽9cm	20,771	诚昌国际	2015.12.02
湖田窑倒流壶	高14.8cm	2,528,680	卓艺拍卖	2015.11.21
甜白釉暗花龙纹盘	口径19cm	879,178	荣盛国际	2015.01.10
甜白釉蒜头瓶	底径9cm	1,525,104	荣盛国际	2015.01.10
象牙白釉香插	高7.3cm	172,178	纽约佳士得	2015.03.15
影青瓷暗刻花卉花口瓶	高35cm	2,643,300	AA中国艺海	2015.07.19
影青瓷悬环双兽瓶	高24.8cm	496,705	卓艺拍卖	2015.11.21
影青釉花口瓶	高28cm	614,108	卓艺拍卖	2015.11.18
影青釉蒜头如意耳瓶	高32.5cm	3,431,780	卓艺拍卖	2015.11.21
其他窑				
隋 白瓷杯	直径9.3cm	77,597	保利香港	2015.10.06
隋/唐 白瓷杯（两件）	高7.3cm	430,444	纽约苏富比	2015.03.17
隋 北方青白瓷双龙瓶	高43cm	122,740	宝港国际	2015.11.28
唐 邢窑玉璧底白釉盏（一对）	口径14cm	18,883	宝港国际	2015.11.28
唐 白瓷盖罐	高32cm	117,394	纽约苏富比	2015.03.17
唐 白釉“盈”字纹碗	直径13.3cm	86,089	纽约苏富比	2015.03.17
唐 白釉罐及宋建窑黑釉兔毫碗	16.3及12.6cm	40,050	香港苏富比	2015.06.01
唐 白釉双龙耳瓶	高39.4cm	172,178	纽约苏富比	2015.03.17
唐 白釉长颈瓶	高19.3cm	234,788	纽约苏富比	2015.03.17
唐 邢窑白瓷渣斗	直径14.5cm	285,678	保利香港	2015.04.06

2015瓷器拍卖成交汇总

(成交价RMB：1万元以上)

拍品名称	物品尺寸	成交价RMB	拍卖公司	拍卖日期
唐 邢窑白瓷盖罐	高33cm	290,988	中国嘉德	2015.10.06
唐 邢窑"盈"字款碗	直径12.2cm	145,494	保利香港	2015.10.06
唐/北宋 白釉梅花式碗	直径19.9cm	27,392	纽约佳士得	2015.03.20
唐/五代 邢窑白釉瑞兽纹执壶	高17.1cm	586,969	纽约苏富比	2015.03.17
唐末/五代 邢窑系白釉小罐	高10.5cm	74,349	纽约佳士得	2015.03.20
晚唐 白釉单耳杯	高6cm	32,870	纽约佳士得	2015.03.20
晚唐 邢窑白瓷壶	高20cm	271,589	中国嘉德	2015.10.06
五代 刑窑白釉瓜棱式三足罐	直径13.3cm	39,831	纽约佳士得	2015.09.17
五代 刑窑白釉圆盖盒	直径14.9cm	79,663	纽约佳士得	2015.09.17
五代/北宋 白瓷三连盖罐	阔13.3cm	31,865	纽约苏富比	2015.09.15
五代/北宋 白釉花口盘	直径15.2cm	665,231	纽约苏富比	2015.03.17
北宋早期 白釉罐	高15.3cm	70,436	纽约佳士得	2015.03.20
北宋 白瓷凤首壶	高19.4cm	375,660	纽约苏富比	2015.03.17
北宋/金 白釉花口盘（一对）	直径10.5cm	79,663	纽约佳士得	2015.09.17
宋 白瓷香炉	高7cm	17,300	景薰楼	2015.06.21
宋/元 耀州窑月白釉双系罐	高15.9cm	334,583	纽约佳士得	2015.09.17
金/元 白釉印凤纹高足碗	直径10.8cm	22,200	景薰楼	2015.06.21
辽 白瓷长流壶	高19.6cm	49,400	景薰楼	2015.06.21
辽 白釉印牡丹纹方盘	直径11.5cm	20,175	佳士得	2015.04.06
辽 10世纪 白釉鸡冠皮囊壶	高27.5cm	297,398	纽约苏富比	2015.03.17
元 青白瓷洗碗两件	尺寸不一	20,700	中鸿信	2015.07.29
元 邢窑白釉盏	直径12.5cm	13,800	北京保利	2015.06.08
元–明 各式小盏（六件）	尺寸不一	21,850	北京保利	2015.12.08
明 漳州窑琮式瓶	高28cm	43,700	北京保利	2015.11.01
明 各色釉香盒（四件）	尺寸不一	36,800	北京保利	2015.12.08
明或更早 邢窑茶盏	直径15.7cm	59,800	东正南京	2015.07.02
明 胡人贴塑把杯	高11cm	63,250	北京保利	2015.06.07
3.黑瓷				
黑釉				
11世纪/12世纪 黑釉白口小碟（一对）	直径14.9cm	87,629	邦瀚斯	2015.09.14
北朝 褐釉盘口壶	高13cm	32,240	宝港国际	2015.06.02
北朝 褐釉三系弦纹壶	高14cm	35,004	宝港国际	2015.06.02
隋 褐釉贴花纹尊	高45cm	2,577,020	伦敦苏富比	2015.05.13
隋代 酱釉三足炉	高15cm	242,222	香港中怡	2015.01.22
唐巩县窑 黑釉葫芦瓶（一对）	高10cm	17,502	宝港国际	2015.06.02
唐 巩县窑 黑釉注子	高11cm	29,477	宝港国际	2015.06.02
唐 褐釉双耳蒜头口瓶	高25.3cm	31,305	纽约佳士得	2015.03.20
唐 黑釉蓝斑盖罐	高29.2cm	234,788	纽约苏富比	2015.03.17
唐 长沙窑褐釉贴花双系罐	高24cm	39,131	纽约佳士得	2015.03.20
五代 定窑黑釉海棠杯	口径12cm	307,584	罗芙奥	2015.06.02
五代/北宋 褐釉瓜式注壶	高21.5cm	39,131	纽约佳士得	2015.03.20
宋 定窑黑釉碗	直径16.1cm	667,000	中鸿信	2015.07.29
北宋 磁州系黑釉碗	直径11.7cm	43,814	纽约佳士得	2015.09.17
北宋/金 磁州窑黑釉油滴碗	高8.5cm	1,710,840	香港苏富比	2015.04.05
北宋/金 当阳峪窑褐釉弦纹小碗	高7cm	42,368	佳士得	2015.04.06
北宋/金 黑褐釉碗	直径9.5cm	29,740	纽约佳士得	2015.03.20
北宋/金 黑釉白线纹双耳罐	高21.6cm	391,313	纽约苏富比	2015.03.17
北宋/金 黑釉铁锈团花纹瓶	高21.5cm	1,252,200	纽约苏富比	2015.03.17
北宋/金 黑釉油滴壶	10.5cm	610,448	纽约苏富比	2015.03.17
北宋/金 黑釉油滴碗	直径8.9cm	438,144	纽约苏富比	2015.09.15
北宋/金耀州窑 黑釉油滴式茶盏	口径13cm	19,344	宝港国际	2015.06.02
南宋 褐黑色漆花口盘	长42.3cm	480,600	佳士得	2015.06.03
南宋 吉州式剪纸贴双凤纹碗	直径15.2cm	586,969	纽约苏富比	2015.03.17
南宋 吉州窑 剪纸贴梅花碗	口径10cm	16,581	宝港国际	2015.06.02
南宋吉州窑 剪纸贴双凤纹茶盏	口径12.5cm	20,265	宝港国际	2015.06.02
南宋 吉州窑玳瑁釉碗	直径12.9cm	273,919	纽约苏富比	2015.03.17
南宋 吉州窑黑釉褐斑碗	9.9cm	110,138	香港苏富比	2015.06.01
南宋 吉州窑黑釉洒绘茶盏	口径16cm	59,875	宝港国际	2015.06.02
南宋 吉州窑剪纸贴花鸟纹碗	12.4cm	101,741	纽约苏富比	2015.03.17
南宋 建窑黑釉兔毫茶盏	直径12cm	2,485,560	香港苏富比	2015.04.05
南宋 建窑黑釉兔毫纹茶盏	直径9.4cm	55,481	佳士得	2015.04.06
南宋 建窑黑釉兔毫纹小茶盏	直径8.8cm	32,280	佳士得	2015.04.06
南宋 建窑黑釉兔毫纹盏	直径12.8cm	45,394	佳士得	2015.04.06
南宋 建窑兔毫釉碗	直径12.7cm	328,703	纽约苏富比	2015.03.17

拍品名称	物品尺寸	成交价RMB	拍卖公司	拍卖日期
南宋 吉州窑 黑釉鹿皮斑茶碗	口径10.8cm	28,325	宝港国际	2015.11.28
南宋 吉州窑 黄金玳瑁釉茶碗	口径15.5cm	37,766	宝港国际	2015.11.28
南宋 吉州窑 窑变斑点纹茶碗	口径11cm	20,771	宝港国际	2015.11.28
南宋 吉州窑玳瑁纹经瓶	口径6cm	75,532	宝港国际	2015.11.28
南宋 吉州窑黑釉茶盏	直径12.2cm	1,018,040	佳士得	2015.12.02
南宋 吉州窑木叶碗	直径16.3cm	769,688	佳士得	2015.12.02
南宋 建窑兔毫盏	直径12.5cm	2,003,240	佳士得	2015.12.02
南宋（1127–1279）建窑茶盏（四件）	口径为13cm	15,311	慕仕阁	2015.11.16
南宋/元 吉州窑玳瑁斑盘	直径14cm	135,426	纽约佳士得	2015.09.17
南宋/元 建窑兔毫盏及剔犀剑环纹盏托	直径11.4cm	873,101	纽约佳士得	2015.09.17
宋 北方窑口内外铁锈斑茶盏	口径11cm	52,866	罗芙奥	2015.06.02
宋 磁州窑 黑釉堆线水注	高8cm	80,942	保利香港	2015.04.06
宋 磁州窑黑釉碗	21.6cm	47,900	伦敦苏富比	2015.05.13
宋 磁州窑黑釉油滴笠式碗	直径11.3cm	200,250	香港苏富比	2015.06.01
宋 磁州窑系黑褐釉笠式碗	直径14cm	109,568	纽约佳士得	2015.03.15
宋 磁州窑系黑釉铁锈斑罐	直径20cm	33,949	中国嘉德	2015.10.06
宋 当阳峪窑釉滴茶盏	宽12cm	37,766	诚昌国际	2015.12.01
宋 定式黑釉碗	直径12.7cm	477,975	纽约苏富比	2015.09.15
宋 河南焦作当阳峪窑黑釉盏	口径11.5cm	86,862	宝港国际	2015.11.28
宋 河南窑黑釉棱线纹双系罐	口径15.2cm	130,163	香港苏富比	2015.06.01
宋 河南窑黑釉铁锈斑笠式碗	直径11.2cm	2,291,880	香港苏富比	2015.04.05
宋 黑釉褐斑双系罐	高12.5cm	79,663	纽约佳士得	2015.09.17
宋 黑釉连盏托式茶盏一件与黑釉小盏一件	口径12cm	46,058	宝港国际	2015.06.02
宋 黑釉铁锈斑碗	直径18.4cm	31,305	纽约苏富比	2015.03.21
宋 黑釉兔毫釉碗	15.6cm	297,398	纽约苏富比	2015.03.17
宋 怀仁窑银油滴茶托	口径12.5cm	33,045	宝港国际	2015.11.28
宋 积翠 建窑兔毫盏	口径12.8cm	1,265,000	北京保利	2015.06.06
宋 吉州窑木叶斗笠盏	高5cm	247,588	保利香港	2015.04.06
宋 吉州窑木叶盏	直径11cm	285,678	保利香港	2015.04.06
宋 吉州窑木叶盏	高5.5cm	238,065	保利香港	2015.04.06
宋 吉州窑贴花双凤纹盏	高6.5cm	29,099	保利香港	2015.10.06
宋 建窑黑釉褐斑兔毫碗	直径12.7cm	382,380	纽约苏富比	2015.09.15
宋 建窑黑釉束口盏	口径12cm	13,218	宝港国际	2015.11.28
宋 建窑黑釉兔毫茶盏	口径12.2cm	110,538	宝港国际	2015.06.02
宋 建窑黑釉兔毫碗	12.3cm	80,100	香港苏富比	2015.06.01
宋 建窑黑釉油滴茶盏	口径12cm	62,638	宝港国际	2015.06.02
宋 建窑黑釉油滴碗	直径12.8cm	1,017,413	纽约苏富比	2015.03.17
宋 建窑天目油滴碗	宽12cm	11,330	诚昌国际	2015.12.01
宋 建窑兔毫釉碗	直径12.4cm	86,089	纽约苏富比	2015.03.21
宋 建窑兔毫盏	直径12.4cm	125,220	纽约佳士得	2015.03.15
宋 建窑兔毫盏	直径12.5cm	65,957	中国嘉德	2015.10.06
宋 建窑兔毫盏	直径12.5cm	60,138	中国嘉德	2015.10.06
宋 建窑油滴盏	高4cm；直径9cm	30,472	保利香港	2015.04.06
宋 建窑盏（一对）	口径12.8cm×2	14,180	香港龙玺	2015.09.19
宋 山西怀仁窑黑釉窑变盏	口径10cm	92,527	宝港国际	2015.11.28
宋/金 黑釉油滴盏	直径11.9cm	266,825	佳士得	2015.12.02
宋/金 耀州窑黑釉鱼篓双系罐	高17.5cm	134,568	罗芙奥	2015.06.02
宋 曜变天目茶盏	宽14cm	77,597	中国嘉德	2015.10.06
宋/金 河南窑黑釉棱线纹执壶	高24.2cm	63,730	纽约苏富比	2015.09.15
宋/金 黑釉提梁小罐	高10cm	18,783	纽约佳士得	2015.03.20
宋或以后 建窑兔毫盏、磁州白地褐花罐、定窑系白釉双鱼洗	直径13cm；高19cm；直径12cm	110,963	佳士得	2015.04.06
宋至明 吉州窑黑釉铁锈斑盘、黑釉执壶及白釉瓜棱罐	9至14.7cm	35,044	香港苏富比	2015.06.01
金 磁州式黑釉兔毫碗	直径8.6cm	63,730	纽约苏富比	2015.09.15
金 磁州窑铁锈斑双耳瓶	高29.3cm	567,108	保利香港	2015.05.31
金 磁州窑铁锈花小罐	高10cm；宽12cm	18,904	保利香港	2015.05.31
金 磁州窑系黑釉白口盏	直径16.4cm	43,044	纽约佳士得	2015.03.20
金 磁州窑系黑釉褐斑大碗	直径20cm	148,699	纽约佳士得	2015.03.20
金 磁州窑系黑釉褐斑盏	直径19cm	203,483	纽约佳士得	2015.03.20
金 磁州窑系黑釉褐斑盏	直径18.2cm	156,525	纽约佳士得	2015.03.20
金 磁州窑黑釉双凤吐噜瓶	宽15.5cm	17,939	诚昌国际	2015.12.02
金 黑釉绘铁锈斑凤纹瓶	高28.2cm	246,300	佳士得	2015.12.02

拍品名称	物品尺寸	成交价RMB	拍卖公司	拍卖日期
金 定窑系外褐内黑釉小盏	直径9.5cm	44,215	罗芙奥	2015.06.02
金 褐釉花卉纹梅瓶	高20.5cm	16,000	景薰楼	2015.06.21
金 黑釉油滴碗	高8.4cm	756,563	香港苏富比	2015.04.05
金 怀仁窑黑釉茶盏	口径11cm	72,771	宝港国际	2015.06.02
金 怀仁窑油滴渣斗	直径17.2cm	283,554	保利香港	2015.05.31
金 山西地区 磁州窑 黑釉吐鲁瓶	高21cm	32,240	宝港国际	2015.06.02
金 当阳峪窑茶盏	口径12cm	44,215	罗芙奥	2015.06.02
金/元 磁州窑系黑釉铁锈花卉纹小口瓶	高40.6cm	4,163,565	纽约佳士得	2015.03.17
金/元 褐釉兔毫盏	直径20.4cm	23,479	纽约佳士得	2015.03.20
金/元 黑褐釉小口瓶	高21cm	54,784	纽约佳士得	2015.03.20
辽 褐釉穿带盘口瓶	高29cm	39,131	纽约佳士得	2015.03.20
辽 褐釉注壶	高21cm	156,525	纽约佳士得	2015.03.20
辽 黄褐釉堆塑观音坐像供碗	口径13cm	59,875	宝港国际	2015.06.02
元 磁州窑黑釉铁绣花玉壶春瓶	高27.3cm	40,250	中鸿信	2015.07.29
元 磁州窑吐噜瓶	宽17.5cm	28,355	保利香港	2015.05.31
元 黑釉挂紫金建窑盏	直径11.3cm	40,250	中鸿信	2015.07.29
元 黑釉玉壶春瓶	高23.8cm	23,000	中国嘉德	2015.06.27
元 吉州窑玳瑁釉盏	直径14cm	69,000	北京保利	2015.06.08
元 吉州窑黑釉木叶纹碗	直径14.9cm	40,250	中鸿信	2015.07.29
元 吉州窑木叶盏	直径14.7cm	299,000	北京保利	2015.06.08
元 吉州窑如意云纹盏	直径11.7cm	34,500	中国嘉德	2015.06.27
元 建窑龟背纹杯	直径9.6cm	13,800	中鸿信	2015.07.29
元 建窑黑釉油滴纹包金盏	直径11cm	207,000	中鸿信	2015.07.29
元 建窑黑釉杯	直径9.2cm	10,170	中鸿信	2015.07.29
元 建窑铁锈花纹杯	直径9.8cm	17,250	中鸿信	2015.07.29
元 建窑兔毫盏	直径12.6cm	34,500	北京保利	2015.06.08
元 建窑兔毫盏	直径10.2cm	13,800	中鸿信	2015.07.29
元 建窑盏	直径12.5cm	28,750	华艺国际	2015.03.29
元 天目盏	直径12.5cm	43,700	中鸿信	2015.07.29
元 银斑建窑盏	直径12.5cm	69,000	北京保利	2015.06.08
元 黑釉线条罐	高23cm	11,500	深圳市拍	2015.07.19
元 黑釉起筋花口瓶	高15cm	43,700	北京保利	2015.12.08
元 吉州窑窑变盏	直径15cm	57,500	北京保利	2015.12.09
元 建窑兔毫盏及漆盏托	盏直径12cm	667,000	北京保利	2015.12.08
元油滴、铁锈斑小茶盏（二件）	直径8.4cm	149,500	北京保利	2015.12.08
元/明 磁州窑黑釉褐斑斗笠碗	直径11.6cm	184,000	北京东正	2015.05.19
元/明 建窑兔毫盏	直径12.4cm	46,000	北京东正	2015.05.19
元/明 建窑兔毫盏	直径12.3cm	23,000	北京东正	2015.05.19
元/明 建窑兔毫盏	直径11.8cm	23,000	北京东正	2015.05.19
明或更早 浑源窑白覆轮茶盏	高4.8cm	17,250	东正南京	2015.07.02
明或更早 建窑黑釉束口盏	直径12.7cm	66,700	华艺国际	2015.05.24
明或更早 建窑兔毫斗笠碗	直径10.5cm	48,300	博美拍卖	2015.07.19
明或更早 建窑兔毫盏	直径8.2cm	227,000	博美拍卖	2015.07.19
明或更早 建窑兔毫盏	直径11.5cm	34,500	保利厦门	2015.05.03
明或更早 建窑兔毫盏	直径11cm	23,000	保利厦门	2015.05.03
明或更早 建窑盏	高7.4cm	92,000	东正南京	2015.07.02
明或更早 建窑盏	高6.5cm	11,500	东正南京	2015.07.02
明或更早 山西浑源窑油滴盏	直径8.1cm	161,000	东正南京	2015.07.02
明或更早 山西窑油滴斑束口盏	直径8.6cm	115,000	华艺国际	2015.05.24
明或更早 油滴天目盏	直径12.9cm	109,250	翰风国际	2015.06.19
明或更早 油滴盏	直径8cm	32,200	保利厦门	2015.05.03
明或更早 山西勾天窑黑釉瓜皮斑束口盏	直径9cm	105,800	华艺国际	2015.05.24
明早期 建窑兔毫盏	直径12.6cm	172,500	中国嘉德	2015.05.16
明早期 建窑兔毫盏	直径12.4cm	57,500	中国嘉德	2015.11.14
明早期 建窑兔毫盏	高6cm	23,000	中国嘉德	2015.11.15
明 吉州窑木叶纹盏	直径11.5cm	32,200	北京保利	2015.06.07
明 建窑油滴茶盏	直径12cm	11,500	北京保利	2015.04.26
明 黑釉斗笠盏（两只）	直径15.3cm	51,750	北京保利	2015.12.08
明 黑釉罐	高14.5cm	11,500	北京保利	2015.12.08
明 黑釉起筋线条罐	高22.3cm	63,250	北京保利	2015.12.08
明 蓝油滴釉束口盏	直径12.5cm	11,500	北京保利	2015.12.08
明 油滴釉盏（两只）	直径12.4cm	32,200	北京保利	2015.12.08
清康熙 棕黑釉大长颈瓶	高44.4cm	187,830	纽约佳士得	2015.03.19

拍品名称	物品尺寸	成交价RMB	拍卖公司	拍卖日期
清乾隆 黑釉碗	直径12cm	240,300	佳士得	2015.06.03
吉州窑褐釉鬲式炉	口径14.0cm	11,500	上海泓盛	2015.06.20
吉州窑虎皮碗	口径12.8cm	1,354,650	卓艺拍卖	2015.11.21
建窑兔毫盏	直径9cm	17,250	八益拍卖	2015.11.01
建窑盏	口径15cm	812,790	卓艺拍卖	2015.11.21
建窑盏	直径12cm	10,350	东正南京	2015.07.02
乌金釉				
宋 建窑乌金釉茶盏	口径12.4cm	92,527	宝港国际	2015.11.28
清康熙 乌金釉棒槌瓶	高24.5cm	23,000	八益拍卖	2015.04.26
清康熙 乌金釉笔筒	高14cm	66,523	纽约佳士得	2015.03.19
清康熙 乌金釉观音尊	高34cm	187,830	纽约佳士得	2015.03.15
清康熙 乌金釉描金山水花鸟纹瓶	高22cm	29,740	纽约佳士得	2015.03.19
清康熙 乌金釉描金长颈瓶	高45.7cm	203,483	纽约佳士得	2015.03.19
清康熙 乌金釉撇口瓶	高37.8cm	203,483	纽约佳士得	2015.03.19
清康熙 乌金釉观音瓶	高45.8cm	318,650	纽约佳士得	2015.09.17
清康熙乌金釉描金龙凤纹凤尾尊	高43.8cm	20,700	中国嘉德	2015.09.19
清光绪乌金釉描金龙凤纹小赏瓶(一对)	高11.4cm	10,350	中国嘉德	2015.09.19
清晚期 乌金釉棒槌瓶	高43.8cm	25,044	纽约佳士得	2015.03.19
清晚期 乌金釉撇口瓶	高17.5cm	66,523	纽约佳士得	2015.03.19
清晚期 乌金釉长颈瓶（一对）		25,300	北京中汉	2015.09.21
乌金釉描金双耳盘口尊	高36cm	2,528,680	卓艺拍卖	2015.11.18
乌金釉玉壶春瓶	高23.1cm	941,976	荣盛国际	2015.01.10
4.彩 瓷				
褐绿彩				
唐 长沙黄釉绿褐彩鹿纹壶	高24.2cm	78,263	纽约苏富比	2015.03.17
唐 长沙窑 西域人俑（三件）	高10cm	66,091	宝港国际	2015.11.28
褐 彩				
唐 越窑褐彩罐	高25cm	35,925	伦敦苏富比	2015.05.13
北宋 定窑白釉剔褐花莲纹盘	直径15.6cm	5,336,060	伦敦苏富比	2015.05.13
北宋 青白釉褐彩人形水注	高18.5cm	1,383,681	纽约佳士得	2015.03.20
北宋 铁斑青白釉马	高28.5cm	156,525	纽约佳士得	2015.03.20
南宋 吉州窑 彩绘长颈瓶	高19cm	18,423	宝港国际	2015.06.02
南宋 吉州窑瑞鹿瓷塑	长11.3cm	52,866	罗芙奥	2015.06.02
宋 磁州窑白地褐彩“度哑先生诗”梅瓶	高32.7cm	547,838	纽约苏富比	2015.03.17
金 磁州窑虎形枕	宽41cm	172,178	纽约佳士得	2015.03.15
金 磁州窑诗文枕	宽25.5cm	297,398	纽约佳士得	2015.03.20
金/元 磁州系黑釉褐斑鸟纹扁壶	宽23cm	191,190	纽约佳士得	2015.09.17
金/元 磁州窑白地褐彩花鸟纹梅瓶	高38.3cm	203,483	纽约苏富比	2015.03.17
金/元 磁州窑系黑釉褐彩小口瓶	高41.3cm	375,660	纽约佳士得	2015.03.20
元 磁州“张家造”白地褐彩“扇铭”长方枕	长30.7cm	17,526	纽约佳士得	2015.09.17
元 磁州窑“张家造”白地褐彩开光山水图枕	长32cm	43,814	纽约佳士得	2015.09.17
元 磁州窑白地褐彩诗文梅瓶	高37.5cm	54,784	纽约佳士得	2015.03.20
元 磁州窑孩儿诗文枕	长33cm	770,000	北京中联	2015.01.18
元 磁州窑褐彩鹤纹碗	直径17cm	19,800	景薰楼	2015.06.21
元 磁州窑老虎笔架	长9cm	28,750	中国嘉德	2015.09.20
明 禹县窑白地褐彩绘塑文昌星君像（一尊）	高25cm	82,904	宝港国际	2015.06.02
清康熙绿釉褐彩龙纹盘（一对）	直径25cm	460,000	北京保利	2015.12.08
清康熙绿地褐彩暗刻龙纹碗(一对)	直径13.2cm	920,000	北京保利	2015.06.08
清乾隆 米黄地西洋人物故事图碗	直径19cm	115,000	华艺国际	2015.05.24
清乾隆米色地褐彩山水人物小笔筒	高8.2cm	3,220,000	北京保利	2015.06.06
清乾隆青花褐彩山水诗文壁瓶(一对)	高18.5cm	195,500	北京保利	2015.06.07
清嘉庆 绿地刻填褐彩云龙纹碗	直径11.1cm	179,200	天津文物	2015.05.22
清道光 绿地褐彩龙纹碗	直径11cm	11,500	北京保利	2015.01.24
清 仿生瓷蟹摆件		34,500	中国嘉德	2015.05.16
清 青釉褐彩仿石纹蟠龙瓶	高44.2cm	21,850	中国嘉德	2015.09.19
青 花				
元 湖田窑青花暗菊纹碗	直径16.5cm	126,500	上海敬华	2015.06.30
元 内模印云龙纹金刚杵外青花龙纹高足碗	高10cm	172,500	北京中汉	2015.04.02
元 青花八棱玉壶春瓶	高23.8cm	45,200	辽宁建投	2015.08.30
元 青花缠枝莲纹大盘	直径34cm	497,200	辽宁建投	2015.08.30

2015瓷器拍卖成交汇总

（成交价RMB：1万元以上）

拍品名称	物品尺寸	成交价RMB	拍卖公司	拍卖日期
元 青花缠枝莲纹碗	直径16.7cm	161,000	中鸿信	2015.07.29
元 青花缠枝牡丹凤纹兽耳罐	高40.8cm	5,290,000	保利厦门	2015.05.02
元 青花缠枝牡丹纹大罐	高27.2cm	5,405,000	北京东正	2015.05.19
元 青花穿花凤纹玉壶春瓶	高25.5cm	1,017,875	伦敦苏富比	2015.05.13
元 青花凤麒麟纹三足双耳炉	高9cm	17,180	香港雅盛	2015.10.05
元 青花赶珠龙纹玉壶春瓶	高28.8cm	191,600	伦敦苏富比	2015.05.13
元 青花果实纹高足杯	直径8.8cm	131,725	伦敦苏富比	2015.05.13
元 青花荷塘莲子纹玉壶春瓶	高28cm	897,000	辽宁中正	2015.06.13
元青花荷塘模印"满池娇"大盘	直径41.5cm	2,990,000	北京保利	2015.06.06
元 青花菊纹小杯	直径8cm	179,625	伦敦苏富比	2015.05.13
元 青花龙凤花卉梅瓶	高44.3cm	24,871,050	澳门中信	2015.06.21
元 青花龙纹玉壶春瓶	高26cm	1,610,000	厦门华辰	2015.06.20
元 青花梅瓶	高29cm	25,523	香港龙玺	2015.09.19
元 青花梅纹三足炉	口径10.7cm	263,450	伦敦苏富比	2015.05.13
元 青花鱼草纹梅瓶	高44.3cm	13,817,250	澳门中信	2015.06.21
元 青花鸳鸯踏荷纹碗	直径18cm	1,077,750	伦敦苏富比	2015.05.13
元 青花鸳鸯纹大盘	直径40.5cm	1,437,500	西泠拍卖	2015.07.05
元 青花云龙捧寿纹高足碗	直径11.6cm	460,000	北京东正	2015.05.19
元 青花梅瓶	高34.5cm	2,100,222	澳门中道	2015.01.30
元 青花鱼藻纹罐	高29cm	47,092,500	澳门中信	2015.11.08
元 青花束莲纹模印菊瓣小碗	直径7.9cm	517,500	北京诚轩	2015.11.14
元 青花人物山水花卉纹梅瓶	高35cm	2,637,180	澳门中信	2015.11.08
元 青花人物故事纹天球瓶	高46.1cm	17,895,150	澳门中信	2015.11.08
元 青花牡丹纹大罐	口径22cm	4,967,050	卓艺拍卖	2015.11.21
元 青花蒙恬将军玉壶春瓶	高37cm	14,127,750	澳门中信	2015.11.08
元 青花龙纹双兽耳罐	高38cm	9,200,000	北京保利	2015.12.08
元 青花龙凤花卉纹兽耳罐	高38cm	18,975,000	北京翰海	2015.11.28
元 青花留白人物纹花口大盘	口径56cm	3,160,850	卓艺拍卖	2015.11.21
元 青花花纹玉壶春瓶	高23cm	13,546,500	卓艺拍卖	2015.11.21
元 青花鬼谷下山纹四系梅瓶	高47.1cm	17,895,150	澳门中信	2015.11.08
元 青花浮雕龙纹大罐	高30cm	11,740,300	卓艺拍卖	2015.11.18
元 青花凤穿牡丹执壶	高23cm	1,354,650	卓艺拍卖	2015.11.18
元 越南窑青花瑞象纹大盘	直径37cm	13,800	太平洋	2015.04.17
元/明洪武 青花缠枝花卉大罐	高48cm	8,050,000	北京保利	2015.12.08
元/明青花花卉纹盘碗小罐各一件	直径12.3c	10,350	中国嘉德	2015.06.27
明早期 青花犀牛望月盘	直径26cm	31,780	江苏聚德	2015.07.01
明早期 青花人物故事大罐	高28cm	1,842,300	澳门中信	2015.06.21
明洪武 青花竹石芭蕉葵口大盘	直径38cm	63,250	北京保利	2015.04.26
明洪武 青花折枝莲大盘	口径42cm	3,160,850	卓艺拍卖	2015.11.18
明永乐 青花缠枝花卉纹菱口大盘	直径33.5cm	6,900,000	厦门华辰	2015.06.20
明永乐 青花缠枝花卉纹碗	口径17cm	1,092,500	西泠拍卖	2015.07.05
明永乐青花缠枝花卉纹折沿葵口盘	直径33.5cm	425,500	保利厦门	2015.08.02
明永乐 青花缠枝花卉纹折沿盘	直径41cm	2,760,000	北京保利	2015.06.07
明永乐 青花花卉阿拉伯文无挡尊	高17cm	6,900,000	北京保利	2015.06.07
明永乐 青花轮花绶带耳葫芦扁瓶	高25cm	5,175,000	北京保利	2015.06.07
明永乐 青花寿纹桃小碗	直径11cm	4,025,000	北京保利	2015.06.07
明永乐 青花一把莲大盘	直径34.4cm	3,200,000	中贸圣佳	2015.05.20
明永乐 青花一束莲纹棱口大盘	直径39.5cm	5,158,440	荣盛国际	2015.01.10
明永乐 青花折枝瑞果纹梅瓶	高29cm	8,450,160	香港苏富比	2015.10.07
明永乐御窑青花仰覆牡丹大折沿盘	直径39.5cm	9,775,000	北京东正	2015.05.19
明永乐 約1420年 青花葡萄花卉纹菱口盘	直径43.2cm	32,069,078	纽约苏富比	2015.3.17
明永乐 御窑青花葡萄纹花口大盘	口径43.2cm	20,700,000	北京东正	2015.11.19
明永乐 青花执壶	口径5.5cm	470,925	澳门中信	2015.11.08
明永乐 青花一把莲纹盘	直径31.5cm	2,070,000	中国嘉德	2015.11.15
明永乐 青花一把莲盘	直径34cm	2,127,500	北京保利	2015.12.08
明永乐 青花麒麟纹玉壶春瓶	高32cm	3,883,330	卓艺拍卖	2015.11.21
明永乐 青花撇口如意尊	高21cm	2,825,550	澳门中信	2015.11.08
明永乐 青花荔枝花纹双耳扁壶	口径4.5cm	3,296,475	澳门中信	2015.11.08
明永乐 青花花卉纹小碗	口径11cm	3,579,030	澳门中信	2015.11.08
明永乐青花海水葡萄纹折沿大盘	直径37cm	6,325,000	中国嘉德	2015.11.15
明永乐 青花海水葡萄纹大盘	直径38cm	5,980,000	北京保利	2015.12.08
明永乐 青花大碗	口径36cm	1,354,650	卓艺拍卖	2015.11.21
明永乐青花缠枝莲菊卷草回纹盘	直径27.8cm	2,300,000	北京匡时	2015.12.05
明永乐 青花缠枝花卉菱口盘	直径32.5cm	2,012,500	北京保利	2015.12.08
明永乐/宣德 青花缠枝四季花卉纹大盘	直径40.5cm	724,500	北京诚轩	2015.11.14
明宣德 官窑青花花果纹大盘	直径43.4cm	20,700,000	上海敬华	2015.06.30
明宣德 黄地青花内菊花海浪外折枝花果盘	直径32cm	8,970,000	北京保利	2015.06.07
明宣德 青花"坛"字碗		59,800	北京中汉	2015.09.21
明宣德 青花缠枝莲大碗		16,675,000	北京保利	2015.06.07
明宣德 青花缠枝牡丹纹小罐	高13.3cm	115,000	中国嘉德	2015.06.27
明宣德 青花海水云龙纹高足碗	口径17.5cm	23,546,250	澳门中信	2015.11.08
明宣德 青花卷草纹笔杆	长15cm	632,500	广州皇玛	2015.01.17
明宣德 青花轮花绶带耳葫芦扁瓶	高30.1cm	8,280,000	北京翰海	2015.11.28
明宣德 青花牡丹纹鸡燕心碗	直径21cm	115,000	翰风国际	2015.06.19
明宣德 青花鸟食罐	长11.6cm	310,500	泰和嘉成	2015.11.21
明宣德青花牵牛花纹四方倭角瓶	高13.8cm	36,835,100	伦敦苏富比	2015.05.13
明宣德 青花如意花卉纹胆瓶	口径4.5cm	1,224,405	澳门中信	2015.11.08
明宣德 青花芍药锥拱暗花碗	直径20.2cm	4,370,000	北京保利	2015.06.07
明宣德青花松竹梅杂宝纹葵口碗	高 5.3cm	2,230,945	AA中国艺海	2015.06.27
明宣德 青花鱼藻纹葵花式洗	直径17.8cm	19,793,760	香港苏富比	2015.10.07
明宣德 汀州白鹭纹蟋蟀罐	直径14cm	1,035,000	保利厦门	2015.05.03
明宣德御窑青花四季花卉纹莲瓣碗	口径20cm	5,750,000	北京东正	2015.11.19
明正统/景泰 青花清莲纹梅瓶	高32.5cm	218,500	华艺国际	2015.05.24
明正统 青花鸳鸯水滴	宽12cm	126,500	北京保利	2015.12.08
明天顺 青花人物故事图大罐	高29cm	632,500	北京保利	2015.06.07
明天顺 青花人物梅瓶	高33.5cm	138,000	北京保利	2015.12.09
明空白期 青花高士纹梅瓶	高38cm	94,300	太平洋	2015.11.21
空白期缠枝青花纹高脚杯	高9.5cm	22,000	北京贞观	2015.06.28
明成化 青花荷塘花卉纹诸葛碗	直径15.5cm	80,500	博美拍卖	2015.07.19
明成化 青花莲池蝴蝶罐	宽16.3cm	1,725,000	北京保利	2015.06.07
明成化 青花龙纹碗	直径12.3cm	138,000	中国嘉德	2015.05.16
明成化 青花四季团花果纹碗	直径17.2cm	92,000	北京中汉	2015.04.02
明成化 青花栀子花卉盘	直径24.5cm	2,070,000	厦门华辰	2015.06.20
明成化 青花碗	高6.5cmm	1,607,518	卓艺拍卖	2015.11.21
明成化—弘治 青花庭园仕女小罐	高11cm	345,000	北京保利	2015.06.07
明弘治 青花道教人物图香炉	直径19cm	166,750	中鸿信	2015.07.29
明弘治 青花瓜型折枝花卉盖盒	直径13cm	23,000	广州皇玛	2015.07.25
明弘治 青花岁寒三友三足炉	直径12cm	28,750	太平洋	2015.11.21
明弘治 黄地青花折枝花果盘	直径26.5cm	3,450,000	北京保利	2015.12.08
明弘治 黄地青花花果纹盘	直径26.9cm	94,300	北京翰海	2015.11.28
明正德 青花缠枝莲龙纹渣斗	直径15.5cm	3,809,040	保利香港	2015.04.06
明正德 青花云龙纹盘	直径20.5cm	66,700	北京中汉	2015.04.02
明正德 青花高士对弈大罐	高27.5cm	80,500	八益拍卖	2015.11.01
明嘉靖 矾红地青花缠枝花卉纹出戟尊	高19cm	547,838	纽约佳士得	2015.03.15
明嘉靖 官窑青花双龙穿莲围棋罐	高8.9cm	460,000	北京东正	2015.05.19
明嘉靖 绿地青花松寿纹四方盘	直径14.3cm	46,403	中国嘉德	2015.04.06
明嘉靖 青花"风调雨顺国泰民安"葫芦式大瓶	高47.2cm	897,120	佳士得	2015.06.03
明嘉靖青花"岁寒三友"福寿碗	直径13.8cm	69,000	北京翰海	2015.06.27
明嘉靖 青花"荷塘鱼藻"纹罐	高20.6cm	1,541,250	香港苏富比	2015.10.07
明嘉靖 青花缠枝花卉纹花口盘	直径16.2cm	18,400	北京中汉	2015.09.21
明嘉靖 青花缠枝花卉纹执壶	23.8cm	59,875	伦敦苏富比	2015.05.13
明嘉靖 青花缠枝莲纹罐	高16.3cm	230,000	北京诚轩	2015.05.17
明嘉靖 青花缠枝莲纹撇口大碗	直径40.2cm	287,700	香港苏富比	2015.10.07
明嘉靖 青花缠枝莲纹小盘	直径15cm	207,000	江苏爱涛	2015.01.11
明嘉靖 青花穿莲祥凤纹大碗	33cm	77,838	伦敦苏富比	2015.05.13
明嘉靖 青花福禄寿大罐	高34cm	2,300,000	北京保利	2015.06.07
明嘉靖 青花福寿康宁云鹤纹仰钟式碗	直径13.2cm	2,760,000	北京保利	2015.06.07
明嘉靖 青花海兽杯	直径9cm	20,700	上海敬华	2015.06.30
明嘉靖 青花海兽纹小杯	直径7.9cm	151,313	佳士得	2015.04.06
明嘉靖 青花花卉纹大碗	直径30.4cm	632,500	北京保利	2015.06.07
明嘉靖 青花开光双龙戏珠纹盘	直径17.9cm	103,561	纽约佳士得	2015.09.17
明嘉靖 青花龙穿缠枝灵芝纹大盘	直径53.5cm	1,762,200	佳士得	2015.06.03
明嘉靖 青花瑞兽纹敞口碗	直径16.8cm	32,200	上海敬华	2015.06.30
明嘉靖 青花仕女出浴图水盂	长14.1cm	161,000	北京中汉	2015.05.17

拍品名称	物品尺寸	成交价RMB	拍卖公司	拍卖日期
明嘉靖 青花庭院婴戏图碗	直径14.6cm	1,035,000	北京中汉	2015.05.17
明嘉靖 青花外松竹梅内花鸟云鹤纹盘	直径21.8cm	115,000	北京东正	2015.05.19
明嘉靖 青花五鹿图盘	直径34.3cm	63,730	纽约佳士得	2015.09.17
明嘉靖 青花应龙戏珠纹罐	高16cm	80,500	西泠拍卖	2015.07.05
明嘉靖 青花云凤纹洗	直径15cm	13,800	上海敬华	2015.06.30
明嘉靖 青花云鹤献寿图六方罐	375cm	184,950	香港苏富比	2015.10.07
明嘉靖 青花云鹤纹葫芦瓶	高9.8cm	230,000	中国嘉德	2015.11.15
明嘉靖 青花云鹤凤纹八棱小罐	高10.5cm	195,500	中国嘉德	2015.11.15
明嘉靖 青花云鹤八卦纹罐	高13.3cm	402,500	北京翰海	2015.11.28
明嘉靖 青花十六子婴戏大罐	高34cm	9,890,000	北京保利	2015.12.08
明嘉靖 青花山水纹小杯	直径7.2cm	23,000	八益拍卖	2015.11.01
明嘉靖 青花龙纹小碗	直径11.5cm	92,000	北京保利	2015.12.09
明嘉靖 青花龙纹梨形壶	高15cm	78,200	中国嘉德	2015.11.15
明嘉靖 青花龙穿花大碗	直径33.3cm	92,000	北京翰海	2015.11.28
明嘉靖 青花八宝纹大碗	宽37cm	75,532	诚昌国际	2015.12.02
明嘉靖/明万历 青花莲纹炉 青花"福寿康宁"	12.8及14.7cm	60,075	香港苏富比	2015.06.01
明嘉靖或清康熙 青花婴戏图杯	直径8.5cm	34,500	中国嘉德	2015.09.19
明隆庆 青花缠枝莲觥	高23cm	747,500	广州皇玛	2015.01.17
明隆庆青花外题诗内人物图撇口碗	直径11.5cm	423,675	香港苏富比	2015.04.07
明隆庆 青花龙纹碗	直径13.5cm	34,500	北京保利	2015.12.08
明中期 青花梅鹊图高足碗	高10cm	40,250	北京保利	2015.12.09
明中期青花缠枝花卉荷塘鸳鸯图碗	直径14.8cm	40,250	北京诚轩	2015.11.14
明中期 青花人物罐	高25cm	34,500	北京保利	2015.04.26
明中期 青花渔藻纹梅瓶	高32cm	103,500	北京保利	2015.01.24
15世纪 越南 青花蛙形水滴	长16.5cm	37,566	纽约佳士得	2015.03.15
15世纪/16世纪 越南 青花文官像	高28cm	219,135	纽约佳士得	2015.03.15
明万历 16世纪晚期 青花山水人物图碗	直径14cm	328,703	纽约佳士得	2015.03.16
明万历 锦地开光青花山水人物图三足香炉	11.6cm	48,160	天津文物	2015.05.22
明万历 青花暗刻花卉小碗	直径10cm	17,250	广州皇玛	2015.07.25
明万历 青花八仙罐	直径20cm	48,300	北京保利	2015.04.26
明万历 青花百寿开光八仙碗	直径22cm	63,250	八益拍卖	2015.04.26
明万历 青花缠枝花卉大缸	直径47.8cm	1,955,000	北京保利	2015.06.07
明万历 青花缠枝花卉纹罐		11,500	北京中汉	2015.09.21
明万历 青花缠枝花卉纹小罐		23,000	北京中汉	2015.09.21
明万历 青花缠枝莲碗（一对）	直径12.4cm	195,500	北京保利	2015.06.08
明万历青花缠枝莲纹出戟蒜头瓶	高30cm	345,000	北京东正	2015.05.19
明万历 青花缠枝莲纹罐	高17.2cm	20,700	中国嘉德	2015.04.01
明万历 青花缠枝莲纹罐	高36cm	11,300	辽宁建投	2015.08.30
明万历 青花缠枝双龙纹盖盒	长24cm	418,994	保利香港	2015.04.06
明万历 青花穿花凤纹圆盖盒	直径28.8cm	1,644,000	香港苏富比	2015.10.07
明万历 青花穿花龙纹出戟尊	22.3cm	119,750	伦敦苏富比	2015.05.13
明万历 青花穿莲龙纹罐	高20.9cm	267,150	香港苏富比	2015.10.07
明万历青花穿云祥凤纹盘（一对）	2cm×13cm	47,900	伦敦苏富比	2015.05.13
明万历 青花穿芝游龙图圆盖盒	直径29.7cm	3,222,240	香港苏富比	2015.10.07
明万历 青花翻涛跃鲤图盘	11.7cm	20,025	香港苏富比	2015.06.01
明万历 青花梵文莲瓣盘	直径18.9cm	565,125	香港苏富比	2015.10.07
明万历 青花梵纹莲瓣盘	直径20cm	51,750	中鸿信	2015.07.29
明万历 青花高士图瓷板	直径15.2cm	69,000	北京保利	2015.06.08
明万历 青花高士小瓷板	长19.6cm	20,700	北京保利	2015.06.08
明万历 青花瓜棱罐	高14cm	26,450	广州皇玛	2015.01.17
明万历 青花海水八卦云龙纹熏炉	高19cm	747,500	北京匡时	2015.06.06
明万历 青花花卉龙凤印盒	高3.5cm	25,318	香港雅盛	2015.10.05
明万历 青花花卉纹大花觚	高78.5cm	598,000	北京保利	2015.06.07
明万历 青花花卉纹盒	宽31cm	290,988	中国嘉德	2015.10.06
明万历 青花花鸟图石榴形注壶	高19.1cm	148,699	纽约佳士得	2015.03.16
明万历 青花花鸟纹罐	高40cm	139,208	中国嘉德	2015.04.06
明万历 青花骏马花卉纹碗	直径21.6cm	93,915	纽约佳士得	2015.03.16
明万历 青花开光牡丹莲花纹大罐	高43cm	32,870	纽约苏富比	2015.03.21
明万历 青花克拉克式博古图大盘	直径49.5cm	63,730	纽约佳士得	2015.09.17
明万历 青花龙凤呈祥梅花式洗	直径36cm	1,782,500	北京保利	2015.06.07
明万历 青花龙凤人物故事小方尊	高12.3cm	690,000	北京保利	2015.06.07

拍品名称	物品尺寸	成交价RMB	拍卖公司	拍卖日期
明万历 青花龙凤纹方罐	高19.5cm	218,500	中国嘉德	2015.09.19
明万历 青花龙凤纹瓜楞罐	高12.6cm	115,000	北京中汉	2015.05.17
明万历 青花龙凤纹盘	直径18.5cm	60,323	中国嘉德	2015.04.06
明万历 青花龙凤纹兽耳衔环小盘口瓶	高16.8cm	115,000	中国嘉德	2015.09.19
明万历 青花龙纹笔架	长16cm	632,500	中贸圣佳	2015.05.20
明万历 青花龙纹方炉	宽15cm	287,500	北京保利	2015.06.08
明万历 青花龙纹水仙盆	长32.2cm	195,500	中贸圣佳	2015.05.20
明万历 青花龙纹碗	直径12.2cm	339,000	辽宁建投	2015.08.30
明万历 青花镂空灵芝纹盖盒	长20.5cm	184,000	太平洋	2015.07.18
明万历 青花人物鬲式三足炉	高7.8cm	23,000	广州皇玛	2015.01.17
明万历 青花人物故事图筒炉		18,400	北京中汉	2015.09.21
明万历 青花人物罐（一对）	高19cm×2	57,500	广州皇玛	2015.01.17
明万历 青花人物纹调色盘	直径24.7cm	59,800	中国嘉德	2015.09.19
明万历 青花瑞兽捧盒	直径26cm	17,250	北京保利	2015.04.26
明万历 青花狮戏绣球纹花盆	直径34cm	223,055	纽约佳士得	2015.09.17
明万历 青花狮子戏球纹罐		34,500	北京中汉	2015.09.21
明万历 青花双凤纹盘（一对）	直径13.4cm×2	161,000	厦门华辰	2015.06.20
明万历 青花双龙戏珠纹大盘	直径38.3cm	352,181	纽约佳士得	2015.03.15
明万历青花松柏花鸟图梅瓶(一对)	高15.5cm	17,250	上海敬华	2015.06.30
明万历 青花岁寒三友纹盘	17.1cm	302,625	香港苏富比	2015.04.07
明万历 青花团鹤罐	高34cm	48,300	北京保利	2015.01.24
明万历 青花团龙纹卧足碗	直径11.5cm	32,200	苏州东方	2015.07.02
明万历 青花外缠枝花内龙凤纹杯	直径9.7cm	126,500	北京东正	2015.05.19
明万历 青花西王母游园图大碗	直径18cm	138,000	北京保利	2015.01.24
明万历 青花仙人寿字纹罐	高9.6cm	701,500	中国嘉德	2015.05.16
明万历 青花衔芝游龙纹梅瓶镶铜鎏金座	高56cm	3,726,620	伦敦苏富比	2015.05.13
明万历 青花婴戏"百子嬉春"图大罐	高28cm	690,000	北京中汉	2015.05.17
明万历 青花婴戏碗	直径18cm	287,500	北京保利	2015.04.26
明万历 青花璎珞纹瓶	高15.3cm	17,250	太平洋	2015.07.18
明万历 青花鸳鸯踏荷纹鱼缸	直径55.7cm	1,017,875	伦敦苏富比	2015.05.13
明万历 青花云鹤纹寿字盖盒	长16.3cm	11,500	中国嘉德	2015.09.19
明万历 御窑青花穿莲游龙纹碗	口径19cm	839,500	北京东正	2015.11.19
明万历 青花婴戏图碗	直径15.3cm	195,500	北京翰海	2015.11.28
明万历 青花仙人故事执壶	高25.2cm	287,500	北京保利	2015.12.08
明万历 青花仙人故事龙纹浅碗	直径9.3cm	230,000	北京保利	2015.12.09
明万历 青花庭园凤凰纹大盖罐	高67cm	4,830,000	北京保利	2015.12.08
明万历 青花龙凤纹菱口杯托	直径12.5cm	184,725	佳士得	2015.12.02
明万历 青花龙凤纹花口盘	直径14.5cm	138,000	北京保利	2015.12.09
明万历 青花孔雀穿花纹绣墩	高36cm	23,000	太平洋	2015.11.21
明万历 青花花鸟纹蟋蟀罐	长13.2cm	126,500	北京匡时	2015.12.05
明万历 青花海马璎珞纹罐	高24cm	207,000	泰和嘉成	2015.11.21
明万历青花缠枝花卉瓜棱提梁壶	高33.7cm	920,000	北京翰海	2015.11.28
明万历 青花八仙人物盘口瓶	高16.5cm	862,500	北京保利	2015.12.08
明万历 御窑青花四爱图大罐	高44cm	4,830,000	北京东正	2015.05.19
明万历/天启（约1620年）青花山水人物图瓶	高40cm	375,660	纽约佳士得	2015.03.16
明万历 青花人物三足熏炉	高9.5cm	13,563	香港雅盛	2015.10.05
明天启 青花洞石竹鸟纹杵	长16.3cm	40,250	北京中汉	2015.04.02
明天启 青花关云长千里走单骑故事纹笔筒	高20.7cm	1,771,000	上海道明	2015.05.09
明天启 青花开光水禽花卉图方瓶	高27.3cm	86,089	纽约佳士得	2015.03.16
明天启 青花僧侣讲经图浅碗	直径15.5cm	29,740	纽约佳士得	2015.03.16
明天启/崇祯（约1630年）青花天公图象耳炉	直径13.8cm	46,958	纽约佳士得	2015.03.16
明天启 青花花篮洗	直径32.7cm	1,035,000	北京保利	2015.12.08
明崇祯 青花大笔筒	高22cm	149,500	江苏爱涛	2015.01.11
明崇祯 青花奉祀文昌图筒瓶	高45cm	391,313	纽约苏富比	2015.03.17
明崇祯 青花高士图小莲子罐	高14.3cm	17,250	中国嘉德	2015.06.27
明崇祯 青花高士饮享图围棋罐	直径11.5cm	69,000	中国嘉德	2015.04.01
明崇祯 青花花蝶纹莲子罐	高17.3cm	40,250	北京中汉	2015.04.02
明崇祯 青花花卉蒜头瓶	高36cm	54,252	香港雅盛	2015.10.05
明崇祯 青花花鸟纹花插	高20cm	172,500	翰风国际	2015.06.19

2015瓷器拍卖成交汇总

(成交价RMB：1万元以上)

拍品名称	物品尺寸	成交价RMB	拍卖公司	拍卖日期
明崇祯 青花华封三祝图笔筒	高14.6cm	230,000	北京东正	2015.05.19
明崇祯 青花加官进爵图案缸	高18.3cm	506,000	北京东正	2015.05.19
明崇祯 青花加官进爵图小筒瓶	高19.5cm	20,700	中国嘉德	2015.04.01
明崇祯 青花教子图筒瓶	高45cm	322,000	中国嘉德	2015.09.19
明崇祯 青花开光山水镂空钱纹碗	直径11.1cm	70,436	纽约佳士得	2015.03.16
明崇祯 青花连升三级故事图瓶	高24.6cm	59,800	北京中汉	2015.04.02
明崇祯 青花莲池清趣莲子罐	高15cm	17,250	北京保利	2015.04.26
明崇祯 青花明皇狩猎图筒式瓶	高40.6cm	508,706	纽约佳士得	2015.03.16
明崇祯 青花人物笔筒	高14.5cm	34,500	北京保利	2015.04.25
明崇祯 青花人物故事大笔筒	直径21cm	747,500	北京保利	2015.06.06
明崇祯 青花人物故事图笔筒	高16.5cm	469,575	纽约佳士得	2015.03.16
明崇祯 青花人物故事图花浇	腹径14.5cm	73,775	江苏聚德	2015.07.01
明崇祯青花人物莲子罐（一对）	高20cm×2	63,250	广州皇玛	2015.07.25
明崇祯 青花人物水盂		74,750	中贸圣佳	2015.05.20
明崇祯 青花人物筒瓶	高45cm	437,000	广州皇玛	2015.01.17
明崇祯 青花人物筒瓶	高41.5cm	253,000	上海道明	2015.05.09
明崇祯 青花人物纹筒瓶	高47.5cm	379,500	中国嘉德	2015.06.27
明崇祯 青花三国演义人物故事图笔筒	高20.5cm	1,233,417	纽约佳士得	2015.03.16
明崇祯 青花三国演义之凤仪亭人物故事图筒瓶	高44.7cm	920,000	中国嘉德	2015.04.01
明崇祯 青花山水人物筒瓶	高23cm	103,500	西泠拍卖	2015.07.05
明崇祯 青花山水人物纹花觚	高45cm	115,000	保利厦门	2015.05.03
明崇祯 青花山水人物纹莲子罐		25,300	北京中汉	2015.09.21
明崇祯 青花山水人物粥罐	高14cm	57,500	八益拍卖	2015.04.26
明崇祯 青花狮纹罐	高19.1cm	23,000	中国嘉德	2015.04.01
明崇祯 青花狩猎图葫芦瓶	高25.8cm	32,200	中国嘉德	2015.09.19
明崇祯青花桃花源人物故事图盖罐	直径19.7cm	586,969	纽约佳士得	2015.03.16
明崇祯 青花庭院博古图笔筒	高22cm	172,500	中鸿信	2015.07.29
明崇祯 青花文王访贤故事图笔筒	直径21.5cm	713,000	北京保利	2015.06.06
明崇祯 青花文王访贤图葫芦瓶	腹径18cm	124,850	江苏聚德	2015.07.01
明崇祯青花喜上眉梢灵兔纹卧足碗		25,300	北京中汉	2015.09.21
明崇祯 青花折枝花卉纹小罐	高15cm	10,350	中国嘉德	2015.06.27
明崇祯 青花折枝图炉	直径21.5cm	86,250	中国嘉德	2015.04.01
明崇祯（约1640年）青花猎鹿图啤酒杯	高20.3cm	117,394	纽约佳士得	2015.03.16
明崇祯（约1640年）青花人物故事图莲子罐	高21.5cm	1,008,021	纽约佳士得	2015.03.16
明崇祯（约1640年）青花仙人乘槎图尖底杯	直径10.8cm	187,830	纽约佳士得	2015.03.16
明崇祯（约1643年）青花春宫图杯（一组三件）	高6.8cm	54,784	纽约佳士得	2015.03.16
明崇祯（约1643年）青花花卉纹小圆盒（两件）	直径8.3cm	11,739	纽约佳士得	2015.03.16
明崇祯（约1643年）青花金桂玉兔图浅碗	直径17.8cm	20,348	纽约佳士得	2015.03.16
明崇祯（约1643年）青花开光花鸟图军持	高23.3cm	37,566	纽约佳士得	2015.03.16
明崇祯（约1643年）青花开光山水图浅碗（两件）	直径13.3cm	23,479	纽约佳士得	2015.03.16
明崇祯（约1643年）青花克拉克式瑞兽花鸟图盘（一组四件）	直径20.3cm	31,305	纽约佳士得	2015.03.16
明崇祯（约1643年）青花山水人物故事图浅碗	直径19.7cm	70,436	纽约佳士得	2015.03.16
明崇祯（约1643年）青花山水人物图套杯（一组六件）	直径4.5cm；直径8cm	29,740	纽约佳士得	2015.03.16
明崇祯（约1643年）青花通景人物故事图啤酒杯	高20cm	86,089	纽约佳士得	2015.03.16
明崇祯（约1643年）青花西厢记及其他人物故事图碟（一组八件）	直径8.9cm	187,830	纽约佳士得	2015.03.16
明崇祯（约1643年）袖珍青花花蝶纹盖瓶（一对）	高8.8cm	12,522	纽约佳士得	2015.03.16
明崇祯 青花竹林七贤长颈瓶	高37.5cm	92,000	中国嘉德	2015.11.15
明崇祯 青花指日高升图莲子罐	高16.4cm	74,750	北京翰海	2015.11.28
明崇祯 青花婴戏胆瓶	高13.5cm	11,330	诚昌国际	2015.12.02

拍品名称	物品尺寸	成交价RMB	拍卖公司	拍卖日期
明崇祯 青花羲之爱鹅图莲子罐	高14cm	92,000	北京翰海	2015.11.28
明崇祯 青花山水人物缸	高21cm	330,453	诚昌国际	2015.12.01
明崇祯 青花瑞兽笔筒	高21cm	115,000	中国嘉德	2015.11.15
明崇祯 青花人物故事纹筒瓶	高48cm	57,500	太平洋	2015.11.21
明崇祯 青花人物故事笔筒	高20.7cm	1,725,000	北京翰海	2015.11.28
明崇祯青花刘备跃马檀溪莲子罐	高30.5cm	345,000	八益拍卖	2015.11.01
明崇祯 青花花鸟纹围棋罐	高10.5cm	1,354,650	卓艺拍卖	2015.11.21
明崇祯青花暗刻百子图大莲子罐	高23.5cm	552,000	北京保利	2015.12.08
明崇祯 青花"平升三级"纹罐	高29cm	17,250	太平洋	2015.11.21
明15世纪 青花花卉纹笔插	宽18.8cm	77,597	中国嘉德	2015.10.06
明15世纪/16世纪 青花缠枝花卉纹眉月形酒壶带盖	长20.3cm	238,988	纽约苏富比	2015.09.15
明15世纪/16世纪 青花花卉纹瓶及漳州窑红绿彩花卉纹瓶	13.5cm	65,863	伦敦苏富比	2015.05.13
明15世纪/16世纪 青花牡丹奇石纹菱口盘	直径51.4cm	175,258	纽约苏富比	2015.09.15
明15世纪/16世纪 青花鸳鸯式水滴带盖	长12.7cm	39,831	纽约苏富比	2015.09.15
明16世纪 青花龙纹花浇	21.9cm	80,100	香港苏富比	2015.06.01
明17世纪/18世纪初 青花岁寒三友灵芝纹元宝杯	长14.2cm	39,131	纽约佳士得	2015.03.16
明 青花缠枝莲罐	高26cm	23,000	北京翰海	2015.09.13
明 青花凤凰牡丹纹大盘	直径33cm	32,200	广州皇玛	2015.01.17
明 青花人物梅瓶	高38cm	345,000	西泠拍卖	2015.07.05
明 黄地青花花卉盘	直径26.5cm	13,800	北京保利	2015.04.26
明 青花"东坡游赤壁"图碗	直径18cm	17,250	广州皇玛	2015.07.25
明 青花八宝纹锥把瓜棱瓶	高18.5cm	51,750	中鸿信	2015.07.29
明 青花丙吉问牛粥罐	直径20cm	80,500	中鸿信	2015.07.29
明青花缠枝花卉梅瓶、罐（3件）		34,500	北京翰海	2015.07.19
明 青花缠枝花卉纹花口盘	直径15cm	17,250	苏州东方	2015.07.02
明 青花凤鸟纹六方罐	高21.3cm	69,000	苏州东方	2015.07.02
明 青花凤纹十棱洗	直径13.5cm	28,750	北京保利	2015.01.24
明 青花花卉纹宫碗	口径14.5cm	935,000	北京中联	2015.01.18
明 青花花卉纹盘	直径14cm	35,200	北京中联	2015.01.18
明 青花花卉纹盘（一对）	直径16cm	154,000	北京中联	2015.01.18
明 青花花鸟缸	直径40.5cm	57,500	北京保利	2015.04.26
明 青花六孔鼓形笔插	直径13cm	63,250	北京匡时	2015.06.06
明 青花龙凤高士图大盘	直径30cm	13,800	中国嘉德	2015.06.27
明 青花龙凤纹葫芦瓶	直径13cm	207,000	西泠拍卖	2015.07.05
明 青花龙凤玉壶春	高30cm	11,500	北京保利	2015.04.26
明 青花龙纹方斗杯	直径17.5cm	48,300	北京保利	2015.01.24
明 青花麒麟望月笔筒	高20cm	47,150	北京翰海	2015.03.15
明 青花人物笔筒	高15.7cm	322,000	西泠拍卖	2015.04.23
明 青花人物盘	直径11cm	34,500	北京翰海	2015.06.28
明 青花三足炉	高7.5cm	10,350	南京嘉信	2015.07.19
明 青花寿字烛台（一对）	高16cm	104,500	北京中联	2015.01.18
明 青花松下老者纹花口盘	口径19.5cm	154,000	北京中联	2015.01.18
明 青花印泥盒	直径11.3cm	69,000	江苏爱涛	2015.01.11
明 青花游鱼戏莲花水盂	直径13cm	36,800	北京华辰	2015.05.15
明青花云鹤瑞兽天圆地方葫芦瓶	高30cm	13,800	北京翰海	2015.09.13
明 青花云龙纹扁瓶	高28cm	418,000	北京中联	2015.01.18
明 青花云龙纹狮钮炉	高17cm	25,300	中国嘉德	2015.04.01
明 青花缠枝莲纹葫芦瓶	高29cm	34,500	西泠拍卖	2015.07.05
明 青花人物瓷砚	15.5×9.5×3.5cm	80,500	东方大观	2015.11.17
明 青花龙纹四方罐	高17cm	13,800	北京保利	2015.11.01
明 青花龙纹四方罐	高17cm	13,800	北京保利	2015.11.01
明 青花龙纹盖盒	长22.5cm	13,800	北京保利	2015.11.01
明 青花龙纹盖盒	长22.5cm	13,800	北京保利	2015.11.01
明 青花龙凤纹天圆地方瓶	高33.5cm	10,350	北京保利	2015.11.01
明 青花龙凤纹天圆地方瓶	高33.5cm	10,350	北京保利	2015.11.01
明 黄地青花花卉盘	直径18cm	18,400	北京保利	2015.11.01
明 黄地青花花卉盘	直径18cm	18,400	北京保利	2015.11.01
17世纪 伊斯兰市场青花花卉纹罐	21.2cm	23,950	伦敦苏富比	2015.05.13
明晚期青花克拉克式莲塘水禽图盘	21.6cm	133,046	纽约佳士得	2015.03.16
明晚期青花克拉克式莲塘鸳鸯图盘	直径30.5cm	35,218	纽约佳士得	2015.03.16

拍品名称	物品尺寸	成交价RMB	拍卖公司	拍卖日期
明晚期 青花暗刻山水人物莲子罐	高15cm	11,500	北京翰海	2015.03.15
明晚期 青花高士图水丞	直径10cm	17,250	中国嘉德	2015.06.27
明晚期 青花荷塘游鸭罐	直径33cm	11,500	北京保利	2015.04.26
明晚期 青花花虫纹折沿碗（十七只）	直径14.3cm	11,500	中国嘉德	2015.09.19
明晚期 青花枯梅纹贯耳壶	高26.7cm	46,958	纽约苏富比	2015.03.17
明晚期 青花渔藻纹缸	直径40cm	17,250	北京保利	2015.11.01
明晚期 青花渔藻纹缸	直径40cm	17,250	北京保利	2015.11.01
明末清初 约1630年–1650年 青花人物故事图筒瓶	高43.5cm	264,362	宝港国际	2015.11.28
明末清初 青花海八怪高足杯	高8.5cm	230,000	北京保利	2015.06.08
明末清初 青花花鸟纹碗	直径14.3cm	10,350	中国嘉德	2015.09.19
明末清初 青花牧牛图小盖罐		32,200	北京中汉	2015.09.21
明末清初 青花器（两件）	高16cm	95,595	纽约佳士得	2015.09.17
明末清初 青花狮纹杯（五只）	直径8.5cm	13,800	中国嘉德	2015.04.01
明末清初青花通景竹林七贤图花盆	直径21.3cm	547,838	纽约佳士得	2015.03.16
明末清初青花折枝花果纹莲子罐	高25.4cm	25,300	中国嘉德	2015.09.19
明末清初 青花花鸟笔筒	直径20cm	54,252	香港雅盛	2015.10.05
明末清初（约1640–1650年间）青花通景人物故事图筒式瓶	高45.7cm	273,919	纽约佳士得	2015.03.16
明末清初 青花通景三国演义人物故事图葫芦瓶	高34.1cm	328,703	纽约佳士得	2015.03.16
明末清初（约1640–1650年间）青花夜雁图筒式瓶	高44.1cm	273,919	纽约佳士得	2015.03.16
明末清初（约1650年）青花通景山水图执壶	高20.8cm	31,305	纽约佳士得	2015.03.16
明末清初 1635–1640年前后 青花"尧访许由"图瓶	高34cm	47,798	纽约佳士得	2015.09.17
明末清初 1635–1650年前后 青花文人雅集图长颈瓶	高37.2cm	47,798	纽约佳士得	2015.09.17
明末清初 17世纪 青花游龙赶珠图觚式瓶	高20.3cm	50,871	纽约佳士得	2015.03.16
清早期 青花富贵大吉图瓶	高29.5cm	34,500	北京翰海	2015.06.28
清早期 青花人物故事图葫芦瓶	高26cm	23,000	华艺国际	2015.03.29
清早期 青花缠枝莲纹抱月瓶	高33cm	25,300	中国嘉德	2015.04.01
清早期 青花刀马人花口对杯	直径8.5cm	11,500	中国嘉德	2015.05.18
清早期 青花花果纹香炉	直径22.5cm	13,800	苏州东方	2015.07.02
清早期 青花龙凤纹碗	直径17.5cm	11,500	北京保利	2015.01.24
清早期 青花松竹纹缸	高16.5cm	42,550	北京翰海	2015.07.19
清早期 青花花卉折枝花果梅瓶	高35.5cm	230,000	北京保利	2015.12.09
清顺治 青花"蟾宫折桂"小筒瓶	高31cm	126,500	北京保利	2015.06.08
清顺治 青花八仙庆寿图大碗	直径35.3cm	78,263	纽约佳士得	2015.03.16
清顺治 青花八仙庆寿图盘	直径36cm	172,178	纽约佳士得	2015.03.16
清顺治 青花博古纹大莲子罐	高30cm	207,000	辽宁中正	2015.06.13
清顺治 青花翠鸟纹盖罐	高28.4cm	665,231	纽约佳士得	2015.03.16
清顺治 青花花鸟图笔筒	高17.1cm	297,398	纽约佳士得	2015.03.16
清顺治 青花花鸟纹罐	高15.5cm	11,500	太平洋	2015.04.17
清顺治 青花花鸟小罐	高18cm	13,800	北京翰海	2015.07.19
清顺治 青花龙虎图罐	高18.2cm	70,436	纽约佳士得	2015.03.16
清顺治 青花牡丹花盖罐	高25cm	43,700	广州皇玛	2015.01.17
清顺治 青花葡萄纹笠式碗	直径17.1cm	17,218	纽约佳士得	2015.03.16
清顺治 青花麒麟花觚	高40cm	34,500	北京保利	2015.06.08
清顺治 青花山水人物纹炉	直径15cm	20,700	中国嘉德	2015.09.20
清顺治 青花松竹花鸟纹筒瓶		24,150	北京中汉	2015.09.21
清顺治 青花舞者图碗	直径13cm	43,044	纽约佳士得	2015.03.16
清顺治青花西厢记人物故事图浅碗	直径16.5cm	74,349	纽约佳士得	2015.03.16
清顺治 青花饮中八仙图仰钟式高足杯	高12.7cm	140,873	纽约佳士得	2015.03.16
清顺治 青花游龙赶珠纹笠式碗	直径20.3cm	25,044	纽约佳士得	2015.03.16
清顺治 青花云龙纹三足炉	高11cm	19,550	太平洋	2015.11.21
清顺治 青花麒麟斗凤花觚	高42.5cm	11,500	北京保利	2015.11.01
清顺治 青花麒麟斗凤花觚	高42.5cm	11,500	北京保利	2015.11.01
清顺治 青花八仙祝寿碗	直径25.5cm	20,700	北京翰海	2015.11.28
清顺治（约1655年）青花水浒人物图及山水仕女图盘（一组八件）	直径16.5cm	626,100	纽约佳士得	2015.03.16

拍品名称	物品尺寸	成交价RMB	拍卖公司	拍卖日期
清康熙 豆青地青花驯马图盘	直径28cm	66,523	纽约佳士得	2015.03.16
清康熙 17世纪 青花通景山水图棒槌瓶	高43.8cm	273,919	纽约佳士得	2015.03.16
清康熙 洞石花蝶青花笔筒	直径18cm	58,773	香港雅盛	2015.10.05
清康熙仿宣德青花岁寒三友图小碗	直径9.2cm	23,000	中国嘉德	2015.09.19
清康熙 矾红地青花缠枝茶花纹碗（一对）	直径18.5cm	156,525	纽约佳士得	2015.03.15
清康熙 黄地青花福寿龙纹碗	直径13.1cm	667,875	香港苏富比	2015.10.07
清康熙 黄地青花福寿龙纹碗(一对)	直径13.2cm	517,500	上海道明	2015.05.09
清康熙 嘉庆 青花瓷器（五件）	尺寸不一	10,350	中国嘉德	2015.06.27
清康熙 浆胎青花瓷器（六件）	尺寸不一	13,800	中国嘉德	2015.04.01
清康熙浆胎青花瑞兽纹杯（一对）	直径6.7cm	11,500	中国嘉德	2015.06.27
清康熙 青花"阿弥陀佛"香炉	宽21.5cm	46,000	北京保利	2015.06.08
清康熙 青花"春夜宴桃李园"诗文笔筒	高15.5cm	1,265,000	西泠拍卖	2015.07.05
清康熙 青花《桃花源记》故事图观音瓶	高22.5cm	149,500	北京诚轩	2015.05.17
清康熙 青花"杨门女将"图罐	高23cm	63,730	纽约佳士得	2015.09.17
清康熙 青花八卦纹碗	直径12cm	637,300	纽约佳士得	2015.09.17
清康熙 青花八吉祥杯（一对）	直径7.6cm	115,000	北京保利	2015.06.08
清康熙 青花八仙纹盘	直径14.9cm	471,500	中贸圣佳	2015.05.20
清康熙 青花芭蕉纹花觚	高25cm	46,000	广州皇玛	2015.07.25
清康熙 青花冰梅纹大碗	口径19.6cm	82,800	深圳市拍	2015.07.19
清康熙 青花冰梅纹罐	高21.5cm	13,800	中国嘉德	2015.04.01
清康熙 青花冰梅纹将军罐	通高41cm	34,500	深圳市拍	2015.07.19
清康熙 青花博古花纹炉	直径22cm	11,500	广州皇玛	2015.07.25
清康熙青花博古蒜头瓶（一对）	高26cm	13,800	北京保利	2015.06.08
清康熙 青花博古图将军罐	高33.4cm	25,300	中国嘉德	2015.04.01
清康熙 青花博古图盘（一对）	直径22.6cm	13,800	深圳市拍	2015.07.19
清康熙 青花博古图提梁壶	高17.8cm	13,800	中国嘉德	2015.06.27
清康熙 青花缠枝福寿文碗	直径14.9cm	27,600	中国嘉德	2015.06.27
清康熙 青花缠枝花卉纹罐	高22.5cm	172,500	北京东正	2015.05.19
清康熙 青花缠枝菊纹大花盆	高55cm	67,713	纽约佳士得	2015.09.17
清康熙 青花缠枝莲观音瓶	高19.5cm	57,500	北京保利	2015.06.08
清康熙 青花缠枝莲葫芦瓶	高19cm	25,300	广州皇玛	2015.07.25
清康熙 青花缠枝莲碗	直径11cm	172,500	广州皇玛	2015.01.17
清康熙 青花缠枝莲纹大凤尾尊	高75.9cm	79,663	纽约佳士得	2015.09.17
清康熙 青花缠枝莲纹卷缸	直径59cm	149,500	华艺国际	2015.03.29
清康熙 青花缠枝莲纹盘	15.2cm	168,000	天津文物	2015.05.22
清康熙 青花缠枝莲纹盘	直径15cm	34,500	中国嘉德	2015.09.19
清康熙 青花缠枝莲纹盘	直径15.5cm	32,200	中国嘉德	2015.09.19
清康熙青花缠枝莲纹盘（一对）	直径15.5cm	207,000	上海敬华	2015.06.30
清康熙青花缠枝莲纹盘（一对）	直径15.3cm×2	90,400	辽宁建投	2015.08.30
清康熙 青花缠枝莲纹碗	19.5cm	71,850	伦敦苏富比	2015.05.13
清康熙 青花缠枝莲纹碗	直径19cm	41,762	中国嘉德	2015.04.06
清康熙 青花缠枝莲纹碗	直径16.5cm	25,300	太平洋	2015.04.17
清康熙 青花缠枝莲纹直颈瓶	高21.5cm	34,500	北京诚轩	2015.05.17
清康熙 青花缠枝牡丹纹大盘(一对)	直径38.9cm；直径36.4cm	23,000	中国嘉德	2015.09.19
清康熙 青花缠枝秋葵纹碗	直径14.6cm	278,819	纽约苏富比	2015.09.15
清康熙 青花缠枝碗	直径16cm	27,126	香港雅盛	2015.10.05
清康熙 青花缠枝纹碗	直径16cm	34,500	泰和嘉成	2015.05.30
清康熙 青花螭龙纹折沿洗	直径18.5cm	71,300	太平洋	2015.07.18
清康熙 青花叱石成羊杯	直径7.3cm	644,000	北京保利	2015.01.24
清康熙 青花赤壁赋笔筒	直径19.5cm	74,750	北京保利	2015.04.26
清康熙 青花赤壁赋山水人物诗文天圆地方瓶	高52.5cm	66,700	中国嘉德	2015.09.19
清康熙 青花赤壁赋山水人物碗	直径16cm	11,500	广州皇玛	2015.07.25
清康熙 青花淡描"岁寒三友"图小案缸	高16.8cm	13,800	北京中汉	2015.04.02
清康熙青花淡描龙凤纹碗（一对）	口径12.3cm	135,700	上海泓盛	2015.06.20
清康熙 青花淡描人物故事笔筒	直径20cm	34,500	北京保利	2015.01.24
清康熙 青花淡描婴戏"百子嬉春"图印泥盒	直径10.7cm	69,000	北京中汉	2015.05.17
清康熙 青花地黄龙纹碗		69,000	中贸圣佳	2015.05.20

2015瓷器拍卖成交汇总

(成交价RMB：1万元以上)

拍品名称	物品尺寸	成交价RMB	拍卖公司	拍卖日期
清康熙 青花洞石纹高足盘	直径19.5cm	17,250	华艺国际	2015.03.29
清康熙 青花梵文盘	直径22.2cm	69,000	北京诚轩	2015.05.17
清康熙青花凤穿牡丹将军罐一对	高34cm×2	115,000	中鸿信	2015.07.29
清康熙 青花凤穿牡丹碗	直径11.5cm	17,250	广州皇玛	2015.01.17
清康熙 青花凤穿牡丹纹罐	高21.7cm	19,550	中国嘉德	2015.06.27
清康熙 青花凤穿牡丹纹军持	高24cm	23,000	广州皇玛	2015.01.17
清康熙青花高士笠式盏（一对）	直径11cm	80,500	北京保利	2015.06.08
清康熙 青花高士图香炉	19.8cm	28,000	天津文物	2015.05.22
清康熙 青花高士图长颈瓶	高20.5cm	34,500	中国嘉德	2015.04.01
清康熙 青花高仕仙阁图碗	直径20.1cm	4,906,560	香港苏富比	2015.04.07
清康熙 青花耕织图诗文碗		103,500	北京中汉	2015.09.21
清康熙青花贯套纹杯连缠枝莲纹托	杯高8.8cm	187,830	纽约苏富比	2015.03.17
清康熙 青花郭子仪祝寿罐	高27cm	18,400	北京保利	2015.04.26
清康熙 青花海兽纹观音瓶	高45cm	460,000	辽宁中正	2015.06.13
清康熙 青花海水八卦纹碗	直径12cm	299,000	北京诚轩	2015.05.17
清康熙 青花海水瑞兽纹花觚		40,250	北京中汉	2015.09.21
清康熙 青花寒江独钓图笔筒	高13.3cm	54,784	纽约佳士得	2015.03.16
清康熙 青花荷叶式洗、山水图笔筒及“穿莲祥凤”图高足碗	洗11.5cm 笔筒10.5cm	30,038	香港苏富比	2015.06.01
清康熙 青花鹤鹿同春凤尾尊	高41.4cm	92,000	北京翰海	2015.06.28
清康熙 青花花虫纹罐	高21.7cm	11,500	中国嘉德	2015.04.01
清康熙 青花花卉大盘	直径39.8cm	34,500	深圳市拍	2015.07.19
清康熙 青花花卉将军罐	高32.5cm	17,250	北京翰海	2015.07.19
清康熙 青花花卉瓶（一对）	高26cm	10,350	北京保利	2015.04.26
清康熙 青花花卉狮纹碗	直径15.3cm	10,350	中国嘉德	2015.04.01
清康熙青花花卉狮纹碗（一对）	直径17.3cm	10,350	中国嘉德	2015.04.01
清康熙 青花花卉仕女图小执壶	高13.6cm	25,300	中国嘉德	2015.04.01
清康熙青花花卉纹杯盏（一对）	直径8cm×2	10,350	保利厦门	2015.08.02
清康熙 青花花卉纹大盘	直径47cm	56,500	中鸿信	2015.07.29
清康熙 青花花卉纹花觚	高44.5cm	112,000	北京荣宝	2015.06.21
清康熙 青花花卉纹莲瓣狮钮盖瓶（一对）	高24.5cm	13,800	中国嘉德	2015.09.19
清康熙 青花花卉纹梅瓶	高18cm	27,635	香港雅盛	2015.07.31
清康熙青花花卉纹小葫芦瓶(一对)	高17.8cm	11,500	中国嘉德	2015.06.27
清康熙 青花花卉纹小提梁壶	高11cm	25,300	中国嘉德	2015.04.01
清康熙 青花花卉纹印泥盒		25,300	北京中汉	2015.09.21
清康熙 青花花卉鱼篓尊	直径9cm	28,750	中鸿信	2015.07.29
清康熙 青花加紫狮纹盘	直径28cm	11,500	北京翰海	2015.09.13
清康熙 青花教子图小罐	高11.3cm	11,500	中国嘉德	2015.06.27
清康熙 青花锦地开光八仙图罐	高35cm	23,000	中国嘉德	2015.09.19
清康熙 青花九月菊花花神杯	直径6.7cm	1,150,000	厦门华辰	2015.06.20
清康熙 青花开光“山水人物博古图”笔筒	口径14.5cm； 高18.5cm	115,000	远方拍卖	2015.07.01
清康熙 青花开光花蝶图笔筒	直径18.5cm	313,050	纽约佳士得	2015.03.19
清康熙 青花开光人物盖罐	高15cm	46,000	广州皇玛	2015.01.17
清康熙 青花开光山水人物博古图六棱瓶	高30.2cm	148,699	纽约佳士得	2015.03.16
清康熙 青花开光山水人物纹粥罐	直径23cm	51,750	中国嘉德	2015.09.19
清康熙 青花空城计故事纹盘	直径23.5cm	10,350	保利厦门	2015.08.02
清康熙 青花葵口花卉人物纹杯连托（五套十件）	杯直径8cm×5； 盏直径13cm×5	23,000	保利厦门	2015.08.02
清康熙 青花魁星点斗图笔筒	直径18cm	287,500	中国嘉德	2015.09.20
清康熙 青花荔枝桃果图仰钟式高足杯	高11cm	58,697	纽约佳士得	2015.03.16
清康熙 青花莲塘图碗	直径21cm	35,848	纽约佳士得	2015.09.17
清康熙 青花留白花卉纹长颈瓶	高19cm	17,250	中国嘉德	2015.06.27
清康熙青花龙凤呈祥盘（一对）	直径16.2cm	93,915	纽约佳士得	2015.03.15
清康熙 青花龙凤纹花觚		20,700	北京中汉	2015.09.21
清康熙 青花龙凤纹盘	直径19.6cm	40,250	中国嘉德	2015.04.01
清康熙 青花龙凤纹水盂	高8cm	17,250	八益拍卖	2015.04.26
清康熙 青花镂空开光花卉万字纹玲珑碗	直径9cm	195,500	北京中汉	2015.05.17
清康熙 青花鹿鹤同春凤尾尊	高44cm	46,000	北京保利	2015.04.26
清康熙 青花轮花纹抱月瓶		51,750	北京中汉	2015.09.21
清康熙 青花落花游鱼图斗笠碗	直径22.1cm	92,000	北京中汉	2015.04.02

拍品名称	物品尺寸	成交价RMB	拍卖公司	拍卖日期
清康熙 青花米芾山水图棒槌瓶	高45.5cm	4,645,800	佳士得	2015.06.03
清康熙 青花蟠螭纹缸	宽58cm；高47cm	967,208	香港雅盛	2015.07.31
清康熙 青花麒麟送子罐	高21.2cm	69,000	北京保利	2015.06.08
清康熙 青花曲水流觞人物故事图大碗	直径21.4cm	20,700	中国嘉德	2015.06.27
清康熙 青花人物笔筒	高16.5cm	322,000	西泠拍卖	2015.07.05
清康熙 青花人物故事图大盘	直径36.8cm	70,436	纽约佳士得	2015.03.16
清康熙 青花人物故事图凤尾尊	高45.5cm	110,000	博美拍卖	2015.07.19
清康熙 青花人物故事图盖罐		31,050	北京中汉	2015.09.21
清康熙 青花人物故事图缸		25,300	北京中汉	2015.09.21
清康熙 青花人物故事图盘	直径18.7cm	34,500	北京中汉	2015.04.02
清康熙 青花人物故事图纹粥罐		24,150	北京中汉	2015.09.21
清康熙 青花人物故事图折沿盘	直径34.3cm	38,238	纽约佳士得	2015.09.17
清康熙 青花人物罐		63,250	中贸圣佳	2015.05.20
清康熙 青花人物诗文花觚	高45.5cm	17,250	北京保利	2015.01.24
清康熙 青花人物碗	直径16.5cm	17,250	广州皇玛	2015.07.25
清康熙青花人物纹折沿盘（一对）	直径21.8cm	17,250	中国嘉德	2015.04.01
清康熙 青花人物纹折沿碗	直径16cm	20,700	中国嘉德	2015.04.01
清康熙 青花人物香炉	直径21.5cm	23,000	北京翰海	2015.03.15
清康熙 青花人物折沿碗	直径22cm	11,500	北京保利	2015.04.26
清康熙 青花如意桃纹盘一对	直径12.8cm×2	263,450	伦敦苏富比	2015.05.13
清康熙 青花瑞兽纹大炉	直径25cm	20,700	中国嘉德	2015.09.19
清康熙 青花三果缸	高17cm	23,000	北京翰海	2015.07.19
清康熙 青花山水杯（一对）	直径8.4cm	20,700	北京保利	2015.01.24
清康熙 青花山水楼阁大盘	直径46cm	34,500	中鸿信	2015.07.29
清康熙 青花山水盘	直径20.2cm	17,025	江苏聚德	2015.07.01
清康熙 青花山水人物棒槌小瓶	高26cm	17,250	广州皇玛	2015.01.17
清康熙 青花山水人物博古图小棒槌瓶	高21cm	20,700	中国嘉德	2015.04.01
清康熙 青花山水人物瓶	高36cm	13,800	北京翰海	2015.09.13
清康熙 青花山水人物图棒槌瓶	高45.7cm	191,190	纽约佳士得	2015.09.17
清康熙 青花山水人物图笔筒		13,800	北京中汉	2015.09.21
清康熙 青花山水人物图盘	直径22.5cm	117,394	纽约佳士得	2015.03.16
清康熙 青花山水人物图盘	直径21.6cm	35,218	纽约佳士得	2015.03.16
清康熙 青花山水人物纹缸	直径40.5cm	17,250	中国嘉德	2015.09.19
清康熙 青花山水人物纹花觚	高45cm	36,800	中国嘉德	2015.04.01
清康熙 青花山水人物纹围棋罐	直径13cm	126,500	中国嘉德	2015.04.01
清康熙 青花山水诗文方形洗	高9.2cm	33,600	博美拍卖	2015.07.19
清康熙 青花山水纹笔筒		23,000	北京中汉	2015.09.21
清康熙 青花山水香炉	高14.5cm	40,250	八益拍卖	2015.04.26
清康熙 青花神仙人物纹观音瓶	高41.5cm	195,500	中国嘉德	2015.09.20
清康熙青花诗文“前赤壁赋”笔筒	直径17.5cm	57,500	北京保利	2015.06.08
清康熙 青花狮子穿花纹罐	高30cm	17,250	太平洋	2015.07.18
清康熙 青花十八罗汉图三足炉	直径18.5cm	743,494	纽约佳士得	2015.03.16
清康熙 青花十八学士图折沿碗	直径21.5cm	80,500	华艺国际	2015.03.29
清康熙青花仕女图杯盏（四套）	直径8cm	11,500	中国嘉德	2015.09.19
清康熙 青花仕女图盘	直径20cm	34,500	中国嘉德	2015.04.01
清康熙 青花仕女图盘（一对）	直径20.7cm	11,500	中国嘉德	2015.06.27
清康熙 青花仕女纹折沿碗	直径17.5cm	14,950	太平洋	2015.07.18
清康熙 青花仕女婴戏图长颈瓶	高28cm	92,000	华艺国际	2015.05.24
清康熙 青花仕女折沿碗	直径21cm	11,500	北京保利	2015.04.26
清康熙青花兽面纹花觚（一对）	高26cm×2	218,500	江苏爱涛	2015.01.11
清康熙青花水浒人物故事图观音瓶	高20.5cm	133,046	纽约佳士得	2015.03.16
清康熙 青花四妃十六子大罐	高34cm	102,350	南京嘉信	2015.07.19
清康熙 青花四妃十六子将军罐	高41cm	172,500	八益拍卖	2015.04.26
清康熙 青花四美图折沿碗	直径21cm	17,250	中国嘉德	2015.09.19
清康熙 青花松鹿延年图炉	直径24.7cm	43,700	中国嘉德	2015.09.19
清康熙 青花松鼠葡萄将军罐	高30cm	32,200	北京保利	2015.06.08
清康熙 青花岁寒三友诗文瓜棱将军罐	高33cm	241,500	中国嘉德	2015.04.01
清康熙 青花太白醉酒图小水缸		10,350	北京中汉	2015.09.21
清康熙 青花唐诗诗意图笔筒	15.4cm	72,800	天津文物	2015.05.22
清康熙 青花桃花流水摇铃杯	高12.8cm	80,500	江苏爱涛	2015.01.11
清康熙 青花庭院高士图高足杯	直径7.3cm	184,000	北京诚轩	2015.05.17
清康熙青花庭院人物图碗（一对）	2cm×16.5cm	119,750	伦敦苏富比	2015.05.13

拍品名称	物品尺寸	成交价RMB	拍卖公司	拍卖日期
清康熙 青花团凤纹叠盒	直径11.9cm	126,500	北京中汉	2015.04.02
清康熙青花团凤纹小碟（一对）	直径7.1cm	195,500	上海道明	2015.05.09
清康熙 青花西厢记联吟图罐	20.2cm	11,200	天津文物	2015.05.22
清康熙 青花西厢记人物故事图莲瓣盘（一对）	直径19.5cm	13,800	中国嘉德	2015.06.27
清康熙 青花西厢记人物故事尊	高28cm	69,000	保利厦门	2015.08.02
清康熙 青花洗象图笔筒	高13.8cm	448,500	厦门华辰	2015.06.20
清康熙 青花洗象图瓶	高25.2cm	857,757	纽约佳士得	2015.03.16
清康熙 青花喜上梅梢棒槌瓶	高23cm	20,430	江苏聚德	2015.07.01
清康熙青花仙女散花纹小碗(一对)	直径8.4cm×2	92,000	广州皇玛	2015.01.17
清康熙 青花潇湘八景图诗文撇口笔筒	直径18cm	287,500	中国嘉德	2015.06.27
清康熙 青花杨家将人物故事案缸	直径19.5cm	575,000	北京匡时	2015.06.06
清康熙 青花尧访许由图笔筒	直径20.4cm	626,100	纽约苏富比	2015.03.17
清康熙 青花一路连科洗口瓶	高18cm	57,500	广州皇玛	2015.07.25
清康熙 青花饮中八仙杯	直径6.5cm	552,000	北京保利	2015.04.26
清康熙 青花饮中八仙图花口碗	直径22.2cm	66,523	纽约佳士得	2015.03.16
清康熙 青花饮中八仙之崔宗之人物故事图杯	直径6.2cm	32,200	中国嘉德	2015.09.19
清康熙 青花婴戏图大碗	直径21.2cm	18,400	北京中汉	2015.04.02
清康熙 青花婴戏纹罐	直径5.4cm	92,000	翰风国际	2015.06.19
清康熙 青花婴戏纹小莲子罐	高10.2cm	12,320	北京荣宝	2015.08.30
清康熙 青花游龙仙鹤纹纸槌瓶	高25cm	47,798	纽约佳士得	2015.09.17
清康熙 青花鱼藻纹花口大盘	直径35.5cm	17,250	中国嘉德	2015.09.19
清康熙 青花月季花纹斗笠碗	直径20cm	126,500	北京匡时	2015.06.06
清康熙青花月映梅花图盘（一对）	直径16cm	17,250	中国嘉德	2015.06.27
清康熙 青花云龙纹花觚	高46cm	172,500	广州皇玛	2015.01.17
清康熙 青花云龙纹炉	直径23.5cm	13,800	中国嘉德	2015.04.01
清康熙 青花云龙纹香炉	直径22.5cm	28,750	上海敬华	2015.06.30
清康熙 青花雉鸡牡丹纹罐	高22cm	138,000	北京保利	2015.06.08
清康熙 青花竹林七贤纹折沿碗	直径20.7cm	17,250	太平洋	2015.04.17
清康熙 青花祝寿纹碗	直径16cm	34,500	广州皇玛	2015.01.17
清康熙 外白釉内青花“连年有余”纹小杯	直径5.8cm	184,000	北京中汉	2015.05.17
清康熙（约1690–1695年间）青花鹿特丹暴动图盘	直径20.3cm	39,131	纽约佳士得	2015.03.16
清康熙（约1690年）青花坎普斯家族徽章纹盘	直径25.7cm	93,915	纽约佳士得	2015.03.16
清康熙/雍正 青花仕女图碗	直径20.2cm	51,781	纽约佳士得	2015.09.17
清康熙庚寅年(1710年)青花双龙戏珠纹炉	直径21.3cm	31,865	纽约苏富比	2015.09.15
清康熙 青花赴京赶考图觚式瓶	高40cm	743,494	纽约佳士得	2015.03.16
清康熙早期（约1662–1670年间）青花人物故事图碗	直径17.1cm	50,871	纽约佳士得	2015.03.16
清康熙早期 青花胡笳十八拍人物故事图大瓶	高41cm	219,135	纽约佳士得	2015.03.16
清康熙早期（约1662–1670年间）青花列女传人物故事图碗	直径17.1cm	58,697	纽约佳士得	2015.03.16
清康熙早期（约1665年）青花莲塘鸳鸯图盘	直径28cm	93,915	纽约佳士得	2015.03.16
清康熙 青花山水人物纹笔筒	直径18.7cm	96,000	台湾世家	2015.01.18
清康熙 青花山水纹大笔筒	宽19.5cm	185,610	香港淳浩	2015.04.04
清康熙 青花十八学士图大笔筒	宽18.8cm	74,244	香港淳浩	2015.04.04
清康熙 御窑青花团凤纹杯	口径9.1cm	1,380,000	北京东正	2015.11.19
清康熙 雍正 青花凤纹盘	直径21cm	51,750	北京诚轩	2015.11.14
清康熙 青花云龙纹碗（一对）	直径11.5cm	690,000	中国嘉德	2015.11.15
清康熙 青花云龙纹碗（二件）	直径10.2cm	287,500	北京翰海	2015.11.28
清康熙 青花云龙福寿纹碗	直径13.3cm	230,000	北京保利	2015.12.09
清康熙 青花云凤纹盘	直径16.5cm	92,000	北京翰海	2015.11.28
清康熙 青花饕餮纹橄榄瓶	高35.5cm	63,250	中国嘉德	2015.11.15
清康熙青花松竹梅花卉纹杯(一对)	直径8.5cm	80,500	北京保利	2015.12.09
清康熙 青花十八学士图笔筒	直径18.8cm	517,500	太平洋	2015.11.21
清康熙 青花山水图仰钟式杯	高7.5cm	821,000	佳士得	2015.12.02
清康熙 青花山水诗纹将军罐	高49cm	134,400	北京荣宝	2015.11.29
清康熙 青花山水人物小口尊	高23.5cm	23,000	北京匡时	2015.12.05

拍品名称	物品尺寸	成交价RMB	拍卖公司	拍卖日期
清康熙 青花山水人物纹笔筒	高16cm	17,250	八益拍卖	2015.11.01
清康熙 青花人物纹碗	直径20.6cm	28,750	中国嘉德	2015.11.15
清康熙 青花人物高足杯	高9.5cm	47,208	诚昌国际	2015.12.02
清康熙 青花落花流水纹铃铛杯（一对）	直径10cm×2	66,700	北京匡时	2015.12.05
清康熙 青花龙纹洗	直径13.8cm	138,000	北京翰海	2015.11.28
清康熙 青花龙凤纹碗	直径14.7cm	34,500	北京诚轩	2015.11.14
清康熙 青花锦鸡牡丹纹筒瓶	高42.5cm	287,500	北京翰海	2015.11.28
清康熙 青花鸡缸杯	直径8cm	92,000	北京匡时	2015.12.05
清康熙 青花花卉故事人物盘、碗 三件	盘直径20cm	20,700	北京保利	2015.12.09
清康熙 青花花果福寿纹大碗	直径21cm	48,300	北京翰海	2015.11.28
清康熙 青花花蝶纹盖盒	直径16.7cm	632,500	北京匡时	2015.12.05
清康熙 青花瓜棱水烟瓶	高19.5cm	11,500	太平洋	2015.11.21
清康熙 青花凤穿牡丹印盒	宽7cm	15,106	诚昌国际	2015.12.02
清康熙 青花缠枝牡丹纹碗	直径16.4cm	97,750	北京诚轩	2015.11.14
清康熙 青花缠枝灵芝纹鼓式花盆	宽35.5cm	126,500	北京诚轩	2015.11.14
清康熙 青花缠枝莲纹盘（二件）	直径15.4cm	138,000	北京翰海	2015.11.28
清康熙 青花缠枝莲纹葵口大盘	直径48.5cm	172,500	北京翰海	2015.11.28
清康熙 青花缠枝莲纹花觚	高45.8cm	46,000	北京翰海	2015.11.28
清康熙 青花博古诗文莲子罐	高17cm	19,550	太平洋	2015.11.21
清康熙 青花博古罐	高21cm	11,500	太平洋	2015.11.21
清康熙 青花八仙莲花碗	直径16cm	46,000	八益拍卖	2015.11.01
清康熙 青花「玉兰」花神杯	直径5.8cm	800,475	佳士得	2015.12.02
清康熙 青花「水仙」花神杯	直径5.9cm	800,475	佳士得	2015.12.02
清康熙 青花“西厢记”人物故事花觚	高26cm	34,500	北京保利	2015.12.09
清康熙 内外青花缠枝莲花纹大碗	口径19cm	472,075	宝港国际	2015.11.28
清康熙 仿宣德青花松竹梅笠式碗	直径22.3cm	2,415,000	北京保利	2015.12.08
清康熙 大约1670年 青花盖罐	高30cm	10,936	慕仕阁	2015.11.16
清康熙 青花花鸟诗文笔筒	高14.8cm	19,550	太平洋	2015.11.21
清雍正 青花盘（一组）	直径22.5cm	13,800	八益拍卖	2015.04.26
清雍正 仿木纹釉青花山水人物笔筒	直径18cm	8,740,000	北京保利	2015.06.06
清雍正 仿宣德青花鱼藻纹罐	直径28cm	115,000	中国嘉德	2015.09.19
清雍正 仿宣窑青花缠枝花卉大碗	直径23.5cm	1,380,000	北京保利	2015.06.06
清雍正 黄地青花缠枝莲纹盘	直径27.5cm	2,041,710	中国嘉德	2015.04.06
清雍正 黄地青花瑞兽纹斗升杯	高7cm	14,950	上海敬华	2015.04.26
清雍正 青花“拜月亭”人物故事图碗	直径19.2cm	322,800	香港苏富比	2015.04.07
清雍正 青花八仙过海图杯（两件）	直径7.6cm×2	1,666,080	佳士得	2015.06.03
清雍正 青花八仙小碗	直径10.5cm	540,500	江苏爱涛	2015.01.11
清雍正 青花缠枝番莲纹盘（一对）	直径21cm×2	172,500	保利厦门	2015.05.03
清雍正 青花缠枝番莲纹小杯（一对）	直径7.1cm	565,125	香港苏富比	2015.10.07
清雍正 青花缠枝花卉纹杯	直径7.3cm	207,000	北京诚轩	2015.05.17
清雍正 青花缠枝花卉纹罐	高10.9cm	402,500	北京中汉	2015.05.17
清雍正 青花缠枝花卉纹罐	高10.9cm	51,750	北京中汉	2015.04.02
清雍正 青花缠枝花卉纹海棠式抱月瓶	高48.3cm	1,473,840	佳士得	2015.06.03
清雍正 青花缠枝花卉纹盘	直径21cm	11,500	中国嘉德	2015.09.19
清雍正 青花缠枝花卉纹盘		40,250	北京中汉	2015.09.21
清雍正 青花缠枝花卉烛台	高23cm	235,092	香港雅盛	2015.10.05
清雍正 青花缠枝卷叶纹梅瓶	高24.2cm	3,453,960	香港苏富比	2015.04.07
清雍正 青花缠枝莲花卉弦纹尊	高20cm	460,000	北京保利	2015.04.26
清雍正 青花缠枝莲梅花纹玉壶春瓶	高36.9cm	149,500	中国嘉德	2015.04.01
清雍正 青花缠枝莲托八吉祥纹高足杯	高8cm	172,500	北京中汉	2015.05.17
清雍正 青花缠枝莲纹罐	高18.5cm	644,000	中鸿信	2015.07.29
清雍正 青花缠枝莲纹开光婴戏四方瓶(一对)	高9.8cm	690,000	上海道明	2015.05.09
清雍正 青花缠枝莲纹馒头心碗(一对)	直径15.6cm×2	862,500	厦门华辰	2015.06.20
清雍正 青花缠枝莲纹卧足碗	直径14cm	69,000	北京匡时	2015.06.06
清雍正 青花缠枝莲纹小罐	高12.3cm	1,058,000	中国嘉德	2015.05.16
清雍正 青花缠枝莲纹玉壶春瓶		23,000	北京中汉	2015.09.21
清雍正 青花缠枝莲纹尊	高11.5cm	168,000	博美拍卖	2015.07.19
清雍正 青花缠枝莲小天球瓶	高17cm	138,000	北京匡时	2015.06.06

拍品名称	物品尺寸	成交价RMB	拍卖公司	拍卖日期
清雍正 青花缠枝莲小天字罐	高7cm	17,250	八益拍卖	2015.04.26
清雍正 青花缠枝灵芝灯笼瓶	高25cm	6,900,000	北京保利	2015.06.06
清雍正 青花缠枝西番莲纹盘		51,750	北京中汉	2015.09.21
清雍正 青花缠枝莲纹盘	34.3cm	504,375	香港苏富比	2015.04.07
清雍正 青花穿花龙纹长颈胆瓶	高38.6cm	61,170,600	香港苏富比	2015.04.07
清雍正 青花淡描花卉福寿碗	直径11.8cm	241,500	北京翰海	2015.06.28
清雍正 青花淡描龙凤纹天字罐	腹径17cm	54,480	江苏聚德	2015.07.01
清雍正 青花朵花纹杯	6.4cm	39,200	天津文物	2015.05.22
清雍正 青花梵文杯		48,300	北京中汉	2015.09.21
清雍正 青花观画图弦纹尊	高17.5cm	149,500	中国嘉德	2015.04.01
清雍正 青花过墙龙大盘	直径29cm	10,350	北京翰海	2015.07.19
清雍正青花荷塘鹭鸶图盘（一对）	直径15cm×2	437,000	厦门华辰	2015.06.20
清雍正 青花荷塘鸳鸯盘	直径17.5cm	115,000	八益拍卖	2015.04.26
清雍正 青花荷塘鸳鸯纹洗	直径17.7cm	500,625	佳士得	2015.06.03
清雍正 青花花果瓜藤纹大盘	直径45.5cm	6,665,820	保利香港	2015.04.06
清雍正 青花花卉纹盘	直径21cm	161,000	北京保利	2015.06.08
清雍正 青花花鸟图双耳抱月瓶	高22.3cm	13,969,440	佳士得	2015.06.03
清雍正 青花花鸟纹大盘	高7.5cm	666,582	保利香港	2015.04.06
清雍正 青花九世同堂梅瓶	高22cm	80,500	上海敬华	2015.06.30
清雍正 青花卷草纹杯	直径7.2cm	143,393	纽约佳士得	2015.09.17
清雍正 青花卷草纹瓶	高18.5cm	230,000	中国嘉德	2015.05.16
清雍正 青花夔龙纹盖碗		11,500	北京中汉	2015.09.21
清雍正青花莲池荷花鹭鸶纹卧足盘	口径17.5cm	368,460	宝港国际	2015.06.02
清雍正 青花莲花梵文小碗	高4cm	495,175	保利香港	2015.04.06
清雍正青花莲托梵文墩碗（一对）	9.3cm	504,375	香港苏富比	2015.04.07
清雍正青花灵猴献寿图小酒杯(一对)	直径7cm	103,561	纽约佳士得	2015.09.17
清雍正 青花灵芝八方小瓶	高11cm	483,000	北京保利	2015.06.08
清雍正 青花龙凤纹盖盒	直径16.6cm	2,530,000	上海道明	2015.05.09
清雍正 青花龙凤纹折腰碗	直径17.5cm	41,400	中国嘉德	2015.09.19
清雍正 青花龙纹盘	直径28cm	10,925	北京翰海	2015.09.13
清雍正 青花龙纹天字小罐	高10.4cm	23,000	北京中汉	2015.04.02
清雍正 青花麻姑献寿图大盘	直径36cm	34,500	中国嘉德	2015.09.19
清雍正 青花梅竹双清杯	直径9.5cm	172,500	江苏爱涛	2015.01.11
清雍正 青花内金刚杵外梵文盘	直径17.3cm	598,000	北京保利	2015.06.06
清雍正 青花人物故事琵琶尊	高38cm	115,000	北京保利	2015.04.26
清雍正 青花如意云肩纹贴花蝴蝶耳撇口尊	高35cm	276,000	北京中汉	2015.05.17
清雍正 青花三凤纹盘	直径20cm	28,750	广州皇玛	2015.07.25
清雍正 青花山水人物纹盘口瓶	高43.7cm	13,800	中国嘉德	2015.04.01
清雍正 青花山水人物纹碗		14,950	北京中汉	2015.09.21
清雍正 青花山水双耳尊	高40cm	230,000	上海敬华	2015.06.30
清雍正 青花松鼠葡萄大盘	直径28cm	17,250	北京翰海	2015.07.19
清雍正 青花松鼠葡萄盘	直径28cm	20,700	北京翰海	2015.09.13
清雍正 青花松竹梅小罐	高8.5cm	172,500	中国嘉德	2015.05.16
清雍正 青花松竹梅小碗	直径9cm	20,700	广州皇玛	2015.07.25
清雍正 青花岁寒三友图盘	直径15.9cm	17,250	中国嘉德	2015.04.01
清雍正 青花岁寒三友图小罐	高8.7cm	437,000	中国嘉德	2015.09.19
清雍正 青花岁寒三友小罐	高8cm	807,000	香港苏富比	2015.04.07
清雍正 青花岁寒三友小罐	高8cm	805,000	上海道明	2015.05.09
清雍正 青花通景山水笔筒	高16.8cm	63,250	北京保利	2015.06.08
清雍正 青花团凤纹盖碗	直径15.8cm	28,750	中国嘉德	2015.06.27
清雍正 青花团寿花卉纹盘	直径15.5cm	161,400	佳士得	2015.04.06
清雍正 青花外八鹤内九桃福寿纹碗（一对）	直径14.8cm	1,058,000	北京中汉	2015.05.17
清雍正 青花万寿纹盘	直径15.8cm	103,500	北京保利	2015.06.08
清雍正 青花卧足碗（一对）	直径12cm×2	943,000	中贸圣佳	2015.05.20
清雍正 青花喜上眉梢花鸟图玉壶春瓶	高30cm	10,716,960	香港苏富比	2015.04.07
清雍正 青花一束莲大盘	直径29cm	18,400	北京翰海	2015.07.19
清雍正 青花一束莲纹大盘	口径40.2cm	2,070,000	上海工美	2015.06.28
清雍正 青花一束莲纹盘	直径26.5cm	32,200	上海敬华	2015.06.30
清雍正 青花云凤纹盘（一对）	直径15.8cm	11,500	中国嘉德	2015.09.19
清雍正 青花云龙纹碗	直径9.5cm	191,190	纽约苏富比	2015.09.15
清雍正青花云龙纹折腰小碗(一对)	直径9cm×2	48,300	广州皇玛	2015.07.25
清雍正青花折枝花卉纹马蹄杯(一对)		25,300	北京中汉	2015.09.21

拍品名称	物品尺寸	成交价RMB	拍卖公司	拍卖日期
清雍正 御窑青花西番莲纹卧足碗	口径15cm	1,403,000	北京东正	2015.11.19
清雍正 御窑青花松竹梅纹小罐	高6.7cm	494,500	北京东正	2015.11.19
清雍正 青花云龙纹盘	直径17.2cm	575,000	北京匡时	2015.12.05
清雍正 青花云龙纹梅瓶	高30cm	402,500	北京保利	2015.12.09
清雍正 青花喜鹊登梅抱月瓶	高32cm	2,300,000	北京保利	2015.12.09
清雍正 青花西番莲纹将军罐	高48.3cm	230,000	北京东正	2015.11.19
清雍正 青花山水人物笔筒	直径18.8cm	172,500	北京保利	2015.12.09
清雍正青花梅竹双清四系穿花梅瓶	高19cm	230,000	北京保利	2015.11.01
清雍正青花梅竹双清四系穿花梅瓶	高19cm	230,000	北京保利	2015.11.01
清雍正 青花龙凤呈祥罐	高23.3cm	4,025,000	北京保利	2015.12.08
清雍正 青花九月菊花花神杯	直径6.6cm	2,300,000	北京保利	2015.12.08
清雍正 青花荷塘鸳鸯卧足盘	直径17.4cm	575,000	北京匡时	2015.12.05
清雍正 青花海棠式耳杯	宽9cm	230,000	中国嘉德	2015.11.15
清雍正 青花梵文盘	半径17.4cm	299,000	东方大观	2015.11.17
清雍正 青花矾红海八怪高足杯	高8.7cm	402,500	北京保利	2015.12.09
清雍正 青花缠枝莲纹小罐	高11cm	310,500	北京匡时	2015.12.05
清雍正 青花缠枝莲托八宝纹大盘	直径45cm	517,500	北京翰海	2015.11.28
清雍正 青花缠枝莲大碗	直径29.5cm	184,000	北京保利	2015.11.01
清雍正 青花缠枝莲大碗	直径29.5cm	184,000	北京保利	2015.11.01
清雍正 青花缠枝花卉捧寿盘	直径15.5cm	368,000	北京保利	2015.12.09
清雍正 黄地青花缠枝花卉纹盘	直径21.5cm	287,500	北京保利	2015.12.09
清雍正 十六子圆口小方瓶	高12.6cm	1,840,000	中贸圣佳	2015.05.20
清雍正 御窑青花饕餮纹方樽	高16cm	2,070,000	北京东正	2015.05.19
清雍正 御窑青花西番莲纹茶叶罐	高13.5cm	2,645,000	北京东正	2015.05.19
清雍正/乾隆 青花螭龙纹水盂	直径5.8cm	66,700	北京中汉	2015.04.02
清乾隆 梵文青花高足杯	高9.3cm	80,500	江苏爱涛	2015.01.11
清乾隆仿木釉开光青花螭龙纹墨床	长7.6cm	92,000	中国嘉德	2015.04.01
清乾隆官窑青花八仙纹碗（一对）	口径14.9cm	747,500	北京东正	2015.11.19
清乾隆官窑青花缠枝莲托八宝盉壶	高17cm	805,000	北京东正	2015.05.19
清乾隆官窑青花菖蒲纹节令膳碗	直径15cm	575,000	北京东正	2015.05.19
清乾隆 官窑青花福山寿海云鹤纹爵托	直径16cm	230,000	北京东正	2015.11.19
清乾隆 官窑青花折枝花果纹贯耳六方尊	高44.5cm	5,635,000	北京东正	2015.05.19
清乾隆黄地青花缠枝福寿纹水仙盆	长20.3cm	690,000	北京匡时	2015.12.05
清乾隆 黄地青花缠枝莲大盘	直径41cm	57,500	广州皇玛	2015.01.17
清乾隆 黄地青花龙纹瓶	高36.9cm	230,000	北京中汉	2015.04.02
清乾隆 黄地青花寿桃纹扁壶	高24cm	20,700	北京保利	2015.01.24
清乾隆 浆胎青花洞石花卉鸡纹瓶	高29.4cm	40,250	北京翰海	2015.11.28
清乾隆 柠檬黄地青花缠枝花卉矾红万寿无疆纹盘（二件）	直径17.5cm	322,000	北京翰海	2015.11.28
清乾隆 青花八吉祥宝杵纹镗锣洗（一对）	直径15.3cm	483,000	北京保利	2015.12.09
清乾隆 青花八吉祥抱月瓶	高47.5cm	5,635,000	北京保利	2015.12.08
清乾隆 青花八吉祥双绶耳抱月瓶	高50.5cm	805,000	上海道明	2015.05.09
清乾隆 青花八吉祥纹高足碗	高18.3cm	280,350	香港苏富比	2015.06.01
清乾隆青花八吉祥纹双螭耳抱月瓶	高47.5cm	11,040,000	中国嘉德	2015.11.15
清乾隆 青花八仙渡海纹小碗	直径10.8cm	115,000	北京中汉	2015.05.17
清乾隆 青花八仙图大碗	直径18.7cm	20,700	中国嘉德	2015.06.27
清乾隆 青花八仙图四系罐	高33.3cm	20,700	中国嘉德	2015.06.27
清乾隆 青花八仙碗	直径18cm	29,900	太平洋	2015.11.21
清乾隆 青花并蒂莲纹双环蒜头瓶	高29cm	16,675,000	北京保利	2015.06.06
清乾隆青花苍龙教子穿莲纹螭龙耳尊	高35.5cm	44,952,120	佳士得	2015.06.03
清乾隆青花缠枝番莲纹如意耳葫芦瓶	高29.5cm	17,820,960	香港苏富比	2015.10.07
清乾隆 青花缠枝花卉钵	宽16cm	92,000	北京保利	2015.12.09
清乾隆 青花缠枝花卉大贯耳尊	高51cm	5,175,000	北京保利	2015.12.08
清乾隆 青花缠枝花卉贯耳瓶	高33cm	352,230	帝图艺术	2015.04.12
清乾隆 青花缠枝花卉贯耳尊	高51cm	2,990,000	北京翰海	2015.11.28
清乾隆青花缠枝花卉贯耳尊(二件)	高51cm	13,800,000	北京翰海	2015.11.28
清乾隆 青花缠枝花卉海浪纹六方贯耳瓶	高43cm	529,000	北京中汉	2015.05.17
清乾隆 青花缠枝花卉盘	直径19.3cm	207,000	北京翰海	2015.11.28
清乾隆 青花缠枝花卉铺首尊	高25cm	862,500	北京保利	2015.06.08
清乾隆 青花缠枝花卉纹斗笠碗	直径9.8cm	69,000	博美拍卖	2015.07.19
清乾隆青花缠枝花卉纹斗笠碗(一对)	直径9.2cm	57,500	太平洋	2015.04.17

拍品名称	物品尺寸	成交价RMB	拍卖公司	拍卖日期
清乾隆青花缠枝花卉纹盘（一对）	直径15.6cm	161,000	太平洋	2015.07.18
清乾隆 青花缠枝花卉纹铺首尊	高29.1cm	207,000	上海道明	2015.05.09
清乾隆 青花缠枝花卉纹铺首尊	高25.2cm	138,000	北京中汉	2015.04.02
清乾隆青花缠枝花卉纹铺首尊(一对)	高25.2cm×2	1,794,000	北京匡时	2015.12.05
清乾隆 青花缠枝花卉纹双耳水丞	直径7cm	69,000	中国嘉德	2015.11.15
清乾隆 青花缠枝花卉纹天球瓶	高37cm	993,240	佳士得	2015.06.03
清乾隆 青花缠枝花卉纹渣斗	高8.2cm	704,363	纽约佳士得	2015.03.15
清乾隆 青花缠枝花卉纹渣斗	高8.2cm	586,969	纽约佳士得	2015.03.15
清乾隆 青花缠枝花卉壮罐	高22.5cm	11,500	中鸿信	2015.07.29
清乾隆 青花缠枝莲大罐	高56cm	67,800	辽宁建投	2015.08.30
清乾隆 青花缠枝莲梵文高足杯	高13.5cm	207,000	北京保利	2015.12.09
清乾隆 青花缠枝莲蝠纹大盘	直径30cm	13,800	中国嘉德	2015.04.01
清乾隆 青花缠枝莲海水纹壮罐	高28cm	207,000	西泠拍卖	2015.07.05
清乾隆 青花缠枝莲牛头尊	高45.3cm	2,415,000	北京保利	2015.06.06
清乾隆 青花缠枝莲赏瓶	高37.8cm	1,380,000	北京保利	2015.06.06
清乾隆 青花缠枝莲赏瓶	高37.8cm	690,000	北京保利	2015.12.08
清乾隆 青花缠枝莲双耳瓶	高52cm	207,000	广州皇玛	2015.01.17
清乾隆 青花缠枝莲双耳尊	高56.5cm	13,800	北京翰海	2015.09.13
清乾隆 青花缠枝莲托八宝盉壶	宽27cm	529,000	北京保利	2015.04.26
清乾隆 青花缠枝莲托八宝山高水长碗（一对）	直径13.1cm	69,000	中国嘉德	2015.04.01
清乾隆 青花缠枝莲托八宝万寿无疆纹碗	直径18.2cm	207,000	博美拍卖	2015.07.19
清乾隆 青花缠枝莲托八宝纹大碗	直径25.7cm	345,000	中国嘉德	2015.04.01
清乾隆 青花缠枝莲托八宝纹盉	高21cm	2,530,000	西泠拍卖	2015.07.05
清乾隆青花缠枝莲托八宝纹小杯	高4cm	43,700	西泠拍卖	2015.07.05
清乾隆青花缠枝莲托梵文高足杯	直径14.5cm	138,000	北京保利	2015.12.09
清乾隆青花缠枝莲纹八吉祥盉壶	高17.5cm	575,000	博美拍卖	2015.07.19
清乾隆 青花缠枝莲纹大缸	直径62cm	34,500	太平洋	2015.04.17
清乾隆 青花缠枝莲纹大碗	直径26cm	36,800	太平洋	2015.04.17
清乾隆 青花缠枝莲纹大壮罐	高42.7cm	13,800	中国嘉德	2015.06.27
清乾隆 青花缠枝莲纹盖钵	高16cm	907,875	香港苏富比	2015.04.07
清乾隆 青花缠枝莲纹盘	直径19.5cm	24,970	江苏聚德	2015.07.01
清乾隆 青花缠枝莲纹赏瓶	高36.9cm	1,265,000	北京诚轩	2015.05.17
清乾隆 青花缠枝莲纹赏瓶	高37.5cm	310,500	北京匡时	2015.06.06
清乾隆 青花缠枝莲纹赏瓶	高37cm	1,150,000	北京匡时	2015.12.05
清乾隆 青花缠枝莲纹狮耳方瓶	高37.5cm	20,700	中国嘉德	2015.04.01
清乾隆 青花缠枝莲纹双耳鹿头尊（一对）	高44.3cm	10,350,000	中国嘉德	2015.05.16
清乾隆 青花缠枝莲纹双兽衔环铺首尊	高25.1cm	513,750	香港苏富比	2015.10.07
清乾隆 青花缠枝莲纹水丞	直径11.2cm	28,750	中国嘉德	2015.09.20
清乾隆 青花缠枝莲纹太白罐	高35.3cm	34,500	中国嘉德	2015.06.27
清乾隆 青花缠枝莲纹天球瓶	高28cm	57,500	西泠拍卖	2015.07.05
清乾隆 青花缠枝莲纹洗	直径25cm	82,800	广州皇玛	2015.01.17
清乾隆 青花缠枝莲纹小抱月瓶	高23cm	253,000	中国嘉德	2015.04.01
清乾隆青花缠枝莲纹小碗（一对）	高4cm	138,000	西泠拍卖	2015.07.05
清乾隆 青花缠枝莲纹杏圆开光式福寿图双耳扁壶	高24.4cm	2,630,400	香港苏富比	2015.10.07
清乾隆 青花缠枝莲纹印盒	直径8.8cm	155,194	中国嘉德	2015.10.06
清乾隆 青花缠枝莲纹玉堂春瓶	高37.3cm	1,702,000	北京翰海	2015.11.28
清乾隆 青花缠枝莲纹玉堂春瓶	高37.3cm	1,150,000	北京翰海	2015.11.28
清乾隆 青花缠枝莲纹渣斗	高8.5cm	28,750	中国嘉德	2015.09.19
清乾隆 青花缠枝莲纹长方小盆		32,200	北京中汉	2015.09.21
清乾隆 青花缠枝莲纹壮罐	高28cm	345,000	北京匡时	2015.06.06
清乾隆 青花缠枝莲鱼缸	高17cm	28,750	广州皇玛	2015.07.25
清乾隆青花缠枝五蝠捧寿纹调色盘	直径13.8cm	44,800	北京荣宝	2015.06.21
清乾隆 青花瓷板	29cm×80cm	46,000	中贸圣佳	2015.05.20
清乾隆青花地黄龙纹盘（一对）	直径25cm×2	395,500	辽宁建投	2015.08.30
清乾隆 青花梵红彩云龙纹盘	直径17.2cm	207,000	北京翰海	2015.11.28
清乾隆 青花梵红彩云龙纹盘	直径17.6cm	138,000	北京翰海	2015.11.28
清乾隆 青花梵文高足杯	高8.3cm	92,000	太平洋	2015.07.18
清乾隆 青花梵文高足杯	高13cm	92,000	八益拍卖	2015.11.01
清乾隆 青花梵文高足杯	高8.5cm	230,000	太平洋	2015.11.21

拍品名称	物品尺寸	成交价RMB	拍卖公司	拍卖日期
清乾隆 青花粉彩加金高士图水盂、烟壶、印盒（三件）	尺寸不一	82,800	北京保利	2015.12.09
清乾隆 青花福寿连绵寿庆有余瓜棱瓶	高32.4cm	1,725,000	北京保利	2015.06.08
清乾隆 青花赶珠龙纹盘	直径16.5cm	32,200	华艺国际	2015.03.29
清乾隆 青花海水矾红龙纹盘	直径17.6cm	218,500	北京翰海	2015.11.28
清乾隆 青花海水留白龙纹盘	直径17.8cm	92,000	太平洋	2015.11.21
清乾隆 青花海水龙纹盘	直径17.5cm	115,000	中国嘉德	2015.06.27
清乾隆 青花花卉山高水长寿字碗	直径16.9cm	379,500	北京翰海	2015.06.28
清乾隆青花花卉太极八卦纹镗锣洗	直径15.8cm	25,300	北京中汉	2015.09.21
清乾隆 青花花卉纹琵琶尊	高13.2cm	943,000	辽宁中正	2015.06.13
清乾隆 青花花卉纹壮罐	高28cm	51,750	中国嘉德	2015.09.19
清乾隆 青花花鸟纹六方倭角大花盆（一对）	长41.7cm	28,750	中国嘉德	2015.09.19
清乾隆 青花黄彩龙纹盘	口径25cm	80,500	西泠拍卖	2015.07.05
清乾隆 青花九桃盘	直径26.7cm	513,125	佳士得	2015.12.02
清乾隆 青花九桃纹盘	口径27.5cm	368,000	西泠拍卖	2015.07.05
清乾隆 青花九桃纹盘		20,700	北京中汉	2015.09.21
清乾隆 青花开光三多带盖执壶	高30cm	805,000	北京保利	2015.06.08
清乾隆 青花夔龙纹镂空六方绣墩	49cm	112,000	天津文物	2015.05.22
清乾隆 青花莲托八宝福禄万代纹盘（二件）	直径15.6cm	437,000	北京翰海	2015.11.28
清乾隆 青花莲托八吉祥福禄纹撇口碗（一对）	直径17.9cm	287,500	北京中汉	2015.05.17
清乾隆 青花莲托梵文碗	直径17.5cm	11,500	北京保利	2015.01.24
清乾隆 青花龙纹钵式洗	直径15.5cm	63,250	华艺国际	2015.05.24
清乾隆 青花龙纹带扣	长7.1cm	32,200	上海道明	2015.05.09
清乾隆 青花龙纹盘	16.7cm	156,800	天津文物	2015.05.22
清乾隆 青花龙纹折腰碗	直径16.5cm	168,000	北京荣宝	2015.11.29
清乾隆 青花罗汉印泥盒	直径7cm	115,000	八益拍卖	2015.04.26
清乾隆 青花内岁寒三友图外仕女婴戏图盘	直径17.9cm	218,500	中国嘉德	2015.04.01
清乾隆 青花内岁寒三友图外仕女婴戏图盘	直径18cm	40,250	中国嘉德	2015.04.01
清乾隆 青花枇杷寿桃纹明式执壶	高2.65cm	2,433,120	香港苏富比	2015.10.07
清乾隆 青花三清诗文茶碗	直径10.9cm	517,500	中国嘉德	2015.04.01
清乾隆 青花三羊开泰双耳瓶	高37cm	69,000	广州皇玛	2015.07.25
清乾隆 青花山水大盘	直径42cm	34,500	广州皇玛	2015.07.25
清乾隆 青花山水鹿头赏瓶	高35cm	4,238,325	澳门中信	2015.11.08
清乾隆 青花山水人物盘	口径28cm	12,650	深圳市拍	2015.07.19
清乾隆 青花山水人物双耳瓶	高38cm	8,290,350	澳门中信	2015.06.21
清乾隆 青花山水人物纹笔筒	直径19cm	17,250	中国嘉德	2015.09.19
清乾隆 青花山水人物鱼缸	直径24cm	20,700	广州皇玛	2015.07.25
清乾隆青花山水人物攒盘（9件）		25,300	北京翰海	2015.07.19
清乾隆 青花山水鱼缸	直径24cm	23,000	广州皇玛	2015.07.25
清乾隆 青花绳纹罐	高15.2cm	34,500	中国嘉德	2015.09.19
清乾隆 青花寿桃纹盘	直径27cm	180,225	香港苏富比	2015.06.01
清乾隆 青花双龙捧寿贯耳穿带瓶	高33.2cm	92,000	北京保利	2015.06.08
清乾隆 青花松鹿盘	直径28cm	17,250	北京翰海	2015.09.13
清乾隆 青花松鼠葡萄纹碗	直径22.3cm	320,400	佳士得	2015.06.03
清乾隆 青花松竹梅八方印盒	宽5.2cm	103,500	北京保利	2015.12.09
清乾隆 青花松竹梅盘	直径17.9cm	207,000	北京保利	2015.06.08
清乾隆 青花松竹梅庭院仕女盘	直径18cm	57,500	北京保利	2015.12.09
清乾隆 青花松竹梅纹盘	直径17.7cm	138,000	北京匡时	2015.06.06
清乾隆 青花岁寒三友图盘	直径18cm	48,300	北京中汉	2015.04.02
清乾隆 青花岁寒三友纹八方印盒	5cm	56,000	天津文物	2015.05.22
清乾隆青花庭院仕女纹盘（一对）	直径18cm	345,000	太平洋	2015.11.21
清乾隆 青花团莲双龙耳如意云口瓶（一对）	高25.2cm	7,820,000	北京保利	2015.12.08
清乾隆 青花万寿无疆纹碗		34,500	北京中汉	2015.09.21
清乾隆 青花五福捧寿纹盘	直径34cm	21,850	太平洋	2015.07.18
清乾隆青花西洋花卉如意纹太白罐	高32.5cm	4,830,000	北京匡时	2015.06.06
清乾隆青花祥云双凤纹盘（一对）	口径16.5cm	276,345	宝港国际	2015.06.02
清乾隆 青花玉兰花小杯		94,300	北京中汉	2015.09.21
清乾隆青花御题诗小杯（一对）	直径6.8cm	92,000	八益拍卖	2015.11.01

2015瓷器拍卖成交汇总

(成交价RMB：1万元以上)

拍品名称	物品尺寸	成交价RMB	拍卖公司	拍卖日期
清乾隆 青花云凤纹六棱印盒	直径6.2cm	20,340	中鸿信	2015.07.29
清乾隆 青花云鹤纹爵托	直径15.8cm	345,000	北京中汉	2015.05.17
清乾隆 青花云龙穿花纹大盘	直径51cm	1,495,000	北京保利	2015.06.08
清乾隆 青花云龙盘	直径17cm	103,500	广州皇玛	2015.01.17
清乾隆 青花云龙纹卷缸	直径21.5cm	690,000	厦门华辰	2015.06.20
清乾隆 青花云龙纹卷缸	直径21cm	690,000	北京匡时	2015.12.05
清乾隆 青花云龙纹盘	16.5cm	141,225	香港苏富比	2015.04.07
清乾隆 青花云龙纹盘	直径17cm	66,700	中国嘉德	2015.06.27
清乾隆 青花云龙纹盘	直径16.5cm	92,000	北京翰海	2015.11.28
清乾隆 青花云龙纹盘	直径24cm	21,850	太平洋	2015.11.21
清乾隆 青花云龙纹盘（一对）	直径16.7cm	103,500	中国嘉德	2015.04.01
清乾隆 青花云龙纹折腰碗	直径16.7cm	172,500	北京中汉	2015.05.17
清乾隆 青花云龙纹折腰碗	直径17cm	71,300	中国嘉德	2015.04.01
清乾隆 青花云龙纹折腰碗	直径17cm	103,500	中国嘉德	2015.09.19
清乾隆青花云龙纹折腰碗（一对）	直径16.7cm	782,000	北京保利	2015.06.08
清乾隆青花云龙纹折腰碗（一对）	直径17cm	230,000	北京东正	2015.05.19
清乾隆 青花折枝花果六方大瓶	高66.5cm	8,280,000	北京保利	2015.06.06
清乾隆 青花折枝花果梅瓶	高32cm	6,440,000	北京保利	2015.06.06
清乾隆 青花折枝花果梅瓶	高32.3cm	2,645,000	北京保利	2015.12.08
清乾隆 青花折枝花果纹六方瓶	高66cm	7,130,000	北京匡时	2015.12.05
清乾隆 青花竹石芭蕉纹玉壶春瓶	高28.3cm	2,630,400	香港苏富比	2015.10.07
清乾隆 御窑青花八宝纹抱月瓶	高35.5cm	1,380,000	北京东正	2015.11.19
清乾隆 御窑青花缠枝莲托八宝铺首衔环尊	高49cm	6,095,000	北京东正	2015.05.19
清乾隆 御窑青花贯套纹杯	直径8.6cm	552,000	华艺国际	2015.05.24
清乾隆御窑青花折枝花卉纹六方瓶	高66cm	11,270,000	北京东正	2015.05.19
清嘉庆 矾红地青花海八怪大碗	直径21cm	356,500	博美拍卖	2015.07.19
清嘉庆 青花缠枝花卉纹烛台	高14cm	201,600	北京荣宝	2015.06.21
清嘉庆 青花缠枝莲纹梵文高足碗	高9.8cm	59,747	纽约佳士得	2015.09.17
清嘉庆 青花缠枝莲纹赏瓶	高36.9cm	138,000	中国嘉德	2015.09.19
清嘉庆青花缠枝莲纹衔环铺首耳壶	高25.3cm	1,077,750	伦敦苏富比	2015.05.13
清嘉庆 青花缠枝莲烛台	高13cm	103,500	八益拍卖	2015.04.26
清嘉庆 青花花卉纹碗	直径10.2cm	101,741	纽约苏富比	2015.03.21
清嘉庆 青花花卉玉壶春瓶	高34cm	28,750	广州皇玛	2015.07.25
清嘉庆 青花葡萄纹大碗	直径21.4cm	172,500	北京诚轩	2015.05.17
清嘉庆 青花山水人物文具方盘	长34.5cm	115,000	八益拍卖	2015.04.26
清嘉庆 青花十六子图宫碗	直径15.5cm	368,000	华艺国际	2015.05.24
清嘉庆 青花双凤纹盘	直径16.4cm	23,000	中国嘉德	2015.04.01
清嘉庆 青花团花碗	直径16.5cm	184,000	北京翰海	2015.06.28
清嘉庆 青花云龙纹盘	直径17cm	92,000	八益拍卖	2015.11.01
清嘉庆 青花龙纹盘	直径16.7cm	32,200	太平洋	2015.11.21
清嘉庆 青花粉彩加金高士图墨床	长9cm	28,750	北京保利	2015.12.09
清嘉庆 青花淡描花卉纹锈墩	高22.6cm	36,800	太平洋	2015.11.21
清嘉庆 青花苍龙教子撇口瓶	高28.8cm	2,070,000	北京保利	2015.12.08
清嘉庆青花八仙人物纹碗（二件）	直径10.8cm	207,000	北京翰海	2015.11.28
清嘉庆 青花八仙过海碗	直径15cm	103,500	北京保利	2015.12.09
清嘉庆 御制青花御题诗纹海棠式茶盘	口径15.8cm	322,403	宝港国际	2015.06.02
清嘉庆/道光 御制青花九龙闹海纹大缸（二件）	直径62cm	2,760,000	北京翰海	2015.11.28
清中期 豆青青花龙纹双耳瓶	高48cm	46,000	广州皇玛	2015.07.25
清中期 豆青青花人物暗八仙纹披肩双耳瓶	高40cm	184,000	广州皇玛	2015.07.25
清中期 豆青釉青花夔龙纹海棠形兽耳瓶	34cm	89,600	天津文物	2015.05.22
清中期 仿万历青花缠枝莲纹出戟花插	高31cm	23,000	中国嘉德	2015.09.20
清中期 青花八宝福寿纹轴头（一对）	直径6.2cm	46,000	中国嘉德	2015.06.27
清中期 青花八卦云鹤纹碗	直径13.2cm	10,350	中国嘉德	2015.04.01
清中期 青花笔山	长12.4cm	55,200	北京保利	2015.06.08
清中期 青花冰梅喜字瓶	高41cm	10,925	北京翰海	2015.03.15
清中期 青花博古纹笔筒	高15cm	92,000	北京翰海	2015.06.27
清中期 青花缠枝花卉纹壁瓶	高17.7cm	23,000	北京保利	2015.06.08
清中期 青花缠枝莲盘口瓶	高51cm	20,700	北京保利	2015.04.26

拍品名称	物品尺寸	成交价RMB	拍卖公司	拍卖日期
清中期青花缠枝莲双耳瓶（一对）	高76cm	71,300	北京保利	2015.04.26
清中期青花缠枝莲纹大缸（一对）	直径71cm	2,300,000	北京保利	2015.06.08
清中期 青花缠枝莲纹大花盆（一对）	直径46.3cm	46,000	中国嘉德	2015.04.01
清中期 青花缠枝莲纹花口洗	直径9.1cm	10,350	中国嘉德	2015.06.27
清中期 青花缠枝莲纹天球瓶	高46cm	322,000	广州皇玛	2015.01.17
清中期 青花缠枝莲纹小尊	高9.4cm	17,250	中国嘉德	2015.06.27
清中期 青花缠枝莲纹壮罐	高42cm	25,300	华艺国际	2015.03.29
清中期 青花堆白双龙戏珠天球瓶	高71cm	115,000	八益拍卖	2015.04.26
清中期 青花海水云龙纹大缸	直径54cm	575,000	北京中汉	2015.05.17
清中期 青花灵仙祝寿盘	直径21cm	126,500	北京保利	2015.06.08
清中期 青花龙纹大盘	直径35cm	115,000	华艺国际	2015.03.29
清中期 青花山水笔筒	高13cm	13,800	北京翰海	2015.09.13
清中期 青花山水人物缸	直径22cm	82,800	北京翰海	2015.03.15
清中期 青花山水人物缸	直径24cm	14,950	北京翰海	2015.03.15
清中期 青花山水小缸	直径22cm	46,000	北京翰海	2015.03.15
清中期 青花狮球图鼓墩	高47cm	36,800	中国嘉德	2015.04.01
清中期 青花苏晋逃禅诗文卧足杯	直径6.3cm	34,500	北京保利	2015.06.08
清中期 青花团凤捧盒（2件）	直径26cm	32,200	北京翰海	2015.03.15
清中期 青花鱼藻纹缸	直径22cm	59,800	北京翰海	2015.09.13
清中期 青花云蝠纹盖盒	直径11.6cm	34,500	北京中汉	2015.05.17
清中期 青花云蝠纹折肩梅瓶	高29cm	36,800	太平洋	2015.04.17
清中期 青花云龙缸	直径22cm	43,700	北京翰海	2015.09.13
清中期 青花折枝花果缸	直径35cm	46,000	北京保利	2015.04.26
清中期 青花珍珠釉地浮雕开光山水人物纹海棠式瓶	高40.3cm	287,500	北京中汉	2015.05.17
清中期 青花山水人物乳钉鼓樽	高16cm	28,325	诚昌国际	2015.12.02
清中期 青花缠枝莲纹鼓墩	高43.5cm	17,250	北京保利	2015.12.09
清中期 浆胎青花人物、云蝠烟壶（两件）	青花高6.6cm；云蝠高6.5cm	23,000	北京保利	2015.12.09
清道光 淡描青花海水异兽纹碗	19cm	162,400	天津文物	2015.05.22
清道光 端午用青花祥符牡丹图海棠形茶盘	长16.2cm	218,500	中国嘉德	2015.04.01
清道光 青花八方洗（一对）	宽25cm	23,000	北京保利	2015.06.08
清道光青花八吉祥山高水长纹碗	高5.5cm	34,500	西泠拍卖	2015.07.05
清道光 青花八仙过海图碗	15cm	40,050	香港苏富比	2015.06.01
清道光 青花八仙过海纹碗	直径14.9cm	133,046	纽约苏富比	2015.03.21
清道光 青花缠枝花卉盘	直径13.5cm	57,500	北京翰海	2015.06.28
清道光 青花缠枝花卉赏瓶	高36.5cm	483,000	北京翰海	2015.06.28
清道光 青花缠枝花卉纹赏瓶	高37.8cm	586,969	纽约佳士得	2015.03.15
清道光 青花缠枝花卉纹赏瓶	高37.7cm	547,838	纽约苏富比	2015.03.17
清道光 青花缠枝花卉纹碗	直径11.5cm	55,200	北京中汉	2015.05.17
清道光 青花缠枝花卉纹碗	直径16.8cm	43,700	苏州东方	2015.07.02
清道光青花缠枝莲橄榄形六角瓶	高35cm	23,000	广州皇玛	2015.07.25
清道光 青花缠枝莲托八宝万寿无疆大碗	直径18.2cm	46,000	中国嘉德	2015.04.01
清道光 青花缠枝莲托梵文高足杯	高10cm	28,750	北京翰海	2015.09.13
清道光 青花缠枝莲碗	直径16.7cm	51,750	北京保利	2015.06.08
清道光青花缠枝莲纹高足杯(一对)	高9.2cm×2	83,950	江苏爱涛	2015.01.11
清道光青花缠枝莲纹盘（一对）	直径15.2cm	94,300	中国嘉德	2015.05.16
清道光青花缠枝莲纹盘（一对）	直径15.5cm	51,750	中国嘉德	2015.09.19
清道光 青花缠枝莲纹碗	直径11.5cm	230,000	八益拍卖	2015.04.26
清道光 青花缠枝莲纹碗	直径16.8cm	28,750	中国嘉德	2015.04.01
清道光 青花缠枝莲纹碗	直径16.5cm	23,000	太平洋	2015.04.17
清道光 青花缠枝莲纹香熏	高19cm	43,700	八益拍卖	2015.04.26
清道光 青花缠枝莲鱼缸	直径54cm	138,000	广州皇玛	2015.07.25
清道光 青花穿云游龙纹盘	直径25cm	143,700	伦敦苏富比	2015.05.13
清道光 青花香莲纹碗（一对）	直径9.9cm	140,175	香港苏富比	2015.06.01
清道光青花梵文缠枝莲纹高足杯	直径8.9cm	131,725	伦敦苏富比	2015.05.13
清道光 青花梵文碗	17.8cm	70,088	香港苏富比	2015.06.01
清道光 青花凤纹双耳瓶	高63cm	21,850	北京保利	2015.04.25
清道光 青花福寿龙纹碗	13cm	98,560	天津文物	2015.05.22
清道光青花赶珠云龙纹碗（一对）	直径11.2cm	180,225	香港苏富比	2015.06.01
清道光 青花海八怪碗	直径19cm	34,500	北京保利	2015.06.08
清道光 青花海兽纹天球瓶	高75.6cm	2,723,400	佳士得	2015.06.03

拍品名称	物品尺寸	成交价RMB	拍卖公司	拍卖日期
清道光 青花荷塘鸳鸯碗	高7.5cm	172,500	保利厦门	2015.05.03
清道光 青花花卉寿字碗	直径18cm	264,500	北京翰海	2015.06.28
清道光 青花花卉寿字碗	直径18cm	264,500	北京翰海	2015.06.28
清道光 青花花卉寿字碗	直径18cm	207,000	北京翰海	2015.06.28
清道光 青花花卉纹碗	15cm	123,200	天津文物	2015.05.22
清道光 青花花卉纹碗（一对）	直径16.4cm	69,000	太平洋	2015.07.18
清道光 青花开光人物双耳瓶	高64cm	20,700	北京保利	2015.04.25
清道光 青花兰草纹碗	直径17.5cm	32,200	上海敬华	2015.06.30
清道光 青花留白云龙纹大盘	直径25.3cm	14,950	中国嘉德	2015.09.19
清道光 青花龙纹盘	直径26.5cm	126,500	广州皇玛	2015.01.17
清道光 青花龙纹洗	直径8.5cm	53,760	北京荣宝	2015.08.30
清道光 青花山水缸	直径44cm	17,250	北京保利	2015.04.26
清道光青花山水人物六方折肩大瓶	高59cm	34,500	太平洋	2015.04.17
清道光青花山水纹桃形洗（五只）	长14cm	11,500	中国嘉德	2015.09.19
清道光 青花寿字忍冬纹盘	直径15.5cm	51,750	上海敬华	2015.06.30
清道光 青花双龙赶珠纹碗	直径14.6cm	87,629	纽约佳士得	2015.09.17
清道光 青花双龙戏珠纹杯	直径4.4cm	126,500	北京匡时	2015.06.06
清道光青花松竹梅海棠碗（一对）	直径26.4cm×2	402,500	中贸圣佳	2015.05.20
清道光 青花庭院婴戏图碗	高8cm	126,500	西泠拍卖	2015.07.05
清道光 青花西番莲纹水丞	直径7.5cm	23,000	太平洋	2015.07.18
清道光 青花婴戏图碗	直径15.5cm	322,000	北京翰海	2015.06.28
清道光 青花婴戏图碗	直径16cm	63,250	苏州东方	2015.07.02
清道光青花云龙纹海棠形高足盘	长44.6cm	92,000	北京中汉	2015.04.02
清道光 青花云龙纹盘	直径27cm	92,000	北京华辰	2015.05.15
清道光 青花云龙纹双铺首瓶	高60cm	46,000	太平洋	2015.04.17
清道光 青花云龙纹折腰碗	直径17.2cm	78,200	北京翰海	2015.06.28
清道光 青花折枝果纹碗	直径15.3cm	93,915	纽约苏富比	2015.03.21
清道光 青花竹石芭蕉玉壶春瓶	高29cm	11,500	北京保利	2015.01.24
清道光 慎德堂款青花云龙赶珠纹碗（二件）	直径11.2cm	264,500	北京翰海	2015.11.28
清道光 青花云龙纹碗（一对）	直径14.5cm×2	782,000	北京匡时	2015.12.05
清道光 青花云龙纹碗	直径14.6cm	92,000	北京翰海	2015.11.28
清道光 青花云龙纹碗	直径14.6cm	74,750	太平洋	2015.11.21
清道光 青花云龙纹盘	直径27cm	120,750	北京翰海	2015.11.28
清道光 青花鱼龙变化鼻烟壶	高8.5cm	17,250	北京保利	2015.12.09
清道光 青花团花纹碗（二件）	直径16.5cm	345,000	北京翰海	2015.11.28
清道光 青花岁寒三友碗	直径13.2cm	178,250	北京翰海	2015.11.28
清道光 青花龙纹盘	直径26.5cm	46,000	太平洋	2015.11.21
清道光 青花龙纹花口高足盘	长44cm	276,000	北京保利	2015.11.01
清道光 青花龙纹花口高足盘	长44cm	276,000	北京保利	2015.11.01
清道光 青花龙纹大缸	高69cm	2,300,000	中国嘉德	2015.11.14
清道光 青花留白龙纹碗	直径10.5cm	11,500	北京保利	2015.11.01
清道光 青花留白龙纹碗	直径10.5cm	11,500	北京保利	2015.11.01
清道光 青花开光缠枝莲小缸	直径37cm	34,500	北京保利	2015.11.01
清道光 青花开光缠枝莲小缸	直径37cm	34,500	北京保利	2015.11.01
清道光 青花海水瑞兽纹碗	直径19cm	92,000	北京翰海	2015.11.28
清道光 青花古文纹碗	直径13.4cm	201,600	北京荣宝	2015.11.29
清道光 青花地黄彩云龙戏珠纹盘	直径10.4cm	112,888	佳士得	2015.12.02
清道光 青花地矾红海水龙纹盘	直径17.5cm	80,500	北京保利	2015.12.09
清道光 青花淡描海水龙纹盘	直径17.5cm	92,000	北京翰海	2015.11.28
清道光青花缠枝莲喜字大碗(一对)	直径21cm	207,000	北京保利	2015.12.09
清道光 青花缠枝莲碗（一对）	直径14.6cm	322,000	八益拍卖	2015.11.01
清道光 青花缠枝莲盘	直径13.5cm	46,000	八益拍卖	2015.11.01
清道光 青花缠枝花卉赏瓶	高37cm	460,000	北京翰海	2015.11.28
清道光 青花八仙祝寿图碗	直径15cm	86,250	北京诚轩	2015.11.14
清道光 青花“松竹梅”庭院仕女图盘（一对）	直径18.2cm	115,000	北京保利	2015.12.09
清道光 青花“双龙捧寿”绶带耳葫芦瓶	高17.8cm	345,000	北京保利	2015.12.09
清道光内青花花卉外粉彩婴戏大碗	直径29cm	10,925	太平洋	2015.11.21
清道光 黄地青花夔龙纹方洗	长7.8cm	34,500	北京翰海	2015.11.28
清道光 哥地青花连升三级双耳瓶	高49cm	17,250	太平洋	2015.11.21
清道光咸丰青花神话人物墩(一对)	高15.5cm	57,500	八益拍卖	2015.04.26
清咸丰 督陶官德新款花觚	高27.8cm	437,000	太平洋	2015.04.17
清咸丰 青花八卦云鹤碗	直径14cm	103,500	北京保利	2015.06.08

拍品名称	物品尺寸	成交价RMB	拍卖公司	拍卖日期
清咸丰 青花缠枝莲纹盘	直径15.5cm	51,750	西泠拍卖	2015.07.05
清咸丰 青花缠枝莲纹盘	15.5cm	39,200	天津文物	2015.05.22
清咸丰青花缠枝莲纹盘（一对）	15.4cm	85,106	香港苏富比	2015.06.01
清咸丰 青花皮球花香炉	长44.5cm	460,000	北京保利	2015.06.08
清咸丰 青花折枝花果纹碗	直径15cm	40,250	北京华辰	2015.05.15
清咸丰 青花云鹤八卦纹碗	直径13.8cm	172,500	北京翰海	2015.11.28
清咸丰青花矾红龙纹杯（一对）	直径6cm	13,800	北京保利	2015.11.01
清咸丰青花缠枝莲托八宝纹花觚	高27.7cm	172,500	北京东正	2015.11.19
清同治 豆青青花八仙双狮耳瓶	高58.5cm	23,000	北京翰海	2015.07.19
清同治 豆青青花哥瓷双耳盘口瓶	高44cm	11,500	北京翰海	2015.07.19
清同治 豆青青花花卉双狮耳瓶	高59cm	17,250	北京翰海	2015.07.19
清同治 黄地青花缠枝莲纹盘	直径27.5cm	278,415	中国嘉德	2015.04.06
清同治 青花缠枝花卉赏瓶	高39cm	138,000	西泠拍卖	2015.07.05
清同治 青花缠枝莲赏瓶	高39.5cm	92,000	广州皇玛	2015.07.25
清同治青花缠枝莲纹大盘（一对）	直径25.1cm	23,000	中国嘉德	2015.09.19
清同治 青花缠枝莲纹盘	15.5cm	22,400	天津文物	2015.05.22
清同治 青花缠枝莲纹盘	直径15.8cm	20,700	中国嘉德	2015.06.27
清同治 青花缠枝莲纹盘	直径15.7cm	11,500	中国嘉德	2015.09.19
清同治 青花缠枝莲纹盘一对	直径15.7cm	43,700	中鸿信	2015.07.29
清同治 青花缠枝莲纹赏瓶	高39cm	517,500	北京东正	2015.05.19
清同治 青花缠枝莲纹赏瓶	高36cm	379,500	华艺国际	2015.05.24
清同治 青花花卉碗	直径11.3cm	43,700	北京翰海	2015.06.28
清同治 青花花卉碗	直径11.3cm	40,250	北京翰海	2015.06.28
清同治 青花龙纹碗	直径11cm	46,000	北京保利	2015.06.08
清同治 青花盘	直径20cm	28,750	北京翰海	2015.03.15
清同治 青花双凤纹盘	直径17cm	40,250	上海敬华	2015.06.30
清同治 青花双凤纹盘	直径16.5cm	36,800	中国嘉德	2015.06.27
清同治 青花双凤纹盘	直径27cm	87,296	中国嘉德	2015.10.06
清同治 青花双龙赶珠纹碗	直径11cm	40,250	北京保利	2015.06.08
清同治青花岁寒三友图盘（一对）	直径17.8cm	220,275	香港苏富比	2015.06.01
清同治 青花岁寒三友纹盘	直径17.4cm	134,400	北京荣宝	2015.08.30
清同治 青花一把莲纹盘	10.7cm	61,600	天津文物	2015.05.22
清同治 青花竹石芭蕉玉壶春	高29.5cm	588,000	博美拍卖	2015.07.19
清同治青花缠枝莲纹盘（一对）	直径19.7cm×2	97,750	北京匡时	2015.06.06
清同治青花云鹤八卦纹碗（二件）	直径13.5cm	115,000	北京翰海	2015.11.28
清同治 青花岁寒三友小盆	宽17.4cm	47,208	诚昌国际	2015.12.01
清同治 青花缠枝莲纹玉堂春瓶	高37.5cm	575,000	北京翰海	2015.11.28
清同治 青花缠枝莲纹金钟大碗	直径19.5cm	172,500	北京翰海	2015.11.28
清同治青花缠枝花卉纹盘（一对）	直径19.8cm	138,000	八益拍卖	2015.11.01
清同治 青花缠枝花卉赏瓶	高39cm	448,500	北京翰海	2015.11.28
清同治 青花缠枝花卉赏瓶	高39cm	115,000	北京翰海	2015.11.28
清光绪 仿康熙青花兰花花神杯	直径6.6cm	40,250	中国嘉德	2015.09.19
清光绪 各式青花炉（五件）	尺寸不一	13,800	北京保利	2015.04.25
清光绪 蓝地开光青花人物罐	高23cm	32,200	广州皇玛	2015.01.17
清光绪青花八宝吉祥纹碗（一对）	直径14cm×2	134,400	北京荣宝	2015.03.29
清光绪青花八卦云鹤纹大碗(一对)	直径16.7cm	17,250	中国嘉德	2015.04.01
清光绪青花八卦云鹤纹碗（一对）	直径14cm	25,300	中国嘉德	2015.04.01
清光绪 青花八仙人物纹小碗	直径11cm	23,000	中国嘉德	2015.04.01
清光绪 青花冰梅将军罐	高21cm	20,700	北京保利	2015.04.26
清光绪 青花缠枝花卉赏瓶	高38.5cm	333,500	北京翰海	2015.06.28
清光绪 青花缠枝花卉碗	直径16.9cm	34,500	北京翰海	2015.06.28
清光绪 青花缠枝莲大瓶	高65cm	25,300	北京保利	2015.04.25
清光绪 青花缠枝莲盘（一对）	直径15.6cm	43,700	太平洋	2015.07.18
清光绪 青花缠枝莲赏瓶	高38.3cm	230,000	北京保利	2015.06.08
清光绪 青花缠枝莲赏瓶	高39.1cm	207,000	苏州东方	2015.07.02
清光绪 青花缠枝莲赏瓶	高39cm	34,500	北京保利	2015.04.26
清光绪 青花缠枝莲纹方纸篓	19.4cm	67,200	天津文物	2015.05.22
清光绪 青花缠枝莲纹缸	45.5cm	56,000	天津文物	2015.05.22
清光绪 青花缠枝莲纹鹿头尊	高41.5cm	103,500	中国嘉德	2015.06.27
清光绪 青花缠枝莲纹盘	直径15cm	20,700	华艺国际	2015.03.29
清光绪 青花缠枝莲纹盘	直径15.6cm	20,700	太平洋	2015.04.17
清光绪 青花缠枝莲纹盘	直径15.5cm	11,500	华艺国际	2015.03.29
清光绪青花缠枝莲纹盘（一对）	直径14.1cm	40,250	中国嘉德	2015.04.01
清光绪 青花缠枝莲纹赏瓶	高33cm	43,700	北京中汉	2015.04.02
清光绪 青花缠枝莲纹赏瓶	高38.8cm	69,000	中国嘉德	2015.09.19

(成交价RMB：1万元以上)

拍品名称	物品尺寸	成交价RMB	拍卖公司	拍卖日期
清光绪 青花缠枝莲纹赏瓶	高39cm	164,893	中国嘉德	2015.10.06
清光绪 青花缠枝莲长颈瓶	高34cm	23,000	北京保利	2015.04.26
清光绪 青花缠枝寿字大盘	直径25.7cm	13,800	中国嘉德	2015.09.19
清光绪 青花穿花龙纹大盘	直径36.8cm	10,350	中国嘉德	2015.06.27
清光绪 青花二虎相争图蟋蟀斗盆（一对）	直径24.7cm	32,200	中国嘉德	2015.04.01
清光绪 青花凤穿牡丹花觚	高42cm	23,000	广州皇玛	2015.07.25
清光绪青花赶珠龙纹碗（一对）	直径20cm	138,000	华艺国际	2015.03.29
清光绪 青花赶珠云龙纹盘	18.7cm	24,030	香港苏富比	2015.06.01
清光绪 青花海兽纹大碗	直径19.1cm	43,700	中国嘉德	2015.04.01
清光绪 青花海水海八怪纹大碗	直径21cm	43,700	北京东正	2015.05.19
清光绪 青花荷莲鸳鸯纹花瓶	高35cm	34,500	广州皇玛	2015.07.25
清光绪 青花花卉碗	直径14.8cm	59,800	北京翰海	2015.06.28
清光绪 青花花卉碗	直径14.8cm	57,500	北京翰海	2015.06.28
清光绪 青花花卉碗	直径11.4cm	36,800	北京翰海	2015.06.28
清光绪 青花花卉碗	直径11.4cm	28,750	北京翰海	2015.06.28
清光绪 青花花卉纹盘（一对）		17,250	北京中汉	2015.09.21
清光绪 青花花卉纹盘（一对）	直径13.8cm	29,099	中国嘉德	2015.10.06
清光绪 青花花卉卧足碗	直径8.2cm	20,700	北京翰海	2015.06.28
清光绪 青花花卉卧足碗	直径8.2cm	17,250	北京翰海	2015.06.28
清光绪 青花花卉卧足碗	直径8.2cm	17,250	北京翰海	2015.06.28
清光绪 青花花卉卧足碗	直径8.2cm	17,250	北京翰海	2015.06.28
清光绪 青花黄彩云龙纹盘	直径15.7cm	34,500	中国嘉德	2015.04.01
清光绪青花锦地团福寿延年益寿罐	高40cm	345,000	中鸿信	2015.07.29
清光绪 青花九龙纹大棒槌方瓶	高144.8cm	557,638	纽约佳士得	2015.09.17
清光绪 青花开光花卉壶	宽18cm	28,750	北京保利	2015.04.26
清光绪 青花兰花杯（一对）	高4.2cm	28,750	太平洋	2015.07.18
清光绪 青花老松纹盘（一对）	直径16cm×2	23,000	广州皇玛	2015.07.25
清光绪 青花龙凤纹赏瓶	高39.7cm	402,500	博美拍卖	2015.07.19
清光绪 青花龙纹大盘	直径34cm	10,350	北京保利	2015.01.24
清光绪 青花龙纹盘	直径16.5cm	40,250	广州皇玛	2015.07.25
清光绪 青花龙纹盘	16.2cm	33,600	天津文物	2015.05.22
清光绪 青花龙纹盘（一对）	直径16.8cm×2	67,200	北京荣宝	2015.08.30
清光绪 青花人物纹棒槌瓶	高45cm	57,500	中国嘉德	2015.04.01
清光绪 青花三多纹碗（一对）	直径16.4cm	46,000	中国嘉德	2015.09.19
清光绪 青花三清茶碗（一对）	直径10.7cm	64,964	中国嘉德	2015.04.06
清光绪 青花狮子戏球六方瓶	高59cm	11,500	北京保利	2015.04.25
清光绪 青花双凤纹盘	直径27cm	92,000	华艺国际	2015.03.29
清光绪 青花双凤纹盘	直径16.6cm	25,300	中国嘉德	2015.09.19
清光绪青花双龙戏珠纹碗（一对）	直径11.5cm	92,000	北京华辰	2015.05.15
清光绪 青花水仙洞石纹酒杯及青花云鹤八卦纹小碗（各一对）	高4.5cm；直径7cm	70,436	纽约佳士得	2015.03.15
清光绪 青花松树纹小盘（一对）	直径7.6cm	20,700	苏州东方	2015.07.02
清光绪 青花松竹梅杯（一对）	直径8.5cm	92,000	北京保利	2015.06.08
清光绪 青花松竹梅纹碗	直径13.4cm	57,500	中鸿信	2015.07.29
清光绪 青花岁寒三友图温盅	直径19.5cm	36,800	中国嘉德	2015.06.27
清光绪 青花岁寒三友碗	直径13.2cm	40,250	北京翰海	2015.06.28
清光绪 青花五福捧寿龙纹碗（一对）	高6cm；直径11.5cm	57,136	保利香港	2015.04.06
清光绪 青花云鹤八卦纹碗	直径13.4cm	57,500	北京翰海	2015.06.28
清光绪 青花云鹤八卦纹碗	直径13.4cm	46,000	北京翰海	2015.06.28
清光绪青花云鹤八卦纹碗（二件）	直径17cm	23,000	北京翰海	2015.06.28
清光绪 青花云鹤八卦纹小碗（四件）	直径9.5cm	56,258	中国嘉德	2015.10.06
清光绪 青花云鹤碗	直径13.7cm	32,200	北京保利	2015.06.08
清光绪青花云龙花卉纹盖盒(一对)	直径27cm	281,745	纽约佳士得	2015.03.15
清光绪 青花云龙盘（一对）	直径18.5cm×2	80,500	保利厦门	2015.05.03
清光绪 青花云龙纹盖碗	高9cm	53,760	北京荣宝	2015.08.30
清光绪青花云龙纹花瓶（一对）	高24cm	32,200	南京嘉信	2015.07.19
清光绪 青花云龙纹盘	直径25cm	57,500	华艺国际	2015.03.29
清光绪 青花云龙纹盘	直径18.2cm	36,800	北京翰海	2015.06.28
清光绪 青花云龙纹盘	直径18.2cm	32,200	北京翰海	2015.06.28
清光绪 青花云龙纹盘	直径18.2cm	32,200	北京翰海	2015.06.28
清光绪 青花云龙纹盘	直径16.5cm	36,800	中国嘉德	2015.09.19
清光绪 青花云龙纹盘（八只）	直径15.3cm	20,700	中国嘉德	2015.09.19
清光绪 青花云龙纹盘（二件）	直径17cm	25,300	北京翰海	2015.06.28
清光绪 青花云龙纹盘（一对）	直径16.7cm	48,300	中国嘉德	2015.04.01
清光绪 青花云龙纹盘（一对）	直径17.8cm	43,700	中国嘉德	2015.04.01
清光绪 青花云龙纹碗	直径14.7cm	20,700	中国嘉德	2015.06.27
清光绪 青花云龙纹印盒	直径9.8cm	10,350	中国嘉德	2015.04.01
清光绪 青花云龙纹印盒	直径10.5cm	43,700	中国嘉德	2015.06.27
清光绪 青花云纹碗（三件）	直径13cm	17,250	北京保利	2015.04.25
清光绪青花竹石芭蕉图玉壶春瓶	高29.2cm	46,000	中国嘉德	2015.09.19
清光绪 青花竹石芭蕉玉壶春瓶	高29cm	69,000	北京翰海	2015.03.15
清光绪 青花竹石芭蕉玉壶春瓶	高29cm	34,500	北京华辰	2015.05.15
清光绪 珊瑚红地青花人物棒槌瓶	高46cm	57,500	广州皇玛	2015.07.25
清光绪青花矾红蝙蝠观音瓶一对	口径4.1 cm	1,105,380	澳门中道	2015.01.30
清宣统 青花福寿龙纹碗	直径13cm	36,800	太平洋	2015.04.17
清宣统 青花贯套纹盘	26.7cm	85,106	香港苏富比	2015.06.01
清宣统 青花海水异兽纹碗	直径21.3cm	125,440	天津文物	2015.05.22
清宣统青花花卉纹卧足小碗(一对)	直径8cm×2	43,700	保利厦门	2015.05.03
清宣统青花团龙纹小碗（一对）	直径8.2cm	51,750	北京保利	2015.06.08
清宣统 青花云鹤八卦纹碗	13.2cm	56,000	天津文物	2015.05.22
清光绪 青花云龙纹碗（一对）	直径12.6cm	28,750	太平洋	2015.11.21
清光绪 青花云龙纹碗（四件）	直径11.8cm	34,500	北京翰海	2015.11.28
清光绪 青花云龙纹碗	直径12.5cm	19,550	北京翰海	2015.11.28
清光绪 青花云龙纹盘	直径38.2cm	189,750	北京翰海	2015.11.28
清光绪 青花云龙纹盖罐（一对）	直径17.5cm	184,000	北京保利	2015.12.09
清光绪青花云鹤纹杯（一组六只）	直径7cm×6	59,800	北京匡时	2015.12.05
清光绪 青花云鹤八卦纹碗	直径13.5cm	46,000	北京翰海	2015.11.28
清光绪 青花鱼龙变化图赏瓶	高39cm	80,500	太平洋	2015.11.21
清光绪 青花寿字纹盘（一对）	直径14.7cm×2	46,000	北京诚轩	2015.11.14
清光绪 青花人物烟壶	高7.8cm	20,700	北京保利	2015.12.09
清光绪 青花人物故事洗	直径12.5cm	20,700	太平洋	2015.11.21
清光绪 青花人物大棒槌瓶	高76cm	69,000	北京保利	2015.11.01
清光绪 青花人物大棒槌瓶	高76cm	69,000	北京保利	2015.11.01
清光绪 青花龙纹大盘	直径26.5cm	28,750	北京保利	2015.12.09
清光绪青花蓝地云龙纹碗（一对）	直径13.3cm×2	63,250	北京诚轩	2015.11.14
清光绪 青花花卉碗（四只）	直径17.5cm	126,500	中国嘉德	2015.11.15
清光绪青花海水云龙纹盘（一对）	直径18.8cm	46,000	太平洋	2015.11.21
清光绪 青花海水云龙赶珠纹茶碗（二件）	直径8.4cm	34,500	北京翰海	2015.11.28
清光绪 青花海兽纹大碗	直径21cm	32,200	北京诚轩	2015.11.14
清光绪青花缠枝莲纹赏瓶（一对）	高38.5cm	460,000	北京保利	2015.12.09
清光绪 青花缠枝莲纹赏瓶	高41cm	246,400	北京荣宝	2015.11.29
清光绪 青花缠枝莲赏瓶	高40cm	46,000	北京保利	2015.11.01
清光绪 青花缠枝莲赏瓶	高40cm	46,000	北京保利	2015.11.01
清光绪 青花缠枝花卉碗（二件）	直径14.7cm	138,000	北京翰海	2015.11.28
清光绪 青花缠枝花卉碗（二件）	直径16.5cm	46,000	北京翰海	2015.11.28
清光绪 青花缠枝花卉碗（二件）	直径16.9cm	34,500	北京翰海	2015.11.28
清光绪 青花缠枝花卉赏瓶	高38.5cm	172,500	北京翰海	2015.11.28
清光绪 青花八吉祥莲花纹碗	直径14cm	33,350	北京匡时	2015.12.05
清宣统 青花双喜福寿花卉纹碗	直径21cm	103,500	北京保利	2015.12.09
清宣统 青花缠枝莲纹玉堂春瓶	高38cm	287,500	北京翰海	2015.11.28
清宣统 青花缠枝莲纹赏瓶	高39.7cm	82,800	北京匡时	2015.12.05
清 豆青青花人物盘	直径34cm	14,950	北京翰海	2015.09.13
清 豆青青花人物瓶	高32cm	11,500	北京翰海	2015.07.19
清 豆青青花人物双耳瓶	高43cm	17,250	北京翰海	2015.09.13
清 豆青青花狮纹双耳瓶	高60cm	13,800	北京翰海	2015.09.13
清 豆青人物罐（2件）	高21cm	13,800	北京翰海	2015.03.15
清 仿宣德青花花卉纹碗		149,500	中贸圣佳	2015.05.20
清 黄地青花莲纹碗	直径12cm	40,250	北京保利	2015.04.26
清 黄地青花龙纹盘（一对）	直径16cm	19,550	北京保利	2015.01.24
清 蓝釉青花海水梅花罐	高18cm	11,500	北京保利	2015.04.26
清 青花芭蕉麒麟凤纹罐	高27cm	23,950	香港淳浩	2015.07.30
清 青花博古图花觚	高45.2cm	32,200	中国嘉德	2015.04.01
清 青花缠枝贯耳瓶	高19.5cm	12,650	北京保利	2015.01.24
清 青花缠枝花卉纹山形笔架	长15cm	71,500	北京中联	2015.01.18
清 青花缠枝花卉纹镇纸	直径9cm	46,000	北京保利	2015.04.26
清 青花缠枝莲纹贯耳尊	高50.8cm	13,800	中国嘉德	2015.04.01

拍品名称	物品尺寸	成交价RMB	拍卖公司	拍卖日期
清 青花缠枝鱼纹缸	高38cm	13,800	北京翰海	2015.03.15
清 青花吹釉龙纹象耳尊	高53cm	23,000	北京翰海	2015.09.13
清 青花凤凰牡丹图大盘	直径16.8cm	20,700	中国嘉德	2015.09.19
清 青花福禄寿字纹笔筒	直径17.3cm	23,000	中鸿信	2015.07.29
清 青花福禄纹荸荠瓶	高22.5cm	97,750	江苏爱涛	2015.01.11
清 青花福寿纹碗	直径14.5cm	34,500	中国嘉德	2015.06.27
清 青花勾莲方耳尊	高32cm	46,000	北京翰海	2015.07.19
清 青花花卉盘（二件）	直径36cm	11,500	北京翰海	2015.09.13
清 青花花卉纹花觚	高44.5cm	32,200	北京匡时	2015.06.06
清 青花花卉纹小罐（一对）	高12cm	187,000	北京中联	2015.01.18
清 青花花卉洗	直径32.5cm	20,700	北京翰海	2015.03.15
清 青花花卉洗	直径25cm	92,000	北京翰海	2015.07.19
清 青花花卉喜字花觚	高40.5cm	13,800	北京翰海	2015.07.19
清 青花花卉小蝶（一对）	直径7cm×2	23,000	江苏爱涛	2015.01.11
清 青花花鸟杯	直径7cm	23,000	北京保利	2015.04.26
清 青花花鸟纹长颈瓶（一对）	高20cm	17,250	西泠拍卖	2015.04.23
清 青花卷草纹毛笔	长21.5cm	10,350	上海敬华	2015.06.30
清 青花卷草纹鸟食罐	高9cm	17,250	广州皇玛	2015.01.17
清 青花开光山水人物棒槌瓶	高44cm	18,400	北京翰海	2015.07.19
清 青花夔龙盖碗	直径9cm	13,800	北京翰海	2015.06.27
清 青花夔龙缸	直径23.7cm	12,650	北京翰海	2015.07.19
清 青花夔龙花盆	直径24cm	12,075	北京翰海	2015.09.13
清 青花留白蝶花纹瓶（一对）	高50cm×2	25,300	广州皇玛	2015.07.25
清 青花留白梅花观音瓶	高50cm	11,500	北京保利	2015.01.24
清 青花留白云龙纹大缸	直径54cm	11,500	中国嘉德	2015.06.27
清 青花龙凤碗	直径17cm	10,350	北京翰海	2015.09.13
清 青花龙凤洗	直径19cm	23,000	北京翰海	2015.07.19
清 青花龙纹瓶	高59cm	26,450	北京翰海	2015.09.13
清 青花龙纹双象耳尊	高35.8cm	34,500	北京中汉	2015.04.02
清 青花人物故事纹玉壶春瓶	高15cm	418,000	北京中联	2015.01.18
清 青花人物贯耳瓶	高43.5cm	17,250	北京翰海	2015.07.19
清 青花人物罐	高43cm	34,500	北京翰海	2015.07.19
清 青花人物纹梅瓶	高22.5cm	80,500	南京嘉信	2015.07.19
清 青花人物座屏	高58cm	10,350	北京保利	2015.04.26
清 青花三多纹梅瓶	高35cm	880,000	北京中联	2015.01.18
清 青花山水楼阁图玉壶春瓶	高41cm	19,550	太平洋	2015.04.17
清 青花山水人物棒槌瓶	高45cm	24,150	苏州东方	2015.07.02
清 青花山水人物棒槌瓶	高29cm	20,700	广州皇玛	2015.07.25
清 青花山水人物花觚	高46cm	12,650	太平洋	2015.07.18
清 青花山水人物梅瓶	高31cm	218,500	南京经典	2015.01.04
清青花山水人物屏风四扇（一组）	161cm×168cm	97,750	北京保利	2015.04.25
清 青花山水人物瓶	高46cm	13,800	广州皇玛	2015.01.17
清 青花山水人物纹大将军罐	高63cm	11,500	中国嘉德	2015.09.19
清 青花山水纹花觚	高45cm	34,500	南京经典	2015.01.04
清 青花山水纹双耳瓶	高21.5cm	69,100	景薫楼	2015.06.21
清 青花山水香炉	高75m×直径12.5	126,500	江苏嘉恒	2015.04.26
清 青花诗文盘	长29cm	10,350	保利厦门	2015.08.02
清 青花石榴瓶（一对）	高43cm	17,250	北京保利	2015.01.24
清 青花释迦讲经图盘	长28.5cm	10,350	保利厦门	2015.08.02
清 青花绶带扁葫芦瓶	高25cm	632,500	北京翰海	2015.09.13
清 青花松鹿纹缸	高14cm	14,950	北京翰海	2015.07.19
清 青花松竹梅缸	直径17cm	17,250	北京翰海	2015.03.15
清 青花松竹梅瓶	高41cm	11,500	北京翰海	2015.09.13
清 青花松竹梅碗（一对）	直径9cm	28,750	北京保利	2015.04.25
清 青花岁寒三友图盘	直径18cm	25,300	北京保利	2015.04.26
清 青花庭院人物故事图罐	高44cm	13,800	华艺国际	2015.03.29
清 青花庭院人物仰钟式大碗	宽27cm	11,137	香港淳浩	2015.04.04
清 青花团凤橄榄瓶	高13.5cm	20,700	北京保利	2015.01.24
清 青花喜字天球瓶	高41cm	17,250	北京翰海	2015.09.13
清 青花仙鹤纹盖罐	高18cm	330,000	北京中联	2015.01.18
清 青花胭脂红八仙人物纹大碗	直径21.8cm	17,250	中国嘉德	2015.04.01
清 青花一把莲盘	直径18cm	17,250	北京翰海	2015.09.13
清 青花一束莲盘	直径35.1cm	48,300	北京翰海	2015.06.28
清 青花婴戏纹菱花口杯带托（一对四件）	直径10cm×2	10,350	保利厦门	2015.08.02

拍品名称	物品尺寸	成交价RMB	拍卖公司	拍卖日期
清 青花云龙罐	高23cm	13,800	北京翰海	2015.09.13
清 青花云龙花觚（2件）	高46cm	34,500	北京翰海	2015.07.19
清 青花云龙蜡台	高13cm	11,500	北京翰海	2015.07.19
清 青花云龙纹鸟食罐	尺寸不一	162,400	天津文物	2015.05.22
清 青花云龙纹小碗 杯各一只	直径9.6cm	17,250	中国嘉德	2015.04.01
清 青花折枝花果大碗	直径35cm	11,500	北京保利	2015.04.26
清 青花钟馗出行图小瓶	高6.4cm	11,500	中国嘉德	2015.06.27
清 青釉青花缠枝莲纹象耳瓶	高44cm	17,250	中国嘉德	2015.04.01
清 四季花卉纹花盆（一对）	高25.5cm	103,500	八益拍卖	2015.04.26
清 青花莲纹觚	高20.3cm	18,400	深圳市拍	2015.07.19
清 青花狮纹折沿缸	高38cm 口径42cm	3,524,400	AA中国艺海	2015.02.03
清 青花竹石芭蕉玉壶春	高29cm	63,250	北京保利	2015.11.01
清 青花竹石芭蕉玉壶春	高29cm	63,250	北京保利	2015.11.01
清 青花渔藻纹缸	直径24cm	23,000	北京保利	2015.11.01
清 青花渔藻纹缸	直径24cm	23,000	北京保利	2015.11.01
清 青花婴戏鼻烟壶	高7.3cm	20,700	北京保利	2015.12.09
清青花十八罗汉鸟食器（三件）	尺寸不一	17,250	北京保利	2015.12.09
清青花山水人物盆景方盆（一对）	宽35cm	47,208	诚昌国际	2015.12.02
清 青花鹿鹤同春棒槌瓶	高45cm	10,350	北京保利	2015.11.01
清 青花鹿鹤同春棒槌瓶	高45cm	10,350	北京保利	2015.11.01
清 青花黄地缠枝花卉纹扁壶	高46cm	1,986,820	卓艺拍卖	2015.11.18
清 青花黄彩龙纹盘	直径25cm	20,700	北京保利	2015.11.01
清 青花花卉大碗	直径36.5cm	23,000	北京保利	2015.11.01
清 青花花卉大碗	直径36.5cm	23,000	北京保利	2015.11.01
清 青花海水江崖双燕鼻烟壶	高7.8cm	17,250	北京保利	2015.12.09
清 青花高士雅集鼻烟壶	高7.9cm	20,700	北京保利	2015.12.09
清 青花高士鼻烟壶	高8.4cm	17,250	北京保利	2015.12.09
清 青花刀马人物瓶（一对）	高62cm	17,250	北京保利	2015.11.01
清 青花刀马人物瓶（一对）	高62cm	17,250	北京保利	2015.11.01
清 青花缠枝莲纹椒形香盒	宽6cm	14,162	诚昌国际	2015.12.01
清 青花缠枝莲鼓凳	高47.5cm	23,000	北京保利	2015.11.01
清 青花缠枝莲鼓凳	高47.5cm	23,000	北京保利	2015.11.01
清 青花缠枝莲螭龙双耳瓶	高80cm	23,000	北京保利	2015.11.01
清 青花缠枝莲螭龙双耳瓶	高80cm	23,000	北京保利	2015.11.01
清 乾隆窑 仿明式青花竹石芭蕉纹玉壶春瓶	高28.8cm	755,320	宝港国际	2015.11.28
清光绪青花云鹤八卦纹小碗(一对)	口径9.5cm×2	18,883	香港淳浩	2015.11.27
清 光绪 青花龙纹碟	口径16.5cm	16,995	香港淳浩	2015.11.27
清 光绪 青花凤纹碟	口径16.3cm	22,660	香港淳浩	2015.11.27
清 道光窑 仿明式青花竹石芭蕉纹玉壶春瓶	高28cm	566,490	宝港国际	2015.11.28
18世纪/19世纪青花瓜棱纹六棱小罐	高6.3cm	37,566	纽约佳士得	2015.03.15
18世纪/19世纪 青花五骏图花盆	直径24.1cm	62,610	纽约佳士得	2015.03.16
18世纪 青花缠枝花卉纹梅瓶	高25.4cm	430,444	纽约佳士得	2015.03.19
18世纪青花缠枝花卉纹双龙耳扁壶	30.1cm	282,450	香港苏富比	2015.04.07
18世纪 青花吉庆有余夔凤耳大瓶	高74.6cm	90,788	佳士得	2015.04.06
18世纪 青花山水人物图灯笼瓶	高42cm	278,819	纽约苏富比	2015.09.15
18世纪/19世纪 青花四妃十六子图盖盒	21.1cm	190,238	香港苏富比	2015.06.01
18世纪早期 青花莲瓣雷纹莲子碗	直径10.5cm	103,561	纽约苏富比	2015.09.15
19世纪 粉青地青花杏圆开光山水仕女图贯耳方壶	30cm	30,038	香港苏富比	2015.06.01
19世纪 青花兽面纹花觚（一对）	2cm×59.7cm	45,505	伦敦苏富比	2015.05.13
19世纪青花祥云双凤纹盘（七件）	直径16.6cm	318,650	纽约苏富比	2015.09.15
19世纪 朝鲜 青花花卉纹六棱盖盒及青花釉里红花卉纹罐	7cm	113,763	伦敦苏富比	2015.05.13
19世纪 朝鲜 青花竹纹扁方壶	9cm	71,850	伦敦苏富比	2015.05.13
清晚期 黄地青花九桃小天球瓶	高32cm	11,500	北京保利	2015.04.26
清晚期 青花粉彩菊花纹天球瓶	高38.5cm	51,750	中国嘉德	2015.06.27
清晚期 青花开光花果纹执壶	高29cm	23,000	北京保利	2015.06.08
清晚期 青花留白八仙人物纹砚盒	长10.8cm	10,350	中国嘉德	2015.04.01
清晚期 青花龙纹缸	直径52cm	25,300	北京保利	2015.04.26
清晚期 青花太白醉酒图筒瓶	高42.7cm	25,300	中国嘉德	2015.04.01
清晚期青花镂空花鸟图鼓式墩(一对)	高46.6cm	75,656	佳士得	2015.04.06
清晚期 青花山水人物鹿头双耳尊	高32cm	47,208	诚昌国际	2015.12.02

2015瓷器拍卖成交汇总

(成交价RMB：1万元以上)

拍品名称	物品尺寸	成交价RMB	拍卖公司	拍卖日期
民国 古铜釉开光青花山水花鸟纹双铺首耳瓶（一对）	高14.4cm×2	222,732	香港淳浩	2015.04.04
民国 青花花卉、龙纹、山水花盆（三件）	尺寸不一	32,200	北京保利	2015.04.25
民国 青花花鸟纹瓶（一对）	高35cm	18,400	华艺国际	2015.03.29
民国 青花灵猴献寿臂搁	长12cm	10,350	北京保利	2015.04.25
民国 青花龙凤纹水盂	5.4cm	20,160	天津文物	2015.05.22
民国 青花山水纹镂空盖盒	高8cm	25,300	北京保利	2015.06.08
民国 青花狮球图水丞	直径12cm	17,250	中国嘉德	2015.09.19
民国 青花通景山水人物图帽筒	34.8cm	33,600	天津文物	2015.05.22
民国 青花王步风格花鸟印盒	直径8.4cm	57,500	北京保利	2015.06.08
民国 青花雁纹印泥盒	直径5.5cm	34,500	八益拍卖	2015.04.26
民国 青花坐莲观音	高26cm	10,133	香港淳浩	2015.07.30
民国魏洪泰造 青花五子登科弥勒	宽22.5cm	20,771	诚昌国际	2015.12.02
民国 青花人物印盒、寿山石对章（一组三件）	印盒直径6.6cm	55,200	北京保利	2015.12.08
民国 青花二龙戏珠笔洗	直径21.2cm	17,250	太平洋	2015.11.21
民国 "王步"款青花芦雁图瓷板	49cm×23.3cm	3,910,000	北京保利	2015.12.08
民国 王步青花布毂鸟笔筒	口径13.8 cm	1,105,380	澳门中道	2015.01.30
民国 王步青花花鸟宝月瓶	高16.5cm	195,500	上海敬华	2015.06.30
民国 王步风格青花花鸟纹笔洗	高7cm	253,000	古天一	2015.06.06
民国 张沛轩款青花鱼藻纹洗	直径21cm	18,400	中国嘉德	2015.09.19
王步 鸢尾花·青花水洗	高9cm	3,680,000	景德镇华艺	2015.10.20
王步 青花花鸟四条屏瓷板画	56×33cm	2,348,060	卓艺拍卖	2015.11.18
黄地青花缠枝花卉纹梅瓶	高35.6cm	5,960,460	卓艺拍卖	2015.11.21
近代 青花缠枝纹天球瓶	高38cm	11,500	北京翰海	2015.09.13
浆胎青花钟旭渡海印盒"大清康熙年制"款	直径9cm	704,880	AA中国艺海	2015.08.20
柠檬黄地青花九桃盘	直径26.5cm	1,057,320	AA中国艺海	2015.08.05
青花'无量寿佛'瓷板	高37cm	14,599	香港普艺	2015.10.10
青花"山高水长"高足碗	直径22.5cm	2,114,640	AA中国艺海	2015.08.05
青花"万古长春"纹碗	直径14cm 高8cm	3,964,950	AA中国艺海	2015.07.11
青花八宝纹盘	口径18.5cm	1,101,375	荣盛国际	2015.07.31
青花八卦纹洗	口径15.5cm	1,321,650	AA中国艺海	2015.07.19
青花八角婴戏纹盘	直径38cm	4,152,384	香港中怡	2015.01.22
青花八骏图花盆	高22cm	2,467,080	AA中国艺海	2015.07.11
青花宝相花纹镂空盖盒	直径14cm	308,385	AA中国艺海	2015.07.12
青花宝相花纹双耳葫芦扁瓶	底径9cm	3,050,208	荣盛国际	2015.01.10
青花冰梅缸	直径22.5cm	528,660	AA中国艺海	2015.08.20
青花冰梅纹壮罐	口径23cm	1,321,650	AA中国艺海	2015.07.12
青花缠枝花卉海浪纹折肩贯耳大尊	高50.5cm	5,286,600	AA中国艺海	2015.08.05
青花缠枝花卉如意耳抱月瓶	高53cm	11,894,850	AA中国艺海	2015.07.11
青花缠枝花卉纹扁壶	高42cm	6,167,700	AA中国艺海	2015.07.11
青花缠枝花卉纹大盘	底径16cm	879,178	荣盛国际	2015.01.10
青花缠枝花卉纹盘	高26cm	2,643,300	AA中国艺海	2015.07.11
青花缠枝花卉纹赏瓶	高44cm	34,500	南京经典	2015.01.04
青花缠枝花卉纹双耳尊	口径18cm	1,255,968	荣盛国际	2015.01.10
青花缠枝连纹多子执壶	高18cm	4,320,000	香港铮鼎	2015.04.28
青花缠枝莲八宝盉壶	宽23.5cm	2,467,080	AA中国艺海	2015.07.19
青花缠枝莲梵文罐	高15.2cm	581,526	AA中国艺海	2015.02.03
青花缠枝莲罐	口径26cm	528,660	AA中国艺海	2015.06.20
青花缠枝莲赏瓶	高37cm	1,057,320	AA中国艺海	2015.06.20
青花缠枝莲托八宝纹花觚	高41cm	396,495	AA中国艺海	2015.07.19
青花缠枝莲托寿字纹钵式炉	高13cm	1,189,485	AA中国艺海	2015.07.11
青花缠枝莲纹钵	口径25.5cm	1,585,980	AA中国艺海	2015.07.12
青花缠枝莲纹茶船	直径18.7cm	1,409,760	AA中国艺海	2015.07.11
青花缠枝莲纹大盘	口径38.7cm	2,108,232	荣盛国际	2015.01.10
青花缠枝莲纹带盖玉壶春瓶	高40cm	11,623	台北艺流	2015.10.10
青花缠枝莲纹盘	直径16cm	616,770	AA中国艺海	2015.07.12
青花缠枝莲纹盘	底径9cm	1,076,544	荣盛国际	2015.01.10
青花缠枝莲纹瓶	高58cm	14,128	香港普艺	2015.10.10
青花缠枝莲纹赏瓶	底径10.2cm	1,883,952	荣盛国际	2015.01.10
青花缠枝莲纹双耳尊	高59.5cm	1,762,200	AA中国艺海	2015.07.19
青花缠枝莲纹象耳瓶	高37.5cm	1,956,042	AA中国艺海	2015.07.11
青花缠枝莲纹绣墩	高49cm	4,405,500	AA中国艺海	2015.07.11

拍品名称	物品尺寸	成交价RMB	拍卖公司	拍卖日期
青花缠枝牡丹罐	宽35cm	2,290,860	AA中国艺海	2015.07.19
青花缠枝牡丹纹观音瓶	高40cm	54,050	南京经典	2015.01.04
青花缠枝牡丹纹小罐	高13cm	704,880	AA中国艺海	2015.07.19
青花缠枝托八宝纹出戟尊	高41cm	2,643,300	AA中国艺海	2015.07.12
青花缠枝纹葫芦瓶	口径4.6cm	27,500,000	皇家国际	2015.01.19
青花缠枝象耳衔环瓶	高40cm	11,623	台北艺流	2015.10.10
青花穿花龙纹瓶	高42cm	2,643,756	Clars Auction	2015.06.28
青花船形水滴	长16cm 高9cm	2,819,520	AA中国艺海	2015.07.11
青花瓷大德吉祥葫芦扁瓶	高29.8cm	2,789,520	台北艺流	2015.10.10
青花瓷瓶	高37cm	129,600	香港铮鼎	2015.04.28
青花大禹治水笔筒	高20cm	220,275	AA中国艺海	2015.06.20
青花淡描双勾竹纹梅瓶	高35cm	22,027,500	AA中国艺海	2015.07.12
青花梵文花卉高足杯	高11cm	837,045	AA中国艺海	2015.06.20
青花仿永宣留白暗刻龙纹碗	口径14.5cm	3,171,960	AA中国艺海	2015.08.05
青花凤穿牡丹盘一对	直径33.8cm	4,405,500	AA中国艺海	2015.07.19
青花凤纹牡丹兽耳罐	高28cm	3,240,000	香港铮鼎	2015.04.28
青花凤纹五福团寿碟	→21cm	14,738	香港普艺	2015.06.06
青花福禄寿纹盘	直径29.5cm	162,203	香港中怡	2015.01.22
青花富贵似锦葫芦瓶	底径9.6cm	2,601,648	荣盛国际	2015.01.10
青花高仕图钵式洗	直径10.7cm	13,800	北京中汉	2015.09.21
青花高足碗	口径16cm	34,031	香港龙玺	2015.09.19
青花海八怪图碗	直径20cm	2,026,530	AA中国艺海	2015.08.20
青花海兽纹罐	净高37.5cm	1,762,200	AA中国艺海	2015.07.12
青花海水龙纹盘	口径16cm	1,409,760	AA中国艺海	2015.02.03
青花海水云龙纹大碗	26.5cm×9.8cm	4,860,000	香港铮鼎	2015.04.28
青花荷塘鸳鸯纹大罐	口径22cm	2,803,500	荣盛国际	2015.07.31
青花鹤纹酒具	口径4cm	180,225	荣盛国际	2015.07.31
青花鹤纹碗	高7.8cm	1,409,760	AA中国艺海	2015.07.19
青花花觚一对	高38.5cm	1,105,380	澳门中道	2015.01.30
青花花果梅瓶	高25cm	2,202,750	AA中国艺海	2015.08.20
青花花卉抱月瓶	高26cm	2,114,640	AA中国艺海	2015.07.11
青花花卉梵文碗	口径18cm	572,715	AA中国艺海	2015.07.19
青花花卉人物瓶	高52cm	2,160,000	香港铮鼎	2015.04.28
青花花卉纹螭龙耳扁壶	高23cm	5,400,000	香港铮鼎	2015.04.28
青花花卉纹盖罐	高30cm	2,423,025	AA中国艺海	2015.02.03
青花花卉纹梅瓶	底径16cm	879,178	荣盛国际	2015.01.10
青花花卉纹盘	口径13.8cm	660,825	AA中国艺海	2015.02.03
青花花卉纹瓶	通高42cm	1,166,256	荣盛国际	2015.01.10
青花花卉纹碗	口径14.6cm	1,189,485	AA中国艺海	2015.02.03
青花花鸟八方盖盒	直径31.5cm	3,524,400	AA中国艺海	2015.08.05
青花花鸟纹杯（一对）	→6cm	11,054	香港普艺	2015.06.06
青花花鸟纹印盒	→7cm	15,660	香港普艺	2015.01.31
青花黄彩火珠龙纹碗	直径25.3cm	616,770	AA中国艺海	2015.07.19
青花火珠龙纹盘	直径16.5cm	422,928	AA中国艺海	2015.07.11
青花火珠龙纹碗	高14cm	881,100	AA中国艺海	2015.07.12
青花加官晋级图罐	高28cm	1,321,650	AA中国艺海	2015.07.12
青花酱口山水高士图墩式碗一对	高35cm	2,467,080	AA中国艺海	2015.07.12
青花九龙大盘	直径31.2cm	1,255,968	荣盛国际	2015.01.10
青花开光花果纹执壶	通高26cm	1,435,392	荣盛国际	2015.01.10
青花开光人物将军罐	高37cm	2,819,520	AA中国艺海	2015.08.20
青花开光人物纹大吉瓶	高30cm	3,700,620	AA中国艺海	2015.07.19
青花开光人物折沿碗	口径21cm	748,935	AA中国艺海	2015.06.20
青花开光山水楼阁棒槌瓶	高47cm	1,938,420	AA中国艺海	2015.08.20
青花开光山水人物四棱瓶	高35cm	2,467,080	AA中国艺海	2015.07.12
青花葵口斗笠碗	口径14.8cm	80,100	荣盛国际	2015.07.31
青花莲托八宝纹盘	口徑40cm	6,380,000	皇家国际	2015.06.29
青花留白花卉纹抱月瓶	底径8.9cm	1,704,528	荣盛国际	2015.01.10
青花留白云龙纹梅瓶	口径3cm	1,704,528	荣盛国际	2015.01.10
青花留白云龙纹碗	高6.9cm	1,409,760	AA中国艺海	2015.07.11
青花龙凤纹天球瓶	高39cm	52,900	南京经典	2015.01.04
青花龙生九子灵芝花口瓶	高36.3cm	3,171,960	AA中国艺海	2015.07.19
青花龙纹大盘	口径32cm	680,850	荣盛国际	2015.07.31
青花龙纹缸	高41cm	1,215,918	AA中国艺海	2015.07.12
青花龙纹罐	高13cm	1,057,320	AA中国艺海	2015.07.19
青花龙纹果合	直径22.1cm	55,000	北京贞观	2015.06.28

拍品名称	物品尺寸	成交价RMB	拍卖公司	拍卖日期
青花龙纹瓶	高20cm	1,057,320	AA中国艺海	2015.06.20
青花龙纹碗	口径11cm	750,938	荣盛国际	2015.07.31
青花龙纹折腰碗	口径17cm	431,739	AA中国艺海	2015.06.20
青花牡丹花卉纹执壶	通高20cm	2,002,500	荣盛国际	2015.07.31
青花葡萄纹折沿盘	高38.5cm	5,727,150	AA中国艺海	2015.07.19
青花麒麟纹象耳衔环瓶	高47.5cm	18,597	台北艺流	2015.10.10
青花人物棒槌瓶	通高28cm	1,301,625	荣盛国际	2015.07.31
青花人物笔筒	通高17.5cm	600,750	荣盛国际	2015.07.31
青花人物故事笔筒	高19cm	7,489,350	AA中国艺海	2015.07.19
青花人物故事盖罐	口径9.5cm	2,002,500	荣盛国际	2015.07.31
青花人物故事纹花觚	口径16cm	1,201,500	荣盛国际	2015.07.31
青花人物罐一对	高13cm	2,202,750	AA中国艺海	2015.08.20
青花人物葫芦瓶	高35cm	493,416	AA中国艺海	2015.06.20
青花人物天球瓶	高40.5cm	128,800	南京经典	2015.01.04
青花人物纹梅瓶	高32cm	1,760,400	香港铮鼎	2015.04.28
青花人物纹玉壶春瓶	口径8cm	2,691,360	荣盛国际	2015.01.10
青花如意寿纹瓶	口径3.8cm	250,313	荣盛国际	2015.07.31
青花三瑞兽纹胆瓶	高43.4cm	2,467,080	AA中国艺海	2015.07.11
青花山水人物罐	口径6.4cm	3,520,000	皇家国际	2015.06.29
青花山水人物三足笔筒	高17cm	599,148	AA中国艺海	2015.07.19
青花山水人物纹笔筒	高20cm	1,585,980	AA中国艺海	2015.07.19
青花山水人物纹笔筒	高17.5cm	1,409,760	AA中国艺海	2015.07.19
青花山水人物长颈盖罐	通高41cm	881,100	AA中国艺海	2015.07.12
青花珊瑚红釉云蝠纹花盆（一对）	→34cm	33,161	香港普艺	2015.01.31
青花诗文束腰形笔筒	高12cm	1,321,650	AA中国艺海	2015.07.19
青花狮子戏球梅瓶	高24cm	1,409,760	AA中国艺海	2015.06.20
青花寿字纹笔筒	通高7cm	80,100	荣盛国际	2015.07.31
青花寿字纹盘一对	直径26cm	1,365,705	AA中国艺海	2015.08.20
青花兽面纹花觚（一对）	高22cm	1,944,000	香港铮鼎	2015.04.28
青花双凤云鹤海棠洗一对	直径13.5cm	704,880	AA中国艺海	2015.07.19
青花双龙赶珠纹碗（一对）	单只直径11cm	23,000	南京经典	2015.01.04
青花双龙戏珠纹八棱洗	口径35cm	1,321,650	AA中国艺海	2015.07.19
青花四折枝菱口盘	直径38cm	13,216,500	AA中国艺海	2015.07.19
青花松竹梅纹带盖梅瓶	高45cm	2,819,520	AA中国艺海	2015.07.12
青花岁寒三友卷缸	高23.5cm	2,643,300	AA中国艺海	2015.07.11
青花庭院婴戏图盘	直径17.5cm	616,770	AA中国艺海	2015.07.11
青花通景山水人物梅瓶	高30cm	616,770	AA中国艺海	2015.06.20
青花图龙套盘九件套	中间盘9.3cm	881,100	AA中国艺海	2015.07.11
青花团鹤杯	直径9.5cm	3,700,620	AA中国艺海	2015.08.20
青花万寿无疆纹碗	高18.4cm	2,202,750	AA中国艺海	2015.07.19
青花喜上眉梢花觚	口径16cm	720,900	荣盛国际	2015.07.31
青花胭脂料万福纹洗	高10.2cm	1,938,420	AA中国艺海	2015.07.12
青花一把莲大盘	直径35cm	484,605	AA中国艺海	2015.07.11
青花一把莲花盘	直径35cm	1,762,200	AA中国艺海	2015.08.05
青花一束莲纹盘	半径43.5cm	30,800	北京乔禧	2015.03.15
青花婴戏大罐	高32cm	528,660	AA中国艺海	2015.07.19
青花鱼龙变换纹瓷板	高34cm	396,495	AA中国艺海	2015.07.19
青花鱼龙变换纹高足盘	高23cm	2,202,750	AA中国艺海	2015.07.12
青花鱼龙变换纹盘	高26.5cm	1,585,980	AA中国艺海	2015.07.19
青花鱼藻纹碗	口径16.3cm	1,022,076	AA中国艺海	2015.07.12
青花云鹤纹罐	高20.2cm	11,344	香港龙玺	2015.09.19
青花云鹤纹碗	口径13.7cm	105,732	AA中国艺海	2015.07.12
青花云龙扁瓶	高48cm	6,973,800	台北艺流	2015.10.10
青花云龙纹盘	直径17.5cm	1,321,650	AA中国艺海	2015.07.19
青花云龙纹天球瓶	口径6.6cm	3,052,000	皇家国际	2015.01.19
青花折腰缠枝蹲式碗	直径17.5cm	22,000	北京贞观	2015.06.28
青花折枝花果纹六方瓶	高65cm	19,384,200	AA中国艺海	2015.07.11
青花折枝花卉纹碗	直径19cm	55,000	北京贞观	2015.06.28
青花周瑜打黄盖图罐	高；18cm	352,440	AA中国艺海	2015.06.20
青花竹石芭蕉玉壶春	高28.5cm	3,700,620	AA中国艺海	2015.07.19
青花云龙纹天球瓶	高41cm	5,870,150	卓艺拍卖	2015.11.21
青花云龙纹菱口洗	口径18.6cm	1,986,820	卓艺拍卖	2015.11.21
青花婴戏纹碗	口径12.8cm	677,325	卓艺拍卖	2015.11.21
青花碗	高6.2cm	677,325	卓艺拍卖	2015.11.21
青花山水画杯	口径8.2cm	587,015	卓艺拍卖	2015.11.18

拍品名称	物品尺寸	成交价RMB	拍卖公司	拍卖日期
青花如意吉祥盘	口径17.5cm	1,426,898	卓艺拍卖	2015.11.18
青花人物玉壶春瓶	高48cm	1,174,030	卓艺拍卖	2015.11.18
青花人物纹执壶	高32cm	3,160,850	卓艺拍卖	2015.11.18
青花人物双耳撇口瓶	高35cm	4,063,950	卓艺拍卖	2015.11.21
青花人物梅瓶	高43cm	894,069	卓艺拍卖	2015.11.18
青花龙纹碗	口径14.6cm	794,728	卓艺拍卖	2015.11.18
青花龙纹盘	直径28.2cm	812,790	卓艺拍卖	2015.11.21
青花龙纹梅瓶	高38cm	2,420,308	卓艺拍卖	2015.11.18
青花花鸟龙纹盘口瓶	高40cm	857,945	卓艺拍卖	2015.11.18
青花花卉纹赏瓶	高45.6cm	451,550	卓艺拍卖	2015.11.18
青花缠枝牡丹纹梅瓶	高45cm	1,806,200	卓艺拍卖	2015.11.21
青花缠枝莲托梵文高足杯	口径12.8cm	1,986,820	卓艺拍卖	2015.11.18
青花缠枝花卉纹罐	高20cm	812,790	卓艺拍卖	2015.11.18
青花缠枝花卉双喜罐	高13cm	325,116	卓艺拍卖	2015.11.18
青花缠枝瓜纹宫碗	口径15.6cm	3,160,850	卓艺拍卖	2015.11.18
青花八宝纹双耳扁瓶	高49.5cm	80,057,250	澳门中信	2015.11.08
残器 青花折枝纹碗	直径22cm	11,000	北京贞观	2015.06.28
豆青花纹四足水洗	口径15cm	10,133	书画艺拍	2015.08.01
豆青釉青花人物瓶	高68cm	11,514	香港普艺	2015.06.06
黄地青花葫芦瓶	高45cm	2,242,800	荣盛国际	2015.01.10
黄地青花花卉梵文盘	直径27.2cm	1,585,980	AA中国艺海	2015.07.12
黄地青花三多花口高足碗	口径15.5cm	2,643,300	AA中国艺海	2015.08.05
黄地青花折枝花果纹盘	直径26.2cm	4,405,500	AA中国艺海	2015.08.05
釉里红				
元 釉里红花卉纹菱口盘		17,250	北京中汉	2015.09.21
元 釉里红玉壶春	高22.5cm	47,259	保利香港	2015.05.31
元 釉里红窑址碗	直径24cm	13,200	北京贞观	2015.06.28
明洪武 釉里红缠枝莲纹碗	直径9cm	345,000	保利厦门	2015.05.03
明洪武 釉里红龙纹荷叶盖罐	高34.6cm	6,973,800	台北艺流	2015.10.10
明洪武 釉里红龙纹托杯一套	19.5cm×3cm	276,345	澳门中道	2015.01.30
明洪武 釉里红如意云形缠枝牡丹菊纹大碗	直径41cm	8,050,000	中国嘉德	2015.11.15
明宣德 釉里红暗刻海水龙纹大碗	高9cm 口径21cm	1,321,650	AA中国艺海	2015.07.11
明或更早 釉里红带耳把杯	高9.3cm	207,000	江苏爱涛	2015.01.11
明 釉里红花卉纹小罐	高17cm	286,000	北京中联	2015.01.18
明 釉里红龙纹天球瓶	高35cm	11,454,300	AA中国艺海	2015.06.20
明 釉里红瑞兽瓶 一对	口径 2cm	2,763,450	澳门中道	2015.01.30
清康熙 蓝釉暗刻海水釉里红云龙纹碗	直径15.7cm	40,250	中国嘉德	2015.09.19
清康熙 釉里红花卉纹苹果尊	直径10.2.cm	2,242,800	佳士得	2015.06.03
清康熙 釉里红九龙鼻烟壶	高9.5cm	25,300	中鸿信	2015.07.29
清康熙 釉里红团凤杯	直径9cm	184,000	北京保利	2015.06.08
清康熙 釉里红团花苹果尊	直径9.5cm	8,165,000	中国嘉德	2015.05.16
清康熙 釉里红团龙纹碗	直径14cm	1,092,500	厦门华辰	2015.06.20
清康熙 釉里红团龙纹碗	直径14.7cm	32,200	北京中汉	2015.04.02
清康熙 御制釉里红双龙赶珠纹碗	口径14.8cm	718,497	宝港国际	2015.06.02
清雍正 豆青地贴塑釉里红螭龙方瓶	高17cm	207,000	中鸿信	2015.07.29
清雍正 官窑釉里红三鱼图碗	直径22.5cm	1,035,000	北京东正	2015.05.19
清雍正 釉里红三多高足碗	直径15cm	74,750	北京保利	2015.04.26
清雍正 釉里红三果纹福寿碗	直径12cm	387,984	保利香港	2015.10.06
清雍正 釉里红三果纹卧足杯	直径8.7cm	36,800	华艺国际	2015.05.24
清雍正 釉里红三鱼高足碗	直径14.5cm	322,000	保利厦门	2015.05.03
清雍正 釉里红三鱼高足碗	直径14.8cm	212,750	北京翰海	2015.06.28
清雍正 釉里红三鱼纹高足杯	16cm	75,094	香港苏富比	2015.06.01
清雍正 釉里红双龙耳白釉敞口尊	宽25cm	805,000	北京保利	2015.06.08
清雍正 釉里红太师少师太白罐		138,000	翰风国际	2015.06.19
清雍正 釉里红三鱼纹高足碗	直径15.1cm	172,500	北京诚轩	2015.11.14
清雍正 御窑釉里红三鱼纹碗（一对）	口径12cm	1,196,000	北京东正	2015.11.19
清乾隆釉里红缠枝莲托八宝四系瓶	高34cm	34,500	北京保利	2015.04.26
清乾隆 釉里红团凤弦纹瓶	高30.4cm	345,000	北京中汉	2015.04.02
清嘉庆 黑地釉里红描金御制诗文圆瓷板	直径33.3cm	127,460	纽约佳士得	2015.09.17
清道光 釉里红狮子鼻烟壶	高10.5cm	17,250	北京保利	2015.12.09
清道光 釉里红山水狮头耳瓶	高32cm	22,605	香港雅盛	2015.10.05

拍品名称	物品尺寸	成交价RMB	拍卖公司	拍卖日期
清中期 釉里红三鱼纹长颈胆瓶	高19.5cm	126,500	北京中汉	2015.04.02
清中期 釉里红山水烟壶	高7.5cm	17,250	北京保利	2015.12.09
18世纪/19世纪 绿釉釉里红长颈瓶	高34.4cm	47,798	纽约佳士得	2015.09.17
19世纪 釉里红龙纹长颈瓶	高45cm	127,460	纽约佳士得	2015.09.17
清 釉里红龙纹瓶	高23.5cm	1,381,725	澳门中道	2015.01.30
清 釉里红龙纹瓶	高29.6cm	149,500	北京保利	2015.06.08
清 釉里红天球瓶	高33cm	23,000	北京翰海	2015.03.15
釉里红凤纹梅瓶	高41.3cm	686,356	卓艺拍卖	2015.11.18
釉里红荷池鸳鸯纹铺首罐	口径18cm	1,986,820	卓艺拍卖	2015.11.21
釉里红玉壶春瓶	高26cm	2,393,215	卓艺拍卖	2015.11.21
釉里红抱月壶	高38cm	2,467,080	AA中国艺海	2015.02.03
釉里红缠枝花卉葫芦瓶	高30cm	16,200,000	皇家国际	2015.01.19
釉里红凤穿牡丹玉壶春瓶	高34cm	11,623	台北艺流	2015.10.10
釉里红花鸟高足杯	高7.5cm	2,070,585	AA中国艺海	2015.07.11
釉里红加彩折枝花卉杯	高4.5cm	132,165	AA中国艺海	2015.07.11
釉里红牡丹缠枝鱼藻大盘	直径45cm	23,246	台北艺流	2015.10.10
釉里红人物兽耳梅瓶	高36cm	43,200,000	香港铮鼎	2015.04.28
釉里红三角纹高足碗	高11cm	1,321,650	AA中国艺海	2015.07.11
釉里红条台	L=30.5cm	55,000	北京贞观	2015.06.28
釉里红象耳衔环玉壶春瓶	高32cm	1,938,420	AA中国艺海	2015.07.12
釉里红鱼藻纹盘	直径40.5cm	13,948	台北艺流	2015.10.10
釉里红玉壶春瓶	底径12cm	3,678,192	荣盛国际	2015.01.10
釉里红折枝三多果纹梅瓶	高36cm	13,200	北京贞观	2015.06.28
青花釉里红				
元 开窗青花釉里红凤纹梅瓶	高44cm	1,197,495	澳门中信	2015.06.21
元 青花釉里红荷池纹大砵	高44cm	6,122,025	澳门中信	2015.11.08
清康熙早期 青花釉里红花蝶图折沿盘	直径36.2cm	391,313	纽约佳士得	2015.03.16
清康熙早期 青花釉里红西厢记人物故事图大盘	直径33.2cm	391,313	纽约佳士得	2015.03.16
清康熙 青花豆青釉里红山水楼阁图茶壶	宽16.8cm	95,595	纽约佳士得	2015.09.17
清康熙 青花豆青釉里红山水人物图盘	直径27.4cm	101,741	纽约佳士得	2015.03.16
清康熙 青花釉里红"北山移文"斫文笔筒	高15cm	287,500	北京中汉	2015.05.17
清康熙 青花釉里红锦地开光教子图盖罐	高23cm	126,500	中国嘉德	2015.04.01
清康熙青花釉里红鹿鹤同春图花觚	高46.4cm	241,500	北京中汉	2015.05.17
清康熙 青花釉里红落花流水游鱼纹盘	直径34.9cm	782,625	纽约佳士得	2015.03.16
清康熙 青花釉里红山水人物图萝卜尊	高43.2cm	391,313	纽约佳士得	2015.03.15
清康熙青花釉里红山水渔舟诗文盘	直径11.3cm	149,500	北京保利	2015.06.06
清康熙 青花釉里红寿桃五彩花卉粉青釉葫芦瓶	23.8cm	89,813	伦敦苏富比	2015.05.13
清康熙青花釉里红水波游龙纹鱼缸	口径36.5cm	1,137,625	伦敦苏富比	2015.05.13
清康熙 青花釉里红鱼藻纹大碗	直径16.5cm	322,000	上海敬华	2015.06.30
清康熙 青花釉里红折枝四季花卉纹苹果尊	直径9.5cm	2,300,000	北京中汉	2015.05.17
清康熙 洒蓝地青花釉里红仕女图盘	高26.4cm	281,745	纽约佳士得	2015.03.16
清康熙 青花釉里红山水图高足铃铛杯	高10cm	18,883	宝港国际	2015.11.28
清康熙 青花釉里红八骏图碗	宽15.5cm	33,989	诚昌国际	2015.12.02
清康熙 青花釉里红凤纹缸	直径49cm	55,200	北京保利	2015.11.01
清康熙 青花釉里红凤纹缸	直径49cm	55,200	北京保利	2015.11.01
清雍正 青花釉里红三果纹高足碗	直径15cm	92,000	北京翰海	2015.11.28
清雍正 冬青地青花釉里红人物故事图瓶	高43.2cm	352,181	纽约佳士得	2015.03.16
清雍正/乾隆 釉里红云龙纹罐	高24.5cm	23,000	中国嘉德	2015.04.01
清雍正 青花釉里红云蝠玉壶春瓶	高30.5cm	2,070,000	北京保利	2015.06.06
清乾隆 青花釉里红八仙过海人物纹盘（一对）	直径14.5cm	230,000	北京保利	2015.12.09
清乾隆青花釉里红八仙盘（一对）	直径16.5cm	230,000	北京保利	2015.12.09
清乾隆 豆青地青花釉里红鹤鹿同春图瓶	46.7cm	56,000	天津文物	2015.05.22
清乾隆 粉青开光青花釉里红山水六角双耳瓶	高39cm	230,000	广州皇玛	2015.07.25
清乾隆青花釉里红螭龙纹蝴蝶耳尊	高29.5cm	185,610	中国嘉德	2015.04.06
清乾隆 青花釉里红福龙纹观音瓶	高40cm	52,444	香港雅盛	2015.10.05
清乾隆 青花釉里红海水螭龙纹瓶		35,650	北京中汉	2015.09.21
清乾隆 青花釉里红海水龙纹玉壶春瓶	高29cm	632,500	西泠拍卖	2015.07.05
清乾隆 青花釉里红海水云龙纹抱月瓶	高39cm	2,185,000	北京匡时	2015.06.06
清乾隆 青花釉里红荷花水丞	长11.9cm	28,750	中国嘉德	2015.09.20
清乾隆 青花釉里红花蝶纹贯耳瓶	高38cm	74,750	广州皇玛	2015.01.17
清乾隆 青花釉里红花鸟贯耳壁瓶（一对）	高15cm	28,750	北京保利	2015.04.26
清乾隆青花釉里红龙抱珠纹抱月瓶	高31.1cm	1,984,737	纽约佳士得	2015.03.15
清乾隆 青花釉里红寿桃玉壶春瓶	高47cm	701,500	江苏爱涛	2015.01.11
清乾隆 青花釉里红五世同堂小罐	高7cm	36,800	北京华辰	2015.05.15
清乾隆 青花釉里红釉下三彩瓶	高22cm	46,000	广州皇玛	2015.01.17
清乾隆青花釉里红云蝠碗（一对）	直径18cm×2	23,000	广州皇玛	2015.01.17
清嘉庆 青花釉里红花蝶纹天球瓶	高67cm	391,000	苏州东方	2015.07.02
清光绪青花釉里红缠枝莲花卉撇口瓶	高23.2cm	16,100	太平洋	2015.07.18
清光绪青花釉里红一品当朝图印盒	6.2cm	13,440	天津文物	2015.05.22
清光绪青花釉里红缠枝莲箭筒(一对)	高62cm	20,700	北京保利	2015.11.01
清光绪青花釉里红缠枝莲箭筒(一对)	高62cm	20,700	北京保利	2015.11.01
清光绪十六年（1890年）青花釉里红御马图瓶	高21.5cm	23,000	中国嘉德	2015.09.19
清中期 青花釉里红壁瓶	高23cm	55,200	保利厦门	2015.08.02
清中期 青花釉里红缠枝莲纹缸	直径41cm	17,250	中国嘉德	2015.04.01
清中期青花釉里红福庆连绵云龙纹瓶	高36.2cm	78,200	中国嘉德	2015.04.01
清中期青花釉里红瓜瓞绵绵纹葫芦瓶		32,200	北京中汉	2015.09.21
清中期 青花釉里红虎纹折腰水丞	直径8.7cm	32,200	中国嘉德	2015.04.01
清中期 青花釉里红三多纹小缸	直径23.5cm	13,800	中国嘉德	2015.06.27
清中期 青花釉里红卧牛摆件		34,500	北京中汉	2015.09.21
清中期 青花釉里红云龙纹钵缸	22.5cm	168,000	天津文物	2015.05.22
清中期 青花釉里红尊	高38cm	29,900	北京保利	2015.01.24
清晚期 仿万历青花釉里红穿花龙纹蒜头瓶	高37.5cm	17,250	中国嘉德	2015.09.19
18世纪/19世纪 青花釉里红九桃纹花口盘	直径35.6cm	223,055	纽约佳士得	2015.09.17
19世纪 青花釉里红鹿鹤同春瓶	高27.2cm	665,231	纽约佳士得	2015.03.19
18世纪/19世纪 青花釉里红水波游龙纹缸	38.6cm	71,850	伦敦苏富比	2015.05.13
19世纪 青花釉里红缠枝牡丹纹壁瓶 (一对)	高13.4cm	23,479	纽约苏富比	2015.03.21
19世纪洒蓝釉青花釉里红龙纹摇铃尊	22cm	50,063	香港苏富比	2015.06.01
清 青花釉里红人物鼻烟壶	高8.6cm	23,000	北京保利	2015.12.09
清 青花釉里红渔夫人物鼻烟壶	高8.9cm	17,250	北京保利	2015.12.09
清 豆青釉开光青花釉里红山水人物纹铺首瓶	高39cm	13,800	中国嘉德	2015.09.19
清 豆青釉青花釉里红花果纹攒碟 (一套)	长11.5–14.5cm	13,817	香港淳浩	2015.07.30
清 蓝地青花釉里红牛头尊	高34cm	25,300	广州皇玛	2015.01.17
清 蓝釉釉里红花鸟小球瓶	高12.5cm	13,800	广州皇玛	2015.01.17
清 青花釉里红笔洗	高16cm	27,600	江苏爱涛	2015.01.11
清 青花釉里红荷花卷缸	直径32cm	308,000	北京中联	2015.01.18
清 青花釉里红鸳鸯纹三足洗	口径29.5cm	1,127,808	AA中国艺海	2015.02.03
豆青釉青花釉里红暗刻龙纹线条罐	高17cm	1,938,420	AA中国艺海	2015.07.11
豆青釉青花釉里红松鹤延年天球瓶	口径4cm	750,938	荣盛国际	2015.07.31
青花釉里红云龙纹天球瓶	口径4cm	8,250,000	皇家国际	2015.01.19
青花釉里红鹤鹿同春罐	口径8.5cm	1,421,775	荣盛国际	2015.07.31
青花釉里红龙纹抱月瓶	高33cm	33,000,000	皇家国际	2015.06.29
青花釉里红龙纹锥把瓶	高38cm	1,321,650	AA中国艺海	2015.08.20
青花釉里红瓶	高45.8cm	105,732	AA中国艺海	2015.06.20
青花釉里红圣主得贤臣笔筒	高45.8cm	1,039,698	AA中国艺海	2015.07.19

拍品名称	物品尺寸	成交价RMB	拍卖公司	拍卖日期
青花釉里红岁寒三友诗文碗	高8.5cm	2,202,750	AA中国艺海	2015.07.19
青花釉里红玉壶春瓶	高51cm 口径17cm	3,700,620	AA中国艺海	2015.06.20
描金青花釉里红大碗	口径28cm	1,354,650	卓艺拍卖	2015.11.18
青花釉里红人物纹梅瓶	高40cm	1,192,092	卓艺拍卖	2015.11.18
青花釉里红鱼藻纹盘口瓶	高42cm	1,625,580	卓艺拍卖	2015.11.18
青花加彩				
明永乐 青花红彩花觚	高23cm	16,580,700	澳门中信	2015.06.21
明成化 青花斗彩云龙纹大碗	高7.5cm	4,709,250	澳门中信	2015.11.08
明嘉靖 青花矾红缠枝福纹瓶	高25.5cm	172,500	北京匡时	2015.06.06
明嘉靖 青花矾红鱼藻纹印盒	直径12.4cm	28,750	中国嘉德	2015.06.27
明万历 青花五彩缠枝四季花卉纹托盘（一对）	直径11cm×2	97,750	北京诚轩	2015.11.14
明万历 青花五彩龙纹渔藻纹盘	直径19cm	17,250	北京保利	2015.11.01
明万历 青花五彩龙纹渔藻纹盘	直径19cm	17,250	北京保利	2015.11.01
明万历 青花五彩仙人故事碗	直径15.3cm	575,000	北京保利	2015.12.08
明万历 青花矾红瓷砚	长22cm	34,500	上海敬华	2015.06.30
明万历青花矾红描金高仕纹诸葛碗	直径14.2cm	57,500	北京中汉	2015.04.02
明万历 青花五彩缠枝花卉纹盏托（一对）	直径11cm	80,500	北京东正	2015.05.19
明万历 青花五彩福禄寿大捧盒	直径26.3cm	368,000	上海敬华	2015.06.30
明万历 青花五彩花卉洞石纹盘	直径22.8cm	483,000	上海敬华	2015.06.30
明万历 青花五彩龙纹盘	直径31.7cm	218,500	北京翰海	2015.06.28
明万历 青花五彩龙纹水盂	直径7.1cm	40,250	苏州东方	2015.07.02
明万历 青花五彩人物碗		184,000	中贸圣佳	2015.05.20
明万历青花五彩水仙纹长方小盘	长6.7cm	23,000	中国嘉德	2015.09.19
明万历 青花五彩外人物故事内应龙纹碗	高10.3cm	149,500	北京东正	2015.05.19
明 青花五彩凤穿花卉碗	直径15cm	10,350	北京保利	2015.11.01
明 青花五彩凤穿花卉碗	直径15cm	10,350	北京保利	2015.11.01
明 青花加彩蛐蛐罐	直径20cm	161,000	上海敬华	2015.06.30
明 青花五彩缠枝牡丹纹水丞	直径7cm	11,500	中国嘉德	2015.06.27
明 青花五彩龙纹小碗	直径11cm	13,800	北京保利	2015.01.24
明晚期 16世纪/17世纪 漳州绘彩降龙伏虎纹盘	直径38.8cm	117,394	纽约苏富比	2015.03.17
明晚期 16世纪/17世纪 漳州绘彩麻姑献寿图盘	直径40cm	164,351	纽约苏富比	2015.03.17
明晚期 16世纪/17世纪 漳州绘彩寿桃纹盘 (一对)	直径14cm	12,522	纽约苏富比	2015.03.17
明末清初青花加彩山水人物将军罐	高37cm	69,000	广州皇玛	2015.07.25
清顺治青花五彩洞石牡丹图观音尊	高37.5cm	66,700	中国嘉德	2015.09.19
清顺治 青花五彩花鸟纹筒瓶	高37.5cm	43,700	北京中汉	2015.04.02
清顺治 青花五彩人物纹大口梅瓶	高17.6cm	25,300	中国嘉德	2015.09.19
清顺治 青花五彩神仙人物纹盖罐（一对）	高41.5cm	126,500	中国嘉德	2015.09.19
清顺治青花五彩雉鸡牡丹图花觚	高40cm	40,250	中国嘉德	2015.09.19
清康熙 蓝上蓝云鹤龙凤纹渣斗	高10cm	36,800	太平洋	2015.07.18
清康熙 青花矾红海水龙纹大碗	直径18.3cm	276,000	北京保利	2015.06.08
清康熙 青花矾红龙纹碗	直径17.8cm	437,000	中国嘉德	2015.05.16
清康熙 青花矾红描金罐	高18.8cm	97,750	江苏爱涛	2015.01.11
清康熙 青花红龙盘	直径20cm	23,000	广州皇玛	2015.01.17
清康熙青花五彩花神杯（八月）		195,500	北京中汉	2015.09.21
清康熙青花五彩龙凤纹碗（一对）	直径13cm	1,322,500	上海敬华	2015.06.30
清康熙 青花五彩仕女将军罐	高37cm	23,000	北京保利	2015.04.26
清康熙 青花五彩禄享千钟碗	直径15cm	20,700	中国嘉德	2015.04.01
清康熙青花五彩人物故事图盖盒	直径16.2cm	161,000	北京中汉	2015.04.02
清康熙 青花五彩喜鹊登梅图小盘	直径10.6cm	36,800	中国嘉德	2015.04.01
清康熙 青花五彩鱼藻纹将军罐	高40cm	46,000	广州皇玛	2015.07.25
清康熙/雍正 青花五彩鸡缸杯	直径7.8cm	230,000	北京诚轩	2015.05.17
清康熙 青花地黄彩云龙纹盘	直径25.2cm	575,000	北京翰海	2015.11.28
清康熙 青花黄彩云龙纹碗	直径13.8cm	460,000	北京匡时	2015.12.05
清康熙 青花五彩龙凤穿花纹盘	直径25cm	172,500	北京翰海	2015.11.28
清康熙 青花五彩禄享千钟碗	直径15cm	20,700	太平洋	2015.11.21
清乾隆 青花矾红彩海八怪纹大碗	直径21cm	205,250	佳士得	2015.12.02
清乾隆 青花粉彩九桃瓶	高43cm	6,592,950	澳门中信	2015.11.08
清乾隆 青花粉彩人物开光观音瓶	高25cm	2,072,070	澳门中信	2015.11.08
清乾隆 青花粉彩人物开光双耳尊	高31cm	2,825,550	澳门中信	2015.11.08
清乾隆 青花粉彩人物赏瓶	高33cm	2,072,070	澳门中信	2015.11.08
清乾隆 青花粉彩云龙纹双耳扁壶	高23cm	8,005,725	澳门中信	2015.11.08
清乾隆青花粉彩竹篓花卉纹石榴尊	高21cm	3,296,475	澳门中信	2015.11.08
清乾隆 青花红彩海水龙纹盘	直径17.3cm	276,000	中国嘉德	2015.11.15
清雍正 青花矾红莲纹茶钟	直径8.3cm	410,500	佳士得	2015.12.02
清雍正 青花粉彩花鸟纹天球瓶	高41cm	9,418,500	澳门中信	2015.11.08
清雍正 矾红青花福山寿海龙纹盘	直径21cm	1,265,000	翰风国际	2015.06.19
清雍正 青花矾红八仙人物纹八方杯（一对）	直径6.6cm	115,000	中国嘉德	2015.04.01
清雍正 青花矾红莲纹茶钟	直径8.3cm	280,350	佳士得	2015.06.03
清雍正 青花矾红龙纹盘	直径14.2cm	230,000	北京保利	2015.06.08
清雍正 青花矾红云龙纹盘	直径21cm	575,000	北京华辰	2015.05.15
清雍正 青花加彩荷塘鸳鸯卧足盘	直径17.4cm	575,000	北京保利	2015.06.06
清雍正 青花五彩“喜上眉梢”纹小盘（一对）	直径10.7cm	345,000	北京中汉	2015.05.17
清雍正 青花五彩龙凤纹盘	直径20cm	82,800	中国嘉德	2015.04.01
清雍正 御窑青花矾红“飞龙在天”甘露瓶	高29.3cm	8,452,500	北京东正	2015.05.19
清乾隆 矾红青花海水龙纹碗	直径21.3cm	149,500	中国嘉德	2015.05.16
清乾隆蓝上蓝花卉纹如意双耳大瓶	高59cm	40,250	八益拍卖	2015.04.26
清乾隆 青花斗彩百花双耳扁壶	高31cm	7,829,775	澳门中信	2015.06.21
清乾隆 青花斗彩花龙纹梅瓶	高27.5cm	16,580,700	澳门中信	2015.06.21
清乾隆 青花矾红宝相花纹杯	直径8.1cm	138,000	北京中汉	2015.05.17
清乾隆 青花矾红彩海水龙纹盘	17.3cm	168,000	天津文物	2015.05.22
清乾隆 青花矾红彩海水腾龙纹如意耳扁壶	高25.5cm	24,561,360	香港苏富比	2015.10.07
清乾隆 青花矾红彩龙纹杯	直径6.4cm	46,000	北京中汉	2015.04.02
清乾隆 青花矾红海水龙纹盘	直径17.5cm	218,500	北京匡时	2015.06.06
清乾隆 青花矾红海水龙纹盘（一对）	直径17.5cm	690,000	北京华辰	2015.05.15
清乾隆青花矾红海水云龙纹大尊	高45.3cm	391,000	北京东正	2015.05.19
清乾隆 青花矾红龙纹盖盒	直径23cm	563,568	帝图艺术	2015.04.12
清乾隆青花矾红描金花卉纹大碗	直径23.5cm	25,300	八益拍卖	2015.04.26
清乾隆 青花矾红御题诗文碗	直径18cm	23,000	太平洋	2015.07.18
清乾隆 青花红彩描金山水人物盘（二件）	口径23.3cm	10,350	深圳市拍	2015.07.19
清乾隆 青花红彩云龙纹盘	直径16cm	78,200	北京翰海	2015.06.28
清乾隆 青花加彩缠枝莲三足壶	高9cm	10,350	广州皇玛	2015.07.25
清乾隆青花加彩花卉盘（一对）	直径11.5cm	172,500	北京保利	2015.06.08
清乾隆 青花开光加彩人物棱花口杯碟（四套）	直径7.5cm×4；直径12.3cm×4	20,700	广州皇玛	2015.01.17
清乾隆 青花胭脂红缠枝莲纹灯笼瓶	高20.3cm	287,500	中国嘉德	2015.09.19
清乾隆-嘉庆 青花黄彩龙纹盘	直径25.3cm	69,000	中国嘉德	2015.11.15
清嘉庆 青花粉彩莲花福庆纹碗（一对）	直径17cm	23,604	香港普艺	2015.12.05
清嘉庆 青花矾红彩海水游龙纹盘	17.6cm	70,088	香港苏富比	2015.06.01
清嘉庆 青花矾红彩龙纹杯、盏托（二件）	直径12cm	115,000	北京翰海	2015.06.28
清嘉庆 青花矾红彩御题诗水丞	高7cm	857,438	香港苏富比	2015.04.07
清嘉庆 青花矾红龙纹盘	直径10.6cm	34,500	中国嘉德	2015.05.16
清嘉庆 青花胭脂红料八仙祝寿图大碗	直径22cm	172,500	北京诚轩	2015.05.17
清嘉庆 御制“嘉庆年制”青花粉彩云龙玺印盒	直径23cm	1,150,000	北京保利	2015.06.07
清道光 青花矾红海水龙纹盘（一对）	直径17.6cm	242,490	中国嘉德	2015.10.06
清道光 青花五彩龙凤纹碗	直径15.8cm	57,500	北京匡时	2015.06.06
清道光 青花胭脂红八仙过海纹大碗	直径22.3cm	149,500	北京中汉	2015.05.17
清道光青花矾红云龙纹盘（一对）	直径16cm×2	161,000	北京诚轩	2015.11.14
清道光 青花五彩龙凤穿花纹碗（二件）	直径15.7cm	189,750	北京翰海	2015.11.28
清咸丰 青花矾红龙纹杯（一对）	直径6cm	13,800	北京保利	2015.11.01
清咸丰青花矾红彩云龙纹温碗(四件)	直径15.5cm	425,500	北京翰海	2015.06.28

2015瓷器拍卖成交汇总

(成交价RMB：1万元以上)

拍品名称	物品尺寸	成交价RMB	拍卖公司	拍卖日期
清同治青花五彩戏婴花插（一对）	高18.5cm×2	75,624	香港龙玺	2015.09.19
清同治 青花矾红彩洪福齐天盘（一对）	直径15cm	74,349	纽约佳士得	2015.03.15
清同治 青花五彩赶珠云龙纹碗（一对）	高6.5cm；口径15cm	103,500	西泠拍卖	2015.07.05
清同治青花五彩花神杯（一对）	直径6.5cm	106,696	中国嘉德	2015.10.06
清光绪青花矾红云蝠盘（一对）	直径25.2cm	36,800	太平洋	2015.11.21
清光绪 青花矾红八仙图大碗	直径22cm	17,250	中国嘉德	2015.09.19
清光绪 青花矾红洪福齐天纹盘（二件）	直径15cm	20,700	北京翰海	2015.09.13
清光绪青花矾红云蝠纹盖碗（一对）	高10cm	34,500	西泠拍卖	2015.07.05
清光绪青花矾红云蝠纹小盘（一对）	直径8cm	11,500	苏州东方	2015.07.02
清光绪 青花五彩花神杯（一对）	直径6.6cm	54,480	江苏聚德	2015.07.01
清光绪 青花胭脂红地描金云龙纹赏瓶	高39cm	230,000	保利厦门	2015.05.03
清宣统 青花矾红蝠纹碗	直径14.2cm	25,300	中国嘉德	2015.11.15
清中期 青花红彩云龙纹盘	直径6.1cm	57,500	北京翰海	2015.06.28
清中期青花加彩人物方瓶（一对）	高31cm×2	40,250	广州皇玛	2015.01.17
清晚期 青花矾红云蝠纹碗	直径14.2cm	11,215	博美拍卖	2015.07.19
清矾红青花骰盅高足碗（等4件）		10,350	北京翰海	2015.03.15
清 青花矾红龙纹盘	直径18cm	11,500	北京保利	2015.01.24
清 青花红彩龙纹盘	直径20.5cm	11,500	广州皇玛	2015.07.25
清 青花加彩花神杯	直径6.9cm	17,250	北京保利	2015.04.26
清 青花加彩龙纹碗（一对）	直径15cm	13,800	北京保利	2015.04.26
清 青花珊瑚红描金梅花纹盖杯（一对）	宽10cm	11,773	香港普艺	2015.10.10
17世纪末 日本、江户时代 柿右卫门花卉纹八方瓶	22.7cm	26,345	伦敦苏富比	2015.05.13
18世纪/19世纪 矾红青花灵芝龙纹兽首衔环耳尊	高22.5cm	191,190	纽约佳士得	2015.09.17
清 青花黄彩龙纹盘	直径25cm	20,700	北京保利	2015.11.01
民国 青花矾红云蝠纹碗（一对）	直径14.5cm	10,350	太平洋	2015.11.21
民国 青花加粉彩十二金钗双蝠瓶	高43cm	310,500	北京匡时	2015.12.05
民国 青花矾红云蝠纹杯(八只)	直径6.7cm	10,350	中国嘉德	2015.06.27
内青花外粉彩开光花卉碗	口径15cm	1,938,420	AA中国艺海	2015.06.20
内青花外黄地粉彩轧道开光三羊开泰图碗	高6.5cm 直径15cm	440,550	AA中国艺海	2015.07.12
青花矾红花鸟纹梅瓶	高35cm	5,418,600	卓艺拍卖	2015.11.18
青花矾红龙纹盘	直径20.7cm	2,348,060	卓艺拍卖	2015.11.18
青花矾红五彩龙纹大罐	口径22cm	1,806,200	卓艺拍卖	2015.11.18
青花五彩龙纹大盘	直径48cm	385,000	北京贞观	2015.06.28
青花五彩人物花觚	高28cm	767,635	卓艺拍卖	2015.11.18
青花矾红二龙赶珠纹盘	高16cm	881,100	AA中国艺海	2015.07.19
青花矾红海水龙纹花盆	直径21cm	440,550	AA中国艺海	2015.07.19
青花矾红花卉纹碗	高8cm	1,215,918	AA中国艺海	2015.07.12
青花矾红莲托八宝纹碗一对	高6cm 直径10cm	528,660	AA中国艺海	2015.07.12
青花矾红龙纹笔杆	长17cm	1,321,650	AA中国艺海	2015.08.20
青花矾红龙纹盘	直径17.5cm	440,550	AA中国艺海	2015.07.12
青花矾红龙纹烟壶	高6.4cm	484,605	AA中国艺海	2015.07.19
青花礬红龙纹盏托	直径11.5cm	2,246,805	AA中国艺海	2015.07.11
青花粉彩、矾红加彩人物故事图盘	直径23cm	2,026,530	AA中国艺海	2015.07.19
青花粉彩花鸟纹碗	直径18.5cm	42,550	南京经典	2015.01.04
青花粉彩开光花鸟纹瓶	高39.5cm	3,700,620	AA中国艺海	2015.07.11
青花加彩花卉纹帽筒	高34.5cm	1,145,430	AA中国艺海	2015.07.19
青花加彩花鸟玉壶春	高30cm	1,189,485	AA中国艺海	2015.06.20
青花加紫彩龙纹碗	口径14cm	2,246,805	AA中国艺海	2015.08.05
青花五彩龙凤碗	口径15.5cm	1,145,430	AA中国艺海	2015.06.20
青花五彩龙凤纹碗	口径13cm	1,101,375	AA中国艺海	2015.07.19
青花五彩娃娃罐	高17cm	3,348,180	AA中国艺海	2015.08.20
青花五彩鱼爪纹八角香薰炉	高12.5cm	1,762,200	AA中国艺海	2015.06.20
斗彩				
明成化 香山九老图人物纹斗彩玉壶春瓶	高40.5cm；口径11.5cm	4,421,520	澳门中信	2015.06.21
明成化 蝶纹团花斗彩碗	高5.6cm	1,658,070	澳门中信	2015.06.21

拍品名称	物品尺寸	成交价RMB	拍卖公司	拍卖日期
明成化 斗彩地龙花卉纹天字罐	高17cm	8,476,650	澳门中信	2015.11.08
明成化 斗彩花卉纹天字罐	高15cm	3,296,475	澳门中信	2015.11.08
明成化 斗彩盘花纹碗	高6.5cm	4,238,325	澳门中信	2015.11.08
明成化 斗彩葡萄纹天字罐	高17cm	4,991,805	澳门中信	2015.11.08
明成化 斗彩人物小碗	高6.5cm	1,412,775	澳门中信	2015.11.08
明成化 斗彩云龙纹小碗	高7cm	5,651,100	澳门中信	2015.11.08
明正德 御窑斗彩飞龙内暗刻云龙纹高足碗	直径16.5cm	7,590,000	北京东正	2015.05.19
明嘉靖 斗彩花卉葫芦瓶	高22.5cm	14,950	北京保利	2015.11.01
明嘉靖 斗彩花卉葫芦瓶	高22.5cm	14,950	北京保利	2015.11.01
明 成化斗彩番莲纹高足杯		60,950,000	翰风国际	2015.06.19
明 宣德斗彩海龙纹小罐连盖	口徑 7 cm	276,345	澳门中道	2015.01.30
明 斗彩龙纹碗	口径15.8cm	616,770	AA中国艺海	2015.02.03
清康熙 斗彩“喜鹊登梅”盘（一对）	直径15.5cm×2	632,500	广州皇玛	2015.07.25
清康熙 斗彩缠枝莲纹长颈瓶	高37cm	10,350	中国嘉德	2015.09.19
清康熙 斗彩福寿双全盘	直径15.2cm	297,398	纽约佳士得	2015.03.15
清康熙 斗彩花蝶纹杯	9cm	350,438	香港苏富比	2015.06.01
清康熙 斗彩花鸟图梅瓶	高21.5cm	180,225	香港苏富比	2015.06.01
清康熙 斗彩鸡缸杯		71,300	北京中汉	2015.09.21
清康熙 斗彩鲤鱼寿山福海纹碗（一对）	直径18.4cm	103,561	纽约苏富比	2015.09.15
清康熙 斗彩立龙八蛮进宝图小碗	直径8.8cm	78,200	北京中汉	2015.05.17
清康熙 斗彩十字宝杵纹盘一件及斗彩高士图盘一对	直径20.1cm；直径16.9cm	62,610	纽约佳士得	2015.03.15
清康熙 斗彩仕女婴戏图盘	直径16.1cm	74,750	中国嘉德	2015.04.01
清康熙 斗彩庭院人物纹大笔筒	宽18.4cm	74,244	香港淳浩	2015.04.04
清康熙 斗彩卧足杯（一对）	直径7.2cm×2	126,500	中贸圣佳	2015.05.20
清康熙 斗彩云龙捧寿图洗	直径28.5cm	20,700	中国嘉德	2015.09.19
清康熙斗彩折枝花果纹盘（一对）	直径14cm	126,500	华艺国际	2015.03.29
清康熙 斗彩雉鸡牡丹纹碗	直径19.2cm	358,481	纽约佳士得	2015.09.17
清康熙 御窑斗彩人物故事纹小杯	直径9cm	920,000	北京东正	2015.05.19
清康熙（约1670年）斗彩人物故事图盘	直径51.1cm	820,191	纽约佳士得	2015.03.16
清康熙 斗彩百子图印盒	宽11cm	66,091	诚昌国际	2015.12.02
清康熙 斗彩缠枝莲撇口瓶	高19.5cm	51,750	太平洋	2015.11.21
清康熙 斗彩矾红云龙纹碗	直径19.2cm	69,000	北京翰海	2015.11.28
清康熙 斗彩海水万福纹碗	直径11.4cm	437,000	北京翰海	2015.11.28
清康熙 斗彩荷花杯（一对）	直径6cm	4,025,000	北京保利	2015.12.08
清康熙 斗彩花卉斗笠茶碗	宽9cm	47,208	诚昌国际	2015.12.02
清康熙 斗彩清供图筒瓶	高47cm	747,500	北京保利	2015.12.08
清康熙 斗彩人物故事纹杯	直径9cm	460,000	泰和嘉成	2015.11.21
清康熙 斗彩人物罐	高18.5cm	20,700	北京保利	2015.11.01
清康熙 斗彩人物罐	高18.5cm	20,700	北京保利	2015.11.01
清康熙 斗彩人物碗（二件）	直径10cm	115,000	北京翰海	2015.11.28
清康熙 斗彩人物纹小杯（二件）	直径6.5cm	23,000	北京翰海	2015.11.28
清康熙/雍正 斗彩花果图花盆	高36cm	782,625	纽约佳士得	2015.03.19
清雍正 斗彩缠枝莲纹小高足杯	直径4.8cm	552,000	北京诚轩	2015.11.14
清雍正 斗彩缠枝牡丹纹小碗	半径9.6cm	57,500	东方大观	2015.11.17
清雍正 斗彩缠枝郁金纹碗	直径12.1cm	870,260	佳士得	2015.12.02
清雍正 斗彩海水云龙纹斗笠碗	直径20.8cm	138,000	北京翰海	2015.11.28
清雍正 斗彩三多纹杯（一对）	直径7.2cm	2,645,000	北京保利	2015.12.08
清雍正斗彩山水人物纹盘（一对）	直径16cm	230,000	北京保利	2015.12.09
清雍正 斗彩松鹿纹盘	直径15.5cm	16,100	北京保利	2015.11.01
清雍正 斗彩松鹿纹盘	直径15.5cm	16,100	北京保利	2015.11.01
清雍正 斗彩松竹梅玉壶春瓶	高27cm	1,840,000	北京保利	2015.12.08
清雍正 斗彩团凤纹高足杯	口径8.9cm	287,500	北京东正	2015.11.19
清雍正 斗彩团菊纹五福临门碗（一对）	直径11.9cm	4,860,320	佳士得	2015.12.02
清雍正 斗彩团菊纹小盘	直径11.4cm	287,350	佳士得	2015.12.02
清雍正 斗彩婴戏纹盘	直径15cm	172,500	北京匡时	2015.12.05
清雍正 斗彩云龙赶珠纹碗	直径15.7cm	23,000	北京翰海	2015.11.28
清雍正 御窑斗彩灵仙祝寿纹盘	口径20.8cm	2,438,000	北京东正	2015.11.19
清雍正 斗彩“福山寿海”纹盘	直径16.5cm	920,000	翰风国际	2015.06.19
清雍正 斗彩暗八仙纹碗	直径10.5cm	462,375	香港苏富比	2015.10.07

拍品名称	物品尺寸	成交价RMB	拍卖公司	拍卖日期
清雍正 斗彩八骏图折沿洗	直径26.5cm	25,300	中国嘉德	2015.04.01
清雍正 斗彩缠枝宝相花纹碗	直径12cm	552,000	厦门华辰	2015.06.20
清雍正斗彩缠枝茶花纹烛台（一对）	高25.3cm	1,027,500	香港苏富比	2015.10.07
清雍正 斗彩缠枝花卉“万寿”直口碗	直径14.3cm	3,744,480	香港苏富比	2015.04.07
清雍正 斗彩缠枝花卉纹盘	直径20.5cm	414,000	北京东正	2015.05.19
清雍正 斗彩缠枝花卉纹碗	直径14.3cm	149,500	中国嘉德	2015.09.19
清雍正 斗彩缠枝莲纹小高足杯	直径4.7cm	195,500	北京诚轩	2015.05.17
清雍正 斗彩大吉图碗	直径15cm	5,980,000	北京保利	2015.06.06
清雍正斗彩矾红西番莲盘（一对）	直径20.4cm	747,500	北京保利	2015.06.06
清雍正 斗彩福禄万代盘	直径27.2cm	943,000	上海道明	2015.05.09
清雍正斗彩高士图小盘（一对）	直径11.5cm	94,300	中国嘉德	2015.04.01
清雍正 斗彩荷塘图盘（一对）	直径15.9cm	46,000	中国嘉德	2015.04.01
清雍正斗彩荷塘鸳鸯碗（一对）	高6cm	552,000	西泠拍卖	2015.07.05
清雍正 斗彩荷塘鸳鸯卧足盘	直径17.8cm	775,968	中国嘉德	2015.10.06
清雍正 斗彩荷塘鸳鸯卧足盘（一对）	直径17.6cm	2,300,000	中国嘉德	2015.05.16
清雍正 斗彩蝴蝶盘	直径23cm	234,820	帝图艺术	2015.04.12
清雍正 斗彩花果纹折沿大盘	直径28.2cm	17,250	中国嘉德	2015.04.01
清雍正 斗彩花卉斗笠碗	直径22cm	517,500	北京保利	2015.04.26
清雍正 斗彩花卉纹盘	直径16cm	27,126	香港雅盛	2015.10.05
清雍正 斗彩花卉纹盘（一对）	直径11.6cm×2	892,700	辽宁建投	2015.08.30
清雍正 斗彩花卉纹碗（一对）	直径12cm×2	92,000	北京匡时	2015.06.06
清雍正 斗彩华盖纹盘	直径16.9cm	264,500	北京中汉	2015.05.17
清雍正 斗彩鸡缸杯	直径8cm	7,241,040	佳士得	2015.06.03
清雍正 斗彩鸡缸杯	直径7.9cm	172,500	上海道明	2015.05.09
清雍正 斗彩加粉彩九桃纹盘	直径18.4cm	2,146,680	佳士得	2015.06.03
清雍正 斗彩加粉彩三多纹碗	直径15.9cm	4,357,440	佳士得	2015.06.03
清雍正 斗彩莲池鸳鸯碗	直径26cm	40,250	上海敬华	2015.06.30
清雍正 斗彩灵仙祝寿盘	直径20.5cm	2,070,000	北京保利	2015.06.06
清雍正 斗彩灵仙祝寿盘	直径20.3cm	1,978,000	博美拍卖	2015.07.19
清雍正斗彩龙凤呈祥葵口碗（一对）	直径19.2cm	1,725,000	北京保利	2015.06.06
清雍正 斗彩葡萄纹盘（一对）	直径8cm	920,000	辽宁中正	2015.06.13
清雍正 斗彩忍冬团寿纹盘	直径21cm	253,000	北京东正	2015.05.19
清雍正 斗彩忍冬纹碗	直径10.5cm	417,623	中国嘉德	2015.04.06
清雍正 斗彩山姜花果纹盘	直径11.3cm	57,500	北京诚轩	2015.05.17
清雍正 斗彩寿山福海图盘	直径15.3cm	807,000	香港苏富比	2015.04.07
清雍正 斗彩寿字纹盘	直径21.5cm	230,000	北京保利	2015.06.06
清雍正 斗彩双龙赶珠纹碗	直径19.3cm	172,178	纽约苏富比	2015.03.21
清雍正 斗彩四季花卉斗笠碗	直径22.5cm	690,000	北京保利	2015.06.08
清雍正 斗彩松鹿纹碗	口径15.1cm	89,700	深圳市拍	2015.07.19
清雍正 斗彩团花佛花缸	高13cm	345,000	北京翰海	2015.06.28
清雍正 斗彩团花纹杯	直径6.8cm	1,872,240	佳士得	2015.04.06
清雍正斗彩西洋花卉碗（一对）	直径12.5cm×2	5,175,000	中贸圣佳	2015.05.20
清雍正斗彩祥云八仙图碗（一对）	直径10.6cm	6,970,560	香港苏富比	2015.10.07
清雍正 斗彩云蝠纹碗	高6cm	402,500	西泠拍卖	2015.07.05
清雍正 斗彩云龙纹盖碗	直径20.9cm	801,000	佳士得	2015.06.03
清雍正 斗彩云龙纹小砚	长7.4cm	43,700	中国嘉德	2015.06.27
清雍正斗彩杂宝夔龙纹盘（一对）	直径22cm	1,357,944	保利香港	2015.10.06
清雍正 斗彩杂宝仙鹤云龙纹盘（一对）	直径22cm	402,500	华艺国际	2015.05.24
清雍正斗彩芝仙贺寿图盘（一对）	直径20.6cm	4,640,250	中国嘉德	2015.04.06
清雍正 御窑斗彩万花献瑞莲子杯	直径10cm	2,357,500	北京东正	2015.05.19
清雍正 御窑仿成化斗彩鸡缸杯	直径8cm	1,840,000	北京东正	2015.05.19
清雍正/乾隆 斗彩团花纹罐	高17.8cm	3,186,849	纽约佳士得	2015.03.19
清乾隆 斗彩暗八仙纹折腰盘	直径20cm	184,000	泰和嘉成	2015.11.21
清乾隆 斗彩八吉祥纹盘	直径20cm	276,000	北京保利	2015.12.09
清乾隆斗彩缠枝花卉暗八仙折腰盘	直径20cm	402,500	北京翰海	2015.11.28
清乾隆 斗彩荷塘鸳鸯图梵文碗	直径16.5cm	1,265,000	北京保利	2015.12.08
清乾隆 斗彩花卉大盘	直径28cm	40,250	北京保利	2015.11.01
清乾隆 斗彩花卉大盘	直径28cm	40,250	北京保利	2015.11.01
清乾隆 斗彩花卉夔龙纹冠架	27.5cm	506,000	中国嘉德	2015.11.14
清乾隆 斗彩花卉云蝠纹盖罐	高48cm	18,975,000	北京翰海	2015.11.28
清乾隆 斗彩团菊罐	高11cm	494,500	中国嘉德	2015.11.15
清乾隆 斗彩暗八仙纹束腰碗	直径20.1cm	282,450	香港苏富比	2015.04.07

拍品名称	物品尺寸	成交价RMB	拍卖公司	拍卖日期
清乾隆 斗彩八吉祥莲纹束腰盘（一对）	直径20.4cm×2	479,000	伦敦苏富比	2015.05.13
清乾隆 斗彩八吉祥绿龙罐	高21.4cm	632,500	上海道明	2015.05.09
清乾隆 斗彩缠枝莲蝠如意纹卧足杯	直径8.2cm	345,000	北京东正	2015.05.19
清乾隆斗彩缠枝莲纹碗（一对）	高5cm	103,500	西泠拍卖	2015.07.05
清乾隆 斗彩大吉图盘	直径19.6cm	17,250	中国嘉德	2015.04.01
清乾隆 斗彩番莲团菊纹盖罐	高12.1cm	1,614,000	香港苏富比	2015.04.07
清乾隆斗彩海屋添筹图盘（一对）	口径16cm	253,000	西泠拍卖	2015.07.05
清乾隆 斗彩荷塘鸳鸯螭龙纹盘	直径16.1cm	34,500	中国嘉德	2015.04.01
清乾隆 斗彩花卉纹折腰碗	直径12.5cm	371,220	中国嘉德	2015.04.06
清乾隆斗彩花卉云鹤纹盘（一对）	直径14.5cm	517,500	北京华辰	2015.05.15
清乾隆 斗彩花鸟花盆（一对）	长21cm；高17cm	276,000	远方拍卖	2015.07.01
清乾隆 斗彩绿龙纹盖罐	高21cm	1,035,000	北京匡时	2015.06.06
清乾隆 斗彩描金团花纹洗口尊	高21cm	690,000	北京中汉	2015.04.02
清乾隆 斗彩忍冬纹大盘	口径21.3cm	165,807	宝港国际	2015.06.02
清乾隆 斗彩忍冬纹盘	直径21cm	109,250	北京保利	2015.06.08
清乾隆 斗彩忍冬纹碗（一对）	直径10.5cm×2	552,000	保利厦门	2015.05.03
清乾隆斗彩桃纹祝寿纹盘（一对）	直径14.5cm×2	598,000	保利厦门	2015.05.03
清乾隆 斗彩团花马蹄碗	直径15cm	40,250	北京保利	2015.06.08
清乾隆 斗彩团菊缠枝莲纹盖罐	高11.5cm	667,000	保利厦门	2015.05.02
清乾隆 斗彩团菊罐（一对）	高11cm	2,300,000	北京保利	2015.06.06
清乾隆 斗彩团菊纹盖罐	高12.2cm	1,207,500	中国嘉德	2015.06.27
清乾隆 斗彩团菊纹小罐	高11.8cm	127,460	纽约佳士得	2015.09.17
清乾隆 斗彩西番莲轴头	高5.2cm	34,500	北京东正	2015.05.19
清乾隆 斗彩团菊纹茶叶盖罐	高12cm	862,500	北京东正	2015.05.19
清乾隆 斗彩开光人物方瓶	11.5cm×2cm	386,883	澳门中道	2015.01.30
清嘉庆 斗彩缠枝花卉纹碗	直径14.5cm	65,750	帝图艺术	2015.04.12
清嘉庆 斗彩福寿纹碗	直径13cm	132,250	中国嘉德	2015.04.01
清嘉庆 斗彩莲池鸳鸯纹碗	直径10.2cm	180,225	佳士得	2015.06.03
清嘉庆 斗彩绿龙罐	高20.5cm	184,000	泰和嘉成	2015.05.30
清道光 斗彩暗八仙纹折腰盘	直径20.2cm	92,000	北京翰海	2015.11.28
清道光 斗彩宝相莲花碗	直径14.5cm	92,000	北京保利	2015.12.09
清道光 斗彩福寿纹水仙盆	长27.3cm	32,200	太平洋	2015.11.21
清道光 斗彩荷塘花鸟碗	直径10.3cm	46,000	中国嘉德	2015.11.15
清道光斗彩荷塘鸳鸯纹碗（一对）	直径10cm	103,500	中国嘉德	2015.11.15
清道光 斗彩荷塘鸳鸯纹卧足碗	直径16.9cm	437,000	北京翰海	2015.11.28
清道光 斗彩花卉碗	直径15cm	172,500	北京保利	2015.12.09
清道光 斗彩寿字纹盘	直径20.7cm	69,000	北京诚轩	2015.11.14
清道光 斗彩寿字纹盘（一对）	直径14.5cm	115,000	中国嘉德	2015.11.15
清道光 斗彩缠枝花卉纹碗	直径14.4cm	138,000	北京中汉	2015.05.17
清道光 斗彩缠枝花卉纹碗	直径14.5cm	28,250	辽宁建投	2015.08.30
清道光 斗彩簇菊纹碗	直径15.1cm	101,200	中国嘉德	2015.04.01
清道光 斗彩福寿连绵碗	直径12.7cm	207,123	纽约佳士得	2015.09.17
清道光 斗彩荷塘鸳鸯碗	直径10cm	59,800	辽宁中正	2015.06.13
清道光 斗彩荷塘鸳鸯纹碗	10.1cm	168,000	天津文物	2015.05.22
清道光 斗彩花卉纹鸡心碗	直径12.4cm	178,250	北京中汉	2015.05.17
清道光 斗彩花卉纹鸡心碗	直径12.5cm	126,500	苏州东方	2015.07.02
清道光 斗彩花卉纹碗（一对）	直径15cm×2	287,500	保利厦门	2015.05.03
清道光 斗彩夔龙纹豆	高23.5cm	172,500	北京翰海	2015.06.28
清道光 斗彩灵芝盘（一对）	直径16cm	144,672	香港雅盛	2015.10.05
清道光 斗彩内暗八仙纹外缠枝花卉纹折腰碗	直径20.3cm	34,500	中国嘉德	2015.04.01
清道光 斗彩寿字贯套花卉纹碗	直径13cm	234,788	纽约苏富比	2015.03.21
清道光斗彩团花纹马蹄碗（一对）	直径15.2cm	383,325	香港苏富比	2015.04.07
清道光 斗彩西番莲纹碗	直径14cm	149,500	太平洋	2015.07.18
清道光 莲花八宝折腰碗	直径15cm	161,000	中贸圣佳	2015.05.20
清同治 斗彩水仙纹杯	直径5.5cm	23,000	华艺国际	2015.03.29
清光绪 斗彩暗八仙纹束腰碗	20.7cm	90,113	香港苏富比	2015.06.01
清光绪 斗彩荷塘鸳鸯碗	直径10.1cm	51,750	北京保利	2015.06.08
清光绪 斗彩折腰盘（一对）	直径20.7cm×2	253,000	江苏爱涛	2015.01.11
清光绪 斗彩八宝纹折腰盘	直径20.7cm	34,500	北京匡时	2015.12.05
清光绪 斗彩博古梅瓶	高33.5cm	17,250	北京保利	2015.11.01
清光绪 斗彩博古梅瓶	高33.5cm	17,250	北京保利	2015.11.01
清光绪斗彩荷塘鸳鸯盘（一对）	直径14.5cm	48,300	太平洋	2015.11.21

2015瓷器拍卖成交汇总

(成交价RMB：1万元以上)

拍品名称	物品尺寸	成交价RMB	拍卖公司	拍卖日期
清光绪斗彩莲池鸳鸯小碗（一对）	直径9.2cm	48,300	北京保利	2015.12.09
清光绪 斗彩忍冬纹盘	直径14.7cm	17,250	太平洋	2015.11.21
清 斗彩宝相花纹碗	高6.8cm	92,000	西泠拍卖	2015.07.05
清斗彩缠枝花卉八吉祥夔凤纹大盘	直径48cm	71,300	北京中汉	2015.04.02
清 斗彩穿花凤凰纹梅瓶	高62.5cm	160,200	香港苏富比	2015.06.01
清 斗彩荷塘鸳鸯纹碟（一对）	直径18.5cm×2	27,842	香港淳浩	2015.04.04
清斗彩荷塘鸳鸯纹酒杯（两对）	口径5.2cm×4	24,871	香港淳浩	2015.07.30
清斗彩荷塘鸳鸯纹小碟（两对）	直径8.5cm×4	13,817	香港淳浩	2015.07.30
清 斗彩鹤纹盘	直径17.5cm	11,500	北京保利	2015.01.24
清 斗彩花卉纹碗 青花釉里红莲花碗各一只	直径20cm；直径13cm	23,000	中国嘉德	2015.06.27
清 斗彩人物纹灯笼瓶	高46.5cm	20,700	中国嘉德	2015.04.01
清 斗彩三多纹盘	直径15.8cm	17,250	中国嘉德	2015.04.01
清 斗彩团菊纹盖罐（一对）	高12.5cm	2,070,000	北京东正	2015.05.19
清 斗彩折枝花小杯	直径6.5cm	28,750	北京保利	2015.06.08
清 斗彩荷莲鸳鸯墩式碗	口径15.4cm	1,806,200	卓艺拍卖	2015.11.18
清 斗彩荷塘鸳鸯纹碗	宽12.5cm	18,883	诚昌国际	2015.12.02
清 斗彩花蝶纹玉壶春瓶	高14cm	45,319	诚昌国际	2015.12.02
清 斗彩花卉纹天子罐	高16cm	5,651,100	澳门中信	2015.11.08
清 斗彩花卉纹碗	口径13.5cm	903,100	卓艺拍卖	2015.11.18
清 斗彩鸡缸杯（一对）	直径6.5cm	11,500	北京保利	2015.11.01
清 斗彩鸡缸杯（一对）	直径6.5cm	11,500	北京保利	2015.11.01
清 斗彩龙凤纹瓶	高34cm	13,800	北京保利	2015.11.01
清 斗彩龙凤纹瓶	高34cm	13,800	北京保利	2015.11.01
清 斗彩龙纹小瓶	宽13cm	11,330	诚昌国际	2015.12.02
清 斗彩人物花觚	高44cm	25,300	北京保利	2015.11.01
清 斗彩人物花觚	高44cm	25,300	北京保利	2015.11.01
清 斗彩狮纽清供纹双象耳盖盅（一对）	直径14cm	16,051	香港普艺	2015.12.05
清 斗彩寿字纹盘	口径18cm	857,945	卓艺拍卖	2015.11.18
清 青花斗彩花鸟纹鸟食罐	高6cm	242,000	北京中联	2015.01.18
清 料器斗彩荷花鼻烟壶	6cm×2.2cm	46,058	澳门中道	2015.01.30
清早期 斗彩花鸟花觚	高45cm	18,400	北京保利	2015.01.24
清早期 青花斗彩荷塘鸳鸯盘	直径20.5cm	10,350	北京保利	2015.01.24
清中期 斗彩花蝶纹碗	直径14cm	25,300	中国嘉德	2015.04.01
清中期 斗彩花蝶纹小笔舔	直径7cm	11,500	中国嘉德	2015.04.01
清中期斗彩夔龙纹四方瓶（一对）	高22cm	345,000	八益拍卖	2015.04.26
清中期 斗彩龙凤呈祥双耳瓶	高34.5cm	241,500	北京保利	2015.06.08
清中期斗彩如意花卉花盆（二件）	高25cm	115,000	北京翰海	2015.06.28
清中期 斗彩鱼龙变化纹茶盏	长16.5cm	40,250	广州皇玛	2015.07.25
清晚期 斗彩缠枝莲云龙纹瓶	高36cm	17,250	中国嘉德	2015.09.19
清晚期 斗彩鸡缸杯（一对）	直径6.9cm	23,000	中国嘉德	2015.04.01
清晚期 斗彩皮球花壶	宽13.5cm	40,250	北京保利	2015.06.08
18世纪 斗彩缠枝莲纹高足杯（一对）	高6.1cm	504,375	佳士得	2015.04.06
18世纪 斗彩穿云游龙纹盘	16cm	35,925	伦敦苏富比	2015.05.13
18世纪 斗彩莲纹罐	高15cm	547,838	纽约佳士得	2015.03.15
18世纪/19世纪 斗彩缠枝花卉纹罐	高16cm	22,306	纽约佳士得	2015.09.17
斗彩缠枝花卉纹烛台	高15cm	2,889,920	卓艺拍卖	2015.11.18
斗彩瓜果龙纹盖罐	高9.5cm	28,255,500	澳门中信	2015.11.08
斗彩葡萄高足杯	高6.8cm	2,528,680	卓艺拍卖	2015.11.21
斗彩暗刻团龙纹碗	直径13.2cm	2,202,750	AA中国艺海	2015.08.05
斗彩缠枝蝴蝶纹高足盘	口径18cm	1,682,100	荣盛国际	2015.07.31
斗彩缠枝花卉双耳扁壶	高21.6cm	6,480,000	香港铮鼎	2015.04.28
斗彩缠枝莲纹盖罐	高15.5cm	55,200	南京经典	2015.01.04
斗彩海水龙纹天字罐	13cm×7.7cm	1,381,725	澳门中道	2015.01.30
斗彩海水云龙纹天字罐	高12.5cm	863,478	AA中国艺海	2015.06.20
斗彩荷塘鸳鸯碗	高16.5cm	1,321,650	AA中国艺海	2015.08.05
斗彩花蝶盘	口径16cm	1,938,420	AA中国艺海	2015.06.20
斗彩花卉纹美人杯	底径3.5cm	3,498,768	荣盛国际	2015.01.10
斗彩莲池鸳鸯碗	口径13cm	420,525	荣盛国际	2015.07.31
斗彩灵仙祝寿盘	直径20.5cm	1,956,042	AA中国艺海	2015.08.05
斗彩龙凤纹盘	底径11cm	1,166,256	荣盛国际	2015.01.10
斗彩绿龙盖罐一对	高21cm	7,489,350	AA中国艺海	2015.07.19
斗彩葡萄纹高足杯	高7.5cm	19,384,200	AA中国艺海	2015.06.20
斗彩忍冬纹盘（一对）	底径10cm	1,973,664	荣盛国际	2015.01.10
斗彩瑞兽葫芦瓶	高36cm	1,585,980	AA中国艺海	2015.07.19
斗彩松鹿纹盘	直径15.6cm	7,753,680	AA中国艺海	2015.08.05
斗彩图菊纹碗一对	高4cm 口径7.2cm	6,167,700	AA中国艺海	2015.07.12
斗彩鱼藻纹盖罐	高19cm	704,880	AA中国艺海	2015.08.05
斗彩子午莲纹盘	直径21.2cm	3,083,850	AA中国艺海	2015.07.11
花瓣斗彩盘（一对）	长24cm	7,344,000	皇家国际	2015.01.19
红绿彩				
宋/金 红绿彩"福寿康宁"碗	直径15.5cm	80,100	香港苏富比	2015.06.01
金 磁州窑红绿彩鱼藻纹碗	直径17cm	82,100	佳士得	2015.12.02
元 磁州窑红绿彩鸳鸯纹碗	直径11cm	32,200	北京保利	2015.06.08
明万历红绿彩花卉小碟（一对）	直径8.5cm	17,250	八益拍卖	2015.11.01
明 红绿彩鸳鸯纹笔插	高12cm	10,350	北京保利	2015.04.26
明16世纪 绘彩龙鱼戏珠纹盘	直径13.6cm	352,181	纽约苏富比	2015.03.17
红绿彩福寿碗	口径12cm	160,200	荣盛国际	2015.07.31
五彩				
明正德 五彩荷塘鸳鸯鱼藻图盘	直径14.2cm	126,500	北京诚轩	2015.05.17
明成化 白釉磬口加康熙五彩过枝松鼠葡萄盘	直径20cm	20,700,000	北京保利	2015.12.08
明嘉靖 五彩开光团龙纹大罐	高38.4cm	1,840,000	北京诚轩	2015.11.14
明嘉靖 五彩开光端凤罐	高9.5cm	368,000	西泠拍卖	2015.07.05
明嘉靖 五彩开光凤纹罐	直径10cm	402,500	北京保利	2015.04.26
明万历 五彩穿花龙纹四铺首方觚	高75.2cm	1,335,750	香港苏富比	2015.10.07
明万历 五彩海水云龙纹碗	18cm	100,125	香港苏富比	2015.06.01
明万历 五彩花鸟方洗		16,800	山东图腾	2015.05.10
明万历 五彩花鸟纹圆盖盒	直径24.5cm	238,988	纽约苏富比	2015.09.15
明万历 五彩龙凤纹杯	68cm	154,125	香港苏富比	2015.10.07
明万历 五彩龙纹小罐	高10cm	437,000	厦门华辰	2015.06.20
明万历 五彩龙戏珠纹圆盖盒	直径26cm	1,308,549	纽约佳士得	2015.03.15
明万历 五彩人物故事碗	直径15.4cm	184,000	北京保利	2015.06.08
明万历 五彩瑞兽图六瓣式面盆	宽36.4cm	191,190	纽约佳士得	2015.09.17
明万历 五彩双龙戏珠纹盘	直径33.6cm	822,000	香港苏富比	2015.10.07
明万历 五彩童子献寿图碗	106cm	246,600	香港苏富比	2015.10.07
明万历 五彩五谷丰登人物图罐	高13cm	126,500	上海敬华	2015.06.30
明万历 五彩云凤纹蒜头瓶	27cm	50,063	香港苏富比	2015.06.01
明万历 五彩云龙纹围棋罐	直径13.4cm	87,629	纽约佳士得	2015.09.17
明万历五彩锦地开光花卉纹印泥盒	7.8×7.8×5cm	25,300	中国嘉德	2015.11.14
明晚期 五彩高士图方印盒	长14cm	17,250	中国嘉德	2015.09.19
明晚期 五彩龙凤纹盘	直径22.2cm	20,700	中国嘉德	2015.04.01
明 五彩龙纹将军罐	高38cm	550,000	北京中联	2015.01.18
明 五彩大缸	高45cm	11,113,830	澳门中信	2015.11.08
明 五彩卧足碗（一对）	直径14.5cm	20,700	北京保利	2015.11.01
明 五彩卧足碗（一对）	直径14.5cm	20,700	北京保利	2015.11.01
明末清初 五彩缠枝花卉水洗	直径12cm	63,250	太平洋	2015.11.21
明末清初 17世纪中叶 五彩仕女图盖罐	高47.6cm	665,231	纽约佳士得	2015.03.16
明末清初 五彩雉鸡花卉图笔筒	直径20.3cm	1,158,285	纽约佳士得	2015.03.16
明末清初1650年前后 五彩瑞狮穿花纹罐	高24.5cm	30,272	纽约佳士得	2015.09.17
清顺治 五彩洞石花卉图筒式瓶	高47.2cm	1,458,813	纽约佳士得	2015.03.16
清顺治 五彩凤凰牡丹花卉纹炉	直径23.4cm	67,713	纽约苏富比	2015.09.15
清顺治 五彩洞石芭蕉麒麟纹盘	直径27.7cm	63,250	北京翰海	2015.11.28
清顺治 五彩麒麟花卉纹瓶	高18.5cm	11,500	八益拍卖	2015.11.01
清顺治 五彩开光四时花卉图筒式瓶	高38.1cm	469,575	纽约佳士得	2015.03.16
清顺治 五彩孔雀花卉图觚式瓶	高41.9cm	219,135	纽约佳士得	2015.03.16
清顺治 五彩瑞兽图觚式瓶	高39.4cm	665,231	纽约佳士得	2015.03.16
清顺治 五彩狮纹铺首香炉	直径13.3cm	11,500	八益拍卖	2015.04.26
清顺治 五彩双龙赶珠纹盖罐	高37.4cm	430,444	纽约佳士得	2015.03.16
清顺治 五彩松鼠葡萄纹小瓶	高19.3cm	15,653	纽约佳士得	2015.03.16
清顺治 釉上彩月宫图花盆	直径21.6cm	508,706	纽约佳士得	2015.03.16
清康熙 五彩"二乔读书"图盘	直径7.9cm	103,561	纽约佳士得	2015.09.17
清康熙 矾红加五彩群仙祝寿图碗	直径15.2cm	80,500	北京中汉	2015.05.17
清康熙 米黄地五彩描金龙纹开光诗文棱口碗		32,200	北京中汉	2015.09.21

拍品名称	物品尺寸	成交价RMB	拍卖公司	拍卖日期
清康熙 珊瑚红地五彩人物图盘（一对）	直径16cm	90,113	香港苏富比	2015.06.01
清康熙 五彩“洗象图”插屏	高46cm	20,700	广州皇玛	2015.07.25
清康熙 五彩博古图大碗	直径20cm	10,350	中国嘉德	2015.04.01
清康熙 五彩缠枝花卉开光山水花鸟博古图瓶	高41.5cm	13,800	中国嘉德	2015.09.19
清康熙 五彩缠枝花卉纹瓶	高24.2cm	117,394	纽约苏富比	2015.03.17
清康熙 五彩缠枝花卉纹瓶	高22.5cm	63,730	纽约苏富比	2015.09.15
清康熙 五彩缠枝莲纹大盘	直径60.5cm	59,800	中国嘉德	2015.04.01
清康熙 五彩螭龙衔芝图盘	直径19.5cm	58,697	纽约佳士得	2015.03.15
清康熙 五彩持莲童子烛台	高27.5cm	13,800	中国嘉德	2015.09.20
清康熙 五彩穿花龙凤纹盘	直径15.3cm	267,150	香港苏富比	2015.10.07
清康熙 五彩蝶恋花图小杯	高6.4cm	4,011,360	香港苏富比	2015.10.07
清康熙 五彩仿西藏扎古扎雅木碗	直径11.5cm	25,300	太平洋	2015.07.18
清康熙 五彩凤凰麒麟图大盘	直径36cm	34,500	中国嘉德	2015.04.01
清康熙 五彩佛莲托八宝大花盆	直径50cm	690,000	北京保利	2015.06.08
清康熙 五彩芙蓉花花神杯	直径65cm	3,518,160	香港苏富比	2015.10.07
清康熙 五彩故事人物图菱花式盘（一对）	直径37.5cm	133,046	纽约佳士得	2015.03.15
清康熙五彩故事人物图盘（一对）	直径36.3cm	156,525	纽约佳士得	2015.03.15
清康熙 五彩海马纹罐	高37cm	17,250	中国嘉德	2015.06.27
清康熙 五彩荷塘花鸟纹尊	高25.5cm	92,000	北京中汉	2015.04.02
清康熙 五彩胡人烛台（一对）	高30.3cm×2	227,525	伦敦苏富比	2015.05.13
清康熙 五彩花蝶暗刻龙纹斗笠小碗	直径9.1cm	13,800	北京中汉	2015.04.02
清康熙 五彩花蝶图瓶（一对）	高44cm	117,394	纽约佳士得	2015.03.15
清康熙 五彩花蝶纹大盘	直径35cm	10,350	中国嘉德	2015.09.19
清康熙 五彩花蝶纹小墩式碗	直径9.3cm	34,500	中国嘉德	2015.09.19
清康熙 五彩花蝶戏盘	直径15.5cm	74,750	华艺国际	2015.03.29
清康熙 五彩花蝶摇铃尊	高18.5cm	17,250	北京保利	2015.04.26
清康熙 五彩花果高足杯	高7.5cm	920,000	北京保利	2015.06.06
清康熙 五彩花卉大盘	直径36cm	23,000	广州皇玛	2015.07.25
清康熙 五彩花卉方形茶叶罐	通高11.5cm	11,500	深圳市拍	2015.07.19
清康熙 五彩花卉人物纹瓷砖（一对）	长23.6cm	20,700	中国嘉德	2015.06.27
清康熙五彩花卉纹大盘（一对）	直径37.8cm	34,500	中国嘉德	2015.06.27
清康熙 五彩花卉纹盘	直径10.5cm	10,350	太平洋	2015.07.18
清康熙五彩花卉纹长颈瓶（一对）	高45.4cm	219,135	纽约佳士得	2015.03.15
清康熙 五彩花篮纹盘	直径37.8cm	21,914	纽约苏富比	2015.03.21
清康熙 五彩花鸟笔筒	高14cm	11,500	北京保利	2015.04.26
清康熙 五彩花鸟过枝大盘	直径33cm	92,000	北京保利	2015.04.26
清康熙 五彩花鸟蝴蝶纹盘	直径19.8cm	66,700	北京中汉	2015.04.02
清康熙 五彩花鸟盘（一对）	直径27cm×2	20,700	广州皇玛	2015.01.17
清康熙 五彩花鸟图八方葵口花盆	长48cm	1,890,360	香港苏富比	2015.06.01
清康熙 五彩花鸟纹小碗	直径10.5cm	34,500	中国嘉德	2015.04.01
清康熙 五彩花神杯	直径7cm	138,000	广州皇玛	2015.01.17
清康熙 五彩教子图盘	直径19.8cm	11,500	中国嘉德	2015.09.19
清康熙 五彩开光“犀牛望月、海屋添筹”棒槌瓶	高46cm	402,500	北京保利	2015.06.08
清康熙 五彩开光花卉纹大碗	直径19.2cm	10,350	中国嘉德	2015.04.01
清康熙 五彩开光瑞兽纹执壶	高17.3cm	17,250	太平洋	2015.04.17
清康熙 五彩莲塘纹笔洗		103,500	华艺国际	2015.03.29
清康熙五彩龙凤呈祥碗（一对）	直径13.3cm×2	1,569,960	佳士得	2015.06.03
清康熙 五彩龙凤呈祥纹盘	31.7cm	383,200	伦敦苏富比	2015.05.13
清康熙 五彩龙凤纹碗（一对）	直径13cm×2	1,311,375	香港苏富比	2015.04.07
清康熙 五彩龙纹洗	直径13.5cm	69,000	北京保利	2015.04.25
清康熙 五彩吕洞宾故事图撇口瓶	高48.6cm	313,050	纽约佳士得	2015.03.15
清康熙 五彩麻姑献寿图六方花盆	长33cm	119,494	纽约苏富比	2015.09.15
清康熙 五彩麻姑献寿图碗	直径14.3cm	706,125	佳士得	2015.04.06
清康熙 五彩描金花卉八角盘	口径12.8cm	11,500	深圳市拍	2015.07.19
清康熙 五彩牡丹凤凰纹盖罐（一对）	高59.7cm	302,718	纽约苏富比	2015.09.15
清康熙 五彩牡丹石竹花神杯	144cm	390,450	香港苏富比	2015.10.07
清康熙 五彩盆景花卉纹大盘	36.5cm	35,925	伦敦苏富比	2015.05.13
清康熙 五彩麒麟纹洗	直径14cm	55,200	北京保利	2015.01.24

拍品名称	物品尺寸	成交价RMB	拍卖公司	拍卖日期
清康熙 五彩群仙祝寿图将军罐		36,800	北京中汉	2015.09.21
清康熙 五彩人物故事灯笼尊	高19.5cm	80,500	江苏爱涛	2015.01.11
清康熙 五彩人物故事方瓶	高50.5cm	92,000	北京保利	2015.06.08
清康熙 五彩人物故事图盘	直径37cm	55,764	纽约佳士得	2015.09.17
清康熙 五彩人物故事图瓶	高25.5cm	82,800	北京中汉	2015.05.17
清康熙五彩人物花卉纹砖（一对）	长23cm	17,250	北京保利	2015.01.24
清康熙 五彩人物诗文斗方杯	直径7.8cm	17,180	香港雅盛	2015.10.05
清康熙 五彩人物图罐	高46cm	430,444	纽约佳士得	2015.03.15
清康熙 五彩人物纹瓷砖	直径22cm	51,750	中国嘉德	2015.09.19
清康熙 五彩三国演义之凤仪亭人物故事图盘	直径27.5cm	17,250	中国嘉德	2015.04.01
清康熙 五彩山水人物纹凤尾尊	高46cm	80,500	中国嘉德	2015.04.01
清康熙 五彩仕女棒槌瓶	高47cm	207,000	北京翰海	2015.07.19
清康熙 五彩仕女图笔筒	高13.3cm	86,250	华艺国际	2015.05.24
清康熙 五彩仕女图诗文杯	高10.8cm	11,500	中国嘉德	2015.09.19
清康熙 五彩仕女婴戏图笔筒	高13cm	74,750	中国嘉德	2015.06.27
清康熙 五彩双开光花鸟纹瓶	高23cm	37,000	景薰楼	2015.06.21
清康熙 五彩水浒故事瓷板四条屏	长29cm；高78cm	526,700	南京嘉信	2015.07.19
清康熙 五彩四妃十六子将军罐	高38cm	23,000	中国嘉德	2015.04.01
清康熙 五彩四艺图罐	34cm	95,800	伦敦苏富比	2015.05.13
清康熙 五彩松鹤延年图大盘	口径35cm	25,792	宝港国际	2015.06.02
清康熙 五彩松下高士图笔筒	高14.4cm	17,250	中国嘉德	2015.04.01
清康熙 五彩万寿无疆花卉草虫盘	直径25.2cm	575,000	北京翰海	2015.06.28
清康熙 五彩西王母祝寿图棒槌瓶	高46cm	690,000	华艺国际	2015.05.24
清康熙 五彩西厢记故事图四方倭角碗	直径18.2cm	120,150	佳士得	2015.06.03
清康熙 五彩仙鹤献寿纹碗	直径16cm	95,595	纽约苏富比	2015.09.15
清康熙 五彩小花觚	高18.3cm	32,200	北京保利	2015.06.08
清康熙 五彩衣锦还乡图人物瓷片	30cm×14cm	11,500	广州皇玛	2015.01.17
清康熙 五彩璎珞纹小葫芦瓶		23,000	北京中汉	2015.09.21
清康熙 五彩张仙护儿图笔筒	高13.3cm	92,000	华艺国际	2015.05.24
清康熙 五彩折枝花鸟盘（一对）		36,800	北京中汉	2015.09.21
清康熙 五彩竹林七贤纹大盘	直径33.5cm	32,200	北京中汉	2015.04.02
清康熙 御制珊瑚红地五彩九秋碗	直径10.8cm	3,394,860	保利香港	2015.10.06
清康熙 五彩龙凤纹盘	直径32cm	1,057,320	AA中国艺海	2015.08.20
清康熙 五彩“魁星点斗”笔筒	高13.7cm	190,400	北京荣宝	2015.11.29
清康熙 五彩“书生拜将”图棒槌瓶	高43.8cm	184,000	北京东正	2015.11.19
清康熙 五彩「水仙花」花神杯	直径6.5cm	1,116,560	佳士得	2015.12.02
清康熙 五彩螭龙穿花箭筒	高45.9cm	40,250	北京保利	2015.11.01
清康熙 五彩螭龙穿花箭筒	高45.9cm	40,250	北京保利	2015.11.01
清康熙 五彩高士赏游图盘	直径15.1cm	575,000	北京保利	2015.12.09
清康熙 五彩花鸟棒槌瓶	高20cm	17,939	诚昌国际	2015.12.02
清康熙 五彩加官进爵大盘	直径34.5cm	92,000	八益拍卖	2015.11.01
清康熙 五彩麻姑献寿纹大盘	直径39.5cm	627,200	北京荣宝	2015.11.29
清康熙 五彩鱼龙变化双耳葫芦扁壶	高25cm	287,500	北京保利	2015.12.09
清康熙 鱼藻纹题诗五彩笔筒	高10.5cm	18,883	诚昌国际	2015.12.02
清雍正 五彩山水人物笔筒	高15.3cm	35,650,000	北京翰海	2015.11.28
清雍正 仿成化五彩花纹斗笠方杯	高4.8cm	138,000	中国嘉德	2015.05.16
清雍正 墨地五彩缠枝花卉纹柳叶瓶	高18.5cm	115,000	中国嘉德	2015.06.27
清雍正 珊瑚红地五彩加洋彩九秋花卉纹碗	直径13cm	4,285,170	保利香港	2015.04.06
清雍正 五彩“一团和气”、“刘海戏金蟾”仙人瑞祥图长颈撇口瓶		115,000	北京中汉	2015.09.21
清雍正 五彩“饮中八仙之张旭醉写”马蹄杯	直径9.7cm	605,250	香港苏富比	2015.04.07
清雍正 五彩花蝶纹盘	直径21cm	78,884	中国嘉德	2015.04.06
清雍正 五彩花叶纹盘	21.3cm	80,100	香港苏富比	2015.06.01
清雍正 五彩龙凤呈祥碗	直径15cm	5,799,240	佳士得	2015.06.03
清乾隆 五彩龙凤呈祥碗	直径15.7cm	287,500	博美拍卖	2015.07.19
清乾隆 五彩龙凤纹碗（二件）	直径13cm	172,500	北京翰海	2015.06.28
清乾隆 月华釉灯笼瓶		20,700	北京中汉	2015.09.21

2015瓷器拍卖成交汇总

(成交价RMB：1万元以上)

拍品名称	物品尺寸	成交价RMB	拍卖公司	拍卖日期
清乾隆 五彩多子多福碗（一对）	直径13cm	253,000	北京保利	2015.12.09
清乾隆 五彩龙凤纹碗	直径15.8cm	92,000	北京匡时	2015.12.05
清嘉庆 五彩龙凤纹碗	直径12.7cm	504,375	香港苏富比	2015.04.07
清嘉庆 五彩龙凤纹碗	15.5cm	58,240	天津文物	2015.05.22
清道光 五彩楚汉争雄图将军罐	高68cm	69,000	深圳市拍	2015.07.19
清道光 五彩花神杯	直径6cm	101,200	中国嘉德	2015.05.16
清道光 五彩花神杯（一对）	口径6.6cm	207,000	西泠拍卖	2015.07.05
清道光 五彩龙凤呈祥碗	直径15.5cm	203,483	纽约佳士得	2015.03.15
清道光 五彩龙凤纹宫碗	直径16cm	264,500	华艺国际	2015.05.24
清道光 五彩龙凤纹碗	15.5cm	242,100	香港苏富比	2015.04.07
清道光 五彩龙凤纹碗	直径15cm	167,049	中国嘉德	2015.04.06
清道光 五彩龙凤碗	直径14.8cm	138,000	太平洋	2015.11.21
清道光 五彩龙凤纹碗	15.6cm	150,188	香港苏富比	2015.06.01
清道光 五彩龙凤纹碗（一对）	直径12.5cm×2	598,000	保利厦门	2015.05.03
清道光 五彩龙凤纹碗（一对）	直径15.7cm	345,000	中国嘉德	2015.06.27
清道光 五彩龙凤纹小碗	直径13cm	184,000	中国嘉德	2015.04.01
清咸丰 五彩开光人物大碗	直径40cm	78,200	广州皇玛	2015.01.17
清咸丰 五彩开光人物故事图洗	直径32cm	28,375	江苏聚德	2015.07.01
清咸丰 五彩水浒人物兽耳尊	高50.5cm	156,800	北京荣宝	2015.03.29
清同治 五彩梅花花神杯（一套十只）	直径6.5cm	1,150,000	华艺国际	2015.05.24
清光绪 五彩龙凤纹碗	直径14.8cm	92,000	北京翰海	2015.11.28
清光绪 五彩龙凤纹碗（一对）	直径15.5cm	40,250	北京保利	2015.12.09
清光绪彩开光雕龙灯笼瓶（一对）	高26cm×2	40,250	广州皇玛	2015.01.17
清光绪 黄釉竹节诗文帽筒	高28cm	15,525	北京翰海	2015.07.19
清光绪 醴陵官窑釉下彩雉鸡樱花瓶	高42cm	690,000	西泠拍卖	2015.07.05
清光绪 青花五彩仕女婴戏图花觚	高45.5cm	16,100	中国嘉德	2015.04.01
清光绪 青花五彩四十六子人物故事图盖罐（一对）	高40.5cm	25,300	中国嘉德	2015.04.01
清光绪 五彩花蝶开光瑞兽图棒槌瓶	高45.8cm	28,750	中国嘉德	2015.04.01
清光绪 五彩花卉开光芦雁图凤尾尊	高45.8cm	17,250	中国嘉德	2015.04.01
清光绪 五彩开光花鸟蒜头瓶	高43cm	12,650	北京保利	2015.04.25
清光绪 五彩龙凤碗（一对）	直径15.9cm	92,000	北京保利	2015.06.08
清光绪 五彩龙凤纹杯（一组四件）	高5cm；口径6cm	92,000	西泠拍卖	2015.04.23
清光绪 五彩人物杯（一对）	直径8cm	17,250	北京保利	2015.04.26
清光绪 五彩人物故事大缸	直径54cm	47,150	北京保利	2015.04.25
清光绪 五彩人物故事大缸	直径46cm	34,500	北京保利	2015.04.25
清光绪 五彩人物花口大瓶	高63cm	14,950	北京保利	2015.04.25
清光绪 五彩瑞兽瓷板	直径26cm	17,250	广州皇玛	2015.07.25
清光绪 五彩瑞兽落花流水纹大瓶	高72cm	345,000	广州皇玛	2015.07.25
清光绪 五彩仕女图大盘	直径53.5cm	40,250	中国嘉德	2015.09.19
清光绪 五彩仕女婴戏棒槌瓶	高46cm	13,800	北京保利	2015.04.26
清光绪五彩仕女婴戏图杯（一对）	直径5.7cm	32,482	中国嘉德	2015.04.06
清光绪 五彩云龙纹多穆壶	高44cm	287,500	北京保利	2015.06.08
清早期 五彩龙凤纹碗	直径15.1cm	17,250	中国嘉德	2015.04.01
清早期 五彩麒麟斗凤筒瓶	高36cm	28,750	北京保利	2015.04.26
清中期 五彩加官图葵口盖碗	直径11.5cm	37,950	北京诚轩	2015.11.14
清中期 五彩高仕图纹盖盒	直径	10,350	北京中汉	2015.09.21
清晚期 洒蓝开光五彩花卉棒槌瓶	高46cm	13,800	北京保利	2015.11.01
清晚期 洒蓝开光五彩花卉棒槌瓶	高46cm	13,800	北京保利	2015.11.01
清晚期 五彩凤穿牡丹纹天球瓶（一对）	高47cm	11,200	上海国拍	2015.11.29
清晚期 洒蓝釉开光五彩瑞兽纹棒槌瓶	高43.7cm	23,000	中国嘉德	2015.09.19
清 红木镶五彩人物花鸟图瓷板座屏	高230cm	234,788	纽约苏富比	2015.03.17
清 黄地雕瓷鹰帽筒	高27cm	13,800	北京翰海	2015.09.13
清 黄地雕瓷鹰帽筒	高27cm	13,800	北京翰海	2015.09.13
清 黄釉人物诗文笔筒	高18cm	352,000	北京中联	2015.01.18
清 康熙窑 豆青釉地五彩折枝花果纹碗（一对）	口径11.9cm	902,727	宝港国际	2015.06.02

拍品名称	物品尺寸	成交价RMB	拍卖公司	拍卖日期
清 青花五彩四妃十六子罐	高16.8cm	32,200	苏州东方	2015.07.02
清 青花五彩鱼藻纹大碗（三只）	直径18.2cm	11,500	中国嘉德	2015.09.19
清 五彩大碗	高13.3cm	20,700	江苏爱涛	2015.01.11
清 五彩刀马人物贯耳瓶	高60cm	109,250	南京经典	2015.01.04
清五彩蝴蝶花卉纹小杯（二件）	直径9.5cm	57,500	北京翰海	2015.09.13
清 五彩绘刘备"跃马檀溪"图笔筒	高13.7cm	86,250	北京保利	2015.06.08
清 五彩开光人物棒槌瓶	高45cm	13,800	广州皇玛	2015.01.17
清 五彩龙凤提梁壶	高15cm	16,100	北京翰海	2015.03.15
清 五彩龙凤碗	直径13.5cm	10,350	北京翰海	2015.03.15
清 五彩龙凤纹碗	高7.2cm	74,750	西泠拍卖	2015.07.05
清 五彩龙凤纹碗	直径15cm	12,650	北京翰海	2015.07.19
清 五彩描金福寿八仙福寿图棒槌瓶一对	高45cm	92,000	中鸿信	2015.07.29
清 五彩人物棒槌瓶	高47cm	20,700	北京翰海	2015.09.13
清 五彩人物棒槌瓶（一对）	高60cm×2	172,500	广州皇玛	2015.01.17
清 五彩人物大罐（一对）	高26cm	23,000	太平洋	2015.07.18
清 五彩人物故事棒槌瓶	高46.5cm	115,000	中鸿信	2015.07.29
清 五彩人物故事花觚	高25.5cm	65,550	江苏爱涛	2015.01.11
清 五彩人物故事将军罐	高45cm	11,500	华艺国际	2015.03.29
清 五彩人物盘口瓶	高46cm	21,850	北京翰海	2015.03.15
清 五彩卧足杯（一对）	直径	172,500	中贸圣佳	2015.05.20
清 五彩西厢记大盘	直径29cm	37,950	南京嘉信	2015.07.19
清 五彩西厢记故事图铃铛杯	直径7.8cm	17,250	华艺国际	2015.03.29
清 五彩婴戏罐	高15cm	29,900	北京翰海	2015.07.19
清 五彩婴戏人物	高19.3cm	46,000	江苏爱涛	2015.01.11
清珊瑚红地五彩九秋图碗（一对）	直径13.3cm	322,000	北京中汉	2015.05.17
清 五彩龙凤纹橄榄形瓷珠十八子手串（珊瑚结珠）		11,500	古天一	2015.06.06
清 五彩花鸟大花盆	直径45cm	20,700	北京保利	2015.11.01
清 五彩花鸟大花盆	直径45cm	20,700	北京保利	2015.11.01
清 五彩云龙纹大瓶	高80cm	46,000	北京保利	2015.11.01
清 五彩云龙纹大瓶	高80cm	46,000	北京保利	2015.11.01
18世纪 五彩花鸟纹凤尾尊	高45.6cm	47,460	辽宁建投	2015.08.30
18世纪 五彩三国人物故事图盘	33.7cm	80,100	香港苏富比	2015.06.01
18世纪 五彩西厢记故事纹碗	直径18.2cm	33,900	辽宁建投	2015.08.30
19世纪 五彩福在眼前笔筒	高16cm	28,750	太平洋	2015.07.18
19世纪 五彩花鸟图棒槌瓶	高43.8cm	250,440	纽约佳士得	2015.03.19
民国 "毕伯涛"款花鸟纹盖碗（一对）	直径15.4cm	29,900	苏州东方	2015.07.02
民国 醴陵花卉大瓶	高63cm	25,300	北京保利	2015.04.25
民国 五彩人物大瓶	高47cm	23,000	北京翰海	2015.09.13
民国 五彩团龙纹罐（一对）	高29cm	138,000	北京中汉	2015.05.17
民国 五彩雕瓷人物方瓶	高52cm	11,500	北京保利	2015.11.01
民国 五彩雕瓷人物方瓶	高52cm	11,500	北京保利	2015.11.01
民国 五彩人物故事棒槌瓶	高46.5cm	11,500	北京保利	2015.11.01
民国 五彩人物故事棒槌瓶	高46.5cm	11,500	北京保利	2015.11.01
五彩花卉高颈瓶	高21cm	2,031,975	卓艺拍卖	2015.11.18
五彩开光瑞兽纹寿字大罐	高32.3cm	722,480	卓艺拍卖	2015.11.21
五彩龙纹梅瓶	高38.2cm	2,709,300	卓艺拍卖	2015.11.21
五彩人物故事纹罐	高37cm	740,542	卓艺拍卖	2015.11.18
五彩人物故事纹碗	口径7.6cm	632,170	卓艺拍卖	2015.11.18
五彩人物蒜头瓶	高23cm	3,431,780	卓艺拍卖	2015.11.18
五彩鱼藻纹扁瓶	高30.8cm	1,625,580	卓艺拍卖	2015.11.21
五彩八棱天球瓶	高47cm	2,467,080	AA中国艺海	2015.07.12
五彩博古纹双面开光花觚	高25cm	22,000	北京贞观	2015.06.28
五彩大罐	通高68cm	1,602,000	荣盛国际	2015.07.31
五彩海兽天球瓶	高15cm	472,650	香港龙玺	2015.09.19
五彩花草纹调色盘	直径24cm	2,361,348	AA中国艺海	2015.07.11
五彩花卉纹钵	直径21cm	328,730	香港中怡	2015.01.22
五彩花卉纹将军盖罐	高32cm	8,650,800	香港中怡	2015.01.22
五彩龙纹梅瓶	高45.5cm	3,588,480	荣盛国际	2015.01.10
五彩龙纹盘	直径29.8cm	8,811,000	AA中国艺海	2015.07.19
五彩麻姑献寿纹盘	直径40cm	2,467,080	AA中国艺海	2015.07.19
五彩描金高足盘	底径15.6cm	313,992	荣盛国际	2015.01.10

拍品名称	物品尺寸	成交价RMB	拍卖公司	拍卖日期
五彩描金仕女婴戏纹盘 一对	口径13.5cm	1,057,320	AA中国艺海	2015.06.20
五彩人物棒槌瓶	口径13cm	1,255,968	荣盛国际	2015.01.10
五彩人物故事棒槌瓶	口径10.5cm	1,301,625	荣盛国际	2015.07.31
五彩人物故事画缸	底径27cm	762,552	荣盛国际	2015.01.10
五彩渔家乐笔筒	→26cm	11,514	香港普艺	2015.06.06
五彩云龙缠枝花卉莲花口蒜头瓶	高43.3cm	1,859,680	台北艺流	2015.10.10
矾红百寿内五彩麻姑献寿碟	→26cm	11,054	香港普艺	2015.06.06
黄地五彩刀马人物纹缸	高45cm	440,550	AA中国艺海	2015.07.12
鸡缸杯（一对）	口径8.5cm×2	17,015	香港龙玺	2015.09.19
墨地花卉纹五彩花觚	高16.5cm	19,800	北京贞观	2015.06.28
醴陵窑釉下彩花卉瓶	高44cm	16,120	香港普艺	2015.06.06
三彩				
唐 巩县窑三彩弦纹盖盒	高7.5cm	110,538	宝港国际	2015.06.02
北宋 三彩行炉	高9.5cm	18,904	保利香港	2015.05.31
金 三彩缠枝牡丹纹枕	长38.4cm	352,181	纽约苏富比	2015.03.17
辽 海棠形三彩盘	宽27.3cm	56,711	保利香港	2015.05.31
辽 三彩印花海棠式洗	高3.5cm；宽15cm	23,807	保利香港	2015.04.06
辽 三彩印菊花纹方盘	宽13cm	14,123	佳士得	2015.04.06
辽 三彩釉飞龙纹壶	高17.7cm	78,263	纽约苏富比	2015.03.17
辽 三彩印花八方瓷砚	长15cm	1,354,650	卓艺拍卖	2015.11.21
辽/金 三彩犀牛望月图枕	长27.7cm	109,568	纽约佳士得	2015.03.20
辽宋/金唐 三彩花卉纹盖罐、三彩兔纹盘三彩水盂	11.5cm	53,888	伦敦苏富比	2015.05.13
明嘉靖 虎皮三彩碗	直径11.7cm	230,000	中国嘉德	2015.04.01
明嘉靖 茄皮紫开光素三彩龙纹罐	口径12cm	360,000	台湾世家	2015.01.18
明万历 素三彩大日如来佛陀像	高54cm	1,380,000	厦门华辰	2015.06.20
明或更早 三彩狩猎纹砚	高8.5cm	20,700	太平洋	2015.04.17
明 三彩花蝶菊瓣盘（一对）	直径16.5cm×2	34,500	北京保利	2015.06.07
明 三彩龙纹花口瓶	高35.5cm	23,000	北京翰海	2015.07.19
明 素三彩琉璃凤戏莲塘图壁砖（两件）	43.2×68.6cm	75,679	纽约佳士得	2015.09.17
清康熙 黄地素三彩云龙纹盘（二件）	直径13.3cm	207,000	北京翰海	2015.11.28
清康熙 素三彩持莲菩萨	高34cm	57,500	北京匡时	2015.12.05
清康熙 素三彩龙纹盘	直径13.2cm	80,500	北京诚轩	2015.11.14
清康熙 素三彩落花海马图大盘	直径33cm	63,250	北京诚轩	2015.11.14
清康熙 素三彩人物笔筒	高13.8cm	69,000	北京翰海	2015.11.28
清康熙 釉里三彩山水人物纹葫芦瓶	高40.6cm	11,500	北京翰海	2015.11.28
清康熙 釉下三彩“岁寒三友”大梅瓶	高66.7cm	609,500	北京保利	2015.12.09
清康熙 釉下三彩山水笔筒	直径17.8cm	195,500	北京保利	2015.12.09
清康熙 黄地褐绿彩云龙纹盘（一对）	直径13.9cm	40,250	中国嘉德	2015.04.01
清康熙 黄地素三彩莲荷纹攒盘一套	直径44cm	92,000	中鸿信	2015.07.29
清康熙黄地素三彩龙纹盘（一对）	直径13cm	517,500	上海敬华	2015.06.30
清康熙 黄地素三彩云龙纹大盘	直径35.5cm	59,800	中国嘉德	2015.09.20
清康熙 黄地赭绿龙纹盘（二件）	直径13.3cm	92,000	北京翰海	2015.06.28
清康熙 三彩凤纹洗	长16.5cm	23,000	北京保利	2015.04.25
清康熙 三彩浮雕双龙戏珠长方形杯托（一对）	长13.5cm×2	920,000	保利厦门	2015.05.02
清康熙 三彩龙纹碗（一对）	直径15.5cm	484,980	中国嘉德	2015.10.06
清康熙 三彩釉碗	直径19.5cm	14,467	香港雅盛	2015.10.05
清康熙素三彩海马纹碗（一对）	直径13.5cm	23,000	中国嘉德	2015.04.01
清康熙 素三彩海马杂宝纹多穆壶	高40.1cm	71,696	纽约佳士得	2015.09.17
清康熙 素三彩荷塘清趣洗	直径24cm	36,800	北京保利	2015.04.25
清康熙 素三彩花鸟纹小铃铛杯	高5.5cm	143,393	纽约佳士得	2015.09.17
清康熙 素三彩狮子	高19.8cm	230,000	中鸿信	2015.07.29
清康熙 素三彩折枝花蝶暗刻龙纹碗（一对）	口径15cm	161,000	西泠拍卖	2015.07.05
清康熙 素三彩折枝莲纹折沿碗	直径20cm	23,000	中国嘉德	2015.09.19
清康熙 釉里三彩八骏图笔海	直径15cm	126,500	上海敬华	2015.06.30
清康熙 釉下三彩山水笔筒	直径20cm	34,500	广州皇玛	2015.07.25
清乾隆 黄地紫绿彩双龙戏珠纹小盘	直径13.1cm	225,775	佳士得	2015.12.02
清乾隆 黄地素三彩龙纹盘	直径14.3cm	218,500	北京匡时	2015.06.06

拍品名称	物品尺寸	成交价RMB	拍卖公司	拍卖日期
清乾隆 素三彩鸭子盖盒	长13cm	253,000	辽宁中正	2015.06.13
清嘉庆 黄地赭绿龙纹盘	直径10.5cm	36,800	中国嘉德	2015.11.15
清道光 黄地紫绿彩双龙戏珠纹小盘（一对）	直径10.7cm	161,400	佳士得	2015.04.06
清光绪 黄地褐绿彩龙纹梅瓶	高35cm	17,250	北京保利	2015.04.26
清光绪 黄地褐绿彩云龙纹小盘	直径10.8cm	11,500	中国嘉德	2015.04.01
清光绪黄地绿彩褐彩双龙纹珠纹盘	直径10.8cm	67,200	北京荣宝	2015.08.30
清光绪 黄地紫绿龙盘	直径11cm	11,500	广州皇玛	2015.07.25
清光绪黄地紫绿龙纹碟（一对）	直径10.5cm	13,800	华艺国际	2015.03.29
清光绪黄地紫绿双龙盘（一对）	直径10.7cm×2	28,750	广州皇玛	2015.01.17
清光绪 墨地素三彩刀马人物纹棒槌瓶	高38.5cm	20,700	中国嘉德	2015.04.01
清光绪 墨地素三彩花鸟将军罐（一对）	高44cm	43,700	北京保利	2015.04.25
清光绪 素三彩九世同堂开窗帽筒（一对）	高27cm	10,350	太平洋	2015.04.17
清光绪素三彩瑞兽、瓶（共三件）	尺寸不一	11,500	北京保利	2015.04.25
清光绪 素三彩太狮少狮天球瓶	高30cm	41,400	太平洋	2015.07.18
清中期 素三彩三国故事人物大盘（一对）	直径32cm	34,500	北京保利	2015.04.26
清晚期 绿地素三彩花鸟纹海棠形花盆		17,250	北京中汉	2015.09.21
清晚期 素三彩赤壁图诗文天圆地方瓶	高51.5cm	57,500	中国嘉德	2015.04.01
清晚期 素三彩鱼化龙纹桃形三足小几	长25cm	13,800	北京中汉	2015.05.17
清17世纪 黄地素绿彩缠枝牡丹纹碗	17.5cm	23,950	伦敦苏富比	2015.05.13
18世纪/19世纪 素三彩罗汉坐像	高40cm	375,660	纽约佳士得	2015.03.19
19世纪 绿地素三彩花卉纹梅瓶	高13.9cm	86,089	纽约佳士得	2015.03.19
19世纪 素三彩海马纹堆塑螭龙长颈瓶	高40cm	31,865	纽约佳士得	2015.09.17
清 黄地三彩云鹤纹碗	直径13.5cm	172,500	北京保利	2015.06.08
清 黄地素三彩云龙纹橄榄瓶	高33cm	32,200	南京嘉信	2015.07.19
清 黄地紫绿龙小盘	直径11cm	20,700	广州皇玛	2015.07.25
清 墨地素三彩花卉太白尊	直径12.5cm	23,000	北京保利	2015.04.26
清 素三彩福字形酒壶	高22cm	15,106	诚昌国际	2015.12.02
清 素三彩螭龙纹爵杯	高5.3cm	23,000	西泠拍卖	2015.04.23
清 素三彩瓷塑天王像	高26.8cm	51,750	西泠拍卖	2015.07.05
清 素三彩刀马人物大盘	直径33.5cm	11,500	北京保利	2015.06.08
清 素三彩雕人物瓷板	长44.5cm	39,100	上海泓盛	2015.06.20
清 素三彩菩萨像	高22.3cm	36,160	中鸿信	2015.07.29
清 素三彩三果纹盘	直径25cm	36,800	北京保利	2015.01.24
三彩贴花三足炉	高18cm	704,880	AA中国艺海	2015.06.20
黄地素三彩龙纹盘	高40.7cm	2,420,308	卓艺拍卖	2015.11.18
素三彩龙纹执壶	高9.5cm	903,100	卓艺拍卖	2015.11.21
素三彩缠枝梅瓶	高22cm	33,000	北京贞观	2015.06.28
釉里三彩凸雕松鹤延年盘口瓶	高37.5cm	4,009,005	AA中国艺海	2015.07.19
黄地素三彩雕龙纹贯耳方瓶	高29.5cm	704,880	AA中国艺海	2015.07.19
粉彩				
清雍正 暗刻团寿云龙纹粉彩过枝福寿八桃盘	直径20.6cm	3,795,000	北京保利	2015.12.08
清雍正 斗彩及粉彩三多纹碗	直径15.9cm	175,258	纽约佳士得	2015.09.17
清雍正 仿木纹釉粉彩山水纹笔筒	直径19cm	195,500	上海道明	2015.05.09
清雍正 粉彩八仙祝寿图弦纹盘口瓶	高32.2cm	517,500	北京中汉	2015.04.02
清雍正 粉彩博古图笔筒	高12cm	11,500	中国嘉德	2015.04.01
清雍正 粉彩福禄寿杯	直径9.9cm	230,000	北京翰海	2015.11.28
清雍正 粉彩福禄寿观音瓶	高25.6cm	9,200,000	北京翰海	2015.11.28
清雍正 粉彩福禄寿三星图瓶	高39.3cm	552,000	华艺国际	2015.05.24
清雍正 粉彩高士图碗	直径11.6cm	402,500	北京匡时	2015.12.05
清雍正 粉彩瓜瓞绵绵五蝠碗（一对）	直径12cm	15,848,160	香港苏富比	2015.10.07
清雍正 粉彩过枝福寿双全八桃五蝠盘	直径15.5cm	4,485,000	北京保利	2015.06.06
清雍正 粉彩过枝福寿双全碗（一对）	直径14.3cm	72,468,600	香港苏富比	2015.04.07

2015瓷器拍卖成交汇总

(成交价RMB：1万元以上)

拍品名称	物品尺寸	成交价RMB	拍卖公司	拍卖日期
清雍正 粉彩过枝月季梅花大盘	直径50.5cm	9,315,000	北京保利	2015.06.06
清雍正 粉彩鹤鹿同春图大盘	直径36.2cm	23,000	中国嘉德	2015.06.27
清雍正 粉彩葫芦万代盏托	直径12.5cm	92,000	北京保利	2015.11.01
清雍正 粉彩葫芦万代盏托	直径12.5cm	92,000	北京保利	2015.11.01
清雍正 粉彩花蝶纹杯五件	直径6cm	1,715,514	纽约苏富比	2015.03.17
清雍正 粉彩花蝶洗	直径12cm	11,500	北京保利	2015.04.25
清雍正 粉彩花卉博古纹缸	高18cm	28,325	诚昌国际	2015.12.02
清雍正 粉彩花卉大盘	直径37.5cm	29,900	广州皇玛	2015.01.17
清雍正 粉彩花卉纹盖碗（一对）	高7.5cm	145,494	保利香港	2015.10.06
清雍正 粉彩花卉纹赏瓶	高32cm	8,476,650	澳门中信	2015.11.08
清雍正 粉彩花卉纹碗	直径12cm	48,300	中国嘉德	2015.04.01
清雍正 粉彩花卉纹碗	直径10cm	719,250	香港苏富比	2015.10.07
清雍正 粉彩花卉纹碗（一对）	直径9.2cm	746,475	佳士得	2015.04.06
清雍正 粉彩花卉纹碗（一对）	直径18cm	517,500	八益拍卖	2015.04.26
清雍正 粉彩花卉纹小碟（一对）	直径8.2cm×2	772,800	北京荣宝	2015.06.21
清雍正 粉彩花卉小盘	直径11cm	28,750	广州皇玛	2015.01.17
清雍正 粉彩花鸟纹扁壶	高24cm	7,534,800	澳门中信	2015.11.08
清雍正 粉彩花鸟纹大盘	直径43.1cm	25,300	中国嘉德	2015.09.19
清雍正 粉彩花鸟纹梅瓶	高22cm	4,605,750	澳门中信	2015.06.21
清雍正 粉彩花鸟纹梅瓶	高33cm	55,269,000	澳门中信	2015.06.21
清雍正 粉彩花鸟纹盘	直径15.5cm	18,400	苏州东方	2015.07.02
清雍正粉彩花桃石榴蝙蝠纹双耳尊	高37.5cm	10,132,650	澳门中信	2015.06.21
清雍正 粉彩鸡纹“五子登科”盘（一对）	直径11.5cm×2	747,500	保利厦门	2015.05.03
清雍正 粉彩开光团鹤寿纹盘口尊	高31cm	138,000	北京中汉	2015.05.17
清雍正 粉彩孔雀牡丹图小梅瓶	高16.7cm	43,700	中国嘉德	2015.09.19
清雍正 粉彩孔雀长颈瓶	高41cm	2,637,180	澳门中信	2015.11.08
清雍正 粉彩灵芝洗	高8cm	10,350	北京保利	2015.06.08
清雍正 粉彩镂空花卉螭龙帽架	高19.2cm	575,000	北京保利	2015.12.08
清雍正 粉彩罗汉图洗	直径23.1cm	17,250	中国嘉德	2015.09.19
清雍正 粉彩没骨牡丹纹罐	高17.4cm	46,000	北京翰海	2015.11.28
清雍正 粉彩描金仕女婴戏纹盘杯（一套）	直径7.5cm；直径11.6cm	28,750	北京中汉	2015.04.02
清雍正粉彩牡丹飞蝶纹碗（一对）	口径9.5cm	350,037	宝港国际	2015.06.02
清雍正粉彩牡丹飞蝶纹碗（一对）	2cm×12.1cm	71,850	伦敦苏富比	2015.05.13
清雍正 粉彩牡丹蜜蜂纹碗	直径11.3cm	3,220,000	北京匡时	2015.06.06
清雍正 粉彩木纹釉山水人物纹几式大墨床		57,500	北京中汉	2015.09.21
清雍正 粉彩盘四件及粉彩碗	盘15.5及15.7cm，	50,063	香港苏富比	2015.06.01
清雍正 粉彩茄子小盘	直径15.6cm	20,700	北京保利	2015.06.08
清雍正 粉彩人物案头盆	高8cm	40,250	广州皇玛	2015.01.17
清雍正 粉彩人物八方盘（一对）	口径23cm	34,500	深圳市拍	2015.07.19
清雍正 粉彩人物笔筒	高12cm	56,000	北京荣宝	2015.06.21
清雍正 粉彩人物笔筒	高12.5cm	40,250	广州皇玛	2015.07.25
清雍正 粉彩人物橄榄瓶	高22cm	423,833	澳门中信	2015.11.08
清雍正 粉彩人物梅瓶	高23cm	2,825,550	澳门中信	2015.11.08
清雍正 粉彩人物骑马图观音瓶	高31cm	1,695,330	澳门中信	2015.11.08
清雍正 粉彩人物水洗	直径26cm	161,000	八益拍卖	2015.04.26
清雍正 粉彩人物四方双耳梅瓶	高38cm	2,637,180	澳门中信	2015.11.08
清雍正 粉彩人物图撇口瓶	高43.5cm	70,436	纽约佳士得	2015.03.15
清雍正 粉彩人物纹小橄榄瓶	高18.7cm	40,250	中国嘉德	2015.06.27
清雍正 粉彩三秋图盘	直径14.9cm	34,500	北京诚轩	2015.11.14
清雍正 粉彩三星图棒槌瓶	高45cm	17,250	中国嘉德	2015.06.27
清雍正 粉彩山水花鸟纹大口梅瓶	高21cm	2,026,530	澳门中信	2015.06.21
清雍正 粉彩山水花鸟纹鹿头尊	高35cm	3,296,475	澳门中信	2015.11.08
清雍正 粉彩山水花鸟纹盘口瓶	高34cm	5,342,670	澳门中信	2015.06.21
清雍正 粉彩山水花鸟纹盘口瓶	高38cm	25,792,200	澳门中信	2015.06.21
清雍正 粉彩山水人物罐	高22cm	36,800	北京保利	2015.06.08
清雍正 粉彩山水人物长径瓶	高38cm	4,421,520	澳门中信	2015.06.21
清雍正 粉彩山水仙人图梅瓶	高23cm	1,750,185	澳门中信	2015.06.21
清雍正 粉彩仕女婴戏图方盘		14,950	北京中汉	2015.09.21
清雍正 粉彩双鹿纹小碗		57,500	中贸圣佳	2015.05.20
清雍正 粉彩松鹤蝠寿图折腰小杯（一对）	直径6cm	2,433,120	香港苏富比	2015.10.07
清雍正 粉彩五伦图棒槌瓶	高45cm	17,250	北京保利	2015.04.26
清雍正 粉彩西厢记人物故事图折沿大盘	直径35cm	17,250	中国嘉德	2015.04.01
清雍正 粉彩祥瑞婴戏图大盖罐（一对）		552,000	北京中汉	2015.09.21
清雍正 粉彩虞美人盘（一对）	直径8.9cm	504,375	香港苏富比	2015.04.07
清雍正 粉彩玉堂富贵图折腰碗	直径17.3cm	287,500	北京诚轩	2015.11.14
清雍正 粉彩御鹿仙人图小碗	直径10cm	6,181,440	香港苏富比	2015.10.07
清雍正 粉彩昭君出塞盘口瓶	高36.5cm	57,500	北京保利	2015.11.01
清雍正 粉彩昭君出塞盘口瓶	高36.5cm	57,500	北京保利	2015.11.01
清雍正粉彩折枝花卉纹碗（二件）	直径9.2cm	1,725,000	北京翰海	2015.11.28
清雍正 粉彩座莲观音像	高24cm	17,250	广州皇玛	2015.01.17
清雍正 粉青釉暗花福如东海图碗	12cm	240,300	香港苏富比	2015.06.01
清雍正 祭红釉内粉彩花卉纹盘（一对）	直径15cm×2	575,000	北京匡时	2015.06.06
清雍正豇豆红粉彩描金鸳鸯戏水碗	直径11.3cm	40,250	北京翰海	2015.11.28
清雍正 镂空粉彩仕女纹盘	直径28.5cm	92,000	八益拍卖	2015.04.26
清雍正 绿底粉彩花蝶纹葫芦瓶	高31cm	6,908,625	澳门中信	2015.06.21
清雍正 墨地洋彩缠枝花卉碗	直径15cm	1,495,000	北京保利	2015.06.06
清雍正 木纹釉墨彩山水粉彩高士图书卷式菱形笔筒	高13.8cm	1,437,500	北京保利	2015.12.08
清雍正青花斗彩山水花鸟纹双耳壶	高31cm	11,974,950	澳门中信	2015.06.21
清雍正 青花粉彩八桃梅瓶	高42cm	17,501,850	澳门中信	2015.06.21
清雍正 青花粉彩百桃盘	高43cm	7,921,890	澳门中信	2015.06.21
清雍正 青花粉彩花鸟纹双耳扁壶	高29cm	13,817,250	澳门中信	2015.06.21
清雍正 青花粉彩描金山水花卉纹笔筒	高20cm	3,224,025	澳门中信	2015.06.21
清雍正青花粉彩山水花鸟纹长径瓶	高43cm	11,974,950	澳门中信	2015.06.21
清雍正 青花粉彩山水人物盘口瓶	高33cm	11,974,950	澳门中信	2015.06.21
清雍正青花粉彩石榴鸟纹双耳扁壶	高31cm	11,974,950	澳门中信	2015.06.21
清雍正 外黄釉模印缠枝花卉纹内粉彩桃纹碗	直径22cm	603,233	中国嘉德	2015.04.06
清雍正 外胭脂红釉内粉彩三多纹碗（一对）	直径14cm×2	207,000	厦门华辰	2015.06.20
清雍正 洋彩九秋碗	直径13cm	747,500	泰和嘉成	2015.11.21
清雍正 御制洋彩浮雕巴洛克式花卉螭龙纹花台	高45cm	16,675,000	北京保利	2015.06.06
清雍正 约1730年 粉彩山水楼阁纹盖罐（一对）	4cm×44cm	119,750	伦敦苏富比	2015.05.13
清雍正/乾隆 粉彩群仙祝寿小杯	直径7cm	138,000	八益拍卖	2015.11.01
清雍正/乾隆粉彩罗汉坐像（两尊）	高22.8cm	20,729,880	佳士得	2015.06.03
清乾隆 白地粉彩八吉祥花觚（一对）	高23.2cm	1,807,680	香港苏富比	2015.04.07
清乾隆 白地粉彩双凤穿莲纹蝴蝶耳尊	高27.5cm	7,811,760	香港苏富比	2015.04.07
清乾隆冬青釉洋彩描金镂空夔凤忍冬纹内青花云蝠双象耳套瓶	高23cm	11,427,120	保利香港	2015.04.06
清乾隆 斗彩加粉彩秋香图诗文抱月瓶	高31.7cm	2,285,265	纽约佳士得	2015.03.15
清乾隆 豆青地粉彩皮球花纹盘	15.9cm	76,160	天津文物	2015.05.22
清乾隆 豆青釉粉彩“岁寒三友”图荸荠瓶	高31.5cm	253,000	北京中汉	2015.04.02
清乾隆仿松石地粉彩花蝶纹壁盘蓝地轧道粉彩缠枝莲纹壁盘各一只	长17.6cm；长17.5cm	13,800	中国嘉德	2015.09.19
清乾隆 粉彩“百子嬉春”图卷缸	直径28.5cm	690,000	北京中汉	2015.05.17
清乾隆 粉彩 “岁寒三友”诗文盘（一对）	各直径13.7cm	172,500	翰风国际	2015.06.19
清乾隆 粉彩安居乐业图盘	直径16cm	75,656	佳士得	2015.04.06
清乾隆粉彩白花地花觚壶（一对）	高24cm×2	3,719,360	台北艺流	2015.10.10
清乾隆 粉彩百花不露地葫芦瓶	高22cm	3,868,830	澳门中信	2015.06.21
清乾隆 粉彩百花不落地朝冠耳三足炉	高36cm	2,230,908	中国嘉德	2015.10.06
清乾隆 粉彩缠枝莲纹瓶	高23cm	23,000	华艺国际	2015.03.29
清乾隆 粉彩大吉葫芦形插屏	高37cm	552,000	厦门华辰	2015.06.20
清乾隆 粉彩大吉葫芦形挂屏（一对）	76cm；50cm	383,325	佳士得	2015.04.06

拍品名称	物品尺寸	成交价RMB	拍卖公司	拍卖日期
清乾隆 粉彩大吉图螭耳瓶	高20.3cm	92,000	中国嘉德	2015.09.19
清乾隆 粉彩地藏王菩萨像	高33.6cm	1,840,000	厦门华辰	2015.06.20
清乾隆 粉彩仿生人物笔插	高9cm	25,300	广州皇玛	2015.01.17
清乾隆 粉彩粉红地锦上添花皮球花纹折沿盘	直径15.8cm	4,011,360	香港苏富比	2015.10.07
清乾隆 粉彩福寿纹盘	直径20.2cm	17,250	中国嘉德	2015.06.27
清乾隆 粉彩高士图纹八连套杯		26,450	北京中汉	2015.09.21
清乾隆 粉彩观音坐像	高31cm	4,421,520	澳门中信	2015.06.21
清乾隆 粉彩和合二仙香插	长12cm	55,200	上海敬华	2015.06.30
清乾隆 粉彩荷花形杯	直径7.7cm	40,250	北京中汉	2015.04.02
清乾隆 粉彩花卉蝴蝶纹绶带瓶	高22cm	8,750,925	澳门中信	2015.06.21
清乾隆 粉彩花鸟纹笔筒		46,000	北京中汉	2015.09.21
清乾隆 粉彩花鸟纹六方双耳瓶	高35cm	9,027,270	澳门中信	2015.06.21
清乾隆 粉彩鸡缸杯	直径8.1cm	23,000	中国嘉德	2015.09.19
清乾隆 粉彩九桃天球瓶	高54.7cm	52,180,560	香港苏富比	2015.10.07
清乾隆 粉彩开光花卉纹壁瓶	高18.1cm	2,531,160	佳士得	2015.06.03
清乾隆粉彩开光山水诗文小笔筒		13,800	北京中汉	2015.09.21
清乾隆 粉彩开光山水双耳瓶	高41.5cm	6,263,820	澳门中信	2015.06.21
清乾隆 粉彩开光仕女六方瓶	高35.5cm	48,300	太平洋	2015.04.17
清乾隆 粉彩开光五谷丰登碗	直径10cm	57,500	北京保利	2015.04.26
清乾隆 粉彩六方包袱瓶	高39cm	4,974,210	澳门中信	2015.06.21
清乾隆粉彩麻姑献寿烛台（一对）	高25.5cm×2	167,650	伦敦苏富比	2015.05.13
清乾隆 粉彩描金观音像	高24.0cm	17,250	上海泓盛	2015.06.20
清乾隆 粉彩群仙对弈图瓷板	高59cm	218,500	华艺国际	2015.05.24
清乾隆 粉彩人物八方盘（一对）	口径23cm	17,250	深圳市拍	2015.07.19
清乾隆粉彩人物瓷板挂屏（两件）	20cm×15cm	80,500	北京保利	2015.04.26
清乾隆 粉彩人物诗文折腰碗	直径19.7cm	28,750	北京保利	2015.06.08
清乾隆 粉彩三多纹墩式碗	直径15.5cm	322,000	上海敬华	2015.06.30
清乾隆 粉彩三多纹墩式碗	直径15cm	149,500	北京中汉	2015.05.17
清乾隆 粉彩三多纹墩式碗	直径14.5cm	97,750	中国嘉德	2015.04.01
清乾隆 粉彩三多纹碗	直径15.2cm	38,238	纽约佳士得	2015.09.17
清乾隆 粉彩山石花卉纹小碗	直径11cm	11,500	八益拍卖	2015.04.26
清乾隆 粉彩山水花鸟纹观音瓶	高41cm	6,448,050	澳门中信	2015.06.21
清乾隆 粉彩山水花鸟纹长颈瓶	高39.5cm	7,921,890	澳门中信	2015.06.21
清乾隆粉彩山水楼阁图杯（四只）	直径7.4cm	25,300	中国嘉德	2015.06.27
清乾隆 粉彩山水人牛图	高37cm	5,158,440	澳门中信	2015.06.21
清乾隆 粉彩山水人物笔筒	高19cm	3,500,370	澳门中信	2015.06.21
清乾隆粉彩山水人物梅花鹿灯笼瓶	高26cm	4,421,520	澳门中信	2015.06.21
清乾隆 粉彩山水仙人图观音瓶	高36cm	3,868,830	澳门中信	2015.06.21
清乾隆 粉彩寿星桃形水洗	高9cm	11,500	广州皇玛	2015.07.25
清乾隆 粉彩寿星像	高26cm	34,500	广州皇玛	2015.01.17
清乾隆 粉彩书匣锦纹花盆	长27cm	345,000	北京保利	2015.06.06
清乾隆 粉彩四方笔筒	高19.5cm	6,448,050	澳门中信	2015.06.21
清乾隆 粉彩四季花卉灯笼瓶	高31cm	5,066,325	澳门中信	2015.06.21
清乾隆 粉彩透雕瓷塑九龙杯	宽11cm	253,000	北京保利	2015.06.06
清乾隆 粉彩万花锦地开光婴戏图盖罐	高21.5cm	184,000	北京中汉	2015.05.17
清乾隆 粉彩五福捧寿杯	直径10cm	25,300	厦门华辰	2015.06.20
清乾隆 粉彩西洋人物托粉青釉瓶式支柱	高40.7cm	987,815	纽约佳士得	2015.09.17
清乾隆 粉彩像生瑞芝壁瓶	高23.5cm	11,409,360	香港苏富比	2015.10.07
清乾隆 粉彩尧舜图盘	直径20cm	11,500	北京保利	2015.06.08
清乾隆 粉彩饮中八仙诗文盖碗		36,800	北京中汉	2015.09.21
清乾隆 粉彩婴戏图小瓶	高13cm	13,800	广州皇玛	2015.01.17
清乾隆 粉彩婴戏图玉壶春瓶	高18cm	40,250	八益拍卖	2015.04.26
清乾隆 粉彩玉堂富贵长方盘	长20.2cm	195,500	北京翰海	2015.06.28
清乾隆 粉彩云龙纹罐	高19.5cm	969,960	保利香港	2015.10.06
清乾隆粉彩轧道龙纹带钩（一对）	长9.1cm	172,500	北京保利	2015.06.08
清乾隆 粉彩轧道折枝花卉纹碗	直径9cm	32,200	保利厦门	2015.08.02
清乾隆 粉彩斋戒牌	长5.8cm	218,500	华艺国际	2015.05.24
清乾隆 粉彩斋戒牌	5.3cm×3.9cm	207,000	江苏爱涛	2015.01.11
清乾隆 粉彩珍珠地开光山水纹龙带钩	长8.6cm	32,200	华艺国际	2015.05.24
清乾隆粉彩竹石延年图碗（一对）	直径14.5cm	92,000	华艺国际	2015.05.24
清乾隆粉红地轧道花卉杯（一对）	口径9.5cm	13,800	深圳市拍	2015.07.19

拍品名称	物品尺寸	成交价RMB	拍卖公司	拍卖日期
清乾隆 粉青釉加彩菊花纹石榴尊	高15.5cm	172,500	西泠拍卖	2015.07.05
清乾隆 弘历洗象图盘	直径19.8cm	12,100	江苏聚德	2015.07.01
清乾隆 红地粉彩缠枝莲纹花口洗	长12.8cm	17,250	中国嘉德	2015.09.19
清乾隆 黄地粉彩八宝纹花觚	高37.3cm	3,450,000	北京保利	2015.06.06
清乾隆 黄地粉彩内福寿外缠枝缠枝花卉开光吉祥如意纹盘		17,250	北京中汉	2015.09.21
清乾隆 黄地粉彩托八宝纹三足鼎式炉	高39cm	287,500	泰和嘉成	2015.05.30
清乾隆黄地绿里粉彩花卉双龙耳瓶	高23cm	207,000	广州皇玛	2015.01.17
清乾隆 黄地洋彩花卉纹碗	直径15cm	667,000	厦门华辰	2015.06.20
清乾隆 黄地洋彩锦上添花暗八仙双龙耳瓶	高75cm	41,286,120	香港苏富比	2015.04.07
清乾隆 黄地轧道粉彩花卉纹盘	直径25cm	336,000	北京荣宝	2015.06.21
清乾隆 黄地轧道开光粉彩山水碗（一对）	口径15cm	862,500	西泠拍卖	2015.07.05
清乾隆黄底开光山水人物三管扁瓶	高25cm	5,158,440	澳门中信	2015.06.21
清乾隆 酱地描金粉彩“蓟门烟树”图轿瓶	高30.5cm	706,125	香港苏富比	2015.04.07
清乾隆 锦地轧道粉彩花卉开窗镂空转心瓶	高39.8cm；口径12cm	16,580,700	澳门中信	2015.06.21
清乾隆蓝地粉彩开光婴戏图太白罐		55,200	北京中汉	2015.09.21
清乾隆 蓝地粉彩描金大碗	直径39cm	63,250	广州皇玛	2015.01.17
清乾隆 蓝地描金开光粉彩四季山水图四方瓶	高26.7cm	3,107,880	佳士得	2015.06.03
清乾隆 蓝料粉彩“竹林七贤”图方印盒	直径12cm	57,500	华艺国际	2015.05.24
清乾隆 蓝釉珍珠地开光粉彩山水纹龙首带钩	长8.7cm	20,700	中国嘉德	2015.09.20
清乾隆 绿地轧道开光婴戏图笔筒	高7.3cm	92,000	辽宁中正	2015.06.13
清乾隆梅青地粉彩“瓜瓞绵绵”瓶	高38cm	5,385,185	纽约佳士得	2015.09.17
清乾隆 青花粉彩福寿纹抱月瓶	高24.5cm	23,000	太平洋	2015.04.17
清乾隆 青花粉彩花卉纹观音瓶	高43cm	7,829,775	澳门中信	2015.06.21
清乾隆 青花粉彩开光山水人物纹六方瓶	高42cm	7,553,430	澳门中信	2015.06.21
清乾隆 青花粉彩描金缠枝花卉开光墨彩御制诗文双耳壁瓶	高18.5cm	1,012,000	北京中汉	2015.05.17
清乾隆 青花粉彩牛耕田	高37cm	8,106,120	澳门中信	2015.06.21
清乾隆青花粉彩山水花卉九桃梅瓶	高21cm	6,263,820	澳门中信	2015.06.21
清乾隆 青花粉彩山水花鸟纹赏瓶	高39.5cm	7,184,970	澳门中信	2015.06.21
清乾隆 青花粉彩山水花鸟纹赏瓶	高41cm	7,921,890	澳门中信	2015.06.21
清乾隆 青花粉彩山水开光人马图双耳扁壶	高31cm	9,211,500	澳门中信	2015.06.21
清乾隆 青花粉彩山水开光十二生肖双耳尊	高24cm	6,448,050	澳门中信	2015.06.21
清乾隆 青花粉彩山水人物贯耳瓶	高43cm	8,750,925	澳门中信	2015.06.21
清乾隆 青花粉彩山水人物赏瓶	高29cm	9,027,270	澳门中信	2015.06.21
清乾隆青花粉彩山水人物双耳扁壶	高25cm	7,921,890	澳门中信	2015.06.21
清乾隆 青花粉彩山水纹笔架	长8.3cm	32,200	中国嘉德	2015.06.27
清乾隆 青花粉彩山水云福人物灯笼瓶	高31.5cm	3,224,025	澳门中信	2015.06.21
清乾隆 青花粉彩云龙纹描金双耳葫芦瓶	高25cm	7,184,970	澳门中信	2015.06.21
清乾隆 青花粉彩云龙纹双耳壶	高19cm	5,526,900	澳门中信	2015.06.21
清乾隆 青花黄地粉彩八吉祥双螭耳扁瓶	高35cm	1,523,616	保利香港	2015.04.06
清乾隆青花开光粉彩八仙图双耳尊	高40cm	11,053,800	澳门中信	2015.06.21
清乾隆 青花描金粉彩山水人物开光双耳壶	高30cm	23,028,750	澳门中信	2015.06.21
清乾隆 青釉粉彩花卉纹大盘	直径26.3cm	20,700	中国嘉德	2015.04.01
清乾隆 青釉粉彩喜鹊登梅过枝大碗		13,800	北京中汉	2015.09.21
清乾隆 青釉浮雕吉庆有余青花描金粉彩婴戏图八方瓶	高44cm	51,228,360	香港苏富比	2015.04.07
清乾隆 青釉凸雕粉彩福禄纹葫芦瓶	高32.7cm	659,573	中国嘉德	2015.10.06
清乾隆 人物山水开窗粉彩六方瓶	高35cm	43,402	香港雅盛	2015.10.05

2015瓷器拍卖成交汇总

（成交价RMB：1万元以上）

拍品名称	物品尺寸	成交价RMB	拍卖公司	拍卖日期
清乾隆 珊瑚红地粉彩福寿祥云开光金彩“年年吉庆”挂屏(瓷春条)	宽26cm；高72cm	1,725,000	北京中汉	2015.05.17
清乾隆 珊瑚红地描金粉彩开光婴戏纹瓶	高22.8cm	32,200	北京中汉	2015.05.17
清乾隆 珊瑚红地描金开光粉彩牡丹图轿瓶	高16cm	1,130,250	香港苏富比	2015.10.07
清乾隆 珊瑚红开光婴戏瓶	高22cm	20,700	北京保利	2015.04.26
清乾隆 松绿地粉彩三多福迭绵长莲花瓶	高34.4cm	5,980,000	北京保利	2015.06.06
清乾隆 松绿地洋彩莲蝠纹方胜式盖盒	长22cm	943,000	北京中汉	2015.05.17
清乾隆 松石绿地粉彩福寿花卉壶	高16cm	3,565,000	北京保利	2015.06.06
清乾隆 松石绿地粉彩花蝶五蝠纹折沿洗	直径38.4cm	40,250	北京中汉	2015.05.17
清乾隆 松石绿地粉彩开光“满堂富贵”图方瓶	高28cm	8,444,225	纽约佳士得	2015.09.17
清乾隆 松石绿地粉彩开光壁瓶（一对）	高16.7cm	437,000	北京保利	2015.06.07
清乾隆 松石绿地粉彩莲托人宝纹烛台	高24cm×2	402,500	保利厦门	2015.08.02
清乾隆 松石绿地粉彩描金缠枝莲卷缸	宽44cm	2,645,000	北京保利	2015.06.06
清乾隆 松石绿地粉彩描金折枝四季花卉盖罐（一对）	高41cm	20,125,000	北京保利	2015.06.06
清乾隆松石绿地粉彩四季花卉纹尊	高32cm	1,265,000	保利厦门	2015.05.03
清乾隆 天蓝地粉彩蝶恋花小杯	直径6cm	195,500	厦门华辰	2015.06.20
清乾隆 胭脂红地粉彩八吉祥纹觚	高26.4cm	851,063	香港苏富比	2015.06.01
清乾隆 胭脂红地粉彩缠枝莲托八吉祥纹花觚	高37.2cm	403,500	佳士得	2015.04.06
清乾隆 胭脂红地洋彩缠枝莲纹八方水仙盆	长19.5cm	115,000	中国嘉德	2015.04.01
清乾隆 胭脂红地洋彩花卉纹小盘	直径11.6cm	69,000	上海道明	2015.05.09
清乾隆 胭脂紫地粉彩番莲纹手卷式牙签筒	高10.6cm	403,500	香港苏富比	2015.04.07
清乾隆 洋彩胭脂红缠枝花卉灵芝耳绶带葫芦瓶	高21cm	7,044,600	帝图艺术	2015.04.12
清乾隆 御窑洋彩胭脂红轧道西番莲纹卧足杯	直径9.4cm	2,300,000	北京东正	2015.05.19
清乾隆 紫地粉彩八宝烛台	高28.5cm	109,250	北京翰海	2015.07.19
清乾隆 矾红地粉彩双耳瓶	高32cm	2,875,000	北京保利	2015.12.08
清乾隆 仿石釉地粉彩开光山水图夔龙耳把杯	宽13.8cm；高7.8cm	74,750	北京诚轩	2015.11.14
清乾隆 粉彩宝相花交龙耳瓶	高29cm	3,680,000	中国嘉德	2015.11.15
清乾隆 粉彩蝙蝠花卉纹盘口瓶	高19cm	423,833	澳门中信	2015.11.08
清乾隆 粉彩花蝶纹天球瓶	高38cm	2,825,550	澳门中信	2015.11.08
清乾隆 粉彩花卉挂屏	43.8×66.9cm	169,947	诚昌国际	2015.12.01
清乾隆 粉彩花卉纹开光双耳瓶	高39.5cm	3,013,920	澳门中信	2015.11.08
清乾隆 粉彩九桃瓶	高39cm	2,354,625	澳门中信	2015.11.08
清乾隆 粉彩开光花鸟纹双耳瓶	高39cm	2,825,550	澳门中信	2015.11.08
清乾隆 粉彩描金云龙纹葫芦瓶	高29cm	904,176	澳门中信	2015.11.08
清乾隆 粉彩描金轧道观音座像	高51cm	1,265,000	北京匡时	2015.12.05
清乾隆 粉彩人物花卉小方盆	长14.5cm	11,500	北京保利	2015.12.09
清乾隆 粉彩人物开光赏瓶	高37cm	2,637,180	澳门中信	2015.11.08
清乾隆 粉彩人物双耳瓶	高36cm	2,354,625	澳门中信	2015.11.08
清乾隆 粉彩人物天球瓶	高37cm	5,651,100	澳门中信	2015.11.08
清乾隆 粉彩三多纹墩式碗	直径15cm	1,242,000	北京匡时	2015.12.05
清乾隆 粉彩山水花鸟问双耳瓶	高31cm	3,296,475	澳门中信	2015.11.08
清乾隆 粉彩山水人物双耳瓶	高36cm	3,767,400	澳门中信	2015.11.08
清乾隆 粉彩石榴桃子双耳瓶	高18cm	659,295	澳门中信	2015.11.08
清乾隆 粉彩西洋人物碗	直径19.8cm	138,000	北京保利	2015.12.09
清乾隆 粉彩西洋人物碗	直径20.3cm	69,000	北京保利	2015.12.09
清乾隆 粉彩仙人图观音瓶	高31cm	3,579,030	澳门中信	2015.11.08
清乾隆 粉彩一鹭莲科盘	直径17.6cm	322,000	北京翰海	2015.11.28
清乾隆 粉彩幽篁琴韵图笔筒	宽12.3cm	632,500	北京诚轩	2015.11.14
清乾隆 粉彩鱼藻纹盘	直径18cm	115,000	北京匡时	2015.12.05
清乾隆 粉彩轧道观音座像	高24cm	253,000	北京匡时	2015.12.05
清乾隆 粉彩竹林鹌鹑鸟观音瓶	高20cm	753,480	澳门中信	2015.11.08
清乾隆 粉地粉彩云蝠八宝纹花盆	长23.5cm	172,500	北京翰海	2015.11.28
清乾隆 粉青釉粉彩瓷塑五子登科方瓶	高21.5cm	402,500	北京翰海	2015.11.28
清乾隆 黄地粉彩花卉五蝠碗	直径18cm	178,250	北京翰海	2015.11.28
清乾隆 黄地洋彩花卉宫碗	直径15cm	437,000	北京保利	2015.12.09
清乾隆 黄地洋彩花卉五蝠碗	直径16cm	1,012,000	北京保利	2015.12.08
清乾隆 祭蓝釉描金银缠枝花卉开光粉彩御题诗文葫芦形壁瓶	高28cm	1,725,000	北京匡时	2015.12.05
清乾隆 金地粉彩荷塘图盖碗	直径11.3cm	195,500	北京诚轩	2015.11.14
清乾隆 绿地粉彩缠枝花卉纹茶船（二件）	长15.2cm	138,000	北京翰海	2015.11.28
清乾隆米黄地粉彩花卉纹盘(二件)	直径19.5cm	34,500	北京翰海	2015.11.28
清乾隆 青花红彩云龙纹粉彩开光花卉双耳壁瓶	高18cm	2,415,000	中国嘉德	2015.11.15
清乾隆 青釉描金镂空夔凤纹内粉彩八仙人物转心瓶（一对）	高34cm	4,370,000	中国嘉德	2015.11.15
清乾隆珊瑚红地洋彩缠枝莲纹大碗	直径17.8cm	322,000	北京翰海	2015.11.28
清乾隆 唐英珍珠地开光粉彩山水诗文笔筒	高8.6cm	230,000	北京匡时	2015.12.05
清乾隆胭脂红地粉彩花卉龙纹壁瓶	高14.8cm	149,500	北京翰海	2015.11.28
清乾隆 洋彩三多紫檀三镶如意	长50cm	2,990,000	北京保利	2015.12.08
清乾隆 御窑粉彩百花不露地折腰盖碗	口径10.2cm	1,380,000	北京东正	2015.11.19
清乾隆嘉庆松石绿地粉彩瓜蝶纹砚	长14.5cm	287,500	北京东正	2015.11.19
清乾隆/嘉庆 胭脂红地轧道开光粉彩人物故事图双螭耳大瓶	高74.3cm	1,725,000	华艺国际	2015.05.24
清嘉庆 白地八宝纹缠枝香炉	高29.8cm	460,000	翰风国际	2015.06.19
清嘉庆 淡绿地粉彩“吉祥如意”小罐	直径8.6cm	127,460	纽约佳士得	2015.09.17
清嘉庆 淡绿地粉彩“佳茗头纲”御制诗菱口盘	15.3cm	263,450	伦敦苏富比	2015.05.13
清嘉庆矾红粉彩花卉纹杯（二件）	直径6.2cm	402,500	北京翰海	2015.11.28
清嘉庆 粉彩“无双谱”人物四方倭角杯（一对）	宽8.5cm	80,500	北京保利	2015.06.08
清嘉庆 粉彩八宝纹香炉	高29cm	672,000	北京荣宝	2015.08.30
清嘉庆 粉彩八吉祥杯	直径10.6cm	230,000	北京保利	2015.06.08
清嘉庆 粉彩八仙图罐	高19.1cm	801,000	佳士得	2015.06.03
清嘉庆 粉彩百花不露地葫芦瓶	高32.2cm	1,909,000	北京中汉	2015.04.02
清嘉庆 粉彩缠枝宝相花吉庆有余图观音瓶	高35.3cm	690,000	北京东正	2015.05.19
清嘉庆 粉彩缠枝莲夔凤纹盘	直径19.3cm	92,000	北京翰海	2015.11.28
清嘉庆粉彩福山寿海盘（二件）	直径16.9cm	71,300	北京翰海	2015.11.28
清嘉庆 粉彩高仕童子花口碗、青花粉彩岁寒三友图盘（一对）	碗宽12cm；盘直径11.5cm	11,500	北京保利	2015.06.08
清嘉庆 粉彩海棠洗		195,500	中贸圣佳	2015.05.20
清嘉庆 粉彩花卉双耳小扁瓶	高11.5cm	632,500	中国嘉德	2015.05.16
清嘉庆 粉彩花卉纹吉祥如意盘（二件）	直径17.7cm	69,000	北京翰海	2015.11.28
清嘉庆 粉彩花卉纹盘（一对）	直径15.5cm×2	23,000	北京匡时	2015.12.05
清嘉庆 粉彩江西十景碗	直径；15cm	92,000	八益拍卖	2015.11.01
清嘉庆 粉彩锦地花卉纹鱼缸	直径52cm	632,500	中国嘉德	2015.11.15
清嘉庆 粉彩开光缠枝花卉纹御题诗海棠洗（一对）	直径16cm	460,000	北京东正	2015.05.19
清嘉庆 粉彩开光松鹤延年海棠口水仙盘	直径26.1cm	207,000	翰风国际	2015.06.19
清嘉庆 粉彩庐山瀑布图葵口碗	直径17.6cm	51,750	北京中汉	2015.05.17
清嘉庆 粉彩庐山十景图碗	直径14.7cm	43,700	北京中汉	2015.04.02
清嘉庆 粉彩描金团寿纹盖碗	直径11.3cm	57,500	北京华辰	2015.05.15
清嘉庆 粉彩模印莲瓣开光花卉衔芝龙纹出筋花口碗	直径18.5cm	32,200	北京中汉	2015.05.17
清嘉庆 粉彩内五蝠捧寿图外寿字盘（一对）	直径17cm	69,000	中国嘉德	2015.06.27

拍品名称	物品尺寸	成交价RMB	拍卖公司	拍卖日期
清嘉庆 粉彩琴棋书画图倭角碗	17.1cm	20,025	香港苏富比	2015.06.01
清嘉庆 粉彩群仙祝寿双耳瓶	高63cm	34,500	北京保利	2015.11.01
清嘉庆 粉彩群仙祝寿双耳瓶	高63cm	34,500	北京保利	2015.11.01
清嘉庆 粉彩人物诗文杯	直径8.2cm	23,000	北京中汉	2015.04.02
清嘉庆 粉彩山水诗文杯	直径7cm	97,750	保利厦门	2015.05.03
清嘉庆 粉彩仕女壁瓶	高21cm	11,500	北京保利	2015.04.26
清嘉庆粉彩寿山福海图盘（一对）	直径17cm	184,000	华艺国际	2015.05.24
清嘉庆 粉彩四季花卉纹葵花式碗	直径17.7cm	31,305	纽约佳士得	2015.03.15
清嘉庆粉彩松石绿地福寿延年茶壶	高14cm	1,841,280	香港苏富比	2015.10.07
清嘉庆 粉彩松下高士瓶	高37cm	34,500	北京保利	2015.04.26
清嘉庆粉彩太平有象摆件（一对）	高35cm	471,500	中国嘉德	2015.05.16
清嘉庆粉彩桃纹菊瓣纹盘（一对）	直径12.3cm×2	67,800	辽宁建投	2015.08.30
清嘉庆粉彩万花锦纹杯（一对）	直径8.2cm	297,398	纽约佳士得	2015.03.15
清嘉庆 粉彩万花纹碗	直径13cm	1,026,053	纽约佳士得	2015.09.17
清嘉庆 粉彩万年甲子纹碗	直径18cm	11,500	太平洋	2015.04.17
清嘉庆 粉彩无双谱杯	直径8.3cm	57,500	北京保利	2015.12.09
清嘉庆 粉彩婴戏图盖碗	直径13cm	55,200	北京保利	2015.06.08
清嘉庆 粉彩婴戏图碗	直径11.5cm	207,000	北京翰海	2015.11.28
清嘉庆 粉彩婴戏烟壶	高6.8cm	57,500	北京保利	2015.12.09
清嘉庆粉彩御题诗缠枝莲纹海棠洗	宽16cm	330,453	诚昌国际	2015.12.01
清嘉庆 粉彩斋戒牌	6.3cm	50,295	伦敦苏富比	2015.05.13
清嘉庆 粉彩紫地番莲八吉祥纹贲巴壶	高26cm	3,024,960	香港苏富比	2015.10.07
清嘉庆 粉红地粉彩福寿万年碗（一对）	直径22.6cm×2	600,750	佳士得	2015.06.03
清嘉庆 粉青釉八卦纹琮式瓶	高29cm	115,000	中国嘉德	2015.06.27
清嘉庆 粉青釉洋彩折枝花卉纹八卦琮式瓶	高19.6cm	920,000	北京翰海	2015.11.28
清嘉庆 黄底粉彩仙人图	高39cm	6,448,050	澳门中信	2015.06.21
清嘉庆 黄地百子图碗（一对）	直径7cm	74,244	中国嘉德	2015.04.06
清嘉庆 黄地粉彩“万年甲子”盘（一对）	直径19.6cm	143,393	纽约佳士得	2015.09.17
清嘉庆黄地粉彩博古纹盘（一对）	直径16.5cm	230,000	上海敬华	2015.06.30
清嘉庆 黄地粉彩缠枝花卉纹花盆	高15cm	115,000	西泠拍卖	2015.07.05
清嘉庆 黄地粉彩佛日常明碗	直径11.5cm	1,035,000	北京保利	2015.12.09
清嘉庆 黄地粉彩开光婴戏图圆盒（一对）	直径11.5cm×2	550,688	佳士得	2015.06.03
清嘉庆 黄地粉彩镂雕“福庆有余”盖碗（一对）	直径12cm	39,831	纽约佳士得	2015.09.17
清嘉庆 黄地粉彩双龙赶珠纹盖豆	高28.6cm	1,354,263	纽约苏富比	2015.09.15
清嘉庆 黄地粉彩御制诗海棠式茶盘（一对）	长16.8cm	1,513,125	香港苏富比	2015.04.07
清嘉庆黄地粉彩轧道开光花卉纹碗	直径15cm	322,000	保利厦门	2015.05.03
清嘉庆 金地粉彩狮球图盖碗（一对）	直径10.9cm	28,750	中国嘉德	2015.04.01
清嘉庆 蓝地粉彩轧道开光“重阳菊艳”纹碗		86,250	北京中汉	2015.09.21
清嘉庆 绿地粉彩缠枝莲托八吉祥纹（五供一套）	高29.7cm×5	2,531,160	佳士得	2015.06.03
清嘉庆绿地粉彩缠枝莲纹喜字瓶	高30cm	977,500	上海敬华	2015.06.30
清嘉庆 绿地粉彩莲托八宝纹三足香炉	长28.7cm	1,955,000	北京翰海	2015.11.28
清嘉庆 青花粉彩蝙蝠桃瓶	高36cm	2,947,680	澳门中信	2015.06.21
清嘉庆 青花粉彩折枝花卉纹碗		48,300	北京中汉	2015.09.21
清嘉庆 青花加粉彩四时花卉盘	直径15.3cm	40,250	北京保利	2015.06.08
清嘉庆 秋葵绿地粉彩缠枝莲托八吉祥“三多”纹瓷板	长32.6cm	92,000	北京中汉	2015.05.17
清嘉庆 珊瑚红地八吉祥花觚（一对）	高26.5cm	3,220,000	北京保利	2015.12.08
清嘉庆 松石绿地粉彩暗八仙团寿太白罐	高21cm	1,840,000	北京保利	2015.06.08
清嘉庆 松石绿地粉彩八吉祥纹贲巴瓶	高26.5cm	1,939,920	保利香港	2015.10.06
清嘉庆 松石绿地粉彩缠枝宝相花纹撇口瓶		126,500	北京中汉	2015.09.21
清嘉庆 松石绿地粉彩缠枝莲托八宝纹三足炉	高32.5cm	1,023,500	北京匡时	2015.06.06
清嘉庆 松石绿地粉彩雕瓷香插	直径11cm	13,800	华艺国际	2015.03.29
清嘉庆 松石绿地粉彩番莲吉庆福寿纹如意耳瓶	高30.5cm	1,058,000	西泠拍卖	2015.07.05
清嘉庆 松石绿地婴戏印盒	直径7.5cm	63,250	北京保利	2015.04.26
清嘉庆 松石绿釉珍珠地粉彩婴戏图印盒	直径6.5cm	20,700	上海敬华	2015.04.26
清嘉庆 咸丰 米黄釉矾红暗八仙纹碗 粉彩庆寿图花口碗各（一只）	直径16.2cm；直径14.2cm	13,800	中国嘉德	2015.06.27
清嘉庆 胭脂地粉彩莲托八宝纹贲巴瓶	高25cm	2,760,000	保利厦门	2015.05.02
清嘉庆 胭脂紫地粉彩九秋小碗	直径9cm	690,000	中国嘉德	2015.05.16
清嘉庆 胭脂紫地粉彩描金花卉御题诗文海棠盘	长17cm	138,000	中鸿信	2015.07.29
清嘉庆 御窑黄地粉彩瓜瓞绵绵纹盖罐	高31.5cm	4,255,000	北京东正	2015.11.19
清嘉庆 御窑洋彩西番莲托八吉祥纹贲巴壶	高19.4cm	2,875,000	北京东正	2015.11.19
清嘉庆 紫地粉彩海屋添筹双耳瓶	高31.7cm	17,825,000	北京翰海	2015.06.28
清嘉庆/道光 粉彩题诗曲车流涎图插屏	高23.4cm	520,650	香港苏富比	2015.06.01
清中期豆青地粉彩安居乐业图盖碗	直径11cm	10,925	华艺国际	2015.03.29
清中期 矾红缠枝莲开光粉彩仕女婴戏图盘（一对）	直径20.3cm	13,800	中国嘉德	2015.04.01
清中期粉彩“十二花神图”水仙盆	长24.5cm	23,000	广州皇玛	2015.01.17
清中期 粉彩暗八仙花卉开光山水纹莲耳方瓶（一对）	高36.4cm	20,700	中国嘉德	2015.09.19
清中期 粉彩八仙方瓶	高38cm	40,250	北京翰海	2015.09.13
清中期 粉彩八仙人物图灯笼瓶	高19.2cm	299,000	北京中汉	2015.05.17
清中期 粉彩大吉板插屏	高63cm	32,200	华艺国际	2015.03.29
清中期粉彩刀马人物大瓶（一对）	高87cm	126,500	北京保利	2015.04.26
清中期 粉彩仿石纹釉开光花卉观音瓶	高40cm	69,000	北京保利	2015.06.08
清中期 粉彩荷塘清趣图笔筒	高12.9cm	115,000	北京东正	2015.05.19
清中期 粉彩荷叶形水洗	宽32.5cm	43,700	中国嘉德	2015.11.15
清中期 粉彩花卉开光胭脂红夔龙大画缸	直径52cm	230,000	北京保利	2015.12.09
清中期 粉彩花卉双耳炉	高30cm	23,000	北京保利	2015.11.01
清中期 粉彩花卉双耳炉	高30cm	23,000	北京保利	2015.11.01
清中期 粉彩花卉纹套杯	尺寸不一	32,200	华艺国际	2015.03.29
清中期 粉彩骏马图杯（一对）	高6.5cm	17,250	北京华辰	2015.05.15
清中期 粉彩开光博古人物束腰六方瓶	高59cm	172,500	广州皇玛	2015.07.25
清中期 粉彩龙纹花卉盖罐	高25cm	10,350	北京保利	2015.11.01
清中期 粉彩龙纹花卉盖罐	高25cm	10,350	北京保利	2015.11.01
清中期 粉彩人物花盆	高18cm	23,000	广州皇玛	2015.07.25
清中期粉彩外莲瓣内金玉满堂纹洗	直径20cm	17,250	北京中汉	2015.09.21
清中期 黄地粉彩缠枝莲福寿纹葫芦形挂屏	长47cm	207,000	北京翰海	2015.11.28
清道光“慎德堂制”粉彩百子龙舟图花口盘	高3.5cm；口径23cm	69,000	西泠拍卖	2015.07.05
清道光白地轧道粉彩麻姑献寿笔筒	高12cm	13,800	北京保利	2015.12.09
清道光 道光青花粉彩婴戏图小杯	直径6.5cm	23,000	八益拍卖	2015.04.26
清道光 粉彩“富贵神仙”铃铛杯	直径10cm	31,865	纽约佳士得	2015.09.17
清道光粉彩“瓜瓞绵绵”碗（一对）	直径11.1cm	398,313	纽约佳士得	2015.09.17
清道光 粉彩“一路连科”纹碗	高7cm	224,000	北京荣宝	2015.11.29
清道光 粉彩暗八仙盖碗	直径11cm	51,750	中国嘉德	2015.11.15
清道光 粉彩八宝碗（一对）	直径11cm	17,250	北京保利	2015.01.24
清道光 粉彩八宝纹杯	直径11cm	81,668	中国嘉德	2015.04.06
清道光 粉彩八吉祥杯	直径10.7cm	115,000	北京保利	2015.12.09
清道光 粉彩八吉祥纹杯	6.8cm	30,038	香港苏富比	2015.06.01
清道光粉彩八吉祥纹茶碗（一对）	直径10.8cm	166,750	北京中汉	2015.05.17
清道光 粉彩八吉祥纹盘	直径15cm	25,300	华艺国际	2015.03.29
清道光 粉彩八蛮进宝图八角杯	高6cm	69,000	北京中汉	2015.04.02

2015瓷器拍卖成交汇总

(成交价RMB：1万元以上)

拍品名称	物品尺寸	成交价RMB	拍卖公司	拍卖日期
清道光 粉彩八桃洪福齐天纹盘	直径15.7cm	95,200	北京荣宝	2015.08.30
清道光 粉彩八仙人物轧道海水纹四方杯	高4cm	425,600	北京荣宝	2015.06.21
清道光 粉彩白菜丰登鼻烟壶	高7.3cm	36,800	北京保利	2015.12.09
清道光 粉彩百蝶罐	高16cm	43,700	北京保利	2015.04.26
清道光 粉彩报岁兰纹盘（一对）	直径17.6cm	23,000	中国嘉德	2015.04.01
清道光 粉彩博古纹双耳瓶	高31cm	207,000	西泠拍卖	2015.07.05
清道光 粉彩博古纹碗	直径17.5cm	28,750	广州皇玛	2015.07.25
清道光粉彩缠枝花卉蝠寿纹多孔盘	直径39.8cm	241,500	北京翰海	2015.06.28
清道光 粉彩缠枝花卉莲瓣纹瓶	高15cm	65,750	帝图艺术	2015.04.12
清道光 粉彩缠枝花卉碗（二件）	直径16.2cm	138,000	北京翰海	2015.06.28
清道光 粉彩缠枝莲纹碗	直径13.7cm	63,730	纽约佳士得	2015.09.17
清道光 粉彩虫草纹花口碟	直径12.5cm	20,430	江苏聚德	2015.07.01
清道光 粉彩癞瓜碗	直径11.7cm	112,700	北京匡时	2015.12.05
清道光粉彩雕瓷花卉纹碗（一对）	直径22.5cm×2	356,500	北京匡时	2015.06.06
清道光 粉彩洞石花鸟纹碗	直径14.9cm	63,250	北京中汉	2015.05.17
清道光 粉彩二龙戏珠纹象耳瓶	高41cm	138,000	太平洋	2015.04.17
清道光 粉彩封侯挂印图花口盘（一对）	直径17.2cm	10,350	中国嘉德	2015.06.27
清道光粉彩福禄万代纹碗（一对）	直径14.5cm×2	690,000	保利厦门	2015.05.02
清道光 粉彩福山寿海图撇口瓶	高29cm	1,138,500	北京东正	2015.05.19
清道光 粉彩福山寿海五谷丰登纹小碗（一对）	直径10.6cm	230,000	北京中汉	2015.05.17
清道光 粉彩福寿花卉盘	直径16cm	115,000	北京保利	2015.06.08
清道光粉彩福寿三多纹碗（一对）	直径9.3cm×2	25,300	保利厦门	2015.08.02
清道光 粉彩福寿纹碗	直径18.5cm	13,800	北京翰海	2015.09.13
清道光 粉彩福寿盏托（一对）	直径12cm	57,500	北京保利	2015.11.01
清道光 粉彩福寿盏托（一对）	直径12cm	57,500	北京保利	2015.11.01
清道光 粉彩耕织图缸	直径33cm	17,250	中国嘉德	2015.06.27
清道光 粉彩耕织图诗文莲瓣碗	直径16.7cm	11,500	中国嘉德	2015.04.01
清道光 粉彩过枝癞瓜纹碗	直径11cm	339,486	保利香港	2015.10.06
清道光 粉彩荷花盖碗（一对）	直径11cm×2	322,000	北京诚轩	2015.11.14
清道光 粉彩荷莲鸳鸯墩式碗	直径15.2cm	115,000	北京翰海	2015.11.28
清道光 粉彩花碟图盖盅	直径11.8cm	25,300	北京诚轩	2015.11.14
清道光 粉彩花蝶图盖盅	直径11.8cm	80,500	北京诚轩	2015.05.17
清道光 粉彩花卉杯	高6.5cm	32,200	北京翰海	2015.03.15
清道光 粉彩花卉杯（二件）	直径5.9cm	34,500	北京翰海	2015.11.28
清道光 粉彩花卉笔筒	高11.5cm	34,500	北京保利	2015.04.25
清道光 粉彩花卉纹杯	直径9.7cm	115,000	北京中汉	2015.05.17
清道光 粉彩花卉纹笔筒	高12cm	58,198	中国嘉德	2015.10.06
清道光 粉彩花卉纹碟（一对）	宽15cm	86,862	诚昌国际	2015.12.01
清道光 粉彩花卉纹如意耳瓶	高31cm	414,000	西泠拍卖	2015.07.05
清道光 粉彩花鸟纹小杯（一对）		17,250	北京中汉	2015.09.21
清道光 粉彩欢天喜地杯（一对）	直径8.5cm	20,700	北京保利	2015.04.26
清道光 粉彩绘“印心石屋”题诗文杯（两件）	直径7.7cm	181,575	佳士得	2015.04.06
清道光 粉彩锦地开光花卉纹盖碗	直径11.7cm	20,700	中国嘉德	2015.09.19
清道光 粉彩九秋盖碗（一对）	直径10.8cm	253,000	北京保利	2015.06.08
清道光粉彩开光雕瓷人物四方笔筒	长5.8cm	55,200	苏州东方	2015.07.02
清道光 粉彩夔凤墩式碗	直径13.5cm	80,500	北京翰海	2015.11.28
清道光 粉彩夔凤纹大碗	直径21cm	201,600	北京荣宝	2015.06.21
清道光 粉彩莲瓣盖碗	直径10.8cm	637,300	纽约佳士得	2015.09.17
清道光 粉彩莲瓣盖碗（一对）	直径10.7cm	322,000	太平洋	2015.04.17
清道光 粉彩莲瓣纹盖碗	高9.5cm	115,000	西泠拍卖	2015.07.05
清道光 粉彩莲花供器	高28.5cm	69,000	北京保利	2015.06.08
清道光粉彩灵芝祝寿纹盘（一对）	直径16cm	115,000	北京匡时	2015.06.06
清道光 粉彩龙凤纹杯（一对）	直径7.5cm×2	161,000	厦门华辰	2015.06.20
清道光 粉彩描金荷花盖碗	直径10.8cm	368,000	北京匡时	2015.06.06
清道光 粉彩描金花卉纹盖碗	89cm	154,125	香港苏富比	2015.10.07
清道光粉彩描金五蝠捧寿碗（二件）	直径17.4cm	690,000	北京翰海	2015.11.28
清道光 粉彩蟠桃献寿图碗	21cm	160,200	香港苏富比	2015.06.01
清道光粉彩七珍八宝纹杯（一对）	直径8.6cm×2	69,000	北京诚轩	2015.05.17
清道光 粉彩七珍图杯（一对）	直径8.5cm	46,403	中国嘉德	2015.04.06
清道光 粉彩七珍碗	直径12.5cm	57,500	北京保利	2015.12.09
清道光 粉彩人物笔筒	直径6.6cm	207,000	翰风国际	2015.06.19

拍品名称	物品尺寸	成交价RMB	拍卖公司	拍卖日期
清道光 粉彩人物对杯	高6.3cm	46,000	西泠拍卖	2015.07.05
清道光 粉彩人物方瓶	高29cm	46,000	广州皇玛	2015.01.17
清道光 粉彩人物高士烟壶	高6.2cm	28,750	北京保利	2015.12.09
清道光 粉彩人物故事鼻烟壶	高5.8cm	25,300	中鸿信	2015.07.29
清道光 粉彩人物纹四方倭角杯（一对）	直径6.8cm	10,350	中国嘉德	2015.04.01
清道光 粉彩人物烟壶	高6.3cm	17,250	北京保利	2015.12.09
清道光 粉彩三多纹墩式碗	直径15cm	632,500	保利厦门	2015.05.03
清道光 粉彩山水人物马蹄碗	直径18cm	134,400	北京荣宝	2015.08.30
清道光 粉彩山水碗（一对）	直径11cm×2	32,200	广州皇玛	2015.01.17
清道光 粉彩生活场景图各式杯（八只）	约高5cm；直径6cm	207,000	古天一	2015.06.06
清道光 粉彩十二花神图花口盘（一对）	直径24cm	80,500	中国嘉德	2015.04.01
清道光 粉彩仕女烟壶	高6.5cm	48,300	北京保利	2015.12.09
清道光 粉彩绶带梅花图大盘	直径25cm	20,700	中国嘉德	2015.04.01
清道光 粉彩四喜登梅鼻烟壶	高6.5cm	40,250	北京保利	2015.12.09
清道光 粉彩松绿锦地开光瑞兽花卉纹画缸	直径40cm	161,000	广州皇玛	2015.07.25
清道光 粉彩桃纹碗（一对）	直径12.5cm×2	180,800	辽宁建投	2015.08.30
清道光粉彩无双谱人物故事诗文杯	直径8.4cm	36,800	中国嘉德	2015.04.01
清道光 粉彩无双谱人物故事图杯 粉彩江西十景东湖夜月山水人物纹杯各一只	直径7cm；直径6.7cm	28,750	中国嘉德	2015.09.19
清道光 粉彩无双谱纹壶	长16cm	17,250	太平洋	2015.07.18
清道光粉彩五福兰花纹盘（一对）	直径14.2cm	54,784	纽约苏富比	2015.03.21
清道光 粉彩喜鹊登梅图大碗	直径18.5cm	59,800	中国嘉德	2015.06.27
清道光 粉彩一路连科碗	直径14.9cm	140,873	纽约佳士得	2015.03.15
清道光粉彩婴戏图盖碗（一对）	直径11.2cm	138,000	中国嘉德	2015.06.27
清道光 粉彩婴戏图盘（二件）	直径14.2cm	92,000	北京翰海	2015.06.28
清道光 粉彩婴戏图碗（一对）	直径14cm×2	598,000	保利厦门	2015.05.03
清道光 粉彩婴戏图碗（一对）	直径14.5cm×2	23,000	广州皇玛	2015.01.17
清道光 粉彩鱼藻纹碗	直径15.4cm	57,500	北京翰海	2015.06.28
清道光粉彩御制诗三阳开泰笠式碗	直径13.6cm	207,000	博美拍卖	2015.07.19
清道光 粉彩轧道开光花卉纹碗（二件）	直径14.5cm×2	598,000	保利厦门	2015.05.03
清道光 粉彩轧道开光花卉纹碗（一对）	直径17cm	69,000	苏州东方	2015.07.02
清道光 粉彩张天师斩五毒图盘	直径24.8cm	287,500	北京华辰	2015.05.15
清道光 粉彩折枝花卉蝠纹碗（二件）	直径13cm	287,500	北京翰海	2015.11.28
清道光 粉彩折枝花卉纹菊瓣碗一对及清雍正粉彩花卉图盘	16.3及35.2cm	30,038	香港苏富比	2015.06.01
清道光 粉彩折枝梅花纹洗	口径13.5cm	126,500	西泠拍卖	2015.07.05
清道光 粉彩竹纹瓜棱形水丞	直径8.5cm	29,099	中国嘉德	2015.10.06
清道光 粉地粉彩缠枝花卉喜字纹大婚碗（一对）	直径21cm	287,500	北京保利	2015.12.09
清道光 粉红地粉彩拐子龙开光莲纹倭角方碗	宽16.3cm	79,663	纽约佳士得	2015.09.17
清道光 红釉粉彩水藻金鱼纹碗（一对）	直径11.4cm	234,788	纽约苏富比	2015.03.21
清道光 黄地粉彩“佛日常明”碗（一对）	直径11.6cm	345,000	西泠拍卖	2015.07.05
清道光 黄地粉彩“佛日长明”碗	直径16.3cm	191,663	佳士得	2015.04.06
清道光 黄地粉彩缠枝福寿碗	直径11.5cm	19,550	太平洋	2015.07.18
清道光黄地粉彩花卉五蝠盘（二件）	直径17cm	230,000	北京翰海	2015.11.28
清道光 黄地粉彩开光博古图碗	直径18.1cm	32,200	苏州东方	2015.07.02
清道光 黄地粉彩开光四季花卉碗	直径15cm	115,000	北京保利	2015.06.08
清道光 黄地粉彩喜福连连纹撇口瓶	高24.1cm	632,500	北京东正	2015.05.19
清道光 黄地粉彩婴戏瓶	高30cm	1,403,000	翰风国际	2015.06.19
清道光 黄地粉彩轧道锦地开光花卉图碗（一对）	直径14.5cm	706,125	香港苏富比	2015.04.07
清道光 黄地粉彩轧道开光四季山水纹碗		40,250	北京中汉	2015.09.21

拍品名称	物品尺寸	成交价RMB	拍卖公司	拍卖日期
清道光 黄地洋彩缠枝花卉纹碗（二件）	直径14.8cm	552,000	北京翰海	2015.11.28
清道光 黄地轧道粉彩开光三阳开泰图碗	直径15cm	313,600	博美拍卖	2015.07.19
清道光 黄地轧道粉彩开光羊纹碗（一对）	直径14.7cm	598,750	伦敦苏富比	2015.05.13
清道光 黄地轧道开光三阳开泰碗	直径14.6cm	287,500	北京华辰	2015.05.15
清道光 吉祥如意兰花碗（一对）	口径19.7cm	32,200	深圳市拍	2015.07.19
清道光 蓝地粉彩缠枝花卉纹盖盒	长8cm	184,000	北京诚轩	2015.11.14
清道光 蓝地粉彩云鹤纹炉		23,000	北京中汉	2015.09.21
清道光 里青花外胭脂红地粉彩轧道开光五谷丰登碗	直径14.8cm	153,938	佳士得	2015.12.02
清道光 绿彩赶珠云龙纹盘	18.2cm	70,088	香港苏富比	2015.06.01
清道光 绿地粉彩三羊开泰图螭耳大瓶	长69cm	410,500	佳士得	2015.12.02
清道光 米黄地粉彩花鸟碗	直径17cm	16,100	北京翰海	2015.07.19
清道光 米黄釉粉彩花卉草虫碗（二件）	直径10.1cm	57,500	北京翰海	2015.06.28
清道光 内矾红五蝠纹外黄地洋彩缠枝花卉纹大碗	直径18.4cm	276,000	中国嘉德	2015.04.01
清道光 内粉彩折枝花虫纹外仿木釉折沿盆	直径28.5cm	32,200	中国嘉德	2015.04.01
清道光 内绿釉外粉彩十二花神图茶碗（一对）	直径10.7cm	78,200	中国嘉德	2015.09.19
清道光 内青花外黄地轧道粉彩花卉开光三羊开泰图碗	高6.5cm；直径15.3cm	213,391	保利香港	2015.10.06
清道光 青花粉彩花神杯	直径6cm	115,000	翰风国际	2015.06.19
清道光 珊瑚红地粉彩八仙人物纹大碗（一对）	直径19.3cm	11,500	中国嘉德	2015.04.01
清道光珊瑚红地粉彩花卉碗（一对）	直径12.7cm	172,500	中国嘉德	2015.11.15
清道光 珊瑚红地粉彩花卉纹菱花式碗（一对）	直径18.5cm	430,444	纽约佳士得	2015.03.15
清道光珊瑚红地粉彩开光花卉纹碗	高6cm	402,500	保利厦门	2015.05.02
清道光 松绿地粉彩双喜番莲纹盘	直径39cm	230,000	北京保利	2015.06.08
清道光 松石绿地粉彩番莲福寿纹高足碗	19.7cm	50,063	香港苏富比	2015.06.01
清道光松石绿地粉彩花卉寿字纹笔筒	高12cm	264,500	中国嘉德	2015.11.15
清道光 松石绿地粉彩花卉碗	直径14cm	46,000	八益拍卖	2015.11.01
清道光 外矾红内粉彩四方钵	直径16.6cm	78,263	纽约佳士得	2015.03.15
清道光 胭脂红地粉彩轧道锦地开光清供图碗	14.3cm	383,325	香港苏富比	2015.04.07
清道光 胭脂红地开光粉彩农事图碗（一对）	直径17.5cm	345,000	北京保利	2015.12.09
清道光 胭脂红地轧道粉彩开光五谷丰登碗	直径15cm	302,400	博美拍卖	2015.07.19
清道光 胭脂红轧道开光粉彩博古图碗	直径14.9cm	207,000	北京保利	2015.06.08
清道光 胭脂紫地开光粉彩山水盘（一对）	直径15.5cm	126,500	北京保利	2015.06.08
清道光 胭脂紫地轧道开光粉彩花卉纹碗	14.8cm	672,000	天津文物	2015.05.22
清道光 御窑慎德堂粉彩"吉庆有余"花盆	直径29.3cm	1,437,500	北京东正	2015.05.19
清道光 御窑慎德堂粉彩诗文杯	直径10.9cm	1,725,000	北京东正	2015.05.19
清道光 御窑慎德堂洋彩锦格纹高壮罐	高28.8cm	805,000	北京东正	2015.05.19
清道光/咸丰 徐新顺作粉彩荷叶式盖盒	10cm	60,075	香港苏富比	2015.06.01
清咸丰 粉彩八宝纹杯	直径8.4cm	23,000	八益拍卖	2015.04.26
清咸丰 粉彩八宝纹杯	直径7cm	69,000	中国嘉德	2015.09.19
清咸丰 粉彩八宝纹小碗	直径10.5cm	101,200	中国嘉德	2015.04.01
清咸丰 粉彩耕织图八方杯	直径9cm	17,250	中国嘉德	2015.04.01
清咸丰 粉彩海水莲托八宝纹高足盘（二件）	直径14.3cm	57,500	北京翰海	2015.11.28
清咸丰 黄地粉彩开光花卉海棠式瓶	高24.2cm	138,000	北京翰海	2015.11.28

拍品名称	物品尺寸	成交价RMB	拍卖公司	拍卖日期
清咸丰 粉彩锦地折枝牡丹纹杯（一对）	直径8.9cm	328,800	香港苏富比	2015.10.07
清咸丰 粉彩梅兰竹菊四君子图小贯耳瓶（一对）	高12.1cm	276,000	中国嘉德	2015.04.01
清咸丰 粉彩人物小天球瓶	高20cm	11,500	广州皇玛	2015.07.25
清咸丰 粉彩战将人物狮耳大瓶（一对）	高60cm × 2	80,500	广州皇玛	2015.01.17
清同治粉彩八宝吉祥纹盘（一对）	直径15cm × 2	280,000	北京荣宝	2015.03.29
清同治 粉彩八宝纹盘	直径18cm	92,000	北京翰海	2015.07.19
清同治粉彩八吉祥莲纹盘（一对）	2cm × 15cm	107,775	伦敦苏富比	2015.05.13
清同治 粉彩八吉祥纹盘	直径15cm	59,747	纽约佳士得	2015.09.17
清同治 粉彩八吉祥纹碗一对	10.7cm	110,138	香港苏富比	2015.06.01
清同治 粉彩八仙瓷板屏风	136cm × 84cm	36,800	北京保利	2015.04.26
清同治 粉彩八仙帽筒（一对）	高28cm	25,300	北京保利	2015.04.25
清同治 粉彩缠枝葫芦"福禄寿喜"纹盘	直径17.1cm	17,250	北京中汉	2015.04.02
清同治 粉彩佛教人物杯	直径9cm	28,750	北京保利	2015.04.26
清同治 粉彩浮雕十八罗汉瓶	高21.8cm	23,000	太平洋	2015.07.18
清同治 粉彩关公瓷板（一组）	高43cm	115,000	远方拍卖	2015.07.01
清同治 粉彩红拂女笔筒	直径6.4cm	11,350	江苏聚德	2015.07.01
清同治 粉彩花蝶纹碗（一对）	各直径15.5cm	74,750	翰风国际	2015.05.19
清同治粉彩花卉、花鸟碗（四件）	尺寸不一	10,350	北京保利	2015.04.25
清同治 粉彩花卉八宝高足盘	直径22cm	23,000	北京保利	2015.01.24
清同治 粉彩花卉大吉图瓶	高61cm	13,800	北京翰海	2015.09.13
清同治 粉彩花卉碗	直径14.5cm	23,000	北京保利	2015.01.24
清同治 粉彩花卉纹对杯	高5cm；口径6cm	32,200	西泠拍卖	2015.07.05
清同治 粉彩开光人物瓶	高61cm	17,250	北京翰海	2015.09.13
清同治 粉彩龙纹盖碗（二件）	直径10.7cm	17,250	北京翰海	2015.06.28
清同治粉彩芦雁纹小杯（一对）	直径6.2cm × 2	33,600	北京荣宝	2015.08.30
清同治 粉彩人物抱月瓶 (2件)	高44.5cm	23,000	北京翰海	2015.07.19
清同治 粉彩人物故事天球瓶	高59cm	17,250	华艺国际	2015.03.29
清同治粉彩人物寿字碗（六件）	尺寸不一	11,500	北京保利	2015.04.25
清同治 粉彩人物碗（五件）	尺寸不一	20,700	北京保利	2015.04.25
清同治 粉彩人物纹菊瓣盖碗	直径12.3cm	11,500	中国嘉德	2015.06.27
清同治 粉彩人物攒盘	L34cm	20,700	北京翰海	2015.07.19
清同治 粉彩人物攒盘（十四件）	尺寸不一	13,800	北京保利	2015.04.25
清同治 粉彩神仙人物纹狮耳方瓶（一对）	高43.8cm	43,700	中国嘉德	2015.04.01
清同治 粉彩仕女图碗（一对）	口径16.5cm	16,100	深圳市拍	2015.07.19
清同治 粉彩松鹰图盘	直径19.5cm	50,871	纽约苏富比	2015.03.21
清同治 粉彩太白醉酒壶	通高18.3cm	36,800	深圳市拍	2015.07.19
清同治 粉彩一品富贵花口碗	口径12.4cm	29,900	深圳市拍	2015.07.19
清同治 粉彩鱼藻纹碗（一对）	直径16cm × 2	17,250	广州皇玛	2015.07.25
清同治 粉彩折枝花卉纹捧盒	直径31cm	220,275	香港苏富比	2015.06.01
清同治 黄地粉彩"喜上眉梢"图杯（三件）	直径9cm	151,359	纽约佳士得	2015.09.17
清同治黄地粉彩红蝠纹盘（一对）	直径21.8cm	119,494	纽约苏富比	2015.09.15
清同治黄地粉彩花鸟杯（一对）	宽8.8cm	42,560	博美拍卖	2015.07.19
清同治 黄地粉彩花鸟纹碟	宽22cm	37,674	香港普艺	2015.10.10
清同治 黄地粉彩喜鹊登梅图杯（四只）	直径6cm	65,957	中国嘉德	2015.10.06
清同治 黄地粉彩喜鹊登梅图大碗（一对）	直径16.5cm	23,000	中国嘉德	2015.04.01
清同治 黄地粉彩喜鹊登梅图洗	直径16cm	13,800	中国嘉德	2015.09.19
清同治 黄地粉彩喜鹊登梅纹盘	直径38.2cm	172,500	上海泓盛	2015.06.20
清同治 黄地粉彩喜鹊登梅小杯（一对）	直径8.5cm	80,500	八益拍卖	2015.04.26
清同治 黄地粉彩喜上眉梢盘	直径15.5cm	11,500	华艺国际	2015.03.29
清同治 黄地粉彩喜上眉梢图杯		17,250	北京中汉	2015.09.21
清同治 胭脂红地粉彩"岁寒三友"图蛐蛐罐（一套）	高11cm	218,500	华艺国际	2015.05.24
清同治 胭脂红釉粉彩岁寒三友开光诗文太极图蟋蟀罐		63,250	北京中汉	2015.09.21
清同治十三年（1874年）作 碧珊绘粉彩人物纹铺首尊	高62.5cm	48,300	中国嘉德	2015.04.01

2015瓷器拍卖成交汇总

(成交价RMB：1万元以上)

拍品名称	物品尺寸	成交价RMB	拍卖公司	拍卖日期
清同治 粉彩八宝纹碗	直径21cm	20,700	太平洋	2015.11.21
清同治粉彩八吉祥盖碗（一对）	直径10.7cm	172,500	北京保利	2015.12.09
清同治 粉彩花鸟纹碗（二件）	直径15.3cm	92,000	北京翰海	2015.11.28
清同治 粉彩美人教子兽耳方瓶（一对）	高38.5cm	30,213	诚昌国际	2015.12.02
清同治 粉彩人物杯碟（一对）	直径9.5cm	11,500	八益拍卖	2015.11.01
清同治 粉彩人物故事画缸	直径21.2cm	40,250	太平洋	2015.11.21
清同治 粉彩三羊开泰人物纹小杯（二件）	直径6cm	57,500	北京翰海	2015.11.28
清同治 黄地粉彩百蝶双喜盖碗	直径10.6cm	57,500	北京保利	2015.12.09
清同治 黄地粉彩百子图杯	直径8.2cm	80,500	北京翰海	2015.11.28
清同治 黄地粉彩福寿纹盘	直径19.3cm	10,350	北京诚轩	2015.11.14
清同治 黄地粉彩喜上梅梢大碗	直径17.5cm	20,700	北京保利	2015.11.01
清同治 黄地粉彩喜上梅梢大碗	直径17.5cm	20,700	北京保利	2015.11.01
清同治 外粉彩内青花荷花纹碗	直径15.3cm	23,000	泰和嘉成	2015.11.21
清光绪 1891年 粉彩三友图小瓶	高9.9cm	28,750	中国嘉德	2015.04.01
清光绪 1896年 许达生款浅绛彩花鸟纹大碗	直径21cm	29,900	中国嘉德	2015.09.19
清光绪 大雅斋花盆（一对）	长28.5cm×2	89,600	北京荣宝	2015.03.29
清光绪 大雅斋黄地粉彩藤萝花鸟纹大花盆	直径37cm	63,730	纽约佳士得	2015.09.17
清光绪 大雅斋款紫地粉彩花鸟纹长方水仙盆	23.9cm	58,240	天津文物	2015.05.22
清光绪 豆青粉彩花卉花盆	宽38cm	13,800	北京保利	2015.04.25
清光绪 豆青釉加洋彩花卉纹双兽耳尊	高52cm	52,900	北京保利	2015.01.24
清光绪 粉彩“八大拿”戏曲人物图帽筒	27.8cm	17,920	天津文物	2015.05.22
清光绪 粉彩“福禄寿”小杯（一对）	直径9cm	69,000	八益拍卖	2015.11.01
清光绪 粉彩“结子生孙”图盘（一对）	直径19cm	71,696	纽约佳士得	2015.09.17
清光绪 粉彩“寿山福海”图宝珠顶茶叶罐（一对）	高33cm	230,000	华艺国际	2015.05.24
清光绪 粉彩“万寿无疆”盘（一对）	直径25cm×2	17,250	广州皇玛	2015.07.25
清光绪 粉彩“五伦图”纹铺首瓶	高51cm	172,500	广州皇玛	2015.07.25
清光绪 粉彩八宝大盘	直径33cm	13,800	北京保利	2015.01.24
清光绪 粉彩八宝纹杯	高4.6cm	25,300	太平洋	2015.04.17
清光绪 粉彩八宝纹大盘	直径34.3cm	17,250	中国嘉德	2015.09.19
清光绪粉彩八宝纹盖碗（一对）	直径10.5cm	40,250	辽宁中正	2015.06.13
清光绪 粉彩八宝纹盘	直径34.5cm	55,200	北京匡时	2015.06.06
清光绪粉彩八吉祥酒杯（一对）	直径5.8cm	97,494	佳士得	2015.12.02
清光绪 粉彩八吉祥纹茶盖碗成套（一对）	高10cm	287,500	华艺国际	2015.05.24
清光绪 粉彩八吉祥纹盘	34.2cm	45,056	香港苏富比	2015.06.01
清光绪粉彩八吉祥纹碗（一对）	高5.5cm	48,300	西泠拍卖	2015.07.05
清光绪 粉彩八桃盘（一对）	口径18.3cm	25,300	深圳市拍	2015.07.19
清光绪 粉彩百蝶花盆（一对）	高18cm	69,000	八益拍卖	2015.04.26
清光绪 粉彩百蝶赏瓶	高38cm	36,800	北京保利	2015.11.01
清光绪 粉彩百蝶赏瓶	高39cm	34,500	北京翰海	2015.11.28
清光绪 粉彩百蝶赏瓶	高38cm	36,800	北京保利	2015.11.01
清光绪 粉彩百蝶赏瓶	高39.5cm	230,000	华艺国际	2015.03.29
清光绪 粉彩百蝶赏瓶	高38.4cm	69,000	北京翰海	2015.06.28
清光绪 粉彩百蝶赏瓶	高39cm	36,800	北京保利	2015.01.24
清光绪 粉彩百蝶赏瓶	高40cm	11,500	北京翰海	2015.07.19
清光绪 粉彩百蝶图大盘	直径38.3cm	17,250	中国嘉德	2015.04.01
清光绪 粉彩百蝶纹赏瓶	高39cm	69,000	中国嘉德	2015.11.15
清光绪 粉彩百蝶纹赏瓶	高39.4cm	250,440	纽约佳士得	2015.03.15
清光绪 粉彩百蝶纹赏瓶	高40cm	115,344	罗芙奥	2015.06.02
清光绪 粉彩百蝶纹赏瓶	高39cm	92,000	中国嘉德	2015.05.16
清光绪 粉彩百蝠荸荠瓶	高32cm	92,000	北京保利	2015.04.26
清光绪 粉彩百蝠赏瓶	高39.5cm	28,750	北京保利	2015.11.01
清光绪 粉彩百蝠赏瓶	高39.5cm	28,750	北京保利	2015.11.01
清光绪 粉彩百蝠赏瓶	高39.1cm	201,600	北京荣宝	2015.03.29
清光绪 粉彩百蝠纹赏瓶	高33.7cm	135,426	纽约佳士得	2015.09.17
清光绪 粉彩百花纹大盘	直径33.5cm	11,500	中国嘉德	2015.09.19
清光绪 粉彩百鹿图尊（二件）	高45cm	195,500	北京翰海	2015.11.28
清光绪 粉彩百鹿尊	高46cm	17,250	北京保利	2015.04.26
清光绪 粉彩百鹿尊（一对）	高46.5cm	460,000	中国嘉德	2015.06.27
清光绪 粉彩博古图瓶	高59cm	28,750	北京保利	2015.04.25
清光绪 粉彩茶盘、壶（四件）	尺寸不一	10,350	北京保利	2015.04.25
清光绪 粉彩缠枝花卉碗	直径12.5cm	33,600	北京荣宝	2015.03.29
清光绪 粉彩雕瓷八宝缸	直径41cm	20,700	北京保利	2015.01.24
清光绪粉彩二龙戏珠纹碗（一对）	直径17.2cm	28,750	太平洋	2015.04.17
清光绪 粉彩矾红描金龙纹赏瓶	高40cm	74,750	北京保利	2015.04.26
清光绪粉彩矾红五蝠捧寿纹盘(一对)	直径15.7cm×2	56,000	北京荣宝	2015.08.30
清光绪粉彩矾红祥云百蝠纹大盘	直径50.5cm	402,500	北京保利	2015.12.09
清光绪粉彩矾红游龙戏珠花卉纹盘	直径15cm	47,798	纽约佳士得	2015.09.17
清光绪 粉彩凤鸟纹碗	直径12.3cm	20,712	纽约佳士得	2015.09.17
清光绪 粉彩福禄寿三星造像	尺寸不一	23,000	上海道明	2015.05.09
清光绪 粉彩盖碗（2件）	直径15.2cm	13,800	北京翰海	2015.03.15
清光绪 粉彩瓜果纹碗	直径11cm	32,200	广州皇玛	2015.01.17
清光绪粉彩过墙梅花纹小碗(一对)	直径8.2cm	43,700	上海敬华	2015.06.30
清光绪 粉彩过枝花卉盘	直径25.5cm	23,000	北京翰海	2015.11.28
清光绪 粉彩过枝癞瓜纹盖碗	10.5cm	35,840	天津文物	2015.05.22
清光绪粉彩过枝癞瓜纹盘（一对）	直径18.8cm	17,250	中国嘉德	2015.04.01
清光绪粉彩过枝癞瓜纹碗（一对）	直径11.7cm	32,200	中国嘉德	2015.04.01
清光绪粉彩荷花秋操杯（一对）	直径19.5cm×2	287,500	厦门华辰	2015.06.20
清光绪 粉彩荷塘花卉碗	直径15cm	28,750	保利厦门	2015.05.03
清光绪 粉彩洪福齐天盘	直径34.2cm	117,394	纽约佳士得	2015.03.15
清光绪 粉彩花蝶蝠纹盘（二件）	直径19cm	69,000	北京翰海	2015.06.28
清光绪 粉彩花蝶图盖碗	直径25.8cm	135,800	景薰楼	2015.06.21
清光绪 粉彩花蝶纹壮罐	高27.6cm	32,200	中国嘉德	2015.04.01
清光绪 粉彩花卉杯（二件）	直径7.2cm	46,000	北京翰海	2015.11.28
清光绪 粉彩花卉蝶纹罐	高39.5cm	632,500	西泠拍卖	2015.07.05
清光绪 粉彩花卉盖盒	直径24cm	13,800	北京保利	2015.04.25
清光绪粉彩花卉将军罐（一对）	高48cm×2	138,000	广州皇玛	2015.07.25
清光绪粉彩花卉龙纹盘（一对）	直径19cm×2	78,400	北京荣宝	2015.06.21
清光绪 粉彩花卉碗	直径13cm	17,250	广州皇玛	2015.01.17
清光绪 粉彩花卉纹杯（一对）	直径5.8cm	10,350	中国嘉德	2015.04.01
清光绪 粉彩花卉纹盖罐	高14.7cm	10,350	中国嘉德	2015.06.27
清光绪 粉彩花卉纹碗（一对）	直径13.5cm	13,563	香港雅盛	2015.10.05
清光绪 粉彩花卉祝寿大盘	直径36.9cm	345,000	北京保利	2015.12.09
清光绪 粉彩花鸟赏瓶	高37cm	20,700	北京保利	2015.11.01
清光绪 粉彩花鸟赏瓶	高37cm	20,700	北京保利	2015.11.01
清光绪粉彩花鸟双螭耳大瓶(2件)	高59cm	31,050	北京翰海	2015.07.19
清光绪 粉彩花鸟纹蒜头瓶	高37cm	954,500	北京翰海	2015.11.28
清光绪 粉彩花鸟纹碗	直径13.8cm	33,600	北京荣宝	2015.03.29
清光绪粉彩花鸟纹长方花盆(一对)	长22.1cm	25,300	中国嘉德	2015.04.01
清光绪粉彩花鸟长方花盆（二件）	高17.8cm	184,000	北京翰海	2015.11.28
清光绪 粉彩黄地蝠寿纹盘	直径18cm	16,800	北京荣宝	2015.03.29
清光绪 粉彩金玉满堂天球瓶	高30.5cm	67,200	北京荣宝	2015.08.30
清光绪粉彩锦地四开光花卉图碗(一对)	直径11.5–11.8cm	37,000	景薰楼	2015.06.21
清光绪 粉彩锦鸡牡丹大盘	直径47cm	46,000	广州皇玛	2015.01.17
清光绪 粉彩九龙纹大天球瓶	高58.4cm	438,144	纽约佳士得	2015.09.17
清光绪 粉彩九桃花盆	直径39cm	25,300	北京保利	2015.04.25
清光绪 粉彩九桃盘	直径33.5cm	89,700	泰和嘉成	2015.05.30
清光绪 粉彩九桃盘（一对）	直径51.5cm	92,000	北京保利	2015.01.24
清光绪 粉彩九桃天球瓶	高40cm	32,200	太平洋	2015.11.21
清光绪 粉彩九桃纹天球瓶	高52cm	57,500	上海敬华	2015.04.26
清光绪 粉彩九桃纹碗（一对）	直径12.1cm	20,700	中国嘉德	2015.06.27
清光绪 粉彩九桃小天球瓶	高38.5cm	253,000	北京保利	2015.12.09
清光绪 粉彩开光八仙缸	直径53cm	63,250	北京保利	2015.01.24
清光绪粉彩开光花卉葫芦瓶（一对）	高21cm	103,500	深圳市拍	2015.07.19
清光绪 粉彩开光婴戏纹碗	直径18.5cm	17,250	太平洋	2015.07.18
清光绪 粉彩夔凤荸荠瓶	高32cm	17,250	北京保利	2015.01.24
清光绪 粉彩夔凤纹大罐	高29cm	134,400	北京荣宝	2015.08.30
清光绪 粉彩夔凤纹盘	直径17cm	11,500	中国嘉德	2015.04.01

拍品名称	物品尺寸	成交价RMB	拍卖公司	拍卖日期
清光绪 粉彩夔凤纹碗	直径20.6cm	66,700	太平洋	2015.11.21
清光绪 粉彩夔凤纹碗	20.3cm	56,000	天津文物	2015.05.22
清光绪 粉彩莲花式秋操杯	长19.5cm	57,500	北京匡时	2015.12.05
清光绪 粉彩龙凤荸荠瓶	高32cm	23,000	北京保利	2015.11.01
清光绪 粉彩龙凤荸荠瓶	高32cm	23,000	北京保利	2015.11.01
清光绪 粉彩龙凤赏瓶	高39cm	299,000	北京翰海	2015.06.28
清光绪 粉彩龙凤纹赏瓶	高41cm	240,300	香港苏富比	2015.06.01
清光绪 粉彩龙凤纹玉壶春瓶	高30cm	149,500	中国嘉德	2015.09.19
清光绪粉彩龙凤绣墩、雕瓷罐(两件)	高33cm	10,350	北京保利	2015.04.25
清光绪 粉彩龙纹大碗	直径21cm	23,000	北京保利	2015.01.24
清光绪 粉彩龙纹花盆（一对）	直径23.5cm	34,500	北京保利	2015.04.25
清光绪 粉彩龙纹盘	直径37cm	57,500	北京保利	2015.11.01
清光绪 粉彩龙纹盘	直径37cm	57,500	北京保利	2015.11.01
清光绪 粉彩描金寿桃盘	直径24.8cm	57,500	北京保利	2015.12.09
清光绪粉彩描金团龙纹盘（一对）	直径24cm	82,800	北京华辰	2015.05.15
清光绪 粉彩盘螭花卉纹马蹄尊	高17.5cm	17,250	太平洋	2015.11.21
清光绪 粉彩青花荷莲碗	直径15.1cm	103,500	北京翰海	2015.06.28
清光绪 粉彩青花荷莲碗	直径14.8cm	63,250	北京翰海	2015.06.28
清光绪 粉彩人物花鸟象耳方瓶	高30cm	44,850	北京翰海	2015.07.19
清光绪 粉彩人物瓶	高58cm	21,850	北京翰海	2015.09.13
清光绪 粉彩人物兽耳方瓶	高40cm	23,000	北京翰海	2015.03.15
清光绪 粉彩三阳开泰纹象耳尊	高58.6cm	1,512,000	天津文物	2015.05.22
清光绪 粉彩十八罗汉纹杯	直径8.4cm	12,650	太平洋	2015.11.21
清光绪 粉彩寿桃纹碗	直径11cm	40,250	北京保利	2015.06.08
清光绪 粉彩双喜杯	直径7.3cm	11,500	苏州东方	2015.07.02
清光绪 粉彩四季花卉花盆	长21cm	20,700	北京保利	2015.04.25
清光绪 粉彩四时长春图瓶	高14.6cm	149,500	北京诚轩	2015.05.17
清光绪 粉彩松鹤延年图大盘	直径24.8cm	23,000	中国嘉德	2015.04.01
清光绪 粉彩松石绿地花鸟纹对盘	直径18.3cm	46,900	景薰楼	2015.06.21
清光绪 粉彩桃纹长方水仙盆	17.6cm	22,400	天津文物	2015.05.22
清光绪 粉彩凸雕九桃天球瓶	高53.5cm	437,000	北京保利	2015.06.08
清光绪 粉彩外云龙赶珠内福禄万代纹碗	直径10.8cm	69,000	北京翰海	2015.11.28
清光绪 粉彩五蝠捧寿盘(二件)	直径10.9cm	34,500	北京翰海	2015.11.28
清光绪 粉彩五龙纹镂空大盘	直径44cm	23,000	太平洋	2015.04.17
清光绪 粉彩五伦图花盆	直径22.5cm	13,800	北京保利	2015.04.25
清光绪 粉彩喜鹊登梅天球瓶	高56cm	101,200	中国嘉德	2015.11.15
清光绪 粉彩喜鹊登梅图观音瓶	高32cm	483,000	西泠拍卖	2015.07.05
清光绪 粉彩喜上眉梢图碗	12cm	60,075	香港苏富比	2015.06.01
清光绪 粉彩婴戏罐	通高20.6cm	34,500	深圳市拍	2015.07.19
清光绪 粉彩鱼化龙纹洗	直径21cm	23,000	太平洋	2015.07.18
清光绪 粉彩云蝠荸荠瓶	高34cm	36,800	北京保利	2015.11.01
清光绪 粉彩云蝠荸荠瓶	高34cm	36,800	北京保利	2015.11.01
清光绪 粉彩云蝠荸荠瓶	高31.8cm	115,000	上海道明	2015.05.09
清光绪 粉彩云蝠荸荠瓶	高34cm	23,000	北京保利	2015.01.24
清光绪 粉彩云蝠扁瓶	高33cm	264,500	北京翰海	2015.06.28
清光绪 粉彩云蝠赏瓶	高38.8cm	71,300	北京翰海	2015.06.28
清光绪 粉彩云蝠纹荸荠扁瓶	高33cm	230,000	北京翰海	2015.11.28
清光绪 粉彩云蝠纹荸荠瓶	高33cm	195,500	中国嘉德	2015.06.27
清光绪 粉彩云蝠纹荸荠瓶	高32.7cm	48,300	北京中汉	2015.04.02
清光绪 粉彩云蝠纹荸荠瓶	高23.5cm	20,700	中国嘉德	2015.04.01
清光绪 粉彩云蝠纹大盘	直径34.5cm	92,000	中国嘉德	2015.09.19
清光绪 粉彩云蝠纹盘	直径34cm	138,000	北京翰海	2015.11.28
清光绪 粉彩云蝠纹瓶	高32cm	253,000	中贸圣佳	2015.05.20
清光绪粉彩云蝠纹赏瓶（一对）	高39.5cm×2	345,000	保利厦门	2015.05.03
清光绪 粉彩云蝠纹水呈	高7.7cm	28,000	北京荣宝	2015.03.29
清光绪 粉彩云龙纹碗（二件）	直径14cm	28,750	北京翰海	2015.11.28
清光绪 粉彩轧道花卉碗	直径15cm	46,000	江苏爱涛	2015.01.11
清光绪 粉彩折枝花花盆	直径40cm	10,350	太平洋	2015.07.18
清光绪 粉青八卦纹琮瓶	高28cm	138,000	广州皇玛	2015.01.17
清光绪 粉青釉八卦纹琮式瓶	30cm	150,188	香港苏富比	2015.06.01
清光绪 各式粉彩盘（八件）	尺寸不一	11,500	北京保利	2015.04.25
清光绪 黄地“万寿无疆”盘(一对)	直径18.5cm×2	10,350	广州皇玛	2015.07.25
清光绪 黄地粉彩“大雅斋”葡萄花卉四方花盆	39×22.5×7.5cm	97,750	北京保利	2015.12.09
清光绪 黄地粉彩八吉祥花卉纹花盆	38cm	51,520	天津文物	2015.05.22
清光绪 黄地粉彩缠枝葫芦开光博古图碗	直径13.6cm	32,200	北京诚轩	2015.11.14
清光绪黄地粉彩缠枝花卉纹碗(二件)	直径20.5cm	184,000	北京翰海	2015.11.28
清光绪 黄地粉彩缠枝莲纹花盆	直径17cm	32,200	华艺国际	2015.03.29
清光绪黄地粉彩开光“佛日常明”碗	直径12cm	23,000	北京保利	2015.06.08
清光绪 黄地粉彩开光徽章山水图盘	直径37cm	333,500	厦门华辰	2015.06.20
清光绪 黄地粉彩皮球花纹赏瓶	高38cm	11,500	北京保利	2015.01.24
清光绪 黄地粉彩喜鹊登梅纹盘	直径23cm	32,200	太平洋	2015.07.18
清光绪 黄地粉彩云龙纹盘	直径20.8cm	25,300	中国嘉德	2015.04.01
清光绪 黄地粉彩轧道开光三阳开泰图碗（一对）	直径15.5cm×2	86,250	北京诚轩	2015.11.14
清光绪 黄地花卉碗	直径15.3cm	11,500	北京翰海	2015.07.19
清光绪 蓝釉粉彩寿桃赏瓶	高38.5cm	97,750	中国嘉德	2015.05.16
清光绪绿地粉彩大雅斋碗（一对）	直径11.7cm	34,500	北京保利	2015.12.09
清光绪 绿地粉彩灵仙祝寿龙纹捧盒	直径28.8cm	287,500	北京翰海	2015.11.28
清光绪 绿地粉彩葡萄纹花卉盘	口径22cm	109,250	西泠拍卖	2015.07.05
清光绪绿地粉彩紫藤玫瑰纹盘(十一件)	直径 21.8cm	39,131	纽约苏富比	2015.03.21
清光绪 内青花花卉纹外轧道黄地粉彩吉庆升平开光三羊开泰图碗	直径15.1cm	80,500	中国嘉德	2015.04.01
清光绪 内青花外粉彩荷莲纹碗	17.4cm	64,960	天津文物	2015.05.22
清光绪 内青花外粉彩莲花纹碗	高6.5cm	43,700	西泠拍卖	2015.07.05
清光绪 内青花外粉彩三羊开泰碗	直径15.1cm	112,000	北京荣宝	2015.06.21
清光绪内青花外轧道黄地粉彩吉庆升平开光三羊开泰纹碗（一对）	直径15cm	172,500	泰和嘉成	2015.05.30
清光绪青花粉彩荷莲碗（二件）	直径15cm	138,000	北京翰海	2015.11.28
清光绪 青花粉彩荷塘鸳鸯杯	直径6.8cm	11,500	华艺国际	2015.03.29
清光绪 青花粉彩红龙纹碗	直径14.5cm	28,750	北京翰海	2015.03.15
清光绪 青花加粉彩蝠寿扁瓶	高24.5cm	92,000	北京保利	2015.06.08
清光绪青花开窗粉彩四季花卉大盘	直径30cm	40,250	八益拍卖	2015.04.26
清光绪 珊瑚地粉彩花卉纹碗	直径10.8cm	22,400	北京荣宝	2015.05.21
清光绪珊瑚地粉彩花卉纹碗(一对)	直径11cm	92,000	中国嘉德	2015.11.15
清光绪珊瑚红地粉彩花卉碗(二件)	直径11cm	57,500	北京翰海	2015.06.28
清光绪 珊瑚红地粉彩牡丹纹碗	直径11.1cm	95,595	纽约苏富比	2015.09.15
清光绪 珊瑚红开光洋彩牡丹纹碗	直径11.2cm	23,000	中国嘉德	2015.09.19
清光绪 松石绿地粉彩洪福万年纹杯（一对）	直径8.9cm×2	46,000	北京诚轩	2015.11.14
清光绪松石绿地粉彩花蝶大罐(一对)	高46cm	230,000	北京保利	2015.12.09
清光绪松石绿地粉彩花鸟葡萄纹盘	46.3cm	80,100	香港苏富比	2015.06.01
清光绪 松石绿地粉彩龙纹盘	直径36.5cm	69,000	华艺国际	2015.03.29
清光绪松石绿地粉彩葡萄紫藤碗(一对)	直径10.5cm	17,250	北京保利	2015.11.01
清光绪松石绿地粉彩葡萄紫藤碗(一对)	直径10.5cm	17,250	北京保利	2015.11.01
清光绪外粉彩莲花内青花荷叶纹碗	直径17.5cm	46,000	北京保利	2015.06.08
清光绪胭脂地粉彩瑞果纹盘(二件)	直径18.2cm	172,500	北京翰海	2015.11.28
清光绪 胭脂红釉粉彩描金万寿无疆盘（二件）	直径6.8cm	55,200	北京翰海	2015.11.28
清光绪 洋彩花蝶纹荷叶盖罐	高40cm	460,000	中国嘉德	2015.09.19
清光绪紫地粉彩花鸟碗（二件）	直径10.6cm	172,500	北京翰海	2015.06.28
清宣统 粉彩佛莲纹盖碗	直径19.6cm	138,000	北京翰海	2015.11.28
清宣统 粉彩九桃纹碗	直径18.4cm	86,250	北京保利	2015.12.09
清宣统粉彩夔凤穿花纹碗（二件）	直径16.5cm	57,500	北京翰海	2015.11.28
清宣统 粉彩龙纹把杯	长23cm	10,350	北京保利	2015.11.01
清宣统 粉彩龙纹把杯	长23cm	10,350	北京保利	2015.11.01
清宣统 粉彩云蝠赏瓶	高38.5cm	437,000	北京翰海	2015.11.28
清宣统 粉彩云蝠纹玉堂春瓶	高39.5cm	57,500	北京翰海	2015.11.28
清宣统粉彩云龙纹玉壶春瓶(一对)	高13cm	51,750	太平洋	2015.11.21
清宣统 青花粉彩荷莲碗	直径14.9cm	92,000	北京翰海	2015.11.28
清宣统粉彩八卦蝶纹盘（一对）	直径15.5cm	27,600	上海敬华	2015.06.30
清宣统粉彩八卦花蝶调色盘(一对)	直径9cm	20,700	太平洋	2015.07.18
清宣统 粉彩百蝶赏瓶	高38.5cm	379,500	北京翰海	2015.06.28
清宣统 粉彩百蝶赏瓶	高40cm	138,000	北京保利	2015.04.26
清宣统 粉彩百蝶纹赏瓶	高39.3cm	262,275	佳士得	2015.04.06
清宣统 粉彩百蝶纹赏瓶	高40.2cm	120,750	上海道明	2015.05.09
清宣统粉彩蝴蝶八卦纹小碟(一对)	直径9cm×2	44,800	北京荣宝	2015.08.30
清宣统 粉彩花卉笔洗	直径8cm	23,000	太平洋	2015.07.18

2015瓷器拍卖成交汇总

(成交价RMB：1万元以上)

拍品名称	物品尺寸	成交价RMB	拍卖公司	拍卖日期
清宣统 粉彩龙纹温盆	宽16cm	28,750	北京保利	2015.01.24
清宣统粉彩青花荷塘纹碗（一对）	直径17.5cm	109,250	西泠拍卖	2015.07.05
清宣统 粉彩人物故事葫芦瓶	高25cm	44,800	北京荣宝	2015.06.21
清宣统 黄地粉彩花卉盘	直径34.5cm	40,250	北京保利	2015.04.26
清宣统 黄地寿桃大盘	直径33.7cm	56,000	北京荣宝	2015.03.29
清 程门绘昌江胜景瓷板画	高40.5cm	69,000	西泠拍卖	2015.07.05
清 豆青釉粉彩花插	L9.5cm	17,250	北京翰海	2015.07.19
清矾红地粉彩八宝穿花纹脉枕(一对)	长15.4cm	10,350	中国嘉德	2015.04.01
清 矾红加粉彩花卉烟壶	高6cm	23,000	北京保利	2015.11.01
清 矾红描金粉彩团龙大碗	直径19.5cm	23,000	北京保利	2015.11.01
清 矾红描金粉彩团龙大碗	直径19.5cm	23,000	北京保利	2015.11.01
清 仿松石地粉彩折枝花卉纹瓶	高31.3cm	27,600	中国嘉德	2015.09.19
清 粉彩 斗彩人物水呈（2件）		48,300	北京翰海	2015.03.15
清粉彩“吉祥如意”花卉盘（一对）	直径11cm×2	11,500	广州皇玛	2015.07.25
清 粉彩“七贤”图观音瓶	高40cm	55,200	广州皇玛	2015.01.17
清粉彩“祝寿图”大碗（一对）	直径23cm×2	20,700	广州皇玛	2015.07.25
清 粉彩八吉祥瓶	高18cm	34,500	北京保利	2015.01.24
清 粉彩八仙人物纹海棠碗	高9cm	74,750	南京嘉信	2015.07.19
清 粉彩百财盘（10件）	直径15cm	28,750	北京翰海	2015.03.15
清 粉彩百蝶纹赏瓶	高39cm	23,029	香港淳浩	2015.07.30
清 粉彩百鹿尊（一对）	高38cm×2	418,100	辽宁建投	2015.08.30
清 粉彩百子图碗（一对）	宽13cm	75,532	诚昌国际	2015.12.01
清 粉彩包袱纹瓶		13,800	北京翰海	2015.07.19
清 粉彩杯（十五只）	尺寸不一	13,800	中国嘉德	2015.04.01
清 粉彩杯（十只）	直径9.5cm	13,800	中国嘉德	2015.06.27
清 粉彩杯（十只）	直径5.3cm	10,350	中国嘉德	2015.09.19
清 粉彩缠枝莲托八宝纹壶	长21cm	11,500	中国嘉德	2015.09.19
清 粉彩达摩座像	高18cm	23,604	诚昌国际	2015.12.02
清 粉彩大吉花卉盘	直径7cm	36,800	北京翰海	2015.06.27
清 粉彩刀马人物盘口瓶	高42.5cm	18,400	北京翰海	2015.07.19
清 粉彩雕瓷灵芝福寿如意	长32cm	115,000	北京保利	2015.12.09
清 粉彩蝶恋花图大盘	直径51.5cm	253,000	中国嘉德	2015.05.16
清 粉彩仿木纹釉开光山水笔筒	高11.8cm	20,700	西泠拍卖	2015.04.23
清 粉彩封神榜人物瓶	高38cm	17,250	广州皇玛	2015.01.17
清 粉彩福寿碗	直径14cm	11,500	北京翰海	2015.09.13
清 粉彩福寿纹高足花口碗	高16cm	330,000	北京中联	2015.01.18
清 粉彩福寿纹盘（一对）	直径14cm×2	23,000	保利厦门	2015.08.02
清 粉彩过枝盘	直径13.1cm	80,500	江苏爱涛	2015.01.11
清 粉彩海水云龙直颈瓶	高26cm	11,500	北京翰海	2015.07.19
清 粉彩荷塘清趣纹碗（一对）	高6cm	23,000	南京嘉信	2015.07.19
清 粉彩花卉瓷板	长62cm	55,200	北京保利	2015.11.01
清 粉彩花卉瓷板	长62cm	55,200	北京保利	2015.11.01
清 粉彩花卉福寿攒盘（9件）	尺寸不一	14,950	北京翰海	2015.03.15
清 粉彩花卉观音瓶	高39cm	89,700	西泠拍卖	2015.07.05
清 粉彩花卉花口碗	直径13cm	17,250	北京翰海	2015.09.13
清 粉彩花卉花口碗	直径14cm	16,100	北京翰海	2015.09.13
清 粉彩花卉赏瓶	高39cm	103,500	西泠拍卖	2015.04.23
清 粉彩花卉碗	直径21cm	17,250	广州皇玛	2015.07.25
清 粉彩花卉碗（十八件））	尺寸不一	17,250	北京保利	2015.04.25
清 粉彩花卉纹博古图盘	直径17cm	46,558	中国嘉德	2015.10.06
清 粉彩花卉纹方花盆一对配粉彩花卉纹座	14.6cm	100,125	香港苏富比	2015.06.01
清 粉彩花卉纹觚形尊	高39cm	11,137	香港淳浩	2015.04.04
清 粉彩花卉纹瓶	高21cm	20,700	北京翰海	2015.09.13
清 粉彩花卉纹小杯（一对）	直径8.2cm	16,100	华艺国际	2015.03.29
清 粉彩花卉小杯（二件）	直径7.5cm	25,300	北京翰海	2015.09.13
清 粉彩花卉折口碗	直径19cm	17,250	北京翰海	2015.09.13
清 粉彩花鸟方瓶	高56.5cm	57,500	北京翰海	2015.09.13
清 粉彩花鸟凤尾尊	高46cm	13,800	北京翰海	2015.03.15
清 粉彩花鸟盖碗	直径10cm	10,350	北京翰海	2015.09.13
清 粉彩花鸟瓶（一对）	高48cm	17,250	北京保利	2015.01.24
清 粉彩花鸟四方花盆	高20cm	12,650	北京翰海	2015.07.19
清 粉彩花鸟纹罐	高15cm	13,800	保利厦门	2015.08.02
清 粉彩花鸟纹帽筒	高29cm	22,108	香港淳浩	2015.07.30
清 粉彩花鸟纹瓶	高32cm	14,950	北京翰海	2015.09.13

拍品名称	物品尺寸	成交价RMB	拍卖公司	拍卖日期
清 粉彩花鸟纹双耳盖罐	高20cm	660,000	北京中联	2015.01.18
清 粉彩花鸟纹四方盆（一对）	高21cm	56,649	诚昌国际	2015.12.02
清粉彩绘百鸟朝凤纹套杯(一套十件)	直径10.9cm	10,350	苏州东方	2015.07.02
清 粉彩鸡缸杯	直径7.5cm	35,650	北京翰海	2015.09.13
清 粉彩吉祥纹碗	口径11.8cm	1,806,200	卓艺拍卖	2015.11.21
清 粉彩锦鸡牡丹纹头瓶	高10cm	352,000	北京中联	2015.01.18
清 粉彩九桃瓶	高42cm	17,250	北京翰海	2015.07.19
清 粉彩九桃天球瓶	高54cm	283,245	诚昌国际	2015.12.02
清 粉彩九桃纹天球瓶	高56cm	73,692	香港淳浩	2015.07.30
清 粉彩九桃纹天球瓶	高30.5cm	207,000	北京翰海	2015.11.28
清 粉彩开光花鸟纹小缸	直径31cm	20,700	中国嘉德	2015.06.27
清 粉彩开光花盆（一对）	高24cm×2	368,000	江苏爱涛	2015.01.11
清 粉彩开光山石花卉纹双耳瓶	高42cm	495,000	北京中联	2015.01.18
清 粉彩开光奕棋图小瓶	高7cm	21,850	上海敬华	2015.06.30
清 粉彩癞瓜过枝碗	直径10cm	14,950	北京翰海	2015.09.13
清 粉彩兰花图杯（一对）	直径6cm	24,150	中国嘉德	2015.06.27
清 粉彩龙纹箭筒	高73cm	17,250	北京翰海	2015.07.19
清 粉彩龙纹捧盒	宽27cm	13,921	香港淳浩	2015.04.04
清 粉彩梅花杯（一对）	直径7.2cm	13,800	中国嘉德	2015.09.19
清粉彩描金镂雕仕女六角瓶(一对)	高36cm	26,436	诚昌国际	2015.12.02
清 粉彩牡丹花卉纹碗	高9.5cm	440,000	北京中联	2015.01.18
清 粉彩牡丹纹双耳尊	高45cm	80,500	华艺国际	2015.03.29
清 粉彩麒麟一对	高29 cm 宽18cm	184,230	澳门中道	2015.01.30
清 粉彩千手观音塑像	高33cm	86,250	江苏爱涛	2015.01.11
清 粉彩人物瓷板	直径39cm	12,650	北京翰海	2015.03.15
清粉彩人物故事六方瓶（一对）	高57.5cm	51,750	太平洋	2015.07.18
清粉彩人物故事双耳瓶（一对）	高71cm	82,800	八益拍卖	2015.11.01
清 粉彩人物故事纹杯（一对）	高9cm	209,000	北京中联	2015.01.18
清 粉彩人物壶（3件）	尺寸不一	10,925	北京翰海	2015.03.15
清 粉彩人物瓶	高44cm	34,500	北京翰海	2015.07.19
清 粉彩人物瓶（一对）	高43.5cm	11,500	北京保利	2015.11.01
清 粉彩人物瓶（一对）	高43.5cm	11,500	北京保利	2015.11.01
清粉彩人物纹螭耳大瓶（一对）	高70.5cm	34,500	中国嘉德	2015.04.01
清 粉彩三多纹小缸	高11.5cm	69,000	八益拍卖	2015.11.01
清粉彩三多纹圆形花盆（一对）	高18.5cm	55,200	西泠拍卖	2015.07.05
清 粉彩三星瓷板	38cm×25cm	23,000	北京翰海	2015.03.15
清 粉彩山水方瓶	高57cm	18,400	北京翰海	2015.09.13
清 粉彩山水人物六方瓶	高34.8cm	92,000	北京翰海	2015.06.28
清 粉彩山水人物纹茶壶	长12cm	11,975	香港淳浩	2015.07.30
清 粉彩山水人物纹瓷板插屏	直径27cm	11,137	香港淳浩	2015.04.04
清 粉彩诗文纹瓶	高34.5cm	352,000	北京中联	2015.01.18
清 粉彩寿字盘（一对）	直径17cm	10,350	北京保利	2015.01.24
清 粉彩书生人物	高25.5cm	17,939	诚昌国际	2015.12.02
清 粉彩双龙戏珠盖盒	直径18cm	69,000	八益拍卖	2015.04.26
清 粉彩松鹿纹墨床		23,000	江苏爱涛	2015.01.11
清 粉彩桃花纹碗（十二件）	直径16cm	10,350	北京保利	2015.04.26
清 粉彩庭院婴戏暖锅	长24.5cm	20,771	香港淳浩	2015.11.27
清 粉彩通景山水四方盒	宽20cm	83,085	诚昌国际	2015.12.02
清 粉彩铜雀台比武大盘	直径54cm	113,000	辽宁建投	2015.08.30
清 粉彩童子献寿	高25.5cm	13,921	香港淳浩	2015.04.04
清 粉彩童子献寿太白罐	高17cm	46,000	北京翰海	2015.06.28
清 粉彩凸雕博古图棒槌瓶	高47.5cm	20,700	中国嘉德	2015.09.19
清粉彩无双谱人物故事诗文盖碗(一对)	直径10.4cm	10,350	中国嘉德	2015.06.27
清粉彩无双谱人物故事图大瓶(一对)	高60cm	17,250	中国嘉德	2015.04.01
清 粉彩五蝠捧寿盘	直径17cm	13,800	北京保利	2015.01.24
清粉彩西厢记文房文具(一组十件)	尺寸不一	92,000	西泠拍卖	2015.07.05
清 粉彩蟋蟀罐	宽20cm	27,635	香港淳浩	2015.07.30
清 粉彩喜上梅梢天球瓶	高58cm	25,300	北京保利	2015.11.01
清 粉彩喜上梅梢天球瓶	高58cm	25,300	北京保利	2015.11.01
清 粉彩仙人双耳大瓶	高78cm	25,300	北京保利	2015.11.01
清 粉彩仙人双耳大瓶	高78cm	25,300	北京保利	2015.11.01
清 粉彩印泥盒	直径5.5cm	43,700	八益拍卖	2015.11.01
清 粉彩婴戏双耳瓶	高30cm	16,100	北京保利	2015.11.01
清 粉彩婴戏双耳瓶	高30cm	16,100	北京保利	2015.11.01
清 粉彩婴戏图大碗	口径20cm	13,800	朵云轩	2015.06.19

拍品名称	物品尺寸	成交价RMB	拍卖公司	拍卖日期
清 粉彩斋戒牌	长5.6cm	11,500	西泠拍卖	2015.07.05
清 粉彩竹林观音	高26cm	19,489	香港淳浩	2015.04.04
清 粉彩坐佛像	高29cm	63,250	上海敬华	2015.06.30
清 光绪粉彩花鸟纹碗	直径14cm	25,300	北京翰海	2015.09.13
清 红地喜鹊登梅盘（2件）	直径12cm	10,350	北京翰海	2015.07.19
清黄地缠枝花开光花卉六角小瓶(一对)	高22cm×2	28,750	广州皇玛	2015.07.25
清 黄地粉彩缠枝花卉壶	长14cm	28,750	北京翰海	2015.06.28
清黄地粉彩龙纹高足盘（一对）	直径15.8cm×2	54,240	辽宁建投	2015.08.30
清 黄地粉彩三段式葫芦瓶	高19.5cm	11,411	Chiswick	2015.02.10
清 黄地粉彩诗文双耳小尊	高10.3cm	207,000	北京保利	2015.06.08
清 黄地粉彩万寿无疆盘	直径10.5cm	17,250	北京保利	2015.04.26
清黄地开光花卉大花盆（二件）	高33cm	17,250	北京翰海	2015.09.13
清 黄地喜鹊盘（四件）	直径10cm	34,500	北京翰海	2015.09.13
清黄釉粉彩花鸟纹兽首叼环四方瓶	高23cm	172,500	西泠拍卖	2015.07.05
清 徽章纹叶形盘	口径20.5cm	28,750	深圳市拍	2015.07.19
清 蓝地粉彩方笔插	高13cm	23,000	北京翰海	2015.07.19
清 蓝地粉彩瓜瓞绵绵小碗	高6.3cm	15,870	南京嘉信	2015.07.19
清 蓝地轧道粉彩开光菊花纹碗	直径14.8cm	23,000	中国嘉德	2015.06.27
清 蓝釉粉彩花口瓶	高44cm	13,921	香港淳浩	2015.04.04
清 绿地粉彩花卉荸荠瓶	高32cm	11,500	北京翰海	2015.09.13
清 绿地粉彩开光花卉笔筒	高9.6cm	172,500	北京翰海	2015.06.28
清 米釉粉彩花卉盖碗	直径11cm	12,650	北京翰海	2015.09.13
清 青花粉彩花卉杯（一对）	单只直径6.5cm	34,500	南京经典	2015.01.04
清 青花粉彩花卉纹碗（一对）	直径15.4cm	40,250	苏州东方	2015.07.02
清 珊瑚红地洋彩花卉碗	直径11cm	11,500	北京保利	2015.04.26
清松石绿地粉彩八宝缠枝纹盖罐	高8cm	55,200	南京嘉信	2015.07.19
清 外胭脂红内粉彩花鸟纹盘	口径23cm	2,643,300	AA中国艺海	2015.02.03
清 汪晓棠绘粉彩黛玉葬花插屏	高42.5cm	28,750	西泠拍卖	2015.07.05
清 胭脂粉彩缠枝莲壶	宽18cm	18,400	北京保利	2015.01.24
清 胭脂红地轧道粉彩福寿开光花卉纹碗	直径15.5cm	14,950	中国嘉德	2015.06.27
清 友石山水人物琮式瓶	高30.5cm	115,000	上海敬华	2015.06.30
清 张云民制粉彩喜鹊登枝纹盘	直径15cm	36,800	南京嘉信	2015.07.19
清 各式粉彩花盘（十八件）	宽16cm	13,800	北京保利	2015.11.01
清 各式粉彩花盘（十八件）	宽16cm	13,800	北京保利	2015.11.01
清 红地粉彩轧道开光花卉纹碗	宽15cm	141,623	诚昌国际	2015.12.01
清 黄地粉彩雕瓷太少狮砚屏	高32.3cm	18,883	诚昌国际	2015.12.01
清 蓝地加彩松竹梅盘	直径16.5cm	138,000	北京保利	2015.12.09
清 洋彩"甲子万年"转心笔筒	高12.2cm	6,670,000	北京保利	2015.12.08
18世纪/19世纪 粉彩卷书式臂搁	长17cm	111,528	纽约佳士得	2015.09.17
18世纪 粉彩花鸟图凤尾尊	高45.8cm	148,699	纽约佳士得	2015.03.15
18世纪/19世纪粉彩缠枝牡丹纹抱月瓶	高31.5cm	756,794	纽约苏富比	2015.09.15
18世纪/19世纪 粉彩描金无量寿佛坐像（一对）	11.5cm	85,106	香港苏富比	2015.06.01
19世纪 粉彩堆塑荷塘鱼藻图大棒槌瓶	高59cm	66,523	纽约佳士得	2015.03.15
19世纪 粉彩莲塘图花盆	直径62.2cm	103,561	纽约佳士得	2015.09.17
19世纪黄地粉彩拐子龙纹碗（一对）	直径11.1cm	54,784	纽约佳士得	2015.03.15
19世纪松石绿地折枝花卉纹棒槌瓶	高42.9cm	172,178	纽约佳士得	2015.03.15
19世纪 德国梅森瓷偶	高5cm	13,800	厦门华辰	2015.06.20
19世纪 德国梅森风格瓷器烛台	高50cm	23,000	厦门华辰	2015.06.20
19世纪 粉彩瓜瓞绵绵纹三节葫芦瓶（一对）	高58.5cm	273,919	纽约苏富比	2015.03.21
19世纪粉彩孔雀花卉纹盖罐（一对）	高24.7cm	86,089	纽约苏富比	2015.03.21
19世纪 粉彩群仙贺寿杯（一对）	直径8cm	95,595	纽约苏富比	2015.09.15
19世纪粉彩题诗清河印心石屋图碗	16.5cm	35,044	香港苏富比	2015.06.01
19世纪 粉彩万花锦纹瓶	26.6cm	50,063	香港苏富比	2015.06.01
19世纪晚期 德国 梅森彩绘陶瓷舞蹈少年人偶（一组十件）	约为13cm	37,950	北京保利	2015.06.05
清晚期 粉彩山水人物酸枝插屏	64.6×52cm	28,325	诚昌国际	2015.12.02
清晚期 粉彩双童持瓶灯座	高37cm	17,939	诚昌国际	2015.12.02
清晚期福建会馆游长子造粉彩寿星	高29cm	28,325	诚昌国际	2015.12.02
清晚期 福建会馆喻炳昌造 粉彩弥勒佛	高24cm	12,274	诚昌国际	2015.12.02
清晚期 李梦丹 新彩人物大瓶	高61cm	17,250	北京保利	2015.12.06

拍品名称	物品尺寸	成交价RMB	拍卖公司	拍卖日期
清晚期 李梦丹 新彩人物大瓶	高61cm	17,250	北京保利	2015.12.06
清晚期 任焕章、余履昌、马庆云 新彩婴戏笔筒碟子（五件）	尺寸不一	17,250	北京保利	2015.12.06
清晚期 任焕章、余履昌、马庆云 新彩婴戏笔筒碟子（五件）	尺寸不一	17,250	北京保利	2015.12.06
清晚期 朱茂记造 粉彩弥勒佛	宽28cm	28,325	诚昌国际	2015.12.02
清晚期 陈渭岩作粉彩观音像	高24.5cm	172,500	上海泓盛	2015.06.20
清晚期 粉彩百蝶纹大缸	高46cm	63,047	保利香港	2015.10.06
清晚期 粉彩大吉图诗文笔筒	高12.7cm	43,700	中国嘉德	2015.04.01
清晚期粉彩堆塑博古高士纹四方瓶	高35cm	11,500	北京保利	2015.04.26
清晚期 粉彩海晏河清图缸	直径36cm	20,700	中国嘉德	2015.09.19
清晚期 粉彩花蝶纹画筒		59,800	北京中汉	2015.09.21
清晚期 粉彩花卉瓶	高20cm	46,000	北京保利	2015.04.26
清晚期 粉彩人物纹蝠耳瓶	高60cm	20,700	中国嘉德	2015.04.01
清晚期粉彩仕女婴戏图小尊（一对）	高13.1cm	10,350	中国嘉德	2015.04.01
清晚期 粉彩卧马书挡（一对）	长17.5cm	20,700	北京中汉	2015.04.02
清晚期 粉彩无双谱花盆（一对）	直径26cm	13,800	北京保利	2015.04.26
清晚期 粉彩祝寿图筒瓶	高37.7cm	25,300	北京中汉	2015.04.02
清晚期 蓝地粉彩开光花鸟纹大花盆（一对）		46,000	北京中汉	2015.09.21
清晚期 许品衡作粉彩博古图兽耳方瓶	高56.5cm	17,250	北京保利	2015.04.26
清晚期粉彩福寿双全图莲花口盘	25.9cm	35,044	香港苏富比	2015.06.01
清晚期 粉彩开光婴戏图竹节贯耳尊（一对）	高53.9cm	63,730	纽约佳士得	2015.09.17
清晚期 粉彩山水楼阁图瓷板	高45.2cm	282,450	香港苏富比	2015.04.07
清晚期 马庆云 粉彩"贵子连生"牙泉状瓶（一对）	高56.5cm	138,000	广东省拍	2015.07.05
清末民初 粉彩弥勒像	高26cm	23,000	中国嘉德	2015.04.01
清末民初 粉彩松下问道薄胎筒瓶	高22.5cm	13,800	南京嘉信	2015.07.19
洪宪 桃色地粉彩描金开光花鸟图圆盖盒（一对）	直径23.5cm	191,190	纽约佳士得	2015.09.17
民国1913王琦新彩祝寿图帽筒（一件）	高28.5cm；直径12cm	43,700	北京保利	2015.12.06
民国 1925年作 王大凡 粉彩高祖展蛇图瓷板	39×26cm	575,000	北京匡时	2015.12.05
民国 1929年作 王琦 粉彩渔樵问答图双耳赏瓶	高16.3cm	1,380,000	北京匡时	2015.12.05
民国 1935年作 邹文侯 粉彩花鸟文房（两件）	尺寸不一	138,000	北京匡时	2015.12.05
民国1942年作方云峰粉彩天生图瓶	高33.7cm	230,000	北京匡时	2015.12.05
民国 1945年作 张志汤 粉彩双燕图瓷板	38×25cm	253,000	北京匡时	2015.12.05
民国 1948年作 刘雨岑 粉彩绶带鸟横瓷板	20cm×82cm	805,000	北京匡时	2015.12.05
民国 碧珍款粉彩人物瓷板	长19cm；宽13cm	92,000	八益拍卖	2015.11.01
民国 范子庭 粉彩风尘三侠帽筒（一对）	高28cm	11,500	北京保利	2015.12.06
民国 范子庭 粉彩风尘三侠帽筒（一对）	高28cm	11,500	北京保利	2015.12.06
民国粉彩安居乐业双耳瓶（一对）	高16.5cm×2	25,300	北京匡时	2015.12.05
民国 粉彩八角鱼篓形渔樵纹印盒	直径6.9cm	11,200	上海联合	2015.11.01
民国 粉彩百花不露地开光安民乐业发兽耳瓶	高22.6cm	28,750	太平洋	2015.11.21
民国 粉彩百花不露地双耳瓶（一对）	高19cm	16,100	太平洋	2015.11.21
民国 粉彩百鸟朝凤纹盘口瓶	高32.5cm	36,800	太平洋	2015.11.21
民国粉彩百子图双龙耳大瓶（一对）	高81cm	23,000	北京保利	2015.11.01
民国粉彩百子图双龙耳大瓶（一对）	高81cm	23,000	北京保利	2015.11.01
民国 粉彩草虫纹印盒	直径8.6cm	35,650	太平洋	2015.11.21
民国 粉彩观音像	高65cm	30,213	诚昌国际	2015.12.02
民国 粉彩和合二仙像	高25–25.6cm	12,274	诚昌国际	2015.12.02
民国 粉彩花卉草虫纹酸枝插屏	55×44cm	35,878	诚昌国际	2015.12.02
民国 粉彩花卉茶盅（一套）	宽11cm	12,274	诚昌国际	2015.12.02
民国 粉彩花卉双耳瓶	高17.3cm	23,000	八益拍卖	2015.11.01

2015瓷器拍卖成交汇总

(成交价RMB：1万元以上)

拍品名称	物品尺寸	成交价RMB	拍卖公司	拍卖日期
民国 粉彩花卉双耳尊	高20.5cm	11,500	北京保利	2015.12.09
民国粉彩花卉纹花盆连托（一对）	高15cm×2	80,500	北京匡时	2015.12.05
民国 粉彩甲胄图瓶	高14cm	64,202	诚昌国际	2015.12.01
民国 粉彩开光弥勒鹿头尊	高33cm	23,000	北京保利	2015.11.01
民国 粉彩开光弥勒鹿头尊	高33cm	23,000	北京保利	2015.11.01
民国 粉彩开光三羊开泰碗	直径15cm	10,350	北京保利	2015.11.01
民国 粉彩开光三羊开泰碗	直径15cm	10,350	北京保利	2015.11.01
民国 粉彩罗汉图长颈瓶	高30cm	13,800	北京保利	2015.11.01
民国 粉彩罗汉图长颈瓶	高30cm	13,800	北京保利	2015.11.01
民国粉彩梅竹兰花龙柄福寿倒流壶	长10cm	92,000	北京保利	2015.12.09
民国 粉彩群仙会图瓶	高47cm	16,995	香港淳浩	2015.11.27
民国粉彩人物、花鸟瓷片（共四件）	16×7cm×2	11,330	香港淳浩	2015.11.27
民国 粉彩人物棒槌瓶	高22.5cm	25,300	八益拍卖	2015.11.01
民国 粉彩人物题诗四方笔筒	高15cm	35,878	诚昌国际	2015.12.02
民国 粉彩山水笔筒	高11cm	18,883	诚昌国际	2015.12.02
民国 粉彩山水瓷板	37×25cm	23,000	北京保利	2015.11.01
民国 粉彩山水瓷板	37×25cm	23,000	北京保利	2015.11.01
民国 粉彩山水瓷板（一对）	38×26cm	34,500	北京保利	2015.11.01
民国 粉彩山水瓷板（一对）	38×26cm	34,500	北京保利	2015.11.01
民国 粉彩山水花卉题诗菱型笔筒	高15cm	18,883	诚昌国际	2015.12.02
民国 粉彩山水楼阁瓷板	长47.5×24.5cm	34,500	北京保利	2015.12.09
民国 粉彩山水人物纹琮式瓶	高30.3cm	46,000	北京翰海	2015.11.28
民国 粉彩山水御题诗水仙盆	宽25cm	33,045	诚昌国际	2015.12.02
民国 粉彩仕女小瓶（四件）	高6cm	11,500	北京保利	2015.11.01
民国 粉彩仕女小瓶（四件）	高6cm	11,500	北京保利	2015.11.01
民国 粉彩寿星图瓶	高33.6cm	25,300	太平洋	2015.11.21
民国粉彩松鹤延年餐具（八十五件）	尺寸不一	15,680	上海国拍	2015.11.29
民国 粉彩童子献寿（一对）	高29.9cm	28,325	诚昌国际	2015.12.02
民国 粉彩万花献瑞图水盂	直径8cm	36,800	北京翰海	2015.11.28
民国 粉彩仙女图瓶	高15.2cm	57,500	中国嘉德	2015.11.15
民国 粉彩周仓像	高35cm	11,330	诚昌国际	2015.12.02
民国 粉彩竹林婴戏图撇口瓶	高40.2cm	92,000	北京翰海	2015.11.28
民国 何许人 粉彩山水瓷板	96.5cm×61.5cm	1,265,000	北京匡时	2015.12.05
民国 何许人作雪景人物瓷板	47.7cm×30.7cm	713,000	北京保利	2015.12.08
民国 黄地粉彩花卉碗（一对）	直径14.8cm	34,500	中国嘉德	2015.11.15
民国 黄地粉彩婴戏图四系罐	高15cm	23,000	北京保利	2015.12.09
民国会馆邓荣昌造　粉彩麻姑献寿	高35cm	10,386	诚昌国际	2015.12.02
民国珊瑚红描金粉彩人物花鸟纹砚屏	高19cm	83,085	诚昌国际	2015.12.01
民国桐华居新彩人物帽筒（一对）	高27.5cm	13,800	北京保利	2015.12.06
民国桐华居新彩人物帽筒（一对）	高27.5cm	13,800	北京保利	2015.12.06
民国 万云岩 粉彩人物图瓶	高34.5cm	51,750	北京匡时	2015.12.05
民国 汪野亭 粉彩山水瓷板	25.8×38.5cm	195,500	东方大观	2015.11.17
民国 王步 粉彩罗汉布兰花图笔筒	直径7cm	690,000	北京匡时	2015.12.05
民国 王大凡粉彩仕女挥毫图瓷板	39.5cm×25.5cm	1,035,000	北京保利	2015.12.08
民国 王琦 粉彩木兰图小赏瓶	高16cm	207,000	北京匡时	2015.12.05
民国 王琦十八罗汉瓷板	25.8×39.6cm×18	17,825,000	八益拍卖	2015.11.01
民国 王琦制粉彩人物故事小瓷板（四件套）	20cm×13cm	517,500	北京保利	2015.12.08
民国新彩《加官进爵》帽筒（一对）	高28cm	17,250	北京保利	2015.12.06
民国新彩《加官进爵》帽筒（一对）	高28cm	17,250	北京保利	2015.12.06
民国 义顺太、同兴 新彩人物故事帽筒（三件）	高27cm；高28cm；高29cm	10,350	北京保利	2015.12.06
民国 义顺太、同兴 新彩人物故事帽筒（三件）	高27cm；高28cm；高29cm	10,350	北京保利	2015.12.06
民国 重工粉彩牡丹图瓶	高45.5cm	782,000	北京匡时	2015.12.05
民国1913年王琦新彩祝寿图帽筒(一件)	高28.5cm	43,700	北京保利	2015.12.06
民国 1919年年 余钊 新彩《商山四皓》帽筒（一对）	高28cm	10,350	北京保利	2015.12.06
民国 1919年年 余钊 新彩《商山四皓》帽筒（一对）	高28cm	10,350	北京保利	2015.12.06
民国 33年 田崔仙作粉彩双梅图瓷板	长53.7cm；阔40.1cm	36,846	宝港国际	2015.06.02
民国 1930年 王琦画粉彩八仙图瓷板一套四屏	高72cm；宽19.7cm×4	11,332,410	纽约苏富比	2015.03.17
民国 八仙粉彩瓷塑（八件）	最高件高19cm	11,078	Clars Auction	2015.06.28

拍品名称	物品尺寸	成交价RMB	拍卖公司	拍卖日期
民国 百花不落地粉彩瓶	高18.2cm	13,620	博美拍卖	2015.07.19
民国毕伯涛粉彩花卉瓷板(一组八件)	56cm×16cm×8	1,322,500	北京匡时	2015.06.06
民国毕伯涛粉彩紫藤春燕图温酒壶	高14cm	92,000	北京匡时	2015.06.06
民国 毕伯涛 恰是王家瑞气融·粉彩瓷板	高39cm；宽26cm	368,000	景德镇华艺	2015.10.20
民国毕伯涛喜上眉梢·粉彩瓷瓶	高24.5cm	287,500	景德镇华艺	2015.10.20
民国 毕渊明老虎瓷板	长37cm	161,000	上海敬华	2015.06.30
民国 彩百花不露地纹灯罩	高28cm	10,350	广州皇玛	2015.01.17
民国 彩六鹤同春瓷板	38cm×25cm	17,250	北京翰海	2015.03.15
民国 彩秋风鸣蝉瓷板	38cm×25cm	17,250	北京翰海	2015.03.15
民国 彩婴戏小瓶	高22cm	36,800	广州皇玛	2015.07.25
民国 程意亭 留此黄花点缀秋·粉彩瓷板	高39cm；宽25cm	345,000	景德镇华艺	2015.10.20
民国 雕瓷、粉彩文房(一组五件)	尺寸不一	40,250	北京保利	2015.04.25
民国 雕瓷红楼梦人物摆件	高32cm	13,800	北京保利	2015.04.25
民国 矾红地粉彩开光花蝶葫芦瓶	高22cm	23,000	北京保利	2015.01.24
民国 仿珐琅彩人物诗文瓶(一对)	高30.8cm	23,000	中国嘉德	2015.09.19
民国 仿康熙青花渔家乐图小瓶	高14.4cm	11,500	中国嘉德	2015.09.19
民国粉彩、矾红狮纹花鸟瓶(三件)	尺寸不一	27,600	北京保利	2015.04.25
民国 粉彩、五彩瓶（三件）	尺寸不一	14,950	北京保利	2015.04.25
民国 粉彩“安居乐业”小瓶	高23cm	32,200	广州皇玛	2015.01.17
民国 粉彩安居乐业图花口瓶	高22.5cm	13,800	中国嘉德	2015.06.27
民国 粉彩八宝纹杯（一对）	高6cm	17,250	北京中汉	2015.09.21
民国 粉彩八吉祥纹杯	8.6cm	16,800	天津文物	2015.05.22
民国 粉彩八吉祥纹鸟食罐	尺寸不一	39,200	天津文物	2015.05.22
民国 粉彩八仙瓶	高20.5cm	13,800	北京保利	2015.04.25
民国 粉彩八仙人物图灯笼瓶	高19.5cm	40,250	华艺国际	2015.03.29
民国 粉彩白鹿尊	高50cm	63,250	北京翰海	2015.03.15
民国 粉彩百蝶纹赏瓶	高38.8cm	28,750	中国嘉德	2015.09.19
民国 粉彩百花锦地开光神仙人物纹铺首尊（一对）	高29.5cm	28,750	中国嘉德	2015.04.01
民国 粉彩百花锦纹铺首尊	高38.3cm	17,250	中国嘉德	2015.06.27
民国 粉彩百子婴戏图龙耳瓶	高38.7cm	11,500	中国嘉德	2015.09.19
民国 粉彩博古、花卉瓶(三件)	尺寸不一	13,800	北京保利	2015.04.25
民国 粉彩博古、人物帽筒(四件)	尺寸不一	11,500	北京保利	2015.04.25
民国 粉彩博古花鸟方瓶(一对)	高31cm	21,850	北京保利	2015.04.25
民国粉彩薄胎万花开光仕女熏炉(一对)	高16.5cm	10,133	香港雅盛	2015.07.31
民国 粉彩春燕图瓶	高24cm	43,700	中国嘉德	2015.04.01
民国 粉彩大吉、花鸟花盆(两件)	直径24.5cm	13,800	北京保利	2015.04.25
民国 粉彩大吉花盆（一对）	直径27cm	13,800	北京保利	2015.04.25
民国 粉彩大吉诗文瓶	高61cm	57,500	北京保利	2015.04.25
民国 粉彩富贵白头纹瓶	29.4cm	16,800	天津文物	2015.05.22
民国 粉彩盖缸、盖盆（六件）	尺寸不一	11,500	北京保利	2015.04.25
民国 粉彩盖缸、壶（四件）	尺寸不一	10,350	北京保利	2015.04.25
民国粉彩高士图兽耳衔环瓶(一对)	高33cm	17,250	中国嘉德	2015.04.01
民国 粉彩高士像	高20cm	34,500	中国嘉德	2015.09.19
民国 粉彩过枝瓜果纹折腰碗	直径19.8cm	17,250	苏州东方	2015.07.02
民国 粉彩过枝花蝶纹盘(一对)	直径24.6cm	28,750	中国嘉德	2015.09.19
民国粉彩寒江独钓图六方花盆(一对)	长25cm	13,800	中国嘉德	2015.09.19
民国 粉彩荷花纹盘（7件）		10,350	北京翰海	2015.03.15
民国 粉彩荷花纹盆奁（一对）	盆直径22.8cm	20,700	中国嘉德	2015.06.27
民国 粉彩花蝶瓷板	长38.5cm	36,800	北京保利	2015.04.25
民国粉彩花卉、八骏、人物花盆(四件)	尺寸不一	18,400	北京保利	2015.04.25
民国粉彩花卉、吉庆有余花盆(两件)	直径23cm	17,250	北京保利	2015.04.25
民国 粉彩花卉、人物瓶(三件)	尺寸不一	10,350	北京保利	2015.04.25
民国 粉彩花卉大吉图水盂	高6cm	13,800	北京中汉	2015.09.21
民国 粉彩花卉方花盆（三件）	尺寸不一	20,700	北京保利	2015.04.25
民国 粉彩花卉花盆	宽23.5cm	11,500	北京保利	2015.06.08
民国 粉彩花卉花盆（两件）	直径23cm	13,800	北京保利	2015.04.25
民国 粉彩花卉花盆（两件）	直径20cm	13,800	北京保利	2015.04.25
民国 粉彩花卉花盆（四件）	尺寸不一	13,800	北京保利	2015.04.25
民国 粉彩花卉花盆（四件）	尺寸不一	11,500	北京保利	2015.04.25
民国 粉彩花卉花盆（一对）	直径17cm	32,200	北京保利	2015.04.25
民国 粉彩花卉花盆（一对）	直径22.5cm	17,250	北京保利	2015.04.25

拍品名称	物品尺寸	成交价RMB	拍卖公司	拍卖日期
民国 粉彩花卉花盆（一对）	直径18cm	11,500	北京保利	2015.04.25
民国 粉彩花卉六方花盆(两件)	宽24cm	17,250	北京保利	2015.04.25
民国 粉彩花卉帽筒（四件）	尺寸不一	10,350	北京保利	2015.04.25
民国 粉彩花卉山水四屏	尺寸不一	25,300	北京保利	2015.04.25
民国 粉彩花卉图长颈瓶	高38.5cm	25,044	纽约佳士得	2015.03.15
民国 粉彩花卉碗（一组十件）	高3.5cm	207,000	西泠拍卖	2015.07.05
民国粉彩花卉纹盘福寿纹碗各(一对)	直径18.5cm	10,350	中国嘉德	2015.04.01
民国 粉彩花卉纹赏瓶	39.5cm	44,800	天津文物	2015.05.22
民国 粉彩花卉纹赏瓶	22cm	11,200	天津文物	2015.05.22
民国 粉彩花卉纹蒜头瓶(一对)	高28cm	172,500	北京中汉	2015.04.02
民国 粉彩花卉纹天球瓶	45cm	33,600	天津文物	2015.05.22
民国 粉彩花卉纹碗（一对）	直径13.5cm×2	31,640	辽宁建投	2015.08.30
民国 粉彩花卉纹长颈瓶	高34.3cm	2,240,000	天津文物	2015.05.22
民国 粉彩花卉纹长颈瓶	高36cm	24,860	辽宁建投	2015.08.30
民国 粉彩花卉印盒	直径6.8cm	11,500	北京翰海	2015.07.19
民国 粉彩花龙纹卉小座屏	高50cm	10,350	北京保利	2015.04.25
民国粉彩花鸟、骏马图洗（两件）	直径10cm	10,350	北京保利	2015.04.25
民国粉彩花鸟、人物盖缸（三件）	尺寸不一	10,350	北京保利	2015.04.25
民国粉彩花鸟、人物瓶（三件）	尺寸不一	12,650	北京保利	2015.04.25
民国 粉彩花鸟棒槌瓶	高47cm	17,250	北京保利	2015.04.25
民国 粉彩花鸟大花盆	直径37cm	32,200	北京保利	2015.04.25
民国 粉彩花鸟方瓶（两件）	高23cm	10,350	北京保利	2015.04.25
民国 粉彩花鸟方瓶（三件）	尺寸不一	11,500	北京保利	2015.04.25
民国 粉彩花鸟壶（六件）	尺寸不一	11,500	北京保利	2015.04.25
民国 粉彩花鸟花口花盆	直径26.5cm	10,350	北京保利	2015.04.25
民国 粉彩花鸟花盆（两件）	直径23cm	80,500	北京保利	2015.04.25
民国 粉彩花鸟花盆（两件）	直径22cm	17,250	北京保利	2015.04.25
民国 粉彩花鸟花盆（四件）	尺寸不一	28,750	北京保利	2015.04.25
民国 粉彩花鸟花盆（一对）	直径34.5cm	51,750	北京保利	2015.04.25
民国 粉彩花鸟帽筒（四件）	尺寸不一	23,000	北京保利	2015.04.25
民国 粉彩花鸟帽筒（四件）	尺寸不一	17,250	北京保利	2015.04.25
民国 粉彩花鸟帽筒（四件）	尺寸不一	17,250	北京保利	2015.04.25
民国 粉彩花鸟帽筒（四件）	尺寸不一	11,500	北京保利	2015.04.25
民国 粉彩花鸟梅瓶	高13.3cm	57,500	深圳市拍	2015.07.19
民国 粉彩花鸟盆（2件）	直径20cm	43,700	北京翰海	2015.03.15
民国 粉彩花鸟瓶	高19.5cm	36,800	北京翰海	2015.03.15
民国 粉彩花鸟瑞果四方花盆	高21cm	69,000	北京保利	2015.06.08
民国 粉彩花鸟纹瓷板	48cm×32cm	13,921	香港淳浩	2015.04.04
民国 粉彩花鸟纹捧盒	直径28.5cm	20,265	香港淳浩	2015.07.30
民国 粉彩花鸟纹瓶	高34cm	34,500	中国嘉德	2015.04.01
民国粉彩花鸟纹四方花盆带座(一对)	长21.5cm	13,800	中国嘉德	2015.09.19
民国粉彩花鸟纹四方花盆（一对）	高21cm	17,250	中国嘉德	2015.04.01
民国粉彩花鸟纹天球瓶（二件）	高33cm	10,925	北京翰海	2015.09.13
民国 粉彩花鸟纹小瓶（两件）	高8cm；高13cm	12,896	香港淳浩	2015.07.30
民国 粉彩花鸟洗（三件）	直径9cm	11,500	北京保利	2015.04.25
民国 粉彩花盆（四件）	尺寸不一	28,750	北京保利	2015.04.25
民国 粉彩鸡缸杯	直径6.9cm	23,000	北京保利	2015.06.08
民国 粉彩甲子万年瓶	高19cm	13,800	北京保利	2015.04.26
民国 粉彩教子图题诗瓶	高13.5cm	43,700	北京保利	2015.06.08
民国 粉彩九桃天球瓶	高56.2cm	187,830	纽约佳士得	2015.03.15
民国 粉彩九桃纹赏瓶	高38.8cm	46,000	中国嘉德	2015.04.01
民国 粉彩九桃纹碗（一对）	直径13.5cm×2	23,000	广州皇玛	2015.01.17
民国粉彩居仁堂李白醉酒小印盒	直径4cm	63,250	上海敬华	2015.06.30
民国 粉彩菊花纹赏瓶	高39.5cm	17,250	中国嘉德	2015.09.19
民国 粉彩开光八仙花盆（一对）	宽19.5cm	20,700	北京保利	2015.04.26
民国 粉彩开光花卉诗文笔筒	高16cm	17,250	保利厦门	2015.08.02
民国 粉彩开光花篮纹棒槌瓶	高45cm	23,000	太平洋	2015.07.18
民国 粉彩开光人物故事瓶	高59cm	25,300	北京保利	2015.04.25
民国 粉彩开光人物诗文方瓶	高57.5cm	32,200	北京保利	2015.04.25
民国 粉彩开光三羊开泰瓶	高21cm	74,750	北京保利	2015.04.26
民国 粉彩开光山水罐	高25cm	20,700	北京保利	2015.04.26
民国 粉彩开光山水花盆	直径37cm	17,250	北京保利	2015.04.25
民国 粉彩开光山水花盆	直径36.5cm	13,800	北京保利	2015.04.25
民国 粉彩开光仕女纹玉壶春瓶	高20.5cm	20,700	太平洋	2015.07.18
民国 粉彩开光婴戏花盆	直径37.5cm	32,200	北京保利	2015.04.25
民国 粉彩开光婴戏瓶	高12cm	27,600	北京翰海	2015.07.19
民国 粉彩开光渔樵耕读笔筒	高15.5cm	46,000	北京保利	2015.04.25
民国 粉彩孔雀纹帽筒（一对）	高28.5cm	34,500	太平洋	2015.07.18
民国 粉彩兰石图水仙盆		43,700	北京匡时	2015.06.06
民国 粉彩莲瓣盖碗（一对）	直径9.4cm	66,700	中国嘉德	2015.04.01
民国 粉彩灵猿图诗文瓶	高18.5cm	34,500	中国嘉德	2015.04.01
民国 粉彩龙凤瓶	高32cm	34,500	北京翰海	2015.07.19
民国粉彩龙凤碗、碟（三十六件）	尺寸不一	17,250	北京保利	2015.04.25
民国 粉彩龙凤碗、盘（十件）	尺寸不一	13,800	北京保利	2015.04.25
民国 粉彩龙纹盖盒、碗(四件)	尺寸不一	17,250	北京保利	2015.04.25
民国 粉彩芦雁花卉纹花口花盆	23.6cm	42,560	天津文物	2015.05.22
民国 粉彩麻姑献寿图灯笼瓶		35,650	北京中汉	2015.09.21
民国 粉彩麻姑献寿图花口瓶	28.5cm	13,440	天津文物	2015.05.22
民国 粉彩麻姑献寿图瓶	15.5cm	42,560	天津文物	2015.05.22
民国 粉彩牧牛图瓶	高16cm	80,700	佳士得	2015.04.06
民国 粉彩牧牛图瓶	高35.3cm	23,000	中国嘉德	2015.04.01
民国粉彩人物、花卉壶（五件）	尺寸不一	10,350	北京保利	2015.04.25
民国粉彩人物、花卉花盆（三件）	尺寸不一	13,800	北京保利	2015.04.25
民国粉彩人物、花卉帽筒（四件）	尺寸不一	36,800	北京保利	2015.04.25
民国粉彩人物、花鸟花盆（四件）	尺寸不一	13,800	北京保利	2015.04.25
民国 粉彩人物笔筒（四件）	尺寸不一	25,300	北京保利	2015.04.25
民国 粉彩人物笔筒（四件）	尺寸不一	23,000	北京保利	2015.04.25
民国 粉彩人物博古五屏	尺寸不一	13,800	北京保利	2015.04.25
民国 粉彩人物瓷板	36cm×24cm	23,000	北京保利	2015.04.26
民国 粉彩人物瓷板（4件）	38cm×25cm	92,000	北京翰海	2015.03.15
民国 粉彩人物瓷板（两件）	长19.5cm	86,250	北京保利	2015.04.25
民国 粉彩人物方瓶（两件）	高55cm	17,250	北京保利	2015.04.25
民国 粉彩人物盖罐（一对）	高40cm×2	46,000	广州皇玛	2015.01.17
民国 粉彩人物缸（两件）	直径24cm	11,500	北京保利	2015.04.25
民国 粉彩人物故事笔筒	直径20cm	69,000	北京保利	2015.04.25
民国 粉彩人物故事瓷板一套	38.5cm×26cm	28,750	中鸿信	2015.07.29
民国 粉彩人物故事双耳瓶	高45cm	138,000	保利厦门	2015.08.02
民国 粉彩人物罐、花鸟缸、花卉炉（三件）	尺寸不一	36,800	北京保利	2015.04.25
民国 粉彩人物壶（六件）	尺寸不一	23,000	北京保利	2015.04.25
民国 粉彩人物壶（六件）	尺寸不一	13,800	北京保利	2015.04.25
民国 粉彩人物壶（六件）	尺寸不一	11,500	北京保利	2015.04.25
民国粉彩人物花鸟挂屏（一对）	112cm×28cm	13,800	北京保利	2015.04.25
民国 粉彩人物花盆（三件）	尺寸不一	20,700	北京保利	2015.04.25
民国 粉彩人物帽筒（四件）	尺寸不一	17,250	北京保利	2015.04.25
民国 粉彩人物帽筒（四件）	尺寸不一	11,500	北京保利	2015.04.25
民国 粉彩人物帽筒（四件）	尺寸不一	11,500	北京保利	2015.04.25
民国 粉彩人物盆（五件）	尺寸不一	11,500	北京保利	2015.04.25
民国 粉彩人物瓶	高30cm	18,400	北京翰海	2015.09.13
民国 粉彩人物瓶（三件）	尺寸不一	63,250	北京保利	2015.04.25
民国 粉彩人物瓶（三件）	尺寸不一	51,750	北京保利	2015.04.25
民国 粉彩人物瓶（三件）	尺寸不一	13,800	北京保利	2015.04.25
民国 粉彩人物山水帽筒（四件）	尺寸不一	74,750	北京保利	2015.04.25
民国 粉彩人物诗文瓶		21,850	北京中汉	2015.09.21
民国 粉彩人物洗口瓶	高33cm	23,000	广州皇玛	2015.01.17
民国 粉彩三阳开泰花盆（2件）	高21cm	25,300	北京翰海	2015.03.15
民国粉彩山水、花卉帽筒（四件）	尺寸不一	17,250	北京保利	2015.04.25
民国粉彩山水、仕女瓶（两件）	高57cm	14,950	北京保利	2015.04.25
民国 粉彩山水大花盆	直径40cm	17,250	北京保利	2015.04.25
民国粉彩山水花卉、花鸟帽筒(三件)	高27cm	13,800	北京保利	2015.04.25
民国 粉彩山水花盆（两件）	高26cm	10,350	北京保利	2015.04.25
民国 粉彩山水花盆（一对）	直径28cm	18,400	北京保利	2015.04.25
民国 粉彩山水楼阁花盆	直径25cm	13,800	北京保利	2015.04.25
民国 粉彩山水瓶（2件）	高34cm	13,800	北京翰海	2015.03.15
民国 粉彩山水瓶（2件）	高42cm	13,800	北京翰海	2015.03.15
民国 粉彩山水瓶（一对）	高17cm	32,200	北京保利	2015.04.25
民国粉彩山水人物蝶牛图菱形方瓶	16.1cm	22,400	天津文物	2015.05.22
民国 粉彩山水人物瓶	高25cm	20,700	北京保利	2015.04.25
民国 粉彩山水人物通景图纹瓶	高25.5cm	11,975	香港雅盛	2015.07.31

2015瓷器拍卖成交汇总

(成交价RMB：1万元以上)

拍品名称	物品尺寸	成交价RMB	拍卖公司	拍卖日期
民国 粉彩山水人物图琮式瓶	高37.8cm	149,500	中国嘉德	2015.05.16
民国 粉彩山水人物纹寿字耳瓶	高35cm	138,000	中国嘉德	2015.09.19
民国 粉彩山水诗句纹长方形诗筒	高13cm	57,500	上海工美	2015.06.28
民国 粉彩山水图瓷板四件	81.5x22.5cm	240,300	香港苏富比	2015.06.01
民国 粉彩诗文扇形瓷板	长69cm	13,800	北京保利	2015.04.26
民国粉彩仕女、山水盘（两件）	直径20cm	10,350	北京保利	2015.04.25
民国 粉彩仕女人物花盆	直径33.5cm	74,750	北京保利	2015.04.25
民国 粉彩仕女人物瓶	高29cm	11,500	北京翰海	2015.09.13
民国 粉彩仕女双耳瓶（两件）	高58cm	20,700	北京保利	2015.04.25
民国 粉彩仕女小瓶（一对）	高17cm	13,800	八益拍卖	2015.04.26
民国 粉彩仕女婴戏图蒜头瓶	高17cm	60,525	佳士得	2015.04.06
民国粉彩寿桃、帽筒等（六件）	尺寸不一	20,700	北京保利	2015.04.25
民国 粉彩寿星像	高57cm	25,300	中国嘉德	2015.04.01
民国 粉彩双虎图瓷板	48cm×34cm	11,500	北京保利	2015.04.26
民国 粉彩双鸭座屏	高60cm	10,350	北京保利	2015.04.26
民国 粉彩松鹰图瓶（一对）	高14.3cm×2	48,300	北京匡时	2015.06.06
民国 粉彩陶渊明爱菊水盂、三彩虎纹小水盂（各一件）	宽5.7cm；宽7.6cm	11,137	香港淳浩	2015.04.04
民国 粉彩庭院人物纹茶壶	长16.5cm	20,417	香港淳浩	2015.04.04
民国粉彩庭院婴戏纹捧盒（一对）	直径26.5cm×2	101,327	香港淳浩	2015.07.30
民国粉彩万花地开光山水纹花盆(一对)	高20cm×2	32,482	香港淳浩	2015.04.04
民国粉彩万寿无疆盖盆（三件）	直径18.5cm	13,800	北京保利	2015.04.25
民国 粉彩万寿无疆碗（五件）	直径12cm	11,500	北京保利	2015.04.25
民国 粉彩文房	尺寸不一	11,200	天津文物	2015.05.22
民国 粉彩五伦图瓷板	32.3cm	13,440	天津文物	2015.05.22
民国 粉彩西番莲开光山水双耳尊	高46cm	50,600	太平洋	2015.07.18
民国 粉彩西厢记故事图小缸	直径16cm	17,250	北京保利	2015.06.08
民国 粉彩洗（八件）	尺寸不一	40,250	北京保利	2015.04.25
民国 粉彩喜鹊梅花纹花盆	16.6cm	25,760	天津文物	2015.05.22
民国 粉彩喜上眉梢碗	直径16.5cm	26,450	北京保利	2015.01.24
民国 粉彩仙人图天球瓶	20.2cm	39,200	天津文物	2015.05.22
民国 粉彩笑佛像	高28cm	34,500	广州皇玛	2015.07.25
民国 粉彩英雄独立纹福寿耳瓶	高33cm	250,440	纽约苏富比	2015.03.21
民国粉彩婴戏、刻瓷花盆（两件）	宽16cm	10,350	北京保利	2015.04.25
民国粉彩婴戏布袋和尚图灯笼瓶	24cm	50,400	天津文物	2015.05.22
民国 粉彩婴戏盖罐	高22cm	34,500	北京保利	2015.06.08
民国 粉彩婴戏图灯笼瓶	26.4cm	39,200	天津文物	2015.05.22
民国 粉彩婴戏图盖罐	22.5cm	42,560	天津文物	2015.05.22
民国 粉彩婴戏图盖罐	高23cm	96,996	保利香港	2015.10.06
民国 粉彩婴戏图盖碗	10.5cm	12,320	天津文物	2015.05.22
民国 粉彩婴戏图瓶	40.5cm	44,800	天津文物	2015.05.22
民国 粉彩婴戏图瓶（一对）	高38.7cm	95,595	纽约佳士得	2015.09.17
民国 粉彩婴戏纹瓷板	23cm×30cm	18,561	香港淳浩	2015.04.04
民国 粉彩婴戏纹灯笼瓶	高28cm	23,000	泰和嘉成	2015.05.30
民国 粉彩渔樵耕读碗（四只）	直径9.2cm	13,620	江苏聚德	2015.07.01
民国 粉彩虞美人花蝶小印盒	直径4cm	23,000	北京保利	2015.04.26
民国 粉彩轧道螭龙纹瓶	高33cm	322,000	中鸿信	2015.07.29
民国 粉彩钟馗嫁妹瓶	高43.5cm	55,269	香港淳浩	2015.07.30
民国 粉彩竹报平安纹	高14cm×2	13,800	保利厦门	2015.08.02
民国 粉彩竹纹花卉瓷板(两件)	长38cm	32,200	北京保利	2015.04.25
民国 粉彩祝寿图大盘（一对）	直径52cm	138,000	北京保利	2015.04.26
民国 各式粉彩碗（十四件）	尺寸不一	10,350	北京保利	2015.04.25
民国 何许人作粉彩山水纹瓷板	25cm×37cm	290,988	中国嘉德	2015.10.06
民国 黄地粉彩缠枝莲开光山水人物纹长颈瓶	高28.4cm	11,500	中国嘉德	2015.04.01
民国 黄地粉彩缠枝莲托寿字螭耳转心瓶（一对）	高34.7cm	25,300	中国嘉德	2015.04.01
民国 黄地粉彩花卉花盆(二件)	高33cm	11,500	北京翰海	2015.09.13
民国 黄地粉彩花卉碗（一对）	直径23cm	17,250	北京保利	2015.04.25
民国黄地粉彩万寿无疆餐具(四十件)	尺寸不一	20,700	北京保利	2015.04.25
民国 黄地粉彩喜鹊登梅图大花盆	直径48.7cm	24,150	中国嘉德	2015.06.27
民国 金底百花盘（一对）	直径9.3cm×2	80,500	江苏爱涛	2015.01.11
民国 金品卿绘粉彩松鹿瓷板	60cm×49cm	48,300	华艺国际	2015.03.29
民国 蓝地开光人物缸	直径31.5cm	12,650	北京翰海	2015.03.15
民国 蓝地轧道蝴蝶纹瓶	高24.5cm	19,550	太平洋	2015.07.18
民国 蓝地轧道开光粉彩山水荷花铺首尊	高19.3cm	63,250	北京保利	2015.06.08
民国 梁兑石人物瓷板	长38.5cm	11,500	上海敬华	2015.06.30
民国 刘希任画粉彩风尘三侠瓶	高35cm	92,805	中国嘉德	2015.04.06
民国 刘希任制罗汉图瓷壶	宽15cm	10,350	中国嘉德	2015.05.18
民国 刘雨岑绘花鸟瓷板	38.5cm×25cm	184,000	古天一	2015.06.06
民国 刘雨岑款粉彩紫林春雪瓷板	42.3cm	358,400	天津文物	2015.05.22
民国 刘雨岑制饮冰斋款秋色清华图瓷壶	宽15cm	28,750	中国嘉德	2015.05.18
民国刘雨农粉彩秋情瓷板(一组两件)	81.5cm×20.5cm	103,500	北京匡时	2015.06.06
民国绿地粉彩花卉纹委角方水仙盆	12.4cm	15,680	天津文物	2015.05.22
民国 米地粉彩蝴蝶水仙盆（一对）	长25.5cm	13,800	北京保利	2015.04.25
民国 墨地粉彩花卉纹瓶	25.4cm	31,360	天津文物	2015.05.22
民国 潘匋宇 粉彩和合二仙人物瓶	高16.3cm	598,000	北京匡时	2015.06.06
民国 潘庸秉 以介眉寿·粉彩瓷板	高38cm；宽25cm	345,000	景德镇华艺	2015.01.10
民国青花“富贵晋爵”图大棒槌瓶	高78.8cm	135,426	纽约佳士得	2015.09.17
民国 青花百花不露地粉彩海屋添筹纹贯耳瓶	高35cm	36,800	太平洋	2015.04.17
民国 青花缠枝花卉纹出戟花觚		46,000	北京中汉	2015.09.21
民国 青花矾红云蝠纹荸荠瓶	高32.3cm	25,300	中国嘉德	2015.09.19
民国 青花粉彩牡丹纹天球瓶	高31.8cm	57,500	苏州东方	2015.07.02
民国 青花开光粉彩山水人物花鸟纹如意耳尊	高29.6cm	2,576,000	天津文物	2015.05.22
民国 群仙会·粉彩薄胎碗	高8cm	20,700	景德镇华艺	2015.01.10
民国 山水瓷板	41.5cm×61cm	34,720	北京荣宝	2015.03.29
民国 山水纹薄胎瓶（二件）	高24cm	17,250	北京翰海	2015.09.13
民国 珊瑚红地粉彩九秋图碗	直径13cm	69,000	北京东正	2015.05.19
民国 珊瑚红地开光彩人物小瓶	高14.5cm	20,700	广州皇玛	2015.01.17
民国珊瑚红地开光彩山水花盆(一对)	直径18cm×2	17,250	广州皇玛	2015.07.25
民国 珊瑚红粉彩人物瓶	高60cm	34,500	北京保利	2015.04.25
民国 珊瑚红粉彩婴戏纹瓶	高23cm	16,800	北京荣宝	2015.08.30
民国 松石绿地粉彩轧道折枝花卉纹水仙盆		13,800	北京中汉	2015.09.21
民国 田鹤仙款粉彩梅花诗文玉米瓶（一对）	高14.5cm×2	92,000	北京匡时	2015.06.06
民国 涂菊亭 粉彩人物笔筒	高12.5cm	59,800	北京匡时	2015.06.06
民国汪晓棠粉彩“双龙耳”盘口瓶	高40cm	115,000	广东省拍	2015.07.05
民国 汪晓棠款粉彩八蛮进宝图瓶	27.8cm	44,800	天津文物	2015.05.22
民国 汪野亭 粉彩青绿山水瓷板	38.8cm×24.8cm	368,000	北京匡时	2015.06.06
民国 汪野亭绘粉彩山水四方笔筒	高19.5cm	2,530,000	西泠拍卖	2015.07.05
民国王大凡粉彩高士学禅人物瓷板	38cm×25cm	402,500	北京匡时	2015.06.06
民国 王大凡 粉彩雪景寒窗夜读人物瓷板	39cm×25cm	1,092,500	北京匡时	2015.06.06
民国 王大凡款人物故事图瓷板	高39cm	352,440	AA中国艺海	2015.07.11
民国 王琦款广陵花瑞图瓷板	高78.5cm	308,385	AA中国艺海	2015.07.19
民国 王锡良 长生殿·粉彩瓷盘	直径27cm	299,000	景德镇华艺	2015.05.23
民国 魏洪泰 粉彩观音坐像	高23cm	57,500	广东省拍	2015.07.05
民国 魏洪泰制粉彩观音像	高31cm	15,820	辽宁建投	2015.08.30
民国 镶银雪景壶	长16cm	10,350	太平洋	2015.07.18
民国 徐仲南 粉彩花卉蝴蝶图瓷板	39cm×25cm	379,500	北京匡时	2015.06.06
民国 徐仲南山水插屏	高72cm	356,500	中贸圣佳	2015.05.20
民国 胭脂红地开光粉彩花鸟壶	长16.5cm	13,800	广州皇玛	2015.01.17
民国 胭脂红釉开光粉彩三酸图瓶	高29.2cm	13,800	中国嘉德	2015.09.19
民国 胭脂红釉小碗		17,250	北京中汉	2015.09.21
民国 洋彩缠枝莲纹桥耳炉	直径10.5cm	36,800	中国嘉德	2015.09.19
民国 张志汤泛舟晚归图花口碗	直径16.3cm	80,500	上海敬华	2015.06.30
民国 重工粉彩牡丹图瓶	高42cm	747,500	北京匡时	2015.06.06
民国 朱明 丰收·粉彩茶壶	高10cm	20,700	景德镇华艺	2015.01.10
民国 紫地粉彩花鸟纹花盆	长37cm	17,250	中国嘉德	2015.09.19
民国 1932年作 汪小亭绘粉彩山水人物纹瓷板笔筒	高23.1cm	57,500	中国嘉德	2015.04.01
民国 1947年 金地粉彩折枝花卉纹小盘（一对）	直径10cm	20,700	中国嘉德	2015.09.19

拍品名称	物品尺寸	成交价RMB	拍卖公司	拍卖日期
民国晚期 粉彩木兰从军尊	高17.5cm	10,350	江苏爱涛	2015.01.11
约1710年至1725年 法国　路易十六时期 粉地描金梅森陶瓷花瓶式烛台（一对）	烛台高度约为60cm	138,000	北京保利	2015.06.05
约1860至1880年 法国　拿破仑三世时期“东方风情”梅森风格陶瓷花瓶式烛台（一对）	烛台高度约为77cm	138,000	北京保利	2015.06.05
20世纪初 粉彩道教神仙图瓶	28cm	95,800	伦敦苏富比	2015.05.13
20世纪30年代 何许人 雁阵惊寒一字排·粉彩瓷板	高38cm；宽25cm	977,500	景德镇华艺	2015.10.20
1900年 德国　萨克森 梅森风格陶瓷花卉墙面镜		138,000	北京保利	2015.06.05
1900年 德国　萨克森 梅森风格陶瓷花卉人物吊灯	约为110cm×95cm	218,500	北京保利	2015.06.05
1916年 刘雨岑 栩栩名花带露开·粉彩棒槌瓶	高19cm；直径6.5cm	805,000	景德镇华艺	2015.01.10
1917年）毕伯涛（传）人生贵知足·粉彩瓷板	高20cm；宽12cm	13,800	景德镇华艺	2015.10.20
王琦 汪野亭 毕伯涛 徐仲南 1929年 1919年 1932年 1936年 粉彩瓷板（四块）	高36cm；宽25cm	2,760,000	景德镇华艺	2015.10.20
1932年 方云峰 妙玉听琴·粉彩瓷板（二块）	高19.5cm；宽13cm	552,000	景德镇华艺	2015.05.23
1935年 王大凡 四爱图·粉彩瓷板	高38cm；宽25cm	8,625,000	景德镇华艺	2015.10.20
1936年 毕伯涛 烁色清华·粉彩蒜头瓶	高12cm；直径8cm	25,300	景德镇华艺	2015.05.23
1936年 李明亮 楚江秋色·粉彩笔筒	高10.5cm；直径6.5cm	20,700	景德镇华艺	2015.01.10
1941年 汪大沧 粉彩《塔影横江图》瓶	高21.5cm	80,500	北京保利	2015.12.06
1942年 王大凡 风尘三侠·粉彩瓷板	高38cm；宽25cm	977,500	景德镇华艺	2015.10.20
1942年 邹文侯 松荫高士·粉彩瓷板	高38cm；宽24cm	230,000	景德镇华艺	2015.10.20
1944年 刘雨岑 桃花小禽图·粉彩瓷壶	高9cm	402,500	景德镇华艺	2015.10.20
1946年）邹国钧 山亭论古·粉彩瓷壶	高8cm	17,250	景德镇华艺	2015.05.23
1947年 刘希任 福在眼前·粉彩人物赏瓶（一对）	高14.5cm；直径4cm	402,500	景德镇华艺	2015.01.10
1990年 春色满园·粉彩文房（五头）	高19cm	23,000	景德镇华艺	2015.05.23
2015年 袁智勇 粉彩山水文房（八头）	高11.5cm	13,800	景德镇华艺	2015.05.23
喜上眉梢粉彩观音瓶	高38cm	1,174,030	卓艺拍卖	2015.11.18
洒蓝粉彩八仙人物大天球瓶	高53cm	264,330	AA中国艺海	2015.07.12
珊瑚红地描金开窗粉彩献寿纹瓶	高45cm	13,357	香港普艺	2015.01.31
珊瑚红地双龙耳赏瓶	底径10cm高23cm	4,126,752	荣盛国际	2015.01.10
慎得堂款粉彩五蝠捧寿纹盘	直径29cm	246,708	AA中国艺海	2015.07.11
松石绿地粉彩缠枝莲托八宝烛台	高42cm	607,959	AA中国艺海	2015.06.20
松石绿地粉彩加金八卦琮式瓶	高28.5cm	1,585,980	AA中国艺海	2015.07.19
汪野亭款粉彩山水人物纹瓷板	高66cm	704,880	AA中国艺海	2015.07.19
王大凡、刘雨辰、张志汤、汪大沧合作粉彩四方长颈瓶		2,467,080	AA中国艺海	2015.07.12
王大凡款瓷板画	长93cm 宽30cm	5,280,000	皇家国际	2015.06.29
王琦款粉彩祝寿图瓷板	高81cm	748,935	AA中国艺海	2015.07.12
胭脂红地缠枝花卉纹赏瓶	底径10.5cm	3,229,632	荣盛国际	2015.01.10
胭脂红地粉彩八吉祥双耳炉	高28cm	422,928	AA中国艺海	2015.07.11
胭脂红地粉彩花鸟纹方瓶	高51cm	4,105,926	AA中国艺海	2015.07.11
白釉粉彩龙纹长颈瓶	高14cm	13,800	南京经典	2015.01.04
淡绿地粉彩八吉祥纹花觚	高29cm	440,550	AA中国艺海	2015.07.19

拍品名称	物品尺寸	成交价RMB	拍卖公司	拍卖日期
道光窑 粉彩十八罗汉对盘	直径16.1cm	167,900	景薰楼	2015.06.21
邓碧珊粉彩月影鱼乐图长条瓷板	81cm×21cm	2,467,080	AA中国艺海	2015.08.05
豆青釉粉彩松竹梅灵芝寿石天球瓶	高44cm	41,852,250	AA中国艺海	2015.07.19
青花粉彩开光山水野鸭纹观音瓶	高32cm	2,825,550	澳门中信	2015.11.08
粉彩‘一苇渡江’瓷板	↑38cm	23,604	香港普艺	2015.12.05
粉彩八吉祥盘	口径38cm	650,232	卓艺拍卖	2015.11.18
粉彩八仙祝寿凤尾尊	高35cm	1,083,720	卓艺拍卖	2015.11.18
粉彩瓷城新貌瓷板	宽55；长32.5cm	32,200	八益拍卖	2015.11.01
粉彩花卉纹椭圆花盆	长26cm	2,257,750	卓艺拍卖	2015.11.18
粉彩花鸟瓶	高30.5cm	866,976	卓艺拍卖	2015.11.21
粉彩花鸟纹浮雕玉壶春瓶	高27.5cm	3,052,478	卓艺拍卖	2015.11.21
粉彩花鸟纹赏瓶	高20.1cm	406,395	卓艺拍卖	2015.11.18
粉彩花鸟纹蒜头瓶	高16.4cm	4,063,950	卓艺拍卖	2015.11.21
粉彩开窗描金葫芦瓶	高37.2cm	1,625,580	卓艺拍卖	2015.11.21
粉彩镂空吉庆转心瓶	高37cm	1,625,580	卓艺拍卖	2015.11.18
粉彩牡丹纹罐	高15cm	740,542	卓艺拍卖	2015.11.21
粉彩人物大盘	口径25cm	722,480	卓艺拍卖	2015.11.18
粉彩十二金钗天球瓶	高40cm	2,257,750	卓艺拍卖	2015.11.18
粉彩寿纹壶	高15cm	632,170	卓艺拍卖	2015.11.21
粉彩婴戏纹龙耳瓶	高31cm	1,354,650	卓艺拍卖	2015.11.18
粉彩长眉罗汉瓷板	直径38cm	23,604	香港普艺	2015.12.05
黄地粉彩花鸟纹双耳瓶	高25.7cm	2,980,230	卓艺拍卖	2015.11.21
蓝地粉彩橄榄瓶	高40.3cm	496,705	卓艺拍卖	2015.11.21
粉彩“鹏程万里”瓶	高47cm	11,975	香港普艺	2015.01.31
粉彩“大吉”葫芦式壁瓶	高35cm	2,008,908	AA中国艺海	2015.07.11
粉彩“万年甲子”“万寿无疆”盘一对	直径14cm	599,148	AA中国艺海	2015.07.19
粉彩八仙人物图天球瓶	高45.5cm	4,405,500	AA中国艺海	2015.07.19
粉彩百蝶纹赏瓶	高39cm	484,605	AA中国艺海	2015.07.11
粉彩百蝶纹赏瓶	底径11cm；口径4.2cm；通高26cm	1,686,586	荣盛国际	2015.01.10
粉彩百花地开窗山水纹碟	高70cm	21,160	香港普艺	2015.04.11
粉彩百鹿尊	高47cm	1,656,468	AA中国艺海	2015.07.12
粉彩笔洗	口径12.5cm	13,234	香港龙玺	2015.09.19
粉彩缠枝花卉纹佛塔	通高27cm；底径12cm	5,831,280	荣盛国际	2015.01.10
粉彩春光明媚瓶	高28cm；底7cm；口5cm	89,700	中古陶	2015.05.31
粉彩瓷雕葫芦瓶	口径4cm 底径7.5cm 高28cm	3,488,000	皇家国际	2015.01.19
粉彩福寿开光龙凤呈祥纹赏瓶	高69cm	1,585,980	AA中国艺海	2015.07.11
粉彩故事人物双象耳瓶	高49cm	28,256	香港普艺	2015.10.10
粉彩虎纹梅瓶	高23cm	1,656,468	AA中国艺海	2015.02.03
粉彩花蝶纹如意耳葫芦瓶	高23cm	4,442,910	香港龙玺	2015.09.19
粉彩花卉杯一对	高5.5cm	1,409,760	AA中国艺海	2015.08.05
粉彩花卉灵芝纹小天球瓶一对	高19cm	2,643,300	AA中国艺海	2015.07.19
粉彩花卉灵芝细颈瓶	高14.5cm	20,700	南京经典	2015.01.04
粉彩花卉人物纹四方花盆	高23.5cm	1,409,760	AA中国艺海	2015.07.12
粉彩花卉纹灯笼尊	高32cm	16,705	香港淳浩	2015.04.04
粉彩花卉纹罐	高12cm	837,045	AA中国艺海	2015.02.03
粉彩花卉纹花觚	底径14.5cm	1,076,544	荣盛国际	2015.01.10
粉彩花卉纹盘	直径17.8cm	3,024,000	香港铮鼎	2015.04.28
粉彩花卉纹天球瓶	高44cm	3,348,180	AA中国艺海	2015.07.12
粉彩花卉纹天球瓶	高45cm	1,938,420	AA中国艺海	2015.07.12
粉彩花卉纹碗	直径12cm	748,935	AA中国艺海	2015.07.11
粉彩花卉纹碗（一对）	底径4.5cm	986,832	荣盛国际	2015.01.10
粉彩花卉五蝠捧寿纹盘	直径36cm	792,990	AA中国艺海	2015.07.11
粉彩花卉印盒	口径9cm；高3cm	1,944,000	香港铮鼎	2015.04.28
粉彩花鸟包袱瓶	高19.5cm	642,804	香港龙玺	2015.09.19
粉彩花鸟鸣春图臂搁	长32cm	77,597	中国嘉德	2015.10.06
粉彩花鸟盘	直径23cm	2,643,300	AA中国艺海	2015.07.19
粉彩花鸟纹瓷板	高38cm	18,837	香港普艺	2015.10.10
粉彩花鸟纹玉壶春瓶	高18.6cm	881,100	AA中国艺海	2015.02.03
粉彩花鸟玉壶春	高20.5cm	19,800	北京贞观	2015.06.28
粉彩金陵十二钗人物赏瓶	高24cm	43,700	南京经典	2015.01.04

2015瓷器拍卖成交汇总

(成交价RMB：1万元以上)

拍品名称	物品尺寸	成交价RMB	拍卖公司	拍卖日期
粉彩锦地开光人物故事纹棒槌瓶	高50cm	3,859,218	AA中国艺海	2015.07.11
粉彩九桃莲枝纹大盘	直径46.5cm	704,880	AA中国艺海	2015.07.19
粉彩九桃纹天球瓶	高56cm	13,357	香港普艺	2015.06.06
粉彩开光牡丹纹碗	口径13.5cm	1,902,375	荣盛国际	2015.07.31
粉彩开光山水诗文八方象耳瓶	高25.2cm	2,801,898	AA中国艺海	2015.07.11
粉彩开光兽纹天球瓶	口径9.5cm	1,686,586	荣盛国际	2015.01.10
粉彩开光四妃十六子罐	通高30cm	3,788,730	AA中国艺海	2015.07.12
粉彩孔雀纹瓶	高35cm	3,348,180	AA中国艺海	2015.07.19
粉彩梁山伯与祝英台（一套三件）	高13-22cm	16,011	香港普艺	2015.10.10
粉彩龙凤纹赏瓶	底径8.5cm	1,166,256	荣盛国际	2015.01.10
粉彩龙凤纹碗	高5.8cm	440,550	AA中国艺海	2015.07.19
粉彩龙纹花卉转心瓶	高24cm	2,819,520	AA中国艺海	2015.07.19
粉彩描金过墙花鸟纹杯（一对）	宽9cm	16,953	香港普艺	2015.10.10
粉彩描金黄地福寿纹碗	宽10cm	28,256	香港普艺	2015.10.10
粉彩描金开光吉祥如意纹渣斗	底径10cm	744,610	荣盛国际	2015.01.10
粉彩描金开光仕女人物纹折腰洗	高9.5cm	27,500	北京贞观	2015.06.28
粉彩描金童子寿星	→53cm	15,180	香港普艺	2015.04.11
粉彩皮球花笔筒	高15cm	16,500	北京贞观	2015.06.28
粉彩人物短颈瓶	口径9.5cm	3,618,000	香港铮鼎	2015.04.28
粉彩人物故事赏瓶	口径4cm	580,725	荣盛国际	2015.07.31
粉彩人物故事纹鹿头尊	高33.5cm	1,233,540	AA中国艺海	2015.07.12
粉彩人物画十件套茶碗	口径11.5cm	11,000	上海驰翰	2015.05.09
粉彩人物双耳瓶	高67cm	458,172	AA中国艺海	2015.06.20
粉彩人物纹五彩罐	高15cm	22,000	北京贞观	2015.06.28
粉彩三才杯	底径4cm	107,654	荣盛国际	2015.01.10
粉彩三多墩式碗	高8cm 宽15cm	2,202,750	AA中国艺海	2015.07.12
粉彩山水瓷板	长38cm	220,275	AA中国艺海	2015.06.20
粉彩赏瓶	底径9.8cm	986,832	荣盛国际	2015.01.10
粉彩少师太保纹花口瓶	高61.8cm	881,100	AA中国艺海	2015.06.20
粉彩石榴纹茶盅（一对）	→23cm	38,688	香港普艺	2015.06.06
粉彩寿山福海鹤纹碗（一对）	单只直径11.5cm	23,000	南京经典	2015.01.04
粉彩寿桃天球瓶	口径11cm	1,345,680	荣盛国际	2015.01.10
粉彩绶带枣皮红地描金葫芦瓶	高21cm	38,500	北京贞观	2015.06.28
粉彩双耳瓶	底径11cm	1,166,256	荣盛国际	2015.01.10
粉彩苏武牧羊图瓷板	高57cm	1,277,595	AA中国艺海	2015.07.12
粉彩岁寒三友书法四足笔筒	→20cm	18,423	香港普艺	2015.06.06
粉彩踏雪寻梅图薄胎瓶	高11cm	3,348,180	AA中国艺海	2015.07.19
粉彩桃花图茶具（一套四件）	尺寸不一	13,800	北京匡时	2015.06.07
粉彩通景山水瓶	高25cm	1,321,650	AA中国艺海	2015.06.20
粉彩通景山水人物纹瓶	高30.5cm	2,290,860	AA中国艺海	2015.07.12
粉彩团花纹将军罐	高41cm	440,550	AA中国艺海	2015.07.11
粉彩喜鹊登梅纹瓶	高25cm	32,240	香港雅盛	2015.07.31
粉彩喜上眉梢碗	口径12cm	250,313	荣盛国际	2015.07.31
粉彩祥龙在天雕塑摆件	高63cm	207,966	香港龙玺	2015.09.19
粉彩胭脂红地花鸟纹方瓶	高55cm	8,370,450	AA中国艺海	2015.07.12
粉彩一路莲科大缸	通高50cm	360,450	荣盛国际	2015.07.31
粉彩婴戏图八方大瓶	高73.5cm	1,321,650	AA中国艺海	2015.07.19
粉彩婴戏图罐	高32.5cm	1,365,705	AA中国艺海	2015.07.11
粉彩婴戏图人物天球瓶	高33.5cm	22,000	北京贞观	2015.06.28
粉彩婴戏图双耳瓶	高39cm	528,660	AA中国艺海	2015.07.19
粉彩御题诗文海棠形盘	通高5cm	1,435,392	荣盛国际	2015.01.10
粉彩渊明爱菊图瓶	高33cm	704,880	AA中国艺海	2015.07.11
粉彩云蝠纹荸荠瓶	高32.5cm	484,605	AA中国艺海	2015.07.12
粉彩云蝠纹盘	直径34cm	704,880	AA中国艺海	2015.07.11
粉彩竹林七贤笔筒	高13.4cm	158,598	AA中国艺海	2015.07.19
粉青釉琮式瓶	口径8cm	3,804,750	荣盛国际	2015.07.31
粉青釉带盖双耳罐	口径12cm	1,320,000	皇家国际	2015.01.19
红地九秋纹大碗	直径20cm	24,200	北京贞观	2015.06.28
黄地缠枝八宝纹香炉	高25cm	352,440	AA中国艺海	2015.07.19
黄地粉彩"福寿万代"图杯	高6cm 直径8cm	1,321,650	AA中国艺海	2015.07.11
黄地粉彩福寿碗	底径5.5cm	1,166,256	荣盛国际	2015.01.10
黄地粉彩花鸟纹赏瓶	口径12cm	2,242,800	荣盛国际	2015.01.10
黄地粉彩开光花鸟纹海棠洗	直径16cm	132,165	AA中国艺海	2015.07.11
黄地粉彩开光万寿无疆碗	直径14cm	11,500	南京经典	2015.01.04

拍品名称	物品尺寸	成交价RMB	拍卖公司	拍卖日期
黄地粉彩开光御题诗人物故事双耳瓶一对	高30cm	775,368	AA中国艺海	2015.08.05
黄地粉彩万寿无疆碗	口径12.5cm	300,375	荣盛国际	2015.07.31
黄地粉彩轧道开光花鸟纹赏瓶	高40cm	3,216,015	AA中国艺海	2015.07.11
黄地花卉纹压手碗	底径5.6cm	852,264	荣盛国际	2015.01.10
金地粉彩八仙葫芦包袱瓶	高25.5cm	704,880	AA中国艺海	2015.07.19
金地粉彩缠枝花卉纹碟一对	直径10cm	16,500	北京贞观	2015.06.28
近代 陆云山 粉彩松鹤图小印盒	直径4.3cm	11,500	北京匡时	2015.06.06
夔龙粉彩描金花卉纹壶	高9.5cm	22,000	北京贞观	2015.06.28
蓝地粉彩花卉纹提梁壶	底径18.5cm	762,552	荣盛国际	2015.01.10
蓝地粉彩开光葫芦瓶	高23.5cm	155,250	南京经典	2015.01.04
蓝釉粉彩蝶恋花杯	口径6cm	100,125	荣盛国际	2015.07.31
李明亮 粉彩四方笔筒		13,800	中国嘉德	2015.05.18
刘雨岑 粉彩"紫藤双燕""红梅绶带"长条瓷板（二件）	74cm×20cm	1,762,200	AA中国艺海	2015.08.05
龙凤纹粉彩盘（一对）		23,633	香港龙玺	2015.09.19
绿地粉彩缠枝宝相花纹双耳瓶	口径6.2cm	16,500,000	皇家国际	2015.01.19
绿地粉彩开光缠枝宝相花纹折沿洗	口径25cm	5,940,000	皇家国际	2015.01.19
绿地粉彩开光人物纹壁瓶	高14cm	3,348,180	AA中国艺海	2015.07.19
绿地粉彩描金花卉纹汤钵	直径23cm	27,500	北京贞观	2015.06.28
绿地粉彩万寿无疆碟	口径14cm	600,750	荣盛国际	2015.07.31
内粉彩百花不露地胭脂红大盘	直径47.8cm	2,467,080	AA中国艺海	2015.08.05
浅蓝地开光花鸟纹灯笼瓶	高32cm	4,229,280	AA中国艺海	2015.06.20
童子图四方瓶"大清乾隆年制"款		12,000	上海驰翰	2015.05.09
珐琅彩				
清雍正 珐琅彩山水花鸟纹蒜头瓶	高19cm	12,896,100	澳门中信	2015.06.21
清雍正 珐琅彩描本金梵红釉绘八仙连介绍八仙题诗（一套八个）		13,817	书画艺拍	2015.05.30
清雍正 红釉地珐琅彩梅竹先春杯（一对）	直径5.8cm	2,990,000	北京保利	2015.06.06
清雍正 珊瑚红地珐琅彩牡丹纹碗	直径12cm	5,175,000	北京匡时	2015.06.06
清雍正 珐琅彩虫草纹葫芦瓶	高21.5cm	35,790,300	澳门中信	2015.11.08
清雍正 珐琅彩山水花卉纹蒜头瓶	高29cm	26,371,800	澳门中信	2015.11.08
清雍正 珐琅彩赭墨梅竹图碗 蓝料双方框	直径10.1cm	69,982,040	佳士得	2015.12.02
清雍正 胭脂紫地珐琅彩九秋小碗	直径9.2cm	1,380,000	北京保利	2015.12.08
清乾隆 珐琅彩花鸟纹蒜头瓶	高22cm	9,041,760	澳门中信	2015.11.08
清乾隆 珐琅彩仕女婴戏小贯耳瓶	高9cm	16,675,000	北京保利	2015.12.08
清乾隆珐琅料彩花卉大盘（一对）	长39cm×2	28,750	广州皇玛	2015.01.17
清乾隆 红釉地画珐琅寒梅争春玉壶春瓶	高28.5cm	4,485,000	保利厦门	2015.05.02
清乾隆 御制瓷胎画珐琅彩海棠形小杯	高7cm	2,530,000	保利厦门	2015.05.02
清道光 描红缠枝莲纹喜字罐	高23cm	322,000	厦门华辰	2015.06.20
清中期仿珐琅彩孔雀图杯（一对）	直径8.5cm	74,750	中国嘉德	2015.06.27
清 珐琅彩花鸟纹盘	口径22cm	830,852	卓艺拍卖	2015.11.18
清 珐琅彩花鸟纹赏瓶	高37cm	10,475,960	卓艺拍卖	2015.11.21
清 乾隆窑 珊瑚红地珐琅彩九秋图	口径13.4cm	1,416,225	宝港国际	2015.11.28
清 黄地珐琅彩牡丹纹碗	直径14.5cm	25,300	中国嘉德	2015.09.19
清 红地花卉纹珐琅彩碗	口径14.1cm	1,392,138	AA中国艺海	2015.02.03
黄地珐琅彩花鸟纹碗	高7.5cm	4,063,950	卓艺拍卖	2015.11.21
民国薄胎珐琅彩柳燕瓶（一对）	高19cm	58,537	诚昌国际	2015.12.01
民国 珐琅彩福贵平安小杯	直径8.2cm	46,000	八益拍卖	2015.11.01
民国 珐琅彩仕女瓶	高19cm	330,453	诚昌国际	2015.12.01
民国珐琅彩庭院仕女婴戏图水盂	直径8.6cm	172,500	北京翰海	2015.11.28
民国 珐琅彩西洋人物纹瓶	高19cm	57,500	太平洋	2015.11.21
民国 珐琅彩春耕图瓶	高18.3cm	1,176,000	天津文物	2015.05.22
民国珐琅彩花卉人物小瓶（一对）	高7cm×2	51,750	北京匡时	2015.06.06
民国 珐琅彩花卉水盂	高8cm	13,800	北京翰海	2015.09.13
民国 珐琅彩花鸟杯（2件）	高6.5cm	16,100	北京翰海	2015.03.15
民国 珐琅彩菊花纹盘	直径15.2cm	46,000	太平洋	2015.07.18
民国 珐琅彩仕女壶	高11.5cm	51,750	北京保利	2015.04.26
民国 仿珐琅彩花鸟诗文瓶	高20.5cm	43,700	中国嘉德	2015.04.01
民国 仿珐琅彩花鸟纹小瓶	高12.8cm	51,750	中国嘉德	2015.04.01
民国 仿珐琅彩开光山水方瓶	高15cm	34,500	广州皇玛	2015.07.25

拍品名称	物品尺寸	成交价RMB	拍卖公司	拍卖日期
民国 仿珐琅彩麻姑献寿图瓶	高33.8cm	34,500	中国嘉德	2015.04.01
民国 仿珐琅彩麻姑献寿图瓶（一对）	高23.2cm	92,000	中国嘉德	2015.04.01
民国仿珐琅彩人物诗文瓶（一对）	高23.1cm	23,000	中国嘉德	2015.04.01
民国 仿珐琅彩人物纹小瓶 罗传元款浅绛彩花鸟纹笔筒各一件	高13.1cm；高12.2cm	34,500	中国嘉德	2015.04.01
民国 仿珐琅彩竹石纹碗	直径13cm	23,000	广州皇玛	2015.07.25
民国 富贵平安图珐琅碗（一对）	高5.9cm×2	103,500	江苏爱涛	2015.01.11
珐琅彩凤凰牡丹纹盘	口径13cm	1,038,565	卓艺拍卖	2015.11.18
珐琅彩花鸟纹双耳扁瓶	高25cm	830,852	卓艺拍卖	2015.11.21
珐琅彩赏瓶	高35cm	1,625,580	卓艺拍卖	2015.11.18
珐琅彩碗	高6.8cm	4,334,880	卓艺拍卖	2015.11.21
珐琅彩代代富贵纹盘	口径15cm	3,171,960	AA中国艺海	2015.07.12
珐琅彩孔雀鎏金蒜头瓶	高22cm	17,280,000	香港铮鼎	2015.04.28
珐琅彩皮球花纹胆瓶	高17.4cm	17,280,000	香港铮鼎	2015.04.28
珐琅彩人物纹瓶（一对）	高30cm	19,440,000	香港铮鼎	2015.04.28
珐琅彩双耳瓶	口径9cm	9,720,000	皇家国际	2015.01.19
珐琅彩蒜头瓶	高19cm	10,573,200	AA中国艺海	2015.06.20
珐琅彩胭脂红地花卉纹碗	口径14cm	7,920,000	皇家国际	2015.01.19
金地珐琅彩开光山水人物纹双耳尊	高21cm	5,286,600	AA中国艺海	2015.07.19
蓝地珐琅彩花鸟赏瓶	口径9cm	23,325,120	荣盛国际	2015.01.10
黄底粉彩开光花卉纹灯笼瓶	高31cm	5,066,325	澳门中信	2015.06.21
广彩				
清乾隆 广彩锦地开光人物纹大瓶（一对）	高59.3cm；高58.6cm	36,800	中国嘉德	2015.09.19
清乾隆 广彩开光人物瓶	高30cm	80,500	广州皇玛	2015.01.17
清乾隆 广彩开光人物长颈瓶	高26cm	28,750	华艺国际	2015.03.29
清乾隆 广彩人物盘	直径25cm	11,500	广州皇玛	2015.01.17
清乾隆 广彩仕女图盘（二件）	口径23.2cm	10,350	深圳市拍	2015.07.19
清乾隆 广彩仕女图盘（三件）	口径22.9cm	17,250	深圳市拍	2015.07.19
清乾隆 广彩仕女图长方盘	口径41cm	11,500	深圳市拍	2015.07.19
清中期 广彩"广州涌景图意"盘	直径28cm	10,350	广州皇玛	2015.07.25
清中期 广彩花鸟开光人物纹狮钮盖瓶（一对）	高48cm	17,250	中国嘉德	2015.09.19
清中期 广彩人物纹大碗	直径40cm	39,550	辽宁建投	2015.08.30
18世纪 广彩锦地开光人物图大碗	29.8cm	40,050	香港苏富比	2015.06.01
19世纪 广彩开光人物花鸟图大碗	直径53.5cm	80,100	香港苏富比	2015.06.01
清 广彩花卉开光墨彩山水人物纹大碗	直径41cm	13,800	中国嘉德	2015.04.01
清 广彩人物笔筒	高13cm	23,000	八益拍卖	2015.04.26
清 广彩人物大碗	直径41.5cm	13,800	北京翰海	2015.03.15
清广彩人物故事纹大盖瓶（一对）	高66cm	57,500	太平洋	2015.07.18
清 广彩人物瓶（一对）	高13cm	11,500	八益拍卖	2015.04.26
清 广彩山水人物碗	直径15.5cm	23,000	广州皇玛	2015.07.25
清 广彩山水人物纹长方倭角盘	长29.5cm	20,700	南京嘉信	2015.07.19
清 广彩西厢记壶	长24.6cm	10,350	深圳市拍	2015.07.19
珐华彩（釉）				
明中期 珐华花卉纹螭耳方瓶	高26.7cm	25,300	中国嘉德	2015.09.19
明16世纪 珐华莲鹭纹罐（一对）	高33.7cm×2	179,625	伦敦苏富比	2015.05.13
清中期 珐华瑞兽纹蒜头瓶	高77cm	51,750	北京中汉	2015.04.02
清中期 珐华釉瓷塑罗汉像	高36cm	97,750	北京东正	2015.05.19
18世纪/19世纪 珐华蓝采仙人坐像	高27.6cm	469,575	纽约佳士得	2015.03.19
清 砝华八仙人物纹梅瓶	高37cm	32,482	香港淳浩	2015.04.04
珐华雕罗汉座像	高44.5cm	3,700,620	AA中国艺海	2015.07.19
浅绛彩				
清同治 浅绛彩花鸟碗（两件）	直径16cm	17,250	北京保利	2015.04.25
清光绪"许达生"款浅绛彩花鸟纹碗（一对）	直径20.8cm	63,250	苏州东方	2015.07.02
清光绪 程门浅绛彩《水遥郇图》瓷板	42cm×30cm	690,000	北京保利	2015.06.05
清光绪 程门浅绛彩人物象耳方瓶	高30cm	727,470	中国嘉德	2015.10.06
清光绪 金品卿 浅绛彩《英雄富贵图》瓷板	28.5cm×40.5cm	460,000	北京保利	2015.06.05
清光绪 浅绛彩博古诗文花盆	高39.5cm	71,300	北京保利	2015.04.25
清光绪 浅绛彩博古图方茶壶	18.2cm	13,440	天津文物	2015.05.22

拍品名称	物品尺寸	成交价RMB	拍卖公司	拍卖日期
清光绪 浅绛彩花卉盘	直径19cm	11,500	北京保利	2015.04.25
清光绪 浅绛彩花鸟方花盆	长30cm	977,500	北京保利	2015.04.25
清光绪 浅绛彩花鸟诗文壶	宽16.5cm	17,250	北京保利	2015.04.26
清光绪 浅绛彩家畜山水纹卷缸	直径37cm	28,750	华艺国际	2015.03.29
清光绪 浅绛彩精品清山水笔筒	直径7.6cm	34,500	翰风国际	2015.06.19
清光绪 浅绛彩柳燕诗文碗	直径13.5cm	23,000	北京保利	2015.04.25
清光绪浅绛彩人物帽筒（一对）	高27.5cm	13,800	北京保利	2015.01.24
清光绪 浅绛彩人物双耳六方瓶（2件）	高58cm	32,200	北京翰海	2015.03.15
清光绪 浅绛彩人物文房	高17cm	11,500	上海敬华	2015.06.30
清光绪 浅绛彩人物象耳瓶	高43cm	1,207,500	北京翰海	2015.03.15
清光绪浅绛彩王少维人物山水方瓶	高30cm	345,000	北京保利	2015.06.08
清光绪 浅绛彩竹树溪亭插屏	高73cm	92,000	北京保利	2015.04.26
清光绪 徐义茂绘花鸟图浅绛彩帽筒	直径12cm；高28.2cm	13,620	江苏聚德	2015.07.01
清光绪（1900年）俞子明 浅绛彩绘画集锦（五件）	尺寸不一	402,500	北京保利	2015.06.05
清光绪（1882年）王少维 浅绛彩《双俪图》圆形瓷板插屏	直径27cm	368,000	北京保利	2015.06.05
清同治1862年、清光绪1880年）清光绪1883年程门、金品卿、王少维浅绛彩绘画集锦帽筒（三对）	高28.5cm	6,900,000	北京保利	2015.06.05
清光绪 1876年 王少维《仿赵大年画意图》大娇盆	直径40.5cm	1,035,000	北京保利	2015.12.06
清光绪 1884年 金品卿《伉俪图》圆瓷板插屏	直径27.5cm	575,000	北京保利	2015.12.06
清光绪 1884年 金品卿《伉俪图》圆瓷板插屏	直径27.5cm	575,000	北京保利	2015.12.06
清光绪 1885 任焕章 浅绛彩高士图帽筒（一对）	高28cm	126,500	北京保利	2015.12.06
清光绪 1885年 任焕章 浅绛彩高士图帽筒（一对）	高28cm	126,500	北京保利	2015.12.06
清光绪 1888年 浅绛彩花鸟瓶	高35cm	40,250	中国嘉德	2015.11.15
清光绪 浅绛彩花草题诗杯	直径8.6cm	10,925	太平洋	2015.11.21
清光绪浅绛彩花鸟盖罐（一对）	高9cm	80,500	太平洋	2015.11.21
清光绪 浅绛彩人物诗文海棠瓶	高38cm	10,350	北京保利	2015.11.01
清光绪 浅绛彩人物诗文海棠瓶	高38cm	10,350	北京保利	2015.11.01
清光绪 浅绛彩枝头清韵图碗	直径20.7cm	40,250	北京诚轩	2015.11.14
清光绪 浅绛彩竹报平安图大碗	直径20.5cm	28,750	北京保利	2015.11.01
清光绪 浅绛彩竹报平安图大碗	直径20.5cm	28,750	北京保利	2015.11.01
清晚期"余焕文"款浅绛彩山水诗纹花盆	直径23.6cm	28,750	苏州东方	2015.07.02
清晚期 程门 程崇楷浅绛彩山水花鸟人物琮式瓶	高30cm	920,000	北京匡时	2015.06.06
清晚期 金品卿绘浅绛彩山水人物纹瓷板	26.1cm×7.2cm	34,500	中国嘉德	2015.04.01
清晚期 任焕章 浅降彩案头缸	高21cm	89,700	广东省拍	2015.07.05
清晚期 许品衡浅绛彩花鸟瓶	高25cm	25,300	上海敬华	2015.06.30
清晚期1886年作玉泉浅绛早春图瓷板	67.5×48.5cm	345,000	北京匡时	2015.12.05
清晚期 高心田 浅绛彩人物山水帽筒（二件）	高27.5cm	11,500	北京保利	2015.12.06
清晚期 高心田 浅绛彩人物山水帽筒（二件）	高27.5cm	11,500	北京保利	2015.12.06
清晚期 马庆云 浅绛彩高士婴戏图帽筒（二件）	高29cm；高28cm	17,250	北京保利	2015.12.06
清晚期 马庆云 浅绛彩高士婴戏图帽筒（二件）	高29cm；高28cm	17,250	北京保利	2015.12.06
清晚期 马庆云 浅绛彩人物故事帽筒（二件）	高28cm	42,550	北京保利	2015.12.06
清晚期 马庆云 浅绛彩人物故事帽筒（二件）	高28cm	42,550	北京保利	2015.12.06
清晚期 马庆云 浅绛彩神话故事帽筒（三件）	高28cm	17,250	北京保利	2015.12.06
清晚期 马庆云 浅绛彩神话故事帽筒（三件）	高28cm	17,250	北京保利	2015.12.06

2015瓷器拍卖成交汇总

(成交价RMB：1万元以上)

拍品名称	物品尺寸	成交价RMB	拍卖公司	拍卖日期
任焕章款浅绛彩花鸟博古图鹿头尊	高33.5cm	20,700	中国嘉德	2015.04.01
许品衡 1888年 独占芳菲·浅绛彩四方盖罐	高16cm	34,500	景德镇华艺	2015.01.10
清末民初 浅绛彩山水纹瓷屏	直径36cm	32,200	广州皇玛	2015.07.25
清 高心田八方山水盖盒	直径8.5cm	32,200	上海敬华	2015.06.30
清 梁肯堂绿树红山挂屏	长28cm	126,500	上海敬华	2015.06.30
清 罗林绘二乔浅绛彩壶	宽18cm；高11cm	34,050	江苏聚德	2015.07.01
清 马庆云人物大瓶	高59cm	161,000	上海敬华	2015.06.30
清 浅绛彩人物插屏	高39cm	13,800	广州皇玛	2015.01.17
清 浅绛彩人物琵琶小瓶	高23cm	11,500	广州皇玛	2015.01.17
清 浅绛彩三星拱照双耳瓶	高44.5cm	30,398	香港淳浩	2015.07.30
清 浅绛彩山水人物瓶	高39cm	44,850	北京翰海	2015.07.19
清 浅绛彩山水人物象耳方瓶	高29.7cm	69,000	北京翰海	2015.06.28
清 汪照藜八仙瓷板	49cm×33cm	184,000	上海敬华	2015.06.30
清余焕文浅绛彩捧砚图棒槌瓶(一对)	高31cm	80,500	上海敬华	2015.06.30
民国 彩山水壶	长17cm	23,000	广州皇玛	2015.01.17
民国 浅绛山水纹琮式瓶（一件）	高30cm	11,200	上海国拍	2015.11.29
民国 浅绛彩百鹿图天球瓶	高56cm	25,300	中国嘉德	2015.04.01
民国 浅绛彩博古、花鸟花盆（两件）	直径23cm	33,350	北京保利	2015.04.25
民国 浅绛彩博古将军罐（两件）	高43cm	17,250	北京保利	2015.04.25
民国 浅绛彩博古将军罐（一对）	高45cm	19,550	北京保利	2015.04.25
民国 浅绛彩博古将军罐（一对）	高45cm	14,950	北京保利	2015.04.25
民国 浅绛彩博古瓶（三件）	尺寸不一	19,550	北京保利	2015.04.25
民国 浅绛彩博古瓶（一对）	高38cm	11,500	北京保利	2015.04.25
民国 浅绛彩博古瓶（一对）	高40cm	11,500	北京保利	2015.04.25
民国 浅绛彩博古诗文水仙盆（一对）	长19cm	13,800	北京保利	2015.04.25
民国 浅绛彩虎溪三笑图花盆	长29.5cm	80,500	北京保利	2015.04.25
民国 浅绛彩花鸟方瓶	高58cm	264,500	北京保利	2015.04.25
民国 浅绛彩花鸟人物方花盆（一对）	宽36cm	126,500	北京保利	2015.04.25
民国 浅绛彩花鸟仕女方壶	宽16.5cm	36,800	北京保利	2015.04.25
民国 浅绛彩花鸟四条屏	180cm×180cm	97,750	北京保利	2015.04.25
民国 浅绛彩花鸟纹六方天球瓶	高44cm	11,500	华艺国际	2015.03.29
民国 浅绛彩六方人物山水花盆（一对）	宽30cm	25,300	北京保利	2015.01.24
民国 浅绛彩炉、粥盆（两件）	高38.5cm	20,700	北京保利	2015.04.25
民国 浅绛彩罗汉花鸟花盆	长25.5cm	92,000	北京保利	2015.04.25
民国 浅绛彩麻姑献寿花盆	直径26.5cm	28,750	北京保利	2015.04.25
民国 浅绛彩人物、山水花盆（两件）	宽24cm	39,100	北京保利	2015.04.25
民国 浅绛彩人物、山水花盆、洗（两件）	长13.5cm	13,800	北京保利	2015.04.25
民国 浅绛彩人物方瓶	高55cm	25,300	北京保利	2015.04.25
民国 浅绛彩人物方瓶（两件）	高39cm	48,300	北京保利	2015.04.25
民国 浅绛彩人物故事方壶	宽14cm	13,800	北京保利	2015.04.25
民国 浅绛彩人物花鸟象耳方瓶	高30cm	195,500	北京保利	2015.04.25
民国 浅绛彩人物花盆（两件）	宽22cm	16,100	北京保利	2015.04.25
民国 浅绛彩人物花盆（两件）	直径23.5cm	13,800	北京保利	2015.04.25
民国 浅绛彩人物花盆（两件）	直径21.5cm	11,500	北京保利	2015.04.25
民国 浅绛彩人物花盆（两件）	直径25cm	10,350	北京保利	2015.04.25
民国 浅绛彩人物花盆（一对）	直径26cm	13,800	北京保利	2015.04.25
民国 浅绛彩人物瓶（四件）	尺寸不一	24,150	北京保利	2015.04.25
民国 浅绛彩人物诗文方瓶	高58cm	33,350	北京保利	2015.04.25
民国 浅绛彩人物诗文方瓶	高55cm	16,100	北京保利	2015.04.25
民国 浅绛彩人物诗文花盆	直径25.5cm	10,350	北京保利	2015.04.25
民国浅绛彩三星拱照图瓶（一对）	高57cm	310,500	北京保利	2015.04.25
民国 浅绛彩山水茶盘	长24.5cm	11,500	北京保利	2015.04.25
民国 浅绛彩山水瓷板	长27.5cm	17,250	北京保利	2015.04.25
民国 浅绛彩山水花鸟笔洗	宽16.5cm	74,750	北京保利	2015.04.25
民国 浅绛彩山水花盆（两件）	直径27cm	11,500	北京保利	2015.04.25
民国 浅绛彩山水帽筒（两件）	高28cm	28,750	北京保利	2015.04.25
民国 浅绛彩山水帽筒（两件）	高28.5cm	17,250	北京保利	2015.04.25

拍品名称	物品尺寸	成交价RMB	拍卖公司	拍卖日期
民国 浅绛彩山水人物帽筒	高28cm	32,200	北京保利	2015.04.25
民国 浅绛彩山水诗文挂屏	38cm×25cm	10,350	北京保利	2015.04.26
民国 浅绛彩山水碗（五件）	直径16cm	11,500	北京保利	2015.04.25
民国 浅绛彩山水攒盘（八件）	长18cm	17,250	北京保利	2015.04.25
民国 浅绛彩诗文人物花盆	高22.5cm	11,500	华艺国际	2015.03.29
民国 浅绛彩诗文双耳瓶	高61.5cm	11,500	北京保利	2015.04.25
民国 浅绛彩仕女帽筒（一对）	高27.5cm	17,250	北京保利	2015.04.25
民国 浅绛彩仕女瓶（两件）	高58cm	36,800	北京保利	2015.04.25
民国 浅绛彩仕女婴戏方瓶	高55.5cm	25,300	北京保利	2015.04.25
民国 浅绛彩松鹤盖缸	高17cm	138,000	北京保利	2015.04.25
民国 浅绛彩五老观画捧盒	直径27cm	13,800	北京保利	2015.04.25
民国 浅绛彩象耳诗文山水方瓶	高32.5cm	23,000	北京保利	2015.04.25
民国 汪介眉款花鸟瓷板	25.1cm×36.5cm	10,350	深圳市拍	2015.07.19
民国 汪小亭制山水图大瓷壶	宽22cm	34,500	中国嘉德	2015.05.18
民国 王少维款浅绛彩山水人物花鸟纹象耳鹿头尊	高45.5cm	25,300	中国嘉德	2015.04.01
民国 张子英款浅绛彩松鹤延年图螭耳尊（一对）	高62cm	25,300	中国嘉德	2015.04.01
浅绛彩山水瓷板画	长80cm	704,880	AA中国艺海	2015.06.20
浅绛山水纹瓶	高41cm	1,762,200	AA中国艺海	2015.06.20
红 彩				
明嘉靖 黄地红彩穿云游龙纹罐	高20.2cm	7,463,760	香港苏富比	2015.10.07
明 矾红龙纹盘	直径14.5cm	12,650	北京保利	2015.01.24
明 矾红瑞兽执壶	高35cm	23,000	北京保利	2015.11.01
明 矾红瑞兽执壶	高35cm	23,000	北京保利	2015.11.01
清康熙 粉彩红彩云龙纹罐	高16cm	2,579,220	澳门中信	2015.06.21
清康熙 矾红龙纹杯（一对）	直径5.8cm×2	92,000	北京诚轩	2015.05.17
清康熙 矾红龙纹盘	直径19.5cm	14,950	八益拍卖	2015.04.26
清康熙 矾红描金开光花鸟图棒槌瓶	高41.3cm	79,663	纽约佳士得	2015.09.17
清康熙 矾红描金龙纹萝卜尊	高23cm	11,500	北京保利	2015.01.24
清康熙 绿地矾彩云龙纹盘	直径21.7cm	92,000	中国嘉德	2015.06.27
清康熙 青花矾红彩道教神仙纹碗（一对）	直径18.8cm×2	287,400	伦敦苏富比	2015.05.13
清康熙 青花矾红彩三鱼折腰盘	直径26.5cm	207,000	北京华辰	2015.05.15
清康熙 矾红黑彩群仙图碗	直径17.2cm	1,510,640	佳士得	2015.12.02
清康熙 矾红龙纹盘	直径22cm	13,800	北京保利	2015.11.01
清康熙 矾红龙纹盘	直径22cm	13,800	北京保利	2015.11.01
清雍正 矾红夔凤纹水丞	高5.5cm	2,530,000	北京保利	2015.06.06
清雍正 矾红人物故事图天圆地方小葫芦瓶	高9cm	59,800	北京中汉	2015.05.17
清雍正 矾红云龙纹盘	直径12.5cm	101,200	中国嘉德	2015.06.27
清雍正 天青釉彩捏塑胭脂红盘螭龙直颈瓶		575,000	北京中汉	2015.09.21
清雍正 矾红夔凤纹水丞	高5.5cm	1,840,000	北京保利	2015.12.08
清雍正矾红西番莲纹盘（一对）	直径14.8cm	1,173,000	太平洋	2015.11.21
清雍正 养和堂制款青花矾红云龙纹盘	直径16.2cm	69,000	北京翰海	2015.11.28
清雍正 养和堂制款青花矾红云龙纹小碟	直径9cm	23,000	北京翰海	2015.11.28
清雍正 胭脂地开光线描花卉纹杯	直径7cm	343,379	中国嘉德	2015.04.06
清乾隆 白地轧道海水矾红龙纹香炉	高37.5cm	805,000	北京东正	2015.05.19
清乾隆 凡红藏草瓶	高22.1cm	517,500	翰风国际	2015.06.19
清乾隆 矾红彩"三清茶"碗	直径10.6cm	383,325	香港苏富比	2015.04.07
清乾隆 矾红彩宝相花藏草瓶	高21.2cm	253,000	北京翰海	2015.06.28
清乾隆 矾红彩苍龙教子壁瓶	高23.5cm	345,000	北京保利	2015.06.06
清乾隆 矾红彩双龙赶珠纹杯	直径79cm	164,400	香港苏富比	2015.10.07
清乾隆 矾红彩应龙纹天鸡钮高足盖碗	直径20.1cm	1,008,750	香港苏富比	2015.04.07
清乾隆 矾红藏草瓶	高22.5cm	402,500	保利厦门	2015.05.03
清乾隆 矾红描金象耳瓶	高27cm	13,800	北京翰海	2015.09.13
清乾隆 矾红三清诗文茶碗	直径10.3cm	103,500	中国嘉德	2015.09.19
清乾隆 矾红御题诗三清茶碗（一对）	直径11cm	575,000	北京保利	2015.06.06

(成交价RMB：1万元以上)

拍品名称	物品尺寸	成交价RMB	拍卖公司	拍卖日期
清乾隆 绿地胭脂红彩八吉祥纹罐	高29cm	349,186	保利香港	2015.10.06
清乾隆 胭脂蓝料彩云龙纹寿字灯笼尊	高43.8cm	172,500	北京保利	2015.06.08
清乾隆豆青釉红彩团凤碗（二件）	直径14.4cm	115,000	北京翰海	2015.11.28
清乾隆 矾红彩甘露瓶	高22.3cm	805,000	中国嘉德	2015.11.14
清乾隆 梵红彩缠枝花卉碗	直径12.7cm	51,750	北京翰海	2015.11.28
清乾隆 梵红彩淡描倭角方杯（二件）	直径8.1cm	138,000	北京翰海	2015.11.28
清乾隆 精进堂制款青花矾红云龙纹盘	直径16.3cm	34,500	北京翰海	2015.11.28
清乾隆 墨地描金梵红彩龙凤纹高足碗	直径9.1cm	287,500	北京翰海	2015.11.28
清乾隆 青花梵红彩云龙纹盘	直径19.5cm	17,250	北京翰海	2015.11.28
清乾隆 御窑银地矾红彩西番莲托八吉祥纹贲巴壶	高19.3cm	5,175,000	北京东正	2015.11.19
清嘉庆 矾红缠枝莲纹折沿杯	直径6.9cm	28,750	中国嘉德	2015.06.27
清嘉庆 矾红三清茶诗碗	直径10.5cm	57,500	北京保利	2015.04.26
清嘉庆 矾红三清茶碗	直径11cm	148,488	中国嘉德	2015.04.06
清嘉庆胭脂红地莲托八宝纹象耳瓶	高27.5cm	667,000	中贸圣佳	2015.05.20
清嘉庆 矾红福寿纹高足碗	直径17.8cm	28,750	太平洋	2015.11.21
清嘉庆 珊瑚红描金五福捧寿纹碟	宽13.5cm	18,883	诚昌国际	2015.12.01
清道光 白地矾红彩蝙蝠纹暗花赶珠云龙纹碗	13.3cm	80,100	香港苏富比	2015.06.01
清道光 白地轧道金玉满堂折腰杯（一对）	直径9cm	36,800	华艺国际	2015.03.29
清道光 豆青釉矾红团凤纹碗	直径14cm	69,000	北京华辰	2015.05.15
清道光 矾红彩五福临门碗	直径12.5cm	55,481	佳士得	2015.04.06
清道光 矾红福寿纹折腰碗 盘各一只	直径14.7cm；直径11.9cm	32,200	中国嘉德	2015.09.19
清道光 矾红金鱼纹碗（一对）	高5.5cm	241,500	西泠拍卖	2015.07.05
清道光 矾红金鱼五福纹盘	直径18.1cm	58,697	纽约苏富比	2015.03.21
清道光 矾红描金缠枝莲纹碗	直径17.6cm	322,000	中国嘉德	2015.05.16
清道光 矾红描金缠枝莲纹碗（一对）	直径17.6cm	339,486	中国嘉德	2015.10.06
清道光矾红五蝠捧寿纹盘（一对）	直径15.5cm	92,000	八益拍卖	2015.04.26
清道光矾红云龙纹酒杯（一对）	直径6cm	111,528	纽约佳士得	2015.09.17
清道光 珊瑚红彩缠枝花卉碗（一对）	直径13cm	345,000	中国嘉德	2015.05.16
清道光 胭脂红地轧道开光雪景山水纹小碗	直径14.9cm	40,250	北京中汉	2015.05.17
清道光 梵红彩暗刻海水龙纹五蝠盘	直径17.9cm	92,000	北京翰海	2015.11.28
清道光 梵红彩缠枝花卉福寿纹盖罐	高28.5cm	345,000	北京翰海	2015.11.28
清道光 梵红彩描金花卉福寿碗（二件）	直径9.3cm	66,700	北京翰海	2015.11.28
清道光 青花梵红彩云龙纹盘	直径16cm	66,700	北京翰海	2015.11.28
清道光 胭脂红彩花卉纹小瓶	长15.7cm	615,750	佳士得	2015.12.02
清咸丰 胭脂红釉龙纹洪福齐天炉（一只）、烛台（一对）	高37cm；高39cm×2	67,200	北京荣宝	2015.08.30
清光绪 矾红二龙戏珠纹盘	直径34cm	42,550	太平洋	2015.11.21
清光绪矾红洪福齐天纹盘（一对）	直径15.7cm×2	55,200	北京诚轩	2015.11.14
清光绪矾红云龙赶珠纹盘（二件）	直径21.7cm	166,750	北京翰海	2015.11.28
清光绪同治矾红龙纹小杯（两只）	高5cm	34,500	八益拍卖	2015.11.01
清同治 矾红彩竹纹碗（二件）	直径12cm	34,500	北京翰海	2015.06.28
清同治 矾红龙纹杯	直径5.8cm	23,000	华艺国际	2015.03.29
清同治矾红太狮少狮盖碗（四套）	直径10cm×4	10,350	广州皇玛	2015.07.25
清同治矾红西番莲水仙盆（一对）	长24cm	12,650	太平洋	2015.07.18
清同治 矾红云龙纹杯	直径5.6cm	28,750	中国嘉德	2015.04.01
清同治 珊瑚红花卉盖碗、碗（一组五件）	尺寸不一	11,500	北京保利	2015.04.25
清光绪 白釉胭脂红团凤纹碗（一对）	直径14cm×2	61,600	北京荣宝	2015.08.30
清光绪 矾红彩描金双龙戏珠纹狮钮鼎式炉	高13.5cm	28,750	古天一	2015.06.06

拍品名称	物品尺寸	成交价RMB	拍卖公司	拍卖日期
清光绪 矾红二龙戏珠盘（一对）	直径34.5cm	57,500	太平洋	2015.04.17
清光绪 矾红海兽五蝠纹盘	直径18.5cm	57,500	上海工美	2015.06.28
清光绪 矾红龙纹杯（四件）	直径6cm	57,500	北京保利	2015.04.26
清光绪 矾红龙纹杯（一对）	直径6cm×2	56,000	北京荣宝	2015.06.21
清光绪 矾红龙纹花盆（两件）	直径27cm	10,350	北京保利	2015.04.25
清光绪 矾红竹节纹碗（一对）	直径12.7cm	69,000	翰风国际	2015.06.19
清光绪 内矾红缠枝莲五蝠捧寿图外黄地蝠纹碗（一对）	直径12.2cm	57,500	中国嘉德	2015.06.27
清光绪 胭脂红团凤纹碗（一对）	直径14.6cm	69,000	中国嘉德	2015.06.27
清宣统 矾红双龙戏珠大盘	直径33.7cm	78,400	北京荣宝	2015.03.29
清白釉雕瓷开光描金红彩人物瓶	高29.5cm	57,500	北京翰海	2015.06.28
清 矾红笔筒	高9.5cm	13,800	北京翰海	2015.07.19
清 矾红缠枝纹罐 瓶等（8件）		11,500	北京翰海	2015.03.15
清 矾红福寿纹花口盘	高16cm	132,000	北京中联	2015.01.18
清 矾红洪福齐天图盘（一对）	直径15.7cm	23,000	中国嘉德	2015.04.01
清 矾红龙纹盘	直径18cm	14,950	北京保利	2015.01.24
清 矾红龙纹双耳瓶（一对）	高20cm	10,350	北京保利	2015.01.24
清 矾红诗文茶碗（一对）	直径11.5cm×2	11,500	保利厦门	2015.08.02
清 矾红云龙纹折沿洗（一对）	直径11.1cm	23,000	中国嘉德	2015.04.01
清 无双谱六方花盆（一对）	带座高22cm	55,200	西泠拍卖	2015.07.05
清 胭脂红地扎道开光花卉小杯（一对）	直径7.5cm×2	11,500	广州皇玛	2015.07.25
清 胭脂红龙凤纹碗（一对）	直径10.5cm	28,750	上海敬华	2015.06.30
清轧道矾红鱼纹折腰杯（一对）	直径9cm	36,800	中国嘉德	2015.04.01
清 轧道海水矾红鱼纹折腰杯（一对）	直径9cm	34,500	中国嘉德	2015.06.27
清 樊红龙纹小杯	口径6.2cm	1,806,200	卓艺拍卖	2015.11.21
清 珊瑚红描金'巾帼英雄'瓶	↑34cm	15,578	香港普艺	2015.12.05
清 轧道红彩龙纹盖碗	口径13cm	1,354,650	卓艺拍卖	2015.11.21
18世纪 矾红彩寿星纹盘（一对）	4cm×20cm	95,800	伦敦苏富比	2015.05.13
清中期 红彩印章碗	直径18cm	10,350	北京翰海	2015.09.13
清中期 矾红福寿纹杯（一对）	直径5.5cm	23,000	北京保利	2015.12.09
清晚期 矾红描金花卉纹 云龙纹洗各一件	直径23cm；直径11.8cm	17,250	中国嘉德	2015.06.27
清晚期 珊瑚红描金钟馗引福归堂酸枝插屏	63.8×45cm	28,325	诚昌国际	2015.12.02
清晚期 矾红诗文茶托	长26cm	20,700	北京保利	2015.04.25
民国兰地轧道红蝠葫芦瓶（一对）	高45cm	345,000	北京保利	2015.12.09
民国 珊瑚红描金开窗山水人物瓶	高20cm	26,436	诚昌国际	2015.12.02
民国料彩福寿纹八角形瓶（一对）	高13cm×2	34,500	广州皇玛	2015.07.25
民国 王步红彩罗汉佛光普照瓷板	高32cm	368,000	上海敬华	2015.06.30
民国 胭脂红地扎道开光山水人物图碗（一对）	直径14.8cm	37,010	博美拍卖	2015.07.19
民国 胭脂红开光山水纹碗（一对）	直径14.8cm	13,800	华艺国际	2015.03.29
民国胭脂水山水花卉盆（一对）	直径26cm	10,350	北京保利	2015.04.25
1942年 王步 矾红罗汉瓷壶	高11cm	920,000	景德镇华艺	2015.10.20
豆青釉矾红凤纹碗		220,275	AA中国艺海	2015.07.11
矾红暗刻双龙海水寿山福海纹碗	口径21cm	1,409,760	AA中国艺海	2015.07.11
矾红龙纹杯	高5cm 口径6cm	881,100	AA中国艺海	2015.07.11
矾红群仙祝寿纹碗	口径17.5cm	2,114,640	AA中国艺海	2015.07.11
矾红云龙纹大碗	直径38cm	1,233,540	AA中国艺海	2015.07.12
樊红三清茶诗碗	口径10.5cm	440,550	AA中国艺海	2015.06.20
珊瑚红描金缠枝花卉壶	宽17.5cm	2,709,300	卓艺拍卖	2015.11.18
珊瑚红描金龙纹瓶	高20cm	903,100	卓艺拍卖	2015.11.18
龙纹大盘	底径8.9cm	430,618	荣盛国际	2015.01.10
绿釉花卉纹玉壶春瓶	高39.8cm	837,045	AA中国艺海	2015.02.03
黄彩				
明嘉靖 茄皮紫地黄蓝彩龙纹碗	直径14cm	718,500	伦敦苏富比	2015.05.13
清康熙 蓝地黄彩龙纹大盘	直径32.5cm	287,500	北京保利	2015.06.08
清康熙 蓝地黄彩云龙纹碗	直径13.2cm	333,291	保利香港	2015.04.06
清康熙 蓝地黄龙纹碗	直径13cm	63,250	华艺国际	2015.03.29
清乾隆青花黄彩云龙赶珠纹盘(一对)	直径24.8cm	563,500	北京东正	2015.05.19
清嘉庆 霁蓝地云龙纹盘	半径25cm	207,000	东方大观	2015.11.17
清道光蓝地黄彩龙戏珠纹盘(一对)	直径25cm	242,100	佳士得	2015.04.06

2015瓷器拍卖成交汇总

(成交价RMB：1万元以上)

拍品名称	物品尺寸	成交价RMB	拍卖公司	拍卖日期
清道光 青花地黄彩龙戏珠纹小碗（一组六件）	直径10.3cm	391,313	纽约佳士得	2015.03.15
清咸丰 蓝地黄彩赶珠云龙纹碗	直径10.4cm	180,225	香港苏富比	2015.06.01
清 瓷仿雕漆大吉葫芦挂屏	53×36cm	11,500	北京保利	2015.11.01
绿 彩				
明弘治 绿彩龙纹盘	直径18cm	40,250	北京保利	2015.12.09
明正德 白釉填刻绿彩龙纹盘	口径22.3cm	1,150,000	北京东正	2015.11.19
明正德 绿彩雲龍紋盘	直径17.7cm	383,325	香港苏富比	2015.04.07
明嘉靖 青花绿彩云龙纹高足碗	直径155cm	2,334,480	香港苏富比	2015.10.07
明嘉靖 矾红地绿彩双狮戏球纹盘	15.3cm	60,075	香港苏富比	2015.06.01
明嘉靖 黄地绿彩寿桃纹盘	直径14.5cm	191,600	伦敦苏富比	2015.05.13
明 绿釉龙纹水盂	直径9cm	57,500	北京保利	2015.11.01
明 红地绿彩云龙纹碗	直径16cm	36,800	中国嘉德	2015.09.19
明 黄釉绿龙纹盘	直径21.8cm	63,250	上海敬华	2015.06.30
明末清初（约1630–1643年间）青花红绿彩牡丹经卷图碗	直径14cm	18,783	纽约佳士得	2015.03.16
清康熙 白地海浪绿彩龙纹盘	直径18.5cm	94,300	华艺国际	2015.05.24
清康熙 白地绿彩云龙纹大盘	直径20cm	46,000	北京中汉	2015.09.21
清康熙黄地绿彩花果龙纹碗（二件）	直径11.5cm	92,000	北京翰海	2015.06.28
清康熙 黄地绿彩龙凤纹碗	直径12cm	164,893	中国嘉德	2015.10.06
清康熙黄地绿彩瑞鸟寿桃纹碗(一对)	12.2cm	41,913	伦敦苏富比	2015.05.13
清康熙黄地绿彩云龙赶珠纹碗(一对)	直径10.2cm	504,375	香港苏富比	2015.04.07
清康熙 黄地绿龙寿字纹碗	高6.5cm	172,500	西泠拍卖	2015.07.05
清康熙 黄绿彩云纹碗	直径10.2cm	160,500	景薰楼	2015.06.21
清康熙 刻填绿彩云龙纹盘	16cm	61,600	天津文物	2015.05.22
清康熙 蓝地绿龙碗	直径13.9cm	172,500	北京翰海	2015.06.28
清康熙 绿彩赶珠云龙纹罐配清乾隆绿彩龙纹盖	高21cm	550,688	香港苏富比	2015.06.01
清康熙 墨地绿彩眉寿图棒槌瓶	高27cm	51,750	上海敬华	2015.06.30
清康熙 青花暗刻江崖海水绿彩云龙纹大碗	直径22cm	690,000	北京中汉	2015.05.17
清康熙 紫绿彩双龙戏珠纹碗	直径13.4cm	47,798	纽约佳士得	2015.09.17
清康熙 黄地绿彩海水云龙纹碗	直径13cm	69,000	北京翰海	2015.11.28
清康熙 黄地绿彩折枝花果纹碗	直径11.6cm	201,250	北京翰海	2015.11.28
清雍正 黄地绿彩暗刻婴戏图碗	直径15cm	822,000	香港苏富比	2015.10.07
清雍正 黄地绿彩八子婴戏图碗	直径15cm	782,000	中国嘉德	2015.04.01
清雍正黄地绿彩八子婴戏碗（一对）	直径15cm	460,000	北京保利	2015.06.08
清雍正 黄地绿彩赶珠云龙纹碗	直径15cm	1,841,280	香港苏富比	2015.10.07
清雍正 黄地绿彩双龙赶珠纹碗	直径14cm	74,349	纽约苏富比	2015.03.21
清雍正 黄地绿彩桃石鸟纹碗	直径12.2cm	221,925	佳士得	2015.04.06
清雍正 黄地绿彩戏婴图碗	直径15cm	719,250	香港苏富比	2015.10.07
清雍正 黄地绿彩戏婴图碗一对	直徑15cm	547,838	纽约苏富比	2015.03.17
清雍正 黄地绿彩婴戏图碗	直径15cm	345,000	北京中汉	2015.04.02
清雍正黄地绿彩云龙纹碗（一对）	直径14.5cm	437,000	北京保利	2015.04.26
清雍正 墨地绿彩花鸟图盘	直径14.9cm	2,001,360	香港苏富比	2015.04.07
清雍正 黄地绿彩缠枝莲小杯	直径7.4cm	149,500	北京保利	2015.12.09
清雍正 黄地绿彩加料彩云蝠碗	直径15cm	1,955,000	北京保利	2015.12.08
清乾隆 黄地绿彩暗刻云龙纹茶碗	直径10.3cm	402,500	北京中汉	2015.05.17
清乾隆 黄地绿彩龙纹花口盘	134cm	246,600	香港苏富比	2015.10.07
清乾隆 黄地绿彩团龙纹碗	直径14.5cm	40,250	中国嘉德	2015.04.01
清乾隆黄地绿彩云龙纹贯耳穿带瓶	高30.5cm	14,450,040	佳士得	2015.06.03
清乾隆 绿彩赶珠云龙纹罐	高20.6cm	403,500	香港苏富比	2015.04.07
清乾隆 绿彩龙纹盘（一对）	直径18cm	253,000	辽宁中正	2015.06.13
清乾隆 墨地绿彩缠枝莲纹碗	直径11.5cm	34,500	华艺国际	2015.05.24
清嘉庆矾红绿彩落花流水杯（一对）	直径6.2cm	71,300	中国嘉德	2015.04.01
清嘉庆 黄地绿彩龙纹花口盘	直径13cm	138,000	北京诚轩	2015.05.17
清嘉庆 黄地绿彩双龙赶珠纹渣斗	高8.3cm	79,663	纽约苏富比	2015.09.15
清嘉庆黄釉绿彩花鸟纹碗（一对）	直径12cm×2	224,000	北京荣宝	2015.08.30
清嘉庆 绿彩龙赶珠纹盖罐	高21.5cm	375,660	纽约佳士得	2015.03.15
清道光白地绿釉暗刻龙纹碟（一对）	口径9cm	74,750	西泠拍卖	2015.07.05
清道光 黄地绿彩龙凤呈祥纹碗	直径12cm	59,747	纽约苏富比	2015.09.15
清道光黄地绿彩龙纹花口盘（一对）	直径16.5cm	94,300	中国嘉德	2015.05.16
清道光黄地绿彩龙纹葵口盘（一对）	直径13.4cm	287,500	博美拍卖	2015.07.19
清道光 黄地绿彩龙纹碗（一对）	直径10cm	55,200	苏州东方	2015.07.02
清道光 黄地绿彩双龙赶珠纹碗	直径10.5cm	140,873	纽约苏富比	2015.03.21

拍品名称	物品尺寸	成交价RMB	拍卖公司	拍卖日期
清道光 黄地绿龙盘	直径18.5cm	57,500	广州皇玛	2015.07.25
清道光 黄地绿彩云纹大碗	直径15.5cm	78,400	北京荣宝	2015.06.21
清道光 黄釉绿彩龙纹寿字碗	直径10.3cm	201,600	北京荣宝	2015.06.21
清道光 黄釉绿龙寿碗	直径10cm	93,928	帝图艺术	2015.04.12
清道光 绿彩龙纹盘	17.8cm	80,640	天津文物	2015.05.22
清道光 绿彩龙戏珠纹盘及黄釉刻龙戏珠纹盘	直径17.7cm；直径17.1cm	101,741	纽约佳士得	2015.03.15
清道光 绿彩团龙纹渣斗	高9.5cm	32,200	西泠拍卖	2015.07.05
清道光 绿彩云龙纹罐	高19.7cm	172,500	中国嘉德	2015.09.19
清道光 绿彩云龙纹盘	直径16.8cm	28,750	中国嘉德	2015.09.19
清道光绿龙暗刻波浪纹盘（一对）	直径18.3cm×2	97,180	辽宁建投	2015.08.30
清道光 绿彩龙纹盘（一对）	直径18.5cm	20,700	北京保利	2015.11.01
清道光 绿彩龙纹盘（一对）	直径18.5cm	20,700	北京保利	2015.11.01
清光绪 黄地绿彩云龙纹碗	直径10cm	36,800	北京翰海	2015.11.28
清光绪 雕瓷山水扳指	高3cm	11,500	北京翰海	2015.09.13
清光绪 雕瓷山水扳指	高3cm	10,350	北京翰海	2015.09.13
清光绪黄地绿彩穿花龙纹花口小盘	直径13.1cm	17,250	中国嘉德	2015.04.01
清光绪 黄地绿彩龙纹大盘	直径27.7cm	80,500	北京诚轩	2015.05.17
清光绪黄地绿彩龙纹花口盘（一对）	直径19cm	40,250	北京保利	2015.06.08
清光绪 黄地绿彩龙纹盘	直径17.9cm	51,750	北京翰海	2015.06.28
清光绪 黄地绿彩龙纹盘	直径20.5cm	11,500	华艺国际	2015.03.29
清光绪 黄地绿彩云龙纹碗	直径18.5cm	29,099	中国嘉德	2015.10.06
清光绪 黄地绿龙纹碗	直径11cm	22,400	北京荣宝	2015.06.21
清光绪 黄地绿釉双龙戏珠纹盘及碗（二件）	直径20.6cm；直径10cm	79,663	纽约佳士得	2015.09.17
清光绪 黄釉绿彩暗刻花果纹莲子碗	直径11cm	17,250	华艺国际	2015.03.29
清光绪黄釉绿彩双龙戏珠盘(一对)	直径18cm×2	100,800	北京荣宝	2015.03.29
清光绪 黄地绿彩穿花龙纹花口盘	直径13.2cm	20,700	中国嘉德	2015.04.01
清光绪 绿彩赶珠云龙纹盘	25.5cm	50,063	香港苏富比	2015.06.01
清 翡翠釉龙纹方盒	15cm×15cm	11,500	江苏爱涛	2015.01.11
清 黄底绿龙纹玉壶春瓶	高15cm	20,700	北京翰海	2015.09.13
清 黄地绿彩花鸟纹碗	直径12.5cm	10,350	北京保利	2015.01.24
清 黄地绿彩祥云纹碗	直径13.2cm	56,750	博美拍卖	2015.07.19
清 黄釉绿龙纹碗	直径12cm	14,950	北京翰海	2015.09.13
清 绿彩龙纹杯（一对）	直径6.5cm	115,000	北京保利	2015.04.26
18世纪 黄地绿彩云龙纹玉壶春瓶	高28.6cm	1,089,360	佳士得	2015.06.03
19世纪 黄地绿釉双龙戏珠纹梅瓶	高39.4cm	47,798	纽约佳士得	2015.09.17
黑釉绿彩凤首瓶	高51cm	17,250	太平洋	2015.07.18
黄底绿彩碗	底径5.5cm	358,848	荣盛国际	2015.01.10
黄地绿彩缠枝花卉小杯	高7.5cm	1,189,485	AA中国艺海	2015.08.05
黄地绿釉龙纹碗	直径17cm	33,000	北京贞观	2015.06.28
黄地绿龙纹碗	直径12.5cm	903,100	卓艺拍卖	2015.11.18
绿彩云鹤纹蒜头瓶	高25cm	722,480	卓艺拍卖	2015.11.18
籃 彩				
清雍正粉青釉加天蓝云蝠纹折沿大盘	直径49.8cm	3,450,000	北京保利	2015.06.06
清乾隆 豆青釉福字罐	高26cm	17,250	八益拍卖	2015.04.26
清道光 金地蓝彩寿字小杯	直径6cm	115,000	中国嘉德	2015.05.16
清道光 金地蓝料彩寿字小杯	直径6cm	57,500	北京保利	2015.06.08
清道光 珊瑚红地万福纹高壮盖罐	高27cm	1,380,000	北京保利	2015.06.08
清 蓝料彩皮球花卧足碗	直径7.5cm	23,000	北京翰海	2015.06.27
黄釉百寿图水仙方盆（一对）	→27cm	23,950	香港普艺	2015.01.31
金地寿字纹碗	直径18cm	38,500	北京贞观	2015.06.28
紫彩 赭彩				
清康熙 黄釉紫龙纹碗	直径11cm	336,000	北京荣宝	2015.06.21
清康熙 紫绿龙纹碗	直径10.5cm	92,000	北京华辰	2015.05.15
清乾隆绿地赭彩云龙赶珠纹碗(二件)	直径19.4cm	207,000	北京翰海	2015.11.28
清乾隆绿地紫龙纹茶碗（一对）	直径11.1cm	575,000	北京中汉	2015.05.17
清乾隆 绿地紫龙纹碗	直径14cm	25,300	北京中汉	2015.09.21
清道光 绿地赭龙碗	直径10.5cm	32,200	北京翰海	2015.03.15
清道光 绿地紫龙纹碗（一对）	直径15cm	92,000	北京华辰	2015.05.15
清光绪 绿地紫龙碗（一对）	直径11cm×2	40,250	保利厦门	2015.08.02
金 彩				
清康熙 洒蓝釉描金山水诗文笔筒	高15cm	287,500	北京翰海	2015.11.28
清康熙 矾红金彩人物书法棒槌瓶	高46.4cm	469,575	纽约苏富比	2015.03.17

拍品名称	物品尺寸	成交价RMB	拍卖公司	拍卖日期
清康熙洒蓝地描金开光山水图棒槌瓶	高46.5cm	782,625	纽约佳士得	2015.03.19
清康熙 洒蓝釉描金开光山水人物纹棒槌瓶	高43.7cm	23,000	中国嘉德	2015.06.27
清康熙 天蓝釉描金花鸟观音瓶	高41cm	17,250	太平洋	2015.07.18
清康熙乌金釉描金花卉纹将军罐(一对)	高43cm	46,000	中国嘉德	2015.04.01
清雍正 白釉暗刻描金凤纹花口碗	直径11cm	195,500	北京保利	2015.04.26
清雍正 矾红描金花卉纹小杯	直径5.9cm	23,000	北京保利	2015.06.08
清雍正 矾红描金双龙抱珠小杯	直径6.4cm	34,500	北京保利	2015.06.08
清雍正 紫金釉描金山水亭台楼阁扁瓶	高22.9cm	345,000	北京翰海	2015.06.28
清乾隆墨绿地画珐琅“三羊开泰”盘	直径17cm	2,709,300	卓艺拍卖	2015.11.18
清乾隆 成亲王永瑆书乾隆御题诗掐丝珐琅挂屏	高78cm；阔41cm	391,313	纽约苏富比	2015.03.17
清乾隆 祭蓝釉描金龙纹琵琶尊	高30cm	40,250	北京保利	2015.04.26
清乾隆 祭蓝釉描金人物双耳瓶（一对）	高43cm	17,250	北京保利	2015.04.26
清乾隆 霁蓝描金开光山水图海棠口瓶	高50cm	495,175	保利香港	2015.04.06
清乾隆 霁蓝釉描金莲托八宝纹如意双耳赏瓶	高31cm	4,715,000	保利厦门	2015.05.03
清乾隆 酱地描金银彩开光山水御制诗文双龙耳瓶		138,000	北京中汉	2015.09.21
清乾隆 酱釉描金大碗	直径20.5cm	402,500	上海敬华	2015.06.30
清乾隆 酱釉描金银如意纹盖盒	直径8.4cm	1,311,375	香港苏富比	2015.04.07
清乾隆 金彩无量寿佛坐像	高15cm	632,500	保利厦门	2015.05.03
清乾隆 蓝地金彩缠枝花卉纹小四系尊	高11.5cm	218,500	西泠拍卖	2015.07.05
清乾隆 描金缠枝花卉纹双耳瓶	高12cm	140,892	帝图艺术	2015.04.12
清乾隆 洒蓝描金花卉碗	直径22cm	34,500	广州皇玛	2015.07.25
清乾隆 珊瑚红地描金五蝠捧寿图六方花盆	长20.4cm	172,500	中国嘉德	2015.04.01
清乾隆 松绿釉描金“斋戒”牌	长6.5cm	218,500	北京保利	2015.06.07
清嘉庆 粉青釉描金凤穿花纹蒜头瓶	高31cm	3,450,000	北京匡时	2015.06.06
清嘉庆 珊瑚红描金缠枝花菊瓣盘	直径10cm	17,250	广州皇玛	2015.07.25
清道光 矾红描金缠枝莲纹敞口小杯（一对）	直径7cm	126,500	北京华辰	2015.05.15
清道光 祭蓝釉描金勾莲纹戟耳瓶	高30cm	287,500	北京东正	2015.05.19
清道光 蓝釉描金皮球花双螭耳方杯	高7cm；直径11cm；宽15.5cm	53,348	保利香港	2015.10.06
清咸丰 豆青釉描金竹节碗	直径13.5cm	89,600	北京荣宝	2015.08.30
清咸丰 青釉描金缠枝纹双耳瓶	高30.3cm	1,380,000	博美拍卖	2015.07.19
清同治 珊瑚红地描金缠枝莲福寿纹渣斗	高8cm；口径8.5cm	40,250	西泠拍卖	2015.07.05
清光绪 祭蓝描金皮球花赏瓶	高38cm	11,500	太平洋	2015.11.21
清光绪 祭蓝釉描金皮球花纹玉堂春瓶	高39cm	172,500	北京翰海	2015.11.28
清光绪 霁蓝釉描金龙凤纹赏瓶	高37.5cm	287,500	北京翰海	2015.11.28
清光绪 霁蓝釉描金皮球花赏瓶	高38.2cm	310,500	北京翰海	2015.11.28
清光绪 蓝釉描金皮球花纹赏瓶	高39.5cm	105,800	中国嘉德	2015.11.15
清光绪 矾红描金云龙纹大盘	直径34cm	86,250	北京诚轩	2015.05.17
清光绪 祭蓝描金龙凤纹贯耳瓶	高31cm	102,086	中国嘉德	2015.04.06
清光绪 祭蓝描金皮球花赏瓶	高38cm	16,100	北京翰海	2015.09.13
清光绪 祭蓝描金皮球花赏瓶（一对）	高38.7cm	345,000	北京保利	2015.06.08
清光绪 祭蓝描金赏瓶	高40cm	40,680	辽宁建投	2015.08.30
清光绪祭蓝釉描金花鸟诗文赏瓶	高39cm	23,000	北京保利	2015.04.25
清光绪 霁蓝描金双龙捧芝寿纹赏瓶	高41cm	51,750	上海敬华	2015.06.30
清光绪霁蓝釉描金鹤鹿同春赏瓶	高39.4cm	207,000	北京翰海	2015.06.28
清光绪 霁蓝釉描金龙凤纹赏瓶（一对）	高38cm×2	207,000	保利厦门	2015.05.03
清光绪 霁蓝釉描金龙纹赏瓶	高38cm	112,000	北京荣宝	2015.06.21

拍品名称	物品尺寸	成交价RMB	拍卖公司	拍卖日期
清光绪 霁蓝釉描金皮球花赏瓶	高38.5cm	161,000	北京翰海	2015.06.28
清光绪 蓝地描金双龙戏珠纹瓶（一对）	高39.1cm	111,528	纽约佳士得	2015.09.17
清光绪 蓝地描金团花纹瓶	高38.4cm	151,313	佳士得	2015.04.06
清光绪 蓝地描金团花纹赏瓶	39.5cm	227,525	伦敦苏富比	2015.05.13
清光绪蓝釉描金龙纹赏瓶（一对）	高38.2cm	172,500	苏州东方	2015.07.02
清光绪 蓝釉描金云蝠荸荠瓶	高32cm	20,700	北京保利	2015.04.26
清光绪 珊瑚红描金将军罐	高27cm	13,800	广州皇玛	2015.01.17
清光绪 珊瑚红喜字纹碗	直径14.5cm	20,700	华艺国际	2015.03.29
清宣统 珊瑚红地描金双喜字小盘（一对）	直径10cm×2	92,000	北京诚轩	2015.05.17
清早期 珊瑚红地金彩杯	长10cm	21,850	北京翰海	2015.03.15
清中期 五福捧寿杯	宽10.4cm	57,500	北京保利	2015.12.09
清中期 矾红描金庭院人物纹盖碗	盏托直径16.2cm	20,700	中国嘉德	2015.04.01
清中期 珊瑚红描金观音像	高24.0cm	13,800	上海泓盛	2015.06.20
清晚期 蓝釉描金卷草寿字纹大花盆（一对）	直径46cm	59,747	纽约佳士得	2015.09.17
18世纪 洒蓝地描金万寿纹瓶	高36cm	78,263	纽约佳士得	2015.03.19
18世纪/19世纪 瓷胎金彩彩绘供养菩萨像	高28.6cm	234,788	纽约苏富比	2015.03.17
18世纪/19世纪 珊瑚红地描金织锦纹书盒式盖盒	长13.5cm	111,528	纽约佳士得	2015.09.17
清 祭蓝釉描金佛塔	高45cm	13,800	北京保利	2015.11.01
清 仿漆嵌螺钿柳叶瓶	高17.5cm	23,000	北京保利	2015.04.26
清 仿铜洒金釉花插	高6cm	36,800	西泠拍卖	2015.07.05
清 祭蓝描金缠枝莲双耳瓶	高31cm	28,750	北京保利	2015.04.26
清 祭蓝釉描金团凤花盆	直径26cm	20,700	北京保利	2015.04.25
清 金彩一炷香炉	宽6cm	11,500	北京保利	2015.04.26
清 珊瑚红地描金开光花卉纹碗	直径19cm	36,800	南京嘉信	2015.07.19
清珊瑚红描金花卉纹壁瓶（一对）	高25cm	31,360	上海国拍	2015.05.31
清 天蓝釉金彩缠枝花卉纹觚	高65.5cm	345,000	北京保利	2015.06.08
清 乌金釉描金太狮少狮图瓶	高21.4cm	20,700	中国嘉德	2015.04.01
民国 矾红描金莲塘戏雁图瓶（一对）	高28cm	31,305	纽约苏富比	2015.03.21
民国 矾红描金双蝠耳瓶	高35cm	10,350	北京保利	2015.04.25
民国 钒红描金双面开光铺首扁尊	高15cm；	287,500	景德镇华艺	2015.01.10
民国 祭蓝描金龙纹瓶	高42cm	12,650	北京翰海	2015.03.15
民国 珊瑚红描金缠枝莲纹水仙套盆	长13.2cm；长15.3cm	55,200	江苏爱涛	2015.01.11
民国珊瑚红描金花卉帽筒（五件）	尺寸不一	11,500	北京保利	2015.04.25
民国 珊瑚红描金开光博古碗（一对）	直径17cm	10,350	北京保利	2015.04.25
民国 珊瑚红描金盘螭小瓶	高19.7cm	17,250	北京保利	2015.06.08
民国 汪精卫订制粉青釉描金诗文碗	直径12.5cm	33,350	太平洋	2015.07.18
矾红描金铺首花口瓶	高43cm	6,167,700	AA中国艺海	2015.07.19
仿铜洒金桥耳三足炉	高5.3cm 口径9cm	4,846,050	AA中国艺海	2015.07.19
仿铜洒金釉竹节炉	高8.9cm	2,819,520	AA中国艺海	2015.07.19
霁蓝釉描金云龙纹荸荠瓶	高33cm	3,520,000	皇家国际	2015.06.29
酱釉描金韦陀像	高60cm	1,057,320	AA中国艺海	2015.07.19
金地描银鸡缸纹御用执壶	口径4.5cm	864,000	香港铮鼎	2015.04.28
蓝地描金开光人物纹双耳尊	高38.5cm	2,951,685	AA中国艺海	2015.07.11
洒蓝地金彩夔凤牡丹寿字瓶	高30cm	2,467,080	AA中国艺海	2015.07.19
珊瑚红加金彩莲花八宝花觚	口径15.5cm	1,762,200	AA中国艺海	2015.07.19
珊瑚红描金如意形盖盒	高5cm 宽11cm	1,321,650	AA中国艺海	2015.07.19
白花				
北宋 磁州窑黑釉篦纹盖罐	直径10cm	263,450	伦敦苏富比	2015.05.13
南宋或金 磁州窑线条渣斗	高11.5cm	85,066	保利香港	2015.05.31
南宋 吉州凤凰梅花纹梅瓶	高36.2cm	313,050	纽约苏富比	2015.03.17
南宋 吉州窑黑釉地彩绘碗	直径12.3cm	504,375	香港苏富比	2015.04.05
南宋 吉州窑剪纸贴花笠式盏	直径10.8cm	250,440	纽约佳士得	2015.03.20
南宋 吉州窑如意纹碗	12.7cm	203,483	纽约苏富比	2015.03.17
宋 吉州窑剪纸漏花盏	直径14cm	207,000	中国嘉德	2015.05.16
金 淄博窑线条罐	高18cm	567,108	保利香港	2015.05.31
元 磁州窑刻花牡丹纹枕	长2.2cm	51,750	中鸿信	2015.07.29

2015瓷器拍卖成交汇总

(成交价RMB：1万元以上)

拍品名称	物品尺寸	成交价RMB	拍卖公司	拍卖日期
明以前 登封窑瓷枕	长29cm	161,000	西泠拍卖	2015.07.05
明或更早 磁州窑柳条钵	直径12.4cm	17,250	东正南京	2015.07.02
明 霁红釉留白鱼纹高足杯	高12cm	572,000	北京中联	2015.01.18
明宣德 蓝釉留白花果纹大盘	直径30cm	1,782,500	上海敬华	2015.06.30
明宣德 蓝地白花牡丹纹大盘	直径38cm	16,649,880	佳士得	2015.12.02
明万历 酱釉堆白云龙纹炉	直径21.7cm	32,200	中国嘉德	2015.04.01
清康熙 洒蓝留白龙纹碗	直径19.5cm	43,700	中国嘉德	2015.11.15
清康熙 青釉堆白青花岁寒三友图罐	直径22cm	18,400	中国嘉德	2015.06.27
清康熙 洒蓝白花诗文笔筒	高17cm	51,750	上海敬华	2015.06.30
清雍正 蓝釉堆白刻鱼藻纹盉式盖碗	直径17.4cm	517,500	北京匡时	2015.12.05
清雍正 蓝地留白菊纹葵花式碗	直径19.2cm	4,082,500	江苏爱涛	2015.01.11
清乾隆 珊瑚红地留白竹纹碗	直径11.8cm	230,000	北京翰海	2015.11.28
清乾隆 白彩梅花纹大盘	直径24cm	34,500	中国嘉德	2015.04.01
清乾隆 瓷雕衔灵芝瑞鹿	高24.1cm	253,000	北京中汉	2015.05.17
清乾隆 矾红彩留白缠枝花卉纹碗	直径12.8cm	119,750	伦敦苏富比	2015.05.13
清乾隆 矾红留白竹纹碗	直径12cm	70,446	帝图艺术	2015.04.12
清乾隆 珊瑚红地留白竹纹碗（一对）	直径11.8cm×2	460,000	北京诚轩	2015.05.17
清嘉庆 矾红地留白缠枝花卉纹碗	直径12.8cm	48,300	北京中汉	2015.05.17
清道光 米黄釉暗刻三鱼纹碗	高5.5cm	69,000	保利厦门	2015.05.03
清道光 松绿地白彩缠枝莲纹寿字赏瓶	高30.6cm	658,625	伦敦苏富比	2015.05.13
清同治 矾红留白竹纹碗	直径11.5cm	34,500	北京保利	2015.01.24
清光绪珊瑚红留白竹纹盘（一对）	直径17cm	82,800	北京华辰	2015.05.15
清宣统 珊瑚红地留白竹纹碗	直径15cm	25,300	苏州东方	2015.07.02
清 矾红留白竹节杯（2件）	直径7.6cm	12,650	北京翰海	2015.07.19
清 仿古铜彩牛（一对）	长60cm	69,000	北京保利	2015.04.26
清 松绿釉白花海棠形碟	直径14.2cm	11,137	香港淳浩	2015.04.04
珊瑚釉留白竹纹碗	口径14.2cm	105,732	AA中国艺海	2015.07.11
红釉留白花卉纹盘	口径16.5cm	1,585,980	AA中国艺海	2015.02.03
青釉留白火石红云龙纹盘	直径21.7cm	3,348,180	AA中国艺海	2015.08.05
墨彩				
北宋/金 磁州窑白釉黑彩花纹盖盒	直径11.7cm	46,958	纽约苏富比	2015.03.17
北宋/金 磁州窑白地黑花钵	高16.6cm	205,250	佳士得	2015.12.02
南宋 吉州窑剪纸贴花梅纹大碗	口径17cm	188,830	宝港国际	2015.11.28
南宋 吉州剪纸梅花纹碗		133,046	纽约苏富比	2015.03.17
宋 磁州窑白地黑花纹双耳罐	直径18cm	15,019	香港苏富比	2015.06.01
宋 吉州窑"长命富贵"纹碗	直径12.4cm	125,220	纽约苏富比	2015.03.17
金 磁州窑 墨彩莲花纹盒	直径11.5cm	66,658	保利香港	2015.04.06
金/元 磁州窑白地黑彩花卉纹罐	高16.5cm	43,044	纽约佳士得	2015.03.20
金/元 磁州窑白地黑彩花口碗	直径18.4cm	37,566	纽约佳士得	2015.03.20
元 磁州窑白地黑彩刻花牡丹纹吐露瓶	高18.5cm	61,600	中鸿信	2015.07.29
元 磁州窑白地黑彩梅纹罐	高18cm	46,958	纽约佳士得	2015.03.20
元 绿地龙纹梅瓶	高34cm	80,500	北京保利	2015.01.24
明或更早 磁州窑牡丹纹盘	直径16.5cm	34,500	华艺国际	2015.05.24
明 磁州窑花卉梅瓶	高29cm	34,500	北京保利	2015.04.26
明 磁州窑人物瓶	高36cm	172,500	北京保利	2015.04.26
明 磁州窑松绿釉花卉纹长颈瓶	17.5cm	47,900	伦敦苏富比	2015.05.13
清康熙 墨彩花卉诗文笔筒	高14.4cm	11,500	中国嘉德	2015.04.01
清雍正 墨彩山水盘（一对）	直径20cm×2	46,000	广州皇玛	2015.07.25
清雍正 墨彩山水图碗（一对）	直径14.2cm	3,066,600	香港苏富比	2015.04.07
清雍正 墨彩山水纹马蹄杯	直径10cm	25,300	华艺国际	2015.03.29
清雍正 墨彩山水笔筒	直径16.5cm	17,250	北京保利	2015.11.01
清雍正 墨彩山水笔筒	直径16.5cm	17,250	北京保利	2015.11.01
清雍正 墨彩松下高士图瓶	高40cm	207,713	诚昌国际	2015.12.01
清雍正墨彩西厢记故事盘（一对）	直径15.3cm	17,250	太平洋	2015.11.21
清雍正赭墨彩山水图酒杯（一对）	直径5.5cm	2,988,440	佳士得	2015.12.02
清乾隆 墨彩加红山水人物瓷片	32.5cm×24.5cm	149,500	广州皇玛	2015.01.17
清乾隆 墨彩山水人物纹瓶	高25.5cm	230,000	北京匡时	2015.06.06
清乾隆 米黄地墨彩花卉诗文杯（一对）	直径5.6cm×2	43,700	北京匡时	2015.12.05
清乾隆墨彩山水诗文套杯（十件）	尺寸不一	253,000	保利厦门	2015.05.03
清乾隆 墨彩西洋人物图长方图板	28.4cm×34.5cm	119,750	伦敦苏富比	2015.05.13
清乾隆 青花墨彩御题诗文杯（一对）	直径6.7cm×2	368,000	北京匡时	2015.06.06
清乾隆 唐英墨彩诗文笔筒	高10.5cm	1,265,000	北京匡时	2015.06.06
清乾隆 豆青釉加彩竹石纹四方笔筒	高7.5cm	230,000	北京东正	2015.05.19
清嘉庆 墨彩山水图方杯（一套六件）	直径5cm	110,138	香港苏富比	2015.06.01
清嘉庆 墨彩山水纹方斗形小杯（一对）	高5.1cm	97,750	上海工美	2015.06.28
清道光 墨彩兰花瓷屏	36cm×22cm	172,500	广州皇玛	2015.01.17
清道光墨彩描金八仙图盘（一对）	直径18.5cm	13,800	苏州东方	2015.07.02
清光绪 淡绿地墨彩梅鹊图花盆（一对）	高15.5cm；	253,000	西泠拍卖	2015.07.05
清光绪 "体和殿制"款黄地墨彩长方水仙奁（一对）	长13cm×2	115,000	保利厦门	2015.05.03
清光绪 黄地墨彩花鸟纹长方花盆	高26.5cm	115,000	保利厦门	2015.05.03
清光绪 黄地墨彩葡萄纹桃耳瓶	高34cm	80,100	香港苏富比	2015.06.01
清光绪黄地墨彩双龙戏牡丹纹大盘	直径48cm	124,200	南京嘉信	2015.07.19
清光绪 蓝地墨彩花卉纹长方花盆（一对）	长22cm	368,000	西泠拍卖	2015.07.05
清光绪 墨彩花卉纹小瓶	高8.1cm	20,417	中国嘉德	2015.04.06
清光绪 紫地墨彩花卉纹长方花盆	长21cm	138,000	中国嘉德	2015.05.16
清光绪 大雅斋黄地粉墨彩牡丹桂花纹盆	直径29cm	103,561	纽约佳士得	2015.09.17
清光绪 大雅斋黄地墨彩牡丹如意纹花盆（一对）	高31.7cm	358,481	纽约佳士得	2015.09.17
清光绪 大雅斋黄地墨彩藤萝花鸟纹方盆（一对）	高29cm	111,528	纽约佳士得	2015.09.17
清光绪 大雅斋黄地墨彩藤萝花鸟纹瓶	高44.2cm	278,819	纽约佳士得	2015.09.17
清光绪 1876年 程门 墨彩《诗意图》山水瓷板插屏	29cm×42cm	460,000	北京保利	2015.12.06
清光绪 1876年 程门 墨彩《诗意图》山水瓷板插屏	29×42cm	460,000	北京保利	2015.12.06
清光绪 大雅斋款蓝地墨彩通景花卉纹水仙盆	长21.8cm	69,000	北京翰海	2015.11.28
清光绪 黄地墨彩龙纹双耳瓶	高70cm	34,500	北京保利	2015.11.01
清光绪 黄地墨彩龙纹双耳瓶	高70cm	34,500	北京保利	2015.11.01
清中期 墨彩云龙小砚屏	11.8×16.8cm	23,000	北京保利	2015.12.09
清中期 磁州窑孩儿枕	长40cm	36,800	中鸿信	2015.07.29
清晚期 青釉墨彩百寿笔筒	直径16.5cm	16,100	北京保利	2015.11.01
清晚期 青釉墨彩百寿笔筒	直径16.5cm	16,100	北京保利	2015.11.01
清晚期 蓝釉暗刻缠枝莲雕瓷人物纹笔筒	高14cm	11,500	中国嘉德	2015.09.20
19世纪 仿木釉加墨彩斋戒牌	长5.7cm	80,700	佳士得	2015.04.06
19世纪 黑彩瑞兽	高16cm	69,000	华艺国际	2015.05.24
清 绿地墨彩山水烟壶	高6cm	34,500	北京保利	2015.12.09
清 墨彩山水笔筒	高10cm	14,950	北京保利	2015.01.24
清 瓷卧牛	长29cm	17,250	北京翰海	2015.09.13
清 蓝地墨彩花鸟方瓶	高22cm	14,950	北京翰海	2015.03.15
清 李古董墨彩山水屏	长46.5cm	138,000	上海敬华	2015.06.30
清墨彩人物帽筒窑变瓶（等3件）		12,075	北京翰海	2015.03.15
清 墨彩文字笔筒	高14.7cm	57,500	北京翰海	2015.06.28
民国 洪宪御制款 墨彩山水四方笔筒	5×4.8×7.7cm	23,000	东方大观	2015.11.17
民国 矾红墨彩山水人物纹小瓶（一对）	高13.4cm	46,000	中国嘉德	2015.04.01
民国 黄地墨彩花卉大缸	直径56cm	32,200	北京保利	2015.04.26
民国 墨彩、刻雕龙纹花盆（三件）	尺寸不一	17,250	北京保利	2015.04.25
民国墨彩开光松竹梅花盆（一对）	直径20.5cm	40,250	北京保利	2015.04.25
民国 墨彩兰花喜上梅梢壶（两件）	宽16cm	18,400	北京保利	2015.04.25

拍品名称	物品尺寸	成交价RMB	拍卖公司	拍卖日期
民国 墨彩山水人物方笔筒	高9.4cm	195,500	厦门华辰	2015.06.20
民国 墨彩山水人物香熏	高6.7cm	39,200	北京荣宝	2015.06.21
民国 墨彩山水纹杯（一对）	直径7.5cm	17,250	华艺国际	2015.03.29
民国 汪野亭 墨彩通景山水壶	长15cm	402,500	北京匡时	2015.06.06
唐英制山水文诗文笔筒	高12cm	2,246,805	AA中国艺海	2015.07.12
墨彩人物故事纹观音瓶	高45cm	1,039,698	AA中国艺海	2015.07.11
墨彩竹纹杯一对	直径5.5cm	3,964,950	AA中国艺海	2015.08.05
磁州窑孩儿枕	长42cm	333,500	北京中汉	2015.05.17
邓碧珊款行书瓷板	高73cm	264,330	AA中国艺海	2015.07.19
孔雀绿缠枝纹盖罐	直径17cm	35,200	北京贞观	2015.06.28
刻剔彩				
北宋 磁州系白釉刻牡丹纹如意形枕	宽29.2cm	95,595	纽约佳士得	2015.09.17
北宋 磁州窑白地褐彩剔牡丹纹梅瓶	高30cm	1,715,514	纽约苏富比	2015.03.17
北宋 磁州窑白地褐彩剔牡丹纹梅瓶	高29.5cm×2	3,726,620	伦敦苏富比	2015.05.13
北宋 磁州窑珍珠地执壶	高17.5cm	56,711	保利香港	2015.05.31
北宋 登封窑白地刻牡丹纹枕	长19.7cm	2,692,230	纽约苏富比	2015.03.17
北宋 登封窑白釉珍珠地牡丹花卉纹梅瓶	高39cm	626,100	纽约苏富比	2015.03.17
宋 吉州窑梅瓶	高19.6cm	345,000	中贸圣佳	2015.05.20
宋 磁州窑刻荷花纹梅瓶	高30cm	1,426,898	卓艺拍卖	2015.11.18
宋 磁州窑剔花纹盘口瓶	高26.8cm	2,257,750	卓艺拍卖	2015.11.21
宋 磁州窑剔刻花卉梅瓶	高43cm	941,850	澳门中信	2015.11.08
元 磁州窑山水人物瓷枕	长36.5cm	69,000	北京匡时	2015.12.05
宋 邛窑　绿釉刻花胆瓶	高16.5cm	69,086	宝港国际	2015.06.02
宋/金 磁州开光牡丹印纹海棠式枕	宽22.3cm	75,679	纽约佳士得	2015.09.17
宋/金 磁州窑褐釉划花大碗	直径30.5cm	201,750	香港苏富比	2015.04.05
宋/金 磁州窑白花牡丹纹枕	宽27.5cm	109,568	纽约佳士得	2015.03.20
南宋/元 吉州窑仿剔犀如意云纹梅瓶	高22.2cm	2,397,320	佳士得	2015.12.02
辽 磁州窑剔花大罐	直径33cm	78,263	纽约佳士得	2015.03.20
金 磁州窑 黑地剔花鱼藻纹大瓶	高34cm	190,452	保利香港	2015.04.06
西夏 酱釉剔花盘口瓶	高32.3cm	2,819,520	AA中国艺海	2015.02.03
西夏或金/元 磁州系剔花卷草纹玉壶春瓶	高30cm	79,663	纽约佳士得	2015.09.17
西夏或金/元 磁州窑系剔花龟形扁壶	直径24.1cm	704,363	纽约佳士得	2015.03.20
金/元 磁州窑黑剔花大罐	宽29.2cm	636,275	佳士得	2015.12.02
元 磁州窑剔花缠枝牡丹纹执壶	高13cm	92,000	中国嘉德	2015.06.27
元 磁州窑珍珠地划花持莲童子纹梅瓶	高29.8cm	402,500	中鸿信	2015.07.29
明或更早 耀州窑剔花莲瓣纹碗	直径14.2cm	43,700	华艺国际	2015.05.24
明以前 磁州窑刻缠枝花卉梅瓶	高31cm	92,000	西泠拍卖	2015.07.05
明 磁州窑黑彩牡丹纹盖罐	宽22.5cm	57,500	北京保利	2015.06.07
明 磁州窑花卉纹罐	宽29.2cm	17,250	北京保利	2015.12.08
明 磁州窑剔花梅瓶	高26cm	36,800	北京保利	2015.11.01
明 磁州窑剔花梅瓶	高26cm	36,800	北京保利	2015.11.01
磁州窑印花梅瓶	高26cm	885,038	卓艺拍卖	2015.11.21
现当代彩釉瓷				
18世纪后期 德国KPM“万鸟朝凤”彩绘陶瓷咖啡茶具 柏林皇家窑厂制（十件套）		94,300	北京保利	2015.12.08
近代 汪平孙 粉彩山水笔筒 小瓶（二件）	高15cm	46,000	北京匡时	2015.12.05
近现代 粉彩描金人物对瓶	高25cm×2	17,250	北京匡时	2015.12.05
近现代 粉彩文革题材丰收图瓷板	48.8×29.8cm	494,500	北京匡时	2015.12.05
1940年制 御爵 铜质 白瓷意大利Capodimonte旋转瓷烟架 八音盒机芯	高30cm	34,500	北京保利	2015.12.08
1941年 汪大沧 粉彩《塔影横江图》瓶	高21.5cm	80,500	北京保利	2015.12.06
1956年 珐琅彩花卉玉米瓶	高25cm	74,750	中古陶	2015.05.31

拍品名称	物品尺寸	成交价RMB	拍卖公司	拍卖日期
1958年 釉下五彩蝴蝶兰胜利杯（特供瓷）	高13.5cm	1,840,000	北京保利	2015.12.06
1970年 硬木镶粉彩‘祖国的花朵’瓷板挂屏	高26cm	17,895	香港普艺	2015.10.10
1970年代 釉下五彩腐蚀金龙餐具（联合国大厦用瓷，扎伊尔总统宫用瓷）（一套四十五件）	尺寸不一	1,150,000	北京保利	2015.12.06
1970年代 釉下五彩龙柄凤嘴双腔菊花纹酒壶	高23cm	460,000	北京保利	2015.12.06
1974年 釉下五彩双面红芙蓉花薄胎碗（特供瓷）	直径11.5cm	1,840,000	北京保利	2015.12.06
1975年 7501茶杯	高13cm	483,000	中古陶	2015.05.31
1978年 1979年 春满人间・粉彩茶杯（四只）	高13cm	46,000	景德镇华艺	2015.10.20
1985年 四季花鸟・粉彩四方薄胎瓶	高17cm；长4.5cm；宽4.5cm	10,350	景德镇华艺	2015.01.10
2008年 法蓝瓷 北京2008年奥运特许商品运动项目陶瓷摆件（二十九件）	高40.3cm	74,750	景德镇华艺	2015.10.20
2012年 梅兰竹	高55.0cm	24,640	安徽三佳	2015.03.15
2012年作 青花壶艺系列——青莲	40×25cm	418,000	上海爱莲	2015.11.22
2012年作 青花壶艺系列——祥	40×25cm	385,000	上海爱莲	2015.11.22
2012年作 中国花鸟——影青根雕系列・脉	25×35cm	1,012,000	上海爱莲	2015.11.22
2013年作 壶艺系列・百花图	23×30cm	440,000	上海爱莲	2015.11.22
2013年作 壶艺系列・岁语	15×10×22cm	418,000	上海爱莲	2015.11.22
2013年作 中国花鸟——瓶艺系列・荷韵	70×25cm	220,000	上海爱莲	2015.11.22
2013年作 中国花鸟——瓶艺系列・秋实	58×22cm	308,000	上海爱莲	2015.11.22
2013年作 中国花鸟——瓶艺系列・秋实	45×25cm	220,000	上海爱莲	2015.11.22
2013年作 中国花鸟——枕系・春燕	8×30×15cm	352,000	上海爱莲	2015.11.22
2013年作 中国花鸟——枕系・春意	10×50×16cm	308,000	上海爱莲	2015.11.22
2013年作 中国花鸟——枕系・秋雨	10×50×16cm	330,000	上海爱莲	2015.11.22
2013年作 中国花鸟——重工粉彩根雕系列・漫	15×30cm	638,000	上海爱莲	2015.11.22
2013年作 中国花鸟——重工粉彩根雕系列・俏	15×30cm	605,000	上海爱莲	2015.11.22
2013年作 中国花鸟——重工粉彩根雕系列・硕	15×30cm	550,000	上海爱莲	2015.11.22
2013年作 中国花鸟——重工粉彩根雕系列・炫	15×30cm	605,000	上海爱莲	2015.11.22
2013年作 中国花鸟——重工粉彩根雕系列・雅	15×30cm	660,000	上海爱莲	2015.11.22
2013年作 中国花鸟——重工粉彩根雕系列・绽	15×30cm	605,000	上海爱莲	2015.11.22
2013年作 中国青花壶艺系列・荷	25×30cm	418,000	上海爱莲	2015.11.22
2013年作 中国青花人物——浑穆系列・朴	55×30cm	990,000	上海爱莲	2015.11.22
2013年作 中国青花人物——浑穆系列・拙	55×30cm	935,000	上海爱莲	2015.11.22
2013年作 中国青花人物——青衣系列・榜	55×30cm	990,000	上海爱莲	2015.11.22
2013年作 中国青花人物——青衣系列・蟾	55×30cm	968,000	上海爱莲	2015.11.22
2013年作 中国青花人物——青衣系列・荷	55×30cm	968,000	上海爱莲	2015.11.22
2013年作 中国青花人物——青衣系列・莲	55×30cm	1,078,000	上海爱莲	2015.11.22

2015瓷器拍卖成交汇总

(成交价RMB：1万元以上)

拍品名称	物品尺寸	成交价RMB	拍卖公司	拍卖日期
2013年作 中国青花人物——青衣系列·润	55×30cm	935,000	上海爱莲	2015.11.22
2013年作 中国青花人物——青衣系列·仕	55×30cm	935,000	上海爱莲	2015.11.22
2013年作 中国青花人物——青衣系列·蕴	55×30cm	990,000	上海爱莲	2015.11.22
2013年作 中国青花人物——融境系列·悟	45×25cm	935,000	上海爱莲	2015.11.22
2013年作 中国影青系列·索	55×30cm	968,000	上海爱莲	2015.11.22
2014年 珐琅彩扒花薄胎皮灯（一对）	高46cm；直径25cm	20,700	景德镇华艺	2015.01.10
2014年作 中国花鸟——瓶艺系列·秋塘	55×20cm	275,000	上海爱莲	2015.11.22
2014年作 中国花鸟——重工粉彩壶艺系列·春雨	10×33cm	385,000	上海爱莲	2015.11.22
2014年作 中国花鸟——重工粉彩壶艺系列·花季	10×33cm	418,000	上海爱莲	2015.11.22
2014年作 中国花鸟——重工粉彩壶艺系列·夏荷	10×33cm	418,000	上海爱莲	2015.11.22
2014年作 中国婴戏图——粉彩壶艺系列·童趣	10×33cm	418,000	上海爱莲	2015.11.22
2014年作 中国婴戏图——瓶艺系列·春悦	22×35cm	638,000	上海爱莲	2015.11.22
2015年《无量寿佛》陶塑（附纸画）	高33.5cm	92,000	北京保利	2015.12.06
2015年 道谷柴烧 花器（一组四件）	尺寸不一	13,800	北京保利	2015.06.05
2015年 随窑柴烧 茶道具（七件）	尺寸不一	23,000	北京保利	2015.06.05
2015年作 中国花鸟——瓶艺系列·残荷	33×35cm	242,000	上海爱莲	2015.11.22
2015年作 中国花鸟——瓶艺系列·荔枝	45×22cm	275,000	上海爱莲	2015.11.22
2015年作 中国花鸟——瓶艺系列·鸟语	55×25cm	242,000	上海爱莲	2015.11.22
2015年作 中国花鸟——瓶艺系列·暖	50×24cm	275,000	上海爱莲	2015.11.22
2015年作 中国花鸟——瓶艺系列·秋风	50×25cm	242,000	上海爱莲	2015.11.22
2015年作 中国花鸟——瓶艺系列·趣	50×25cm	220,000	上海爱莲	2015.11.22
2015年作 中国花鸟——瓶艺系列·夏果	48×28cm	242,000	上海爱莲	2015.11.22
2015年作 中国花鸟——重工粉彩壶艺系列·冬	10×35cm	418,000	上海爱莲	2015.11.22
2015年作 中国花鸟——重工粉彩壶艺系列·秋	10×35cm	440,000	上海爱莲	2015.11.22
2015年作 中国花鸟——重工粉彩壶艺系列·趣	10×35cm	440,000	上海爱莲	2015.11.22
2015年作 中国花鸟——重工粉彩壶艺系列·娆	10×35cm	440,000	上海爱莲	2015.11.22
2015年作 中国花鸟——重工粉彩壶艺系列·夏	10×35cm	528,000	上海爱莲	2015.11.22
2015年作 中国婴戏图——重工粉彩壶艺系列·芭蕉	10×35cm	418,000	上海爱莲	2015.11.22
2015年作 中国婴戏图——重工粉彩壶艺系列·春	10×35cm	440,000	上海爱莲	2015.11.22
2015年作 中国婴戏图——重工粉彩壶艺系列·风和	10×35cm	440,000	上海爱莲	2015.11.22
20世纪 粉彩山水图瓷板（四屏）	高82.5cm；宽19cm	430,444	纽约苏富比	2015.03.21
20世纪50年代中期 景德镇艺术瓷厂美研室 雪景碗	高10cm；底7cm；口19cm	89,700	中古陶	2015.05.31
20世纪50–60年代 珐琅彩花卉八棱长颈瓶	高23cm；底6cm；口4cm	161,000	中古陶	2015.05.31
20世纪50–60年代 珐琅彩石榴翠鸟瓶	高26cm；底7cm；口9cm	71,300	中古陶	2015.05.31
20世纪50–60年代 粉彩福在眼前赏瓶	高19cm；底6cm；口5cm	32,200	中古陶	2015.05.31
20世纪50–60年代 粉彩花鸟瓶	高25cm	138,000	中古陶	2015.05.31
20世纪50–60年代 粉彩花鸟瓶	高30cm	89,700	中古陶	2015.05.31
20世纪50–60年代 粉彩花鸟瓶	高20cm	66,700	中古陶	2015.05.31
20世纪50–60年代 粉彩花鸟圆盘	直径19cm	55,200	中古陶	2015.05.31
20世纪50–60年代 粉彩锦鸡牡丹瓶	高21cm；底5cm；口6cm	66,700	中古陶	2015.05.31
20世纪50–60年代 粉彩麻姑献寿瓶	高20cm；底6cm；口5cm	36,800	中古陶	2015.05.31
20世纪50–60年代 粉彩人物观音瓶	高30cm；底9cm；口9cm	78,200	中古陶	2015.05.31
20世纪50–60年代 粉彩人物双耳瓶	高26cm；底7cm；口9cm	55,200	中古陶	2015.05.31
20世纪50–60年代 粉彩山水薄胎碗	直径42cm	563,500	中古陶	2015.05.31
20世纪50–60年代 粉彩雪景薄胎碗	直径48cm	2,415,000	中古陶	2015.05.31
20世纪50–60年代 粉彩雅童背桃瓶	高21cm；底7cm；口8cm	36,800	中古陶	2015.05.31
20世纪50–60年代 黑地粉彩人物瓶	高23cm；底6cm；口6cm	55,200	中古陶	2015.05.31
20世纪50–60年代 花鸟座盘	直径24cm	32,200	中古陶	2015.05.31
20世纪50–60年代 墨彩描金人物双耳瓶	高32cm；底11cm；口12cm	55,200	中古陶	2015.05.31
20世纪50–60年代 重工粉彩花卉瓶	高28cm；底7cm；口7cm	103,500	中古陶	2015.05.31
20世纪50年代 嫦娥奔月·粉彩人物赏瓶（一对）	高12cm；直径7cm	207,000	景德镇华艺	2015.01.10
20世纪50年代 冬青釉刻花开窗青花花鸟纹瓶	高60cm	23,604	诚昌国际	2015.12.02
20世纪50年代 矾红描金开光粉彩人物瓶	高47cm；底15cm；口15cm	55,200	中古陶	2015.05.31
20世纪50年代 粉彩陈胜吴广冬瓜瓶	高44cm；底14cm；口17cm	71,300	中古陶	2015.05.31
20世纪50年代 粉彩孔雀牡丹象耳尊	高37cm；底17cm；口17cm	89,700	中古陶	2015.05.31
20世纪50年代 粉彩七仙女福筒瓶	高26cm；底11cm；口12cm	66,700	中古陶	2015.05.31
20世纪50年代 粉彩人物群仙祝寿玉壶春	高27cm；底8cm；口7cm	55,200	中古陶	2015.05.31
20世纪50年代 粉彩五老四少瓶	高28cm；底9cm；口8cm	552,000	中古陶	2015.05.31
20世纪50年代 古彩花卉大圆盘	直径46cm	161,000	中古陶	2015.05.31
20世纪50年代 古彩仕女图仿古瓶	高29cm	55,200	中古陶	2015.05.31
20世纪50年代墨彩开光粉彩仕女瓶	高18.5cm	40,598	香港淳浩	2015.11.27
20世纪60年代 柴窑青花财神雕塑	高43cm；宽22cm	1,150,000	中古陶	2015.05.31
20世纪60年代 粉彩‘十五贯’	↑32cm	10,858	香港普艺	2015.12.05
20世纪60年代粉彩和平盛世玉壶春	高21cm	149,500	中古陶	2015.05.31
20世纪60年代粉彩欢天喜地玉壶春	高21cm	149,500	中古陶	2015.05.31
20世纪60年代 粉彩李时珍采药瓷塑	高32cm	12,274	诚昌国际	2015.12.02
20世纪60年代 粉彩麻姑献寿瓶（一对）	高45cm	69,000	北京保利	2015.04.26
20世纪60年代古彩开光人物福筒瓶	高42cm	356,500	中古陶	2015.05.31
20世纪60年代 广彩十二牡丹花卉鼓凳（一对）	高49cm	18,084	香港雅盛	2015.10.05
20世纪60年代 华表现代人物灯座	高30cm	26,436	诚昌国际	2015.12.01
20世纪60年代 江西釉上彩林冲舞剑瓷塑	高34cm	12,274	诚昌国际	2015.12.02
20世纪60年代 艺术瓷厂手绘“金地万花”天球瓶	高59.3cm	20,700	深圳市拍	2015.07.19
20世纪60年代 釉上彩儿童耍乐瓷塑	高17.5cm	12,274	诚昌国际	2015.12.02

拍品名称	物品尺寸	成交价RMB	拍卖公司	拍卖日期
20世纪70年代/80年代 粉彩山水笔筒	高14cm；直径10cm	51,750	景德镇华艺	2015.10.20
20世纪70年代/80年代 航天科技·釉上彩挂盘	直径23.5cm	48,300	景德镇华艺	2015.05.23
20世纪70年代/80年代 重工粉彩双面开光双耳瓶	高59cm；直径27cm	20,700	景德镇华艺	2015.10.20
20世纪70年代 奔月·釉上彩瓷盘	直径30cm	23,000	景德镇华艺	2015.05.23
20世纪70年代 粉彩蝠寿开框四季 玉壶春瓶 “雅玩真藏”	高42cm	27,126	香港雅盛	2015.10.05
20世纪70年代 粉彩梅香冷艳瓶	高38cm；底9cm；口9cm	55,200	中古陶	2015.05.31
20世纪70年代 腐蚀金牡丹纹薄胎碗	高8.5cm；直径32cm	46,000	景德镇华艺	2015.05.23
20世纪70年代 富贵牡丹·釉中彩薄胎皮灯	高33cm；直径13cm	17,250	景德镇华艺	2015.01.10
20世纪70年代 料边粉彩八骏图外山水人物通景图纹碗	直径20.5cm	193,442	香港雅盛	2015.07.31
20世纪70年代 尼克松芙蓉花纹茶杯（二只）	高11.5cm	10,350	景德镇华艺	2015.05.23
20世纪70年代 青花缠枝莲纹瓶连座	高25cm	11,330	诚昌国际	2015.12.02
20世纪70年代 釉下五彩龙柄凤嘴双腔菊花纹酒壶	高23cm	460,000	北京保利	2015.12.06
20世纪70年代 釉中彩孔雀花卉纹瓷盘	直径24.5cm	80,500	景德镇华艺	2015.05.23
20世纪70年代 重工粉彩描金麒麟啤酒杯	高15cm；底8cm；口9cm	55,200	中古陶	2015.05.31
20世纪80年代 粉彩花鸟双蝠耳瓶	高45cm	11,054	香港雅盛	2015.07.31
20世纪80年代 刘泽棉造 红釉张飞	高28cm	15,106	诚昌国际	2015.12.02
20世纪80年代 少女·釉上彩瓷盘	直径42cm	17,250	景德镇华艺	2015.05.23
20世纪80年代 釉上彩花卉纹瓷盘	直径20.5cm	23,000	景德镇华艺	2015.05.23
20世纪80年代 中法纪念盘	直径22cm	23,000	景德镇华艺	2015.10.20
20世纪80年代 雕塑瓷厂 情趣罗汉·瓷雕（五尊）	高18cm–22.5cm	20,700	景德镇华艺	2015.01.10
20世纪80年代/90年代 墨彩描金仕女薄胎碗	高10cm；直径24cm	34,500	景德镇华艺	2015.10.20
毕伯涛 粉彩花鸟瓶	高15cm	18,883	诚昌国际	2015.12.01
毕德芳 1989年作 粉彩山君图瓷盘	直径26.7cm	34,500	北京匡时	2015.12.05
毕德芳 1993年 威震寰宇·粉彩瓷板	高56cm；宽32cm	103,500	景德镇华艺	2015.10.20
毕德芳1999年熊猫·釉上彩瓷瓶	高29cm	92,000	景德镇华艺	2015.10.20
毕德芳粉彩猛虎图瓷板（一对）	76cm×23cm×2	149,500	北京匡时	2015.06.06
毕渊明 粉彩松鼠纹挂盘	直径22cm	40,250	上海敬华	2015.06.30
毕渊明（传）虎·粉彩胜利杯	高13cm	59,800	景德镇华艺	2015.05.23
蔡晓芳 晓芳窑仿汝釉笔筒	高10.3cm	19,320	太平洋	2015.11.21
蔡晓芳 晓芳窑仿汝釉贯耳瓶	高17.5cm	43,470	太平洋	2015.11.21
蔡晓芳 晓芳窑仿汝釉罐	高13.5cm	48,300	太平洋	2015.11.21
蔡晓芳 晓芳窑仿汝釉花觚	高25.2cm	69,000	太平洋	2015.11.21
蔡晓芳 晓芳窑仿汝釉花口碗	直径12.6cm	20,700	太平洋	2015.11.21
蔡晓芳 晓芳窑仿汝釉双耳香炉	直径9.7cm	14,145	太平洋	2015.11.21
蔡峙雄 2013年 夏云生嶂远·粉彩瓷板	高58cm；宽34cm	11,500	景德镇华艺	2015.05.23
曹凯 2014年 千崖秋气高·釉上彩瓷板	长80cm；宽44cm	10,350	景德镇华艺	2015.05.23
草间弥生 1998年 长颈鹿之梦杯盘组（八组）		64,200	景薰楼	2015.06.21
曾光艺 2014年 黛玉葬花·釉上彩瓷板	高79cm；宽43cm	20,700	景德镇华艺	2015.01.10
曾光艺 2015年 便引诗情到碧霄·釉上彩瓷板	高78cm；宽44cm	43,700	景德镇华艺	2015.05.23
曾静 2011年 醉花阴·粉彩瓷板	高41cm；宽41cm	32,200	景德镇华艺	2015.01.10
曾静 2013年 红蜻蜓·粉彩瓷盘	直径32cm	11,500	景德镇华艺	2015.05.23
曾静 2013年 恋秋·粉彩瓷盘	直径32cm	11,500	景德镇华艺	2015.05.23
曾军 粉彩“高山流水”瓷瓶	高50cm	51,750	中古陶	2015.05.31
曾粮2014年春色醉人·粉彩棋子尊	高37cm	57,500	景德镇华艺	2015.05.23
曾龙升 50年代 沙红鸡公瓷雕	高49cm	184,000	中古陶	2015.05.31
曾龙升 瓷雕拂尘罗汉	高36.2cm	201,750	佳士得	2015.04.06
曾龙升瓷雕双鸡	高18cm	13,800	广州皇玛	2015.01.17
曾龙昇款罗汉像	高39cm	158,598	AA中国艺海	2015.07.12
曾圣 风摇一架影 釉下水墨瓷板	80×112cm	92,000	中国嘉德	2015.11.16
曾圣 芦苇 综合装饰瓷板	55cm×55cm	66,700	中国嘉德	2015.05.18
曾玉成 2012年 江流来自万山中·釉上彩瓷板	直径60cm	13,800	景德镇华艺	2015.10.20
曾玉成 2014年 两岸春色·综合装饰瓷板	长111cm；宽19cm	17,250	景德镇华艺	2015.05.23
曾玉成 2014年 青山幽谷·综合装饰瓷板	长110cm；宽19cm	17,250	景德镇华艺	2015.05.23
曾玉成 2014年 烟雨晴岚·釉上彩瓷板	高112cm；宽32cm	23,000	景德镇华艺	2015.01.10
陈爱明 2012年 梅子青跳刀纹玉壶春瓶	高32cm	74,750	北京保利	2015.12.06
陈爱明 2012年 梅子青跳刀纹玉壶春瓶	高32cm	74,750	北京保利	2015.12.06
陈爱明 2013年 “梅子初春”罐	高22.5cm	11,500	北京保利	2015.06.05
陈爱明 胶泥云之梦瓶	高26.7cm	115,000	北京匡时	2015.06.06
陈冬阳2013年《春秋战国》陶塑	高58.5cm	89,700	北京保利	2015.12.06
陈冬阳2013年《春秋战国》陶塑	高58.5cm	89,700	北京保利	2015.12.06
陈冬阳 2014年 “粉墨江湖”“关羽”、“张飞”陶塑	高61cm；高58cm	138,000	北京保利	2015.06.05
陈冬阳2014年“紫气东来”陶塑	高47cm	57,500	北京保利	2015.06.05
陈冬阳2014年《弯弓射大雕》陶塑	高43.5cm	78,200	北京保利	2015.12.06
陈冬阳2014年《弯弓射大雕》陶塑	高43.5cm	78,200	北京保利	2015.12.06
陈康 粉彩“秋韵”瓷瓶	高41cm	43,700	中古陶	2015.05.31
陈毛仔 群仙祝寿 古彩瓷板	112cm×56cm	78,200	中国嘉德	2015.05.18
陈明良 2005年《祥和观音》瓷塑	高44cm	287,500	北京保利	2015.12.06
陈明良 2005年《祥和观音》瓷塑	高44cm	287,500	北京保利	2015.12.06
陈明良 德化白瓷 坐岩观音	高19.8cm	11,500	厦门华辰	2015.06.20
陈轻舟 梦·青花瓷瓶	高46cm	17,250	景德镇华艺	2015.01.10
陈庆长 新彩鱼乐图瓶	高23cm	138,000	中古陶	2015.05.31
陈庆长 鱼乐图罐	高17cm	86,250	中古陶	2015.05.31
陈仁海 2010年 德化白瓷 世博和鼎	高53.5cm	69,000	北京保利	2015.06.05
陈仁海 2010年 德化白瓷 展翅辉煌	高33cm	36,800	北京保利	2015.06.05
陈仁海 2013年 德化白瓷 千手观音	高68cm	345,000	北京保利	2015.06.05
陈仁海 2013年 德化白瓷 三洲感应	高62cm	51,750	北京保利	2015.06.05
陈仁海 楚天长歌	高39cm	32,200	北京翰海	2015.11.28
陈仁海 德化白瓷 大德观化	高17cm	36,800	北京翰海	2015.06.27
陈仁海 德化白瓷 富贵临门	高28cm	2,990,000	北京翰海	2015.06.27
陈仁海 德化白瓷 气挟风雷	高65cm	40,250	北京保利	2015.06.05
陈仁海 德化白瓷 人和寿长	高39cm	575,000	北京翰海	2015.06.27
陈仁海 德化白瓷 谁主沉浮	高56cm	287,500	北京翰海	2015.06.27
陈仁海 德化白瓷 携手共荣	高43cm	379,500	北京翰海	2015.06.27
陈仁海 德化白瓷 幸福和美	高48cm	74,750	北京翰海	2015.06.27
陈仁海 德化窑白釉观音坐像 夔龙纹双耳三足鼎 达摩立像 象耳弦纹尊（一套四件）	高28cm；高25.4cm；高43cm；高26.2cm	138,000	北京翰海	2015.06.27
陈仁海 千手观音	高68cm	103,500	北京翰海	2015.11.28
陈仁海 德化白瓷 圣洁之灵	高47cm	1,495,000	北京翰海	2015.11.28
陈仁海 德化白瓷 世博和鼎	高88cm	20,125,000	北京翰海	2015.11.28
陈仁海 窑变釉 今天是好日子	高38cm	4,830,000	北京翰海	2015.06.27
陈少岳 2014年 牡丹亭游园·高温颜色釉镶器	高61cm；长20cm；宽20cm	57,500	景德镇华艺	2015.10.20
陈盛樟1987年作 粉彩春绿山水瓷瓶	高33cm	32,200	北京匡时	2015.12.05
陈士侯 1997年作 八大阿罗汉		28,606	易拍好台北	2015.04.19
陈淑娟 古彩红梅只有香如故镶器	高27.5cm	46,000	北京匡时	2015.06.06

2015瓷器拍卖成交汇总

(成交价RMB：1万元以上)

拍品名称	物品尺寸	成交价RMB	拍卖公司	拍卖日期
陈显林 2011年 粉青釉田园盖罐	高24cm	80,500	北京保利	2015.12.06
陈显林 2011年 粉青釉田园盖罐	高24cm	80,500	北京保利	2015.12.06
陈训成 2014年 故园清梦・釉下彩瓷瓶	高42cm；直径22cm	55,200	景德镇华艺	2015.01.10
陈训成 2014年 隐逸图・青花笔洗	高11cm	55,200	景德镇华艺	2015.01.10
陈英月光下的鸢尾花青花斗彩瓷板	56×113cm	20,700	中国嘉德	2015.11.16
陈彧2014年海之韵・综合装饰瓷板	高56cm；宽56cm	20,700	景德镇华艺	2015.05.23
陈智猛 2014年 降龙罗汉・墨彩描金瓷板	高81cm；宽44cm	20,700	景德镇华艺	2015.01.10
陈智猛 2014年 维摩居士图・墨彩描金瓷板	高81cm；宽44cm	18,400	景德镇华艺	2015.01.10
陈佐导 1990年 铜红绿窑变釉瓶	高24cm	172,500	北京保利	2015.06.05
程国民2014年云在天边・粉彩瓷板	高73cm；宽81cm	41,400	景德镇华艺	2015.01.10
程明生 2014年 大势至观音・浮雕瓷板插屏	高75cm；宽39cm	17,250	景德镇华艺	2015.01.10
程十发绘人物纹盘	直径26.1cm	57,500	中国嘉德	2015.04.01
程晓红 2012年 古雅彩《渡海观音》瓷板	79cm×49cm	74,750	北京保利	2015.06.05
程晓红 2013年 古雅彩《云山夕照》瓷板	79cm×49cm	126,500	北京保利	2015.06.05
程永安釉上彩"漓江春晓"瓷瓶	高39cm	29,900	中古陶	2015.05.31
程永安 釉下彩宜子宜孙瓶	高42cm	18,400	中古陶	2015.05.31
程永君 姑娘・釉上彩瓷板	高116cm	20,700	景德镇华艺	2015.01.10
崔迪 2015年 粉彩《仙鹤牡丹图》茶器（一套）	尺寸不一	69,000	北京保利	2015.12.06
崔迪 2015年 粉彩《仙鹤牡丹图》茶器（一套）	尺寸不一	69,000	北京保利	2015.12.06
崔迪 2015年 珍珠白黄地开光粉彩《春来花独艳》圆型瓷板	直径55.5cm	138,000	北京保利	2015.12.06
崔迪 2015年 珍珠白黄地开光粉彩《春来花独艳》圆型瓷板	直径55.5cm	138,000	北京保利	2015.12.06
戴荣华 1988年作 粉彩宝琴立雪人物大盘	直径45.5cm	667,000	北京匡时	2015.12.05
戴荣华 1991年 江南故乡美・综合装饰瓶	高44cm；直径19cm	437,000	景德镇华艺	2015.10.20
戴荣华 1993年 粉彩《童趣》瓶	高28.5cm	207,000	北京保利	2015.06.05
戴荣华 1993年作 高白釉粉彩人物萝卜瓶	高36cm	264,500	北京匡时	2015.12.05
戴荣华2002年祝寿图・粉古彩瓷瓶	高33.5cm	678,500	景德镇华艺	2015.01.10
戴荣华 2005年 戏蝶图・古彩瓷瓶	高30cm	690,000	景德镇华艺	2015.01.10
戴荣华 2009年 四季佳丽・古彩瓷瓶	高39cm	943,000	景德镇华艺	2015.01.10
戴荣华 2012年 莺莺阅书・古彩瓷板	高55cm；宽31cm	1,380,000	景德镇华艺	2015.10.20
戴荣华 上世纪80、90年代 红树青山・粉彩笔筒	高12.5cm；直径10cm	89,700	景德镇华艺	2015.05.23
戴维・兹姆博塞罗蒂娜桃树茶壶	直径18cm	13,800	中国嘉德	2015.05.18
戴雨享 2014 坐禅	直径38cm	32,200	中国嘉德	2015.05.18
戴玉梅 2000年作 粉彩戏蝶图瓷板	38.5×38.5cm	103,500	北京匡时	2015.12.05
邓必浩 70年代 雪景瓶	高15cm	36,800	中古陶	2015.05.31
邓景渊（传）1976年 釉下五彩《飞驰在雪峰山》瓷板	101cm×53cm	4,370,000	北京保利	2015.12.06
邓希平上世纪80年代 花釉葫芦瓶	高30cm	17,250	景德镇华艺	2015.05.23
邓希平上世纪80年代 郎红釉瓷钵	高14.5cm	74,750	景德镇华艺	2015.05.23
邓肖禹20世纪粉彩"堂上双白"瓶	高28.5cm	74,750	北京保利	2015.06.08
邓肖禹 大吉图・粉彩茶壶	高10cm	20,700	景德镇华艺	2015.01.10
邓肖禹 芳园清趣 粉彩瓷壶	宽16cm	13,800	中国嘉德	2015.05.18
邓智 春风得意瓷板	80cm×45cm	55,200	中古陶	2015.05.31
丁传国 2014年 婺源的春天・高温颜色釉三条屏	高82cm；宽80cm	115,000	景德镇华艺	2015.10.20
丁传国 2014年 婺源印象・高温颜色釉四条屏	高110cm；宽28cm	227,700	景德镇华艺	2015.05.23
丁南洋 高温颜色釉罗汉图瓷板（一套）	110cm×27cm×4	20,700	北京匡时	2015.06.06
丁南洋 山水・高温颜色釉四条屏	高56cm；宽28cm	11,500	景德镇华艺	2015.05.23
丁文甫 1984年 长春・粉彩挂盘	直径22cm	11,500	景德镇华艺	2015.05.23
董建忠 双面釉瓷板	58×107cm	69,000	中国嘉德	2015.11.16
董建忠 祥乐清音 釉上彩瓷板	47×84cm	34,500	中国嘉德	2015.11.16
董伟 釉上彩"云烟护幽山"瓷瓶	高42cm；	40,250	中古陶	2015.05.31
段誉2015年千手观音・釉上彩瓷板	高88cm	23,000	景德镇华艺	2015.10.20
范敏祺2012年梅开五福・粉彩瓷瓶	高50cm	287,500	景德镇华艺	2015.10.20
范双梅2014年儿时记忆・青花瓷板	长114cm	34,500	景德镇华艺	2015.10.20
范治斌 兰花瓷碟	口径41cm	14,162	书画艺拍	2015.11.28
方复 2010年 盛世红颜・古彩瓷板	长112cm	920,000	景德镇华艺	2015.10.20
方航 青花汾水秋实瓶	高45.5cm	13,800	北京匡时	2015.06.06
方航 青花三贵图瓶	高54cm	11,500	北京匡时	2015.06.06
方曙 2015年 曹冲称象・古彩瓷板	长80cm；宽45cm	46,000	景德镇华艺	2015.10.20
方毅2014年梅兰竹菊・粉彩四条屏	高75cm；宽22cm	13,800	景德镇华艺	2015.10.20
方毅 2014年 四君子・粉彩笔筒	高25cm	11,500	景德镇华艺	2015.10.20
方毅 2015年 独爱此幽篁・粉彩四条屏	高39cm；宽13cm	13,800	景德镇华艺	2015.10.20
方毅 2015年 独爱此幽篁・粉彩四方镶器	高32cm；长14cm；宽14cm	17,250	景德镇华艺	2015.05.23
方云峰、张志汤 50年代 粉彩人物山水瓜棱瓶	高43cm；底12cm；口10cm	391,000	中古陶	2015.05.31
丰伟2014年民国风情・古彩四条屏	高76cm	23,000	景德镇华艺	2015.01.10
封伟民《牡丹亭》真爱长存	长43cm	17,250	广东省拍	2015.07.05
封伟民 1985年《莲生福地》陶塑	高58.5cm	287,500	北京保利	2015.06.05
冯金玲2013年麻姑献寿・粉彩茶壶	高10cm	11,500	景德镇华艺	2015.01.10
冯绍华 2013年 高温色釉加彩《山泉鸣秋》瓷板	直径53cm	69,000	北京保利	2015.06.05
冯祥 2013年 竹林七贤・粉彩瓷瓶	高61cm	51,750	景德镇华艺	2015.01.10
冯祥2014年芳庭雅韵・粉彩薄胎瓶	高35cm	11,500	景德镇华艺	2015.10.20
冯祥 仿古四方瓶	高63cm	63,250	中古陶	2015.05.31
冯祥 粉彩仕女四方瓶	高51cm	32,200	中古陶	2015.05.31
冯祥 粉彩迎福纳祥梅瓶	高54cm	28,750	中古陶	2015.05.31
冯祥 高温颜色釉门神（一对）	高65cm	138,000	中古陶	2015.05.31
冯祥 高温颜色釉镶器	高65cm；宽30cm	43,700	中古陶	2015.05.31
冯祥 青花玲珑粉彩婴戏瓶	高46cm	13,800	中古陶	2015.05.31
冯祥 釉下彩四条屏	长110cm	34,500	中古陶	2015.05.31
付尧笙 1986年 貂蝉拜月・粉彩双耳瓷瓶	高59cm	368,000	景德镇华艺	2015.01.10
付尧笙 观梅图圆盘	直径20cm	126,500	中古陶	2015.05.31
付长敏 2010年 粉彩《梅园香径独徘徊》瓶	高49cm	32,200	北京保利	2015.06.05
傅建文2015年举案齐眉・粉彩瓷板	直径55cm	11,500	景德镇华艺	2015.10.20
傅尧笙 1994年 赏梅・粉彩瓷板	高48cm；宽30cm	195,500	景德镇华艺	2015.10.20
傅尧笙 釉上彩麻姑献寿图瓷板	36.5cm×24cm	241,500	北京匡时	2015.06.06
干道甫2011年风起云涌・青花瓷板	高110cm	20,700	景德镇华艺	2015.05.23
干道甫 2014年 青花《灿》瓷板	170cm×83cm	713,000	北京保利	2015.06.05
干道甫2014年青花《无寂》瓷板	81.5cm×83.5cm	575,000	北京保利	2015.12.06
干道甫 圣 青花瓷板	112cm×56cm	207,000	中国嘉德	2015.05.18
葛军 大地	直径27cm	80,500	中国嘉德	2015.05.18
葛军 静园	直径31cm	80,500	中国嘉德	2015.05.18
龚保家 2009年 荷韵系列二・综合装饰瓷板	高50cm；宽50cm	17,250	景德镇华艺	2015.05.23
龚保家 2009年 荷韵系列一・综合装饰瓷板	长52cm；宽48cm	17,250	景德镇华艺	2015.05.23
龚保家 2009年 宋韵・寒梅・综合装饰瓷板	高59cm；宽59cm	17,250	景德镇华艺	2015.05.23
龚华 2014年 青花加彩福山寿海纹茶具（一套六件）	长18cm；直径7.5cm	34,500	北京保利	2015.06.05
龚华 2015年 青花斗彩《牡丹图》弦纹瓶	高68cm	287,500	北京保利	2015.12.06
龚华 2015年 青花斗彩《牡丹图》弦纹瓶	高68cm	287,500	北京保利	2015.12.06
龚循明 2003年作 釉上彩春风初拂瓶	高44.7cm	43,700	北京匡时	2015.12.05
龚循明 2015年 张家界・粉彩瓷板	高57cm；宽57cm	230,000	景德镇华艺	2015.10.20

(成交价RMB：1万元以上)

拍品名称	物品尺寸	成交价RMB	拍卖公司	拍卖日期
龚循明 春夏秋冬 彩绘瓷板	84cm×81cm×4	4,485,000	中国嘉德	2015.11.16
关良 1980年 瓶花磁盘	直径25.5cm	437,000	上海泓盛	2015.06.20
关文龙2015年 马到成功·青花瓷板	长112cm	23,000	景德镇华艺	2015.10.20
郭立2015年 春山拥翠·釉上彩中堂	高60cm	78,200	景德镇华艺	2015.10.20
郭文光 2015年 青花《阿罗汉》盖罐（一对）	高49cm；高50cm	92,000	北京保利	2015.12.06
郭文光 2015年 青花《阿罗汉》盖罐（一对）	高49cm；高50cm	92,000	北京保利	2015.12.06
郭文光 2015年 青花《一佛二菩萨》箭筒	高88.5cm	103,500	北京保利	2015.12.06
郭文光 2015年 青花《一佛二菩萨》箭筒	高88.5cm	103,500	北京保利	2015.12.06
郭文光 2015年 釉下彩《多闻天王威仪》瓶	高54cm	57,500	北京保利	2015.06.05
郭文光 2015年 釉下彩《观音菩萨宝像》瓷板	110cm×58cm	230,000	北京保利	2015.06.05
郭文光 2015年 釉下彩《华严三圣像》箭筒	高62cm	218,500	北京保利	2015.06.05
郭文光 2015年 釉下彩《寂照含虚空，却来观世间》瓷板	201cm×101cm	713,000	北京保利	2015.06.05
郭文光 2015年 釉下彩《菩萨圣像》瓶	高45cm	92,000	北京保利	2015.06.05
郭文光 2015年 釉下五彩《佛心如花》箭筒	高59.5cm	207,000	北京保利	2015.12.06
郭文光 2015年 釉下五彩《佛心如花》箭筒	高59.5cm	207,000	北京保利	2015.12.06
郭文光 2015年 釉下五彩《观世音》瓷板	201cm×99cm	667,000	北京保利	2015.12.06
郭文连 2009年 2010年 2011年 童趣·粉彩四条屏	高112cm；宽32cm	3,220,000	景德镇华艺	2015.10.20
韩美林1980年公鸡老虎（一对）	直径19cm	120,150	佳士得	2015.06.02
韩美林 1980年作 庚申得福	直径33cm	95,226	保利香港	2015.04.07
韩美林 1980年作 小娃娃	25cm×25cm	20,700	西泠拍卖	2015.07.04
韩美林 1981年作 小狐狸	直径23cm×23cm	23,000	西泠拍卖	2015.07.04
韩美林绘小鹿图瓷盘	直径26cm	34,500	西泠拍卖	2015.07.05
何惠娟《冬雪恋歌》	长49cm	10,350	广东省拍	2015.07.05
何惠娟 2009年 育子成凤图	34×29×25cm	46,000	中国嘉德	2015.09.19
何建华 2015年 青花加彩花鸟瓷板	79×42cm	34,500	北京保利	2015.12.06
何建华 2015年 青花加彩花鸟瓷板	79×42cm	34,500	北京保利	2015.12.06
何笠农 2014年 三口之家·釉上彩瓷板	高101cm；宽101cm	172,500	景德镇华艺	2015.05.23
何笠农 2014年 太湖石系列·粉彩六条屏	高39cm；宽27cm	138,000	景德镇华艺	2015.10.20
何笠农 2014年 西望敦煌·粉彩瓷板	高50cm；宽200cm	345,000	景德镇华艺	2015.01.10
何明赞 2014年 大闹天宫·墨彩描金瓷板	高110cm；宽56cm	115,000	景德镇华艺	2015.01.10
何明赞 2015年作 粉彩西游记—大闹天宫图瓷板（一组八件）		759,000	北京匡时	2015.12.05
何叔水 1998年 大展宏图·釉上彩瓷板	高42cm；宽27cm	69,000	景德镇华艺	2015.01.10
何叔水 锦绣春光筒瓶	高36cm	158,700	中古陶	2015.05.31
洪爵振 2014年 琴棋书画·古彩镶器	高35cm	18,400	景德镇华艺	2015.10.20
侯天涛 青花墨彩富贵吉祥缸	高23cm	18,400	中古陶	2015.05.31
侯天涛 青花墨彩镶器	高62cm	18,400	中古陶	2015.05.31
侯政 新彩工笔花鸟瓶	高41cm	11,500	中古陶	2015.05.31
侯政 新彩工笔花鸟镶器	高37cm	11,500	中古陶	2015.05.31
侯政 新彩工笔花鸟镶器	高48cm	11,500	中古陶	2015.05.31
胡光震 一路锦绣瓷板	65cm×46cm	55,200	中古陶	2015.05.31
胡国辉 粉彩春月瓷板	155cm×144cm	46,000	中古陶	2015.05.31
胡国辉 青花花鸟纹四方瓶	高76cm	32,200	中古陶	2015.05.31
胡国辉 青花釉里红花鸟尊	高54cm	23,000	中古陶	2015.05.31

拍品名称	物品尺寸	成交价RMB	拍卖公司	拍卖日期
胡国辉 新彩荷花瓷板	62cm×62cm	11,500	中古陶	2015.05.31
胡国辉 釉里红梅花瓶	高69cm	23,000	中古陶	2015.05.31
胡赛军 鄱湖情怀镶器	高44cm；宽30cm	28,750	中古陶	2015.05.31
胡赛军 秋夜静语瓷板	50cm×50cm	11,500	中古陶	2015.05.31
胡献雅 1990年 梅兰竹菊·釉上彩四方镶器	高19.5cm；长15cm；宽15cm	48,300	景德镇华艺	2015.10.20
胡小军2013年《山口春水》陶艺	直径42cm	92,000	北京保利	2015.06.05
胡学文 釉下彩山水瓷板对屏	高112cm	16,100	景德镇华艺	2015.01.10
黄昌校 70年代 粉彩桃花鸟座盘	直径26cm	32,200	中古陶	2015.05.31
黄昌校 70年代 鱼草图盘	直径25cm	55,200	中古陶	2015.05.31
黄昌校 70年代 鱼草图盘	直径25cm	55,200	中古陶	2015.05.31
黄昌校 粉彩双面开光花鸟瓶	高44cm	17,250	北京匡时	2015.06.06
黄海红 2015年 溪山垂钓·高温颜色釉瓷板	高80cm；宽45cm	17,250	景德镇华艺	2015.10.20
黄海云 年年有余·粉彩瓷板（一对）	高55cm；宽32.5cm	34,500	景德镇华艺	2015.10.20
黄海云 上世纪60年代左右 山光水色暝沉沉·粉彩瓷盘	直径45cm	172,500	景德镇华艺	2015.10.20
黄焕义 2013年 物语·陶艺	高40cm	207,000	景德镇华艺	2015.05.23
黄景峰 2014年 秋韵·青花釉里红瓷瓶	高50cm；直径20cm	17,250	景德镇华艺	2015.10.20
黄景锋 2013年 秋韵·青花釉里红瓷瓶	高51cm；直径19cm	17,250	景德镇华艺	2015.01.10
黄娟 2014年 荷香·粉彩瓷板	高80cm；宽45cm	11,500	景德镇华艺	2015.10.20
黄骏 2015年 溪山归舟·粉彩文房（五头）	高14cm	13,800	景德镇华艺	2015.10.20
黄卖九 1976年 万紫千红遍地春·粉彩笔筒	高13cm；直径10cm	138,000	景德镇华艺	2015.10.20
黄卖九 2007年 四季花鸟·青花四条屏	高80cm；宽28cm	2,070,000	景德镇华艺	2015.05.23
黄卖九 2008年 鱼乐图·青花水盂	高22cm；直径47cm	747,500	景德镇华艺	2015.01.10
黄卖九 2012年 八哥紫藤·青花瓷瓶	高41cm；直径20cm	690,000	景德镇华艺	2015.10.20
黄卖九 60年代 柴窑青花釉里红冬瓜瓶	高47cm；底17cm；口17cm	552,000	中古陶	2015.05.31
黄萍 2012年 高温釉彩《报春》镶器		74,750	北京保利	2015.06.05
黄如贵 厚德载物	52cm×210cm	60,500	文华隆彧	2015.02.17
黄如贵 雁南飞	68cm×136cm	30,250	文华隆彧	2015.02.17
黄小玲 2009年 釉下五彩《雍雅冠群芳》瓶	高69.5cm	402,500	北京保利	2015.12.06
黄小玲 2009年 釉下五彩《雍雅冠群芳》瓶	高69.5cm	402,500	北京保利	2015.12.06
黄小玲 2012年 釉下彩《锦瑟和鸣》画缸	高18.5cm；直径20cm	184,000	北京保利	2015.06.05
黄有彬 2012年 高温颜色釉花鸟四条屏	高111cm；宽52cm×4	17,250	景德镇华艺	2015.01.10
黄有彬 2014年 金蟾·水月之间·高温颜色釉瓷板	高112cm；宽56cm	17,250	景德镇华艺	2015.05.23
黄有彬 2015年 金蟾·高温颜色釉瓷板	高80cm；宽44cm	13,800	景德镇华艺	2015.10.20
黄云鹏 2007年 斗彩《五色祥云》云蝠纹盖罐	高20cm	11,500	北京保利	2015.06.05
黄云鹏 仿元青花缠枝牡丹纹梅瓶	高43cm；底13cm；口6cm	230,000	中古陶	2015.05.31
黄云鹏 仿元青花鬼谷子大罐	高28cm	483,000	中古陶	2015.05.31
黄志伟《春风得意》	长26cm	13,800	广东省拍	2015.07.05
黄志伟《和谐》	长32cm	11,500	广东省拍	2015.07.05
黄志伟《青春年华》	长18cm	16,100	广东省拍	2015.07.05
黄志伟《悠闲老子》	长30cm	13,800	广东省拍	2015.07.05
黄志伟 2002年作 关云长		18,400	精诚所至	2015.01.25
黄志伟 2012年 风生水起	42×43×37cm	69,000	中国嘉德	2015.09.19
霍培英 2015年《古榕连理渡千秋》陶塑	高39.5cm	23,000	北京保利	2015.12.06

2015瓷器拍卖成交汇总

(成交价RMB：1万元以上)

拍品名称	物品尺寸	成交价RMB	拍卖公司	拍卖日期
霍培英 2015年《古榕连理渡千秋》陶塑	高39.5cm	23,000	北京保利	2015.12.06
霍培英 2015年《连年获利》陶塑	20.5×23.5cm	23,000	北京保利	2015.12.06
霍培英 2015年《连年获利》陶塑	20.5×23.5cm	23,000	北京保利	2015.12.06
霍培英 2015年《庭院晚趣》陶塑	高32cm	34,500	北京保利	2015.12.06
霍培英 2015年《庭院晚趣》陶塑	高32cm	34,500	北京保利	2015.12.06
简丹 2011年 春夏秋冬·粉彩四方镶器	高33cm；长14cm；宽14cm	138,000	景德镇华艺	2015.10.20
江葆华 2013年 秋情·粉彩双面开光象耳瓶	高40cm；直径25cm	51,750	景德镇华艺	2015.01.10
江葆华 2014年 惠风·粉彩镶器	高15cm	34,500	景德镇华艺	2015.05.23
江葆华 2015年 江南春水·粉彩棋子瓶	高36cm	46,000	景德镇华艺	2015.10.20
江和先 粉彩步步高瓷板	心77cm×41cm	55,200	中古陶	2015.05.31
江和先 粉彩禅趣瓷板（蝉）	心29cm×40cm	57,500	中古陶	2015.05.31
江和先 粉彩花鸟纹四方瓶	高39cm	57,500	中古陶	2015.05.31
江和先 粉彩秋韵瓷板（蜻蜓）	心29cm×40cm	46,000	中古陶	2015.05.31
江华彬 2015年 仙女散花·古彩描金瓷瓶	高42cm；直径20cm	34,500	景德镇华艺	2015.10.20
江金承 2000年作 釉上彩花鸟瓷板	31.5×52.5cm	25,300	北京匡时	2015.12.05
江亚彬 2013年 梅开五福·古彩梅瓶（一对）	高45cm；直径25cm	20,700	景德镇华艺	2015.01.10
江亚彬 2014年 四美图·古彩四条屏	高80cm；宽21cm×4	28,750	景德镇华艺	2015.01.10
江月光 2014年 兰寿飘香·古彩瓷瓶	高43.5cm；直径18.5cm	32,200	景德镇华艺	2015.01.10
江月光 2014年 秋江野趣·古彩瓷瓶	高32cm；直径22cm	13,800	景德镇华艺	2015.10.20
江振声 2009年 达摩东渡·粉彩瓷板	高95cm；宽45cm	40,250	景德镇华艺	2015.01.10
江振声 2014年 东坡诗意图·粉彩镶器	高30cm；长26cm；宽26cm	32,200	景德镇华艺	2015.10.20
江振声 2014年 观瀑图·粉彩瓷瓶	高31cm；直径12.5cm	13,800	景德镇华艺	2015.10.20
江振声 2015年 竹林七贤·粉彩笔筒	高24.5cm；直径22cm	28,750	景德镇华艺	2015.10.20
姜宝林 白描山水 青花瓷瓶	高28cm	552,000	中国嘉德	2015.05.18
姜波 2014年 中国花鸟壶艺	高8.5cm	92,000	景德镇华艺	2015.05.23
姜波 2015年 中国婴戏图·壶艺系列	高9cm	92,000	景德镇华艺	2015.10.20
姜波 秋趣 粉彩陶艺		92,000	中国嘉德	2015.05.18
姜波 秋意 粉彩陶艺	直径34cm	287,500	中国嘉德	2015.05.18
姜波 中国花鸟·壶艺粉彩	长31.5cm	115,000	上海敬华	2015.06.30
蒋锦琪 2014年 树接前山暗·粉彩瓷板	高56cm；宽32cm	13,800	景德镇华艺	2015.05.23
揭金平 2015年 清秋几度·古彩瓷板	长107cm；宽28cm	20,700	景德镇华艺	2015.05.23
揭金平 2015年 日落山水静·综合装饰瓷板	高41cm；宽41cm	10,350	景德镇华艺	2015.05.23
揭金平 2015年 知竹·古彩瓷板	长110cm	34,500	景德镇华艺	2015.10.20
解强 "山高水长"瓷板	框66cm×66cm	20,700	中古陶	2015.05.31
解强 色釉装饰"侗寨旭日"瓷瓶	高46cm	40,250	中古陶	2015.05.31
解强 色釉装饰"鹤舞"瓷板	心40cm×113cm	52,900	中古陶	2015.05.31
解强 色釉装饰"雪景仙鹤"瓷瓶	高32cm	16,100	中古陶	2015.05.31
解强 综合装饰紫气东来瓶	高46cm	18,400	北京匡时	2015.06.06
金兆韬 墨彩山水系列瓷板	56cm×56cm	51,750	中国嘉德	2015.05.18
金亮 2012年 宿鸟择深枝·青花盖罐	高44cm	20,700	景德镇华艺	2015.05.23
金亮 2014年 寒竹幽情·青花瓷瓶	高50cm	17,250	景德镇华艺	2015.01.10
金逸瑞 2014年 哥窑鼎式炉	高24.5cm	20,700	北京保利	2015.12.06
金逸瑞 2014年 哥窑鼎式炉	高24.5cm	20,700	北京保利	2015.12.06
金逸瑞 2014年 七线尊	高26cm	25,300	北京保利	2015.06.05
金逸瑞 哥窑葵式盘	直径17cm	48,300	北京匡时	2015.06.06
孔森 水墨中国（一套）		66,700	大芬艺海	2015.05.17
旷军民 2014年 女人花·高温颜色釉瓷板	长112cm；宽56cm	46,000	景德镇华艺	2015.05.23
旷军民 2014年 女人花系列·高温颜色有瓷板	高114cm；宽58cm	34,500	景德镇华艺	2015.01.10
况冬苟 青花斗彩秋意图瓶	高38cm	17,250	北京匡时	2015.06.06
赖德全 江南瑞雪珍珠釉瓷板	39cm×39cm	46,000	北京匡时	2015.06.06
赖德全 釉里红醉竹瓶	高50.5cm	40,250	北京匡时	2015.12.05
雷爱太 2015年 游目骋怀·釉上彩瓷板	长113cm；宽30cm	13,800	景德镇华艺	2015.05.23
雷火莲 1982年 寿比南山·墨彩描金爆竹瓶	高16cm；直径5cm	195,500	景德镇华艺	2015.01.10
雷苗 丹顶鹤	直径25cm	17,250	江苏嘉恒	2015.04.25
冷军 三人行必有吾师 青花瓷板	40×89cm	1,380,000	中国嘉德	2015.11.16
冷军 新枝 青花瓷板	111×28cm	1,610,000	中国嘉德	2015.11.16
冷军 新竹 青花瓷板	111cm×27cm	1,725,000	中国嘉德	2015.11.16
李德真 2014年 春雪·釉下彩瓷板	高83cm；宽83cm	17,250	景德镇华艺	2015.05.23
李复荣2014年洪州揽胜·粉彩瓷板	高125cm	345,000	景德镇华艺	2015.01.10
李海霖 2013年 清泠 系列之二	直径55cm	34,500	中国嘉德	2015.05.18
李家正 静海 高温颜色釉瓷板	58×112cm	138,000	中国嘉德	2015.11.16
李进 1986年作 紫金边半刀泥马图案盘	直径29cm	103,500	北京匡时	2015.12.05
李菊生 2005年作 高温色釉松鼠盘	直径29cm	32,200	北京匡时	2015.12.05
李菊生 2010年 丰收季节·釉下彩瓷板	高111cm；宽55cm	632,500	景德镇华艺	2015.01.10
李菊生 2015年 十里荷香·高温颜色釉瓷瓶	高58cm；直径26cm	2,760,000	景德镇华艺	2015.10.20
李菊生 釉下彩北国风情瓶	高51.5cm	287,500	北京匡时	2015.06.06
李俊 花鸟胆瓶	高29cm	28,750	中古陶	2015.05.31
李峻 1988年作 双狮爆竹瓶	高63cm	356,500	北京匡时	2015.12.05
李峻 2001年 采菊东篱下·粉彩瓷盘	直径35.5cm	575,000	景德镇华艺	2015.05.23
李峻 2006年 钟馗神威图·粉彩瓷板	高50cm；宽55cm	402,500	景德镇华艺	2015.01.10
李峻(传) 双骏图·粉彩薄胎瓶（一对）	高13.5cm；直径4cm	299,000	景德镇华艺	2015.01.10
李磊颖 釉上彩童趣瓷瓶	高37.5cm	28,750	北京匡时	2015.06.06
李磊颖 釉上彩醉春风瓷板	38.5cm×38.5cm	23,000	北京匡时	2015.06.06
李林洪 2010年 晨辉·釉上彩瓷板	高40cm；宽40cm	55,200	景德镇华艺	2015.10.20
李林洪 山象·釉上彩瓷板	高50cm；宽50cm	63,250	景德镇华艺	2015.10.20
李申盛 2014年 米承燕 流星雨·高温颜色釉瓷板（一对）	高74cm；宽22cm×2	13,800	景德镇华艺	2015.01.10
李申盛 2015年 九阳·高温颜色釉瓷板	高52cm；宽52cm	23,000	景德镇华艺	2015.10.20
李申盛 2015年 疑是银河落九天·高温颜色釉瓷板	高55cm；宽32cm	13,800	景德镇华艺	2015.05.23
李文跃 2011年作 粉墨彩俯看流水仰听风瓶	高41cm	69,000	北京匡时	2015.12.05
李文跃 2013年 文姬归汉·粉墨彩瓷瓶	高42cm；直径21cm	161,000	景德镇华艺	2015.05.23
李文跃 2014年 曲水流觞·粉彩瓷板	长112cm；宽56cm	1,380,000	景德镇华艺	2015.10.20
李翔 云中的白桦林 高温颜色釉瓷板	55×56cm	20,700	中国嘉德	2015.11.16
李小聪 1986年 粉彩描金《李白诗意图》双耳瓶	高12.5cm	115,000	北京保利	2015.12.06
李小聪 1986年 粉彩描金《李白诗意图》双耳瓶	高12.5cm	115,000	北京保利	2015.12.06
李小聪 2007年 携得琴来不用弹·粉彩瓷板	高65.5cm；宽42cm	322,000	景德镇华艺	2015.01.10
李小聪 2010年 竹溪听雨图·粉彩瓷板	高70cm；宽38cm	207,000	景德镇华艺	2015.01.10
李小聪 粉彩秋壑听泉图瓶	高37.5cm	483,000	北京匡时	2015.06.06

拍品名称	物品尺寸	成交价RMB	拍卖公司	拍卖日期
李幸龙 浮云	高24cm	28,750	中国嘉德	2015.05.18
李映华 粉彩贵妃醉酒图瓶	高46.5cm	17,250	北京匡时	2015.06.06
李志良 2014年 佳人读易·粉彩瓷板	高79cm；宽42cm	10,350	景德镇华艺	2015.01.10
梁小平 郑长顺 上世纪80年代左右 孔雀月季图·粉彩瓷盘	直径51.5cm	97,750	景德镇华艺	2015.10.20
廖洪标 2002年《济公饮酒》陶塑	高21cm	1,932,000	北京保利	2015.06.05
廖洪标造 红釉关帝座像	高26cm	18,883	诚昌国际	2015.12.02
林风眠 三鱼图瓷盘	直径24cm	218,500	西泠拍卖	2015.07.05
林风眠 渔瓷盘	直径24cm	287,500	上海泓盛	2015.06.20
林鸿福 2015年《穆桂英挂帅》瓷塑	高46cm	575,000	北京保利	2015.12.06
林振龙 2010年《大地陶情系列》镶器		69,000	北京保利	2015.06.05
林正茂 国色天香 色釉斗彩瓷瓶		108,900	文华隆彧	2015.02.17
林正茂 鸟语花香 青花斗彩瓶		96,800	文华隆彧	2015.02.17
林正茂 长寿图 古彩		133,100	文华隆彧	2015.02.17
凌宗正 2004年作 粉彩雪景山水三面胭脂红地描金瓶	高38cm	36,800	北京匡时	2015.12.05
刘滨鸿 2013年 秋韵·釉上彩瓷板	长56cm；宽42cm	13,800	景德镇华艺	2015.05.23
刘滨鸿 2015年 湖滨饮马·综合装饰瓷板	高54cm；宽54cm	20,700	景德镇华艺	2015.10.20
刘柄造 僧一行	高40cm	17,939	诚昌国际	2015.12.02
刘昌亮 2015年 思惟菩萨·釉上彩瓷板	高67cm；宽44cm	57,500	景德镇华艺	2015.10.20
刘畅 2002年 秋山红叶起相思·釉上彩茶壶	高7cm	17,250	景德镇华艺	2015.01.10
刘超鸿 2011年 沙尘暴·釉上彩瓷板	长78cm；宽43cm	23,000	景德镇华艺	2015.10.20
刘傅造 红釉大禹治水	高37cm	10,386	诚昌国际	2015.12.02
刘富安 钧瓷一统尊	高32.5cm	149,500	河南泽华	2015.01.11
刘国松 2000年作 旭日东升	236.5×70.5cm	2,521,896	保利香港	2015.10.05
刘海粟 梅三图瓷盘	直径24cm	103,500	西泠拍卖	2015.07.05
刘静 2014年 亭台仙阁福满园·青花四条屏	高110cm；宽27cm	28,750	景德镇华艺	2015.10.20
刘军 古彩侍女瓶	高64cm	25,300	中古陶	2015.05.31
刘军 古彩庭院人物橄榄瓶	高45cm	13,800	中古陶	2015.05.31
刘军 花卉瓷瓶	高38cm	13,800	中古陶	2015.05.31
刘立忠 白底黑花连连有余梅瓶	高45cm	207,000	中古陶	2015.05.31
刘丽 粉彩花鸟四条屏	框89cm×36cm	46,000	中古陶	2015.05.31
刘丽 新彩田园情趣箭筒	高40cm	17,250	中古陶	2015.05.31
刘丽 新彩香远益清瓷瓶	高36cm	13,800	中古陶	2015.05.31
刘藕生 2008年 禅思静处得真知	17×15×23cm	69,000	中国嘉德	2015.09.19
刘藕生造 红釉苏武牧羊	高29cm	10,386	诚昌国际	2015.12.02
刘藕生造 哪吒闹海	宽24cm	16,995	诚昌国际	2015.12.02
刘平 2003年 粉彩《暖春图》瓶	高43cm	40,250	北京保利	2015.06.05
刘平 2006年 水点桃花·粉彩瓷瓶	高37cm	115,000	景德镇华艺	2015.01.10
刘平 釉下彩紫藤小鸟	高44cm	57,500	北京匡时	2015.06.06
刘伟福 2015年 青花《云上》罐	高37.5cm	138,000	北京保利	2015.12.06
刘伟福 2015年 青花《云上》罐	高37.5cm	138,000	北京保利	2015.12.06
刘卫东 "秋江归帆"瓷板	80cm×80cm	10,925	中古陶	2015.05.31
刘文斌 2014年 青草·粉彩双耳瓶	高35cm	20,700	景德镇华艺	2015.10.20
刘文斌 2014年 青绿山水·粉彩瓷板	直径60cm	28,750	景德镇华艺	2015.10.20
刘文斌 2014年 坐看云起时·粉彩镶器	高34cm；长14cm；宽14cm	28,750	景德镇华艺	2015.10.20
刘文斌 2015年 秋清泉气香·粉彩镶器	高35cm；长22cm；宽14cm	25,300	景德镇华艺	2015.10.20
刘新凯 2012年 鼠乐图·釉上彩瓷板	长111cm；宽53cm	23,000	景德镇华艺	2015.10.20

拍品名称	物品尺寸	成交价RMB	拍卖公司	拍卖日期
刘新凯 2014年 草泽新风·釉上彩瓷板	高46cm；宽83cm	20,700	景德镇华艺	2015.01.10
刘新亮 2014年 春夏秋冬·粉彩四条屏	高80cm；宽22cm	19,550	景德镇华艺	2015.05.23
刘毅 斗彩"三仙图"瓷瓶	高41cm	23,000	中古陶	2015.05.31
刘毅 青花斗彩"荷塘情趣"瓷瓶	高43cm	23,000	中古陶	2015.05.31
刘毅 釉上彩"清香扁豆"笔筒	高26cm	11,500	中古陶	2015.05.31
刘颖睿 秀 瓷雕	高77.5cm	138,000	中国嘉德	2015.11.16
刘泽棉 1985年《背扇钟馗》陶塑	高42.5cm	1,150,000	北京保利	2015.12.06
刘泽棉造 红釉铁拐李	高30cm	14,162	诚昌国际	2015.12.02
刘泽棉造 红釉钟馗	高29cm	23,604	诚昌国际	2015.12.02
刘泽棉造 静坐罗汉	高17cm	11,330	诚昌国际	2015.12.02
刘泽棉造 释迦牟尼像	高48cm	16,051	诚昌国际	2015.12.02
刘正 读经 釉上彩笔筒	直径.24cm	115,000	中国嘉德	2015.05.18
刘志为 2015年 长竿伴闲鸥·高温颜色釉瓷板	高58cm；宽58cm	69,000	景德镇华艺	2015.10.20
龙德明 2015年 暗香浮动·釉上彩瓷板	高55cm；宽55cm	23,000	景德镇华艺	2015.10.20
卢伟 2012年 芦苇·青花瓷板	高172cm	28,750	景德镇华艺	2015.05.23
卢伟 2014年 青花《鸭趣》瓷板	117cm×56cm	195,500	北京保利	2015.06.05
卢伟 2015年 归·青花瓷板	高113cm	230,000	景德镇华艺	2015.10.20
卢伟 2015年 青花斗彩《新生》瓷板	111×55.5cm	184,000	北京保利	2015.12.06
卢伟 2015年 青花斗彩《新生》瓷板	111×55.5cm	184,000	北京保利	2015.12.06
卢伟孙 2011年《金丝铁线》小口瓶	高21cm	23,000	北京保利	2015.06.05
陆军 2005年 高温色釉《穐》盘	直径32.5cm	20,700	北京保利	2015.06.05
陆如 1996年 青花釉里红《兰香竹青图》瓶	高39.5cm	46,000	北京保利	2015.12.06
陆如 1996年 青花釉里红《兰香竹青图》瓶	高39.5cm	46,000	北京保利	2015.12.06
陆如 1996年 青花釉里红《益寿图》瓶	高38cm	40,250	北京保利	2015.12.06
陆如 1996年 青花釉里红《益寿图》瓶	高38cm	40,250	北京保利	2015.12.06
陆如 1997年 双清图·青花镶器	高43.5cm	287,500	景德镇华艺	2015.01.10
陆如 粉彩四季花卉方形笔筒	高17cm	218,500	北京匡时	2015.06.05
陆小泥 缠枝花 青花瓷板	81×83cm	23,000	中国嘉德	2015.11.16
陆俨少 浅绛山水瓷盘	直径26.5cm	287,500	上海泓盛	2015.06.20
罗传 2009年 雨润	33×19×13cm	46,000	中国嘉德	2015.09.19
罗小聪 2010年 家园·青花瓷板	高83cm；宽69cm	218,500	景德镇华艺	2015.01.10
罗小聪 2014年 故乡的云·青花瓷板	高90cm；宽80cm	402,500	景德镇华艺	2015.01.10
罗小聪 2015年 美丽中国·青花四条屏	高172cm；宽41cm	1,035,000	景德镇华艺	2015.10.20
罗学正 2014年 叠彩和风·高温颜色釉瓷瓶	高40cm；直径38cm	57,500	景德镇华艺	2015.05.23
罗学正 枫树林 高温色釉瓷瓶	高63cm	78,200	中国嘉德	2015.05.18
吕嘉靖 2010年《灵猴献寿》、《宝鼎戏狮》壶（一对）	10cm×16cm；11.5cm×15.5cm	57,500	北京保利	2015.06.05
吕金泉 2013年 春日闲情·青花瓷板	长58cm；宽40cm	207,000	景德镇华艺	2015.10.20
吕泉 白秋练 大双耳刻瓷瓶	45cm	278,300	文华隆彧	2015.02.17
吕泉 白秋练 刻瓷瓶	高45cm	338,800	文华隆彧	2015.02.17
吕泉 宝琴赏梅图 刻瓷瓶	高51cm	133,100	文华隆彧	2015.02.17
吕泉 草虫图1 刻瓷瓶	高30.5cm	24,200	文华隆彧	2015.02.17
吕泉 草虫图2 刻瓷瓶	高30.5cm	24,200	文华隆彧	2015.02.17
吕泉 草虫图3 刻瓷瓶	高30.5cm	24,200	文华隆彧	2015.02.17
吕泉 嫦娥奔月 刻瓷瓶	高62cm	314,600	文华隆彧	2015.02.17
吕泉 嫦娥奔月 青瓷瓶	高59cm	254,100	文华隆彧	2015.02.17
吕泉 春花秋实		72,600	文华隆彧	2015.02.17
吕泉 黛玉葬花 刻瓷	高64cm	266,200	文华隆彧	2015.02.17
吕泉 贵妃沐浴图 刻瓷	高86cm	375,100	文华隆彧	2015.02.17
吕泉 兰香		607,200	文华隆彧	2015.02.17

2015瓷器拍卖成交汇总

(成交价RMB：1万元以上)

拍品名称	物品尺寸	成交价RMB	拍卖公司	拍卖日期
吕泉 乐在其中		66,550	文华隆彧	2015.02.17
吕泉 乐在其中1 刻瓷	高31cm	72,600	文华隆彧	2015.02.17
吕泉 乐在其中2 刻瓷	高31cm	72,600	文华隆彧	2015.02.17
吕泉 乐在其中3 刻瓷	高31cm	72,600	文华隆彧	2015.02.17
吕泉 清风		84,700	文华隆彧	2015.02.17
吕泉 清照吟诗图 鲁青瓷刻瓷瓶	高45cm	157,300	文华隆彧	2015.02.17
吕泉 秋色		84,700	文华隆彧	2015.02.17
吕泉 秋实		90,750	文华隆彧	2015.02.17
吕泉 唐代仕女杨贵妃 刻瓷瓶	高55cm	217,800	文华隆彧	2015.02.17
吕泉 天女散花 刻瓷卷缸	高32cm	302,500	文华隆彧	2015.02.17
麻汇源 2012年 影·战系列·釉上彩瓷板	长80cm；宽44cm	23,000	景德镇华艺	2015.05.23
麻汇源 影战之九十九 新彩瓷板	79×79cm	40,250	中国嘉德	2015.11.16
马丁民 2014年 云聚山色青·高温颜色釉瓷板	长168cm；宽40cm	69,000	景德镇华艺	2015.05.23
马海造 红釉济公	高35cm	28,325	诚昌国际	2015.12.02
马海造 红釉孟浩然	高25cm	10,386	诚昌国际	2015.12.02
马海造 红釉苏武牧羊	高24cm	26,436	诚昌国际	2015.12.02
马厚禧 山乡清韵 颜色釉瓷板	54×30cm	46,000	中国嘉德	2015.11.16
马家窑文化陶罐	高37cm	12,555	Clars Auction	2015.06.28
马里安·德·伍德 梵高之后	直径30cm	20,700	中国嘉德	2015.05.18
玛丽亚·泰恩·考特里亚 大海和流星	直径16cm	20,700	中国嘉德	2015.05.18
玛丽亚·泰恩·考特里亚压力下	直径25cm	20,700	中国嘉德	2015.05.18
毛丹阳 粉青釉吉祥尊	高21cm	97,750	中国嘉德	2015.11.16
毛丹阳 粉青釉牧归罐	高33cm	103,500	中国嘉德	2015.11.16
毛光辉 2009年作 粉彩四季大吉图瓷板	56.7×16.2cm×4	32,200	北京匡时	2015.12.05
毛光辉青花四季大吉瓷板（一套）	80cm×21cm×4	28,750	北京匡时	2015.06.06
毛光辉 釉上彩四季大吉瓷板（一套）	80cm×21cm×4	82,800	北京匡时	2015.06.06
毛了 2014年 静穆·粉彩瓷板	高56cm；宽56cm	13,800	景德镇华艺	2015.05.23
毛了2014年清风竹影·粉彩柳叶瓶	高49cm	17,250	景德镇华艺	2015.01.10
毛了 2014年 小趣·粉彩瓷瓶	高30cm	13,800	景德镇华艺	2015.01.10
毛正聪 粉青釉铁褐斑笔洗	高13cm	322,000	中古陶	2015.05.31
毛正聪 梅子青釉三牛庆喜尊	高20cm	690,000	中古陶	2015.05.31
毛正聪 梅子青釉玉壶春瓶	高26cm	69,000	中古陶	2015.05.31
毛正聪 珍珠梅瓶	高31cm	460,000	中古陶	2015.05.31
梅兆强 山水行之一 青花瓷板	90×59cm	36,800	中国嘉德	2015.11.16
梅子青釉"渡"系列小圆瓷板	高36cm	31,050	北京保利	2015.12.09
梅子青釉"观"系列长山水瓷板	长112cm	44,850	北京保利	2015.12.09
孟丽 肖像瓷画	82×56cm	103,500	中国嘉德	2015.11.16
孟昭丽 釉上彩瓷板	76×41cm	34,500	中国嘉德	2015.11.16
苗宗贤 钧瓷象鼻衔环瓶	高30cm	80,500	河南泽华	2015.01.11
宁发有粉彩芦雁图瓷板（一套）		14,950	北京匡时	2015.06.06
宁发有 粉彩四季花鸟图瓷板（一套）		12,650	北京匡时	2015.06.06
宁钢 2014年 鱼戏荷塘·高温颜色釉瓷瓶	高20cm；直径44cm	690,000	景德镇华艺	2015.10.20
宁钢 鱼戏 综合装饰瓷瓶	高32cm	253,000	中国嘉德	2015.11.16
欧阳光(传) 放风筝·古彩瓷瓶	高30cm	103,500	景德镇华艺	2015.01.10
潘柏林《回娘家》	长10cm	13,800	广东省拍	2015.07.05
潘超安 2014年《盘古》陶塑	高39cm	92,000	北京保利	2015.06.05
潘汾淋 2015年 红利	20×11×35cm	57,500	中国嘉德	2015.09.19
潘建波 2011年 粉青釉小口瓶	高16cm	11,500	北京保利	2015.12.06
潘建波 2011年 粉青釉小口瓶	高16cm	11,500	北京保利	2015.12.06
潘玲霞 2013年 幽思·釉上彩对屏	高111cm	46,000	景德镇华艺	2015.05.23
庞文忠 2014年《乐在蟾中》陶塑	高29cm	287,500	北京保利	2015.06.05
庞毅豪 2012年《荷花娇遮美人腰》陶塑	高29cm	46,000	北京保利	2015.06.05
庞毅豪 2014年《蟾戏》陶塑	高33cm	34,500	北京保利	2015.12.06
庞毅豪 2014年《蟾戏》陶塑	高33cm	34,500	北京保利	2015.12.06
庞勇 倾听 高温颜色釉瓷板	83×82cm	34,500	中国嘉德	2015.11.16
裴足喜 2004年作 釉上彩黄山云烟瓷板	53.5×48.5cm	23,000	北京匡时	2015.12.05

拍品名称	物品尺寸	成交价RMB	拍卖公司	拍卖日期
彭竟强 2005年作 釉上彩知音瓷板	38.5×38cm	17,250	北京匡时	2015.12.05
彭松 古彩蝶舞瓶	高35cm	10,350	北京匡时	2015.06.06
戚培才 粉彩花卉盘	高3cm	51,750	中古陶	2015.05.31
戚培才釉上彩手指画鸟语花香瓷瓶	高48cm	20,700	北京匡时	2015.06.06
戚培才制清香图瓷壶	宽16.5cm	10,350	中国嘉德	2015.05.18
钱进军 2015年 菜根香·粉彩镶器	高28cm	11,500	景德镇华艺	2015.10.20
乔希儒 报春 瓶	24寸	145,200	文华隆彧	2015.02.17
乔希儒 钓鱼船上一丝风 卷缸瓶	18寸	181,500	文华隆彧	2015.02.17
乔希儒 枫林飞流 手绘盘	20寸	126,500	文华隆彧	2015.02.17
乔希儒 高山流水 手绘盘	20寸	145,200	文华隆彧	2015.02.17
乔希儒 桂林风光 手绘盘	20寸	126,500	文华隆彧	2015.02.17
乔希儒 国色天香 手绘盘	12寸	42,350	文华隆彧	2015.02.17
乔希儒 黄山光明顶 手绘盘	20寸	126,500	文华隆彧	2015.02.17
乔希儒 黄山云海		84,700	文华隆彧	2015.02.17
乔希儒 黄山云海 吉祥瓶	20寸	229,900	文华隆彧	2015.02.17
乔希儒 江南春色		108,900	文华隆彧	2015.02.17
乔希儒 江南渔船人家		110,110	文华隆彧	2015.02.17
乔希儒 江上行舟		145,200	文华隆彧	2015.02.17
乔希儒 锦绣江南寸 卷缸瓶	18寸	187,000	文华隆彧	2015.02.17
乔希儒 梅花香自苦寒来 手绘盘	20寸	132,000	文华隆彧	2015.02.17
乔希儒 秋江情思 吉祥瓶	20寸	217,800	文华隆彧	2015.02.17
乔希儒 秋山飞流 手绘盘	20寸	126,500	文华隆彧	2015.02.17
乔希儒 秋山红叶 灯笼瓶	18寸	169,400	文华隆彧	2015.02.17
乔希儒 秋实 手绘盘	14寸	54,450	文华隆彧	2015.02.17
乔希儒 日出江花红胜火 双耳瓶	16寸	181,500	文华隆彧	2015.02.17
乔希儒 瑞雪丰年 吉祥瓶	20寸	205,700	文华隆彧	2015.02.17
乔希儒 山村瑞雪 手绘盘	20寸	121,000	文华隆彧	2015.02.17
乔希儒 山高水长		96,800	文华隆彧	2015.02.17
乔希儒 霜叶红于二月花 吉祥瓶	20寸	242,000	文华隆彧	2015.02.17
乔希儒 送寒余雪尽 手绘盘	20寸	121,000	文华隆彧	2015.02.17
乔希儒 泰山雄姿 手绘盘	20寸	126,500	文华隆彧	2015.02.17
乔希儒 为有诗从凤沼来 卷缸瓶	18寸	193,600	文华隆彧	2015.02.17
乔希儒 峡江情思		114,950	文华隆彧	2015.02.17
乔希儒 夏江飞流 双耳瓶	16寸	157,300	文华隆彧	2015.02.17
乔希儒 夏江行舟 手绘盘	20寸	132,000	文华隆彧	2015.02.17
乔希儒 雪山溪流 卷缸瓶	18寸	170,500	文华隆彧	2015.02.17
乔希儒 雪山溪流 手绘盘	20寸	132,000	文华隆彧	2015.02.17
乔希儒 一帆风顺 手绘盘	20寸	145,200	文华隆彧	2015.02.17
乔希儒 迎春 瓶	14寸	66,550	文华隆彧	2015.02.17
秦锡麟 青花釉里红秋菊瓶	高29.5cm	17,250	北京匡时	2015.12.05
区桂婵 2014年 双绶带鸟	17×18×31cm	23,000	中国嘉德	2015.09.19
曲力鑫 2015年《和合二仙》陶塑	高27.5cm	11,500	北京保利	2015.12.06
曲力鑫 2015年《和合二仙》陶塑	高27.5cm	11,500	北京保利	2015.12.06
饶克勤 仿元青花昭君出塞大罐	高29cm	977,500	中古陶	2015.05.31
饶晓晴 2003年作 粉彩陶艺色釉温暖人间瓶	高31cm	82,800	北京匡时	2015.12.05
饶晓晴 2004年作 粉彩色釉寒江独钓瓷板	39.5×38.5cm	41,400	北京匡时	2015.12.05
饶晓晴 色釉粉彩梅梢春茶图	直径36cm	161,000	北京匡时	2015.06.06
任羲平 2000年作 粉彩四美图瓷板（一组四件）	73×20.5cm×4	414,000	北京匡时	2015.12.05
任星航 钧瓷如意瓶	高33cm	322,000	中国嘉德	2015.05.18
任义平 1993年作 粉彩拜月图瓶	高33cm	34,500	北京匡时	2015.12.05
任义平（传）1979年 西厢记·粉彩薄胎瓶	高42cm；直径15cm	69,000	景德镇华艺	2015.05.23
任英歌 钧瓷香炉	宽16cm	48,300	中国嘉德	2015.05.18
沈茂生 60年代 粉彩大吉图胆瓶	高20cm	43,700	中古陶	2015.05.31
沈岳 硕果 箭筒	高102cm	92,000	中国嘉德	2015.05.18
施鸿光 20世纪70年代 粉彩孔雀纹双蝠耳瓶	高12.5cm	10,850	香港雅盛	2015.10.05
史国富 山水诗意青花梅瓶	高61cm	172,500	上海敬华	2015.06.30
舒惠娟 1993年 麻姑献寿·粉彩瓷瓶	高28cm；直径20cm	195,500	景德镇华艺	2015.05.23
舒惠娟 2011年 四美图·粉彩四条屏	高75cm；宽22cm	1,150,000	景德镇华艺	2015.10.20

拍品名称	物品尺寸	成交价RMB	拍卖公司	拍卖日期
舒宇光 2014年 守望·高温颜色釉瓷板（二块）	高55cm；宽55cm	11,500	景德镇华艺	2015.10.20
宋玉麟 早春	直径24.2cm	26,450	江苏嘉恒	2015.04.25
苏美颜 2015年 舍我其谁	43×26×43cm	34,500	中国嘉德	2015.09.19
苏美颜 2015年 走向胜利	51×26×37cm	34,500	中国嘉德	2015.09.19
苏勤明 1969年《和平万岁》瓷雕	高40cm	11,500	北京保利	2015.06.05
苏清河 2012年《披坐倚鹿观音》瓷塑	高24cm	115,000	北京保利	2015.12.06
苏清河 2012年《披坐倚鹿观音》瓷塑	高24cm	115,000	北京保利	2015.12.06
苏清河 德化白瓷 释迦牟尼佛瓷塑	高19cm	34,500	八益拍卖	2015.04.26
苏姗 2014年 向日葵系列·高温颜色釉瓷板（三块）	高54cm；宽39cm	23,000	景德镇华艺	2015.05.23
孙军 钧瓷东方缪斯	高57cm	92,000	河南泽华	2015.01.11
孙清华 2013年 山水人家·堆雕笔筒	高26.5cm；直径27cm	32,200	景德镇华艺	2015.01.10
孙同鑫 上世纪80年代 雷雨·釉中彩瓷盘	直径21.5cm	40,250	景德镇华艺	2015.05.23
汤春华 2010年 釉下五彩《倾心》瓶	高44cm	32,200	北京保利	2015.12.06
汤春华 2010年 釉下五彩《倾心》瓶	高44cm	32,200	北京保利	2015.12.06
唐云　现代 竹石小鸟图瓷盘	直径24cm	92,000	西泠拍卖	2015.07.05
涂金水 青花釉里红母子情深花口瓶	高35cm；底17cm；口17cm	115,000	中古陶	2015.05.31
涂菊青 1962年作 粉彩人物图笔筒	高12.2cm	126,500	北京匡时	2015.12.05
涂序生 2011年 梅妻鹤子·粉彩瓷瓶	高45cm；直径28cm	69,000	景德镇华艺	2015.10.20
涂志浩 粉彩"晨趣"瓷瓶	高31cm	92,000	中古陶	2015.05.31
涂志浩 粉彩"千山竞秀"筒缸	高52cm	287,500	中古陶	2015.05.31
涂志浩 粉彩红叶瓶	高46cm	69,000	中古陶	2015.05.31
涂志浩 色釉粉彩山水瓷板	长170　宽80cm	816,500	中古陶	2015.05.31
涂志浩釉上彩"山高云淡"瓷瓶	高52cm	46,000	中古陶	2015.05.31
涂志浩 釉上彩山水瓶	高44cm	40,250	中古陶	2015.05.31
万超梦 傅文华 2015年 鱼嬉图·粉彩文房（五头）	高14cm	11,500	景德镇华艺	2015.10.20
万里雅 新瓷母一生平安瓷瓶	高60cm	55,200	中国嘉德	2015.05.18
汪桂英 1998年 双帆远影·釉上彩镶器	高29cm；长16cm；宽16cm	172,500	景德镇华艺	2015.10.20
汪开潮 2014年 兰亭集禊图·釉上彩瓷板	长200cm；宽30cm	23,000	景德镇华艺	2015.10.20
汪开潮 2014年 山居图·釉上彩瓷板	高80cm；宽43cm	13,800	景德镇华艺	2015.01.10
汪开潮 2014年 盛梅图·釉上彩皮灯	高35cm；直径17cm	11,500	景德镇华艺	2015.10.20
汪开潮 2015年 心经·综合装饰瓷板（二块）	长43cm；宽14cm	11,500	景德镇华艺	2015.05.23
汪昆荣 诗情雪意圆盘	直径19cm	112,700	中古陶	2015.05.31
汪平孙 2000年 春江·粉彩笔筒	高20cm；	34,500	景德镇华艺	2015.10.20
汪平孙 2000年 四季山水·粉彩四条屏	高75cm；宽22cm	207,000	景德镇华艺	2015.10.20
汪平孙 2000年 闲冬拾趣·粉彩瓷板	高41cm；宽27cm	34,500	景德镇华艺	2015.05.23
汪平孙 2002年 远浦归帆·粉彩唇口瓶	高37cm；直径13cm	36,800	景德镇华艺	2015.10.20
汪平孙 粉彩锦地双面开光山水双耳瓶	高34.5cm	51,750	北京匡时	2015.06.06
汪平孙 粉彩山水瓷板	111cm×55cm	94,300	北京匡时	2015.06.06
汪平孙 粉彩山水瓶	高41.5cm	34,500	北京匡时	2015.06.06
汪平孙 墨彩山水瓷板	42cm×20.6cm	46,000	北京匡时	2015.06.06
汪平孙 山高水长·粉彩镶器	高20cm	40,250	景德镇华艺	2015.10.20
汪沁 2014年 富江帆影·粉彩瓷板	高54cm；宽30cm	13,800	景德镇华艺	2015.10.20
汪沁 2014年作 粉彩山水印盒 四方笔筒（一组三件）	直径8cm×2	13,800	北京匡时	2015.12.05

拍品名称	物品尺寸	成交价RMB	拍卖公司	拍卖日期
汪沁 2015年 春江晓渡·粉彩文房（五头）	高12cm	11,500	景德镇华艺	2015.10.20
汪小亭款红木框粉彩山水人物纹瓷板插屏	高63.3cm	23,000	中国嘉德	2015.06.27
汪晓棠粉彩《麒麟送子》长颈瓶	高26cm	230,000	北京保利	2015.12.06
汪晓棠粉彩《麒麟送子》长颈瓶	高26cm	230,000	北京保利	2015.12.06
汪雪媛 2013年 春江揽胜图·粉彩瓷瓶	高36cm；直径25cm	36,800	景德镇华艺	2015.01.10
汪雪媛2013年清江帆影·粉彩瓷瓶	高47cm	13,800	景德镇华艺	2015.05.23
汪雪媛 2015年 溪山泛舟·粉彩绿釉开光瓷瓶	高42cm；直径24cm	32,200	景德镇华艺	2015.10.20
汪以俊1979年春江水暖·粉彩瓷板	长53cm；宽33cm	1,725,000	景德镇华艺	2015.05.23
汪以俊 上世纪70年代 耄耋富贵图·粉彩瓷板	高25cm；宽16cm	172,500	景德镇华艺	2015.05.23
汪义民 2015年 香音神女·釉上彩瓷板	长138cm；宽68cm	20,700	景德镇华艺	2015.10.20
汪则成 2013年 牧牛图·釉上彩四条屏	高55cm；宽16cm×4	28,750	景德镇华艺	2015.01.10
汪则成 2014年 经丘寻壑·亚光墨彩瓷瓶	高24cm；直径9cm	17,250	景德镇华艺	2015.05.23
汪则成 2014年 山中舟子乐游湖·墨彩瓷瓶	高23cm；直径9cm	20,700	景德镇华艺	2015.01.10
汪则成 2014年 溪山烟云·亚光墨彩瓷板	长28cm；宽14cm	17,250	景德镇华艺	2015.05.23
王安维 2006年作 钟馗魔剑釉上彩瓶	高38cm	32,200	北京匡时	2015.12.05
王斌 达摩六祖（壶）	350m长	13,800	中古陶	2015.05.31
王斌 十八罗汉（壶）	350m长	80,500	中古陶	2015.05.31
王步 1955年–1959年 青花粉彩九桃莱菔瓶	高37cm	8,510,000	北京保利	2015.06.06
王采 2009年 春风花竹香·青花斗彩瓷瓶	高40cm；直径32cm	17,250	景德镇华艺	2015.01.10
王恩怀 1975年作 粉彩花鸟茶具（一组九件）	尺寸不一	43,700	北京匡时	2015.12.05
王恩怀 1992年 趣·青花斗彩南瓜瓶	高21cm；直径25cm	230,000	景德镇华艺	2015.10.20
王恩怀 春韵图 青花釉里红瓷瓶	高32cm	92,000	中国嘉德	2015.05.18
王恩怀 粉彩醉春薄胎碗	直径17.5cm	230,000	北京匡时	2015.12.05
王恩怀 上世纪80、90年代 清香·粉彩茶具（九头）	高17cm	23,000	景德镇华艺	2015.10.20
王恩怀釉上彩幽趣杯（一组两件）	直径7.5cm	28,750	北京匡时	2015.12.05
王恩怀综合装饰大吉迎春斗彩瓶	高36cm	552,000	北京匡时	2015.06.06
王鹤亭 1984年 粉彩《梅》瓷板	54.5cm×109.5cm	34,500	北京保利	2015.06.05
王鹤亭 1987年 松鹤同春·粉彩文房（五头）	高13cm	17,250	景德镇华艺	2015.10.20
王鹤亭 1991年 鱼乐图·粉彩笔筒组件（四头）	高15cm；直径11.5cm	20,700	景德镇华艺	2015.10.20
王鹤亭 粉彩"松鹤延年"图瓷板	直径84cm	34,500	远方拍卖	2015.07.01
王华生 2013年 青花《素琴雅趣》瓷板	直径38.5cm	18,400	北京保利	2015.06.05
王华生 2014年 青花《僊人来往行无际》瓷板	115cm×55cm；124cm×68.5cm	57,500	北京保利	2015.06.05
王怀俊 2007年 松下抚琴图·青花斗彩瓷瓶	高48.5cm；直径23cm	36,800	景德镇华艺	2015.01.10
王怀俊 粉彩人物图瓷板	54cm×31cm	23,000	北京匡时	2015.06.06
王璜 2014年 山静松生韵·粉彩瓷板	高44cm；宽81cm	17,250	景德镇华艺	2015.01.10
王霁轩 2014年 山无俗路藏高士·釉上彩瓷瓶	高45cm；直径25cm	57,500	景德镇华艺	2015.10.20
王建中 金羊独秀 陶塑	高25cm	34,500	中国嘉德	2015.11.16
王雷 2012年 粉彩《高山流水觅知音》瓷板	108.5cm×55.5cm	74,750	北京保利	2015.06.05
王亮 2014年 一曲清音人冥空·青花瓷板	高103cm；宽32cm	17,250	景德镇华艺	2015.05.23

2015瓷器拍卖成交汇总

(成交价RMB：1万元以上)

拍品名称	物品尺寸	成交价RMB	拍卖公司	拍卖日期
王琳 花卉蝴蝶瓶	高47cm	10,120	中古陶	2015.05.31
王琳 梅花灯笼瓶	高38cm	13,800	中古陶	2015.05.31
王琳 新彩荷花牡丹镶器	高46cm	11,500	中古陶	2015.05.31
王龄华 2010年 五福大吉·釉上彩瓷板	长78cm；宽41cm	28,750	景德镇华艺	2015.05.23
王龄华 2012年 相伴同乐·釉上彩瓷瓶	高60cm；直径22cm	23,000	景德镇华艺	2015.05.23
王龄华 2012年 幸福美满·粉彩瓷板	高53cm；宽53cm	25,300	景德镇华艺	2015.01.10
王龄华2013年溪山静远·粉彩瓷板	高53cm；宽53cm	28,750	景德镇华艺	2015.01.10
王隆夫 1991年作 粉彩陶渊明采菊图瓷板	56×32.8cm	155,250	北京匡时	2015.12.05
王隆夫 2004年作 青花古梅图瓶	高43cm	103,500	北京匡时	2015.12.05
王隆夫 2004年作 青花松鹰图瓶	高42cm	103,500	北京匡时	2015.12.05
王隆夫 2004年作 青花釉里红瑶池桃熟瓶	高40cm	115,000	北京匡时	2015.12.05
王品刚 2012年 稳山观瀑图·粉彩瓷板	长111cm；宽56cm	34,500	景德镇华艺	2015.10.20
王青 2014年 大寿·青花斗彩瓷瓶	高45cm	28,750	景德镇华艺	2015.10.20
王青 2014年 国色天香·青花笔筒	高20cm	17,250	景德镇华艺	2015.10.20
王清丽 2014年 荷风·粉彩瓷板	高90cm；宽56cm	28,750	景德镇华艺	2015.05.23
王秋霞 1998年作 150件粉彩春牛瓶	高38cm	126,500	北京匡时	2015.12.05
王秋霞 2005年 春光无限·粉彩瓷瓶	高48cm；直径17cm	57,500	景德镇华艺	2015.01.10
王秋霞 2014年 忆黄山·粉彩瓷瓶	高30cm	63,250	景德镇华艺	2015.01.10
王秋霞 2015年 气清天朗·粉彩瓷瓶	高34cm；直径18cm	80,500	景德镇华艺	2015.10.20
王秋霞 粉彩山寺月中寻桂子图瓶	高49.6cm	115,000	北京匡时	2015.06.06
王秋霞制水点桃花茶具套组	直径14.5cm	13,800	中国嘉德	2015.05.18
王声怀 上世纪80年代 粉彩菊花纹薄胎瓶	高24cm	17,250	景德镇华艺	2015.05.23
王涛月 兰闺雅集瓷板画	95×50cm	451,550	卓艺拍卖	2015.11.18
王锡良 1944年作 粉彩寿献蟠桃图瓷板	42cm×27cm	1,380,000	北京匡时	2015.12.05
王锡良 1987年作 粉彩山水瓶	高39.8cm	1,380,000	北京匡时	2015.12.05
王锡良 1998年 高烧红烛·粉彩瓷盘	高23.5cm	414,000	景德镇华艺	2015.01.10
王锡良 2000年 雨过群峰·釉上瓷盘	直径26cm	126,500	景德镇华艺	2015.01.10
王锡良 2006年作 釉上彩好山好水图瓷板	48.5×48.5cm	207,000	北京匡时	2015.12.05
王锡良 粉彩山阴道士换鹅归图瓶	高31.5cm	1,012,000	北京匡时	2015.06.06
王锡良 粉彩天官赐福观音尊（一对）	高30cm	184,000	上海敬华	2015.06.30
王锡良 上世纪80年代 香中别有韵·粉彩瓷盘	直径26cm	264,500	景德镇华艺	2015.10.20
王锡良 松峰高士图瓷板	42cm×27cm	460,000	中古陶	2015.05.31
王锡良 松月图釉上彩瓷板	49cm×49cm	402,500	北京匡时	2015.06.06
王锡良 张松茂 王隆夫 游艺 粉彩花鸟人物瓷板（一组四件）		3,795,000	北京匡时	2015.12.05
王锡良制今日天气清高白釉壶	宽20.5cm	101,200	中国嘉德	2015.05.18
王小凤 1994年作 粉彩香中别有韵 清极不知寒瓶	高29.5cm	20,700	北京匡时	2015.12.05
王修功 2005年 多彩色釉盘	直径49.5cm	402,500	北京保利	2015.06.05
王修功、郑善禧 多彩釉宽口瓶 青花大喜瓷盘	高16cm；直径36.8cm	30,527	台北艺流	2015.04.25
王燕 2014年 读书不觉已春深·粉彩瓷板	长80cm；宽44cm	11,500	景德镇华艺	2015.10.20
王燕 2015年 安之如素·釉上彩瓷板	直径60cm	17,250	景德镇华艺	2015.05.23
王豫明 2014年 梅问·高温颜色釉瓷板	长108cm；宽28cm	34,500	景德镇华艺	2015.05.23
王豫明 2014年 云掩幽香图·高温颜色釉瓷板	长150cm；宽29cm	34,500	景德镇华艺	2015.05.23

拍品名称	物品尺寸	成交价RMB	拍卖公司	拍卖日期
王豫明 碧翠凝香高温颜色釉瓷板	17×109cm	34,500	中国嘉德	2015.11.16
王长平 2014年 溪山清晓·青花将军罐	高50cm；直径26cm	11,500	景德镇华艺	2015.05.23
王兆荣绘双鹤图瓷盘	直径26cm	23,000	西泠拍卖	2015.07.05
韦毛华 2013年 小楼昨夜又东风·高温颜色釉瓷板	高86cm；宽86cm	10,350	景德镇华艺	2015.01.10
魏楚斌 惊风图　釉下五彩瓷板	111cm×56cm	92,000	中国嘉德	2015.05.18
魏楚斌 君寿图 釉下五彩对瓶	高25.5cm×2	34,500	中国嘉德	2015.11.16
魏楚斌 十爵图 三件套釉下五彩瓷瓶	高17cm；高23cm；高16.5cm	57,500	中国嘉德	2015.05.18
魏楚斌 壮志凌云 釉下五彩瓷瓶	高63cm	69,000	中国嘉德	2015.11.16
魏华《在人间》系列陶塑（三件）		57,500	北京保利	2015.06.05
魏华 2008年、2009年 公仔砖陶塑（二件）		172,500	北京保利	2015.06.05
魏华 2010年《新公仔·静心佛》陶塑	高71cm	115,000	北京保利	2015.12.06
魏华 2010年《新公仔·静心佛》陶塑	高71cm	115,000	北京保利	2015.12.06
魏华 2010年《自在佛》陶塑	高69.5cm	92,000	北京保利	2015.06.05
魏华 2010年、2013年《新公仔·观自在》陶塑（三件）	高55cm；高60cm；高55cm	207,000	北京保利	2015.12.06
魏华 2010年、2013年《新公仔·观自在》陶塑（三件）	高55cm；高60cm；高55cm	207,000	北京保利	2015.12.06
魏华、南国陶源 2015年《影·花园》陶塑	高11.5cm；高14cm	40,250	北京保利	2015.12.06
魏华、南国陶源 2015年《影·花园》陶塑	高11.5cm；高14cm	40,250	北京保利	2015.12.06
魏晓阳 粉彩国统一分万民颂人物瓷板	88.5×48cm	402,500	北京匡时	2015.12.05
文革 女红卫兵瓷塑	高23cm	14,162	诚昌国际	2015.12.02
文革 中南海专用酒具	高24cm	14,180	香港龙玺	2015.09.19
吴冠南 青花天球瓶	53cm×38cm	55,200	江苏龙城	2015.01.06
吴冠中 1985年作 山村清晓	15.2×15.2cm	345,000	中国嘉德	2015.11.14
吴惠明 2011年作 粉彩钟馗神威图瓶	高40.5cm	63,250	北京匡时	2015.12.05
吴惠明 粉彩八仙过海图瓷板	141cm×60cm	494,500	北京匡时	2015.06.06
吴锦华 1985年 月色·粉彩笔筒	高13cm	11,500	景德镇华艺	2015.05.23
吴锦华 2015年 粉彩《红叶豪吟英雄志》瓷板	35cm×54cm	805,000	北京保利	2015.06.05
吴满炽 2011年 幸福和合	36×23×32cm	23,000	中国嘉德	2015.09.19
吴山明 少女	21.5cm×21.5cm	11,500	西泠拍卖	2015.07.04
吴信坤 2014年《观星达摩》陶塑	高40cm	161,000	北京保利	2015.12.06
吴信坤 2014年《观星达摩》陶塑	高40cm	161,000	北京保利	2015.12.06
吴信坤 2015年《邓小平》陶塑	高39cm	212,750	北京保利	2015.12.06
吴信坤 2015年《邓小平》陶塑	高39cm	212,750	北京保利	2015.12.06
吴信坤 2015年《女娲补天》陶塑	高48cm	57,500	北京保利	2015.06.05
吴志辉 2012年 葡萄小鸟·青花瓷板	长111cm；宽26cm	13,800	景德镇华艺	2015.05.23
吴志辉 2015年 梅兰竹菊·青花四条屏	高63cm；宽20cm	69,000	景德镇华艺	2015.10.20
五彩花鸟花盆（一对）	直径33cm	14,162	香港普艺	2015.12.05
夏春秋 2010年 青花加彩《八百千秋》瓶	高52.5cm	23,000	北京保利	2015.06.05
夏德武 不卑不亢一秋之荷 釉上彩瓷板	216cm×116cm	437,000	中国嘉德	2015.05.18
夏德武 荷 釉上彩瓷板	111cm×45cm	69,000	中国嘉德	2015.05.18
夏忠勇 1983年 墨彩描金《天女散花》瓶	高24cm	23,000	北京保利	2015.12.06
夏忠勇 1983年 墨彩描金《天女散花》瓶	高24cm	23,000	北京保利	2015.12.06
夏忠勇 2002年作 墨彩描金天女散花瓶	高26cm	40,250	北京匡时	2015.12.05
夏忠勇 墨彩描金嫦娥奔月瓶	高42cm	48,300	北京匡时	2015.06.06
夏忠勇 墨彩描金贵妃出浴瓷板	54.5cm×31.5cm	69,000	北京匡时	2015.06.06

拍品名称	物品尺寸	成交价RMB	拍卖公司	拍卖日期
夏忠勇 墨彩描金西厢记瓶	高22.5cm	51,750	北京匡时	2015.06.06
冼有成 2000年 达摩祖师	13×14×34cm	92,000	中国嘉德	2015.09.19
杨德贵 1955年作 釉上彩莲塘春晓瓷板	55×111cm	23,000	北京匡时	2015.12.05
现代 金陵十二钗盘（12件）	直径22cm	18,400	北京翰海	2015.07.19
现代 青瓷香炉	高8cm	11,500	北京翰海	2015.06.27
现代 现代红色钧瓷虎头益寿瓶（一对）	高26.5cm；口径7cm；底径8.8cm	2,118,645	澳门中信	2015.06.21
香港回归纪念壶	尺寸不一	747,500	中古陶	2015.05.31
祥龙献瑞罐	长30cm	230,000	北京保利	2015.12.09
萧进兴甲戌年1994年作山中飞瀑	48cm×48cm	23,362	易拍好台北	2015.04.19
晓芳窑仿汝釉笔洗	直径13.8cm	14,950	太平洋	2015.11.21
谢克锋 2014年 山水·高温颜色釉瓷板（两块）	高43cm；宽20cm×2	17,250	景德镇华艺	2015.01.10
谢明娟 无弦有音之禅音	高90cm	230,000	中国嘉德	2015.05.18
谢稚柳 梅花瓷盘	直径25cm	92,000	上海泓盛	2015.06.20
新彩嬉戏图瓶	高37cm	270,930	卓艺拍卖	2015.11.18
熊壁如 仿元青花萧何月下追韩信梅瓶	高42cm；底13cm；口6cm	287,500	中古陶	2015.05.31
熊芳 2014年 大吉大利·粉彩薄胎瓶	高25cm；直径9cm	11,500	景德镇华艺	2015.10.20
熊国华 2013年 春和景明·粉彩瓷板	高100cm；宽58cm	20,700	景德镇华艺	2015.01.10
熊汉中 2003年 情趣·粉彩瓷瓶	高21.5cm	10,350	景德镇华艺	2015.10.20
熊汉中 综合装饰迎春图瓷瓶	高28cm	78,200	北京匡时	2015.06.06
熊跃 2014年 秋菊佳色·粉彩薄胎瓶	高24cm；直径9cm	11,500	景德镇华艺	2015.10.20
熊云辉 1991年 晚香禽语图·粉彩瓷瓶	高29cm；直径12cm	41,400	景德镇华艺	2015.01.10
徐定昌 2014年 粉青釉《双龙戏水》瓶	高21.5cm	143,750	北京保利	2015.06.05
徐定昌 2014年 粉青釉《听泉》炉	高10cm	92,000	北京保利	2015.12.06
徐定昌 2014年 粉青釉《听泉》炉	高10cm	92,000	北京保利	2015.12.06
徐定昌 粉青玉龙观海炉	高16cm	172,500	北京匡时	2015.12.05
徐定昌 梅子青如意吉祥瓶	高40cm	149,500	北京匡时	2015.06.06
徐国明 2014年 六合同春·粉彩镶器	高43cm	32,200	景德镇华艺	2015.05.23
徐国明 2014年 鸟语花香·粉彩四方镶器	高31.5cm；长14cm；宽14cm	13,800	景德镇华艺	2015.05.23
徐国琴 青花釉下彩富贵吉祥瓷板	56cm×55cm	51,750	北京匡时	2015.06.06
徐焕文 1986年 桂林山水·粉彩薄胎瓶	高26cm；直径8cm	40,250	景德镇华艺	2015.05.23
徐焕文 2005年 五岳独尊·粉彩瓷板	高56cm；宽34cm	287,500	景德镇华艺	2015.10.20
徐焕文 粉彩漓江渔歌瓷板	43cm×79.5cm	161,000	北京匡时	2015.06.06
徐焕文釉上蓝料翠色山水薄胎碗	直径22.2cm	63,250	北京匡时	2015.06.06
徐靖 禅宗		145,200	文华隆彧	2015.02.17
徐靖 春山		133,100	文华隆彧	2015.02.17
徐靖 达摩·悟达		181,500	文华隆彧	2015.02.17
徐靖 一团和气		96,800	文华隆彧	2015.02.17
徐青 2013年 石榴·高温颜色釉四条屏	高113cm	17,250	景德镇华艺	2015.01.10
徐青 2014年 非山·釉上彩四条屏	直径44cm	23,000	景德镇华艺	2015.05.23
徐青 逸荷 新彩瓷板	直径48cm	20,700	中国嘉德	2015.11.16
徐天梅 瓷板画	29×19.4cm	325,116	卓艺拍卖	2015.11.18
徐象龙 2013年 梅子青釉《灵山独秀》瓶	高26.5cm	11,500	北京保利	2015.12.06
徐象龙 2013年 梅子青釉《灵山独秀》瓶	高26.5cm	11,500	北京保利	2015.12.06
徐雪勇 金猴献瑞	高52cm	134,400	北京荣宝	2015.08.30
徐亚凤 春讯 粉彩扒花瓷瓶	高53cm	138,000	中国嘉德	2015.11.16
徐亚凤 春讯 粉彩六方镶器	高49.5cm	92,000	中国嘉德	2015.11.16
徐亚凤 粉彩水点桃花紫藤镶器	高57cm	82,800	中国嘉德	2015.11.16
徐亚凤 花鸟小盘	高3cm	92,000	中古陶	2015.05.31
许瑞峰 德化白瓷 圣洁观音	高37.8cm	46,000	厦门华辰	2015.06.20
许瑞峰 德化白瓷 实心自在观音	高28cm	57,500	厦门华辰	2015.06.20
许瑞峰 德化白瓷 鱼篮观音	高41.5cm	34,500	厦门华辰	2015.06.20
许瑞卿《贵妃醉酒》瓷塑	高33cm	103,500	北京保利	2015.12.06
许瑞卿《贵妃醉酒》瓷塑	高33cm	103,500	北京保利	2015.12.06
许润辉 2014年 霁蓝《禅云》钟式瓶	高43cm	57,500	北京保利	2015.06.05
许润辉 粉彩"景"瓷瓶	高42cm	48,300	北京匡时	2015.06.06
亚泓、陈景霞 1979年 闻鸡起舞·粉彩薄胎瓶	高24cm；直径9cm	17,250	景德镇华艺	2015.05.23
闫宝山 仿金代铁绘虎纹如意枕	长10cm	109,250	中古陶	2015.05.31
闫宝山 仿元代白地黑花人物故事纹长方枕	长15cm；宽45；高20cm	218,500	中古陶	2015.05.31
闫宝山 仿元代红绿彩鱼鸭双戏图梅瓶	高38cm；底10cm；口7cm	138,000	中古陶	2015.05.31
闫宝山 仿元代龙凤纹小罐	高10cm	34,500	中古陶	2015.05.31
闫宝山 仿元代婴戏小罐	高11cm	23,000	中古陶	2015.05.31
闫夫立 洪福齐天	高39cm	1,219,000	天琅文晖	2015.01.10
闫先公 不要忘记 刻瓷	40cm×60cm	278,300	文华隆彧	2015.02.17
闫先公 草原骑士 青花		108,900	文华隆彧	2015.02.17
闫先公 畅想未来 青花		121,000	文华隆彧	2015.02.17
闫先公 福撒人间 薄胎刻瓷	直径42cm	338,800	文华隆彧	2015.02.17
闫先公 福神 青花		108,900	文华隆彧	2015.02.17
闫先公 歌声嘹亮 青花		145,200	文华隆彧	2015.02.17
闫先公 观瀑图 青花		71,500	文华隆彧	2015.02.17
闫先公 精忠报国 釉下五彩	高40cm	96,800	文华隆彧	2015.02.17
闫先公 孔子行礼图 鲁青瓷刻瓷	高50cm	242,000	文华隆彧	2015.02.17
闫先公 孔子与老子 青花		145,200	文华隆彧	2015.02.17
闫先公 老寿星 青花		108,900	文华隆彧	2015.02.17
闫先公 聊斋人物 鲁青瓷刻瓷	高30cm	84,700	文华隆彧	2015.02.17
闫先公 聊斋仙女图 刻瓷	高60cm	266,200	文华隆彧	2015.02.17
闫先公 名将关羽 青花		181,500	文华隆彧	2015.02.17
闫先公 秋实 青花		96,800	文华隆彧	2015.02.17
闫先公 三顾茅庐 青花		145,200	文华隆彧	2015.02.17
闫先公 三英战吕布 刻瓷	高60cm	508,200	文华隆彧	2015.02.17
闫先公 十八罗汉 刻瓷彩绘	高52cm	387,200	文华隆彧	2015.02.17
闫先公 十二花神 彩绘	高50cm	423,500	文华隆彧	2015.02.17
闫先公 书中自有黄金屋 彩绘	高42cm	90,750	文华隆彧	2015.02.17
闫先公 四大美女 刻瓷	高40cm	205,700	文华隆彧	2015.02.17
闫先公 桃园三英雄 青花		108,900	文华隆彧	2015.02.17
闫先公 嬉水图 青花		121,000	文华隆彧	2015.02.17
闫先公 中华历史上的圣人 刻瓷	高50cm	290,400	文华隆彧	2015.02.17
闫先公 诸子百家 刻瓷	高68cm	2,057,000	文华隆彧	2015.02.17
闫先公 竹林七贤 刻瓷	高52cm	217,800	文华隆彧	2015.02.17
严维明 2011年 泽国·综合装饰瓷瓶	高43cm；直径28cm	13,800	景德镇华艺	2015.10.20
颜将风 2010年《慈航普渡观音》瓷雕	高44cm	11,500	北京保利	2015.06.05
晏加非 2014年 山中自有游人语·青花四条屏	高78.5cm；宽22cm	13,800	景德镇华艺	2015.01.10
杨德贵 粉彩山水梅瓶	高128cm；底25cm；口16cm	184,000	中古陶	2015.05.31
杨国喜 珐琅彩富贵葫芦式瓶（一对）	瓶高60cm	460,000	北京保利	2015.06.08
杨佩锋 2015年 轻舟行·墨彩四条屏	高72cm；宽20cm	13,800	景德镇华艺	2015.10.20
杨青 工笔花卉瓶	高59cm	40,250	中古陶	2015.05.31
杨锐华《满堂吉庆》	长60cm	23,000	广东省拍	2015.07.05
杨锐华《喜获大利》	长65cm	11,500	广东省拍	2015.07.05
杨善深 1963年 梅花小鸟	直径30cm	55,069	佳士得	2015.06.02
杨善深 1963年作 八哥红柿	直径30cm	74,750	北京保利	2015.06.05
杨善深 1963年作 蜻蜓	直径25cm	69,000	北京保利	2015.06.05
杨善深 大吉	直径30cm	74,750	北京保利	2015.06.05
杨善深 杜鹃花	直径24.4cm	205,250	佳士得	2015.12.01
杨曙华 2010年 青花《一江春水映朝霞》瓶	高44cm	11,500	北京保利	2015.12.06

2015瓷器拍卖成交汇总

(成交价RMB：1万元以上)

拍品名称	物品尺寸	成交价RMB	拍卖公司	拍卖日期
杨曙华 2010年 青花《一江春水映朝霞》瓶	高44cm	11,500	北京保利	2015.12.06
杨曙华 2015年 山青水秀是江南·青花瓷瓶	高57cm；直径23cm	207,000	景德镇华艺	2015.10.20
杨天宇 2014年 普天同庆·综合装饰瓷板	高168cm；宽80cm	97,750	景德镇华艺	2015.01.10
杨修勇 1981年作 粉彩山水春景瓷板（一组二件）	75.5×22.5cm×2	82,800	北京匡时	2015.12.05
叶彬 悠闲自得 粉彩瓷瓶	高54.5cm	11,500	中国嘉德	2015.05.18
叶可思 2014年 青花山水四条屏	高111cm	28,750	景德镇华艺	2015.01.10
叶震嘉 50年代 粉彩梅花将军盖罐	高33cm	172,500	中古陶	2015.05.31
易查理 持经观音　釉下彩瓷板	高112cm×55cm	299,000	中国嘉德	2015.05.18
易查理 富贵长春图　珐琅彩葫芦瓶	高42cm	184,000	中国嘉德	2015.05.18
易查理 吉祥富贵图　珐琅彩瓷瓶	高35cm	80,500	中国嘉德	2015.05.18
易查理 四季平安 珐琅彩八角壶	宽21cm	310,500	中国嘉德	2015.11.16
易查理 喜鹊图 釉下五彩瓷瓶	高69cm	69,000	中国嘉德	2015.11.16
殷建国 云亦浓 青花笔洗	长14.9cm	97,750	西泠拍卖	2015.07.04
尹志军 2014年 云山幽境·釉上彩瓷板	直径55cm	28,750	景德镇华艺	2015.05.23
尹志军 2015年 绿野仙踪·釉上彩瓷板	长35cm；宽31cm	11,500	景德镇华艺	2015.05.23
尹志军 2015年 探幽图·釉上彩瓷板	长110cm；宽18cm	17,250	景德镇华艺	2015.10.20
硬木镶粉彩下山虎瓷板挂屏	宽70cm	16,953	香港普艺	2015.10.10
硬木镶粉彩鱼藻纹瓷板挂屏	宽99cm	16,953	香港普艺	2015.10.10
优伦·贝克托得 壶艺	直径20cm	28,750	中国嘉德	2015.05.18
由翠青 2014年 万物生之秋日私语·高温颜色釉瓷板	高78cm；宽78cm	43,700	景德镇华艺	2015.05.23
由翠青 2015年 汉唐气度·高温颜色釉瓷板	高79cm；宽79cm	43,700	景德镇华艺	2015.10.20
游凌志 粉彩“春光明媚无限好”瓷瓶	高44cm；底26cm；口28cm	13,800	中古陶	2015.05.31
游凌志 粉彩花鸟瓶	高49cm	11,500	中古陶	2015.05.31
游凌志 古彩寿桃瓶	高34cm	23,000	中古陶	2015.05.31
游亚芳 2012年 松鼠图·粉彩四方镶器	高50.5cm	13,800	景德镇华艺	2015.05.23
釉里红人物故事纹执壶	高38.5cm	28,359	香港龙玺	2015.09.19
于水 瓷罐（一件）	高58cm	32,200	南京嘉信	2015.07.19
余磁 粉彩“事事如棋”瓷板	50cm×50cm	40,250	中古陶	2015.05.31
余磁 青花“硕果”瓷瓶	高37cm	20,700	中古陶	2015.05.31
余磁 釉上彩“鱼乐图”瓷瓶	高43cm	20,700	中古陶	2015.05.31
余翰青 60年代 粉彩孔雀牡丹瓶	高60cm	89,700	中古陶	2015.05.31
余翰青 粉彩花鸟小罐	直径3.1cm	57,500	北京匡时	2015.06.06
余森林 2014年 君子清风·粉彩花鸟四条屏	高111cm；宽21cm	13,800	景德镇华艺	2015.10.20
余翔 2012年 十八罗汉·墨彩描金薄胎瓶（十八只）	高9.5cm；直径4cm	20,700	景德镇华艺	2015.05.23
余晓铧2014年踏雪访友·粉彩瓷板	高80cm；宽44cm	13,800	景德镇华艺	2015.01.10
余雪崽 2014年 傅文华 红衣罗汉·釉上彩文房（五头）	高14cm	23,000	景德镇华艺	2015.10.20
余雪崽 傅文华 2015年 麻姑献寿·粉彩瓷板	高56cm；宽32cm	13,800	景德镇华艺	2015.10.20
余雪崽、傅文华 2015年 八仙过海·粉彩四条屏	高78cm；宽21cm	34,500	景德镇华艺	2015.05.23
俞瑞林 2014年 江边独钓·粉彩瓷板	高22cm；宽38cm	11,500	景德镇华艺	2015.01.10
俞瑞林 2014年 琴高跨鲤图·釉上彩瓷瓶	高19cm；直径10cm	10,350	景德镇华艺	2015.01.10
俞瑞林 2014年 吟秋·粉彩瓷瓶	高33cm；直径16cm	17,250	景德镇华艺	2015.05.23
俞瑞林2014年渊明赏菊·粉彩瓷盘	直径45cm	20,700	景德镇华艺	2015.05.23
虞锋波 2014年 忆江南·水影之一·陶艺	高78cm	51,750	景德镇华艺	2015.01.10
羽舟 2013年 浙江畲村系列·粉彩瓷板	长85cm；宽62cm	55,200	景德镇华艺	2015.05.23
喻慧 松雀	直径17.0cm	11,500	江苏嘉恒	2015.04.25
喻木华 2010年 青花釉里红《紫气东来》箭筒	高45cm	11,500	北京保利	2015.06.05
袁乐辉2010年衍系列·釉上彩瓷板	高81cm；宽81cm	34,500	景德镇华艺	2015.05.23
袁世文 2012年 白雪作飞花·粉彩茶壶	高9.5cm	11,500	景德镇华艺	2015.01.10
袁世文 2014年 瑞雪兆丰年·粉彩瓷瓶	高48.5cm；长29cm；宽29cm	115,000	景德镇华艺	2015.01.10
袁世文 独钓寒江雪图瓷壶	宽16.5cm	10,350	中国嘉德	2015.05.18
袁智勇 2015年 春夏秋冬·粉彩镶器	高43cm；长18cm；宽18cm	23,000	景德镇华艺	2015.10.20
袁智勇 2015年 四季山水·粉彩镶器	高34cm；长13.5cm	17,250	景德镇华艺	2015.05.23
袁智勇 2015年 烟江帆影·粉彩文房（八头）	高14cm	13,800	景德镇华艺	2015.10.20
约1850至1880年 法国 拿破仑三世时期新洛可可风格 铜鎏金镶嵌梅森陶瓷人物单头烛台（一对）	32×36×16cm	46,000	北京保利	2015.12.08
约1890年 法国铜鎏金镶嵌陶瓷人物花熏	49×28×28cm	57,500	北京保利	2015.12.08
约1900年 德国 KPM彩绘陶瓷装饰罐 柏林皇家窑厂制	高约45cm	46,000	北京保利	2015.12.08
约1900年 德国 KPM彩绘陶瓷装饰花瓶 柏林皇家窑厂制	高约45cm	46,000	北京保利	2015.12.08
翟筱翔 上世纪80年代 海鸥·粉彩瓷盘	直径22cm	23,000	景德镇华艺	2015.05.23
詹伟 2015年 悟禅·釉上彩瓷板	长111cm	161,000	景德镇华艺	2015.05.23
詹伟 云隐峰林 釉上彩瓷板	31×111cm	138,000	中国嘉德	2015.11.16
占昌赣 2015年 泉声带雨出溪林·古彩瓷板	直径75cm	92,000	景德镇华艺	2015.10.20
占昌赣2015年烟溪远钟·古彩瓷板	高48cm；宽48cm	40,250	景德镇华艺	2015.05.23
占亚雄 2014年 喜庆童子图·红地粉彩描金斗	高18.5cm；直径32.5cm	34,500	景德镇华艺	2015.01.10
张炳祥 20世纪90年代 荷塘清趣·祭蓝描金瓷瓶	高41cm；直径24cm	23,000	景德镇华艺	2015.10.20
张昌彬 1981年作 粉彩山水瓷板	76.2×23cm	32,200	北京匡时	2015.12.05
张国君 新安梦痕 釉上彩瓷缸	50cm×32cm	94,300	中国嘉德	2015.05.18
张慧 粉彩花卉瓷板	50cm×50cm	28,750	中古陶	2015.05.31
张景寿 20世纪70、80年代 紫藤小鸟·粉彩瓷瓶	高35cm；直径13cm	138,000	景德镇华艺	2015.10.20
张景寿（传） 20世纪70年代 喜上眉梢·粉彩薄胎皮灯	高33cm；直径4.5cm	172,500	景德镇华艺	2015.01.10
张敏 青花山水瓶	高42cm	11,500	中古陶	2015.05.31
张敏 釉下彩红梅瓶	高46cm	13,800	中古陶	2015.05.31
张敏 釉下彩梅花瓶	高55cm	13,800	中古陶	2015.05.31
张明火 2015年 富贵白头·粉彩镶器	高42cm	11,500	景德镇华艺	2015.10.20
张嗣苹2014年赵春雷 清荷·瓷雕	高25cm	11,500	景德镇华艺	2015.01.10
张松茂1955年粉彩草原牧羊女纹盘	直径22cm	2,070,000	中古陶	2015.05.31
张松茂1983年玉兰花开·粉彩瓷盘	直径33cm	2,070,000	景德镇华艺	2015.05.23
张松茂 2000年 庐山飞瀑图·粉彩瓷瓶	高37cm；直径14cm	402,500	景德镇华艺	2015.10.20
张松茂 春日牡丹图瓷板	长112cm	5,175,000	上海敬华	2015.06.30
张松茂 粉彩《景冈春色》系列陶瓷壁画	60cm×121cm	414,000	北京匡时	2015.06.06
张松茂 粉彩雪景薄胎碗	直径17.3cm	264,500	北京匡时	2015.12.05
张松茂 绣花姑娘笔筒	高14cm	253,000	上海敬华	2015.06.30
张松茂写雪景图把杯	高10.8cm	40,250	北京保利	2015.12.09
张万莲 2011年 少数民族·古彩四方镶器	高49cm；长20cm；宽20cm	11,500	景德镇华艺	2015.01.10

拍品名称	物品尺寸	成交价RMB	拍卖公司	拍卖日期
张万莲 2013年 古彩《潇湘二妃》瓶	高56cm	59,800	北京保利	2015.06.05
张万莲 2014年 锦堂富贵·古彩双面开光瓷瓶	高58cm；直径20cm	57,500	景德镇华艺	2015.05.23
张文月 2014年 黄地扒花粉彩（九桃）梅瓶	高40cm	66,000	上海爱莲	2015.11.22
张文月 2014年 孔雀蓝扒花粉彩（花鸟）直口梅瓶	高42cm	63,800	上海爱莲	2015.11.22
张文月 2014年 辣椒红扒花粉彩（花鸟）梅瓶	高40cm	60,500	上海爱莲	2015.11.22
张文月 2014年 绿地扒花粉彩（花鸟）聚宝盆	高17cm	66,000	上海爱莲	2015.11.22
张文月 2014年 胭脂红扒花粉彩（西洋莲）梅瓶	高40cm	60,500	上海爱莲	2015.11.22
张文月 洪福齐天青花凡红蒜头瓶	高34.1cm	187,000	上海爱莲	2015.11.22
张文月 人物粉彩棒槌瓶	高53cm	88,000	上海爱莲	2015.11.22
张学文 2015年 润·青花瓷瓶	高38cm	287,500	景德镇华艺	2015.10.20
张吟玲 粉彩荷花瓶	高46cm	23,000	中古陶	2015.05.31
张吟玲 色釉豆角小鸡瓷瓶	高68cm	74,750	中古陶	2015.05.31
张育贤 1987年 济公·瓷雕	高26.5cm	11,500	景德镇华艺	2015.05.23
张正成 美丽东方—升华	直径45cm	25,300	中国嘉德	2015.05.18
章朝辉2013年云髻罢梳还对镜，罗衣欲换更添香·高温颜色釉瓷板	高85cm；宽82cm	172,500	景德镇华艺	2015.10.20
章鉴 1982年 耄耋图·粉彩薄胎碗	高8cm	2,127,500	景德镇华艺	2015.10.20
章鉴 1987年 粉彩花鸟薄胎瓶	高25cm	1,207,500	景德镇华艺	2015.10.20
章鉴 60年代 金鱼图圆盘	直径19cm	109,250	中古陶	2015.05.31
章鉴 粉彩金鱼图碟	直径17cm	23,029	香港雅盛	2015.07.31
章亮 粉彩仕女图薄胎胆瓶	高20cm	17,250	北京匡时	2015.06.06
章亮粉彩四季仕女图瓷板（一套）	94cm×32cm×4	310,500	北京匡时	2015.06.06
章仕保制一路连升瓷盖杯（一对）	高16cm	57,500	中国嘉德	2015.05.18
章文超 2001年 釉上彩毛主席去安源坐屏	110cm×81.5cm	86,250	北京匡时	2015.06.06
赵传玉 2012年 路过的风景·青花瓷板	高78cm；宽42cm	46,000	景德镇华艺	2015.10.20
赵惠民 上世纪80年代 洛神赋·粉彩瓷板	高84cm；宽32cm	828,000	景德镇华艺	2015.01.10
赵兰涛 渡海图、驾云图 青花对瓶	高47cm×2	86,250	中国嘉德	2015.11.16
赵兰涛 云端酣梦 青釉瓷雕	46×46cm	97,750	中国嘉德	2015.11.16
赵强 釉下彩《水色年华》笔洗	高20.5cm	57,500	北京保利	2015.06.05
赵少昂 1963年作 蜀葵	37.5cm×25cm	80,500	北京保利	2015.06.05
赵少昂 月光草虫	直径30cm	41,400	北京保利	2015.06.05
赵少昂、杨善深 朱竹甲虫	直径30.5cm	55,069	佳士得	2015.06.02
赵无极 2007年作 无题	27.5cm×42.3cm	220,275	佳士得	2015.05.31
赵中良1997年作清香青花釉里红瓶	高43.5cm	23,000	北京匡时	2015.12.05
赵中良 1998年作 明月几时有青花釉红瓶	高51.7cm	23,000	北京匡时	2015.12.05
赵紫云 2000年 牡丹仙子·釉上彩瓷瓶	高55cm；直径20cm	92,000	景德镇华艺	2015.10.20
赵紫云2000年水浒英雄·粉彩瓷瓶	高36cm	92,000	景德镇华艺	2015.10.20
郑灿煌 马球图 颜色釉瓷瓶	高56cm	34,500	中国嘉德	2015.05.18
郑灿煌 米颠拜石 颜色釉瓷板	108×26cm	34,500	中国嘉德	2015.11.16
郑善禧 2005年作 风姿绰约美女图瓷盘	23.5cm×23.5cm×7 cm	21,455	易拍好台北	2015.04.19
郑云云 2014年 湖心微月至·高温颜色釉瓷板	长111cm；宽54cm	11,500	景德镇华艺	2015.05.23
钟放平2012年釉下彩《万佛之福》瓶	高55cm	138,000	北京保利	2015.06.05
钟莲生 1997年 婴戏图·粉彩瓷瓶	高35cm	207,000	景德镇华艺	2015.10.20
钟莲生 2001年 傣家春·粉彩瓷板	高50cmm	207,000	景德镇华艺	2015.10.20
钟莲生2005年李白诗意·粉彩瓷瓶	高42cm	575,000	景德镇华艺	2015.05.23
钟莲生 2015年 天堂·粉彩瓷板	长112cm	920,000	景德镇华艺	2015.10.20
钟莲生 大野风月 釉上彩瓷瓶	高39cm	437,000	中国嘉德	2015.05.18
钟莲生 粉彩《巫山神女》瓷板	57cm×112cm	1,380,000	北京保利	2015.06.05
钟莲生 山谷月色 釉上彩瓷瓶	高39cm	437,000	中国嘉德	2015.05.18
钟莲生 童趣 粉彩瓷瓶	高43cm	92,000	中国嘉德	2015.05.18
钟汝荣 1989年《醉酒济公》陶塑	高27cm	402,500	北京保利	2015.06.05
钟汝荣 2013年《祥和瑞龙》陶塑（附纸画）	高70cm	713,000	北京保利	2015.12.06
钟汝荣 2014年《米颠拜石》陶塑（附纸画）	高42cm	575,000	北京保利	2015.12.06
钟汝荣 2015年《无量寿佛》陶塑（附纸画）	高33.5cm	92,000	北京保利	2015.12.06
钟声 2015年《流转》建盏	直径12.5cm	51,750	北京保利	2015.06.05
钟振华 2012年 粉彩《雨过荷花满塘香》瓶	高53cm	57,500	北京保利	2015.06.05
周昌新 合鸣图 厚彩瓷板	102cm×56cm	2,300,000	中国嘉德	2015.05.18
周峰 2013年 粉彩山水四条屏	高81cm；宽22cm	23,000	景德镇华艺	2015.05.23
周峰 2014年 漓江渔歌·粉彩瓷板	高44cm	13,800	景德镇华艺	2015.01.10
周福建 2015年 大地红映·陇原秋色·高温颜色釉瓷板	长112cm；宽28cm	17,250	景德镇华艺	2015.10.20
周国桢 1993年 蝴蝶犬·雕塑	高27cm	11,500	景德镇华艺	2015.05.23
周国桢 2015年 高温色釉《领头羊》瓷塑	长32cm；高35cm	322,000	北京保利	2015.06.05
周国桢 2015年 高温色釉《大猴王》瓷塑	高30.5cm	103,500	北京保利	2015.12.06
周国桢 2015年 高温色釉《大猴王》瓷塑	高30.5cm	103,500	北京保利	2015.12.06
周华 粉青釉福器	直径14cm	59,800	中国嘉德	2015.11.16
周鹏 松鼠葡萄罐	高17cm	28,750	中古陶	2015.05.31
周晓冰 风景图瓷瓶	高41.5cm	40,250	北京匡时	2015.06.06
周晓冰 高温颜色釉人物风景瓶	高38cm	46,000	北京匡时	2015.12.05
周晓冰 人物仙鹤图瓷瓶	高31cm	40,250	北京匡时	2015.06.06
周信兴 青花山水瓶	高33cm	13,800	中古陶	2015.05.31
周信兴 束口青花瓶	高44cm	13,800	中古陶	2015.05.31
朱德群 平面 B 27-2002	直径50.5cm	189,036	日本伊斯特	2015.05.24
朱德群 平面 C 2-2002	52.0cm×53.5cm	189,036	日本伊斯特	2015.05.24
朱德群 无题	52cm×52cm	111,100	景薰楼	2015.06.21
朱迪2012年云山·高温颜色釉瓷板	高60cm；宽60cm	57,500	景德镇华艺	2015.10.20
朱迪 雪山系列瓷板	85cm×85cm	161,000	北京匡时	2015.06.06
朱泓 2014年 秋山傅书声·粉彩双面釉瓷板	高31cm；宽55cm	17,250	景德镇华艺	2015.01.10
朱泓 2015年溪山远色·粉彩瓷板	长133cm	20,700	景德镇华艺	2015.05.23
朱辉球 2014年 待发·古彩瓷板	高112cm	230,000	景德镇华艺	2015.10.20
朱铭 鱼	长83cm	399,194	台北艺流	2015.04.25
朱屺瞻 秋兴瓷盘	直径27cm	138,000	上海泓盛	2015.06.20
朱屺瞻 山村积翠瓷盘	直径23.5cm	138,000	上海泓盛	2015.06.20
朱新建 落花煮茶瓶	高67cm	310,500	江苏爱涛	2015.01.10
朱新建 美人瓷瓶	高48cm	368,000	南京经典	2015.01.04
朱新建 美人图	腹径30cm	227,000	江苏聚德	2015.07.01
朱新建 美人图	腹径30cm	227,000	江苏聚德	2015.07.01
朱新建 美人图瓷缸	直径48cm	1,104,000	江苏爱涛	2015.01.10
朱新建 美人图瓷缸	直径53cm	598,000	江苏爱涛	2015.01.10
朱新建 美人图瓷瓶	高67cm	310,500	江苏爱涛	2015.01.10
朱新建 美人图瓷瓶	高35cm	86,250	江苏爱涛	2015.01.10
朱新建 拈花图胆瓶	高44.5cm	322,000	江苏爱涛	2015.01.10
朱新建 山月随人瓷瓶	高60cm	324,300	南京经典	2015.04.26
朱新建 山月随人瓷瓶	高60cm	324,300	南京经典	2015.04.26
朱占平 2014年 釉下彩《姜太公垂钓图》瓶	高35cm	184,000	北京保利	2015.06.05
朱者赤 2014年 高温色釉《源泉与缘生》瓷板	80cm×42cm	126,500	北京保利	2015.06.05
朱振洪 2015年 心花·高温颜色釉瓷板	长85cm；宽83cm	138,000	景德镇华艺	2015.10.20
朱振洪 2015年（已未年）净土系列·高温颜色釉瓷板	直径38cm	69,000	景德镇华艺	2015.05.23
朱振洪 2015年（已未年）净土系列·高温颜色釉瓷板	直径38cm	69,000	景德镇华艺	2015.05.23
庄稼 1993年 释迦牟尼	18×17×32cm	115,000	中国嘉德	2015.09.19
邹达怀2012年幸福长寿·粉彩瓷瓶	高22cm	17,250	景德镇华艺	2015.01.10
邹达怀 粉彩天竹梅麻雀瓷瓶	高35cm	10,350	北京匡时	2015.06.06
邹甫仁 1984年 绕林飞·粉彩瓷瓶	高31cm	63,250	景德镇华艺	2015.01.10

拍品名称	物品尺寸	成交价RMB	拍卖公司	拍卖日期
邹甫仁1998年作釉上彩秋色清华瓶	高31cm	43,700	北京匡时	2015.12.05
邹甫仁 粉彩蝉趣薄胎瓶	高35.7cm	36,800	北京匡时	2015.12.05
邹甫仁 粉彩瓷瓶	高31cm	20,700	中国嘉德	2015.11.16
邹甫仁 金口粉彩花鸟薄胎碗	高36cm	103,500	北京匡时	2015.06.06
邹国钧 绘山水图瓷壶	宽16cm	10,350	中国嘉德	2015.05.18
邹乐2014年心海花开·青花瓷瓶	高45cm	23,000	景德镇华艺	2015.10.20
邹丽华 2006年 飞天图·釉上彩薄胎碗	高16.5cm；直径20cm	28,750	景德镇华艺	2015.05.23
邹如意 2003年 石泉槐火试新茶·粉彩茶壶	高8cm	69,000	景德镇华艺	2015.10.20
居仁堂款欣喜新春	通高23cm	134,568	荣盛国际	2015.01.10
"般若波罗蜜多心经"瓷板	长105cm	32,200	北京保利	2015.12.09
"函授"白釉陶瓷对盘	直径32.3cm	200,000	佳士得（上海）	2015.10.24
"明月"白釉明月罐	高57.3cm	1,110,000	佳士得（上海）	2015.10.24
"天籁"丁乙手绘薄胎对碗	直径29cm	687,500	佳士得（上海）	2015.10.24
彩秋山戏猿灯笼瓶	高43cm	24,150	北京翰海	2015.07.19
德化白瓷千手观音	高44cm	11,623	台北艺流	2015.10.10
德化兽纹炉	底径7cm	107,654	荣盛国际	2015.01.10
德化窑魁星造像	高25.4cm	511,038	AA中国艺海	2015.02.03
雕瓷罗汉头像（六件）	高10.8cm	219,135	纽约苏富比	2015.03.21
粉彩'太平有象'（一对）	直径35cm	11,330	香港普艺	2015.12.05
粉彩花鸟薄胎瓶	高41.5cm	18,883	香港淳浩	2015.11.27
粉彩花鸟纹瓷板连框	48×30cm	47,208	香港淳浩	2015.11.27
粉彩描金九云龙纹双兽耳尊	↑45cm	14,162	香港普艺	2015.12.05
粉彩青绿山水茶壶	长14cm；高5.5cm	11,500	北京匡时	2015.12.04
粉彩人物灯笼瓶	高38cm	17,250	北京翰海	2015.03.15
粉彩山水瓶	↑39cm	16,051	香港普艺	2015.12.05
粉彩庭院人物双耳瓶	高41cm	94,415	香港淳浩	2015.11.27
粉彩文革题材花瓶	高41cm	13,218	诚昌国际	2015.12.02
粉彩文革题材瓶	高35cm	13,218	诚昌国际	2015.12.02
粉彩雪景山水人物双象耳尊	↑48cm	14,162	香港普艺	2015.12.05
粉彩鱼藻纹瓷板（一套四件）	30×22cm×4	37,766	香港淳浩	2015.11.27
和泽四海 华夏长春 世博元首杯（一套三件）	高10cm；高21cm；高17cm	138,000	北京翰海	2015.06.27
黄釉粉彩葵花口大雅斋款花盆（一对）	宽26.5–27cm	15,106	诚昌国际	2015.12.02
霁蓝釉双龙耳瓶	↑79cm	14,162	香港普艺	2015.12.05
金玉满堂·刷花皮灯	高27cm	23,000	景德镇华艺	2015.05.23
梅瓶	高22.8cm	135,794	中国嘉德	2015.10.07
青花斗彩六鹤同寿瓷盘	直径53.5cm	71,300	北京匡时	2015.06.06
青花凤凰纹三系茶壶、盖碗（一套）	尺寸不一	115,000	中国嘉德	2015.11.16
青花开窗瑞兽人物缸连硬木镶云石儿	↑72cm	16,051	香港普艺	2015.12.05
三多九如瓶	长40cm	230,000	北京保利	2015.12.09
山水瓷板画	65cm×34cm	599,148	AA中国艺海	2015.02.03
思维菩萨	高22cm	97,750	北京翰海	2015.11.28
酸枝木镶粉彩山水人物书法瓷板挂屏（一对）	高76cm	14,128	香港普艺	2015.10.10
天蓝釉开光花神瓶	高50.5cm	172,500	北京保利	2015.12.06
天蓝釉开光花神瓶	高50.5cm	172,500	北京保利	2015.12.06
天青釉梅瓶	高31cm	23,000	北京保利	2015.12.09
甜白冰裂纹釉笔筒	直径19.7cm	23,000	北京保利	2015.12.09
甜白釉钵	直径27cm	23,000	北京保利	2015.12.09
窑变小瓶连座	高15.5cm	26,436	诚昌国际	2015.12.02
7501款水点梅花茶壶	口径4.5cm	200,250	荣盛国际	2015.07.31
爱马仕 2015 'CHEVAL D'ORIENT'系类瓷器茶具4人装（共五十一件）		38,798	保利香港	2015.10.06
安德宇2013年羲之书扇·古彩瓷瓶	高24.5cm	43,700	景德镇华艺	2015.01.10
安德宇2014年高士图·青花瓷板	高78cm	28,750	景德镇华艺	2015.01.10
安德宇2014年仕女图·青花瓷板	直径42cm	11,500	景德镇华艺	2015.01.10
安德宇2014年浴马图·青花瓷板	高37cm	34,500	景德镇华艺	2015.01.10
安东尼拉·席马迪 茶之光	直径29cm	28,750	中国嘉德	2015.05.18
安东尼拉·席马迪 茶之空气	直径30cm	28,750	中国嘉德	2015.05.18
安际衡 仿宋白地黑花婴戏梅瓶	高37cm	40,250	中古陶	2015.05.31
安际衡 仿宋黑剔龙瓶	高31cm	25,300	中古陶	2015.05.31
安际衡 红剔锦上添花瓶	高45cm	80,500	中古陶	2015.05.31
奥地利 ROYAL VIENNA彩绘陶瓷花瓶 维也纳皇家窑厂制	高约55cm	43,700	北京保利	2015.12.08
巴勃罗·毕加索 Y形脸	高17.0cm	26,465	日本伊斯特	2015.05.24
巴勃罗·毕加索 斑点脸	高29.0cm	80,340	日本伊斯特	2015.05.24
巴勃罗·毕加索 女性装饰灯	高36.0cm	170,132	日本伊斯特	2015.05.24
巴勃罗·毕加索 瓦洛里	直径20.5cm	17,958	日本伊斯特	2015.05.24
巴布罗·毕卡索 舞者大花瓶	高71cm	3,030,000	佳士得（上海）	2015.04.25
大卫·帕斯科特 水乡 瓷板	79cm×85cm	46,000	中国嘉德	2015.05.18
波尼明·哈姆 生命	直径32cm	13,800	中国嘉德	2015.05.18
卡德丽·潘娜美兹 天行者	长40cm	25,300	中国嘉德	2015.05.18
克里斯蒂娜·卫斯 绿陶壶	直径30cm	25,300	中国嘉德	2015.05.18
里欧·塔维拉 安第斯山脉山羊	宽28cm	20,700	中国嘉德	2015.05.18
里欧·塔维拉 安第斯山脉山羊	宽31cm	20,700	中国嘉德	2015.05.18
加藤真美 雪明	直径45cm	34,500	中国嘉德	2015.05.18
乔兰达·维尔德格尔 峡谷	直径23cm	25,300	中国嘉德	2015.05.18
汉尼·麦尔 跳舞的茶壶	高30cm×2	41,400	中国嘉德	2015.05.18
儿雷·拉斯托维加 蒸汽时代	高25cm	28,750	中国嘉德	2015.05.18
三代苏山 青瓷瓜形香炉	高10.6cm	31,050	上海工美	2015.06.28
日式黑釉茶叶罐（四件）	高6cm–高9cm	11,200	北京荣宝	2015.03.29
日式九谷茶道（一组十四件）	高27cm	11,200	北京荣宝	2015.03.29
日式香道（一组五件）	高25cm	10,080	北京荣宝	2015.03.29
德国 KPM钴蓝釉手绘风景装饰花瓶 柏林皇家窑厂制	高约40cm	52,900	北京保利	2015.12.08
德国 MEISSEN钴蓝釉描金浮雕陶瓷花瓶 梅森窑厂制	高约27cm	89,700	北京保利	2015.12.08

5.色釉瓷

红 釉				
明永乐 红釉高足碗	直径15cm	10,350	北京保利	2015.04.26
明宣德 祭红釉盘	直径16.3cm	138,000	翰风国际	2015.06.19
明成化 霁红釉碗	直径16cm	69,000	保利厦门	2015.08.02
明 霁红釉素面高足盘	直径16cm	286,000	北京中联	2015.01.18
清康熙 宝石红釉小碗	直径12.4cm	138,000	北京中汉	2015.05.17
清康熙 红釉长颈胆瓶	高21cm	55,362	Chiswick	2015.05.05
清康熙 红釉长颈瓶	高14.2cm	32,200	中国嘉德	2015.09.19
清康熙 霁红釉梅瓶	高25cm	207,000	北京中汉	2015.05.17
清康熙 霁红釉盘	直径15.4cm	46,000	北京中汉	2015.04.02
清康熙 霁红釉小胆瓶		55,200	北京中汉	2015.09.21
清康熙 霁红釉摇铃尊		34,500	北京中汉	2015.09.21
清康熙 豇豆红太白尊	高9cm	782,000	西泠拍卖	2015.07.05
清康熙 豇豆红镗锣洗	宽11.8cm	207,000	北京保利	2015.06.08
清康熙 豇豆红镗锣洗	长12cm	368,000	北京东正	2015.05.19
清康熙 豇豆红镗锣洗	口径12cm	632,500	西泠拍卖	2015.07.05
清康熙豇豆红釉暗刻团螭纹太白尊	高8.5cm	1,380,000	北京诚轩	2015.05.17
清康熙 豇豆红釉盘		20,700	北京中汉	2015.09.21
清康熙 豇豆红釉太白尊	直径12.5cm	2,702,500	中国嘉德	2015.05.16
清康熙 豇豆红釉太白尊	直径12.8cm	241,500	中国嘉德	2015.04.01
清康熙 豇豆红釉太白尊		94,300	北京中汉	2015.09.21
清康熙 豇豆红釉太白尊	直径127cm	667,875	香港苏富比	2015.10.07
清康熙 豇豆红釉汤罗洗	直径11.7cm	138,000	北京中汉	2015.04.02
清康熙 豇豆红釉镗锣洗	直径12cm	2,812,884	保利香港	2015.10.06
清康熙 豇豆红釉碗	直径18cm	133,046	纽约苏富比	2015.03.17
清康熙 豇豆红釉印盒	直径7.2cm	920,000	中国嘉德	2015.04.01
清康熙 豇豆红釉印泥盒	直径7.2cm	977,500	北京中汉	2015.05.17
清康熙 郎窑 红釉蒜头瓶	高20.5cm	543,479	宝港国际	2015.06.02
清康熙 郎窑红胆瓶	高21.8cm	23,000	上海泓盛	2015.06.20
清康熙 郎窑红釉观音瓶	高35.7cm	109,250	中国嘉德	2015.04.01
清康熙 郎窑红釉观音瓶	高37.8cm	334,583	纽约佳士得	2015.09.17

拍品名称	物品尺寸	成交价RMB	拍卖公司	拍卖日期
清康熙 郎窑红釉观音尊	高40.7cm	706,125	香港苏富比	2015.04.07
清康熙 郎窑红釉观音尊	高37.2cm	117,394	纽约佳士得	2015.03.15
清康熙 郎窑红釉观音尊	高42.8cm	57,500	中国嘉德	2015.05.16
清康熙 郎窑红釉葵口洗	长26cm	63,250	广州皇玛	2015.01.17
清康熙 郎窑红釉撇口瓶	高21.6cm	172,500	北京中汉	2015.05.17
清康熙 郎窑红釉瓶	高45.7cm	716,963	纽约苏富比	2015.09.15
清康熙 郎窑红釉石榴尊	高9cm	571,356	保利香港	2015.04.06
清康熙 郎窑红釉长颈瓶	高43.2cm	704,363	纽约佳士得	2015.03.19
清康熙 郎窑红釉长颈瓶	高41.3cm	547,838	纽约佳士得	2015.03.19
清康熙 缸豆红水盂	宽13cm	58,537	诚昌国际	2015.12.02
清康熙 缸豆红釉碟（一对）	宽15cm	132,181	诚昌国际	2015.12.02
清康熙 官窑豇豆红太白尊	高8.7cm	1,288,000	北京东正	2015.11.19
清康熙 官窑豇豆红镗锣洗	直径11.6cm	1,150,000	北京东正	2015.11.19
清康熙 祭红釉盘	直径17.5cm	69,000	太平洋	2015.11.21
清康熙 豇豆红釉太白尊	宽12.5cm	718,375	佳士得	2015.12.02
清康熙 豇豆红釉镗罗洗	宽11.9cm；高4cm	460,000	北京诚轩	2015.11.14
清康熙 豇豆红釉镗锣洗	直径8.2cm	517,500	北京匡时	2015.12.05
清康熙 豇豆红釉印泥盒	直径7.4cm	1,207,500	北京诚轩	2015.11.14
清康熙 郎窑 铜红釉小水呈	直径7.5cm	58,537	宝港国际	2015.11.28
清康熙 郎窑红釉梅瓶	高18cm	368,000	中国嘉德	2015.11.15
清雍正 宝石红釉梅瓶	高23cm	1,725,000	华艺国际	2015.05.24
清雍正 红釉杯（一对）	直径7.4cm	598,000	北京保利	2015.12.08
清雍正 红釉碗	直径10cm	17,250	北京保利	2015.11.01
清雍正 红釉碗	直径10cm	17,250	北京保利	2015.11.01
清雍正 红釉小玉壶春	高10cm	644,000	北京保利	2015.12.08
清雍正 祭红釉大碗	直径18.4cm	299,000	北京翰海	2015.11.28
清雍正 祭红釉高足碗	直径18.7cm	57,500	太平洋	2015.11.21
清雍正 祭红釉水盂	长13.2cm	287,500	北京翰海	2015.11.28
清雍正 霁红釉杯	直径5.3cm	379,500	北京翰海	2015.11.28
清雍正 霁红釉杯（二件）	直径5.7cm	414,000	北京翰海	2015.11.28
清雍正 霁红釉高足碗	直径15.4cm	74,750	北京诚轩	2015.11.14
清雍正 霁红釉梅瓶	高26cm	425,500	北京诚轩	2015.11.14
清雍正 霁红釉盘	直径16cm	57,500	北京诚轩	2015.11.14
清雍正 霁红釉小撇口瓶	高12.4cm	1,437,500	北京诚轩	2015.11.14
清雍正 年红釉小花盆连盆托	直径14cm	1,150,000	北京保利	2015.12.08
清雍正 胭脂红釉菊瓣盘	直径18cm	552,000	北京保利	2015.12.08
清雍正 淡粉釉菊瓣盘	直径17.8cm	575,000	北京保利	2015.06.06
清雍正 红釉杯（一对）	直径7.6cm	159,325	纽约苏富比	2015.09.15
清雍正 红釉大盘	直径20.6cm	46,000	中国嘉德	2015.09.19
清雍正 红釉墩式杯	直径7.4cm	40,250	中国嘉德	2015.04.01
清雍正 红釉高足盘	直径20.5cm	207,000	华艺国际	2015.05.24
清雍正 红釉高足碗	直径18.3cm	172,500	北京保利	2015.06.08
清雍正 红釉高足碗	直径14cm	57,500	泰和嘉成	2015.05.30
清雍正 红釉高足碗	直径18.1cm	13,800	中国嘉德	2015.04.01
清雍正 红釉葫芦瓶	高31cm	17,250	泰和嘉成	2015.05.30
清雍正 红釉盘		126,500	中贸圣佳	2015.05.20
清雍正 红釉盘	16.1cm	65,081	香港苏富比	2015.06.01
清雍正 红釉盘	16.1cm	50,063	香港苏富比	2015.06.01
清雍正 红釉盘	直径16.5cm	80,500	中国嘉德	2015.09.19
清雍正 红釉盘	直径16.4cm	51,750	中国嘉德	2015.09.19
清雍正 红釉盘（一对）	2cm×16.5cm	263,450	伦敦苏富比	2015.05.13
清雍正 红釉碗	直径14cm	159,325	纽约佳士得	2015.09.17
清雍正 红釉碗	直徑11.7cm	172,178	纽约苏富比	2015.03.17
清雍正 红釉碗（一对）	直径15.5cm	632,500	中国嘉德	2015.05.16
清雍正 红釉小杯	直径7.3cm	109,250	北京保利	2015.06.08
清雍正 红釉小杯	直径7cm	391,000	北京保利	2015.06.08
清雍正 红釉小赏瓶	高21.5cm	23,000	中国嘉德	2015.04.01
清雍正 红釉玉壶春瓶	高31.1cm	1,541,250	香港苏富比	2015.10.07
清雍正 祭红釉高足碗	直径18.5cm	74,750	太平洋	2015.04.17
清雍正 祭红釉高足碗	直径19cm	46,403	中国嘉德	2015.04.06
清雍正 祭红釉高足碗	直径18.5cm	43,648	中国嘉德	2015.10.06
清雍正 祭红釉梅瓶	高25cm	788,843	中国嘉德	2015.04.06
清雍正 祭红釉盘	直径15cm	25,300	北京匡时	2015.06.06
清雍正 祭红釉碗	直径12.5cm	76,100	中国嘉德	2015.04.06
清雍正 祭红釉小茶碗	直径9.8cm	43,700	北京匡时	2015.06.06
清雍正 霁红鸡心小碗	直径10.5cm	46,000	广州皇玛	2015.01.17
清雍正 霁红釉杯	直径7.5cm	86,250	北京中汉	2015.04.02
清雍正 霁红釉高足墩式碗	直径15.1cm	94,300	北京中汉	2015.05.17
清雍正 霁红釉高足碗		28,750	北京中汉	2015.09.21
清雍正 霁红釉画缸	高10.5cm	402,500	西泠拍卖	2015.07.05
清雍正 霁红釉梅瓶	高23.6cm	69,000	北京中汉	2015.04.02
清雍正 霁红釉盘	直径16.3cm	140,873	纽约佳士得	2015.03.19
清雍正 霁红釉盘	直径16.1cm	94,300	北京中汉	2015.05.17
清雍正 霁红釉盘	直径16.5cm	57,500	北京中汉	2015.05.17
清雍正 霁红釉碗（一对）	直径14.6cm	230,000	北京中汉	2015.05.17
清雍正 霁红釉小摇铃尊		40,250	北京中汉	2015.09.21
清雍正 豇豆红釉碗	直径13.5cm	230,000	北京保利	2015.06.08
清雍正 豇豆红折腰碗	直径15.3cm	161,000	翰风国际	2015.06.19
清雍正 豇豆红直颈瓶	高20.0cm	299,000	上海泓盛	2015.06.20
清雍正 年红釉盘	直径21cm	172,500	华艺国际	2015.05.24
清雍正 年窑红釉如意足花盆连托（一套）	直径20.5cm	920,000	中国嘉德	2015.05.16
清雍正 珊瑚红釉盘	直径14cm	20,700	北京保利	2015.01.24
清雍正外祭红内暗刻二龙戏珠纹碗	直径21cm	172,500	中鸿信	2015.07.29
清雍正 胭脂红釉菊瓣盘	直径17.8cm	78,200	华艺国际	2015.05.24
清雍正 胭脂红釉碗	直径11.7cm	34,500	中国嘉德	2015.04.01
清雍正 胭脂红釉小杯	直径6.5cm	3,260,280	香港苏富比	2015.04.07
清雍正 胭脂红釉小杯	直径8.7cm	756,794	纽约苏富比	2015.09.15
清乾隆 仿雕漆锦地纹碗	直径16.5cm	69,000	太平洋	2015.07.18
清乾隆 红釉胆式瓶	高33.6cm	1,150,000	北京保利	2015.06.06
清乾隆 红釉斗笠碗	直径12.2cm	86,250	苏州东方	2015.07.02
清乾隆 红釉高足盘	直径20.5cm	25,300	北京保利	2015.04.26
清乾隆 红釉高足碗	直径15.2cm	95,595	纽约佳士得	2015.09.17
清乾隆 红釉鸡心碗（一对）	直径15cm×2	368,000	江苏爱涛	2015.01.11
清乾隆 红釉梅瓶	高22cm	920,000	北京保利	2015.04.26
清乾隆 红釉盘	直径20.7cm	57,500	北京保利	2015.06.08
清乾隆 红釉盘	直径16.5cm	31,305	纽约苏富比	2015.03.21
清乾隆 红釉盘	直径21cm	23,000	中国嘉德	2015.04.01
清乾隆 红釉盘	直径18cm	17,250	北京保利	2015.06.08
清乾隆 红釉盘	直径17.3cm	11,500	中国嘉德	2015.06.27
清乾隆 红釉盘	直径20.5cm	10,350	北京保利	2015.04.26
清乾隆 红釉盘	直径15.8cm	20,700	中国嘉德	2015.09.19
清乾隆 红釉盘	直径21cm	17,250	中国嘉德	2015.09.19
清乾隆 红釉盘（两件）	直径21cm	54,784	纽约苏富比	2015.03.21
清乾隆 红釉盘（一对）	直径16.5cm	79,663	纽约佳士得	2015.09.17
清乾隆 红釉蒜头瓶	高28.2cm	115,000	中国嘉德	2015.06.27
清乾隆 红釉太白罐	高22.5cm	17,250	北京保利	2015.06.08
清乾隆 红釉天球瓶	高38cm	46,000	北京保利	2015.04.26
清乾隆 红釉碗	直径14.9cm	159,325	纽约佳士得	2015.09.17
清乾隆 红釉碗（两件）	直径19.5cm	63,730	纽约佳士得	2015.09.17
清乾隆 红釉小胆瓶	高16.5cm	23,000	中国嘉德	2015.04.01
清乾隆 红釉小天球瓶	高28.8cm	287,500	中国嘉德	2015.04.01
清乾隆 红釉玉壶春瓶	高29.9cm	637,300	纽约苏富比	2015.09.15
清乾隆 红釉玉壶春瓶	高30.7cm	20,700	中国嘉德	2015.09.19
清乾隆 祭红盘一对	尺寸不一	138,000	中鸿信	2015.07.29
清乾隆 祭红釉大瓶（一对）	高56cm	16,100	北京保利	2015.01.24
清乾隆 祭红釉大碗	直径25cm	18,400	太平洋	2015.07.18
清乾隆 祭红釉瓜形水丞	直径8.5cm	29,099	中国嘉德	2015.10.06
清乾隆 祭红釉梅瓶	高18cm	48,300	北京匡时	2015.06.06
清乾隆 祭红釉盘	直径20.7cm	74,750	北京保利	2015.06.08
清乾隆 祭红釉盘	直径18cm	29,900	太平洋	2015.04.17
清乾隆 祭红釉赏瓶	高30cm	62,150	辽宁建投	2015.08.30
清乾隆 祭红釉锥把瓶	高23cm	290,988	中国嘉德	2015.10.06
清乾隆 祭红玉壶春瓶	高30.2cm	195,500	翰风国际	2015.06.19
清乾隆 祭蓝盘	直径16.5cm	13,560	中鸿信	2015.07.29
清乾隆 霁红釉荸荠瓶	高22.4cm	2,530,000	博美拍卖	2015.07.19
清乾隆 霁红釉盘	直径20.5cm	59,800	北京翰海	2015.06.28
清乾隆 霁红釉盘	16.5cm	39,200	天津文物	2015.05.22
清乾隆 霁红釉盘（两件）	直径18.3cm	23,000	北京保利	2015.06.08
清乾隆 霁红釉盘（一对）	直径16.2cm	322,800	香港苏富比	2015.04.07

2015瓷器拍卖成交汇总

(成交价RMB：1万元以上)

拍品名称	物品尺寸	成交价RMB	拍卖公司	拍卖日期
清乾隆 霁红釉盘（一对）	直径16.3cm×2	138,000	北京诚轩	2015.05.17
清乾隆 霁红釉水丞	宽6cm	437,000	北京保利	2015.06.08
清乾隆 霁红釉天球瓶	28.7cm	179,200	天津文物	2015.05.22
清乾隆 霁红釉碗	16.5cm	151,200	天津文物	2015.05.22
清乾隆 霁红釉碗	直径19.5cm	48,300	北京翰海	2015.06.28
清乾隆 霁红釉碗（一对）	高7cm	207,000	西泠拍卖	2015.07.05
清乾隆 霁红釉碗（一对）	直径10.8cm	126,500	上海道明	2015.05.09
清乾隆 霁红釉小盘	直径14.9cm	40,320	北京荣宝	2015.06.21
清乾隆 霁红釉小碗	直径8.6cm	36,800	北京中汉	2015.04.02
清乾隆 霁红釉玉壶春瓶	高30cm	1,334,000	西泠拍卖	2015.07.05
清乾隆 霁红釉玉壶春瓶	高30cm	437,000	保利厦门	2015.05.03
清乾隆 霁红玉壶春瓶	高30cm	1,380,000	江苏爱涛	2015.01.11
清乾隆 牛血红釉玉壶春瓶	高29.5cm	40,250	中国嘉德	2015.04.01
清乾隆 珊瑚红釉荸荠瓶	高33.6cm	345,000	北京匡时	2015.06.06
清乾隆 珊瑚红釉水洗	长8cm	103,500	北京保利	2015.06.08
清乾隆 胭脂红双层盖盒	9.2cm	80,100	香港苏富比	2015.06.01
清乾隆 胭脂红釉盖碗（一对）	直径11.6cm	11,500	中国嘉德	2015.04.01
清乾隆 胭脂红釉碗	直径11.8cm	92,000	北京翰海	2015.06.28
清乾隆官窑祭红釉鸡心高足碗(一对)	口径15cm	1,150,000	北京东正	2015.11.19
清乾隆 红釉鸡心碗（一对）	直径15.3cm	402,500	北京保利	2015.12.09
清乾隆 红釉梅瓶	高23.6cm	1,035,000	北京保利	2015.12.08
清乾隆 红釉盘	直径18cm	34,500	北京翰海	2015.11.28
清乾隆 红釉盘	直径17.7cm	40,250	北京保利	2015.12.09
清乾隆 红釉玉壶春	高21cm	23,000	北京保利	2015.11.01
清乾隆 红釉玉壶春	高21cm	23,000	北京保利	2015.11.01
清乾隆祭红釉敞口小杯（一对）	直径8.7cm×2	460,000	北京匡时	2015.12.05
清乾隆 祭红釉橄榄瓶	高34.8cm	80,500	中国嘉德	2015.11.15
清乾隆 祭红釉高足盘	直径20.8cm	115,000	太平洋	2015.11.21
清乾隆 祭红釉梅瓶	高22.5cm	1,495,000	北京翰海	2015.11.28
清乾隆 祭红釉盘（一对）	直径18cm	32,200	北京保利	2015.11.01
清乾隆 祭红釉盘（一对）	直径18cm	32,200	北京保利	2015.11.01
清乾隆 祭红釉小水盂	高5.4cm	57,500	北京匡时	2015.12.05
清乾隆 霁红釉荸荠瓶	高22.8cm	134,400	北京荣宝	2015.11.29
清嘉庆 仿雕漆菊瓣盘	直径12cm	46,000	太平洋	2015.07.18
清嘉庆 霁红釉玉壶春瓶	高29.8cm	172,500	北京中汉	2015.05.17
清嘉庆 胭脂红釉菊瓣盘	直径17.7cm	23,000	博美拍卖	2015.07.19
清嘉庆 胭脂水釉小碗	直径9.5cm	34,500	北京保利	2015.01.24
清道光 红釉盘	直径20.6cm	28,750	中国嘉德	2015.04.01
清道光 红釉盘	直径20.7cm	23,000	中国嘉德	2015.04.01
清道光 红釉盘	直径20.8cm	23,000	中国嘉德	2015.09.19
清道光 红釉盘	直径21.1cm	17,250	中国嘉德	2015.09.19
清道光 红釉盘	直径18cm	13,800	中国嘉德	2015.09.19
清道光 红釉小天球瓶	高16.5cm	138,000	北京保利	2015.04.26
清道光 祭红釉盘	直径21.3cm	32,200	苏州东方	2015.07.02
清道光 祭红釉盘	直径20.5cm	13,800	华艺国际	2015.03.29
清道光 祭红釉碗	直径15cm	21,339	中国嘉德	2015.10.06
清道光 胭脂红釉玉壶春瓶	高28.9cm	504,375	佳士得	2015.04.06
清道光 缸豆红玉壶春瓶	高31cm	207,713	诚昌国际	2015.12.01
清道光 祭红釉盘	直径18cm	32,200	太平洋	2015.11.21
清道光 祭红釉盘（二件）	直径18.5cm	69,000	北京翰海	2015.11.28
清道光 祭红釉玉壶春	高30cm	299,000	北京保利	2015.12.09
清道光 胭脂水杯（一对）	直径8.5cm	11,500	北京保利	2015.11.01
清道光 胭脂水杯（一对）	直径8.5cm	11,500	北京保利	2015.11.01
清咸丰 胭脂红釉蒜头瓶	高21.5cm	190,400	北京荣宝	2015.11.29
清咸丰 霁红釉碗（二件）	直径15.3cm	89,700	北京翰海	2015.11.28
清咸丰 红釉玉壶春瓶	高29cm	46,000	广州皇玛	2015.07.25
清咸丰 年红灯笼小瓶	高12cm	23,000	广州皇玛	2015.01.17
清光绪 霁红釉碗（二件）	直径15.5cm	63,250	北京翰海	2015.11.28
清光绪 胭脂水龙纹葫芦瓶	高20cm	11,500	北京保利	2015.11.01
清光绪 胭脂水龙纹葫芦瓶	高20cm	11,500	北京保利	2015.11.01
清光绪 豇豆红瓶（两件）	高9cm	17,250	北京保利	2015.04.26
清光绪 豇豆红釉柳叶瓶（一对）	高15.5cm	82,800	中国嘉德	2015.05.16
清光绪 豇豆红釉印盒、青花云龙纹水丞各一件	直径7.1cm；直径6cm	13,800	中国嘉德	2015.09.20

拍品名称	物品尺寸	成交价RMB	拍卖公司	拍卖日期
清光绪 胭脂红釉盘（一对）	直径21.2cm	40,250	太平洋	2015.07.18
清光绪 胭脂红釉碗	直径15.6cm	13,800	中国嘉德	2015.06.27
清光绪 胭脂红釉小盘	直径10.6cm	32,200	中国嘉德	2015.09.19
清光绪 胭脂红釉小盘（一对）	直径10.6cm	13,800	中国嘉德	2015.04.01
清中期 红釉胆式瓶	高43cm	57,500	北京保利	2015.12.09
清中期 豇豆红蒜头瓶	高23cm	17,250	北京匡时	2015.12.05
清中期 窑变红釉瓶	高20.3cm	13,800	深圳市拍	2015.07.19
清中期 胭脂红釉小梅瓶	高17cm	23,000	中国嘉德	2015.06.27
清中期 珊瑚红釉碗	直径12.4cm	20,700	北京中汉	2015.04.02
清中期 珊瑚红莲蓬口双耳瓶	高20.5cm	46,000	北京保利	2015.06.08
清中期 郎窑红釉小三足炉	高10cm	34,500	北京中汉	2015.09.21
清中期 祭红釉梅瓶	高32cm	34,500	保利厦门	2015.08.02
清中期 红釉锥把瓶	高33cm	40,250	北京保利	2015.04.26
清中期 红釉小天球瓶	高29.5cm	20,700	中国嘉德	2015.04.01
清中期 红釉水盂	直径10.5cm	11,500	北京华辰	2015.05.15
清中期 红釉观音瓶	高19cm	17,250	八益拍卖	2015.04.26
清中期 各式炉（三件）	尺寸不一	11,500	北京保利	2015.04.25
清中期 缸豆红苹果尊	高6.5cm	11,755	香港雅盛	2015.10.05
清晚期 胭脂红釉鼎式炉	高17cm	13,800	中国嘉德	2015.06.27
清晚期 内青花天河配图外红釉碗	直径15cm	13,800	中国嘉德	2015.06.27
清晚期 霁红釉梅瓶	高	11,500	北京中汉	2015.09.21
清17世纪/18世纪 单色釉瓷器（八件）	高14/6cm	46,958	纽约苏富比	2015.03.21
18世纪 红釉敞口尊	高22.3cm	156,525	纽约佳士得	2015.03.19
18世纪 红釉酒杯（一对）	直径6cm	22,306	纽约佳士得	2015.09.17
18世纪 红釉碗	直径20.5cm	19,119	纽约佳士得	2015.09.17
18世纪 珊瑚红釉梅瓶	高26.6cm	172,178	纽约佳士得	2015.03.19
18世纪/19世纪 红釉大观音瓶	高55.3cm	119,494	纽约佳士得	2015.09.17
18世纪/19世纪 红釉观音瓶	高40cm	31,865	纽约佳士得	2015.09.17
18世纪/19世纪 红釉盘（十件）	直径15.2cm	39,131	纽约苏富比	2015.03.21
18世纪/19世纪 红釉四方瓶	高32.4cm	86,089	纽约佳士得	2015.03.19
18世纪/19世纪 红釉洗	宽22.8cm	125,220	纽约佳士得	2015.03.19
18世纪/19世纪 郎红釉仰钟杯	直径17.5cm	97,750	华艺国际	2015.05.24
19世纪 红釉长颈瓶	26.9cm	30,038	香港苏富比	2015.06.01
清 粉红釉汤罗洗	直径11.3cm	46,000	北京中汉	2015.04.02
清 各式红釉文房（五件）	尺寸不一	34,500	北京保利	2015.04.25
清 各式瓶（四件）	尺寸不一	25,300	北京保利	2015.04.25
清 红釉杯（一对）	直径6.5cm	11,500	中国嘉德	2015.06.27
清 红釉大瓶	高57cm	18,561	香港淳浩	2015.04.04
清 红釉大瓶	高57cm	17,633	香港淳浩	2015.04.04
清 红釉大瓶（两件）	高53cm	27,600	北京保利	2015.04.25
清 红釉胆瓶	高20cm	23,000	深圳市拍	2015.07.19
清 红釉雕瓷仿剔红锦纹团寿字海棠形盖盒	长10.4cm	10,350	中国嘉德	2015.04.01
清 红釉墩式碗	直径11.8cm	19,550	华艺国际	2015.03.29
清 红釉盖碗	高8cm×直径11.5	126,500	江苏嘉恒	2015.04.26
清 红釉观音瓶	高35cm	34,500	北京保利	2015.04.25
清 红釉花口小杯（一对）	直径5cm	55,200	北京保利	2015.04.26
清 红釉瓶	高37cm	11,054	香港淳浩	2015.07.30
清 红釉水丞	直径10cm	17,250	中国嘉德	2015.06.27
清 红釉天球瓶	高38cm	12,896	香港淳浩	2015.07.30
清 红釉小杯	高3.8cm	11,500	北京翰海	2015.07.19
清 红釉印泥盒	高6cm	17,025	博美拍卖	2015.07.19
清 红釉直颈瓶	高39.5cm	25,985	香港淳浩	2015.04.04
清 红釉锥把瓶	高	86,250	中贸圣佳	2015.05.20
清 祭红釉大瓶	高56cm	20,700	北京翰海	2015.09.13
清 祭红釉弦纹洗口瓶	高40cm	13,800	北京翰海	2015.07.19
清 祭红釉尊	高22cm	13,800	苏州东方	2015.07.02
清 霁红釉三足炉	高7cm	198,000	北京中联	2015.01.18
清 霁红釉水盂	腹径10.5cm	13,620	江苏聚德	2015.07.01
清 霁红釉天球瓶	39.7cm	41,440	天津文物	2015.05.22
清 豇豆红观音瓶	高22.3cm	36,800	南京嘉信	2015.07.19
清 豇豆红苹果尊	高7.2cm	17,250	西泠拍卖	2015.04.23
清 豇豆红小杯（一对）	直径8.5cm×2	25,300	北京匡时	2015.06.06
清 豇豆红釉柳叶瓶	高16.5cm	484,980	保利香港	2015.10.06

拍品名称	物品尺寸	成交价RMB	拍卖公司	拍卖日期
清 钧红釉赏瓶	高38.5cm	34,500	深圳市拍	2015.07.19
清 康熙款豇豆红水盂	高2.3cm	20,700	西泠拍卖	2015.07.05
清 郎红釉直口瓶	高15cm	14,950	华艺国际	2015.03.29
清 郎窑大碗	直径24cm	43,700	北京翰海	2015.03.15
清 珊瑚红釉描金花卉诗文如意耳瓶	高18cm	32,200	中国嘉德	2015.09.19
清 胭脂红釉盘、印盒（两件）	直径10.5cm	10,350	北京保利	2015.04.26
清 胭脂红釉天球瓶	高32cm	11,500	华艺国际	2015.03.29
清 红釉小荸荠瓶	高18.5cm	80,500	中国嘉德	2015.11.15
民国 红釉荸荠瓶	高28cm	17,250	北京保利	2015.11.01
民国 红釉荸荠瓶	高28cm	17,250	北京保利	2015.11.01
民国 胭脂红大碗	高9cm	16,000	上海驰翰	2015.10.25
民国 胭脂水碗	直径14cm	13,800	北京翰海	2015.09.13
宝石红釉暗刻龙纹盘	直径20.5cm	1,374,516	AA中国艺海	2015.08.05
红釉赏瓶	高31cm	220,275	AA中国艺海	2015.06.20
祭红釉玉壶春瓶	高30cm	440,550	AA中国艺海	2015.07.11
霁红釉梅瓶	高22.5cm	1,057,320	AA中国艺海	2015.07.11
霁红釉盘	直径18cm	140,976	AA中国艺海	2015.07.11
霁红釉摇铃尊	宽13cm	1,614,816	荣盛国际	2015.01.10
豇豆红荸荠瓶	高18.6cm	1,944,000	香港铮鼎	2015.04.28
豇豆红天球瓶	高38.5cm	1,057,320	AA中国艺海	2015.02.03
豇豆红釉暗刻龙纹太白尊	直径12.5cm	1,585,980	AA中国艺海	2015.08.05
豇豆红釉摇铃尊	口径5cm	6,600,000	皇家国际	2015.01.19
郎窑红小胆瓶	通高15cm	224,280	荣盛国际	2015.01.10
红釉梅瓶	高22cm	1,083,720	卓艺拍卖	2015.11.18
豇豆红太白尊	直径12.5cm	3,160,850	卓艺拍卖	2015.11.18
豇豆红镗锣洗	直径12cm	1,444,960	卓艺拍卖	2015.11.18
黄 釉				
辽 黄釉鼓形洗	直径18cm	101,741	纽约佳士得	2015.03.20
元 黄釉琵琶瓶	高28.2cm	299,000	中鸿信	2015.07.29
明弘治 黄釉碗	直径17.3cm	437,000	北京翰海	2015.06.28
明弘治 黄釉碗	18.4cm	287,400	伦敦苏富比	2015.05.13
明弘治 黄釉龙纹赏瓶	高26cm	1,806,200	卓艺拍卖	2015.11.21
明正德 黄釉盘	直径17.7cm	359,250	伦敦苏富比	2015.05.13
明正德 黄釉盘	直径21.3cm	322,000	中国嘉德	2015.04.01
明正德 黄釉盘	直径20.9cm	66,700	中国嘉德	2015.04.01
明正德 黄釉盘	直径17.7cm	43,700	中国嘉德	2015.09.19
明正德 黄釉盘	直径21cm	58,773	香港雅盛	2015.10.05
明正德 黄釉碗	直径17.7cm	513,125	佳士得	2015.12.02
明正德 黄釉碗	直径16cm	138,000	北京诚轩	2015.11.14
明正德 娇黄釉盘	直径21.2cm	172,500	北京翰海	2015.11.28
明嘉靖 黄釉盖罐	高19.3cm	138,000	北京翰海	2015.11.28
明嘉靖 黄釉碗	直径20cm	1,069,500	北京匡时	2015.12.05
明嘉靖 黄釉盘	直径17cm	40,250	华艺国际	2015.03.29
明嘉靖 黄釉盘	直径19.7cm	71,696	纽约佳士得	2015.09.17
明嘉靖 黄釉碟	直径12.8cm	250,440	纽约苏富比	2015.03.17
明嘉靖 黄釉暗刻云凤纹碗	直径15.8cm	57,500	北京保利	2015.06.07
明万历 黄釉碗	直径18.2cm	63,250	中国嘉德	2015.06.27
明万历 黄釉盘	直径12.2cm	246,600	香港苏富比	2015.10.07
明万历 黄釉盘（一对）	直径22cm	69,100	景薰楼	2015.06.21
明 黄釉大碗	直径19cm	10,350	北京保利	2015.11.01
明 黄釉大碗	直径19cm	10,350	北京保利	2015.11.01
明 黄釉碗	直径20.2cm	437,000	北京保利	2015.12.08
明 黄釉钟式杯	直径13cm	17,250	北京保利	2015.01.24
明 黄釉牺耳尊	高31cm	48,300	北京保利	2015.04.26
清早期 黄釉簋（一对）	高24cm×2	402,500	保利厦门	2015.05.03
清康熙 柠檬黄釉暗花杯	高5.8cm	40,250	中鸿信	2015.07.29
清康熙 娇黄釉碗	直径13cm	11,500	北京中汉	2015.04.02
清康熙 娇黄釉暗刻龙纹碗		32,200	北京中汉	2015.09.21
清康熙 黄釉小碗	直径8.5cm	322,000	广州皇玛	2015.01.17
清康熙 黄釉碗（二件）	直径16.5cm	92,000	北京翰海	2015.06.28
清康熙 黄釉碗	直径11.9cm	86,089	纽约苏富比	2015.03.17
清康熙 黄釉碗	直径18.3cm	92,000	北京诚轩	2015.05.17
清康熙 黄釉碗	直径14cm	69,000	中国嘉德	2015.05.16
清康熙 黄釉龙纹菊瓣盘	直径15.8cm	1,955,000	中国嘉德	2015.05.16
清康熙 黄釉刻龙纹大碗	直径17.7cm	172,500	北京保利	2015.06.08
清康熙 黄釉花卉纹碗	直径12cm	175,258	纽约苏富比	2015.09.15
清康熙 黄釉螭龙纹龙耳杯（一对）	长7cm	368,000	中国嘉德	2015.09.19
清康熙 黄釉暗刻龙纹盘	直径17cm	161,000	广州皇玛	2015.07.25
清康熙 黄釉暗花云龙纹盘两件	17.1cm	70,088	香港苏富比	2015.06.01
清康熙 淡黄釉团螭纹太白尊	直径12.7cm	483,000	北京保利	2015.05.08
清康熙 黄釉暗刻龙纹万寿无疆菊瓣盘	宽17cm	74,750	北京保利	2015.11.01
清康熙 黄釉暗刻龙纹万寿无疆菊瓣盘	宽17cm	74,750	北京保利	2015.11.01
清康熙 黄釉刻缠枝莲小杯	直径5.5cm	34,500	北京保利	2015.12.09
清康熙 黄釉刻龙纹碗	直径12.5cm	138,000	北京保利	2015.12.09
清雍正 黄釉龙纹大盘	直径32cm	74,750	八益拍卖	2015.11.01
清雍正 黄釉盘	直径21.5cm	414,000	北京保利	2015.12.09
清雍正 黄釉盘（二件）	直径9.2cm	63,250	北京翰海	2015.11.28
清雍正 黄釉小杯	直径6.2cm	575,000	北京保利	2015.12.08
清雍正 檸檬黄釉小杯	直径8.8cm	907,875	香港苏富比	2015.04.07
清雍正 柠檬黄釉小酒杯（一对）	直径5.1cm	1,026,053	纽约佳士得	2015.09.17
清雍正 柠檬黄釉小碟（一对）	直径11.3cm	230,000	上海泓盛	2015.06 20
清雍正 柠檬黄釉小碟	直径7.7cm	920,000	北京保利	2015.06.06
清雍正 柠檬黄釉小杯	直径6.3cm	2,001,360	香港苏富比	2015.04.07
清雍正 柠檬黄釉外模印寿桃云鹤海水纹内粉彩折枝仙桃纹大碗	直径21.7cm	368,000	北京中汉	2015.04.02
清雍正 柠檬黄釉盘	直径9cm	575,000	北京华辰	2015.05.15
清雍正 柠檬黄釉盘	直径21cm	299,000	北京保利	2015.06.06
清雍正 娇黄釉暗刻云龙四季花果纹盘		92,000	北京中汉	2015.09.21
清雍正 黄釉卷口缸	高30cm	1,725,000	广州皇玛	2015.07.25
清雍正 黄釉大盘	直径31.8cm	138,000	中国嘉德	2015.05.16
清雍正 黄釉暗刻折枝花卉纹龙纹大盘	直径32cm	51,750	北京中汉	2015.04.02
清雍正 黄釉暗刻龙凤纹盘（一对）	直径14.4cm	356,500	中国嘉德	2015.09.19
清雍正 黄釉暗花龙凤祥云纹碗（一对）	直径10.1cm	1,008,750	香港苏富比	2015.04.07
清乾隆 黄釉八仙人物壁瓶	高12.7cm	34,500	北京翰海	2015.11.28
清乾隆 御窑柠檬黄釉折腰盘	直径11.5cm	402,500	华艺国际	2015.05.24
清乾隆 柠檬黄釉小盘	直径8.8cm	345,000	北京中汉	2015.05.17
清乾隆 米黄釉折腰碗（一对）	直径15.6cm	57,500	中国嘉德	2015.04.01
清乾隆 米黄釉折腰碗	直径15.7cm	126,500	北京诚轩	2015.05.17
清乾隆 米黄釉弥勒	高11.3cm	80,500	北京翰海	2015.06.28
清乾隆 黄釉碗	直径12.8cm	28,750	北京保利	2015.06.08
清乾隆 黄釉盘（一对）	直径14.5cm×2	392,000	北京荣宝	2015.06.21
清乾隆 黄釉盘	直径16.5cm	34,500	华艺国际	2015.03.29
清乾隆 黄釉暗刻朵花纹碗	直径11.8cm	13,800	中国嘉德	2015.09.19
清乾隆 黄釉“山水人物”碗	直径14.1cm	19,705	万昌斯	2015.06.01
清嘉庆 黄釉天球瓶	高30cm	69,000	北京保利	2015.04.26
清嘉庆 黄釉暗刻云龙纹长颈瓶	高31.4cm	822,000	香港苏富比	2015.10.07
清嘉庆 黄釉暗刻云龙纹小碗	直径10.5cm	17,250	中国嘉德	2015.09.19
清道光柠檬黄釉暗刻龙纹碗(一对)	直径17cm	40,250	上海敬华	2015.06.30
清道光 浇黄釉碗		20,700	北京中汉	2015.09.21
清道光 黄釉仙人渡海纹笔筒	高11.3cm	23,000	泰和嘉成	2015.05.30
清道光 黄釉碗	直径12.5cm	50,400	北京荣宝	2015.08.30
清道光 黄釉碗	直径11cm	23,000	华艺国际	2015.03.29
清道光 黄釉双龙抢珠碗	直径14cm	63,250	上海敬华	2015.06.30
清道光 黄釉瓶（一对）	高30.4cm	2,886,321	纽约佳士得	2015.03.19
清道光 黄釉盘	14.5cm	56,000	天津文物	2015.05.22
清道光 黄釉宫碗	直径14.5cm	34,500	华艺国际	2015.03.29
清道光 黄釉盖罐	高29cm	310,500	中贸圣佳	2015.05.20
清道光 黄釉墩式敞口碗	直径13.7cm	336,000	北京荣宝	2015.06.21
清道光 黄釉暗刻云龙纹碗	直径12cm	59,800	北京翰海	2015.06.28

拍品名称	物品尺寸	成交价RMB	拍卖公司	拍卖日期
清道光 黄釉暗刻龙纹盘	直径14.2cm	17,250	太平洋	2015.04.17
清道光 黄釉暗刻二龙戏珠纹碗	直径10.6cm	23,000	太平洋	2015.07.18
清道光 黄釉暗花团花纹碗	12cm	50,063	香港苏富比	2015.06.01
清道光 黄釉碗（一对）	直径11cm	69,000	八益拍卖	2015.11.01
清道光米黄釉留白三鱼盘(一对)	直径18.5cm	23,000	北京保利	2015.12.09
清同治/光绪黄釉花盆及盆拖(一对)	直径26cm	151,359	纽约佳士得	2015.09.17
清同治 黄釉暗刻双凤纹大盘	直径32.1cm	17,250	中国嘉德	2015.04.01
清光绪柠檬黄釉暗刻龙纹大碗(一对)	直径18.6cm	82,800	苏州东方	2015.07.02
清光绪 姜黄釉碗（一对）	直径13.8cm	138,000	北京保利	2015.06.08
清光绪 黄釉云纹豆	高18.5cm	13,800	中国嘉德	2015.04.01
清光绪 黄釉雕太狮少师笔筒	高10.5cm	17,250	北京翰海	2015.07.19
清光绪 黄釉雕瓷山水笔筒	高14cm	34,500	北京翰海	2015.07.19
清光绪 黄釉暗刻云龙纹碗	直径10.4cm	11,500	北京翰海	2015.11.28
清光绪黄釉暗刻云龙纹碗（二件）	直径15.3cm	80,500	北京翰海	2015.11.28
清光绪 黄釉兽耳尊	高27cm	145,600	北京荣宝	2015.11.29
清光绪 黄釉碗（二件）	直径14.6cm	63,250	北京翰海	2015.11.28
清宣统 黄釉盘	直径20.3cm	43,044	纽约苏富比	2015.03.21
清宣统 黄釉暗刻云龙纹碗	直径14cm	40,250	中国嘉德	2015.09.19
清宣统 黄釉暗刻龙纹碗	直径14.2cm	46,000	北京翰海	2015.06.28
清宣统 黄釉罐	高33cm	115,000	北京翰海	2015.11.28
清宣统 御制坤宁宫祭器黄釉罐	高33.5cm	299,000	北京翰海	2015.11.28
19世纪初至中期 黄釉梅竹纹笔筒	高12cm×2	143,700	伦敦苏富比	2015.05.13
清"大清宣统年制"黄釉龙纹碗	16.5×7.6cm	97,750	中国嘉德	2015.11.14
清 黄釉鸡首扁壶	高28cm	1,806,200	卓艺拍卖	2015.11.21
清 柠檬黄釉碗	直径13.5cm	11,500	北京保利	2015.11.01
清 柠檬黄釉碗	直径13.5cm	11,500	北京保利	2015.11.01
清 黄釉兽耳尊	高27cm	10,925	北京翰海	2015.07.19
清 黄釉鹿头尊	高28cm	16,100	北京翰海	2015.03.15
清 黄釉铃铛杯	高7cm	46,000	北京翰海	2015.06.27
清 黄釉雕瓷扳指	直径3.7cm	28,750	北京匡时	2015.06.06
清 黄釉笔筒	高14.5cm	17,250	北京保利	2015.04.26
清 黄釉暗刻龙纹碗	直径9.5cm	20,700	北京保利	2015.04.26
清 瓷雕墨床		69,000	朵云轩	2015.06.19
清晚期 黄釉盘 碟（6件）		13,800	北京翰海	2015.03.15
柠檬黄釉盘	直径11.5cm	220,275	AA中国艺海	2015.07.11
娇黄釉大碗	口径20.3cm	1,938,420	AA中国艺海	2015.08.05
鸡油黄釉盘	直径21.4cm	3,083,850	AA中国艺海	2015.08.05
黄釉长颈瓶	高12.5cm	246,708	AA中国艺海	2015.07.11
黄釉小杯（一对）	底径3.5cm	152,510	荣盛国际	2015.01.10
黄釉弦纹小缸	高6cm	1,321,650	AA中国艺海	2015.07.11
黄釉碗（一对）	口径11cm	1,301,625	荣盛国际	2015.07.31
黄釉碗	通高7.3cm	852,264	荣盛国际	2015.01.10
黄釉刻花赏瓶	高23cm	1,057,320	AA中国艺海	2015.08.05
黄釉花卉纹大缸	口径19cm	1,585,980	AA中国艺海	2015.06.20
黄釉凤首壶	宽度44cm	403,704	荣盛国际	2015.01.10
黄釉暗刻缠枝莲盘	口径20.5cm	616,770	AA中国艺海	2015.06.20
黄釉龙纹盘	口径15.4cm	1,083,720	卓艺拍卖	2015.11.21
蓝 釉				
明嘉靖 蓝釉执壶	高19cm	69,000	八益拍卖	2015.04.26
明嘉靖 霁蓝釉暗刻龙纹高足碗	高8.8cm	100,800	台湾世家	2015.01.18
明嘉靖外祭蓝釉内白釉暗刻龙纹盘	直径19cm	57,500	太平洋	2015.11.21
明 蓝釉素面高足杯（一对）	高10cm	165,000	北京中联	2015.01.18
明 蓝釉罐	高30cm	17,250	北京保利	2015.11.01
明 蓝釉罐	高30cm	17,250	北京保利	2015.11.01
明 蓝釉梅瓶	高34.5cm	12,650	北京保利	2015.11.01
明 蓝釉梅瓶	高34.5cm	12,650	北京保利	2015.11.01
明晚期 蓝釉敦式碗	直径18.7cm	28,750	北京中汉	2015.04.02
清顺治 天蓝釉暗刻花卉纹盖罐	高38.7cm	1,609,077	纽约佳士得	2015.03.16
清康熙/雍正 天蓝釉长方倭角花盆	长32.6cm	138,000	中国嘉德	2015.09.19
清康熙 天蓝釉汤罗洗	直径11.7cm	402,500	北京中汉	2015.05.17
清康熙 天蓝釉水盂	直径10cm	402,500	八益拍卖	2015.04.26
清康熙 天蓝釉苹果尊	直径10.4cm	310,500	北京中汉	2015.04.02
清康熙 天蓝釉龙耳尊	高8.8cm	1,725,000	北京诚轩	2015.05.17
清康熙 天蓝釉汉壶尊	高16.6cm	2,038,560	香港苏富比	2015.10.07
清康熙 天蓝釉百条缸	高17.3cm	345,000	北京保利	2015.06.06
清康熙 蓝釉长颈瓶	高27cm	17,250	北京保利	2015.04.26
清康熙 蓝釉小天球瓶	高16cm	11,500	北京保利	2015.04.26
清康熙孔雀蓝釉暗刻花卉纹出戟尊	高20.5cm	20,700	北京中汉	2015.04.02
清康熙 霁蓝釉尊	高28.8cm	299,000	北京保利	2015.06.06
清康熙 霁蓝釉碗	直径17.2cm	69,000	中鸿信	2015.07.29
清康熙 霁蓝釉盘	直径15.7cm	138,000	北京诚轩	2015.05.17
清康熙 宝石蓝釉盘	直径20.8cm	115,000	北京中汉	2015.05.17
清康熙 天蓝釉刻牡丹竹纹筒瓶	高21cm	115,000	北京保利	2015.12.09
清雍正 宝石蓝釉盘	直径20.5cm	207,000	北京匡时	2015.12.05
清雍正 霁蓝釉盘	直径15.1cm	57,500	北京诚轩	2015.11.14
清雍正 蓝釉盘	直径14.7cm	63,250	中国嘉德	2015.11.15
清雍正 天蓝釉盘	直径15.5cm	69,000	太平洋	2015.11.21
清雍正 天蓝釉盘	直径16cm	437,000	北京保利	2015.12.09
清雍正 天蓝釉象耳瓶	高25.5cm	57,500	北京翰海	2015.11.28
清雍正 天蓝釉弦纹长颈盘口瓶	高31.5cm	12,653,760	香港苏富比	2015.04.07
清雍正 天蓝釉碗	直径14.5cm	287,500	北京保利	2015.04.26
清雍正 天蓝釉四螭耳六方尊	高20.2cm	4,461,816	保利香港	2015.10.06
清雍正 天蓝釉盘	直径15.5cm	172,500	中国嘉德	2015.04.01
清雍正 天蓝釉梅花环耳琮式瓶	高37.4cm	2,070,000	上海道明	2015.05.09
清雍正 蓝釉碗（一对）	直径13cm	41,400	中国嘉德	2015.04.01
清雍正 孔雀蓝釉三足折沿洗	直径22cm	57,500	北京中汉	2015.09.21
清雍正 霁蓝釉长颈瓶	高13cm	322,000	西泠拍卖	2015.07.05
清雍正 霁蓝釉碗（一对）	直径13.3cm	218,500	上海道明	2015.05.09
清雍正 霁蓝釉碗	直径14.8cm	34,500	北京诚轩	2015.05.17
清雍正 霁蓝釉花盆（带托）	高9cm	920,000	保利厦门	2015.05.02
清雍正 霁蓝釉橄榄瓶	高41cm	11,566,440	佳士得	2015.06.03
清雍正 霁蓝洗口瓶	高36cm	46,000	广州皇玛	2015.01.17
清雍正 祭蓝釉天球瓶	高51cm	517,500	翰风国际	2015.06.19
清雍正 祭蓝釉大盘	直径56cm	57,500	北京保利	2015.06.08
清雍正 仿宣德蓝釉堆白鱼藻纹盘	直径18.8cm	78,200	中国嘉德	2015.04.01
清雍正 宝石蓝釉天球瓶	高49cm	322,000	华艺国际	2015.05.24
清乾隆 祭蓝釉象耳衔环琮式瓶	高29.4cm	287,500	北京翰海	2015.11.28
清乾隆 霁蓝釉豆	高27cm	224,000	北京荣宝	2015.11.29
清乾隆 霁蓝釉盘	半径16.5cm	55,200	东方大观	2015.11.17
清乾隆 霁蓝釉盘	直径16cm	11,500	北京保利	2015.12.09
清乾隆 天蓝釉仿汝弦纹洗	直径16.5cm	2,357,500	北京保利	2015.12.08
清乾隆 天蓝釉蒜口瓶	高27.6cm	322,000	北京翰海	2015.11.28
清乾隆天蓝釉堆白福禄寿天球瓶	高19.5cm	25,300	太平洋	2015.07.18
清乾隆 洒蓝釉梅瓶	高24.4cm	11,500	中国嘉德	2015.06.27
清乾隆 青金蓝釉盘口尊	高39cm	543,178	中国嘉德	2015.10.06
清乾隆 蓝釉锥把瓶	高44cm	34,500	北京翰海	2015.09.13
清乾隆 蓝釉碗	直径17.6cm	34,500	中国嘉德	2015.04.01
清乾隆 蓝釉盘	直径16.3cm	23,000	中国嘉德	2015.04.01
清乾隆 蓝釉罐	口径9.5cm	398,313	纽约苏富比	2015.09.15
清乾隆 蓝釉拐子龙双耳瓶	高46cm	11,500	北京保利	2015.04.26
清乾隆 蓝釉雕瓷仿雕漆锦地团寿字盖碗（一对）	直径11.5cm	92,000	中国嘉德	2015.04.01
清乾隆 孔雀蓝釉龙纹瓶	高31.5cm	46,000	北京保利	2015.04.26
清乾隆 孔雀蓝釉海棠尊	高23cm	575,000	保利厦门	2015.05.03
清乾隆 霁蓝釉锥把瓶	高39.5cm	115,000	北京翰海	2015.06.28
清乾隆 霁蓝釉长颈瓶	高36.5cm	704,363	纽约佳士得	2015.03.15
清乾隆 霁蓝釉碗	直径15cm	57,500	北京翰海	2015.06.28
清乾隆 霁蓝釉碗	直径14.9cm	57,500	北京翰海	2015.06.28
清乾隆 霁蓝釉天球瓶	高55.3cm	1,762,200	佳士得	2015.06.03
清乾隆 霁蓝釉瓶	高32cm	74,750	广州皇玛	2015.01.17
清乾隆 霁蓝釉盘		28,750	北京中汉	2015.09.21
清乾隆 霁蓝釉画缸	高15cm	57,500	西泠拍卖	2015.07.05
清乾隆 祭蓝釉锥把瓶	高33cm	80,500	北京保利	2015.04.26
清乾隆 祭蓝釉重环纹豆	高27cm	172,500	太平洋	2015.07.18
清乾隆 祭蓝釉天球瓶	直径21.5cm	14,950	华艺国际	2015.03.29
清乾隆 祭蓝釉双象耳琮式瓶	高29cm	172,500	厦门华辰	2015.06.20
清乾隆 祭蓝釉盘	直径22cm	11,500	华艺国际	2015.03.29
清乾隆 祭蓝葫芦瓶	高27.3cm	184,000	翰风国际	2015.06.19

拍品名称	物品尺寸	成交价RMB	拍卖公司	拍卖日期
清嘉庆 天蓝釉双耳水丞	直径9.5cm	600,750	佳士得	2015.06.03
清嘉庆 蓝釉盘	直径16.5cm	25,300	中国嘉德	2015.04.01
清嘉庆 蓝釉盘	16.5cm	20,025	香港苏富比	2015.06.01
清嘉庆 霁蓝釉四方象耳瓶	高29.5cm	46,000	西泠拍卖	2015.07.05
清道光 天蓝釉象耳琮瓶	高30cm	287,500	广州皇玛	2015.01.17
清道光 蓝釉象耳方瓶	高30cm	115,000	北京保利	2015.06.08
清道光 蓝釉碗（七件）	直径17.7cm	318,650	纽约苏富比	2015.09.15
清道光 蓝釉盘	直径16cm	34,500	北京翰海	2015.03.15
清道光 蓝釉盘	直径16.4cm	32,200	中国嘉德	2015.09.19
清道光 霁蓝釉洗	直径26cm	17,250	广州皇玛	2015.01.17
清道光 霁蓝釉象耳方瓶	高28.5cm	172,500	北京翰海	2015.11.28
清咸丰 蓝釉描金花卉纹方胜洗	长23.2cm	23,000	中国嘉德	2015.04.01
清咸丰 祭蓝釉琮式瓶（一对）	高34cm	632,500	北京东正	2015.05.19
清咸丰 祭蓝象耳琮式瓶	高30cm	85,100	江苏爱涛	2015.01.11
清咸丰 霁蓝釉象耳方瓶	高29.4cm	345,000	北京翰海	2015.11.28
清同治 祭蓝釉象耳衔环琮式瓶	高29.5cm	92,000	北京翰海	2015.11.28
清同治 霁蓝釉象耳琮式瓶	高29.1cm	103,500	北京诚轩	2015.05.17
清同治 霁蓝釉象耳琮式瓶	29.6cm	24,640	天津文物	2015.05.22
清同治 祭蓝釉象耳琮式瓶	高29.7cm	105,800	苏州东方	2015.07.02
清光绪 天蓝釉象耳方瓶	高29cm	13,800	中国嘉德	2015.09.19
清光绪 蓝釉象耳方瓶	高29.7cm	74,750	北京保利	2015.06.08
清光绪 蓝釉象耳方瓶	高30cm	13,800	北京保利	2015.01.24
清光绪 蓝釉象耳琮式瓶	29.2cm	77,838	伦敦苏富比	2015.05.13
清光绪 蓝釉盘 (一对)	直径28.5cm	92,000	华艺国际	2015.03.29
清光绪 蓝釉盘	直径21cm	11,500	中国嘉德	2015.04.01
清光绪 蓝釉八卦纹琮式瓶	高26.5cm	28,750	八益拍卖	2015.04.26
清光绪 孔雀蓝釉模印苍龙教子纹方尊	高26cm	13,800	太平洋	2015.04.17
清光绪 霁蓝釉象耳方瓶	高29.5cm	207,000	北京翰海	2015.06.28
清光绪 霁蓝釉象耳方瓶	高29.5cm	46,000	北京翰海	2015.06.28
清光绪 霁蓝釉象耳琮式瓶	28.9cm	145,600	天津文物	2015.05.22
清光绪 霁蓝釉盘（一对）	直径16.5cm	23,000	苏州东方	2015.07.02
清光绪 粉紫蓝釉仿古纹盖豆	高25.4cm	51,781	纽约苏富比	2015.09.15
清光绪 祭蓝釉盘	直径21cm	11,500	北京翰海	2015.11.28
清光绪 霁蓝釉象耳琮式瓶	高29.5cm	57,500	北京诚轩	2015.11.14
清光绪 霁蓝釉象耳方瓶	高29cm	172,500	北京翰海	2015.11.28
清光绪 仿汝天蓝釉贯耳瓶	高32.5cm	25,300	北京保利	2015.06.08
清早期 霁蓝釉瓶	高26.3cm	115,000	北京翰海	2015.06.28
清中期 孔雀蓝釉茶壶	高13.4cm	1,670,735	卓艺拍卖	2015.11.18
清中期 蓝釉梅瓶	高20.5cm	26,450	北京保利	2015.11.01
清中期 蓝釉梅瓶	高20.5cm	26,450	北京保利	2015.11.01
清中期 天蓝釉柿形水盂	宽6.4cm	74,750	北京诚轩	2015.11.14
清中期 天蓝釉雕瓷花鸟纹印盒	直径10.9cm	17,250	中国嘉德	2015.04.01
清中期 天蓝釉冲天耳三足琴炉	高10cm	31,360	北京荣宝	2015.08.30
清中期 天蓝釉螭龙纹瓶	高23cm	34,500	华艺国际	2015.03.29
清中期 蓝釉印夔龙"寿福宝"纹井字洗	8.2cm	33,600	天津文物	2015.05.22
清中期 蓝釉暗花缸	直径24cm	13,800	北京翰海	2015.09.13
清中期 孔雀蓝釉双耳三足炉	直径17cm	23,000	北京中汉	2015.04.02
清中期 孔雀蓝釉荷叶洗	直径27.2cm	25,300	北京中汉	2015.09.21
18世纪 洒蓝釉描金蒜头瓶	高46.3cm	37,566	纽约佳士得	2015.03.19
18世纪/19世纪 蓝釉天球瓶	高49.5cm	46,958	纽约苏富比	2015.03.21
19世纪 蓝釉碗	直径13.3cm	23,899	纽约佳士得	2015.09.17
清 18世纪孔雀蓝釉弦纹盘口小瓶	高12.5cm	18,883	宝港国际	2015.11.28
清 祭蓝釉描金佛塔	高45cm	13,800	北京保利	2015.11.01
清 乾隆窑 霁蓝釉大碗	口径22.5cm	47,208	宝港国际	2015.11.28
清 蓝釉胆瓶	高22cm	34,500	深圳市拍	2015.07.19
清 天蓝釉小瓶	高18cm	36,800	北京翰海	2015.09.13
清 天蓝釉七孔花插	高11cm	10,925	北京翰海	2015.09.13
清 天蓝釉花蝶缸	高16.5cm	14,950	北京翰海	2015.03.15
清 天蓝釉瓜棱水丞	高7cm	28,750	中国嘉德	2015.06.27
清 蓝釉琮式瓶	高30cm	28,750	北京保利	2015.06.08
清 蓝釉出戟花觚	高22cm	16,100	北京翰海	2015.07.19
清 康熙款天蓝釉小花觚	高21.5cm	109,250	西泠拍卖	2015.07.05
清 霁蓝釉双耳瓶	高29.4cm	172,500	北京保利	2015.06.08

拍品名称	物品尺寸	成交价RMB	拍卖公司	拍卖日期
清 霁蓝釉赏瓶	20cm	44,800	天津文物	2015.05.22
清 宝石蓝釉描金海棠洗	长7.5cm；高4cm	20,700	南京嘉信	2015.07.19
民国 天蓝釉印夔龙纹盘口尊	26.4cm	31,360	天津文物	2015.05.22
民国 蓝釉水仙盆（一对）	宽25cm	17,250	北京保利	2015.04.25
民国 孔雀蓝釉雕瓷一路连科瓶(二件)	高24cm	138,000	北京翰海	2015.06.28
民国 仿雍正天蓝釉合碗	直径14.5cm	11,500	中国嘉德	2015.04.01
蓝釉贯耳尊	高53cm	792,990	AA中国艺海	2015.07.11
霁蓝釉天球瓶	高54.6cm	704,880	AA中国艺海	2015.07.12
霁蓝釉描金龙凤云鹤纹象耳方瓶	高24cm	528,660	AA中国艺海	2015.07.12
霁蓝釉梅瓶	高27cm	2,290,860	AA中国艺海	2015.07.11
霁蓝釉胆瓶	高39cm	352,440	AA中国艺海	2015.07.12
祭蓝釉梅瓶	高27cm	1,938,420	AA中国艺海	2015.07.19
天蓝釉紫斑莲花型灯盏	直径22cm	3,240,000	香港铮鼎	2015.04.28
天蓝釉长颈瓶	高24.5cm	704,880	AA中国艺海	2015.07.19
天蓝釉象耳瓶	高30cm	748,935	AA中国艺海	2015.07.12
天兰釉开光天球瓶	36cm 底12cm	88,430	澳门中道	2015.01.30
宝石蓝釉碗	直径17.5cm	1,625,580	卓艺拍卖	2015.11.21
霁蓝釉赏瓶	高29cm	451,550	卓艺拍卖	2015.11.18
蓝釉龙凤纹象耳开光瓶	高40cm	812,790	卓艺拍卖	2015.11.18
蓝釉双耳瓜棱瓶	高18cm	1,625,580	卓艺拍卖	2015.11.21
绿釉				
汉 绿釉如意莲瓣纹圆盖盒	直径19.2cm	958,000	伦敦苏富比	2015.05.13
汉 绿釉弦纹铺首耳壶	高38.8cm	37,566	纽约佳士得	2015.03.20
北齐 相州窑 绿釉贴花莲花尊	高35cm	557,049	宝港国际	2015.11.28
宋 钧窑绿釉碗	直径15.6cm	508,706	纽约佳士得	2015.03.15
宋 绿定七弦纹三足炉	口径12.3cm	4,145,175	澳门中道	2015.01.30
宋/金 磁州窑系绿釉刻水波纹枕	宽42cm	93,915	纽约佳士得	2015.03.20
金/元 绿釉诗文枕	长43.4cm	39,131	纽约佳士得	2015.03.20
元 绿釉双耳罐	高25cm	385,000	北京中联	2015.01.18
元 绿釉双系壶	高26.5cm	43,700	北京保利	2015.06.07
明嘉靖 孔雀绿地暗刻龙纹圆盒	直径25.5cm	460,000	厦门华辰	2015.06.20
明嘉靖 绿釉斗笠碗	直径17.7cm	109,250	中国嘉德	2015.04.01
明隆庆 绿釉梅瓶	高26.5cm	396,976	保利香港	2015.05.31
明 绿釉龙纹水盂	直径9cm	57,500	北京保利	2015.11.01
清康熙 绿釉小水呈	直径7cm	75,532	宝港国际	2015.11.28
清康熙 清中期 绿釉叶形笔舔 白釉调色盘	尺寸不一	57,500	中国嘉德	2015.11.15
清康熙 郎绿铃铛杯	直径8.3cm	40,250	华艺国际	2015.05.24
清康熙 郎窑绿釉观音尊	高44.4cm	1,383,681	纽约佳士得	2015.03.17
清康熙 绿釉暗刻云龙纹碗	直径15.3cm	2,969,760	香港苏富比	2015.04.07
清康熙 绿釉罐	高21.5cm	184,292	保利香港	2015.10.06
清康熙 苹果绿釉罐	高22cm	125,220	纽约佳士得	2015.03.19
清康熙 苹果绿釉罐	高14.6cm	58,697	纽约佳士得	2015.03.19
清康熙 松石绿釉胆瓶	高23cm	69,000	广州皇玛	2015.01.17
清雍正 绿釉海棠杯（一对）	直径5.2cm	34,500	中国嘉德	2015.06.27
清雍正 苹果绿釉暗刻莲托八宝纹盘	直径14.6cm	32,200	太平洋	2015.04.17
清乾隆 瓜皮绿釉暗刻龙纹盘	直径18.5cm	161,000	华艺国际	2015.05.24
清乾隆 孔雀绿釉六方梅瓶	高21.1cm	40,250	苏州东方	2015.07.02
清乾隆 孔雀绿釉杏圆抱月瓶	高24.1cm	600,750	佳士得	2015.06.03
清乾隆 苹果绿釉碗（一对）	高4cm	287,500	西泠拍卖	2015.07.05
清乾隆 秋葵绿模印古铜纹花觚		55,200	北京中汉	2015.09.21
清乾隆 松石绿釉锦地寿字纹杯	直径7.2cm	43,700	苏州东方	2015.07.02
清乾隆 松石绿釉夔龙纹灵芝钮盖盒	高10cm	71,300	西泠拍卖	2015.07.05
清乾隆 鱼子绿釉石榴尊	高21.5cm	437,000	北京中汉	2015.05.17
清乾隆 松石绿釉蕉叶螭龙纹花觚	高13.3cm	1,115,500	北京匡时	2015.12.05
清嘉庆 橄榄绿釉碗	20.5cm	32,040	香港苏富比	2015.06.01
清嘉庆 苹果绿釉双鸠耳尊	高25cm	1,725,000	北京保利	2015.06.08
清道光 松石绿地暗八仙小碗	直径10.3cm	94,300	中国嘉德	2015.05.16
清道光 松绿釉大盘	直径39.7cm	115,000	北京保利	2015.06.08
清光绪 吹绿釉暗刻龙纹盘(一对)	直径13.5cm	69,000	北京华辰	2015.05.15

2015瓷器拍卖成交汇总

(成交价RMB：1万元以上)

拍品名称	物品尺寸	成交价RMB	拍卖公司	拍卖日期
清光绪 淡绿釉暗刻龙纹碗（一对）	直径14.6cm	40,250	太平洋	2015.07.18
清光绪 淡绿釉仿古高足供盘	高20.5cm	33,458	纽约佳士得	2015.09.17
清光绪 孔雀绿釉雕瓷题诗山水图碗	12.7cm	30,038	香港苏富比	2015.06.01
清光绪 绿釉碗	高6cm×直径14	69,000	江苏嘉恒	2015.04.26
清光绪 苹果绿釉双龙戏珠纹碗(一对)	直径9.5cm×2	56,000	北京荣宝	2015.03.29
清光绪秋葵绿釉暗刻龙纹碗(一对)	直径10cm	54,240	江苏聚德	2015.07.01
清光绪 秋葵绿釉碗（一对）	高5cm	57,500	西泠拍卖	2015.07.05
清光绪 松绿釉五福捧寿纹碗(一件)	5.8cm×11.3cm	42,560	上海国拍	2015.05.31
清光绪 淡绿釉仿古高足盘	高18.5cm	134,400	北京荣宝	2015.11.29
清宣统 绿釉暗刻二龙戏珠纹盘	14.6cm	28,000	天津文物	2015.05.22
清早期 孔雀绿釉瓶	口径9cm	3,160,850	卓艺拍卖	2015.11.21
清中期 孔雀绿釉小摇铃尊		23,000	北京中汉	2015.09.21
清中期 郎窑绿釉汉壶尊		40,250	北京中汉	2015.09.21
清中期 绿釉贯耳瓶	高18.5cm	14,950	华艺国际	2015.03.29
清中期 秋葵绿釉香橼盘		10,350	北京中汉	2015.09.21
清晚期 绿釉浮雕英雄独立图灯笼瓶		28,750	北京中汉	2015.09.21
18世纪 苹果绿釉梅瓶	高19cm	172,500	华艺国际	2015.05.24
18世纪/19世纪 绿釉钵	宽20.9cm	109,568	纽约佳士得	2015.03.19
18世纪/19世纪 绿釉太白尊	直径12.1cm	50,871	纽约佳士得	2015.03.19
清 孔雀绿釉贴塑龙纹梅瓶	高34.5cm	13,800	苏州东方	2015.07.02
清 孔雀绿釉杏圆如意抱月瓶	高23.8cm	57,500	博美拍卖	2015.07.19
清 绿釉梅瓶	19.9cm	29,120	天津文物	2015.05.22
清 绿釉提桶	高16.3cm	25,300	中国嘉德	2015.04.01
清 绿釉象耳瓶	高26cm	11,500	北京翰海	2015.07.19
清 松石绿釉云龙纹瓷珠十八子手串（珊瑚结珠背云）		63,250	古天一	2015.06.06
清 绿釉暗刻八宝纹玉壶春瓶	高26.6cm	207,000	北京翰海	2015.11.28
清 王炳荣 孔雀绿釉水洗	28×16cm	43,700	东方大观	2015.11.17
绿釉暗刻云凤纹蒜头瓶	高21cm	2,467,080	AA中国艺海	2015.07.11
绿釉龙凤纹葫芦形瓶	高32cm	440,550	AA中国艺海	2015.07.11
绿釉刻花执壶	高18.5cm	433,488	卓艺拍卖	2015.11.18
金 釉				
酱 釉				
唐 耀州窑黄釉塔式罐	高45cm	202,653	宝港国际	2015.06.02
北宋 耀州窑酱釉梅瓶	高9.9cm	47,798	纽约佳士得	2015.09.17
北宋 耀州窑酱釉六出花口碗	直径11.4cm	78,263	纽约苏富比	2015.03.17
北宋/金 耀州窑紫金釉笠式盏	直径14.5cm	203,483	纽约佳士得	2015.03.20
北宋 柿釉碗	直径11cm	80,100	佳士得	2015.06.03
北宋 定窑柿釉盏托	直径11.5cm	307,584	罗芙奥	2015.06.02
北宋 定窑柿釉笠式茶盏	口径12.3cm	1,363,302	宝港国际	2015.06.02
北宋 当阳峪窑柿釉碗	直径14.5cm	60,525	佳士得	2015.04.06
北宋 磁州系酱釉碟（一对）	直径11cm	103,561	纽约佳士得	2015.09.17
北宋 定窑系紫金釉葵口盘	直径18.4cm	821,000	佳士得	2015.12.02
北宋 酱釉窑变花瓣口盏	口径10.6cm	70,811	宝港国际	2015.11.28
北宋/金 磁州窑紫金釉碗	直径11cm	87,231	佳士得	2015.12.02
宋 建窑酱釉撇口盏	口径12.5cm	34,934	宝港国际	2015.11.28
宋 酱釉刻花填粉梅瓶	高27.6cm	141,623	诚昌国际	2015.12.01
宋 建窑柿釉天目茶盏	直径12cm	57,500	厦门华辰	2015.06.20
元 耀州窑紫金釉盏	直径13.3cm	34,500	北京保利	2015.06.08
明嘉靖 紫金釉坛盏（一对）	直径6.1cm	40,250	八益拍卖	2015.04.26
清雍正 酱釉盘	直径17cm	318,650	纽约佳士得	2015.09.17
清雍正 紫金釉花口小瓶	高10cm	207,000	保利厦门	2015.05.03
清雍正 紫金釉碗	直径13.3cm	138,000	上海道明	2015.05.09
清雍正 紫金釉菊瓣盘	直径17.5cm	3,220,000	北京保利	2015.12.08
清乾隆 浅酱釉束腰碗（一对）	直径15.8cm×2	287,400	伦敦苏富比	2015.05.13
清乾隆 酱釉弦纹长颈瓶	高16.3cm	207,000	上海泓盛	2015.06.20
清乾隆 酱釉弦纹盘	直径17.1cm	95,595	纽约佳士得	2015.09.17
清乾隆 紫金釉碗	直径12.5cm	195,500	北京匡时	2015.12.05
清嘉庆 紫金釉小碗	直径9.2cm	10,350	中国嘉德	2015.06.27
清光绪 京酱釉碗（一对）	直径12.6cm×2	69,000	北京诚轩	2015.05.17

拍品名称	物品尺寸	成交价RMB	拍卖公司	拍卖日期
清 酱釉孔子座像	高38cm	26,436	诚昌国际	2015.12.02
清 酱釉罐	高13cm	23,000	北京翰海	2015.03.15
清 酱釉雕瓷竹节盒	高9.5cm	40,250	中国嘉德	2015.09.19
酱釉雕八宝纹水仙盆	高23cm	1,762,200	AA中国艺海	2015.07.11
铁锈釉				
清乾隆 铁锈釉梅瓶	高11.5cm	19,550	华艺国际	2015.03.29
清乾隆 铁锈釉灵芝耳瓶	高34cm	74,750	中国嘉德	2015.04.01
清乾隆 铁锈花釉双蚰耳炉	高5cm	57,500	北京翰海	2015.11.28
清乾隆 铁锈红釉夔龙纹双耳三足炉	高10cm	690,000	北京翰海	2015.11.28
18世纪 铁锈釉小罐	高14.6cm	20,348	纽约佳士得	2015.03.19
18世纪 铁锈釉笔筒	高14.6cm	203,483	纽约佳士得	2015.03.19
清 铁锈花釉双耳尊	高28.3cm	47,040	天津文物	2015.05.22
清 铁锈花釉阿文炉	宽16cm	17,250	北京保利	2015.11.01
清 铁锈花釉阿文炉	宽16cm	17,250	北京保利	2015.11.01
民国 铁锈花三羊盘口瓶	高26cm	32,200	北京翰海	2015.07.19
紫金釉铁锈花云纹盖盒	直径8.5cm	1,145,430	AA中国艺海	2015.08.05
窑变釉				
清雍正 窑变釉直颈瓶	高16.5cm	368,000	北京保利	2015.06.08
清雍正 窑变釉弦纹瓶	高21.5cm	2,645,000	北京匡时	2015.06.06
清雍正 窑变釉弦纹盘口瓶	高33.7cm	2,001,360	香港苏富比	2015.04.07
清雍正 窑变釉贴浮雕螭龙尊	高17cm	92,000	西泠拍卖	2015.07.05
清雍正 窑变釉双耳瓶	高29cm	81,668	中国嘉德	2015.04.06
清雍正 窑变釉如意耳弦纹尊	高38cm	5,577,500	北京保利	2015.06.06
清雍正 窑变釉梅瓶	高20.2cm	11,500	中国嘉德	2015.04.01
清雍正 窑变釉橄榄瓶	高30.5cm	1,955,000	北京保利	2015.06.08
清雍正 窑变釉穿璧绶带耳尊	高22.4cm	3,222,240	香港苏富比	2015.10.07
清雍正 窑变釉斑鸠耳尊	高20cm	1,610,000	北京翰海	2015.11.28
清雍正 窑变釉海棠式花盆	长27cm	5,175,000	北京翰海	2015.11.28
清雍正 窑变釉盘口弦纹瓶	高35.5cm	4,025,000	北京保利	2015.12.08
清乾隆 窑变釉杏圆贯耳瓶(一对)	高29.5cm×2	862,500	北京匡时	2015.06.06
清乾隆 窑变釉杏圆贯耳方壶	高30.3cm	655,688	佳士得	2015.04.06
清乾隆 窑变釉弦纹瓶	高38cm	253,000	华艺国际	2015.05.24
清乾隆 窑变釉弦纹瓶	高25cm	94,300	北京中汉	2015.04.02
清乾隆 窑变釉水丞、蓝釉开光粉彩高士图墨床各一件	长11.7cm	13,800	中国嘉德	2015.09.20
清乾隆 窑变釉双象首衔环撇口瓶	高34.2cm	28,750	北京中汉	2015.04.02
清乾隆 窑变釉双鸠耳尊	高21cm	13,800	北京保利	2015.04.26
清乾隆 窑变釉双蝠耳海棠洗	直径14.5cm	63,250	华艺国际	2015.05.24
清乾隆 窑变釉双耳瓶	高22.5cm	1,012,000	上海工美	2015.06.28
清乾隆 窑变釉双耳瓶	高21.3cm	69,000	北京中汉	2015.04.02
清乾隆 窑变釉石榴尊	高19cm	598,000	华艺国际	2015.05.24
清乾隆 窑变釉石榴尊	高20cm	345,000	北京翰海	2015.06.28
清乾隆 窑变釉石榴尊	高19.3cm	207,000	中国嘉德	2015.04.01
清乾隆 窑变釉石榴尊	高21cm	164,374	帝图艺术	2015.04.12
清乾隆 窑变釉石榴尊	高20cm	203,692	保利香港	2015.10.06
清乾隆 窑变釉梅瓶（两件）	高10cm	40,250	北京保利	2015.04.26
清乾隆 窑变釉梅瓶	高21cm	35,650	太平洋	2015.07.18
清乾隆 窑变釉阔口尊	高13.5cm	805,000	保利厦门	2015.05.03
清乾隆 窑变釉贯耳瓶	高29.8cm	1,667,500	上海道明	2015.05.09
清乾隆 窑变釉贯耳瓶	高29.5cm	368,000	西泠拍卖	2015.07.05
清乾隆 窑变釉贯耳瓶	高39.5cm	115,000	八益拍卖	2015.04.26
清乾隆 窑变釉贯耳瓶	高30cm	92,000	泰和嘉成	2015.05.30
清乾隆 窑变釉贯耳方瓶	高31cm	345,000	北京保利	2015.01.24
清乾隆 窑变釉胆瓶	高51.5cm	161,000	广州皇玛	2015.07.25
清乾隆 窑变釉胆瓶	高45.8cm	1,255,481	纽约佳士得	2015.09.17
清乾隆 窑变釉荸荠扁瓶	高32cm	80,500	北京翰海	2015.06.28
清乾隆 窑变贯耳瓶	高30cm	141,250	辽宁建投	2015.08.30
清乾隆 窑变单色釉大吉碗	直径15.7cm	55,200	江苏爱涛	2015.01.11
清乾隆 官窑窑变釉鸠耳尊	高16.5cm	1,495,000	北京东正	2015.05.19
清乾隆 各式小天球瓶（四件）	尺寸不一	17,250	北京保利	2015.11.01
清乾隆 官窑窑变釉铺首尊	高40cm	3,105,000	北京东正	2015.11.19
清乾隆 官窑窑变釉杏圆贯耳瓶	高30cm	517,500	北京东正	2015.11.19
清乾隆 窑变釉穿带瓶	高30.3cm	575,000	北京翰海	2015.11.28

拍品名称	物品尺寸	成交价RMB	拍卖公司	拍卖日期
清乾隆 窑变釉兽头双耳尊	高20cm	172,500	八益拍卖	2015.11.01
清乾隆 窑变釉双耳瓶	高30cm	47,208	诚昌国际	2015.12.02
清嘉庆 窑变釉玉壶春瓶	高23.9cm	207,000	中鸿信	2015.07.29
清道光 窑变釉洗	口径10.5cm	32,200	西泠拍卖	2015.07.05
清道光 窑变釉石榴尊	高19.5cm	519,800	辽宁建投	2015.08.30
清道光 窑变釉石榴尊	高19.2cm	230,000	上海道明	2015.05.09
清道光 窑变釉贯耳瓶	高30.4cm	230,000	中国嘉德	2015.06.27
清道光 窑变贯耳瓶	高30.3cm	322,000	中贸圣佳	2015.05.20
清道光 窑变釉穿带瓶	高30cm	230,000	北京翰海	2015.11.28
清道光 窑变釉瓜棱石榴尊	高19.8cm	280,000	北京荣宝	2015.11.29
清道光 窑变釉贯耳瓶	18.5 × 14.5 × 30cm	287,500	东方大观	2015.11.17
清道光 窑变釉石榴形花口尊	高19.2cm	345,000	北京翰海	2015.11.28
清道光 窑变釉石榴尊	高19.5cm	368,000	中国嘉德	2015.11.15
清光绪 窑变釉穿带瓶	高30.3cm	230,000	北京翰海	2015.11.28
清光绪 窑变釉穿带瓶	高29.5cm	126,500	北京翰海	2015.11.28
清光绪 窑变釉贯耳瓶	高31cm	29,900	北京保利	2015.11.01
清光绪 窑变釉贯耳瓶	高30cm	207,000	北京诚轩	2015.11.14
清光绪 窑变釉贯耳瓶	高31cm	29,900	北京保利	2015.11.01
清光绪 窑变釉贯耳瓶	高31cm	28,750	北京中汉	2015.09.21
清光绪 窑变釉贯耳方壶	高29.5cm	135,426	纽约佳士得	2015.09.17
清光绪 窑变釉穿带瓶	高30cm	207,000	北京翰海	2015.06.28
清光绪 窑变穿带瓶	高30cm	138,000	北京翰海	2015.09.13
清宣统 窑变釉贯耳瓶	30cm	31,360	天津文物	2015.05.22
清中期 窑变釉扁瓶	高31.5cm	34,500	北京翰海	2015.11.28
清中期 窑变釉弦纹瓶	高19cm	28,750	北京保利	2015.01.24
清中期 窑变釉天球瓶	高39cm	25,300	中国嘉德	2015.09.19
清中期 窑变釉太白罐	直径27cm	11,500	华艺国际	2015.03.29
清中期 窑变釉大瓶	高55cm	46,000	广州皇玛	2015.01.17
清晚期 窑变釉三羊尊	高31cm	11,500	中国嘉德	2015.09.19
18世纪 窑变釉长颈瓶	高43.8cm	278,819	纽约苏富比	2015.09.15
18世纪 窑变釉鼓钉洗	直径27cm	89,700	华艺国际	2015.05.24
18世纪/19世纪 镶欧式铜鎏金边及底座窑变釉花盆	直径37.2cm	51,781	纽约佳士得	2015.09.17
19世纪初 窑变釉双耳尊	高33.7cm	87,629	纽约佳士得	2015.09.17
清 窑变釉大石榴尊	高28.8cm	13,800	北京保利	2015.12.09
清 窑变釉贯耳瓶	高30.5cm	20,700	北京保利	2015.11.01
清 窑变釉贯耳瓶	高30.5cm	20,700	北京保利	2015.11.01
清 窑变釉盘螭天球瓶	高38cm	19,550	太平洋	2015.11.21
清 窑变釉盘螭鱼篓尊	高17cm	25,300	北京保利	2015.11.01
清 窑变釉盘螭鱼篓尊	高17cm	25,300	北京保利	2015.11.01
清 窑变釉石榴尊	高20.5cm	16,100	北京保利	2015.11.01
清 窑变釉石榴尊	高20.5cm	16,100	北京保利	2015.11.01
清 窑变釉兽耳尊	高52cm	28,750	太平洋	2015.11.21
清 窑变釉太白罐	高31cm	17,250	北京保利	2015.11.01
清 窑变釉太白罐	高31cm	17,250	北京保利	2015.11.01
清 窑变釉锥把瓶	高48cm	28,750	太平洋	2015.11.21
清 窑变尊	高18cm	13,800	北京翰海	2015.09.13
清 窑变釉天球瓶	高36.5cm	34,500	深圳市拍	2015.07.19
清 窑变竹报平安三管花插	高22cm	20,700	江苏爱涛	2015.01.11
清 窑变釉玉壶春瓶	高35cm	17,250	北京保利	2015.04.26
清 窑变釉象耳观音小瓶	高22cm	10,350	南京嘉信	2015.07.19
清 窑变釉蒜头瓶（一对）	高21cm × 2	23,000	北京匡时	2015.06.06
清 窑变釉蒜头瓶	高37.5cm	23,000	北京华辰	2015.05.15
清 窑变釉石榴尊	高20.3cm	34,500	中国嘉德	2015.06.27
清 窑变釉石榴尊	高20cm	14,950	北京翰海	2015.09.13
清 窑变釉撇口尊	高32cm	11,137	香港淳浩	2015.04.04
清 窑变釉锣锅洗	高3.2cm	23,000	西泠拍卖	2015.07.05
清 窑变釉罗汉	高28cm	11,137	香港淳浩	2015.04.04
清 窑变釉贯耳瓶	高30cm	101,200	南京嘉信	2015.07.19
清 窑变釉贯耳瓶	高30cm	17,250	北京翰海	2015.03.15
清 窑变釉瓜棱瓶	高14.5cm	46,000	中国嘉德	2015.09.19
清 窑变兽耳瓶	高30cm	23,000	北京翰海	2015.03.15
清 窑变红釉胆瓶		31,050	北京中汉	2015.09.21
窑变釉双龙耳瓶	高21.9cm	1,762,200	AA中国艺海	2015.08.05
窑变釉贯耳瓶	高30cm	704,880	AA中国艺海	2015.07.12

拍品名称	物品尺寸	成交价RMB	拍卖公司	拍卖日期
窑变釉贯耳瓶	高30cm	140,976	AA中国艺海	2015.07.12
窑变釉胆瓶	高40.5cm	1,409,760	AA中国艺海	2015.07.19
炉钧釉				
清雍正 炉钧釉象耳海棠式扁壶	高13.9cm	46,000	北京诚轩	2015.05.17
清雍正 炉钧釉弦纹尊	高19.2cm	10,235,000	上海工美	2015.06.28
清雍正 炉钧釉弦纹小瓶	高17cm	86,250	北京保利	2015.06.08
清雍正 炉钧釉水丞	直径8.5cm	115,000	八益拍卖	2015.04.26
清雍正 炉钧釉冲耳炉	高10.8cm	3,879,840	保利香港	2015.10.06
清乾隆 炉钧釉小天球瓶	高11.5cm	32,200	中国嘉德	2015.09.20
清乾隆 炉钧釉象耳小尊	高9.8cm	46,000	上海道明	2015.05.09
清乾隆 炉钧釉弦纹瓶	高15.6cm	149,500	上海道明	2015.05.09
清乾隆 炉钧釉天球瓶	高34cm	287,500	翰风国际	2015.06.19
清乾隆 炉钧釉水盂	高4.5cm	20,700	西泠拍卖	2015.07.05
清乾隆 炉钧釉如意耳扁壶	高33.1cm	9,748,560	香港苏富比	2015.04.07
清乾隆 炉钧釉盘口弦纹长颈赏瓶	高18.5cm	513,750	香港苏富比	2015.10.07
清乾隆 炉钧釉海棠形花觚	高26cm	345,000	厦门华辰	2015.06.20
清乾隆 炉钧釉观音瓶	高18.2cm	109,250	北京诚轩	2015.05.17
清乾隆 炉钧釉方形鸟食盆	8cm × 10.5cm	23,000	古天一	2015.06.06
清乾隆 炉钧釉灯笼瓶	高23.3cm	1,035,000	翰风国际	2015.06.19
清乾隆 炉钧釉灯笼瓶	高24.5cm	575,000	中国嘉德	2015.05.16
清乾隆 炉钧釉灯笼瓶	高23.5cm	97,750	西泠拍卖	2015.07.05
清乾隆 炉均釉阔口洗	高14.7cm	201,600	北京荣宝	2015.11.29
清乾隆 炉钧釉三足洗	直径22cm	172,500	北京翰海	2015.11.28
清乾隆 炉钧象耳方瓶	高32cm	126,588	香港雅盛	2015.10.05
清嘉庆 炉钧釉灯笼瓶	高24.5cm	690,000	中贸圣佳	2015.05.20
清道光 炉均釉灯笼瓶	高23.5cm	101,741	纽约苏富比	2015.03.17
清光绪 炉钧釉瓶（一对）	高58.5cm	111,366	中国嘉德	2015.04.06
清光绪 炉钧釉盆（一对）	直径20cm	11,500	北京保利	2015.11.01
清光绪 炉钧釉盆（一对）	直径20cm	11,500	北京保利	2015.11.01
清中期 炉钧釉盘口瓶	高35.3cm	17,250	中国嘉德	2015.04.01
清中期 炉钧釉胆瓶	高17.9cm	55,200	北京诚轩	2015.11.14
清中期 炉钧釉尊	宽11cm；高9.7cm	55,200	北京诚轩	2015.11.14
清中期-民国 炉均釉葫芦花插、青花西厢记人物水盂、紫檀墨床(一组三件)	高8.8cm	31,360	北京荣宝	2015.11.29
清中期晚期 炉钧釉小炉	直径10.5cm	57,500	北京中汉	2015.05.17
清晚期 炉钧釉三联葫芦小瓶、倭角四方小水盂（一组）	高8.4cm；高4.2cm	21,850	北京中汉	2015.09.21
清晚期 炉钧釉蓝彩锦地螭龙纹洗	长17.7cm	10,350	中国嘉德	2015.06.27
清晚期 炉钧釉鸠耳尊	高34.3cm	26,450	中国嘉德	2015.09.19
清 炉钧釉玄纹长颈瓶	高16cm	49,731	香港雅盛	2015.10.05
清 炉钧釉倭角长方盖盒	高2.7cm	13,620	博美拍卖	2015.07.19
清 炉钧釉海螺形水盂	长12.3cm	11,500	北京中汉	2015.09.21
清 炉钧釉广口瓶	高28.5cm	195,500	江苏爱涛	2015.01.11
清 炉钧釉雕螭龙纹香熏	高10cm	11,500	广州皇玛	2015.01.17
清 炉钧釉穿带瓶	高31cm	11,500	北京翰海	2015.03.15
清 炉钧笔杆	长15.5cm	74,750	中贸圣佳	2015.05.20
清 炉均釉菱形尊	高25.1cm	92,000	翰风国际	2015.06.19
清 炉钧釉蝠耳方瓶	16.5 × 16.5 × 46cm	23,000	东方大观	2015.11.17
清炉钧釉无双谱人物方瓶（一对）	高30.5cm	39,654	诚昌国际	2015.12.02
民国 炉钧釉描金持杖罗汉	高36cm	56,649	诚昌国际	2015.12.02
民国 炉钧釉天球瓶	高37.5cm	34,500	北京翰海	2015.03.15
炉钧釉月耳瓶	高23.5cm	704,880	AA中国艺海	2015.07.19
炉钧釉象耳瓶	高15cm	63,294	香港雅盛	2015.10.05
炉钧釉双耳炉	宽23.5cm	872,289	AA中国艺海	2015.06.20
炉钧釉描金佛像	高22.5cm	1,321,650	AA中国艺海	2015.07.19
炉钧釉鼓钉弦纹盘口瓶	高38.5cm	7,753,680	AA中国艺海	2015.08.05
炉钧釉琮式瓶	高14.5cm	1,057,320	AA中国艺海	2015.07.12
炉均釉“华风翔制”	高20cm	16,276	香港雅盛	2015.10.05
仿木釉				
清乾隆 仿木釉开光胡人像碗	直径12.5cm	12,650	中国嘉德	2015.09.19
清乾隆 唐英制木纹釉诗文笔筒	高11cm	2,645,000	北京保利	2015.12.08
清乾隆 仿木纹釉山水笔筒	高6.4cm	66,700	上海道明	2015.05.09

(成交价RMB：1万元以上)

拍品名称	物品尺寸	成交价RMB	拍卖公司	拍卖日期
19世纪仿木纹釉桶式花盆（一对）	高38cm	1,134,806	纽约苏富比	2015.03.21
仿古铜釉				
仿竹釉				
仿石釉				
清雍正 御窑青金石釉弦纹瓶	高19.7cm	2,702,500	北京东正	2015.05.19
清乾隆 仿石釉蟠龙天球瓶	高43.8cm	46,000	中国嘉德	2015.04.01
清乾隆 豆青仿石纹釉螭龙瓶	高31.5cm	322,000	上海道明	2015.05.09
清中期 仿绿松石釉粉盒	宽10.3cm	74,750	北京保利	2015.06.08
18世纪 瓷雕仿英石山形洗	长29cm	1,897,500	北京中汉	2015.05.17
清 仿石釉印盒	直径8.5cm	13,800	中国嘉德	2015.06.27
清 仿石釉螭龙小天球瓶	高11cm	20,700	华艺国际	2015.05.24
清晚期 仿石釉笔筒	高8.5cm	23,000	北京翰海	2015.07.19
民国 郭葆昌制山水诗文执壶	高13.5cm	115,000	江苏爱涛	2015.01.11
民国 仿石纹釉描龙纹双耳瓶	高16cm	16,100	北京翰海	2015.09.13
茄皮紫釉				
明16世纪 茄皮紫釉菊瓣小罐	宽9.5cm	43,814	纽约佳士得	2015.09.17
清康熙 茄皮紫釉牺耳尊		20,700	北京中汉	2015.09.21
清康熙 茄皮紫釉暗刻龙纹盘		57,500	北京中汉	2015.09.21
清康熙茄皮紫暗刻花卉碗（一对）	直径11.2cm×2	339,000	辽宁建投	2015.08.30
清康熙 茄皮紫釉花觚	高33.5cm	34,500	北京匡时	2015.12.05
清雍正 茄皮紫釉暗刻八吉祥盘(一对)	直径11.2cm	575,000	北京保利	2015.12.09
清雍正茄皮紫釉刻缠枝石榴纹小盘	直径11cm	517,500	厦门华辰	2015.06.20
清乾隆 茄皮紫釉盘	直径21cm	57,500	北京诚轩	2015.11.14
清乾隆 茄皮紫釉三足爵杯	高11.5cm	805,000	上海敬华	2015.06.30
清乾隆 茄皮紫釉盘	直径20.5cm	80,500	北京诚轩	2015.05.17
清乾隆 茄皮紫釉盘	直径21cm	55,200	华艺国际	2015.05.24
清乾隆 茄皮紫釉梅瓶	高21.6cm	334,583	纽约苏富比	2015.09.15
清乾隆 茄皮紫釉大口梅瓶	高21.3cm	92,000	中国嘉德	2015.04.01
清乾隆 茄皮紫釉暗刻龙纹盘	直径19cm	207,000	保利厦门	2015.05.03
清光绪 茄皮紫釉暗刻云龙纹碗	直径15.1cm	40,250	中国嘉德	2015.04.01
清光绪 茄皮紫釉暗刻龙纹碗	直径15.5cm	80,500	上海敬华	2015.06.30
清光绪茄皮紫釉暗刻龙纹盘(一对)	直径13.5cm	69,000	北京华辰	2015.05.15
清早期 茄皮紫釉蒜头瓶	高16cm	50,871	纽约佳士得	2015.03.19
清早期 茄皮紫釉蒜头瓶	高25.1cm	169,947	宝港国际	2015.11.28
清早期 茄皮紫釉瓶	高31.2cm	37,566	纽约佳士得	2015.03.19
18世纪 茄皮紫釉树桩式笔搁	长19.7cm	221,925	香港苏富比	2015.04.07
18世纪 茄皮紫釉梅桩形水洗	高11cm	59,800	华艺国际	2015.05.24
18世纪 茄皮紫荸荠瓶	高22.5cm	40,250	华艺国际	2015.05.24
18世纪 茄皮釉三果梅瓶	高30cm	16,276	香港雅盛	2015.10.05
清 紫釉雕瓷题诗喜上眉梢图钵	14.5cm	50,063	香港苏富比	2015.06.01
清 茄皮紫釉梅瓶	高22.5cm	18,400	华艺国际	2015.03.29
茶叶末釉				
明 茶叶末釉玉壶春瓶	高28cm	17,250	北京翰海	2015.07.19
清雍正 茶叶末釉五联瓶	高19.5cm	57,500	西泠拍卖	2015.07.05
清雍正 茶叶末釉撇口小瓶	高12cm	287,500	北京保利	2015.12.09
清雍正 茶叶沫釉束腰小杯	直径7.5cm	63,250	八益拍卖	2015.11.01
清乾隆 蟹甲青釉琮式瓶	高35cm	74,750	北京中汉	2015.05.17
清乾隆 茶叶末釉觯式橄榄尊	高13.3cm	1,840,000	北京中汉	2015.05.17
清乾隆 茶叶末釉长颈瓶	高19cm	1,035,000	北京华辰	2015.05.15
清乾隆 茶叶末釉长颈瓶	高19cm	805,000	博美拍卖	2015.07.19
清乾隆 茶叶末釉长颈荸荠瓶	高32.3cm	605,250	香港苏富比	2015.04.07
清乾隆 茶叶末釉蚰耳炉	宽9cm	46,000	北京保利	2015.06.08
清乾隆 茶叶末釉小荸荠瓶	高9cm	28,000	中鸿信	2015.07.29
清乾隆 茶叶末釉天球瓶	高19cm	223,055	纽约佳士得	2015.09.17
清乾隆 茶叶末釉洒金瓶	高13.5cm	1,840,000	上海道明	2015.05.09
清乾隆 茶叶末釉如意耳出戟橄榄瓶	高32.8cm	12,650,000	中国嘉德	2015.05.16
清乾隆 茶叶末釉桥耳三足炉	9.5cm	50,063	香港苏富比	2015.06.01
清乾隆 茶叶末釉撇口瓶	高25.2cm	483,000	北京中汉	2015.05.17
清乾隆茶叶末釉描金盘螭长颈瓶	高15cm	1,541,250	香港苏富比	2015.10.07
清乾隆 茶叶末釉观音瓶	高27cm	1,437,500	北京保利	2015.06.06
清乾隆 茶叶末釉福禄万代笔舔	长10cm	40,250	中国嘉德	2015.06.27
清乾隆 茶叶末釉荸荠瓶	高33.6cm	345,000	北京中汉	2015.05.17
清乾隆 茶叶末釉荸荠瓶	高27cm	414,000	西泠拍卖	2015.07.05
清乾隆 茶叶末釉荸荠瓶	高33cm	438,144	纽约佳士得	2015.09.17
清乾隆 茶叶末釉荸荠瓶	高33cm	143,393	纽约佳士得	2015.09.17
清乾隆 茶叶末釉荸荠瓶	高32.3cm	719,250	香港苏富比	2015.10.07
清乾隆 茶叶末双耳熏炉 “带磨盖”	高4.5cm	22,605	香港雅盛	2015.10.05
清乾隆 茶叶末双耳炉	直径10cm	34,500	广州皇玛	2015.07.25
清乾隆 茶叶末釉百条小水洗	直径6.4cm	10,350	北京保利	2015.11.01
清乾隆 茶叶末釉百条小水洗	直径6.4cm	10,350	北京保利	2015.11.01
清乾隆 茶叶末釉荸荠瓶	高32.7cm	1,150,000	北京匡时	2015.12.05
清乾隆 茶叶末釉贯耳方瓶	高30cm	2,760,000	中国嘉德	2015.11.15
清乾隆 茶叶末釉鸠耳尊	高15.5cm	690,000	中国嘉德	2015.11.15
清乾隆 茶叶末釉六方贯耳瓶	高45.5cm	4,945,000	北京保利	2015.12.08
清乾隆 茶叶末釉如意耳葫芦瓶	高25.5cm	805,000	中国嘉德	2015.11.15
清乾隆 鳝鱼青釉扁瓶	高32.9cm	920,000	北京翰海	2015.11.28
清乾隆 御窑茶叶末釉双龙耳海棠瓶	高29.7cm	1,978,000	北京东正	2015.11.19
清嘉庆 植本堂款茶叶末釉高足盘	直径15.7cm	34,500	北京翰海	2015.11.28
清道光 茶叶末釉绶带耳瓶	高26cm	402,500	中国嘉德	2015.05.16
清道光 茶叶末釉梅瓶	高27.5cm	828,000	北京保利	2015.06.08
清道光 茶叶末釉堆塑螭龙方瓶	高15.5cm	30,272	纽约佳士得	2015.09.17
清道光 茶叶末釉洗	直径24.5cm	92,000	北京保利	2015.11.01
清道光 茶叶末釉洗	直径24.5cm	92,000	北京保利	2015.11.01
清咸丰 茶叶末釉簋式炉	直径22.2cm	103,561	纽约佳士得	2015.09.17
清咸丰 茶叶末釉荸荠瓶	高32.8cm	402,500	北京保利	2015.06.08
清咸丰 茶叶末釉荸荠扁瓶	32.8cm	425,600	天津文物	2015.05.22
清咸丰 茶叶末荸荠瓶	高33cm	402,500	中贸圣佳	2015.05.20
清同治 茶叶末釉荸荠瓶	高33cm	138,000	中鸿信	2015.07.29
清同治 茶叶末釉荸荠瓶	高33.8cm	32,200	中国嘉德	2015.09.19
清同治 茶叶末釉双龙耳鹿头尊	高38.5cm	27,635	宝港国际	2015.06.02
清同治 茶叶末釉扁瓶	高32.2cm	40,250	北京翰海	2015.11.28
清同治 鳝鱼黄釉荸荠瓶	高33.1cm	69,000	北京保利	2015.12.09
清光绪 茶叶末釉贯耳瓶	高31cm	164,893	中国嘉德	2015.10.06
清光绪 茶叶末釉扁瓶	高32.3cm	207,000	北京翰海	2015.06.28
清光绪 茶叶末釉荸荠瓶	高32.5cm	115,000	北京保利	2015.06.08
18世纪/19世纪 鳝皮黄釉尊	高16.2cm	59,747	纽约佳士得	2015.09.17
18世纪/19世纪 茶叶末釉五孔瓶	高32.5cm	23,899	纽约佳士得	2015.09.17
18世纪/19世纪 茶叶末釉葫芦三孔瓶	高23.8cm	31,865	纽约佳士得	2015.09.17
19世纪 鳝皮黄釉如意耳尊	高47cm	19,119	纽约佳士得	2015.09.17
清 茶叶末釉四管瓶	高9cm	11,500	北京保利	2015.01.24
清 茶叶末釉双兽耳炉	高11.8cm	28,375	博美拍卖	2015.07.19
清 茶叶末釉荸荠瓶	高26cm	828,000	北京保利	2015.06.07
清 茶叶末釉荸荠瓶	高32.8cm	126,500	西泠拍卖	2015.07.05
清中期 茶叶末釉印盒	直径8cm	11,500	北京保利	2015.11.01
清中期 茶叶末釉印盒	直径8cm	11,500	北京保利	2015.11.01
清中期 蟹壳青朝天耳炉	高8.5cm	32,200	华艺国际	2015.03.29
清中期 洒金茶叶末釉钵	宽25.5cm	241,500	北京保利	2015.06.08
清中期 茶叶末釉洗	宽25cm	10,350	北京保利	2015.04.25
清中期 茶叶末釉双耳花口瓶	高31cm	57,500	北京保利	2015.06.08
清中期 茶叶末釉双耳方扁瓶	高31cm	17,250	北京翰海	2015.03.15
茶叶沫釉水盂	底径10cm	251,194	荣盛国际	2015.01.10
茶叶沫釉花觚	底径12cm	654,898	荣盛国际	2015.01.10
茶叶末釉长颈葫芦瓶	口径4.5cm	762,552	荣盛国际	2015.01.10
茶叶末釉贴塑粉彩三多耳旋纹瓶	高26.2cm	704,880	AA中国艺海	2015.07.19
茶叶末釉贯耳瓶	高33cm	881,100	AA中国艺海	2015.07.12
茶叶末釉荸荠瓶	高34cm	264,330	AA中国艺海	2015.07.11
蟹甲青荸荠瓶	高25cm	1,585,980	AA中国艺海	2015.06.20
鳝鱼黄釉螭龙耳瓶	高18.5cm	1,620,000	香港铮鼎	2015.04.28
清光绪 鳝鱼黄釉穿带瓶	高30cm	207,000	北京翰海	2015.06.28
6.反 瓷				
清康熙 素胎雕双乔并读图笔筒	高15cm	403,500	香港苏富比	2015.04.07
清晚期 素瓷文房雅玩（两件）	高12.7cm	39,131	纽约苏富比	2015.03.21
清 反瓷雕花虫纹瓷板	长37.4cm	39,200	天津文物	2015.05.22
19世纪 素胎雕瓷诗文笔筒	15cm	10,013	香港苏富比	2015.06.01